Topographische Karte Kanadas

Quelle: Westermann Schult

Karl Lenz

Kanada

Wissenschaftliche Länderkunden

Wissenschaftliche Buchgesellschaft
Darmstadt

Kanada

von Karl Lenz
unter Mitarbeit
von Rainer-Olaf Schultze

Mit 71 Abbildungen,
75 Bildern und 55 Tabellen

Wissenschaftliche Buchgesellschaft
Darmstadt

Die Deutsche Bibliothek – CIP Einheitsaufnahme
Ein Titeldatensatz für diese Publikation ist bei
Der Deutschen Bibliothek erhältlich.

Die Deutsche Bibliothek –
CIP – Cataloguing-in-Publication Data
A catalogue record for this publication is available from
Die Deutsche Bibliothek.

Online-Recherche unter:
For further information see:
http://www.ddb.de/online/index.de

Bestellnummer 13841-4

Gedruckt auf säurefreiem und alterungsbeständigem Bilderdruckpapier
Layout, Satz und Prepress: Schreiber VIS, Seeheim
Gesamtfertigung: Wissenschaftliche Buchgesellschaft
Printed in Germany
Schrift: Trade

ISSN 0174-0725
ISBN 3-534-13841-4

Inhaltsverzeichnis

Verzeichnis der Abbildungen

Verzeichnis der Bilder

Verzeichnis der Tabellen

Vorwort

Die 1988 erschienene erste Auflage der Landeskunde Kanadas fand eine ermutigende Beachtung, sodass eine Neuauflage in der veränderten Form dieser Verlagsreihe angezeigt war. Der Text ist weitgehend neu gefasst, gekürzt oder ergänzt worden; die Kapitel über Politik in Kanada sind hinzugekommen. Sie sind im Institut für Kanada-Studien in Augsburg erarbeitet worden, und ich möchte den Verfassern – Dagmar Eberle, Steffen Schneider, Rainer-Olaf Schultze und Tanja Zinterer – sehr für ihre verständnisvolle Mitarbeit danken.

Wissenschaftliche Arbeiten über Kanada haben in letzter Zeit in erfreulichem Maße zugenommen, auch sind sie im Ansatz interdisziplinärer geworden. Für die deutschsprachigen Länder bietet vor allem die Zeitschrift für Kanada-Studien viele Beiträge, auf die im Text und Literaturverzeichnis hingewiesen wird. Um den Text nicht allzu sehr zu belasten, ist auf fachspezifische Erörterungen weitgehend verzichtet worden. Für weitergehende Studien dient eine umfassende Bibliographie besonders neuerer Arbeiten, die vorwiegend in der Bibliothek des John F. Kennedy-Instituts für Nordamerikastudien an der Freien Universität Berlin zusammengestellt wurde.

Für ein Land von der Größe Kanadas bieten sich regionale Betrachtungen an. Sie schließen nicht nur Naturräume in ihrer unterschiedlichen Ausstattung ein, sondern auch Siedlungs- und Wirtschaftsräume mit ihren besonderen Entwicklungen. Durch die geographischen Dimensionen und die räumlich getrennte Besiedlung mit bestimmten ethnischen Gruppen konnte sich ein Regionalismus entwickeln, der bis heute besteht. Neben der Betrachtung einzelner Räume und Städte werden jedoch auch immer die landesweiten Strukturen herausgestellt und bewertet.

Es bleibt mir die angenehme Aufgabe, allen Kolleginnen und Kollegen, mit denen ich über das Kanada-Buch sprechen konnte und die mir Schriften und Bilder zur Verfügung stellten, herzlich für ihre stete Ermunterung und die Hilfen zu danken. Der Dank gilt ferner vielen weiteren Helfern aus Kanada und Deutschland sowie nicht zuletzt dem Verlag für sein stets großzügiges Entgegenkommen.

Berlin, Frühjahr 2001 Karl Lenz

KANADA – EINE EINFÜHRUNG

Quelle: Kretschmer 1991, Tafel XVII.

Bild 1: *Ausschnitt aus der Karte von Pierre Descelliers, angefertigt im Auftrag des Königs Henri II. von Frankreich, 1546. Die Karte verzeichnet erstmals den Namen „Canada“.*

Überblick

- Die Vorstellungen von Kanada beziehen sich weitgehend auf ein großes Land mit weiten Entfernungen, landschaftlicher Schönheit und reichen natürlichen Ressourcen – aber auch auf einen langen Winter mit Kälte und Schnee. Dieses Image, das durch die Entdecker und die ersten Siedler nach Europa kam, ist heute vielfach zu ergänzen.
- Besonders im 20. Jahrhundert wurden Wirtschaft und Verkehr ausgebaut und moderne Städte gestaltet. Die Lebensqualität der über 30 Millionen Bewohner liegt weltweit vorn. Gleichwohl bestehen offene Fragen und Konflikte, wie die Auseinandersetzungen mit der Urbevölkerung, den First Nations, die Separationsbestrebungen des frankophonen Quebec oder der Ausbau des Umweltschutzes.
- Regional stehen sich die weiten und kaum besiedelten Gebiete des Nordens und der südliche Landesteil mit den Zentren von Bevölkerung und Wirtschaft gegenüber. Auch hier hat sich eine starke Regionalisierung durchgesetzt, die ihre Wurzeln u. a. in der Kolonisationsgeschichte, den verschiedenen ethnischen Bevölkerungsgruppen und den wirtschaftlichen Disparitäten hat. Der Regionalismus ist eine wichtige Komponente in der Politik.

Das wechselnde Image Kanadas

Erste Kenntnisse des nördlichen Amerika gelangten durch Franzosen nach Europa, die unter Jacques Cartier 1534 den unteren St. Lorenz befuhren. Bald danach tauchte auf Karten, wie der von Pierre Descelliers aus dem Jahr 1546, der Name *Canada* auf, mit dem die Indianer ein Territorium oder einen besiedelten Platz bezeichneten (Bild 1). Er leitet sich von *kanata* aus der Sprache der Huronen und Iroquois ab.

Die Berichte der französischen und englischen Kundschafter und Pelzhändler bestimmten ein erstes Image des nur in groben Umrissen bekannten Landes: „unendliche Weite und Leere“, kahle Felsen, Wälder und Flüsse, Schnee und Kälte gehörten zu den prägenden Eindrücken.

Mit der Landnahme und Besiedlung, die bis ins 20. Jh. andauerten, wurden die reichen Ressourcen des Landes bekannt: Holzvorräte und Erzvorkommen, fruchtbare Böden für die Landwirtschaft, Fischreichtum in Seen und vor den Küsten, Flüsse zur Energiegewinnung. Daraus entstand das zweite Image von unermesslichen Rohstoffreserven, mit denen man die wachsenden Märkte beliefern kann.

Wenn auch beide Vorstellungen zu dem Land gehören, werden sie dem heutigen Kanada nicht mehr gerecht. Besonders seit Mitte des 20. Jh.s, nach der Zäsur des Zweiten Weltkrieges, hat sich ein neues Image herausgebildet. Es wird bestimmt von modernen Betrieben der Rohstofferzeugung und -verarbeitung, von hoch technisierten Wachstumsindustrien und einem überragenden Dienstleistungssektor. Die Urbanisierung hat einen hohen Stand erreicht. Die Großstädte sind modern gestaltet und bieten den Bewohnern, die aus aller Welt einwandern, Komfort oder auch soziale Betreuung.

Kanada ist weltoffen und beteiligt sich an vielen Einsätzen der UNO und unterstützt deren Arbeit. Seine Geltung kommt als Mitglied der „Gruppe der Sieben“, der reichsten Industrieländer zum Ausdruck. Gleichzeitig wird es seit 1995 von den Vereinten Nationen als Land mit der höchsten Lebensqualität eingestuft, wobei Bildungsstand, Einkommen, Lebenserwartung, soziale Versorgung u. a. gewertet werden.

Natürlich steht ein Land, das sich in einer relativ kurzen Zeit zu einem modernen und wohlhabenden Industriestaat entwickelt hat, vor Problemen und Auseinandersetzungen. So erstreben viele Menschen der frankokanadischen Provinz Quebec eine Separation, an der Kanada zerbrechen könnte. Eben erst sind die Forderungen der Urbevölkerung, der Indianer oder First Nations sowie der Inuit im Norden, nach Landrechten und Selbstbestimmung mutig aufgenommen worden, um altes Unrecht zu beseitigen. Mit der Politik des Multikulturalismus sollen die vielen Einwanderer und Asylanten besonders aus der Dritten Welt in die Gesellschaft integriert werden, was von vielen als Wagnis kritisiert wird. Schließlich ist das rohstoffreiche Land in besonderem Maße dem Konflikt zwischen Wirtschaft und Umweltschutz ausgesetzt. Auch hierbei kam es zu ersten Vereinbarungen, die weltweit beachtet werden, aber auch viele nicht befriedigen konnten.

Das Image des modernen Kanada mit seinen Erfolgen und Konflikten soll in dieser Länderkunde vor allem dargestellt werden.

Lage und Größe des Raumes

Kanada gliedert sich in 10 Provinzen und 3 Territorien mit insgesamt 30,3 Mio. Einwohnern (Tab. 1). Seine Flächengröße von knapp 10 Mio. km^2, die nur noch von Russland übertroffen wird, erweckt die Vorstellung eines „Riesenreiches“ mit weiten, unterschiedlichen Naturräumen und ergiebigen Naturschätzen. Dieses Bild wird allerdings durch die Lage im Gradnetz eingeschränkt. Die exponiertesten Landmarken sind: im Norden Cape Columbia auf Ellesmere Island bei 83° 07' nördl. Breite, im Süden die Middle-Insel im Eriesee bei 41° 41' nördl. Breite; beide Punkte liegen über 42 Breitengrade, etwa 4600 km Luftlinie voneinander entfernt. Die Ost-West-Erstre-

	Gründung/ Eingliederung	Fläche[1] (1000 km²)	(%)	Einwohner 1998 1000	%	Hauptstadt/ Verwaltungssitz
Newfoundland (Nfld.)	1949	405,7	4,1	543	1,8	St. John's
Prince Edward Island (P.E.I.)	1873	5,7	0,1	136	0,5	Charlottetown
Nova Scotia (N.S.)	1867	55,5	0,6	936	3,1	Halifax
New Brunswick (N.B.)	1867	73,4	0,7	752	2,5	Fredericton
Quebec (Que.)	1867	1540,7	15,5	7334	24,2	Quebec City
Ontario (Ont.)	1867	1068,6	10,7	11405	37,6	Toronto
Manitoba (Man.)	1870	650,0	6,5	1141	3,8	Winnipeg
Saskatchewan (Sask.)	1905	652,3	6,5	1026	3,4	Regina
Alberta (Alta.)	1905	661,2	6,6	2913	9,6	Edmonton
British Columbia (B.C.)	1871	947,8	9,5	4014	13,2	Victoria
Yukon Territory (Y.T.)	1898	483,5	4,8	32	0,1	Whitehorse
North-West Territories (N.W.T.)	1870	1171,9	11,8	43	0,1	Yellowknife
Nunavut	1999	2254,4	22,6	ca. 25	0,1	Iqaluit
Kanada	**1867**	**9970,6**	**100,0**	**30 300**	**100,0**	**Ottawa**

[1] Landfläche und Binnengewässer

Tab. 1: Provinzen und Territorien Kanadas

Quelle: Statistics Canada: Canada Yearbook 1999: 22; Cansim, Matrices 6367–6379.

ckung von Cape Spear auf Neufundland (52° 37' westl. Länge) bis zum Mount Elias an der Grenze zu Alaska (141° westl. Länge) beträgt fast 90 Längengrade oder 5500 km Luftlinie.

Die weit nach Norden reichende Lage weist aus, dass große Teile des Landes zur arktischen und subarktischen Klimaregion gehören. Da die nördlichen Luftmassen durch keine Gebirge gebremst werden, können sie weit in die besiedelten südlichen Landesteile vordringen, sodass Kanada, abgesehen von kleineren Bereichen an den Küsten, ein Land des Nordens ist. Eine flächendeckende Landnutzung durch Ackerbau und Weidewirtschaft sowie ein dichteres Siedlungsnetz sind nur auf etwa 11 bis 12 % der Gesamtfläche möglich und beschränken sich auf den äußersten Süden im Grenzraum zu den USA (Abb. 1). Auch die Ökumene, die sich von der atlantischen bis zur pazifischen Küste erstreckt, wird durch die Ost-West-Dimensionen bestimmt: die Luftlinie beträgt über 5000 km, der verbindende Trans Canada Highway hat eine Länge von 7800 km, die kanadisch-amerikanische Grenze misst 6400 km, einschließlich der Grenze zu Alaska 8900 km. Zwischen beiden Küsten liegen 6 Zeitzonen, von der Newfoundland Standard Time im Osten über die Atlantic, Eastern, Central, Mountain bis zur Pacific Standard Time im äußersten Westen. Der Unterschied zur Mitteleuropäischen Zeit beträgt 3,5 in Neufundland, in Victoria 9 Stunden.

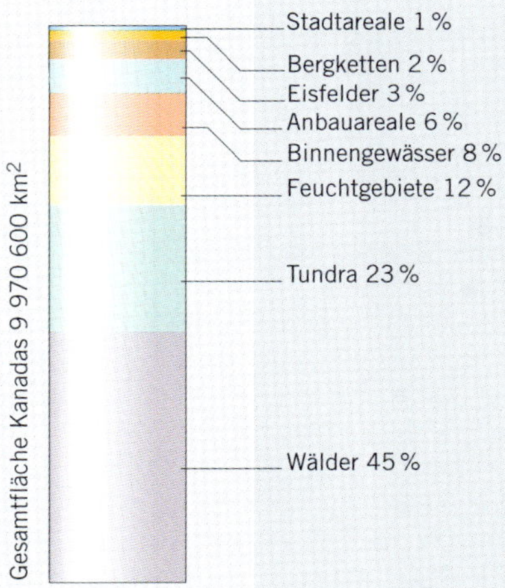

Quelle: Canada Yearbook 1997: 7.

***Abb. 1:** Aufteilung der Fläche Kanadas.*

Die großen Entfernungen zwischen den Siedlungsräumen (Tab. 2) wirkten sich schon im 19. Jh. aus, als bei der Gründung des Dominions der politische Zusammenhalt der Landesteile in Frage stand. Er konnte

	Edmonton	Halifax	Montreal	Ottawa	Quebec City	St. John's	Toronto	Vancouver	Winnipeg	Yellowknife
Edmonton		5082	3764	3574	4035	6212	3455	1244	1357	1511
Halifax	5082		1318	1508	912	1349	1857	6119	3726	6593
Montreal	3764	1318		190	270	2448	539	4801	2408	5275
Ottawa	3574	1508	190		460	2638	399	4611	2218	5086
Quebec City	4035	912	270	460		2208	810	5071	2678	5546
St. John's	6212	1349	2448	2638	2208		2987	7248	4855	7723
Toronto	3455	1857	539	399	810	2987		4492	2099	4966
Vancouver	1244	6119	4801	4611	5071	7248	4492		2232	2411
Winnipeg	1357	3726	2408	2218	2678	4855	2099	2232		2868
Yellowknife	1511	6593	5275	5086	5546	7723	4966	2411	2868	

Tab. 2: Entfernungen zwischen Städten in Straßenkilometern

Quelle: Canada Yearbook 1980/81: 553.

durch Verkehrsverbindungen erreicht werden, die damals wie auch heute hohe Anforderungen und Kosten beanspruch(t)en. Eine ebenso schwierige wie kostspielige Aufgabe ist die stärkere Einbindung des Nordens, wo die Bewohner in weit verstreuten Siedlungen leben und betreut werden müssen.

Neben den Schwierigkeiten, die in einem Flächenstaat besonders für Verkehr, Wirtschaft und Politik bestehen, bietet er eine regionale Vielfalt an Landschaften. Sie lassen sich in unterschiedlicher Weise wirtschaftlich einbeziehen und ergänzen sich. Kanada hat die Chancen, die der große Raum bietet, genutzt.

Regionen und Regionalismus

Regionen sind komplexe Gebilde, die von Umwelt, Geschichte und Wirtschaft und nicht zuletzt von den Bewohnern geprägt werden. Entsprechend kompliziert sind die Gewichtung der einzelnen Faktoren und eine räumliche Abgrenzung.

Von den verschiedenen Versuchen, Kanada in Regionen zu untergliedern, sollen hier nur einige aufgezeigt werden (Wonders 1982). Am gebräuchlichsten ist die Anlehnung an die politische Verwaltungsgliederung in Provinzen und Territorien. Dabei werden lediglich die vier atlantischen und die drei Prärieprovinzen als Einheiten gesehen und der Raum der Yukon- und Nord-West-Territorien sowie Nunavut als Canadian Northland zusammengefasst (Abb. 2). Da die Verwaltungseinheiten, die Provinzen, mit der Besiedlung eingerichtet wurden, spiegelt diese Gliederung gleichzeitig die Siedlungsräume wider. Allerdings ist die wirtschaftliche Ausrichtung heute differenzierter. So wird die Wirtschaft der Prärieprovinzen nicht mehr einheitlich vom Getreideanbau beherrscht, sondern es ist in Alberta die Erdölwirtschaft weitaus dominanter.

Natürlich stimmt die politisch-wirtschaftliche Unterteilung nicht oder höchstens nur partiell mit den naturgeographischen Grenzen überein. Das trifft besonders auf den Norden zu, wo der 60. Breitenkreis die subarktische Zone zerschneidet. Große Teile dieser Zone gehören sowohl zu Quebec, Ontario und den drei Prärieprovinzen wie auch zu den Nord-West-Territorien. So ist die südliche Abgrenzung der Region „Norden" unklar und offen.

Diese Situation versuchte als Erster R. Gayda (1960) zu lösen. Dabei geht er von der Bevölkerungs- und Siedlungsdichte aus, die er mit dem natürlichen Potential

Abb. 2: Politische Gliederung Kanadas: *Der Bundesstaat besteht aus 10 Provinzen und 3 Territorien im Norden mit einem abweichenden Status.*

Quelle: Department of Energy, Mines and Resources, Ottawa, MRC 18.

und seiner Nutzung verbindet. Die Gliederung zeigt zonal angeordnete Räume, in denen Bevölkerungsdichte und wirtschaftliche Aktivitäten von Süden nach Norden abnehmen (Abb. 3). Im Einzelnen werden vier Zonen unterschieden:

1. Die besiedelte und weitgehend in die wirtschaftliche Nutzung einbezogene Zone im Süden (Ecumene), die etwa 12 % der gesamten Landfläche umfasst. Hier sind Bevölkerung und Wirtschaft konzentriert, und fast ausschließlich liegen hier die Städte mit allen wichtigen Funktionen.
2. In der anschließenden Zone des „Nahen Nordens" nehmen Bevölkerungsdichte und Siedlungen erheblich ab. Wenige Stichbahnen und -straßen führen zu den inselhaft und weit auseinander liegenden Standorten der Wirtschaft. Es sind vor allem Erzförderung und -aufbereitung, Holzeinschlag und Verarbeitung zu Zellulose und Papier sowie Wasserkraftwerke. Eine landwirtschaftliche Nutzung ist nur auf einigen zusammenhängenden Flächen möglich.
3. Die Zone des „Mittleren Nordens" nimmt über die Hälfte des kanadischen Landareals ein. Siedlungen und Wirtschaft beschränken sich hier auf wenige Standorte des Bergbaus, die vor allem im Westen und um den Great Slave Lake mit Yellowknife liegen, und auf die Gewinnung von Hydroenergie an Flüssen, vor allem an der östlichen James Bay. An den Küsten des Festlandes im Norden, an der Hudson Bay und am Atlantik leben in kleinen Siedlungen Inuit, die Fischfang und Jagd betreiben. Der größte Teil dieser Zone ist nur wenig erschlossen.
4. Der „Ferne Norden" umfasst die arktischen Inseln einschließlich eines Teils

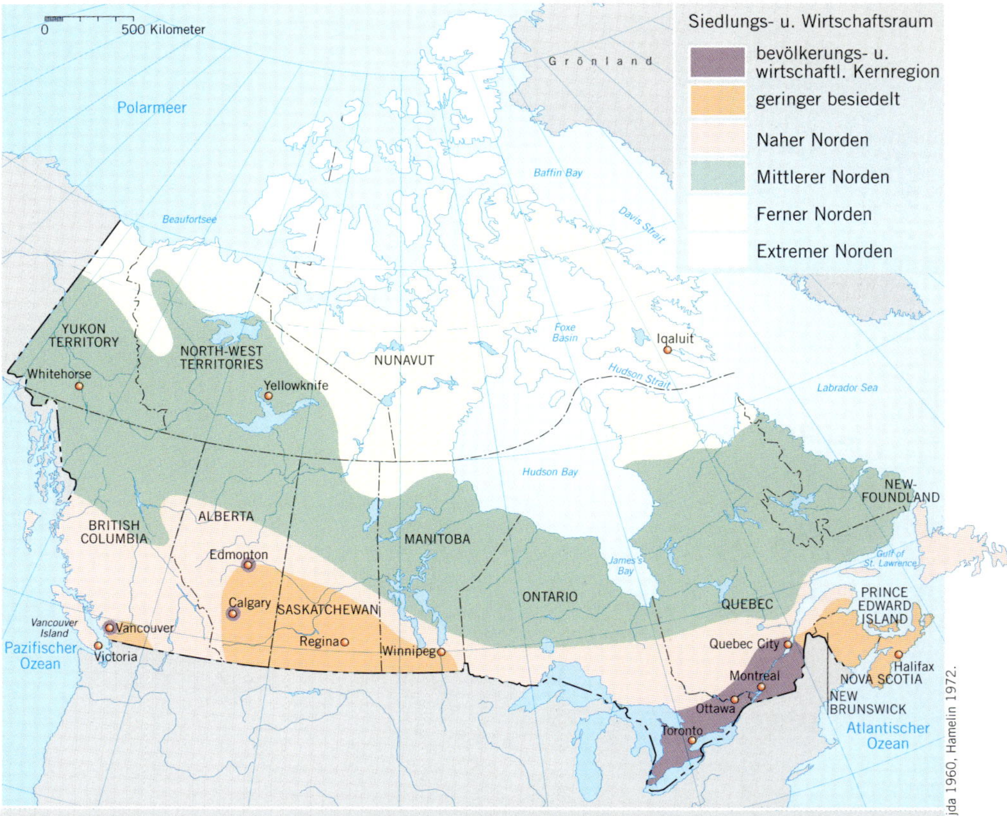

Abb. 3: Siedlungs- und wirtschaftsräumliche Gliederung Kanadas: *Die flächenhaft besiedelte und bewirtschaftete Ökumene im Süden umfasst etwa 12 % der Landesfläche.*

Quelle: Gajda 1960, Hamelin 1972.

von Baffin Island. Abgesehen von vereinzelten Standorten des Bergbaus ist eine wirtschaftliche Tätigkeit ausgeschlossen. Die Intensitätszonen von Wirtschaft und Bevölkerung machen deutlich, dass Kanada ein Land des Nordens ist und der flächendeckende Wirtschafts- und Siedlungsraum ein relativ begrenztes Areal einnimmt. Mit diesen Aussagen ist der Gliederungsentwurf der geographischen Situation des Landes durchaus angepasst.

Von den weiteren regionalen Gliederungen sei die von L. D. McCann (1987: 27ff.) angeführt, die sich an das Kern-Peripherie-Modell Friedmans anlehnt und Kernzone (Heartland) und Hinterland trennt. Allerdings fordert das Konzept eine laufende zeitliche Anpassung an die wirtschaftlichen Entwicklungen in den einzelnen Teilbereichen, um regionale Veränderungen berücksichtigen zu können (Marr 1988).

Die Hinweise sollten zeigen, dass nach den zugrunde gelegten Faktoren und deren Gewichtung zahlreiche Regionalisierungen vorgenommen werden können. Jedes Konzept vermittelt bestimmte Einsichten, weist aber auch Wertungen und Kompromisse auf, wodurch manche Abgrenzungen fraglich erscheinen. Wenn auch damit die Aussage eingeschränkt wird, bleibt doch die Gliederung von Räumen grundsätzlich notwendig. Die gewachsene politische Aufteilung Kanadas in Provinzen bzw. Gruppen von Provinzen bietet – im Gegensatz zu vielen anderen Ländern – durchaus eine Grundlage für die Regionalisierung, zumal damit auch siedlungshistorische und ethnische Entwicklungen erfasst werden. Nicht zuletzt fühlen sich mit diesen Räumen auch die Bewohner verbunden, wofür die Provinz Quebec ein besonders deutliches Beispiel ist.

NATURRAUM UND NATÜRLICHE POTENTIALE

Bild 2: *Rocky Mountains, Lake Moraine im „Valley of the Ten Peaks" der über 3000 m hohen Bow-Kette.*

Überblick

- Die weite Fläche Kanadas schließt sieben geologische Großeinheiten ein, die sich um den Kanadischen oder Präkambrischen Schild legen: drei Ebenen mit mächtigen Sedimentschichten und die Gebirgszüge der Appalachen, Kordilleren und Innuitians im Norden. Im Pleistozän war das Land von Inlandeis bedeckt. Die unterschiedlichen Naturräume bieten reiche und vielfältige Bodenschätze.
- Durch die Lage im Gradnetz sind arktische und subarktische Klimate verbreitet, während nur der besiedelte Süden im kühl-gemäßigten Bereich liegt. Entsprechend nehmen die offene Tundra und Wälder große Flächen ein; sie grenzen im Süden an die natürliche Grassteppe der Prärien. Diese und ein Teil der Wälder sind heute Kulturland mit fruchtbaren Böden. Der Wald bietet ein großes Reservoir an Holzbeständen.
- Während den europäischen Kolonisten das natürliche Potential als unbegrenzt erschien, haben sich in neuerer Zeit ein nachhaltiger Umweltschutz und die geplante Nutzung der Ressourcen durchgesetzt. Die von vielen Umweltgruppen erhobenen Forderungen sind in einen von der Regierung finanzierten „Grünen Plan" eingebracht worden.
- Um die ausgewiesenen 39 Naturregionen zu repräsentieren, sollen in jeder von ihnen Nationalparks eingerichtet werden. Seit 1885 sind insgesamt 38 Parks gegründet worden, in denen die Natur geschützt wird, die aber auch gleichzeitig für Besucher offen sind. Für attraktive und gut erreichbare Parks ergeben sich damit Konflikte, die ein besonderes Management erfordern.

0
500 Kilometer
180°
70°
170°
160°
150°
140°
60°
50°
120°
110°
100°
90°
Polarmeer
Polarkreis
BROOKS RANGE
Yukon
Porcupine
Beaufortsee
Ellesmere Island
Devon Island
Baffin Bay
Banks Island
Victoria Island
Baffin Island
Foxe Basin
Great Bear Lake
Mackenzie
YUKON TERRITORY
MACKENZIE MOUNTAINS
Whitehorse
Yellowknife
NORTH-WEST TERRITORIES
NUNAVUT
ROCKY MOUNTAINS
COAST MOUNTAINS
BRITISH COLUMBIA
Prince George
Fraser
Peace
ALBERTA
Edmonton
N. Saskatchewan
Calgary
SASKATCHEWAN
S. Saskatchewan
Regina
Lake Winnipegosis
Lake Winnipeg
Lake Manitoba
Winnipeg
MANITOBA
Churchill
Nelson
Severn
Albany
ONTAR
Hudson Bay
Lake Superior
Lake Michigan
Vancouver Island
Vancouver
Victoria
Pazifischer Ozean
Columbia
Kanadischer Schild:
Kazan-Region
James-Region
Hudson-Region
Laurentian Region
Davis-Region
Küstenebenen:
Pazifische Küstenebene
Arktische Küstenebene
Ebenen/Tiefland:
St.-Lorenz- und Südontario-Tiefland
Innere Ebenen
Arktisches Tiefland
Gebirge:
Appalachen
Kordilleren
Innuitians

Abb. 4: Morphologisch-geologische Regionen Kanadas: *Geologischer Kern ist der Kanadische Schild, um den sich Sedimentationströge und randliche Gebirge legen.*

Quelle: National Atlas of Canada, 1974, S. 5/6.

Geologisch-geomorphologische Gliederung

Kern und geologisch ältester Teil des nordamerikanischen Kontinentes ist der Kanadische Schild (Abb. 4). Er nimmt den größten Teil Kanadas ein und greift in den Superior Uplands im Bereich der westlichen Großen Seen und in den Adirondacks östlich des Ontariosees auf die USA über. Das Bestehen dieses verfestigten Gesteinskörpers (Kraton) kann bis in die frühesten geologischen Zeitepochen, bis ins Archaikum, nachgewiesen werden. Eine jüngste und letzte Faltung (Orogenese) erfolgte noch vor dem Kambrium, d. h. vor 800 bis 1100 Mio. Jahren. Seitdem ist der Raum, von einzelnen Brüchen abgesehen, stabil. Eine weitgehende Abtragung ließ ihn zum Materiallieferanten werden. In der Tiefe setzt sich der Kanadische Schild weit nach Westen und Süden fort, und auch der größte Teil von Grönland ist einbezogen.

Die um den Schild liegenden geologischen Einheiten werden als *border lands* bezeichnet. Dazu gehört ein innerer Kranz von Tiefländern und Plateaus: im Norden das Arktische Tiefland, im Westen die breiten und sich nach Süden fortsetzenden Inneren Ebenen (Interior Plains), im Südosten das St.-Lorenz-Tiefland, das über Südontario in das Zentrale Tiefland der USA südlich der Großen Seen führt. Die Flachlandregionen im Bereich des kratogenen Schelfs sind Tafelländer. Auf dem präkambrischen Untergrund, der treffend als *buried platform* bezeichnet wird, lagerte sich eine mächtige Folge von Sedimenten ab. Dabei wechseln marine Fazies, die in vordringenden Meeren abgesetzt wurden, mit terrestrischen Bildungen, die von den höher gelegenen Teilen des Schildes und den sich später bildenden Gebirgen stammen. Die Ablagerungen umfassen Formationen des Paläozoikums und Mesozoikums und reichen bis ins Tertiär. Die mächtige Schichtenfolge ist kaum gestört und weitgehend horizontal gelagert.

Der äußere um den Schild gelegene Ring geologischer Einheiten umfasst Gebirge mit eingeschlossenen Hochplateaus: die Appalachen im Südosten, die Arktischen Innuitians und die Kordilleren im Westen. Sie hängen nicht zusammen und weisen aufgrund verschiedener Entstehungszeiten und Abtragungsbedingungen eine unterschiedliche morphologische Formung auf. Die Appalachen sind Teilstück eines Gürtels, dessen Faltung sich im Paläozoikum, in der kaledonischen und varistischen Gebirgsbildung, vollzog. Der kanadische Bereich ist stark abgetragen und als Rumpfgebirge zu kennzeichnen. Die nördlichen Innuitians, auch als Franklin-Orogen bezeichnet, sind ebenfalls im Paläozoikum gefaltet worden; durch Lage und Vergletscherung bedingt, weist das Relief hochalpine Formen auf. Die Kordilleren im Westen sind dagegen ein jüngeres Gebirge, dessen Faltung ins Mesozoikum und Alttertiär mit der nevadischen und laramischen Gebirgsbildung erfolgte. Hochaufragende Ketten und eingeschlossene Plateaus bestimmen den Gebirgscharakter; die Formen sind in mancher Beziehung denjenigen der europäischen Alpen vergleichbar.

Die genannten Bauelemente haben sich in langen geologischen Zeiträumen herausgebildet und sind eigenständige Regionen mit unterschiedlichem Alter.

Kanadischer Schild

Mit über 5 Mio. km^2 und einem Flächenanteil von 43 % ist der Kanadische Schild die größte Region des Landes. Die Abgrenzung im Westen verläuft durch den Great Bear Lake und den Great Slave Lake sowie am Ostrand des Lake Winnipeg; im Süden besteht eine deutliche Markierung gegenüber den relativ kleinen Tiefland-Regionen in Südontario und am St. Lorenz. Der Terminus Schild lässt eigentlich eine domartige Aufwölbung zur Mitte hin erwarten, jedoch ist gerade hier die zentral gelegene Hudson Bay tiefer gelagert.

Es ist bereits angedeutet worden, dass die Bildung des Kanadischen Schildes bis in die ältesten geologischen Zeiten zurückreicht und dass dieser Raum seitdem im Wesentlichen stabil geblieben ist und abgetragen wurde. An Gesteinen herrschen Granite und Gneise des Archaikums vor, in die Grauwacken, metamorphisierte Sandsteine oder Laven eingeschaltet sind. Daneben finden sich Serien von Konglomeraten, Sand- oder Kalksteinen, die später abgelagert wurden und oft weniger beansprucht sind.

Die Gesteinsunterschiede, die lange Zeit der Abtragung und Einebnung sowie die pleistozäne Vereisung haben die Oberflächengestaltung des Schildes bestimmt (Bild 3). Allgemein kann man von einer Fastebene sprechen, die sich aus zahllosen flachen Rücken glatt geschliffener Felsen und dazwischen liegenden Hohlformen zusammensetzt. Die Meereshöhe liegt zwischen 200 und 600 m und dacht sich zur Hudson Bay ab. Im Einzelnen ist der morphologische Formenschatz jedoch vielfältiger und lässt sich nach den Gesteinsunterschieden differenzieren. Auffallend sind die stark herausgehobenen Ränder des Schildes. Sie erreichen in den vergletscherten Penny Mountains (Baffin Island) 2057 m, in den Torngate Mountains an der Ostseite von Labrador 1652 m und in den am südlichen Rand gelegenen Adirondacks (USA) 1629 m. Die Gebirge im Osten fallen meist steil zur atlantischen Küste mit weit eingeschnittenen Fjorden ab. Am tiefsten gelegen ist die zentrale Hudson-Region mit der Bucht und dem im Südwesten anschließenden Tiefland. Die Wassertiefe liegt durchschnittlich bei 100 m, im nördlichen Teil beträgt sie maximal 230 m. Im Einzelnen scheint sich die Struktur des Schildes mit lang gestreckten Erhebungen und eingeschnittenen Tälern auch im Untergrund der tektonisch angelegten Mulde fortzusetzen. Das sog. Hudson Bay-Tiefland, das nach dem Rückzug des Eises überschwemmt (Tyrrell-Meer) und mit marinen Ablagerungen bedeckt wurde, ist durch die postglaziale Landhebung trocken geblieben. Das im Allgemeinen ebene Relief ist von einzelnen flachen Rücken durchsetzt; eingeschaltet sind ausgedehnte Sümpfe. Gut erkennbare ehemalige Strandwälle zeigen den phasenhaften Rückzug des Meeres aus diesem Bereich an.

Durch das Eis wurden der Verwitterungsschutt, der besonders in Hohlformen abgelagert war, ausgeräumt und die Felsrücken geschliffen. Damit ist das Relief gleichsam schärfer herausgearbeitet worden. Nachhaltig wurde das Gewässernetz durch Übertiefung bzw. Abdämmen bestehender Täler beeinflusst. So haben sich in den Hohlformen zahlreiche linear verlaufende Seen gebildet, die gebietsweise über ein Viertel der Fläche einnehmen. Das Flussnetz ist

Quelle: Dietbert Thannheisser, Hamburg.

Bild 3: *Kanadischer Schild, Nordwest-Territorien. Vom Eis geschliffene Felsen, in Hohlformen mit Bodenbildungen, Fichten wachsen (*picea glauca*).*

weit verzweigt und unausgeglichen; Stromschnellen und Wasserfälle sind häufig. Hervorzuheben sind ausgedehnte Drumlinfelder und Oszüge, die besonders westlich der Hudson Bay und in Nordquebec vorkommen; ferner tonige Ablagerungen in ehemaligen Eisstauseen, wie z. B. im Clay Belt.

Die Bedeutung des Kanadischen Schildes für die Wirtschaft bezieht sich vor allem auf den außerordentlichen Reichtum an Erzen. Die geologische Exploration hat um die Mitte des 19. Jh.s durch den Begründer des Geological Survey of Canada, Sir William Logan, eingesetzt. Seine Berichte haben zahlreiche „Erzsucher" angeregt; hinzu kamen Funde beim Eisenbahnbau seit den 1880er-Jahren. Systematische Explorationen wurden erst später durch technische und wissenschaftliche Fortschritte in Geologie, Geophysik und Geochemie möglich.

Die Palette der Bodenschätze des Kanadischen Schildes ist außerordentlich breit; sie umfasst vor allem Metallerze, aber auch andere Mineralien für eine industrielle Verwertung, wie Asbest, Feldspat, Graphit und Glimmer. Die wichtigsten Vorkommen sind Eisen, Nickel, Kupfer, Zink, Gold, Uran (U 308), Platin und Silber. Weiterhin werden in geringeren Quantitäten und zum Teil als Beiprodukte u. a. gewonnen: Blei, Magnesium, Cadmium, Kobalt, Titan, Molybdän, Lithium, Selen und Tellur. Die Standorte der Erzförderung befinden sich vor allem in den randlichen Bereichen des Schildes.

Ein weiterer Gunstfaktor für die Wirtschaft sind die zahlreichen Flüsse mit ihrer starken und steten Wasserführung. Dienten sie früher als Verkehrswege und zum Flößen von Holz, ist im 20. Jh. ihr Wert für die Energiegewinnung erkannt und in steigendem Maße genutzt worden. Die Standorte der Stauwerke breiteten sich vom südlichen Rand des Schildes, wo nahe gelegene Städte mit Strom versorgt wurden, immer weiter nach Norden aus. Abnehmer der billigen Energie wurde zunehmend die Industrie, vor allem die Papier- und Aluminiumproduktion. In das natürliche Potential des Kanadischen Schildes sind schließlich auch die umfangreichen Wälder einzubeziehen, die besonders zur Zellulose- und Papierherstellung genutzt werden.

Es sei zusammenfassend hervorgehoben, dass die Region des Kanadischen Schildes ganz überwiegend Naturraum geblieben ist. Eine flächenhafte wirtschaftliche Einbeziehung ist nicht möglich, eine Besiedlung konnte nur randlich und punkthaft erfolgen. Das natürliche Potential dieses Raumes, Erzlager und Wälder sowie ein Überfluss an Hydroenergie, ist jedoch von hohem Wert und bedeutet einen starken Rückhalt für die kanadische Wirtschaft.

Innere Ebenen

Die Region der Inneren Ebenen (Interior Plains) hebt sich als geologisch-morphologische Einheit deutlich von dem angrenzenden Kanadischen Schild im Osten und den Gebirgsketten im Westen ab (Bild 4). Sie erstreckt sich vom Arktischen Meer über 2600 km bis zur Staatsgrenze zu den USA, wo sie sich weiter nach Süden fortsetzt. Vom kanadischen Territorium nimmt sie rd. 15 % ein.

Der geologische Untergrund des Raumes besteht aus einer mächtigen Folge von Sedimenten, die auf dem leicht nach Westen einfallenden Felsuntergrund des Schildes abgelagert sind. Verbreitet sind vor allem Serien des Devons, in die an Riffbildungen umfangreiche Erdöl- und Erdgasvorkommen eingeschlossen sind. Das trifft ebenfalls für die ausgedehnten Ablagerungen der Kreide zu. Den Abschluss der Sedimentfolge bilden im weitaus größeren Teil Schichten der oberen Kreide in vorwiegend sandig-konglomeratischer Ausbildung. Tertiäres Material findet sich in kleineren Arealen im Süden und Westen. Die heutige Oberfläche wurde wesentlich durch die pleistozäne Vereisung mitgestaltet, durch die Material in wechselnden Mächtigkeiten zur Ablagerung kam.

Wie in den USA sind auch die südlichen Bereiche der Ebenen Kanadas morphologisch als eine weitgespannte Schichtstufenlandschaft zu kennzeichnen. Insgesamt bestehen drei Flächen (Schichttafeln), die durch zwei sich deutlich abhebende Stufen getrennt werden (Abb. 5): Im Osten, an den Kanadischen Schild grenzend, erstreckt sich als erste Fläche ein Tiefland, das von Süden nach Norden als Manitoba, Saskatchewan und Slave Lowland bezeichnet wird. Es liegt in einer durchschnittlichen Höhenlage von weniger als 300 m. Große Teile wurden von dem ehemaligen Eisstausee

Bild 4: *Region der Inneren Ebenen, Südalberta, in Kulturland umgewandelte Grassteppe.*

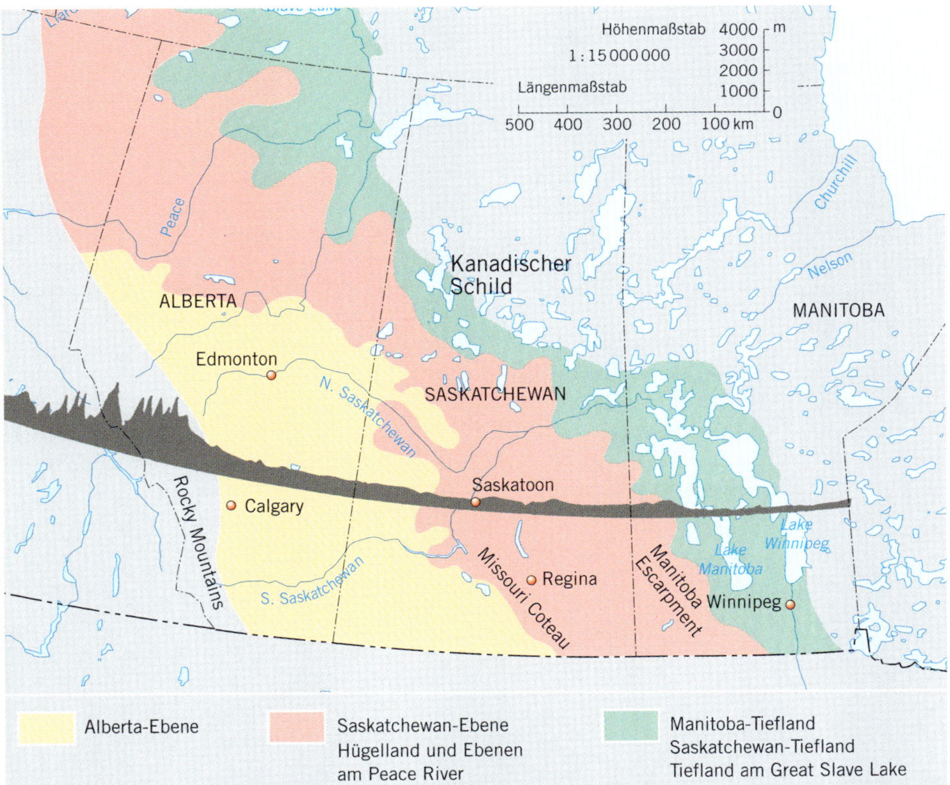

Quelle: BIRD 1980, S. 160; National Atlas Of Canada.

Abb. 5: Natürliche Regionen und Höhenprofil der südlichen Inneren Ebenen: *Die sich über 1300 km erstreckenden Inneren Ebenen steigen nach Westen an; sie bilden eine weitgespannte Schichtstufenlandschaft.*

Quelle: Christoph Stadel.

Bild 5: *Riding Mountains, bis 600 m aufragende Schichtstufe des Manitoba Escarpment, Innere Ebenen.*

Lake Agassiz eingenommen, und es bildete sich besonders im südlichen Manitoba eine äußerst flache und einförmige Landschaft mit mächtigen deltaförmigen Aufschüttungen. Die Flüsse haben sich nur wenig in den Untergrund eingeschnitten. Ihre flachen und weiten Täler sind immer wieder Überschwemmungen ausgesetzt und mussten durch kostspielige Deichbauten abgesichert werden.

Das Tiefland wird im Westen von einer markanten Stufe, dem Manitoba Escarpment, begrenzt, das von härteren Sedimenten der Kreide gebildet wird (Bild 5). Die nach Osten gerichtete Stufenfront erhebt sich zwischen 200 und 500 m über dem Tiefland, im Maximum werden über 800 m über NN erreicht. Durch Flüsse ist sie in verschiedene Hügelgruppen, wie die Pembina, Riding, Duck und Porcupine Mountains aufgelöst; insgesamt erstreckt sie sich über 800 km.

Nach Westen zu schließt sich die Saskatchewan-Ebene an. Vom Tiefland der ersten Fläche unterscheidet sie sich deutlich durch die Höhenlage zwischen 300 und 600 m und ein abwechslungsreicheres Relief. Hier wechseln höher gelegene Areale mit welligen Grundmoränen und extrem flachen Böden ehemaliger Eisstauseen, wie etwa im Umkreis von Regina. Die Oberfläche wird modifiziert durch einen glazialen Formenschatz mit sandigen Rücken, Toteislöchern, Dünenfeldern usw., wie auch durch Abflussrinnen, die häufig tief eingeschnitten sind. Die Begrenzung der Saskatchewan-Ebene im Westen erfolgt durch das Missouri Coteau, einer Hügelkette, die vor allem im Süden relativ geschlossen ist und hier rd. 750 m Höhe erreicht. Allerdings tritt die Stufe nicht so deutlich wie das Manitoba Escarpment in Erscheinung.

Die dritte Fläche, die Alberta-Ebene, liegt in einem durchschnittlichen Niveau von 600 bis 900 m. Verbreitet sind hügelige Grundmoränenbereiche sowie Resthügel und Plateaus, die teils aus tertiärem Material aufgebaut sind. Beispiel sind die bis 1470 m aufragenden Cypress Hills im Süden, die sich mit ihrem Waldbestand auffallend von der Umgebung abheben. Sie werden als Nunatak angesehen, die keine Eisdecke getragen haben. Reliefprägend sind ferner Einschnitte durch fließendes Wasser. Es können ehemalige Abflüsse von Schmelzwässern (Coulees) sein, die heute trocken sind und meistens nach Süden weisen, oder es sind bestehende Flüsse, die aus dem nahe gelegenen Gebirge kommen und sich tief in den wenig widerstandsfähi-

Bild 6: *Bis 120 m eingeschnittene Badlands bei Drumheller, Südalberta, Fundort von Dinosaurierskeletten.*

gen Untergrund der Kreidesedimente eingeschnitten haben. An verschiedenen Stellen, wie am Milk River und besonders am Red Deer, wurden sog. Badlands ausgebildet, die bei Drumheller bis 120 m tief eingeschnitten sind (Bild 6). Seit den ersten Ausgrabungen von J. B. Tyrell (1884) konnten hier Knochen und Skelette von 38 Dinosaurierarten gefunden werden. Damit ist der seit 1955 bestehende Dinosaurier-Provinzpark von großer paläontologischer Bedeutung und eine der wichtigsten Fundstellen der Welt. 1979 wurde er in die UNESCO-Liste des Welterbes aufgenommen. Ein Teil der Funde wird im *Royal Tyrell Museum of Palaeontology* in Drumheller ausgestellt (UNESCO-Liste 1999: 84f.). Nach Westen nehmen Höhe und Relief zu; zwischen der Alberta-Ebene und der ersten Gebirgskette, den Rocky Mountains, liegt mit Höhen um 1500 m die Fußhügelzone.

Die beschriebenen südlichen Teile der Inneren Ebenen unterscheiden sich besonders klimatisch und vegetationsmäßig von den nördlichen Bereichen. Auch verläuft die Entwässerung in verschiedene Richtungen. Während der Süden ganz überwiegend durch die Fluss-Systeme des South und North Saskatchewan zur Hudson Bay ausgerichtet ist, entwässert der nördliche Teil durch das umfangreiche Einzugsgebiet des Mackenzie-Flusses zum Arktischen Ozean. Mit 4240 km (einschl. Slave, Peace und Finlay River) ist er der längste Fluss Kanadas, sein Einzugsbereich umfasst etwa 1,8 Mio. km^2.

Das Tiefland am unteren Mackenzie gehört zusammen mit dem Yukon-Becken zu den großen Aufschüttungsebenen der Polar- und Subpolarregion, wo vor allem glaziale und fluviale Sedimente zur Ablagerung kamen. Heute herrscht hier Abtragung durch Flüsse vor, die die Ebenen in weiten Mäandern durchziehen. Jährlich werden große Talbereiche überschwemmt, da die Schneeschmelze am südlicher gelegenen oberen Flussabschnitt einsetzt, während der Unterlauf noch nicht eisfrei ist. Die breiten Überschwemmungszonen sind deutlich eingetieft. Auf den Böschungen finden sich periglaziale Kleinformen wie Eiskeile, Steinstreifen usw., die auf Frosteinwirkungen zurückgehen.

Von den natürlichen Ressourcen der Inneren Ebenen war zunächst die Eignung für die Landwirtschaft wichtig. In großen Teilen ermöglichen fruchtbare Böden und ausreichende klimatische Bedingungen den Anbau von Getreide, wodurch das Präriegebiet zu einer der bedeutendsten Weizen-

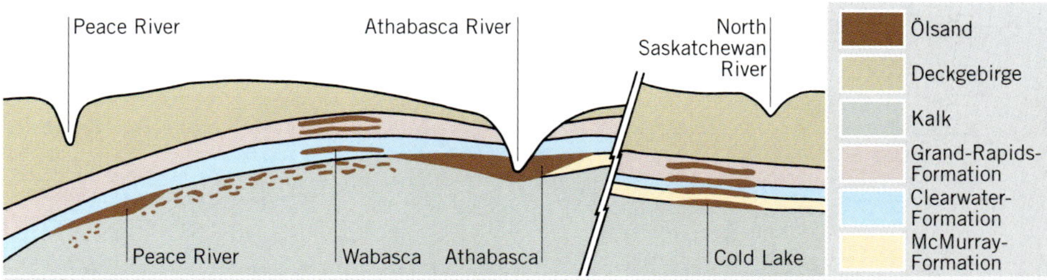

Abb. 6: Geologisches Profil der Ölsandlagerstätten Albertas (schematisiert): *Eine Nutzung der umfangreichen Vorkommen hat erst in neuerer Zeit begonnen.*

Quelle: McRory 1982:16; Niemz 1991.

kammern der Erde wurde. Das relativ ebene Gelände erleichterte zudem den Einsatz großer Maschinen.

In neuerer Zeit war die Suche nach Bodenschätzen erfolgreich. Dabei handelt es sich hauptsächlich um Erdöl und Erdgas, die vor allem an die Sedimentablagerungen des Devon und der Kreide gebunden sind. Der Kreideformation gehören ferner mächtige Vorkommen bitumenhaltiger Sandsteine (tar sands) im nördlichen Alberta an, mit deren Abbau erst vor einigen Jahren begonnen wurde (Abb. 6). Ebenfalls in Kreide- und Tertiärschichten sind Braunkohlevorkommen eingelagert, die in Alberta und Saskatchewan erschlossen werden konnten. In mitteldevonischen Ablagerungen Südsaskatchewans sind schließlich ausgedehnte Kalisalzlager mit einem K_2O-Gehalt von 25–35 % entdeckt worden.

Damit bieten die Inneren Ebenen Kanadas ein natürliches Potential, durch das die Erzvorkommen des Kanadischen Schildes vorteilhaft ergänzt werden.

Tiefland am St. Lorenz und Südontarios

Mit knapp 3 % Anteil am kanadischen Raum ist diese Region relativ klein. Sie umfasst einen schmalen Bereich beiderseits des St. Lorenz, der im Süden durch höher gelegene hügelige Gebiete der Appalachen und im Norden sehr markant durch den Kanadischen Schild begrenzt wird. Losgelöst im Osten, wird die im St.-Lorenz-Golf gelegene Insel Anticosti zur Region gerechnet, die zum größten Teil flach und stark versumpft ist. Ein Ausläufer des Schildes, die Frontenac Axis mit den Adirondacks, trennt diesen Bereich von einem zweiten, der Halbinsel von Südontario, die zwischen Ontario-, Erie- und Huron-See liegt und im Norden ebenfalls vom Schild begrenzt wird.

Wie in den Inneren Ebenen wurden auch in dieser Region auf dem Untergrund des Kanadischen Schildes Sedimente abgelagert, die vor allem dem Paläozoikum angehören. Bewegungen im Untergrund und vulkanische Intrusionen haben im Mesozoikum stattgefunden. Durch Erosion der weicheren Sedimente in ihrer Umgebung wurden Vulkankuppen herauspräpariert, die als Monteregian Hills zusammengefasst werden. Von ihnen ist der inmitten des Stadtgebietes von Montreal gelegene Mont Royal (234 m) am bekanntesten. In Südontario sind äußerst widerstandsfähige Kalkablagerungen des Silur zu Stufen herausgebildet worden (Abb. 7), die morphologisch markant in Erscheinung treten. Das trifft besonders für das Niagara Escarpment zu, das vom harten Lockport-Dolomit gebildet wird. Die Stufe verläuft vom US-Staat New York (nahe Rochester) über die Niagara-Fälle und Hamilton bis Dundas, wo sie nach Norden umbiegt und an der äußersten Spitze der Insel Manitoulin im Huron-See endet. Geschlossenheit und Höhe wechseln; auf der Niagara-Halbinsel werden bis 100 m, in den Blue Mountains bei Collingwood bis 600 m über NN erreicht. Die Stufe liegt hier mehr als 300 m über dem Wasserspiegel der Georgian Bay und ist durch steile Kliffs mit tiefen Einschnitten (caves) gekennzeichnet.

Zu den besonderen und attraktiven Ausbildungen an der Niagara-Stufe gehören die gleichnamigen Wasserfälle am Schnittpunkt der Stufe mit dem Niagara-Fluss, der Erie- und Ontario-See verbindet (Bild. 7). Durch eine Insel im Fluss, Goat Island, voneinander getrennt, entstanden die amerikanischen Fälle (64 m hoch, rd. 300 m breit)

Bild 7: *Niagara-Fälle, „Horseshoe Falls" auf kanadischer Seite mit 54 m Höhenunterschied.*

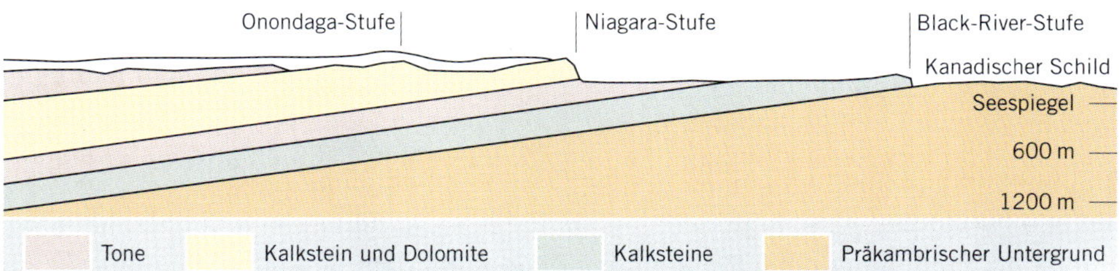

Abb. 7: Geologisches Profil der Stufenlandschaft im südwestlichen Ontario: *Wechselnde Gesteinsschichten bestimmen die Geomorphologie mit Flächen und herausragenden Stufen.*

und die kanadischen Fälle (54 m hoch, rd. 675 m breit), die nach ihrer halbkreisartigen Form *Horseshoe Falls* genannt werden. Über sie fließt der überwiegende Teil der Wassermenge von ca. 6000 m^3/Sek. ab. Unterhalb der Fälle hat sich eine bis zu 75 m tiefe, steilwandige Schlucht (Niagara Gorge) gebildet, die sich etwa 11 km bis Lewiston erstreckt. Sie ist durch rückschreitende Erosion entstanden, wobei die obere harte Dolomitschicht unterhöhlt wird und in größeren Zeitabständen abbricht (Abb. 8).

Die Herausbildung der Fälle erfolgte mit dem Rückzug der letzten Inlandvereisung im späten Wisconsin vor etwa 10 000 Jahren, als sich der Abfluss der Seen auf den heutigen Stand regulierte. Die durchschnittliche Rückverlegung läßt sich mit etwa 1,20 m pro Jahr ermessen (Angaben nach Canadian Encyclopedia 1999).

Die Grundzüge der Morphologie im Gebiet des St. Lorenz und Südontarios lagen vor der pleistozänen Vereisung fest, doch ist die Ausgestaltung der heutigen Ober-

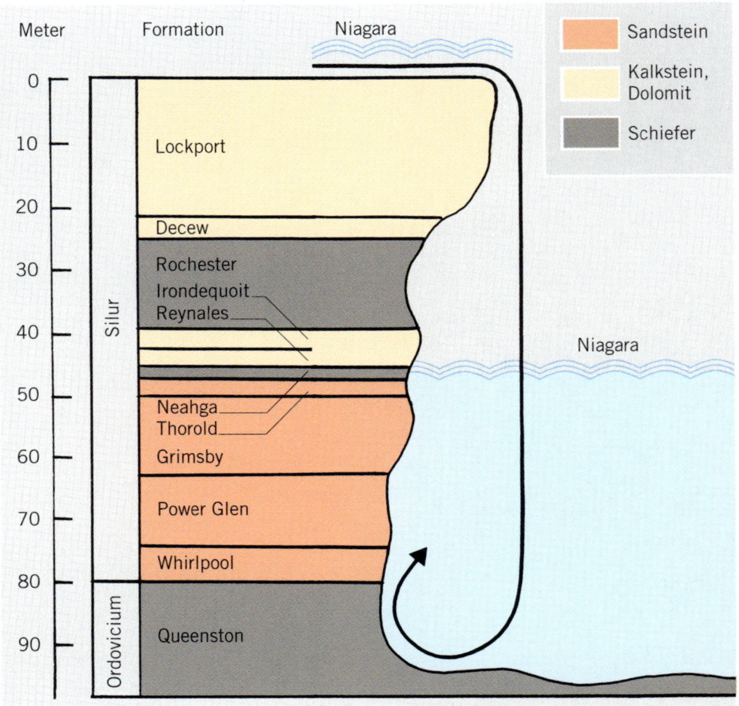

Abb. 8: Geologisches Profil der Niagara-Stufe an den Wasserfällen: *Die auffälligste Stufe verläuft zwischen Ontario- und Eriesee, sie wird durch den Niagara-Fluss mit den weltbekannten Wasserfällen zurückverlegt.*

fläche durch das Inlandeis erfolgt. Für den östlichen Bereich der Region, das St.-Lorenz-Tiefland (Bild 8), war vor allem die Bildung des Champlain-Meeres bedeutsam, von dem die allgemein sehr ebene Oberfläche geprägt wurde. In Südontario, wo die genannten Kalkstufen das Relief modifizieren, haben zudem glaziale Bildungen eine abwechslungsreiche Landschaft geschaffen. Moränen wechseln mit flachen, von ehemaligen Seen bedeckten Bereichen; Abflussrinnen, Drumlinfelder und andere Formen sind verbreitet. Die Ufer der Seen fallen vielfach steil ab (bluffs), häufig finden sich fossile Kliffs, die einen ehemaligen Stand der Seespiegel anzeigen.

Das natürliche Potential der Region umfasst nur geringe Bodenschätze, zu denen ein Vorkommen des Metalls Niobium (Columbium) bei Oka (westlich von Montreal) gehört; ferner Salz und Gips, Kalkstein, Kiese und Sande. Auch Erdöl und Erdgas werden in kleinen Mengen bei Sarnia in Südontario gefördert. Gunstgebiete für eine intensive Landwirtschaft liegen im engeren St.-Lorenz-Tal und Teilen Südontarios, wie z. B. auf der Niagara-Halbinsel, in der Umgebung Torontos oder im Westen. Hier haben sich zum Teil auf ehemaligem Seeuntergrund feinstrukturierte Böden ausgebildet, die bei sorgfältiger Regulierung des Wasserhaushaltes einen Anbau von Spezialkulturen ermöglichen und gute Ernten erbringen.

Hervorragender Gunstfaktor des Raumes am St. Lorenz und im Bereich der Großen Seen ist jedoch die Verkehrslage. Mit einer Länge von über 3000 km bietet der St.-Lorenz-Strom einen natürlichen Zugang vom Atlantik bis weit in das Landesinnere. Seine Breite ist wechselnd, teils durch Seen erweitert oder in Höhe der Stadt Quebec auf etwa 1,5 km eingeengt. Nachteile bestehen allerdings durch Stromschnellen, die Umgehungen erfordern, sowie eine etwa 4 Monate andauernde Vereisung.

Appalachen

Die Appalachenregion nimmt den östlichsten Bereich Kanadas ein. Sie schließt an das Tiefland des St. Lorenz an und umfasst die Gaspé-Halbinsel und die südlichen Grenzbereiche des St.-Lorenz-Golfes mit den Atlantischen Provinzen. Der Anteil der

Bild 8: *St.-Lorenz-Tiefland mit der bewaldeten Stufe zum Kanadischen Schild in Quebec.*

Fläche am kanadischen Gesamtraum ist mit 4 % relativ gering. Nach Süden findet die Region in den Neuenglandstaaten der USA ihre natürliche Fortsetzung.

Durch die Gebirgsbildung am Ausgang des Paläozoikums (kaledonische Faltung) sind vor allem altpaläozoische Sedimente gefaltet und metamorphisiert worden, ferner kam es zu granitischen Intrusionen. Es folgte eine lange Periode der Abtragung, unterbrochen von Hebungen und Bruchbildungen im Tertiär, wodurch die Abtragungsflächen stark zerschnitten wurden. Die geologische Entwicklung hatte eine komplizierte Lagerung der Gesteine – Kalke, Sandsteine, Quarzite, Konglomerate, Granite – und die Ausbildung zahlreicher morphologischer Einheiten zur Folge.

Allgemein können die nördlichen Appalachen als ein Rumpfgebirge bezeichnet werden, über dessen Höhe sich Rumpfflächen rekonstruieren lassen. Die größten Erhebungen liegen im Nordwesten, wo auf der Gaspé-Halbinsel in den Shickshock Mountains über 1200 m (Mont Jacques Cartier 1268 m) erreicht werden. Generell nehmen die Höhen von hier nach Südosten, zum Atlantik hin, ab. Im Einzelnen sind jedoch je nach der Widerständigkeit des Gesteinsuntergrundes höher aufragende Gebirgsketten, flachwellige Plateaus (Uplands) und tiefer liegende Bereiche ausgebildet. In ihrer Anordnung ist eine vorherrschende Streichrichtung von Südwest nach Nordost erkennbar.

Zu den Hochländern gehören auf der Gaspé-Halbinsel die Notre Dame Mountains, deren östlicher Teil die genannten Shickshock Mountains bilden. Sie leiten mit den westlichen Sutton Mountains (950 m) zu den Green Mountains in Vermont sowie mit den Megantic Hills (1090 m) zu den White Mountains im US-Staat New Hampshire über. Die Hochländer in den östlichen Teilen der Region, wie z. B.auf Neufundland oder der Cape-Breton-Halbinsel, liegen zwischen 300 und 800 m. Die ausgedehnten Plateaus mit durchschnittlichen Höhen zwischen 150 bis 300 m haben gewöhnlich ein welliges Relief, teilweise sind sie durch Flüsse stark zerschnitten. Bis etwa 150 m über NN liegen die Lowlands, die den nördlichen Zentralbereich der Insel Neufundland sowie die dem Golf zugewandten Teile von Neubraunschweig und

Neuschottland einschließlich Prince-Edward-Insel umfassen.

Im Pleistozän wurden die Appalachen von einer Eisdecke überzogen. In großen Teilen, vor allem in Hohlformen, lagerte sich eine dünne Geschiebelehmdecke ab. In Tälern und auf der Küstenebene sind fluvioglaziale Ablagerungen zu finden. Insgesamt wurde das Relief durch die Auswirkungen der Vereisung weiter ausgeglichen. Man kann wohl mit Recht von Mittelgebirgsformen sprechen und einen Vergleich mit den deutschen Mittelgebirgen ziehen. Dazu trägt auch die dichte Bewaldung vor allem der höher gelegenen Bereiche bei.

Von den vielseitigen Ressourcen der Appalachen-Region sind als erste die ergiebigen Fischgründe in den Schelfbereichen vor der Küste sowie die ausgedehnten Mischwälder, die auf über 70 % der Fläche stocken, genutzt worden. Zahlreiche geschützte Buchten dienen seit langem als günstige Hafenstandorte. Die im Gebirge nur begrenzten Anbauflächen für die Landwirtschaft liegen vor allem in Flusstälern, an Meeresbuchten und auf der flachen Prince-Edward-Insel.

Das Potential der Bodenschätze ist zwar relativ breit gestreut, doch erlangten nur wenige Vorkommen größere wirtschaftliche Bedeutung. Zu ihnen gehören Asbestlager bei Thetford (Quebec) sowie Zink-Blei-Kupfer-Erze in Neubraunschweig (Bathurst) und Neufundland (Buchans). Ferner wird seit langem Steinkohle auf der Cape-Breton-Insel und in Neubraunschweig abgebaut. Seit einiger Zeit ist die Suche nach Erdöl im Atlantischen Schelf aufgenommen worden, eine erste Off-shore-Förderung vor Neufundland – Hibernia – ging kürzlich in Betrieb. Eine weitere Energiequelle ist in dem bis zu 15 m hohen Tidenhub der Fundy Bay zu sehen, doch ist eine Umsetzung bisher nicht erfolgt.

Kordilleren

Die kanadischen Kordilleren sind ein „Zwischenstück“ des Gebirgszuges, der den gesamten amerikanischen Kontinent von Norden nach Süden durchzieht. Sie erstrecken sich von den US-Staaten Washington, Idaho und Montana im Süden bis Alaska über etwa 2200 km; die Breite wechselt zwischen 400 und maximal etwa 800 km. Der Flächenanteil am Gesamtraum Kanadas beträgt rd. 15 %.

Die geologisch-tektonische Struktur des Gebirges ist das Ergebnis einer bis in die präkambrische Zeit zurückreichenden Entwicklung, die von der Anlage einer Geosynklinale bis zur Orogenese im Mesozoikum/Tertiär führte. Faltungen und Bruchbildungen, tektonische Hebungen und Senkungen sowie begleitender Vulkanismus und plutonische Intrusionen haben eine komplizierte geologische Anlage ergeben. Die nachfolgende Abtragung und Zerschneidung sowie das Wirken der pleistozänen Gletscher haben schließlich das Oberflächenbild in den einzelnen Regionen geformt.

Die grobe Dreigliederung der Kordilleren in den USA setzt sich im kanadischen Bereich des Gebirges fort. Deutlich lassen sich die östlichen Rocky Mountains, die intermontanen Hochbecken und das Pazifische Küstengebirge voneinander trennen (Abb. 9). Nördlich des 60. Breitenparallels löst sich diese Gliederung besonders im Osten auf.

Das östliche System der kanadischen Kordilleren setzt sich aus verschiedenen einzelnen Teilen zusammen: Es sind im Süden die Rocky Mountains mit der Fußhügelzone (foot hills) (Bild 9 u. 10) östlich und dem Rocky-Mountain-Graben (trench) im Westen der Gebirgskette; nördlich sind es die Bereiche der Mackenzie und der Porcupine Mountains. Geologisch bestehen die Bergketten aus gefalteten Sedimenten des Kambriums und Paläozoikums, verbreitet sind Kalksteine und Quarzite; in der Fußhügelzone sind mesozoische Sandsteine vorherrschend. Viele der Berge erreichen hier zwischen 3000 und fast 4000 m Höhe, der Mount Robson als höchste Erhebung 3954 m. Nach Norden zu dachen sich die Gebirgsketten ab, in den Mackenzie Mountains bleiben die Höhen unter 3000 m (Keele Peak 2900 m), im Porcupine-Bereich um 1500 m. Die Formen der Berge sind je nach Zusammensetzung und Lagerung der Schichten sowie dem Wirken von Wasser und Eis unterschiedlich. Es finden sich vielfach scharfe Brüche, hervortretende Kämme, Vorsprünge und Kare, U-förmige Täler, Wasserfälle und Bergseen. Teile des Gebirges sind auch gegenwärtig vergletschert.

Die größte zusammenhängende Eisakkumulation ist das Columbia Icefield zwi-

Bild 9: *Fußhügelzone und östliche Kette der Rocky Mountains, südlich Calgary, Höhen bis 3000 m.*

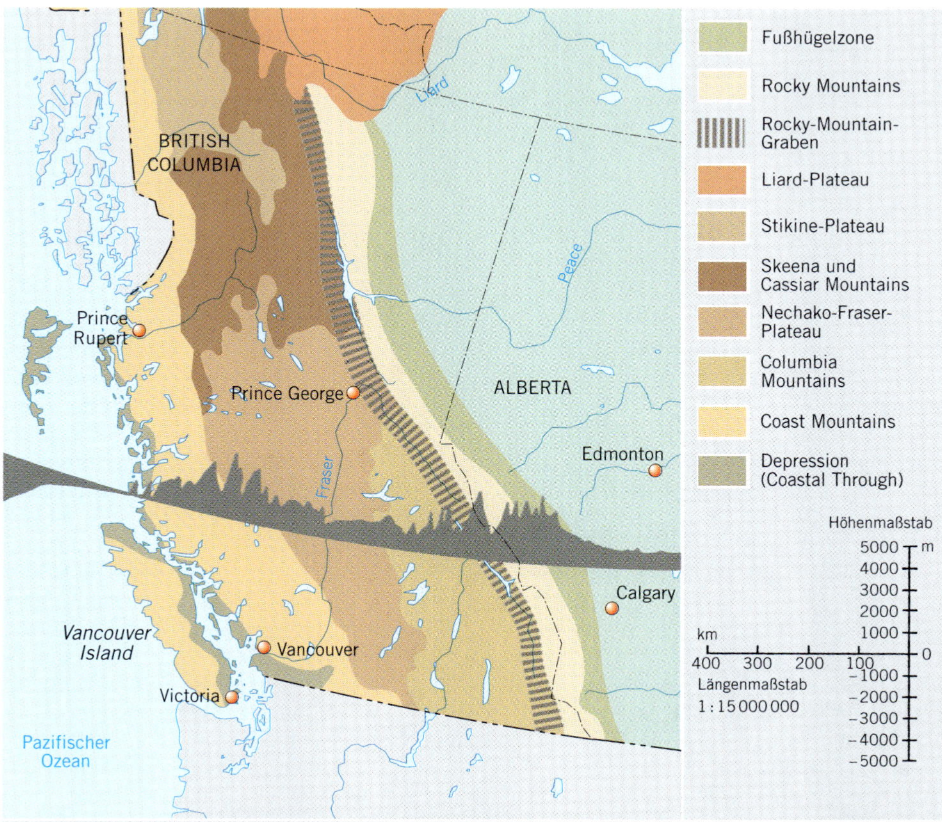

Quelle: BIRD 1980, S. 230; National Atlas of Canada, 1974, S. 3–4.

Abb. 9: Natürliche Regionen und Höhenprofil der südlichen Kordilleren: *Sie unterteilen sich in die markante Kette der Rocky Mountains im Osten, intermontane Plateaus und verschiedene Ketten der Küstengebirge.*

Bild 10: *Tal des Bow River mit dem bis 2800 m aufragenden Castle Mountain in den Rocky Mountains, die subalpine Waldregion mit Fichten und Tannen reicht bis 2000 m.*

schen dem Mount Columbia (3747 m) und dem Mount Athabasca (3491 m). Das Plateau bedeckt über 300 km^2, der Eiskörper reicht bis zu einer Tiefe von 365 m. Von den 30 Gletschern, die von hier abgehen, werden die Flüsse North Saskatchewan, der zur Hudson Bay und damit in den Atlantik entwässert, Athabasca, der über den Mackenzie zum Nordpolarmeer führt, sowie Columbia und Fraser, die in den Pazifik münden, gespeist. Die letzten Vorstöße der Gletscher können für die Zeit um 1840 belegt werden, seitdem – besonders im 20. Jh. – findet ein Rückzug statt. Das gilt auch für den bekannten Athabasca-Gletscher, der bis an den Banff Jasper Highway führt und dessen frühere Reichweiten deutlich markiert werden konnten.

Westlich an den Gebirgszug der Rockies schließt sich ein Graben, der sog. Rocky Mountains Trench, an; ähnlich ausgeprägte Gräben befinden sich im Bereich des Yukon-Plateaus. Bei allen handelt es sich um lang gestreckte Eintiefungen, die bis über 20 km breit sein können und deren Abhänge häufig steil und terrassiert sind. Es wird angenommen, dass die Gräben tektonischen Verwerfungen folgen und von Flüssen und Gletschern vertieft wurden. Durch das in den Schmelzwässern mitgeführte Material wurden sie gleichzeitig auch in großen Teilen beträchtlich aufgefüllt. Heute wird der Rocky Mountains Trench von verschiedenen Flüssen, wie Kootenay, Columbia, Fraser und Finlay, eingenommen, die nach einer mehr oder weniger langen Strecke einen seitlichen Ausbruch fanden. Sie sind durch flache Wasserscheiden voneinander getrennt.

Die zweite Großeinheit der kanadischen Kordilleren, die intermontane Zone, wird im Wesentlichen von zwei Plateaus gebildet: dem Nechako-Fraser-Plateau im Süden, an das sich einzelne Höhengebiete anschließen, und dem Yukon-Plateau, das den größten Teil des Nordens einnimmt. Hier kommen neben gefalteten älteren Sedimenten verstärkt vulkanische Gesteine vor. Die Höhenlage des Nechako-Fraser-Plateaus ist etwa zwischen 1200 und 1500 m. In die teils mächtigen glazialen Ablagerungen haben sich Flüsse, wie z. B. Fraser, Thompson und Okanagon, der seenartig aufgestaut ist, eingeschnitten (Bild 11). Nach Norden nimmt die Höhe allgemein ab, und auch das Relief ist ausgeglichener. Von den umgebenden Gebirgszügen erreichen die Columbia und Purcell Mountains im Südosten über 3400 m Höhe (Mount Farnham 3457 m); ihre stark zerklüfteten und durch Eis geformten Ketten sind in den höchsten Bereichen auch heute vergletschert. In den nördlich des Plateaus anschließenden Gebirgen liegen die Höhen dagegen unter 2400 m. Auch hier sind kleinere Eisfelder und Gletscher verbreitet.

Den größten Raum im nördlichen Teil der intermontanen Beckenzone nimmt das Yukon-Plateau ein, das sich in Alaska fortsetzt. Die inneren Bereiche liegen um 1000 m hoch, die umgebenden Gebirge steigen bis über 2000 m an. In das wellige, zum Teil fast ebene Relief haben sich der Yukon und seine Nebenflüsse, die in weiten Mäandern das Becken durchziehen, maximal über 600 m tief eingeschnitten. Wie auch am unteren Mackenzie wird das glazial und fluvial aufgeschüttete Lockermaterial heute vor allem durch die Flüsse wieder abgetragen. Typisch sind große Überschwemmungen, die durch den zeitlich variierenden Eisaufbruch hervorgerufen werden. Ein Teil des Plateaus an der Grenze zu Alaska war nicht vergletschert. Der Unterschied zwischen den nördlichen und südlichen Bereichen der Beckenlandschaften wird neben Höhenlage und Reliefgestaltung auch durch die Vegetation hervorgerufen; während der Norden relativ dicht bewaldet ist, tragen große Bereiche des Südens eine Buschvegetation (sage brush), oder sie sind Grasland.

Das pazifische Bauelement der Kordilleren rahmt die innere Beckenzone im Westen ein. Es werden drei längsgerichtete Einheiten unterschieden: das Küstengebirge auf dem Festland, die äußeren Gebirge auf den vorgelagerten Inseln und den St. Elias Mountains sowie der zwischen beiden Ketten liegende Graben einschließlich des schmalen Küstentieflandes. Das innere Küstengebirge zieht sich von den nördlichen Ausläufern des Kaskadengebirges in den USA bis zur Alaska-Range mit dem Mount McKinley (6198 m), dem höchsten Berg Nordamerikas, hin. Die meist stark zertalten Ketten sind überwiegend aus harten Intrusivgesteinen, Graniten und Gneisen, aufgebaut, was sich an scharfen und spitzen Formen zeigt. In den höchsten Bereichen, z. B. auf dem Mount Waddington mit knapp 4000 m, sind Eisfelder, von denen Gletscher ausgehen.

Die äußere Gebirgskette verläuft auf den Inseln Vancouver und Queen Charlotte; sie schließt den Alexander-Archipel im Panhandle und die St. Elias Mountains im Grenzbereich ein und setzt sich weiter in Alaska auf der Kenai-Halbinsel und den Kodiac-Inseln fort. Der Höhenzug auf Vancouver Island erreicht 2200 m und fällt steil zur Außenseite der Insel ab, an der glazial geformte Täler als Fjorde münden. Das trifft auch für die Queen-Charlotte-Inseln zu, deren Höhenlage allerdings auf über 1000 m abfällt. Das nördlichste Teilstück dieser Kette in Kanada, die St. Elias Mountains fallen durch ihre Höhen und die starke rezente Vereisung auf. Eine Reihe von Bergen erreicht eine Höhe von über 5000 m, unter ihnen der Mount Logan, mit 5959 m die höchste Erhebung Kanadas. Die Berge sind von einem mächtigen Eisfeld umgeben, von dem zahlreiche Gletscher ins Inland zum Shakwak-Graben bzw. zum Meer führen. Durch das Zusammenfließen von Einzelgletschern kommt es zur Vorlandvergletscherung, die auch auf der Seite Alaskas (Malaspina-Typ) ausgebildet ist.

Zwischen den beschriebenen Gebirgsketten liegt eine Depression (coastal trough). Sie verläuft vom Puget Sound zwischen dem Festland und den Inseln und schließt das an beiden Seiten von Georgia und Hecate Strait gelegene Tiefland an den Küsten ein. Größere Ausdehnung erreicht es an der Nord- und Südseite von Vancouver Island und an der Mündung des Fraser, der hier ein Delta aufgeschüttet hat. Die Höhenlage beträgt unter 300 m. Die Depression folgt vermutlich tektonischen Strukturlinien.

Vulkanismus und Erdbeben hat es in den kanadischen Kordilleren besonders im Tertiär gegeben. Lavadecken in der Beckenzone zeugen von Ausflüssen aus Erdspalten und einzelnen Schloten. Noch im Quartär werden mindestens 150 aktive Vulkane angenommen (Bird, 1980: 231ff.). Ein letzter Lavaausbruch soll vor etwa 200 Jahren in der Nass Range, im nördlichen Britisch-Kolumbien stattgefunden haben. Erdbeben sind verstärkt in einer küstennahen Meereszone nachgewiesen worden.

Bei der geologischen Vielfalt der Gebirgs- und Beckenzonen sowie differenzierter ökologischer Einflüsse ist ein breites Angebot an Ressourcen zu erwarten. Früh genutzt wurden der Fischreichtum und die Wälder. Fast 70 % der Region sind mit Wald bedeckt, darunter Bestände an hochwertigen Tannen, Fichten und Zedern. Gegliederte Küsten und

Bild 11: *Tal des Fraser River, der sich im „Hell's Gate" bis 1000 m eingeschnitten hat, Fischtreppe für die Wanderung der Lachse.*

vorgelagerte Schelfe boten schon den Indianern gute Möglichkeiten für Häfen und Fischfang. Durch die weit ins Land führenden und verzweigten Fluss-Systeme, z. B. des Fraser, Skeena oder Nass, bestehen ideale Bedingungen für den Lachs, der seine Laichplätze bis in die Quellbäche und -seen aufsucht. Anbauflächen für landwirtschaftliche Produkte bieten allerdings nur Deltaaufschüttungen, wie z. B. des Fraser südlich von Vancouver, oder Flusstäler, von denen die des Okanagon, Nechako und Kootenay herausragen. In weiten Bereichen der Beckenzone ist nur extensive Weide möglich.

An Bodenschätzen ist eine breite Palette von Buntmetallerzen, wie Kupfer, Blei, Zink, Gold, Molybdän u. a., zu nennen. Die Standorte reichen vom Kootenay-Gebiet im Süden bis zum nördlichen Abbau um Mayo/Keno Hill im Yukon-Territorium. Kohlelagerstätten wurden vor allem in der östlich der Rocky Mountains liegenden Fußhügelzone entdeckt; sie entstammen den kreidezeitlichen und tertiären Ablagerungen. Verschiedene Gebirgsflüsse können zur Gewinnung von Hydroenergie genutzt werden; ein Ausbau erfolgte besonders im Süden, ein Stauwerk am oberen Nechako beliefert die Aluminiumhütte von Kitimat. Schließlich gehört zum natürlichen Potential der Kordillerenregion die Schönheit der Landschaft, einer Szenerie mit vergletscherten Bergen und bewaldeten Tälern, Flüssen in tiefen Schluchten und ruhigen Bergseen. Die Attraktivität der Natur hat einen hohen Stellenwert für den Tourismus.

Arktisches Tiefland und Innuitians

Die hauptsächlich vom geologischen Untergrund her bestimmte arktische Region Kanadas umfasst im Wesentlichen den Inselarchipel nördlich des Festlandes. Sie wird unterteilt in das Arktische Tiefland, das den größeren Teil der Inseln einnimmt, das Gebirge der Innuitians, zu dem der Inselkomplex nördlich des Parry Channel gehört, und einen schmalen Küstenbereich im Nordwesten, der das Mündungsgebiet des Mackenzie und Teile von Banks Island einschließt. Von der Gesamtfläche Kanadas nimmt diese Region rd. 15 % ein.

Im Arktischen Tiefland herrschen flach lagernde Sedimentgesteine aus dem älteren Paläozoikum vor. Verbreitet sind Kalke und Dolomite, die auf dem tiefen Untergrund des südlich angrenzenden Kanadischen Schildes abgesetzt wurden. Die relativ ebene und gleichförmige Oberfläche dacht von etwa 600 bis 700 m im Norden allmählich ab und liegt in großen Bereichen im Süden unter 100 m. In den Shaler Mountains auf Victoria Island, wo Vulkangesteine vorkommen, werden wieder Höhen von über 700 m erreicht.

Der nördlichste Teil, Ellesmere Island und die Gruppen der Parry- und Sverdrup-Inseln, bilden die Innuitian Region. Das im Paläozoikum aufgefaltete Gebirge besteht aus halbkreisförmig angeordneten Ketten mit Höhen über 1000 m, maximal im Barbeau Peak 2616 m. Die höheren Gebiete sind von ausgedehnten Eisfeldern bedeckt, aus denen die einzelnen Berge als Nunataks herausragen. Das Relief der Plateaus ist wellig, ihre durchschnittlichen Höhen fallen auf wenige hundert Meter ab.

Von der nordwestlichen Küste der Meighen-Insel bis an die Grenze Alaskas kann eine schmale Küstenebene ausgegliedert werden, die aus tertiären und pleistozänen Sanden und Kiesen besteht. Innerhalb der Küstenebenen stellt das Mündungsgebiet des Mackenzie eine besondere Landschaft dar, die sich durch Flussläufe und Seen auszeichnet (Bild 12).

Die morphologische Gestaltung der arktischen Region geht besonders auf die pleistozäne Vereisung zurück. Präglazial angelegte Täler wie auch die Wasserstraßen zwischen den Inseln sind durch Gletscher vertieft und geformt worden; an den Küsten, besonders von Ellesmere Island, befinden sich tief eingeschnittene Fjorde, und Terrassen zeugen von einer postglazialen Heraushebung des Landes. Kare und Moränen weisen auf eine Vergletscherung der Bergregion hin.

Das Mikrorelief ist vor allem durch den ständig gefrorenen Untergrund bedingt (Brown 1970, Fulton 1989: 604ff.). Durch das jährliche Auftauen der obersten Bodenschicht (active layers) kommt es zu einer sehr verbreiteten Solifluktion, wodurch die Hügel abgerundet, gleichsam fließend, erscheinen und sich am Fuß der Hänge Schotter ansammelt. Die wiederkehrenden Bewegungen im Lockermaterial durch Gefrieren und Auftauen führen zu einer Sortierung der Bestandteile nach ihrer Größe und zur Ausbildung bestimmter Muster. Bei stärkerem Hanggefälle entsteht eine streifenförmige Anordnung, in ebenem Gelände und auf flachen Böschungen bilden sich ringförmige oder polygonale Muster in verschiedenen Größen. Dabei wird das in der Mitte angesammelte Feinmaterial von gröberen Bestandteilen und Steinen umrahmt. Frostmusterböden und Steinnetze mit Durchmessern von 15 bis 30 m können ausgedehnte Areale überziehen.

Eine andere Formengruppe geht auf die Wirkung des Frostes zurück. Zu ihr gehören Aufeisbildungen, die durch Hochpressen von Grundwasser entstehen, vor allem aber Erdhügel oder Erdbülten (mounds, hummocks), deren Aufwölbung auf eine Eislinse, die im Kern besteht, zurückzuführen ist. Die als Thufure bezeichneten Formen können bis 1 m hoch gewölbt sein und Durchmesser bis zu 2 m erreichen. Verwandte Formen sind die Palsas, die über 8 m hoch wachsen können und an Moore gebunden sind.

Die auffälligsten Formen sind sog. Pingos, die gehäuft im Bereich des pleistozänen Mackenzie-Deltas, das östlich des rezenten liegt, vorkommen, aber auch auf vielen arktischen Inseln beobachtet wurden (Bild 13). Es sind kegelförmige Hügel, die über 50 m aufragen und deren Durchmesser über 300 m betragen kann. Ihre Entstehung wird auf Grundwasser zurückgeführt, das durch vordringenden Permafrost unter hydrostatischen Druck kam und nach oben ausbrach, wobei die Bodendecke aufgepresst wurde. Später bildeten sich teilweise durch Tauen des im Kern befindlichen Eiskörpers kleinere Krater.

Wie in keiner anderen Region Kanadas ist in dem arktischen Gebiet das natürliche Potential unter dem Aspekt der Rentabilität zu sehen. Mineralerze, wie besonders Blei und Zink, sind bekannt, doch ist eine Ausbeutung schwierig und äußerst kostspielig.

Die Aktivitäten konzentrieren sich auf Erdöl- und Erdgasvorkommen, was besonders durch die Entdeckung an der Prudhoe Bay in Nordalaska (1968) verstärkt wurde. Bohrungen im Umkreis der Mackenzie-Mündung und auf verschiedenen Inseln erbrachten umfangreiche Erdgasreserven;

Bild 12: *Flusstal auf Banks Island, Arktis; Stau des Wassers der Schneeschmelze durch Permafrost.*

Quelle: Dietbert Thannheisser, Hamburg.

Quelle: Bernhard Metz.

Bild 13: *Pingo im Mündungsgebiet des Mackenzie River, Arktis.*

Erdöl wird jedoch nur in geringem Maße auf Cameron Island gefördert und muss mit Spezialtankern nach Süden verschifft werden. Die Exploration im Bereich der Beaufort Sea ist vor einiger Zeit wegen zu hoher Kosten eingestellt worden. Entdeckte und vermutete Vorkommen werden als Reserven betrachtet.

Die pleistozäne Inlandvereisung

Wie in Europa, sind auch in Nordamerika vier getrennte Eiszeiten im Pleistozän nachzuweisen, in denen das Gebiet Kanadas von Inlandeisdecken überzogen war. Während über die älteren, Nebraskan, Kansan und Illinoian, wenig bekannt ist, konnte die letzte Vereisung, Wisconsinan, in ihren Auswirkungen relativ gut erforscht werden (Prest 1970, Flint 1971, Fulton 1989, zusammenfassend Eisbacher 1988: 157ff.).

Das Wisconsin-Glazial gehört dem späten Pleistozän an und wird in den Zeitraum von 75 000 bis 10 000 verlegt. Das Inlandeis bildete sich in drei großen Nährgebieten, dem Bereich um die heutige Hudson Bay, den Kordilleren und Grönland. Von hier aus drang es in alle Richtungen vor; wahrscheinlich wurde schon im frühen Wisconsin (zwischen 80 000 und 60 000) die weiteste Ausdehung bis in die nördlichen USA erreicht. Im mittleren Wisconsin (60 000 bis 25 000) erfolgte eine wärmere Periode, wodurch die Eisdecke in weiten Gebieten zurückging und ausdünnte. Ein letzter großer Vorstoß ist im späten Wisconsin (25 000 bis 10 000) nachzuweisen.

Wieder bauten sich mächtige Eismassen um die Hudson Bay und in den nördlichen Kordilleren auf. Sie wurden von feuchten und schneereichen West- und Südwinden verursacht, die in höher liegenden Gebieten aufgefangen wurden. Im Gebirge bildeten sich Eisfelder, aus denen Talgletscher nach Osten und durch tief eingeschnittene Fjorde nach Westen in das Meer vorstießen. Im zentralen Gebiet entwickelte sich die

Laurentische Inlandeismasse, die in die vier Sektoren Keewatin, Hudson, Nouveau Quebec-Ungava und Foxe-Baffin unterteilt wird. Die beiden Eiskörper wurden durch einen Streifen nicht vereisten Landes am östlichen Rand der Rocky Mountains voneinander getrennt. Ebenfalls blieben Teile im nördlichen Yukon-Territorium und in Alaska eisfrei. Die heutige Beringstraße war zeitweise festes Land und bildete eine Brücke nach Sibirien.

Um 14 000 begann der Eisrückzug, bei dem Abschmelzphasen und erneute kleinere Vorstöße wechselten (Abb. 10). Neben den Ablagerungen von Schottern, Sanden und Tonen bildeten sich vielfältige glazialmorphologische Formen. Zu ihnen gehören u. a. durch Schmelzwässer gebildete Abflussrinnen, Aufschüttungen von Oszügen und Kames, Drumlins, die durch Gletscher aufgepresst wurden, oder die sog. hummocky terrains, Landschaften mit kuppiger Oberfläche, die durch schmelzende Toteiskörper im Untergrund herausgebildet wurden und in den Prärieprovinzen verbreitet sind (prairie mounds).

Ein besonderes Merkmal sind große Eisstauseen. Sie bildeten sich vor dem abschmelzenden Eisrand, wo das Wasser durch erneute Gletschervorstöße sowie möglicherweise auch durch eine gleichzeitige glazialepirogenetische Landhebung gestaut wurde. Mit dem weiteren Eisrückzug öffneten sich neue Abflüsse, sodass Wasserstände, Größe und Konfiguration der Seen phasenhaft wechselten.

Ein Beispiel ist der Lake Agassiz, benannt nach dem Schweizer Naturforscher Louis A., der sich für die Inlandeistheorie einsetzte. Der bis zu 500 000 km² große

Abb. 10: Maximale Ausdehnung und Rückzugsstadien des Inlandeises in Nordamerika: *Im letzten, dem Wisconsin-Glazial überzog das Inlandeis Kanada und Teile der nördlichen USA; beim oszillierenden Rückzug bildeten sich besonders im südlichen Bereich glazialmorphologische Formen.*

Quelle: Eisbacher 1988: 158.

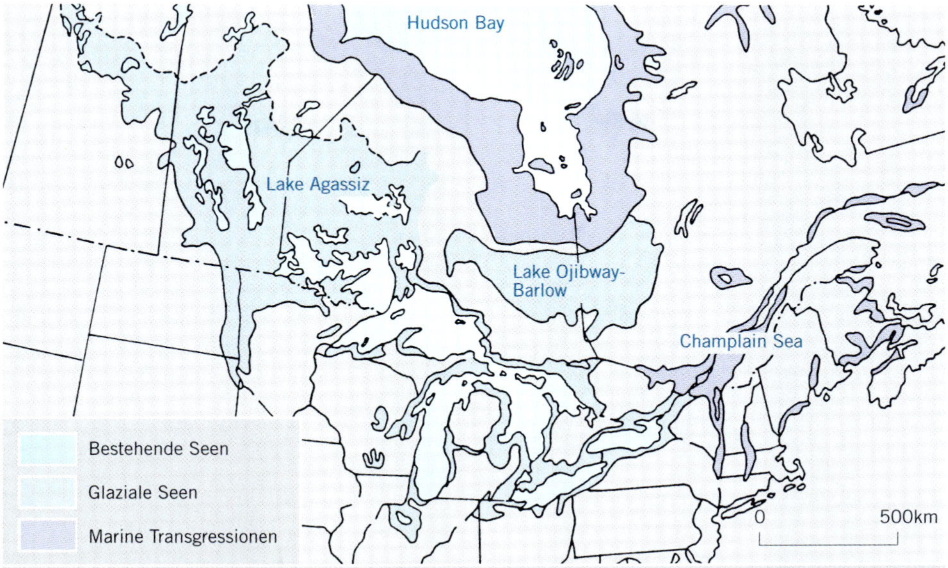

Quelle: Stearn, C. W. u. a., 1979, S. 511.

Abb. 11: Glaziale Eisstauseen und Marine Transgressionen im südöstlichen Kanada: *Das vor dem Eisrand aufgestaute Wasser floss bis auf Restseen allmählich ab; der ehemalige Seegrund ist eben und weist bestimmte Ablagerungen auf.*

Stausee entwässerte zunächst über den Red River nach Süden in den Mississippi, dann nach Osten und schließlich mit weiterem Eisrückzug nach Nordosten in die Hudson Bay (Abb. 11; Fulton 1989: 241). Aus den feinkörnigen Ablagerungen auf dem ehemaligen Seegrund und zusätzlichen Lössbildungen resultieren fruchtbare Böden, die den Mittleren Westen auszeichnen. Von den heutigen Restseen nehmen Winnipeg-, Manitoba- und Winnipegosis-See sowie der Lake of the Woods ca. 40 000 km^2 ein. Ein weiterer größerer Eisstausee, der Lake Ojibway-Barlow, bildete sich südlich der Hudson Bay. Er ist ebenfalls bis auf Restseen, wie die Lakes Abitibi und Timiskaming, entwässert, und es hat sich auf dem Untergrund des Kanadischen Schildes eine Lehmdecke abgelagert. Der als Clay Belt bekannte ehemalige Seegrund wird landwirtschaftlich genutzt.

Aufgestaut und entsprechend zum Algonquin-See vergrößert waren auch die heutigen Großen Seen, deren Abfluss ebenfalls zunächst nach Süden gerichtet war und erst später über den St. Lorenz nach Osten erfolgte. Hier hatte sich durch das Eindringen des Meeres das sog. Champlain-Meer gebildet, das nach dem Abbau der Eisdecke und einer folgenden isostatischen Landhebung wieder verschwand. Von dem ehemaligen Meeresteil zeugen heute ein relativ ebenes Gelände sowie Ablagerungen und Einschüttungen von außen. Auch die Hudson Bay wurde durch eine marine Transgression vorübergehend vergrößert (Tyrrell-Meer). Ursache war ein eustatischer Anstieg des Meeresspiegels, den das vom Inlandeis frei werdende Wasser auslöste. Gleichzeitig fanden glazial-isostatische Ausgleichsbewegungen statt, die sich in einer postglazialen Landhebung äußerten.

Diese wird im zentralen Bereich mit Beträgen bis zu 250 m angegeben. Zur Rekonstruktion des glazialen Geschehens in der Zeit des Eisrückzuges dienen besonders Terrassen am Meer und an den ehemaligen Stauseen mit den darauf abgelagerten Sedimenten und ihren unterschiedlichen Höhenlagen.

Das Ende des Eisrückzuges der Wisconsin-Vereisung wird zwischen 7000 und 6000 angesetzt. Auch danach wechselten wärmere Perioden mit Kaltzeiten, in denen sich im Gebirge die Eisfelder vergrößerten und Gletscher aktivierten. Ein letztes Maximum wurde in der sog. Kleinen Eiszeit von etwa 1500 bis 1850 n. Chr. erreicht. Danach kam es erneut zu einem Rückzug der Gebirgsgletscher, der bis heute anhält. Für den bekannten Athabasca-Gletscher in den Rocky Mountains werden mehr als 1000 m für die letzten 100 Jahre genannt, ferner ist der Gletscher ausgedünnt, wobei die Oberfläche um etwa 30 m abgesunken ist (Bird 1980: 43).

Gegenwärtig sind in Kanada die östlichen Gebiete der Baffin-Insel, Teile von Devon, Axel Heiberg und Ellesmere im äußersten Norden wie auch kleinere Bereiche der Kordilleren vergletschert bzw. von Eiskappen und ewigem Schnee bedeckt.

Während der weitaus größte Teil Kanadas der glazialen Abtragung unterlag, sind Ablagerungen nur im Süden im Anschluss an die nördlichen USA zu finden. Zu den wichtigsten Naturschätzen, die auf die Vereisung zurückzuführen sind, gehören die Böden. Allerdings haben sie sich erst unter dem Einfluss von Klima und Vegetation zu den heute vorhandenen Bodentypen entwickelt. Weiterhin sind Torfvorkommen mit einem hohen Energiepotential zu nennen, ferner verstreute Sand- und Kieslagerstätten, die im Straßen- und Häuserbau sowie auch in der Industrie vielseitige Verwendung finden (Fulton 1989: 667ff.).

Klima und Klimaregionen

Das Klima Kanadas wird maßgeblich durch die nördliche Lage des Landes im Gradnetz bestimmt. Entsprechend nehmen die subarktische (boreale) und arktische Zone den größten Teil des Landes ein. Nur der äußerste Süden gehört gemäßigten Klimaten an: im Osten ein kühl-gemäßigtes Klima, im zentralen Bereich, den Prärien, ein winterkaltes Steppenklima und ganz im Westen, in einem engeren pazifischen Küstengebiet, ein mildes, sehr humides ozeanisches Klima. In den höheren Teilen der Kordilleren herrscht ein Hochgebirgsklima vor. Als Klimagliederung zeichnen sich somit zwei nördliche Zonen in breitenparalleler Erstreckung ab, an die fünf weitere Regionen anschließen, die sich meridional nach Süden fortsetzen (Abb. 12; Tab. 3).

Die ausgedehnte Landmasse bewirkt ein überwiegend kontinentales Klima mit starken Temperaturgegensätzen, die z. B. in Winnipeg fast 40 °C betragen (durchschnittl. Tagestemperatur im Jan. – 18,3 °C, im Juli +19,7 °C). Die absoluten Extreme wurden mit – 63 °C in Snag (Yukon T.) und + 45 °C in Midale (Saskatchewan) gemessen. Nur in relativ schmalen Küstenbereichen herrscht ozeanischer Einfluss vor, was sich in allgemein milden und ausgeglichenen Temperaturen zeigt. Hier wirken sich ferner auch die Meeresströmungen aus: im Westen bringt der warme Kuro Shio höhere Temperaturen, die sich vor allem im Winter an den Küsten Kanadas und auch Alaskas bemerkbar machen, im Osten ist es der kalte Labrador-Strom, der die Temperaturen negativ beeinflusst. Eisberge werden bis in die Schelfbereiche Neufundlands verfrachtet. Negative Temperaturanomalien werden ferner durch die weit nach Süden vordringende Hudson Bay ausgelöst. Das auch im Sommer kalte Wasser dieses „Eiskellers" (America's icebox) verursacht ein deutliches Ausbuchten der Isothermen.

Von sehr großem Einfluss auf das Klima sind die Kordilleren, die eine Barriere im Westen bilden. Da Kanada im Bereich westlicher Luftströmungen liegt, werden die Winde hier blockiert und abgelenkt bzw. zum Aufsteigen gebracht. Die Feuchtigkeit der vom Pazifik kommenden Westwinde wird daher weitgehend im engeren Küstengebiet und an den Luvseiten der einzelnen Gebirgszüge abgeregnet. An der pazifischen Küste werden entsprechend die höchsten Niederschläge gemessen: Henderson Lake, an der Außenküste von Vancouver Island, hat einen Jahresdurchschnitt von mehr als 6655 mm; ein Rekord lag 1997 bei 9479 mm (Canada Yearbook 1999: 30). Der Luv-Lee-Effekt zeigt sich deutlich in einem West-Ost-Profil. Erst im Osten steigen die Niederschläge erneut an, was zusammen mit den Wintermaxima wieder auf stärkere ozeanische Einflüsse hinweist.

Die sich östlich der Kordilleren anschließenden Inneren Ebenen bieten im Gegensatz zur Gebirgsbarriere einen breiten

Region Station (Lage über NN)	Mitteltemperaturen (°C) Jan.	Juli	Jahr	Jährliche Amplitude (°C)	Frostfreie Zeit Daten	Tage	Jährliche Niederschläge gesamt (mm)	Schneefall (cm)
Pazifische Küstenregion:								
Vancouver 3m	2,5	17,3	9,8	14,8	31.03.–03.11.	216	1113	60
Prince Rupert 52m	–0,2	13,1	6,7	13,3	11.05.–15.10.	156	2523	152
Kordilleren:								
Whitehorse 703 m	–20,4	14,1	–1,2	34,5	08.06.–30.08.	82	261	137
Penticton 344 m	–2,7	20,3	8,9	23,0	08.05.–04.10.	148	283	76
Prärieregion:								
Edmonton 671 m	–15,0	17,4	3,1	32,4	06.05.–24.09.	140	466	136
Regina 577 m	–17,9	18,9	2,2	36,8	24.05.–11.09.	109	384	116
Winnipeg 239 m	–19,3	19,6	2,2	38,9	23.05.–22.09.	121	526	126
Große Seen/St. Lorenz:								
Toronto 173 m	–6,7	20,6	7,3	27,3	08.05.–05.10.	149	762	131
Montreal 36 m	–10,2	20,9	6,2	31,1	03.05.–08.10.	157	946	235
Sept Iles 55 m	–14,0	15,2	1,1	29,2	27.05.–19.09.	114	1125	427
Atlantische Region:								
Saint John 109 m	–7,8	16,9	5,0	24,7	16.05.–03.10.	139	1444	293
Halifax 145 m	–6,0	18,2	6,1	24,2	12.05.–15.10.	155	1491	271
St. John's 140 m	-4,5	15,5	4,8	20,0	01.05.–11.10.	131	1514	359
Boreale Zone:								
Yellowknife 205 m	–28,8	16,3	–5,4	45,1	27.05.–16.09.	111	267	135
Churchill 29 m	–27,5	11,8	–7,2	39,3	24.06.–09.09.	76	402	196
Arktische Zone:								
Resolute 67 m	–32,1	4,1	–16,6	36,2	10.07.–20.07.	9	131	84

[1] Beobachtungszeitraum 1951–1980

Quelle: Phillips 1990: 159 ff.

Tab. 3: Klimadaten ausgewählter Stationen[1]

offenen Durchlass für Luftmassen aus dem Norden bzw. Süden. Ohne Hindernisse können arktische Luftmassen weit nach Süden vordringen, was ein schnelles Absinken der Temperaturen zur Folge hat; wie auch umgekehrt wärmere Luftmassen aus dem Süden nordwärts vorstoßen und hier einen plötzlichen Wetterwechsel bewirken können.

Zu den bestimmenden Klimafaktoren gehört schließlich die Luftdruckverteilung, von der Zyklonen und besonders Winde gesteuert werden. Es ist schon vermerkt worden, dass Nordamerika im Einzugsgebiet von Westwinden liegt. Die Hauptachse dieser bis in große Höhen reichenden Luftströmung liegt im Bereich Südkana das, etwa auf der Linie Vancouver – Winnipeg – Montreal – Halifax. Durch die Barriere der Kordilleren werden davon Luftmassen nach Norden und Süden abgelenkt und den Luftdruckgebilden zugeführt. Relativ beständig sind zwei umfangreiche Tiefdruckgebiete, die in subpolaren Breiten westlich (Aleuten) und östlich (Südgrönland/Island) vor Kanada liegen und auf das Land übergreifen. Sie nehmen die vom Pazifik kommenden Luftmassen sowie im Osten die sich über dem Kontinent entwickelnden Zyklonen auf. Zwischen beiden Bereichen niedrigen Luftdrucks liegt über der Arktis ein relativ flaches Hoch, das besonders im Frühjahr gut ausgebildet ist. Im Süden bestehen in subtropischen Breiten das pazifische und das Azoren-Hoch (oder Bermuda-Hoch), die

Quelle: Hare/Thomas 1979, Phillips 1990.

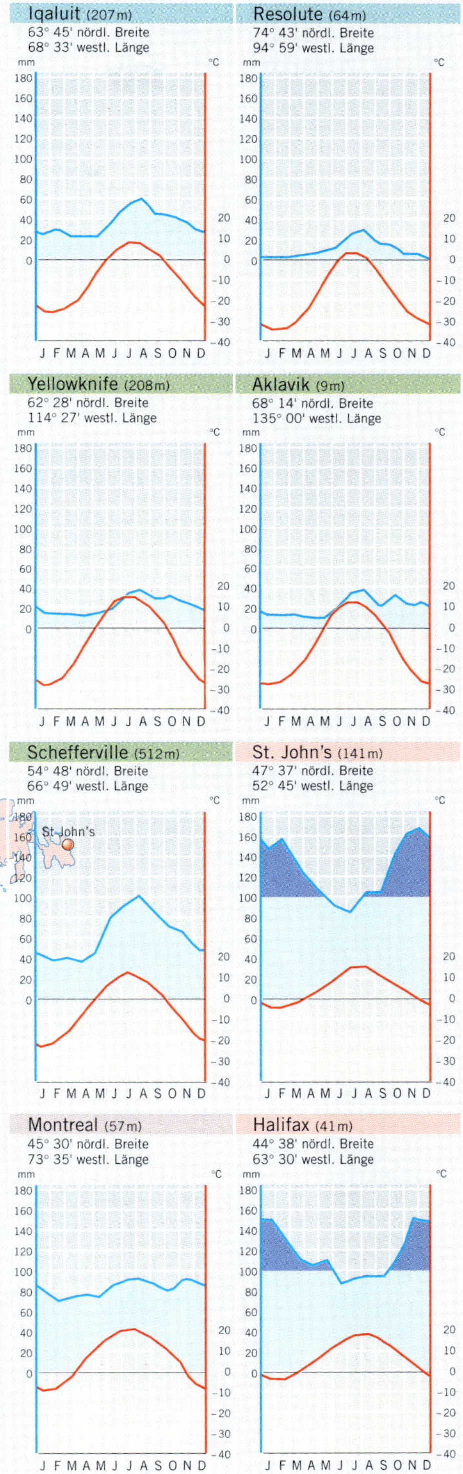

Abb. 12: Klimaregionen und Grenzen des Permafrost in Kanada: *Gegenüber den ausgedehnten arktischen und subarktischen Zonen treten die gemäßigten Klimate im Süden zurück; Kontinentalität und Niederschlagsverteilung sind weitere Merkmale.*

sich im Sommer nach Norden verlagern und das pazifische Küstengebiet sowie Ostkanada beeinflussen können.

Entsprechend dieser steuernden Luftdruckgebilde können folgende Hauptzyklonenbahnen genannt werden, von denen der kanadische Raum beeinflusst wird (Hare & Thomas 1974: 76ff.):

1) Auf den äußersten Westen von Britisch-Kolumbien und Yukon treffen Tiefausläufer, die sich über dem Pazifik entwickelt haben.
2) Bedeutsam ist eine Zyklonenbahn, die östlich der Rocky Mountains, meistens in Alberta, ihren Ausgang nimmt. Bei dieser sog. Lee-Zyklogenese werden neben den über das Gebirge gelangenden Druckwellen Luftmassen aus Norden und Süden einbezogen.
3) Aus dem Mittelwesten der USA kommen Zyklonen, die ihren Weg hauptsächlich über die Großen Seen nehmen und über Ostkanada vordringen. Sie führen gewöhnlich warm-feuchte Luft mit.
4) Das ist auch der Fall bei Tiefs, die an der atlantischen Küste nach Nordosten ziehen und dabei die östlichen Landesteile streifen.
5) Schließlich entwickeln sich Zyklonen über der Arktis, die aber nur gelegentlich bis in mittlere Breiten gelangen.

Hohe Luftdruck- und Temperaturgegensätze verursachen nicht selten gefährliche Stürme, die sich teils im Lande selbst entwickeln oder von Süden aus übergreifen. Am häufigsten sind Blizzards, die durch einen plötzlichen Vorstoß arktischer Luft ausgelöst werden. Sie sind besonders in den Prärien bekannt, kommen aber auch in Ontario und Quebec vor. Der Schneesturm bricht gewöhnlich schnell herein und entwickelt Geschwindigkeiten von über 100 km/h; die Temperaturen sinken, und die Sicht ist durch mitgeführten oder aufgewirbelten Schnee gering.

Aus dem Süden einströmende Luftmassen können besonders im Osten Kanadas schwere Schnee- und Regenfälle auslösen. Gelegentlich sind die in tropischen Breiten entstehenden Hurrikane, die auf den Karibischen Inseln und in den USA zu Katastrophen führen können, im Osten Kanadas spürbar. Zwar haben die Stürme hier schon viel von ihrer Intensität verloren, sie werden jedoch von anhaltenden Regenfällen begleitet. So brachte der Hurrikan Beth im August 1971 in zwei Tagen fast 300 mm Niederschlag in Halifax, was hier außergewöhnlich ist. Eine folgenschwere Ausnahme war der Hurrikan Hazel, der seine Energie über Ontario erneut aufladen konnte und im Oktober 1954 das Stadtgebiet von Toronto heimsuchte. Es gab Todesopfer, schwere Überschwemmungen und Zerstörungen.

Tornados sind im Vergleich zu den USA seltener und allgemein weniger gefährlich. Hauptverbreitungsgebiete sind die Prärieprovinzen, aber auch Ontario und Quebec. Spektakulär sind die plötzlich auftretenden Winde vor allem, wenn sie in Stadtbereichen auftreten, wo es zu Opfern und Zerstörungen kommt; Beispiele sind u. a. Regina (1912), Windsor (1974, Montréal-Ste.-Rose (1982) und Edmonton (1987).

Zu den besonderen Winden gehört der Chinook, der gewöhnlich mehrmals im Winter, vor allem im gebirgsnahen Bereich von Südalberta, auftritt. Die Luftmassen haben das Gebirge überquert, sind relativ trocken und warm und fallen im östlichen Vorland der Rocky Mountains ab. Analog zum Föhn im Alpenvorland folgen sie einem allgemein starken Druckgradienten. Es kann sich auch um Turbulenzen handeln, die bevorzugt in bestimmten Tälern auftreten. In jedem Falle bewirkt die wärmere Luft des Chinook einen plötzlichen Anstieg der Temperaturen, und der Schnee beginnt innerhalb kürzester Zeit zu schmelzen.

Bei dem folgenden regionalen Überblick werden allgemeine Daten und der Jahresgang des Klimas in den Regionen erörtert. Die Einteilung geht auf F. K. Hare und M. K. Thomas (1974: 103ff.) zurück, vgl. ferner Phillips (1990: 62ff.).

Pazifische Küstenregion

Der pazifische Küstenbereich umfasst die Inseln, das Küstenvorland und die Luvseiten der westlichen Gebirgsketten. Es ist schon erwähnt worden, dass das Klima dieser Region durch niederschlagsreiche Westwinde und den Einfluss des Ozeans geprägt wird. Sie bewirken für kanadische Verhältnisse ausgesprochen milde und im Jahresgang ausgeglichene Temperaturen. Die Amplitude zwischen dem wärmsten und kältesten Monat ist gering. Die Niederschläge sind insgesamt hoch, allerdings gibt es regionale Unterschiede zwischen den luvseitigen Abhängen der Gebirgskette, an die die vom Meer kommenden Zyklonen gleichsam aufprallen, und den flachen, teilweise noch geschützten Küstenebenen. Hier fallen z. B. in Victoria 657 mm Niederschlag im Jahr, in Vancouver 1068 mm, wobei es im Durchschnitt nur an 12 Tagen im Jahr schneit. Anders an den Hängen und auf den Gebirgskämmen, wo maximal über 6000 mm erreicht werden und auf denen für einige Monate eine mächtige Schneedecke liegt.

Im Jahresgang zeigen die Temperaturen eine relativ flache Kurve, die Niederschläge eine deutliche Abschwächung im Sommer. Sie setzt bereits im Frühjahr (März/April) ein, wenn die Häufigkeit der Zyklonen nachlässt und die Sonnenscheindauer zunimmt. Im Sommer treten nur gelegentlich, an den Außenküsten der Inseln allerdings häufiger, Regenfälle auf. Die Temperaturen steigen im Durchschnitt bis um 20 °C; weiter im Inland mit Abschwächung des ozeanischen Einflusses werden höhere Werte verzeichnet. Auch die absoluten Maxima liegen an der Küste wenig über 30 °C (Vancouver 33 °C, Victoria 35 °C). Die hohe Sonneneinstrahlung bedingt eine starke Verdunstung, sodass viel Bodenwasser verbraucht wird und die relative Luftfeuchtigkeit nur wenig absinkt (Vancouver: Juli 87 %). Im Anbau wird daher teilweise Bewässerung notwendig. Das Regime der Zyklonentätigkeit erneuert sich im Herbst, wobei die Niederschläge deutlich zunehmen. Das ist verbunden mit starker Bewölkung, Stürmen und häufigem Nebel. Auf den Höhen der Küstengebirge wird Schneefall sichtbar. Diese Merkmale verstärken sich in den Wintermonaten, wenn auch die Temperaturen an der Küste im Durchschnitt selten unter 0 °C sinken. Extreme Minima können aber auch hier Werte von −10 °C bis −20 °C erreichen. Mit zunehmender Höhe und nach Norden zeigt sich natürlich ein gewisser Wandel.

Insgesamt zeichnet sich die pazifische Küstenregion innerhalb Kanadas durch ein verträgliches Klima aus. Ein relativ zeitiges Frühjahr und lange sonnenreiche Sommermonate, das Fehlen großer Temperaturextreme und ein üppiges Wachstum in der Natur sind einige der Gunstfaktoren, die zahlreiche Menschen seit langem zum Anlass genommen haben, sich hier anzusiedeln. In einem Index, in dem klimatische Parameter kanadischer Städte bewertet wurden (Climate Severity), weisen Victoria und Vancouver mit Abstand die besten Werte auf (Phillips 1990: 28).

Kordilleren

Naturgemäß ist das Klima in einer Gebirgsregion mit aufragenden Bergketten, Plateaus und eingeschnittenen Tälern vielfältig (Bild 14), und es müssen zahlreiche kleinere Räume unterschieden werden. So ergibt die Niederschlagsverteilung durch westliche Winde einen typischen Luv- und Lee-Effekt an den Gebirgsketten. Beispiele sind die Werte der Stationen Hope im Luv der Cascade Mountains mit 1601 mm Jahresniederschlag und Penticton, das nur unweit östlich, aber im Lee des Gebirges liegt, mit 296 mm. Ähnliche Beispiele sind Kamloops im Tal des Thompson mit 269 mm und Revelstoke am Westrand der Columbia Mountains mit 1096 mm. Neben den Westwinden treten besonders in den südlichen Talzügen allgemein trockene Winde aus Südosten auf. Ebenfalls trocken sind arktische Luftmassen, die in die nördlichen Bereiche des Gebirges eindringen.

Die Luftströmungen beeinflussen ebenfalls die Temperaturen, deren Jahresgang ausgeprägter ist als an der Küste. Weitaus extremer sind auch die absoluten Werte, die z. B. für Prince George +35 °C bzw. −50 °C in einem etwa 30 Jahre langen Beobachtungszeitraum betrugen.

Die klimatische Differenzierung geht somit auf einen dreifachen sich überlagernden Wandel zurück:

1) einen West-Ost-Wandel, der auf die westliche Luftströmung und die quer dazu verlaufenden Gebirgsketten zurückzuführen ist und sich an ihren Luv- und Leeseiten mit unterschiedlich hohen Regen- und Schneefällen zeigt;
2) einen vertikalen Wandel, der sich vor allem in abnehmenden Temperaturen auswirkt; und
3) einen Süd-Nord-Wandel, der sich ebenfalls in den Temperaturen ausprägt. So sind die südlichen Täler, wie das Okanagon-Tal (Station Penticton), in langen

***Bild 14:** Talzug des Okanagan, intermontane Zone der Kordilleren; im Lee der Cascade Mountains klimatisch begünstigt, doch relativ trocken, sodass der Anbau von Früchten Bewässerung erfordert.*

Sommermonaten stark erwärmt und weisen eine hohe Sonnenscheindauer auf, wodurch Obstanbau, darunter Pfirsiche und Aprikosen, möglich ist; jedoch ist wegen der relativen Trockenkeit Bewässerung erforderlich.

Der Winter setzt mit arktischen Lufteinbrüchen gewöhnlich recht spät ein. Im Süden sinken die Temperaturen erst im November/Dezember leicht unter 0 °C; durch vordringende arktische Luft kommt es aber auch hier zu Einbrüchen mit extremen Temperaturen bis –16 °C in Penticton. Das kann zu erheblichen Schäden an den Obstbäumen führen. Auch stärkere Frühjahrsfröste bedeuten immer ein Risiko für die Ernten. Der winterliche Schneefall ist im Süden relativ gering, und schon im Februar überwiegen klarer Himmel und Sonnenschein. Im Norden wird das Frühjahr verzögert, vor allem an den westlichen Berghängen kann es zu erheblichen Schneefällen kommen, wie z. B. im Winter 1971/72 in Revelstoke am Mount Copeland (Columbia Mountains) mit einer Schneedecke von 24,46 m.

Prärieregion

Das Klima dieser Region wird wesentlich durch ihre Lage inmitten des Kontinentes bestimmt, die ein ausgeprägtes kontinentales Klima mit relativ hohen Temperaturamplituden zur Folge hat. Als ein Teilbereich der Inneren Ebenen liegt sie in dem Durchgangskorridor Nordamerikas und ist einem Nord-Süd gerichteten Luftaustausch ausgesetzt, was die Temperaturgegensätze weiter verschärft. Schließlich wirkt sich die Lage östlich der Gebirgsbarriere und damit im Schatten regenbringender Westwinde aus.

Die hier abgegrenzte Klimaregion entspricht der Verbreitung des natürlichen Graslandes der Prärien, das von Süden aus nach Kanada übergreift. Der Raum erstreckt sich vom südöstlichen Manitoba etwa entlang der nördlichen Grenze des besiedelten und in landwirtschaftliche Nutzung genommenen Areals bis Alberta und wird im Westen durch die Rocky Mountains begrenzt. Da hier über 80 % der landwirtschaftlich genutzten Fläche Kanadas liegen, ist die klimatische Situation von großer wirtschaftlicher Bedeutung.

Unterschiede innerhalb der Region werden besonders in der Verteilung der Niederschläge deutlich. Sie sind in einem engeren Bereich an der südlichen Provinzgrenze zwischen Alberta und Saskatchewan mit Werten von wenig über 300 mm (Station Kindersley, Saskatchewan, 303,7 mm; Medicine Hat, Alberta, 347,8 mm) am geringsten. Um diesen semiariden Kern liegt ein subhumider Bereich, in dem die Niederschläge auf über 400 mm zunehmen; im Südosten, wo besonders im Sommer südliche und südöstliche Luftströmungen Feuchtigkeit bringen, werden über 500 mm erreicht.

Im Jahresgang wird ersichtlich, dass die Niederschläge vor allem im Sommer, zwischen Mai und August, fallen. Die Regenfälle sind meist von kurzer Dauer und oft mit starken Winden und Gewittern verbunden. Auch kommen in dieser Zeit häufig Hagelstürme vor. Sie sind besonders in Alberta, in einem bestimmten Abstand von den Rocky Mountains verbreitet, wo sie im Juli durchschnittlich an 20 Tagen gemeldet werden. Ebenfalls sind West- und Südsaskatchewan häufiger betroffen. Anzahl und Intensität variieren jedoch von Jahr zu Jahr, und es ist schwer, Voraussagen zu treffen. Die Schäden beziehen sich hauptsächlich auf das Getreide, das um diese Zeit schon ziemlich hoch gewachsen ist. Abgesehen von diesen mehr lokalen und partiellen Schäden ist es für die Landwirtschaft von großem Vorteil, dass die Hauptmenge des Niederschlags in der Wachstumsperiode des Sommergetreides, das gewöhnlich im Mai eingesät wird, fällt. Günstig ist ferner eine hohe Sonnenscheindauer, die in Regina im Juli 337 Stunden beträgt.

Dabei sind die durchschnittlichen Monatstemperaturen, die im Juli in der Region zwischen 16 °C und 21 °C erreichen, nicht sonderlich hoch. Allerdings sind die Tag- und Nachtgegensätze ziemlich ausgeprägt, und die täglichen Maxima liegen vielfach über 25 °C. Extrem hohe Temperaturen wurden in Regina mit 43 °C, in Midale und Yellow Grass südwestlich der Stadt mit dem kanadischen Rekord von 45 °C gemessen.

Es ist wichtig für die Getreideernte, dass besonders der September relativ trocken und noch frostfrei ist. In der zweiten Oktoberhälfte ist mit dem Einbruch des Winters zu rechnen, der bis in den April andauert. Kennzeichen dieser langen Periode sind relativ tiefe Temperaturen, die im Durchschnitt des Januar, des kältesten Monats, in Winnipeg – 18 °C, in den täglichen Minima – 23 °C betragen; entsprechende Werte von Regina sind – 17 °C bzw. – 23 °C. Extreme wurden hier mit – 50 °C gemessen.

Temperaturmäßig begünstigt ist das näher am Gebirge liegende Alberta, und hier vor allem der Südwesten, wo der Chinook, ein warm-trockener Fallwind, einen plötzlichen zeitweiligen Anstieg der Temperaturen verursacht. Üblich sind jedoch starke Schneefälle, die mit Sonnenscheinperioden, besonders im Februar, wechseln. Häufig sind durchdringende Winde, darunter die gefürchteten Blizzards, die oft über Stunden hinweg einen Aufenthalt im Freien unmöglich machen.

Erst im April werden allgemein wieder positive Temperaturen erreicht, jedoch ist bis in die zweite Maihälfte die Wahrscheinlichkeit von Frösten noch sehr groß. In dieser Zeit des kurzen Frühjahrs setzt ein rasches Aufblühen der Pflanzen ein, der Schnee schmilzt, und die Niederschläge nehmen zu. Durch ein schnelles Abtauen des Schnees kommt es häufig zu Überflutungen. Besonders betroffen ist Manitoba, wo sich die Flüsse, wie z. B. der Red River und der Assiniboine, kaum in das ebene Gelände eingeschnitten haben. Doch kommen Überschwemmungen auch an anderen Flüssen wie dem North Saskatchewan, dem Hay oder dem Athabasca vor. Die Schäden werden allerdings durch Deiche vermindert.

Für die Landwirtschaft der Prärieregion stellen besonders Trockenheit und Fröste erhebliche Risiken dar. Über die Trockenheit berichtete bereits John Palliser, der im Auftrag des British Colonial Office 1857/1860 die Präriegebiete bereiste, um die Voraussetzungen für eine mögliche künftige Besiedlung zu prüfen. Dabei grenzte er ein Gebiet ab, das er unter anderem wegen des ariden Klimas für ungeeignet hielt. Es ist als *Palliser's Triangle* bekannt geworden und umfasst den äußersten Süden von Saskatchewan und Alberta, im Kern den semiariden Bereich. Die relativ geringen Jahresniederschläge um 300 mm, hohe sommerliche Temperaturen und entsprechend große

Verdunstung ergeben ein Feuchtigkeitsdefizit, das durch trockene Winde weiter verstärkt werden kann und zu Ernteausfällen führt.

Die bislang ausgeprägteste Trockenheit erlebten die Farmer in den 1930er-Jahren. Der Durchschnittswert von 345 mm Jahresniederschlag (Station Medicine Hat, Südostalberta) wurde noch weit unterschritten, z. B. 1936/37 mit 234 bzw. 249 mm. Die Aufeinanderfolge von extrem trockenen Jahren ließ das Getreide nur spärlich wachsen, starke Winde trugen die Bodenkrume ab, und es stellten sich Schädlinge ein. Viele Farmer mussten aufgeben. Einzelne Dürrejahre mit Ernteverlusten sind in unregelmäßiger Folge immer wieder zu verzeichnen, so 1961 und 1988 für den gesamten Raum der Prärien, 1977 und 1985 für weite Teile.

Wie bei der Trockenheit liegt auch bei den Frösten das Risiko in den Abweichungen von den Normalwerten. Die frostfreie Periode ohne Minustemperaturen liegt in der Prärieregion zwischen 125 und 80 Tagen im Jahr, wobei die geringsten Werte an der nördlichen Siedlungsgrenze bestehen. Gewöhnlich enden die letzten Frühjahrsfröste in der zweiten Maihälfte, die ersten Herbstfröste setzen im September ein. Im Norden wird diese Zeit zwischen der ersten Hälfte des Juni und den letzten Augusttagen eingeengt. Es ist aber davon auszugehen, dass geringe Fröste den Kulturpflanzen noch nicht schaden, sodass sich die Zeit um einige Tage verlängern kann. Die Zeit, die das Getreide zwischen Einsaat und Ernte zum Reifen braucht, kann mit rd. 90 Tagen veranschlagt werden, d. h., diese Zeit wird ohne schädliche Fröste benötigt. Es ist ersichtlich, dass an der nördlichen Anbaugrenze ein Risiko besteht. Tatsächlich muss aber besonders im Norden das ganze Jahr über mit plötzlichen Einbrüchen arktischer Luftmassen gerechnet werden, die Fröste bringen und die Ernten zerstören können (Ehlers 1965: 20ff.; Lenz 1965: 15).

Große Seen und St. Lorenz

Diese südlichste Region Kanadas erstreckt sich – etwa analog zur morphologischen Einheit – über mehr als 1000 km von Südontario bis zum Mündungstrichter des St. Lorenz bei Quebec. Das Klima ist noch kontinental, wenn es auch nicht mehr die ausgeprägten Temperaturamplituden der Prärieregion aufweist. Das trifft besonders für Südontario zu, wo sich mildernde Einflüsse der Großen Seen bemerkbar machen. Auch sind hier die Niederschläge mit Werten zwischen 800 und 900 mm pro Jahr geringer als im Osten, wo in Quebec City über 1000 mm erreicht werden. Sie sind relativ gleichmäßig über das Jahr verteilt; im Winter als ergiebige Schneefälle. Als ein weiterer Faktor wirkt sich die Lage der Region im Bereich der Hauptachse westlicher Winde aus, zu denen Strömungen aus dem Südwesten über die Seen kommen. Allgemein und besonders in Südontario wechseln dabei in schneller Folge Zyklonen und Hochdrucklagen, wodurch sich das Wetter schnell verändert. Extrem kalte wie auch übermäßig warme Perioden sind gewöhnlich nicht von längerer Dauer.

Die Abhängigkeiten kommen deutlich im Jahresgang zum Ausdruck. Nach einer kurzen und wechselhaften Übergangszeit in den Monaten März/April erwärmt sich das Land rasch, wobei sich die Temperaturzunahme im Osten etwas verzögert. Im Juli, dem wärmsten Monat, werden überall Temperaturen um 20 °C erreicht, Maximalwerte sind in Toronto allerdings bis 40 °C gemessen worden. Regelhaft sind Perioden mit Sonnenschein, die durch meistens nur kürzere zyklonale Regen unterbrochen werden. Gelegentlich entsteht eine hohe Luftfeuchtigkeit, die hauptsächlich im Bereich der Großstädte Ontarios bekannt und in Verbindung mit der Luftverschmutzung schwer erträglich ist. Gewisse Erleichterung bringt die abendliche Seebrise, die einige Kilometer landeinwärts dringt. Der Übergang zum Winter wird durch den *Indian Summer* bestimmt. Im September, vor allem aber im Oktober, herrschen dann ruhige Hochdrucklagen vor. Die Temperaturen nehmen zwar ab, sind jedoch tagsüber noch mild und warm, abends und morgens ist es meistens dunstig, in der Nacht kann es Frost geben. In dieser Zeit färbt sich das Laub des Mischwaldes, was eine schöne Komposition von Braun-, Rot- und Grüntönen hervorruft.

Im Laufe des November werden negative Temperaturen häufiger. Sie sind im Osten frühzeitiger und erreichen hier auch ihre niedrigsten Durchschnittswerte und Extreme, die in Quebec City mit –36 °C gemessen wurden. In Südontario wirkt sich der mildernde Einfluss der Großen Seen aus, sodass hier die Temperaturen generell etwas höher liegen. In den großen städtischen Agglomerationen kommt es überdies durch die Luftverschmutzung zu einem weiteren Anstieg um einige Grade. Ein wichtiges Element des Winterwetters ist der Wind, der aus westlicher bzw. südwestlicher Richtung aus den zentralen Bereichen des Kontinents kommt und meistens über die Großen Seen in die Region einfällt. Die Südweströmungen sind mit der weit südlich liegenden Polarfront verbunden, sie sind relativ warm und feucht und oft von beträchtlicher Intensität. Sie bringen heftige anhaltende Schneefälle. Relativ selten sind sog. Eisregen, wobei der Niederschlag durch unterschiedlich temperierte Luftmassen gefriert und als Eis zu Boden kommt. Im Januar 1998 kam es in großen Teilen von Südquebec zu einer Katastrophe, als unter der Eisschicht Bäume zerbrachen, Strommasten geknickt wurden und die Energieversorgung ausfiel.

Schneefälle werden in Südontario auch durch den sog. Lake-Effekt hervorgerufen, wobei kalte nördliche Winde mit den Luftmassen über den relativ wärmeren Seeflächen zusammenkommen. Südquebec wird zudem von Winden, die an der Atlantikküste nach Nordosten wehen, beeinflusst; auch sie können schwere Schneefälle zur Folge haben. Nicht zuletzt wird die Region von plötzlichen arktischen Lufteinbrüchen, den gefürchteten Blizzards, betroffen. Im Schnittpunkt dieser verschiedenen Luftströmungen gelegen, wechselt die winterliche Witterung rasch. Sonnige Hochdrucklagen lösen sich mit anhaltenden starken Winden und Schneefällen ab. Die allgemein milden Temperaturen werden von Kälteeinbrüchen mit extremen Werten unterbrochen. Die Schneedecke kann außerordentlich mächtig werden; im Winter 1970/71 wurden in Ottawa 4,45 m gemessen. Aber auch im Durchschnitt liegen die Beträge über 2 m, nur im unmittelbaren Seebereich sind die Werte geringer. Die Schneemassen stellen die Verwaltungen der Städte vor Aufgaben und Kosten, wie sie nur in wenigen Großstädten der Welt auftreten.

Atlantische Region

Das Klima dieser östlichsten Region Kanadas wird sowohl von der Landseite als auch vom Meer beeinflusst. Durch ihre Lage im Haupteinflussbereich westlicher Winde, die vom Inneren des Kontinentes kommen, herrscht vor allem abseits der Küsten ein kontinentales Klima mit stärkeren Temperaturgegensätzen vor. Die Amplituden können hier fast 30 °C mit sommerlichen Werten von nahe 20 °C und Wintertemperaturen von unter –10 °C betragen. Das Landesinnere unterscheidet sich von Bereichen mit stärkerem maritimen Einfluss an den Küsten. Der Temperaturverlauf ist hier deutlich gemildert, die Erwärmung im Frühjahr und die Abkühlung im Herbst vollziehen sich allmählicher und sind verzögert. Auch sind die Niederschläge an den Küsten mit über 1500 mm beträchtlich höher, die Verteilung ist relativ ausgeglichen mit leichtem Abfall in den Sommermonaten. Hervorzuheben sind häufige Nebel, die hauptsächlich im Frühjahr und Frühsommer auftreten, im Durchschnitt z. B. in St. John's an 126 und in Halifax an 74 Tagen pro Jahr. Ursachen dieser Besonderheiten in den Küstengebieten sind die allgemein ausgleichende Wirkung des Meeres und die kalte Labradorströmung, die in der Höhe der Inseln auf wärmeres Wasser trifft. Von Einfluss sind ferner besondere Wetterlagen, bei denen Zyklonen von Süden her an die atlantische Küste vordringen und Niederschläge bringen. Gemeinsamkeiten und Unterschiede zwischen dem Landesinneren und den Küsten sowie auch zwischen dem Süden und der nördlich gelegenen Insel Neufundland zeigen sich besonders im Jahresgang.

Nach einem späten Frühjahr, das sich in Neufundland erst in der zweiten Maihälfte mit höheren Temperaturen anzeigt, beginnt ein kurzer Sommer. In den wärmsten Monaten Juli und August bleiben die Durchschnittstemperaturen allgemein unter 20 °C, an den Küsten und im Norden weisen sie die geringsten Werte auf. Die Unterschiede zeigen sich auch in den Maxima, die im Landesinneren von Neubraunschweig bis 40 °C betragen können, auf Neufundland dagegen nur wenig über 30 °C erreichen. Die Niederschläge sind in dieser Zeit gering, allerdings können an den Küsten nach Norden ziehende und stark abgeschwächte Hurrikane außergewöhnlich starke Regen bringen. Wie in der Region an den Großen Seen und am St. Lorenz zeichnet sich auch am Atlantik der Herbst durch längere Perioden mit Sonnenschein und Laubfärbung (Indian Summer) aus. Die ausgleichende Wirkung des Meeres verlängert die herbstliche Witterung gewöhnlich bis Oktober/November. Zunehmende regenbringende Stürme und Minustemperaturen zeigen den Winter an, der im Inland strenger ist und bis in den April andauern kann. Zwar liegen die durchschnittlichen Temperaturen nicht weit unter – 10 °C, doch können Extremwerte, z. B. in Neubraunschweig, mehr als – 40 °C betragen. Die arktischen Lufteinbrüche, die derartige Temperaturen hervorrufen, werden jedoch gewöhnlich schnell von westlichen Zyklonen oder milderer Meeresluft abgelöst. So sind die Gebiete im Landesinneren auch verhältnismäßig schneereich, und die meist recht mächtige, über 2,50 m reichende Schneedecke kann von November bis in den April erhalten bleiben. Dagegen ist der Schneefall besonders in den nach Süden exponierten Küstengebieten von Neuschottland und Neufundland geringer.

Klimazonen des Nordens und Permafrost

Gegenüber den bisher behandelten Klimaregionen im Süden ist der Norden Kanadas einheitlicher ausgestattet. Er ist Teil des zirkumpolaren Gürtels, und es ist daher richtiger, von nördlichen Klimazonen zu sprechen. Eine Unterteilung umfasst die boreale Klimazone, die etwa mit dem Waldgürtel übereinstimmt und breitenparallel durch den Kontinent verläuft, und die arktische Klimazone im Bereich der offenen Tundra, die sich nördlich der Baumgrenze anschließt.

Die wichtigste Ursache für die klimatische Ausstattung der nördlichen Zonen ist ihre Lage, die insgesamt nur eine geringe Sonneneinstrahlung und damit einen sehr begrenzten Energiehaushalt zulässt. Während der langen Polarnacht wird die schnee- und eisbedeckte Oberfläche des Raumes stark abgekühlt, und es bilden sich besonders in den Monaten Januar bis März extrem niedrige Temperaturen aus. In einer folgenden zwei- bis dreimonatigen Übergangszeit nimmt die Einstrahlung zwar zu, jedoch werden bis zu 80 %, mindestens aber über 50 %, vom Schnee reflektiert und gehen für die Erwärmung des Bodens und der Luft verloren. Erst in der kurzen sommerlichen Periode von Juni bis August wird durch die Schneeschmelze die Aufnahme der Sonneneinstrahlung im Boden größer, und es bilden sich auch positive Temperaturen aus. Bereits im September/Oktober kehrt sich der Vorgang mit der allmählichen Abnahme der Einstrahlung und der Ausdehnung der Dunkelheit wieder um. Frost, Schnee und Auskühlung des Bodens überziehen das Gebiet von neuem, von Norden nach Süden vordringend.

Neben der nördlichen Lage des Gebietes spielen die Luftströmungen eine Rolle. In fast 8 Monaten des Jahres herrscht über der arktischen Zone Kaltluft vor, die vom Nordmeer und von Grönland einfließt. Von November bis Mai besteht hoher Luftdruck, und es kommt bei bestimmten Druckverhältnissen zu den im Süden so gefürchteten Ausbrüchen dieser arktisch-kalten Luft. Die relativ stabile Situation wird in den kurzen Sommermonaten, wenn die Arktikfront weit nach Norden verlagert ist, von westlichen Tiefausläufern unterbrochen. Sie wirken sich vor allem in der südlichen borealen Zone aus, wobei ihr Einfluss von Westen nach Osten vordringt. So setzen z. B. Eisaufbruch und Schneeschmelze im Tal des Mackenzie um Wochen früher ein als in Orten gleicher Breitenlage im Osten.

Niederschläge bringen vor allem von Westen kommende Zyklonen, in den nördlichen Bereichen auch atlantische Winde. Allgemein sind die Werte gering, sie betragen auf den Arktischen Inseln vielfach nur wenig über 100 mm. Mit der Zunahme zyklonaler Tätigkeit in der südlicheren borealen Zone steigen auch die Niederschläge an, liegen aber auch hier in den westlichen Bereichen meistens noch unter 300 mm. Auffallend sind die höheren Beträge im Osten, wo im Sommer viel Regen fällt und im Winter starke Schneefälle bestimmend sind.

Aus den allgemeinen Faktoren, die das Klima des Nordens bestimmen, lassen sich besondere Merkmale ableiten: In der borealen Zone sind die Temperaturen gegenüber dem äußersten Norden um einige Grade milder, wenn auch hohe Extreme er-

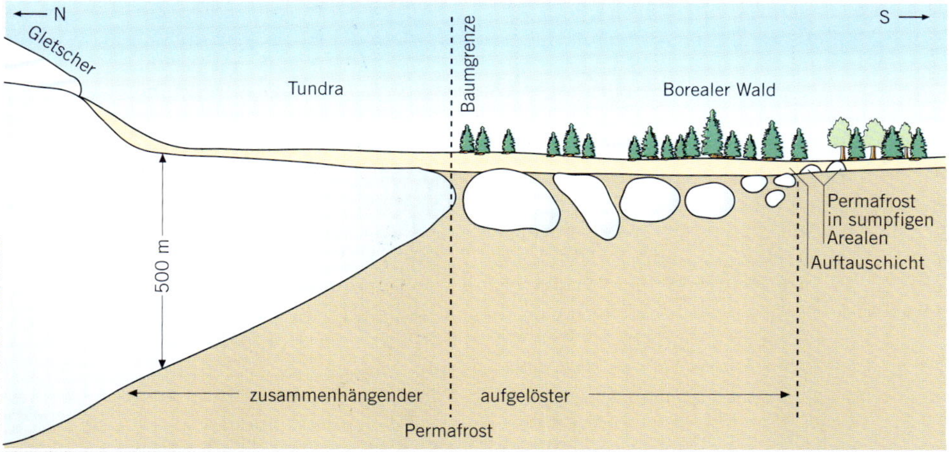

Quelle: Brown 1970, S. 8; BIRD 1980, S. 204.

Abb. 13: Auflösung des Permafrostes im nordwestlichen Kanada: *Für große Teile des Nordens ist ständig gefrorener Boden, der nur im Sommer an der Oberfläche auftaut, typisch.*

reicht werden können (Yellowknife –51 °C). Die Sommer beginnen mit positiven Werten im April/Mai; der wärmste Monat ist der Juli, in dem auch die maximalen Werte von über 30 °C liegen. Minustemperaturen setzen gewöhnlich Mitte Oktober ein und dauern bis April an. In den 6 bis 7 Wintermonaten sind Schneefall und die Dauer der Schneedecke im Osten höher. Allerdings weist die boreale Zone vielfache lokale Unterschiede auf, die durch die Vegetation von teils geschlossenen Wäldern bis zur offenen Tundra verursacht werden.

Für die im äußersten Norden gelegene Arktische Zone sind lange und harte Winter bestimmend. Hohe Kältegrade mit Extremtemperaturen von –52 °C treten häufig zusammen mit starken Winden auf, wodurch sich die Kälte noch stärker auswirkt und für Menschen schwer zu ertragen ist (Wind Chill). Die allgemein nicht sehr hohe Schneedecke bleibt gewöhnlich über 9 Monate bis in den Juni liegen. In den anschließenden 2 bis 3 Monaten Sommerzeit mit positiven Temperaturen taut auch die obere Bodenschicht auf, ebenso das Eis auf den Gewässern. Die Hudson Bay und Hudson Strait sind vom Hafen Churchill aus von Mitte Juli bis Mitte Oktober befahrbar.

Eine der weitreichendsten Folgen des nordischen Klimas ist die ständige Gefrornis im Boden, der sog. Permafrost (permanently frozen ground). Als Ursachen gelten die allgemein geringe Strahlungsintensität, die tiefen Wintertemperaturen und eine relativ dünne Schneedecke. Der Untergrund wird stark ausgekühlt und kann nur während der kurzen sommerlichen Erwärmung in einer obersten Schicht (active layer) auftauen.

Fast die Hälfte des kanadischen Landareals ist von gefrorenem Boden unterlagert (Bird 1967: 36). Man unterscheidet den kontinuierlichen Permafrostbereich mit zusammenhängender Gefrornis und den diskontinuierlichen, in dem gefrorene und nicht gefrorene Bodenpartien vorkommen und wo sich der Permafrost allmählich auflöst. Die Grenzen dieser Bereiche (Abb. 13) entsprechen etwa dem Verlauf der –1 °C- bzw. –7 °C-Jahresisotherme der Lufttemperatur und zeigen die typische Ausbuchtung um die Hudson Bay. Der kontinuierliche Permafrost tritt vor allem im Bereich der Tundra auf, wo die Vegetationslosigkeit eine Abkühlung des Bodens begünstigt. Entsprechend reicht der gefrorene Untergrund hier in größere Tiefen, die z. B. für das Mackenzie-Delta mit 366 m, für Melville Island mit 548 m angegeben werden und an der Südgrenze der Zone noch etwa 60 m betragen. Es entspricht auch den klimatischen Bedingungen, dass die Auftautiefe, die im arktischen Sommer erreicht wird, unter 1 m liegt.

Die diskontinuierliche Permafrostzone fällt mit dem Bereich des borealen Nadelwaldes zusammen, die südlichste Ausbreitung an der James Bay zwischen 51° und

52° n. Br. liegt etwa in der Breitenlage von Berlin. Weniger extreme klimatische Bedingungen und die Vegetationsdecke bewirken hier eine Auflösung des geschlossenen Permafrostvorkommens

Neben der zonalen Verbreitung ist im Hochgebirge alpiner Permafrost nachgewiesen worden, dessen Verbreitung erheblich weiter nach Süden reicht. In der Beaufort Sea ist submariner Permafrost erbohrt worden, der als Relikt der letzten Eiszeit angesehen wird.

Die Forschungen über Verbreitung und Einfluss des Permafrosts auf geomorphologische Vorgänge werden ergänzt durch Untersuchungen über Auswirkungen auf Wirtschaft, Verkehr und Siedlungen im Norden (Brown 1970; French 1976; Harris 1986, Metz 1999). Das allgemeine Problem liegt darin, dass der gefrorene Boden durch eine Wärmezufuhr, die von menschlichen Einrichtungen ausgeht, verändert wird und reagiert. So kommt es im Bergbau zu Überschwemmungen und Einstürzen; bei der Anlage von Pipelines wird das Ökosystem bei der Konstruktion und beim Betrieb gestört. Verläuft die Leitung unterirdisch oder auf Stützpfeilern, können sich Teile des Untergrundes verändern, sie können einfallen (Thermokarst) oder Hangrutschungen auslösen (Nolte 1990). Das Gleiche ist bei Straßen oder Rollfeldern auf Flugplätzen wie auch bei Gebäuden und Versorgungsleitungen der Fall. Zwar können manche der Probleme technisch gelöst oder eingeschränkt werden, in jedem Falle entstehen hohe Kosten, wodurch der Norden ökonomisch benachteiligt ist.

Klima, Wirtschaft und Mensch

Die regionale Behandlung des Klimas hat gezeigt, dass die Winter eine bestimmende Jahreszeit für die Kanadier sind. Nach ihnen mussten Indianer und Inuit ihr Leben ausrichten, und für die meisten Einwanderer bedeuten die langen und strengen Wintermonate eine neue Erfahrung. Inzwischen haben viele technische Einrichtungen die Auswirkungen des Winters eingeschränkt; die Arbeit muss nicht unterbrochen werden, den Menschen ist Komfort gegeben. Dennoch bereitet man sich immer wieder mit vielen Überlegungen auf die Zeit des Winters vor.

Unmittelbar wirkt sich das Klima bei der Rohstoffproduktion vor allem in der Landwirtschaft aus. Fröste setzen dem Anbau im Norden eine Grenze, im semiariden Süden der Prärien gefährdet Trockenheit die Ernten. Die Risiken können allenfalls durch Pflanzenzüchtungen und Anbautechniken, an denen agrobiologische Stationen seit langem arbeiten, vermindert werden. Dagegen ist das Klima in weiten Gebieten für den Weizenanbau günstig, was sehr zur Leistungsfähigkeit der kanadischen Landwirtschaft beiträgt.

Ein weiterer Wirtschaftsbereich, der in besonderem Maße den extremen klimatischen Bedingungen unterliegt, ist das Transportwesen. Straßen und Bahnschienen müssen über mehrere Monate im Jahr vom Schnee freigehalten und besonders im Gebirge gegen Schneelawinen gesichert werden, wie z. B. der 1323 m hohe Rogers-Pass in den Selkirk Mountains, wo die Schneehöhe mehr als 15 m beträgt. Auf Flüssen und Kanälen kommt der Schiffsverkehr wegen der Vereisung zum Erliegen. Der Mackenzie im Nordwesten ist von Mitte Oktober bis Juni/Juli über 8 bis 9 Monate nicht befahrbar; der im Süden gelegene und für den Güterverkehr so wichtige St.-Lorenz-Seeweg muss im Durchschnitt für 3,5 Monate im Jahr, von Dezember bis April, geschlossen werden.

Besondere Verkehrsprobleme bringt der Winter für die Städte, die mit meterhohen Schneedecken und starken Verwehungen rechnen müssen. Die Räumung ist kostspielig und belastet die Etats mit vielen Millionen Dollar. Kälte und Schnee zwingen die Bevölkerung dazu, einen großen Teil der Zeit in ihren Häusern zu verbringen. Konstruktion und Ausstattung sind seit langem darauf ausgerichtet, den Menschen Erleichterungen zu bieten. Dazu gehören u. a. Schutzvorrichtungen gegen Wind und Schneesturm, Isolationen und Klimaanlagen bis zu einer angepassten Kleidung.

Hierbei konnten lange Erfahrungen ausgewertet werden.

In vielen Städten ist die Planung darauf ausgerichtet, der Bevölkerung die Winterzeit erträglicher zu machen. Bahnhöfe des Stadt- und Fernverkehrs, Kaufhäuser und Arbeitsstätten, Hotels, Kultureinrichtungen u. a. sind durch unterirdische Ladenzeilen oder Verbindungen über den Straßen erreichbar und bieten den Menschen Schutz (s. besonders bei den Städten Montreal, Toronto und Calgary).

Die Beispiele zeigen, dass Wirtschaft und Leben in Kanada vom Klima beeinträchtigt werden. Es ist verständlich, dass der meteorologische Dienst sehr ausgebaut ist; über 2500 Beobachtungsstationen jeder Art sind im Lande eingerichtet, moderne Forschungsinstitute stehen zur Auswertung der Daten und zur Beratung zur Verfügung. Zunehmend beachtet werden Untersuchungen über praktische Maßnahmen, wie sich die Menschen auf das Klima einstellen und welche Erleichterungen ihnen geboten werden können.

Vegetation, Böden und Tierwelt

Durch das Klima ist Kanada ein Land des Nordens. Das spiegelt sich ebenfalls in der natürlichen Vegetation wider, die mit dem Klima in enger Wechselbeziehung steht (Knapp 1965; Scott 1995; Abb. 14). Großen Raum nimmt die baumlose Tundra im Norden ein, ein weiterer hoher Anteil entfällt auf Wälder unterschiedlicher Zusammensetzung (s. Abb. 1); zwischen beiden Vegetationszonen liegt ein breiter Übergangsraum. Eine dritte Zone ist die Grassteppe der Prärien, die den nördlichen Teil des großen inneramerikanischen Graslandes bildet. Sie ist weitgehend kultiviert und zu einem Anbaugebiet von Getreide geworden. Kleinere aus den Wäldern gerodete landwirtschaftlich genutzte Areale sind im Osten, wie z. B. im Süden Ontarios und Quebecs.

Wälder

Von der gesamten Waldfläche Kanadas entfallen auf den borealen Waldgürtel im Norden fast 80 % (Treter 1993; Thannheiser 1994; Scott 1995). Die geschlossene nördliche Waldzone erstreckt sich über mehr als 5000 km von der Atlantikküste Neufundlands bis zu den Rocky Mountains und den südlichen Gebirgen Alaskas; die Nord-Süd-Ausdehnung ist wechselnd, sie kann über 1000 km betragen. Für den Baumwuchs in diesen Breiten sind die Sommertemperaturen besonders wichtig. Die mittleren Juliwerte liegen meistens über 10 °C; die Niederschläge von gebietsweise unter 350 mm reichen aus, da die Verdunstung gering ist.

Allgemein ist der boreale Wald extrem arm an Baumarten. In Kanada sind vorherrschend Weiß- und Schwarzfichten (*Picea glauca*, *Picea mariana*; white and black spruce), in geringerer Anzahl kommen Lärchen (*Larix laricina*; tamarack) und besonders im Osten Tannen (*Abies balsamea*; balsam fir) vor, ebenfalls hier und in den zentralen Bereichen Kiefern (*Pinus banksiana*; jack pine). Von den Laubbäumen finden sich an besonderen Standorten Birken (*Betula*; birch) und Pappeln (*Populus*; poplar). Als Durchschnittsmaße der am stärksten verbreiteten Fichten werden Höhen von 20 bis 30 m und Durchmesser bis 60 cm angegeben.

Die nördliche Waldgrenze liegt innerhalb einer mehr oder weniger breiten Übergangszone (forest-tundra ecotone), in der besonders in den Flusstälern und an geschützten Stellen der Wald noch spornartig nach Norden vorstößt oder Inseln bildet. Am weitesten dringen die widerständigen Schwarzfichten nach Norden vor. Temperaturabnahme und damit Wärmemangel sowie die starken arktischen Winde zwingen schließlich zu verkrüppeltem Wuchs und zum Ausbleiben des Waldes. Den Verlauf der Baumgrenze mit der +10°-Juli-Isotherme gleichzusetzen, trifft nur sehr allgemein und mit vielen lokalen Abweichungen zu.

Wie zum Norden hin löst sich der boreale Waldgürtel auch am südlichen Rand auf. Im Osten geht er allmählich in einen Laubmischwald über, im Westen vollzieht sich der Übergang zur Grassteppe in einem Parkgürtel (park belt), in dem Waldinseln

0
500 Kilometer
180°
70°
170°
160°
150°
60°
140°
50°
Polarmeer
Polarkreis
BROOKS RANGE
Yukon
Porcupine
Beaufort Sea
Banks Island
Victoria Island
Ellesmere Island
Devon Island
Baffin Bay
Baffin Island
Foxe Bas
Great Bear Lake
Mackenzie
YUKON TERRITORY
Whitehorse
NORTH-WEST TERRITORIES
NUNAVUT
Juneau
BRITISH COLUMBIA
COAST MOUNTAINS
ALBERTA
Peace
Edmonton
N. Saskatchewan
Calgary
SASKATCHEWAN
S. Saskatchewan
Regina
Fraser
Vancouver Island
Vancouver
Pazifischer Ozean
Hudson Bay
Churchill
Nelson
MANITOBA
Severn
Albany
Lake Winnipegosis
Lake Winnipeg
Lake Manitoba
Winnipeg
ONTAR
Lake Superior
Lake Michigan
Gletscher und Schneefelder
Sumpf, Moor
Tundra
Nördliche Übergangszone: Wald-Tundra
Borealer Nadelwald
Südliche Übergangszone: Wald, Grassteppe
Grassteppe
Südöstlicher Mischwald
Sommergrüne Wälder Südontarios
Waldregionen der Kordilleren
Subalpine Region
Region Columbia/Montana
Küstenregion

Abb. 14: Vegetationszonen in Kanada: *Mit den großen Gebieten der Tundra und des borealen Nadelwaldes wird das Überwiegen des Nordens deutlich.*

Quellen: National Atlas of Canada, 1974, S. 45/46; Falconer, 1974, S. 266; Scott 1995.

und offene Areale wechseln. Die Nadelbäume werden hier besonders von Pappeln (*Populus tremuloides*) verdrängt.

Die Böden der Nadelwaldzone sind hauptsächlich saure Podsole, die weitgehend unfruchtbar sind. In großen Bereichen fehlt überhaupt das Feinmaterial, und es kommt der felsige Untergrund zutage; andere Flächen sind von sandigen oder tonigen Ablagerungen aus der Eiszeit bedeckt. Außerhalb des Kanadischen Schildes, in den nördlichen Prärieprovinzen, haben sich Graue Waldböden, die mäßig sauer sind und bebaut werden können, entwickelt. Sie sind teilweise in Kultur genommen.

Zu dem Holzreichtum der borealen Waldzone kommt ein reicher Wildbestand. Der Wald ist Teil des Lebensraumes von Karibus, die hier besonders im Winter Nahrung und Schutz finden. Ferner leben hier Hirsche, darunter der Wapiti, sowie der Waldbison (*Bos athabascae*), dessen Anzahl allmählich wieder zunimmt. Bedeutender als das Großwild sind die zahlreichen Pelztiere, allen voran der Biber (*Castor canadensis*), ferner verschiedene Marderarten, Fuchs, Bisamratte, Stinkdachs und andere. Ihre Jagd ermöglichte einen schwungvollen Pelzhandel zwischen Indianern und Europäern, der eine Periode in der Wirtschaftsentwicklung Kanadas prägte.

Im Vergleich zum borealen Nadelwaldgürtel im Norden ist die Waldformation der Kordilleren weitaus differenzierter, und durch die günstigeren klimatischen Bedingungen sind die Bäume der meisten Standorte von kräftigerem Wuchs. Die Baumgrenze liegt im südlichen Bereich etwa bei 2000 m, nach Norden senkt sie sich auf ca. 1000 m. Wenn auch mit vielfachen Überschneidungen und ohne scharfe Grenzen lassen sich einzelne Regionen unterscheiden. Den größten flächenmäßigen Anteil hat die subalpine Waldregion, die in den Rocky Mountains im Osten und den Küstengebirgen ausgebildet ist und die inneren Hochländer umschließt. Charakteristische Baumarten sind hier Fichten (besonders *Picea engelmanni*; engelmann spruce), Tannen (*Abies lasiocarpa*; alpine fir) und vor allem an trockeneren Standorten Kiefern (*Pinus contorta var. latifolia*; lodgepole pine). Nadelbäume, wie besonders die Lodgepole-Kiefern, sind auch typisch für die inneren Hochebenen; die trockenen Täler im Süden sind allerdings baumlos und tragen eine Gras- und Kräutervegetation.

Eine zum Teil abweichende Zusammensetzung der Baumarten haben die Täler des oberen Fraser und Thompson, des Kootenay und der Bereich um den Quesnel Lake, die zur Columbia-Waldregion zusammengefasst werden. Aufgrund höherer Niederschläge kommen hier zu den genannten Nadelbäumen als charakteristische Spezies die westliche Hemlocktanne (*Tsuga heterophylla*; western hemlock) und der Lebensbaum (*Thuja plicata*; western red cedar).

Durch sie bestehen gewisse Ähnlichkeiten zur Waldregion an der Küste und auf den vorgelagerten Inseln. Das relativ milde und sehr niederschlagsreiche Klima ermöglicht ein üppiges Wachstum. Entsprechend ist der Artenreichtum hier relativ vielfältig und der Baumwuchs besonders kräftig. Die für die Columbia-Region genannten Hemlocktannen und Zedern sind auch im Küstengebiet am weitesten verbreitet. Sie sind vor allem vergesellschaftet mit den hochwertigen Sitkafichten (*Picea sitchensis*; sitka spruce) bzw. mit Douglastannen (*Pseudotsuga taxifolia*; douglas fir). An Laubbäumen finden sich Pappeln, Eichen, Ahorn und Erlen. Mit ihren dichten Beständen hat die Küstenregion eine hervorragende forstwirtschaftliche Bedeutung. Die vier am stärksten verbreiteten Arten, Hemlock- und Douglastannen, Sitkafichten und Zedern, sind auch die bedeutendsten Holzlieferanten und zeichnen sich durch gute Qualitäten aus. Sie erreichen Höhen von über 50 m, die Douglasien an besten Standorten annähernd 100 m, wobei der Durchmesser zwischen 4 und 5 m betragen kann. Die Wälder der Westküste werden oft als einzigartige außertropische Regenwälder bezeichnet und wegen ihrer hohen Biomasse mit den tropischen Urwäldern verglichen. Umso aufmerksamer wird die Forstpolitik Britisch-Kolumbiens verfolgt und kritisch diskutiert.

Die Gebirgswälder sind Lebensraum einer Tierwelt, die reich an Arten und Individuen ist. Ihre Jagd ist heute durch Schutzgesetze (Wildlife Act) stark eingeschränkt. Hervorzuheben sind Hochwild verschiedener Spezies, z. B. der Wapitihirsch, Elche, Wildschafe und Bergziegen sowie eine große Zahl von Pelz- und Raubtieren bis hin zu den Schwarz- und Grizzlybären. Die Vogelwelt umfasst eine Vielzahl an Arten, und der Fischreichtum vieler Seen und Flüsse vor allem an Lachsen und Forellen ist außergewöhnlich.

Der vorherrschende Wald wird nur im Süden punktuell durch landwirtschaftlichen Anbau unterbrochen. Insgesamt nehmen der Wald fast 70 %, das kultivierte Areal weniger als 1 % von der Fläche Britisch-Kolumbiens ein. Neben Relief und Klima sind dafür auch die Böden maßgebend. Je nach dem Ausgangsmaterial, der Höhenlage und den klimatischen Einflüssen variieren die Böden sehr stark, und nur wenige sind zur Kultivierung geeignet. Von ihnen ermöglichen die alluvialen Böden der Flusstäler, besonders am unteren Fraser, einen produktiven Anbau.

Durch das relativ milde und feuchte Klima hat sich im Südosten ein artenreicher Mischwald mit den charakteristischen Nadelbäumen und zahlreichen Laubhölzern entwickeln können, dessen Zusammensetzung je nach Standort variiert. Nur recht grob können drei Regionen unterschieden werden, die sich nach Süden in die USA fortsetzen:

1) das Waldgebiet im Bereich der Großen Seen und des St. Lorenz,
2) davon abgetrennt der äußerste Süden Ontarios am Erie- und Ontario-See und
3) die Akadische Waldregion, die die südlichen Atlantischen Provinzen einschließt.

Stellt man die einzelnen Arten dieser Region zusammen, zeigt sich, dass in großen Bereichen Nadelhölzer bestimmend sind und im Norden ein unscharfer Übergang zum borealen Waldgürtel besteht. Stärker verbreitet sind u. a. Fichten (z. B. *Picea rubens*; red spruce) und Tannen (besonders *Tsuga canadensis*; eastern hemlock), ferner Kiefern, die schon früh genutzt wurden. Die Nadelwaldbestände sind von Birken, Eichen, Buchen, Ulmen, Espen, vor allem aber von Ahorn durchsetzt. Es kommen hauptsächlich der Rote Ahorn (*Acer rubrum*; red maple) und mit besonders weiter Verbreitung der Zuckerahorn (*Acer saccharum*; sugar maple) vor. Die Bäume erreichen bei Durchmessern von 60 bis 90 cm Höhen von über 30 m und liefern begehrtes Hartholz. Aus dem Saft werden Zucker und der bekannte maple syrup gewonnen. Seit 1964 ist das Ahornblatt Symbol der Nationalflagge Kanadas.

Die genannten Laubbäume finden sich auch in der Sommergrünen Waldregion im äußersten Süden Ontarios. Was diesen Bereich auszeichnet, ist eine größere Anzahl weiterer Arten, die aus den östlichen und südöstlichen USA bekannt sind und im Bereich der Großen Seen ihre nördlichste Verbreitung haben. Genannt seien Linden, Eschen, Walnuss, aber auch Hickory, Kastanien, Tulpenbäume und Magnolien sowie Sassafras (*S. albidum*), ein Weichholz mit stark duftendem Öl, und Jasmin (*Asimina triloba*; pawpaw). Nicht zuletzt zeigt sich an der geringen Verbreitung dieser Arten, dass Kanada auch hinsichtlich der Baumvegetation ein typisches Nordland ist.

Die Zusammensetzung der Wälder im Südosten kommt besonders in den Monaten September/Oktober zum Ausdruck, wenn sich das Laub färbt. Allerdings ist der Wald in manchen Bereichen dem Kulturland gewichen. Das ist vor allem in Südontario der Fall, wo noch etwa 15 % der Fläche bewaldet ist, aber auch im Tal des St. Lorenz und auf Prince Edward Island sind die Anteile gering. Schon im nördlichen Ontario erhöht sich jedoch der Anteil auf rd. 90 %, und die Provinzen Neuschottland und Neubraunschweig sind zu etwa 75 bzw. 85 % bewaldet.

Die Begrenzung der landwirtschaftlich nutzbaren Flächen ist auch eine Frage der Böden. Vorherrschend sind grau-braune Podsole, die von sehr unterschiedlicher Qualität sind. Während die Böden bei ausreichender Drainage in Südontario recht fruchtbar und produktiv sind, bieten sie in weiten Bereichen der atlantischen Provinzen keine ausreichende Grundlage. Fruchtbare Böden finden sich hier nur in den Anschwemmungen der Flüsse, z. B. des Saint John und Annapolis, oder an Meeresbuchten. Ausgezeichnet sind ferner die Marschböden an der Fundy Bay (Schott 1955: 51).

Grassteppe

Die natürliche Vegetation der Grassteppe ist heute weitgehend durch den Anbau von Getreide und anderen Kulturpflanzen verdrängt. Eine Rekonstruktion stützt sich hauptsächlich auf Landbeschreibungen, die vor der Besiedlung in den 1870er- und 1880er-Jahren angefertigt wurden. Die Siedler, die seit dieser Zeit in die Präriegebiete kamen, standen vor weiten Grasflächen, die relativ leicht gerodet werden konnten und auf fruchtbare Böden schließen ließen.

Die Graslandformation wird nach der Zusammensetzung der Bestände in die Langgras-, Mischgras- und Kurzgrasprärie unterteilt (Bild 15) (Watts 1960; Knapp 1965).

Die Langgras- oder Hochgrasprärie (tall grass, true grass prairie) beschränkt sich auf ein relativ kleines Areal im Bereich des ehemaligen glazialen Stausees, Lake Agassiz, im heutigen Manitoba; sie setzt sich nach Süden in den amerikanischen Mittelwesten fort. Kennzeichnend sind ein ziemlich dichter Rasen aus hohen Gräsern, wenige Büsche und nur in Flusstälern Baumgruppen, besonders Ulmen (*Ulmus americana*). Unter den Gräsern ist *Andropogon gerardi* (big bluestem), deren Halme auf günstigen Standorten über 2 m Höhe erreichen können, am stärksten verbreitet.

Die Mischgrasprärie (mixed grass prairie) zieht sich in einem weiten Bogen vom südwestlichen Manitoba bis an die Fußhügel der Rocky Mountains. Die Zusammensetzung der Flora ist vielseitiger; vorherrschend sind Agropyron-, Stipa- und Carex-Arten sowie *Festuca scabella*, deren Höhen allerdings unter 1 m bleiben. Verstreut finden sich Büsche und niedrige Bäume. Nach Norden zu nehmen Baumgruppen mit Pappeln, Weiden, Birken, Eichen und Fichten größere Areale ein.

Das südliche Trockengebiet der Prärien wird von der Kurzgrasprärie (short grass prairie) eingenommen, sie bildet den nördlichen Ausläufer der Plains-Vegetation Amerikas. Die niedrigen und mittelhohen Gräser weisen besonders hohe Anteile von *Bouteloua gracilis* (blue gramma grass) auf, ferner Stipa-Arten und andere. Sie stehen spärlicher als in den anderen Grasgebieten und sind durchsetzt von xerophilen Arten, wie *Opuntia polyacantha*, die sich an besonders trockenen Standorten finden. Ausgedehnte Flächen der ehemaligen Kurzgrasprärie sind heute extensives Weideland, sodass sich viele Grasarten erhalten konnten.

Bild 15: *Grassteppe im semiariden Südosten Albertas, extensives Weideland.*

Die inmitten des Graslandes gelegenen Cypress Hills (1468 m, relative Höhe ca. 675 m) heben sich durch eine abweichende Vegetation ab. Große Teile werden von Wäldern mit Kiefern (*Pinus contorta*) und Fichten (*Picea glauca*) eingenommen. In der Zusammensetzung bestehen Ähnlichkeiten zur östlichen Abdachung der Rocky Mountains, deren Fußhügelzone die Grassteppe im Westen begrenzt.

Die offenen Grasländer der nordamerikanischen Prärien und Plains waren der Lebensraum riesiger Herden des Bisons oder Büffels (*Bison bison*, buffalo). Auf der Nahrungssuche zogen sie im Frühjahr nach Norden bis ins boreale Waldgebiet und mit einsetzenden Schneefällen wieder südwärts. Noch bis 1830 wird ihre Gesamtzahl auf 40 Mio. geschätzt, zum Ende des Jahrhunderts waren sie ausgerottet. In Kanada sollen um 1900 nur noch etwa 1000 Tiere vorhanden gewesen sein. Auch Antilopen (*Antilocapra americana*) waren bis zur Besiedlung stärker verbreitet, sie gehören jedoch auch heute zum Wildbestand, ferner zahlreiche Nagetierarten, unter ihnen der Präriehund (*Arctomys ludivicianus*).

Wenn die Grassteppe zu einem ertragreichen Anbaugebiet kultiviert werden konnte, so ist das nicht zuletzt auf die Böden zurückzuführen. Sie sind glazialen Ursprungs mit unterschiedlichen Korngrößen. Tonige und sehr fruchtbare Ablagerungen hinterließen die ausgedehnten Eisstauseen, reine Sande sind stellenweise zu Dünen aufgeweht, wie die *great sand hills* in Westsaskatchewan.

Als Bodentypen haben sich unter dem Einfluss von Klima und Vegetation im Wesentlichen 3 Hauptgruppen herausgebildet, die nach ihren Anteilen an organischer Substanz und entsprechender Färbung als Braun-, Dunkelbraun- und Schwarzerden klassifiziert werden. In der Trockenregion im Süden haben sich Braunerden entwickelt, die ein flaches Profil haben und relativ arm an organischen Bestandteilen sind. Nahe der Oberfläche können Kalk- und Salzanreicherungen auftreten (Hoppe 1998). Insgesamt wird von der Fläche, die diese Böden einnehmen, nur etwa ein Viertel als brauchbares Ackerland eingestuft. Bei ausreichender Feuchtigkeit, z. B. durch Bewässerung, können jedoch ergiebige Ernten erzielt werden. Reichhaltigere organische Bestandteile und ein tiefgründigeres Profil besitzen die dunkelbraunen Böden, die das Gebiet der Braunerden halbkreisförmig umgeben. Sie bilden den Übergang zu den Schwarzerden, die den höchsten Grad der natürlichen Fruchtbarkeit aufweisen. Von ihnen sind fast 80 % gutes Ackerland und auch größtenteils bebaut. Die gut ausgebildete Humusdecke kann bei bestimmten Gruppen über 20 cm mächtig sein. Nach Norden zu schließen sich mit Zunahme des Nadelwaldes graue Waldböden mit starker Auslaugung und entsprechend geringer Fruchtbarkeit an.

Wie in den USA sind auch die Böden der kanadischen Präriegebiete seit ihrer Kultivierung durch Bodenerosion gefährdet, allerdings ist das Ausmaß hier erheblich geringer. In erster Linie handelt es sich um eine Abtragung der Bodenteilchen durch Wind, wobei sehr sandige und lehmige Böden am stärksten gefährdet sind. Durch die geübte Praxis des Trockenfarmens (dry farming), bei dem die Felder in bestimmter Rotation nicht bestellt werden, konnte die Winderosion auf den Brachflächen besonders wirksam sein. Zu den Gegenmaßnahmen gehört, dass aufgegebenes Land mit Weizengras (*Agropyrum cristatum*) eingesät wird, dessen dichte Narbe den Boden schützt. Schon um 1920 hatten Farmer in Südalberta das Streifenfarmen (strip farming) eingeführt. Dabei unterteilten sie das Anbauareal in 50 bis 100 m breite Streifen, die senkrecht zur vorherrschenden Windrichtung verlaufen. Auf ihnen wechselt Brache mit bebautem Land, sodass die Wirkung des Windes stark abgeschwächt wird. Zusätzlich hat sich statt der Schwarzbrache eine bedeckte Brache durchgesetzt, bei der das abgeerntete Feld zwar aufgelockert wird, jedoch eine schützende Decke aus Stoppeln und zerkleinertem Stroh (trash cover) erhalten bleibt. Auch wird stellenweise ein Zwischenanbau auf den Brachflächen mit hochwachsenden Pflanzen, wie Mais oder Sonnenblumen, vorgenommen. Zu den besonderen Maßnahmen gehören Windschutzhecken (windbreakes, shelter belts), die zwar sehr wirksam sind und auch die Bodenfeuchtigkeit durch das Aufhalten des Schnees günstig beeinflussen, jedoch auch selbst ausreichende Niederschläge zum Wachsen und Pflege benötigen. Dadurch ist ihre Anlage auf den Feldern begrenzt und hat sich bisher nicht sehr durchsetzen können. Im unmittelbaren Bereich der Farmen sind dagegen Baum- und Strauchreihen als Windschutz häufiger zu finden.

Gegenüber der weit verbreiteten Windabtragung ist die Erosion durch Wasser auf hügelige Areale, wie die Abdachung der Stufen oder die Ränder der tiefer eingeschnittenen Flusstäler, begrenzt. Das kann im Extremfall, wie bei Drumheller in Südalberta, zur Bildung von Badlands führen (Bild 6). Die Zerstörung geht besonders von der Schneeschmelze im Frühjahr sowie von sommerlichen Starkregen aus. Insgesamt wird die Bodenerosion in den Präriegebieten als nicht besonders gefährlich angesehen. Nach Schätzungen sind ca. 5 bis 10 % des Kulturlandes von mäßiger (moderate) und 1 bis 2 % von stärkerer (severe) Erosion betroffen (Johnson 1961).

Tundra

Die Vegetation dieser Zone ist extremen klimatischen Bedingungen ausgesetzt. Maßgebend ist der kurze arktische Sommer, der nur bis zu 3 Monaten dauert und geringe positive Temperaturen aufweist. Im Winter herrschen hohe Kältegrade und strenge Winde vor. Hinzu kommt eine relative Trockenheit. Diese Klimafaktoren haben zusammen mit dem Permafrost eine Bodenbildung erschwert. Am weitesten verbreitet sind Tundra- oder Tundragleyböden, die zur Gruppe der Rohböden (Regosole) zählen. Es sind flachgründige Substrate ohne ein typisches Profil, die von der Gefrornis unterlagert sind und auf denen sich im Sommer die Nässe staut. In großen Bereichen der Arktis tritt der felsige Untergrund zutage bzw. sie werden von ewigem Eis eingenommen.

Unter den Bedingungen des Klimas und der Böden ist die Vegetation relativ arm an Arten. Im südlichen Bereich, der die festländischen Teile umfasst, kommen Weiden, Erlen und Birken in Buschform vor, auch ist die Vegetationsdecke hier noch weitgehend zusammenhängend. Auf bestimmten Standorten wachsen Pflanzengesellschaften, die Gräser und Kräuter sowie andere Carex-Arten und Leguminosen einschließen oder als Zwergstrauchheiden mit Ericaceen und Krähenbeere (*Empetrum*) ausgebildet sind. Auf den nördlichen Inseln gewinnen Flechten und Moose (reindeer moss) größere Verbreitung.

Wenn auch die Vegetationsdichte allgemein nach Norden zu abnimmt, gibt es überall bevorzugte Standorte, wie etwa nach Süden gerichtete Hänge unterhalb von

Felswänden, auf denen der Schnee zeitig schmilzt. Sie tragen ein relativ dichtes Pflanzenkleid mit zahlreichen buntblühenden Arten, wie z. B. Löwenzahn (*Taraxacum arctic*), Steinbrechgewächsen (*Saxifraga*), Beerenschote (*Astragalus*) oder das Berufskraut (*Erigeron*). Wenn sie in den kurzen Wochen des Sommers blühen, geben sie der rauen Landschaft des Nordens ein farbiges Bild, was die gebräuchliche Bezeichnung der Tundren als unfruchtbares Land (barren grounds) relativiert.

Dies zeigt sich auch in der Tierwelt, die in der Tundra und in den arktischen Küstengewässern ihren Lebensraum hat und für die dort wohnenden Indianer und Inuit von großer Bedeutung war und es zum Teil auch heute noch ist.

Einen wichtigen Platz nimmt das Karibu, das nordamerikanische Wildren, ein (Bild 16) (*Rangifer trarandus groenlandicus*); die Inuit nennen es Tuktu. Auf den Arktischen Inseln kommen die etwas kleineren Peary-Karibus in relativ ortsfesten Herden vor. Über die Anzahl der Karibus in früherer Zeit gibt es nur vage Vermutungen von mehr als 3 Mio., die wohl eine größere Verbreitung gehabt haben. Der heutige Bestand wird auf etwa 1 Mio. Tiere geschätzt, wobei die Angaben allerdings differieren. Als Gründe für den Rückgang werden u. a. genannt: knappe Nahrungsvorräte, Wölfe, die vor allem Jungtiere töten, und nicht zuletzt die Jagd der Menschen, die von Eingeborenen wie Fremden betrieben wird. Das Vordringen von Wirtschaft und Technik, wie z. B. durch Erdölbohrungen und Pipelines, in den Lebensraum kann das Gleichgewicht der Herden empfindlich stören.

Dies ist besonders bei den jährlichen Wanderungen der Fall, die zweimal im Jahr zwischen dem borealen Nadelwald und der Übergangszone bis zur offenen Tundra führen, wobei Strecken von über 1000 km zurückgelegt werden. Ein Beispiel ist die Porcupine-Karibu-Herde, die im Grenzgebiet zwischen Kanada und Alaska lebt und sich auf etwa 180 000 Tiere stabilisiert hat. Offensichtlich wird der durch das Gebiet verlaufende Dempster Highway problemlos überquert. Die Gefahr einer Ölpipeline, die durch den Raum führen sollte, konnte vorerst abgewendet werden (Schmidt 1991: 156).

Ähnliches gilt für die Moschusochsen (*Ovibos moschatus*), die ganz überwiegend

Bild 16: *Baumlose Tundra in der Arktis mit Karibus.*

Quelle: Dietbert Thannheisser, Hamburg.

auf den Arktischen Inseln, außer Baffin Island, leben. Die wuchtigen Tiere ernähren sich von der spärlichen Vegetation, sie sind sehr verstreut und bewegen sich nur in einem sehr begrenzten Bereich. Auch die Anzahl der Moschusochsen war in früherer Zeit weitaus höher. Die Jagd durch Eingeborene, Walfänger und Expeditionen hat die Bestände jedoch stark verringert. Erst nach einem Verbot der Jagd 1917, das erst 1969 wieder vorsichtig gelockert wurde, hat die Population langsam wieder zugenommen und wird heute auf insgesamt 15 000 Tiere veranschlagt.

Mit Karibus und Moschusochsen teilt sich noch eine Reihe anderer Tiere den spärlichen Lebensraum der Tundra. Von ihnen seien Wölfe und Polarfüchse, Lemminge und Polarhasen genannt, ferner der Chipmunk, ein kleiner Nager, der als einziger etwa 8 Monate lang in seinem Bau Winterschlaf hält. Etwa 80 Vogelarten werden im Sommer gezählt; das Mackenzie-Delta und Bylot Island im Osten sind bevorzugte Nistplätze. Die an Küsten lebenden Inuit stellen vor allem Robben und Eisbären nach, die besonders um Baffin Island und Southampton Island gejagt werden.

Bewertung und Schutz der natürlichen Umwelt

Das umfangreiche und vielseitige natürliche Angebot hat Kanada zu einem der reichsten Länder der Erde werden lassen. Allerdings ist die Nutzung oft mit erheblichen Schwierigkeiten verbunden und erfordert viel Einsatz, moderne Technik und beträchtliche Investitionen. Bei den großen Aufwendungen wird die Frage nach der ökonomischen Rentabilität stets neu zu beantworten sein, sodass manche der von der Natur gebotenen Möglichkeiten nicht – oder noch nicht – genutzt werden können.

Das gilt u. a. für die Bodenschätze, die in einer breiten Palette vorhanden sind. Am bekanntesten für ihren Erzreichtum sind der Kanadische Schild und die Kordilleren. Bei einer Reihe von Erzen erreicht die Förderung in Kanada vorderste Plätze unter den Ländern der Erde. Die bedeutende Stellung auf dem Weltmarkt ist hervorzuheben, da die Gewinnung der Erze erst vor gut 100 Jahren am südlichen Rand des Schildes einsetzte und mit Ausnahme von Labrador noch nicht weit nach Norden vorgedrungen ist. Seit etwa 50 Jahren, mit der Bohrung von Leduc bei Edmonton 1947, werden umfangreiche Erdölvorkommen im Bereich der Inneren Ebenen genutzt, nachdem vorher nur relativ unbedeutende Lager bekannt waren. Erst um 1960 begann die Förderung von Kalisalzen. Da die bisher bekannten Lagerstätten keinesfalls erschöpft sind und im Norden weitere Bodenschätze entdeckt wurden bzw. zu vermuten sind, dürfte Kanada als Lieferant von Bergbauprodukten auch in Zukunft große Bedeutung für den Weltmarkt haben.

Nur relativ grob sind die riesigen Wälder zu bestimmen, die vor allem in der borealen Region im Norden und in den Gebirgen im Westen und Osten stocken. Mit ihnen verfügt Kanada über eines der größten Waldvorkommen der Erde. Die Holzbestände können bisher nur zu einem geringen Teil genutzt werden, doch sind Verarbeitung und Export wichtige Posten in der Wirtschaft und im Handel. Die Wälder sind Lebensraum jagdbarer Tiere, die besonders wegen ihrer Pelze geschätzt werden.

Umfangreiche Flächen stehen für die Landwirtschaft zur Verfügung. Sie liegen überwiegend in der ehemaligen Grassteppe der Prärien, in geringer Ausdehnung in Südontario, im Tal des St. Lorenz und in verschiedenen Gebirgstälern der Kordilleren und Appalachen. Fruchtbare Böden und allgemein ausreichende klimatische Bedingungen haben die Prärien zu einer der wichtigsten Getreidekammern der Erde werden lassen. In der Produktion von Weizen nimmt Kanada weltweit einen der vordersten Plätze ein. Weite Schelfgebiete an den Küsten der Ozeane sowie überaus zahlreiche Flüsse und Seen bieten reiche Fischbestände.

Für die Energiegewinnung sind Erdöl und Erdgas, Kohle und Wasserkraft vorhanden. Ein reiches Potential an Hydroenergie bieten die Flüsse in den Gebirgen und im Bereich des Kanadischen Schildes, die eine stete Wasserführung und häufig ein unregelmäßiges Gefälle haben. Allerdings müssen die Wasserkraftwerke immer weiter im Norden angelegt werden, sodass der Strom über lange Strecken übertragen werden muss.

Die gebotenen Möglichkeiten für eine Rohstoffproduktion werden durch das Klima eingeschränkt, bzw. es wird eine Nutzung erschwert. Feste oder nur geringfügig zu verschiebende Grenzen sind der Landwirtschaft gesetzt. Im Norden besteht eine Kältegrenze, die durch agrobiologische Züchtungen und andere Maßnahmen versetzt werden könnte, doch würde dann die ökonomische Rentabilität fraglich sein. Eine vergleichbare Situation ist durch Trockenheit in den südlichen Prärien gegeben, wo ein Anbau ebenfalls problematisch ist. Allerdings ist hier in Teilbereichen eine Bewässerung möglich, und ein großes Areal kann als extensive Viehweide genutzt werden.

Besonders im Norden beeinflussen und erschweren Klima und Permafrost eine wirtschaftliche Betätigung. So sind Holzgewinnung und Bergbau nur mit großem Aufwand und spezieller Technik durchzuführen. Rechnet man die hohen Transportkosten hinzu, ist eine Rentabilität der Unternehmungen nur schwer zu erreichen und von den Weltmarktpreisen abhängig. Aber auch in den dichter besiedelten Gebieten des südlichen Kanada entstehen durch das Klima manche Erschwernisse für Menschen und Wirtschaft. Wichtige Wasserstraßen und Häfen sind monatelang durch Eis blockiert; starke Schneefälle und Schneestürme erfordern Einsatz und Kosten, um den Verkehr aufrechtzuerhalten. Sommerliche Hagelstürme und gelegentliche Tornados können die Getreideernten vermindern.

Die Größe des Landes mit seinen unterschiedlich ausgestatteten Naturräumen drückt sich nicht zuletzt in krassen Disparitäten aus. Sie zeigen sich vor allem in einem Nord-Süd-Gegensatz, sind aber auch innerhalb der südlichen Landesteile ausgebildet. Der große Anteil von Marginalräumen zwingt dazu, auch diese zu erschließen und an die wirtschaftlichen Kernräume anzubinden. Dazu muss die Infrastruktur über kaum bewohnte Gebiete ausgedehnt und mit hohen Kosten erhalten werden.

Schließlich seien die langen Außengrenzen Kanadas genannt. Sie umfassen eine Küstenlänge von rd. 24 000 km und die politische Grenze zu den USA von insgesamt 8900 km; ohne die Grenze zu Alaska sind es 6400 km. Trotz der allgemein guten nachbarlichen Beziehungen müssen Grenzstationen auf dem Land und Kontrollen auf See unterhalten werden. Auch das gehört zu den Bedingungen, die ein „weites Land" auf sich nehmen muss (Vogelsang 1989).

Die Beurteilung der Umwelt in der Zeit der Kolonisation

Eine nennenswerte Belastung der Umwelt setzte erst mit der europäischen Kolonisation seit dem 17. Jh. ein. Zwar beuteten auch Indianer und Inuit die Ressourcen aus, doch geschah dies in einem sehr begrenzten Ausmaß. Die Anzahl der Urbevölkerung in dem weiten Land war gering, und die Menschen hatten eine große Ehrfurcht vor der Natur, die ihnen das Leben ermöglichte.

Die Kolonisten aus dem dicht besiedelten Europa brachten eine andere Auffassung mit. Sie wollten die Natur „erobern", sie untertänig machen; Fischfang, Pelzhandel, Ackerbau, Holznutzung und Bergbau versprachen große Gewinne. Das Land schien grenzenlos und ebenso das Reservoir an Schätzen (Pletsch 1993b). Die Einsicht, dass mit einer rücksichtslosen Nutzung der Natur auch Schäden verursacht wurden, die unumkehrbar sind und letztlich auch die wirtschaftlichen Erfolge beeinträchtigen mussten, war bei den Pionieren kaum vorhanden und wohl auch nicht zu erwarten. Zu dieser Einstellung kamen mangelnde Kenntnisse von Klima und Böden sowie fehlende Erfahrungen, wodurch sich Konflikte in der Landnutzung ergaben. Bittere Lehren wurden zuerst in den Grenzräumen des Ackerbaus gezogen, wo früh einsetzende Fröste oder ausbleibender Regen die Ernten vernichteten.

Die Farmer mussten sich den neuen Erfahrungen anpassen und den Anbau zurücknehmen, wenn die Risiken zu groß wurden. Die Reaktionen der Umwelt auf menschliche Eingriffe zeigten, dass besonders der Norden mit extremen Klimaverhältnissen und Permafrost sehr empfindlich ist. Durch geringe mikrobiologische Aktivitäten im Boden, Nährstoffmangel und langsames Wachstum, Artenarmut und eine enge Nahrungskette ist die Natur leicht angreifbar, und jede Störung von außen kann zu schweren und lange anhaltenden Folgen führen. Das zeigte sich schon früh beim Bergbau, wie z. B. in Nordontario seit den 1880er-Jahren oder bei der Goldgewinnung am Klondike (Yukon), die um die Jahrhundertwende begann und deren Folgen bis heute wahrzunehmen sind.

Die Problematik der Umwelt ist lange Zeit nicht erkannt worden, sie wurde durch die ökonomischen Fortschritte gleichsam überdeckt. Erst heute ist klar, dass während der Kolonisation des Landes und durch eine unkontrollierte Ausbeutung der Ressourcen immenser Schaden angerichtet und das ökologische Gleichgewicht in vielen Naturräumen empfindlich gestört wurde.

Umweltpolitik mit dem Ziel einer nachhaltigen Entwicklung

„Protecting the environment is a Canadian priority“, dieses moderne politische Schlagwort konnte sich allerdings erst in neuerer Zeit durchsetzen. Wenn es auch schon früher, und meistens auf lokaler Ebene, einzelne Maßnahmen zum Schutz von Ressourcen oder zur Entsorgung von Abwässern gab, ist eine kanadische Umweltpolitik erst in den 1960er-Jahren aufgenommen worden (Semrau 1993 u. 1995; Lenz 1993). Weltweite Umweltkatastrophen und eine kritische Literatur über die Zerstörungen lösten ein wachsendes Umweltbewusstsein in der Bevölkerung aus, und es bildeten sich erste Gruppierungen, die einen Schutz der Umwelt forderten.

Zu den frühen wichtigen Maßnahmen der Regierung gehörte die Gründung des Umweltministeriums *Environment Canada* im Jahr 1971; entsprechende Institutionen entstanden in den Provinzen. Zu den Aufgaben gehörten die Förderung der Grundlagenforschung, neue Umweltgesetze und Maßnahmen sowie deren Überwachung, und nicht zuletzt sollte auch das Verständnis der Bevölkerung für die Erhaltung der Umwelt geweckt werden. Umfangreiche Gesetzeswerke in dieser Zeit beziehen sich auf die Reinhaltung von Luft und Wasser, auf die Abfallentsorgung, den Schutz des Waldes und der Tierwelt u. a. m.

Zu den Ereignissen, die eine Umweltpolitik herausforderten oder bestätigten, gehörten der krasse Anstieg der Ölpreise (1973), durch den die eigenen Ressourcen eine neue Bewertung erfuhren, und die erste Umweltkonferenz der Vereinten Nationen in Stockholm 1972. Hier hatte der Kanadier Maurice Strong ein weltweites Programm vorgeschlagen, das er anschließend in führender Position begleitete. National wurde die Umweltbewegung sehr aufgewertet durch die Ablehnung einer Pipeline, die von den Ölfeldern Alaskas durch Westkanada führen sollte. Ihr voraus gingen äußerst gründliche Untersuchungen und Anhörungen von Betroffenen, vor allem der Eingeborenen, durch eine Kommission unter Leitung des Juristen Thomas Berger (sog. Berger Inquiry 1974/77).

Als ein besonderes Problem stellte sich der Saure Regen (acid rain) heraus. Seine Auswirkungen sind mindestens seit den 1960er-Jahren bekannt, als ein ungewöhnliches Fischsterben in vielen Seen Ontarios beobachtet und auf Regen mit überhöhten Werten an Schwefeldioxid zurückgeführt werden konnte. Daneben waren auch Wald- und Landwirtschaft betroffen. Bald wurde offenbar, dass die Luftverschmutzung besonders durch die Industrie in den USA ausgelöst wurde und als belasteter Niederschlag nach Kanada kam, während ein umgekehrter Transport in weitaus geringerem Maße stattfand. Die jahrelangen und zum Teil heftig geführten Auseinandersetzungen zwischen beiden Ländern konnten schließlich 1991 mit dem *Air Quality Agreement* beendet werden. Darin wurde eine Halbierung des Ausstoßes an Schwefeldioxid bis 1994 festgeschrieben.

Schon häufig mussten Umweltprobleme an der langen Grenze bilateral gelöst werden. Herausragend waren die Abkommen über die Wasserqualität der Großen Seen (1972 u. 1978), die bedrohlich zurückgegangen war. Die Belastung durch Phosphate und andere Substanzen, die von der Industrie und Landwirtschaft des Umlandes ausging, hatte bereits den Fischbestand erheblich dezimiert. Nach mehr als 20 Jahren, 1998, wurde bekannt, dass sich Stör-, Forellen- und Heringspopulationen wieder im Ontariosee eingefunden haben. Ähnliche Abkommen betrafen Küstengewässer, wie das Georgia Basin zwischen Britisch-Kolumbien und dem Staat Washington.

Eine entscheidende Innovation für die weltweite Umweltpolitik und in besonderem Maße auch für Kanada erbrachte der Abschlussbericht der UN-Kommission für Umwelt und Entwicklung „Unsere gemeinsame Zukunft“ 1987. Dieser nach der Vorsitzenden Gro Harlem Brundtland benannte Bericht wurde nachdrücklich von kanadischer Seite gefördert, etwa ein Drittel der mitarbeitenden Personen und Organisationen kam aus dem Land. Die Hauptforderungen sind, dass in Politik und Wirtschaft die ökologische Dimension stärker zu berücksichtigen ist und an den Entscheidungen die betroffenen Organisationen zu beteiligen sind. Ferner müssen Umweltschäden im Vorfeld verhindert werden, wobei Umweltverträglichkeitsprüfungen von Projekten vorzunehmen sind. Schließlich ist bei allen wirtschaftlichen Unternehmungen das Prinzip der Nachhaltigkeit (sustainability) zu berücksichtigen, d. h. „die Bedürfnisse der Gegenwart zu befriedigen, ohne zu riskieren, dass künftige Generationen ihre eigenen Bedürfnisse nicht befriedigen können“ (Brundtland-Bericht 1987: 6).

Diese Grundsätze hat sich Kanada wie kaum ein anderes Land zu Eigen gemacht. Sie wurden in einem langfristig angelegten *Green Plan* 1990 festgelegt, in dem alle umweltpolitischen Initiativen zusammengefasst sind. Die Vorhaben sind von der Regierung mit hohen Summen ausgestattet worden.

Mehr als 1800 verschiedene Gruppen mit einem breiten Wirkungsspektrum setzen sich heute aktiv für den Umweltschutz in ihrem Land ein. Sie zeugen davon, dass sich die kanadische Bevölkerung der Verantwortung für die Umwelt stellt, um sie für die nächsten Generationen zu erhalten.

Die Erhaltung der Umwelt als Aufgabe für die Zukunft

Früher als in den meisten anderen Ländern ist in Kanada eine Umweltbehörde eingerichtet worden, das Department of the Environment. Es nahm 1971 seine Arbeit auf und bekam seit 1979 auch die Betreuung der Nationalparks zugeteilt. Hauptaufgabe ist der Schutz der natürlichen Umwelt vor Zerstörungen und vor einer übermäßigen Nutzung und Beanspruchung. Damit sollen Auskommen und Lebensqualität der Gesellschaft gesichert und eine Harmonie zwischen Mensch und Umwelt erhalten bleiben. Wichtig erscheint, dass die Arbeit der Behörde nicht nur im Verwalten besteht, d. h. im Erarbeiten von Richtlinien, Überwachen, Informieren usw., sondern dass auch wissenschaftliche Forschungen betrieben werden.

Eine erste Aufgabe des Amtes bestand darin, Umfang, Qualität und Verwendung der Landfläche zu erfassen und zu klassifizieren. Die Ergebnisse sind in einem umfangreichen Canada Land Inventory verzeichnet worden. Damit lassen sich die Nutzung des Landes neu bewerten und falsche Einschätzungen korrigieren. Allgemein muss davon ausgegangen werden, dass Bedarf und Ansprüche an das Land laufend zunehmen werden und dass damit vermehrt Nutzungskonflikte verbunden sind. Zwar steht insgesamt genügend Land zur Verfügung, doch konzentrieren sich die verschiedenen Ansprüche meistens auf kleinere wertvolle Areale.

In der Landwirtschaft werden große Flächen zu intensiv beansprucht, was nur ungenügend ausgeglichen wird. Bodenverarmung und nachlassende Erträge können die Folge sein. Durch Monokulturen sind besonders in den Präriegebieten Ökosysteme zerstört worden, was sich ebenfalls nachteilig auswirken muss. Durch detaillierte Standortanalysen lassen sich hier Areale für verschiedene Nutzungsmöglichkeiten ausweisen. Ein ebenso wichtiges Arbeitsfeld sind die Waldgebiete. Durch unsachgemäßen Holzeinschlag und fehlende oder nicht genügende Aufforstung sind besonders in den Gebirgswäldern schon schwere Schäden entstanden. Eine Aufnahme der Waldgebiete nach einheitlichen Kriterien könnte, ebenso wie bei der Landwirtschaft, dazu dienen, die Nutzung und Aufforstung den besonderen Bedingungen der einzelnen Standorte anzupassen.

Der Bergbau dehnt sich zwar nicht über weite Flächen aus, doch zerstört er in kleineren Bereichen die Umwelt vollkommen. Das ist besonders bei der Erz- und Kohlegewinnung im Tagebau der Fall; ebenso werden schwere Umweltschäden durch den Abbau ölhaltiger Sande in Nordalberta oder durch die Verlegung von Pipelines hervorgerufen. Sie betreffen nicht nur den Standort selbst, sondern reichen durch Wasser- und Luftverschmutzung weit darüber hinaus. Eingriffe in den Naturhaushalt erfolgen ferner durch Überflutung von Flusstälern bei der Gewinnung von Hydroenergie. Die Folgen sind in jedem Falle sehr vielschichtig und lassen sich kaum vollständig erfassen; besonders gefährdet ist der Norden.

Nach wie vor ist die Luftbelastung durch Emissionen von CO_2 ein wichtiges Umweltthema. Wenn auch der Ausstoß Kanadas im Weltmaßstab mit einem Anteil von rd. 2 % relativ gering erscheint, ist er pro Kopf der Bevölkerung doch sehr hoch und liegt in der Rangfolge unter den ersten 10 Ländern der Erde. Kanada hat das Problem erkannt und Maßnahmen bei der Energiewirtschaft eingeleitet. Mit einer Verminderung der Luftbelastung und damit des sauren Regens wird gleichzeitig die Wasserqualität von zahlreichen Binnenseen verbessert, was für den Fischfang und die Erholung der Menschen von großer Bedeutung ist.

Da die natürlichen Ressourcen für die kanadische Wirtschaft nach wie vor eine beachtliche Rolle spielen, müssen ökonomische Interessen und ökologische Maßnahmen abgestimmt werden. Umweltmanagement und Umweltplanung erhalten damit eine besondere Bedeutung (Mitchell 1991; Hessing & Howlett 1997). Auch in den NAFTA-Verträgen wurde eine nachhaltige Entwicklung der Umwelt festgeschrieben. Ferner ist eine Kommission für Umweltkooperation (NACEC) gebildet worden, um in den drei Ländern Belastungen möglichst im Vorfeld zu verhindern und dafür Maßnahmen zu vereinbaren. Damit ist der Umweltschutz als eine der Rahmenbedingungen für den Freihandel anerkannt.

Auch weltweit sind viele Initiativen für den Umweltschutz von Kanada ausgegangen, und seine Vertreter haben an führenden Stellen mitgearbeitet. Luftbelastung und Klimaveränderung, saurer Regen, Meeresschutz und Fischereiwesen sowie die Erhaltung der arktischen Natur sind einige Themen, für die sich die kanadische Politik vordringlich einsetzt. Durch die Erfahrungen und den Einsatz im eigenen Land kommt Kanada eine Art Pionierfunktion zu, um einen nachhaltigen Umweltschutz auch in anderen Ländern durchzusetzen.

Nationalparks als Bewahrer von Naturregionen

Schon kurze Zeit nach der Gründung eines ersten Nationalparks in den USA, des Yellowstone Park 1872, nahm Kanada die Idee auf. In den östlichen Rocky Mountains wurden beim Bahnbau heiße Schwefelquellen und Kalksteinhöhlen entdeckt, worauf 1885 bei der Bahnstation Banff der erste Nationalpark Kanadas mit einer Fläche von zunächst 26 km^2 gegründet wurde. Gut 100 Jahre danach hat sich das kanadische Park-System mit 38 Nationalparks zu einer hervorragenden und international beachteten Institution entwickelt (Bella 1987; Lothian 1987; McNamee 1993).

In den ersten Jahrzehnten standen die Nutzung durch die Bevölkerung und Förderung des Tourismus im Vordergrund: „... public park and pleasure ground for the benefit, advantage and enjoyment of the people of Canada" (Lothian 1987: 23). Auch bei den folgenden Gründungen wählte man attraktive Landschaften mit hohen Erholungswerten, errichtete Hotels und Golfplätze. Der Schutz der Natur trat zurück und bezog sich eher auf die Wildbestände, wie in den Parks von Elk Island (gegr. 1913) oder Wood Buffalo (1922), wo die Reste der Büffelherden erhalten werden sollten.

Mit dem National Park Act von 1930 gewann der Schutzgedanke an Bedeutung, wirtschaftliche Nutzungen wurden nicht mehr erlaubt. Auch im Osten gründete man neue Parks, zwar meistens kleiner im Umfang, doch gleichfalls attraktiv und anziehend für Bewohner und Touristen.

Eine neue Politik der Nationalparks bahnte sich in den 1960er-Jahren an und erhielt 1964 und 1979 ihre gesetzlichen Grundlagen. Sie steht in Zusammenhang mit der Umweltschutzbewegung, die in dieser Zeit einen starken Aufschwung nahm. Der Naturschutz rückt als wichtige Aufgabe in den Vordergrund, und es wird festgelegt, dass ökologische Systeme und Prozesse

nicht beeinträchtigt werden dürfen, um ihre Vielfalt zu erhalten (maintenance of ecological integrity), wie Parks Canada 1994 noch einmal erläutert und definiert hat. Gleichzeitig wird ein *nachhaltiger Tourismus* (*sustainable tourism*) gefordert, durch den der Wert geschützter Gebiete für nachfolgende Generationen erhalten bleiben soll.

Als ein weiteres Ziel wird herausgestellt, dass die Parks die Naturregionen des Landes repräsentieren und bewahren sollen. Insgesamt werden 39 Regionen ausgegliedert, von denen heute bereits 24 einen oder mehrere Nationalparks aufweisen, in den restlichen sind bereits Gebiete ausgewiesen und geschützt bzw. geplant (Abb. 15) (Vogelsang 1998: 148).

Das nationale Konzept wird durch zahlreiche weitere Schutzgebiete ergänzt, die von Provinzen, Kommunen oder Organisa-

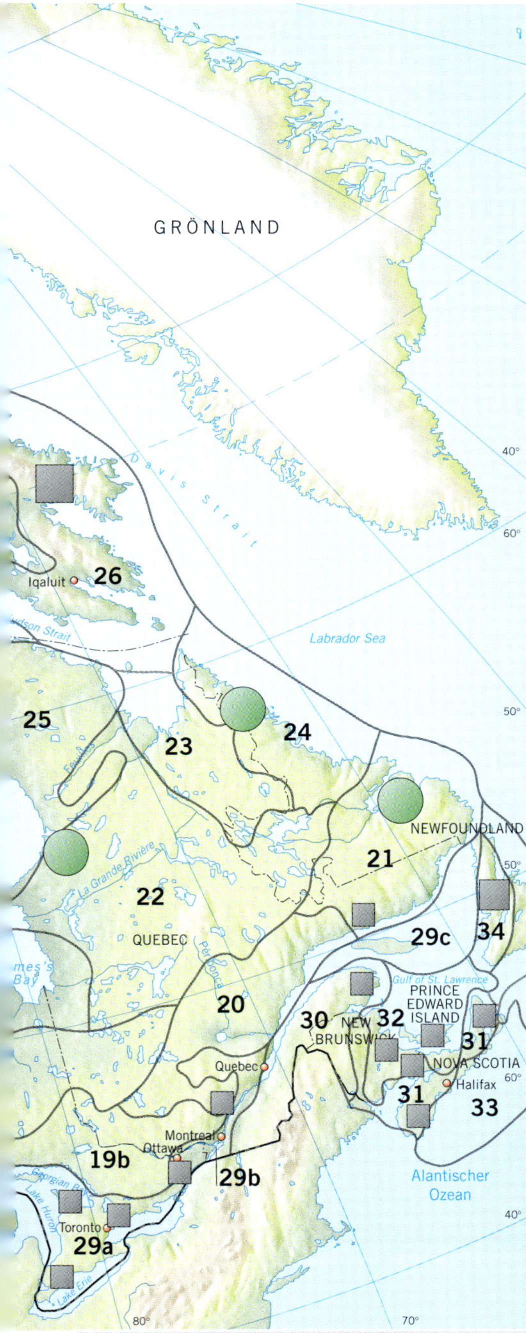

Naturregionen

Western Mountain

1 Pacific Coast Mountains
2 Strait of Georgia Lowlands
3 Interior Dry Plateau
4 Columbia Mountains
5 Rocky Mountains
6 Northern Coast Mountains
7 Northern Interior Plateaux and Mountains
8 Mackenzie Mountains
9 Northern Yukon Region

Interior Plains

10 Mackenzie Delta
11 Northern Boreal Plains
12 Southern Boreal Plains and Plateaux
13 Prairie Grasslands
14 Manitoba Lowlands

Canadian Shield

15 Tundra Hills
16 Central Tundra Region
17 Northwestern Boreal Uplands
18 Central Boreal Uplands
19 Great Lakes-St. Lawrence Precambrian Region: (a) West, (b) Central, (c) East
20 Laurentian Boreal Highlands
21 East Coast Boreal Region
22 Boreal Lake Plateau
23 Whale River Region
24 Northern Labrador Mountains
25 Ungava Tundra Plateau
26 Northern Davis Region

Hudson Bay Lowlands

27 Hudson-James Lowlands
28 Southampton Plain
29 St. Lawrence Lowlands: (a) West, (b) Central, (c) East

Appalachian Region

30 Notre Dame-Megantic Mountains
31 Maritime Acadian Highlands
32 Maritime Plain
33 Atlantic Coast Uplands
34 Western Newfoundland Highlands
35 Eastern Newfoundland Atlantic Region

Arctic Lowlands

36 Western Arctic Lowlands
37 Eastern Arctic Lowlands

High Arctic Islands

38 Western High Arctic
39 Eastern High Arctic

Land für Nationalparks reserviert
Land für Nationalparks identifiziert
Etablierte Nationalparks
über 5000 km² — 1000 – 5000 km² — unter 1000 km²

Abb. 15: Die Lage der Nationalparks in den Naturregionen Kanadas: *Ziel ist, die 39 definierten Naturregionen durch geschützte Nationalparks zu repräsentieren; das ist größtenteils erreicht.*

Quellen: Parks Canada 1997; Vogelsang 1998.

tionen eingerichtet werden, um einen bestimmten ökologischen Lebensraum zu erhalten. Nationalparks und viele der ergänzenden Schutzgebiete sind in den Green Plan von 1990 einbezogen, und damit ist ihr Bestand auch in Zukunft gesichert.

Neben dem Schutz der Natur bleibt den Nationalparks die Aufgabe, für die eigene Bevölkerung und den Tourismus von außen offen zu sein. Die Doppelfunktion lässt sich allerdings nur schwer durchführen, ohne dass es auf der einen oder anderen Seite zu Nachteilen kommt. Die Schwierigkeiten werden verstärkt durch einen steten Anstieg der Besucher auf 13 bis über 15 Mio. pro Jahr; sie liegen weiter darin, dass die Parks sehr unterschiedlich frequentiert werden. (Abb. 16; Tab. 4 u. 5). Die Besucher konzentrieren sich deutlich auf die älteren Parks in den südlichen Rocky Mountains, die mit nur 10 % der Gesamtfläche zwei Drittel aufnehmen. Allein den Nationalpark Banff besuchen 4 bis 5 Mio. Dagegen verfügen die 10 im Norden ausgewiesenen Parks über 80 % der Fläche, werden aber nur von rd. 80 000 Personen, das sind weniger als 1 %, aufgesucht. Die Unausgewogenheit lässt sich vor allem auf Image und Attraktivität wie auch auf Erreichbarkeit und Ausstattung zurückführen.

Um den Massentourismus in verschiedenen Nationalparks wenigstens einigermaßen mit dem Naturschutz in Einklang zu bringen, wird eine Zonierung des Areals vorgeschlagen. Das Konzept sieht 5 Zonen vor, von denen die beiden ersten als Wildnis erhalten bleiben und im Durchschnitt über 90 % der Parkfläche umfassen sollen. Der Zugang zu ihnen ist limitiert und geregelt, Motorfahrzeuge sind nicht erlaubt. In einer dritten Zone, soll ebenfalls die Naturlandschaft nicht gefährdet werden, doch ist

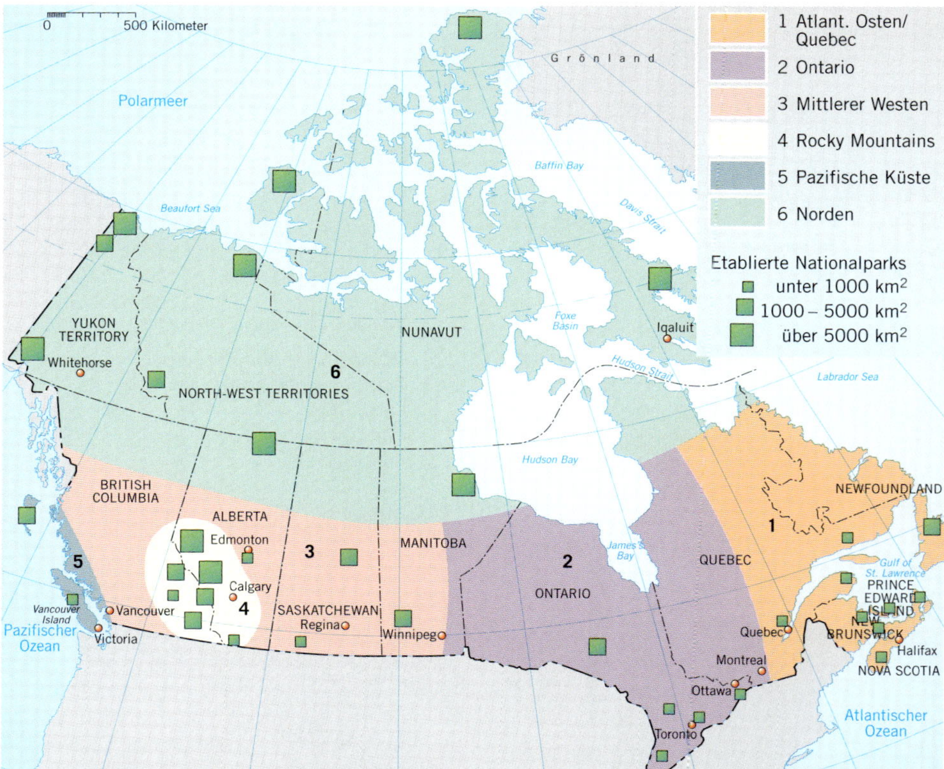

Abb. 16: Regionale Zusammenfassung der Nationalparks nach Besucherzahlen: *Fast zwei Drittel der Besucher konzentrieren sich auf sieben Nationalparks in den Rocky Mountains, die bekannt und gut erreichbar sind (s. Tab. 5, S. 60).*

Name (Provinz)	Gründung (Abkommen)	Fläche 1996 (km^2)	Besucher 1995/96 (1000)	(%)
1 Banff (Alta.)	1885	6641	4858	33,7
2 Yoho (B. C.)	1886	1313	762	5,3
3 Glacier (B. C.)	1886	1349	143	1,0
4 Waterton Lake (Alta.)	1895	505	457	3,2
5 Jasper (Alta.)	1907	10 878	1606	11,1
6 Elk Island (Alta.)	1913	194	217	1,5
7 Mount Revelstoke (B. C.)	1914	260	164	1,1
8 St. Lawrence Island (Ont.)	1914	9	73	0,5
9 Point Pelee (Ont.)	1918	15	439	3,1
10 Kootenay (B. C.)	1920	1 406	1289	8,9
11 Wood Buffalo (Alta./N. W. T.)	1922	44 802	6	-
12 Prince Albert (Sask.)	1927	3 874	172	1,2
13 Riding Mountains (Man.)	1929	2 973	369	2,6
14 Georgian Bay Island (Ont.)	1929	26	73	0,5
15 Cape Breton Highlands (N. S.)	1936	948	380	2,6
16 Prince Edward Island	1937	22	836	5,8
17 Fundy (N. B.)	1948	206	233	1,6
18 Terra Nova (Nfdl.)	1957	400	242	1,7
19 Kejimkujik (N. S.)	1974	404	58	0,4
20 Kouchibouguac (N. B.)	1979	239	227	1,6
21 Pacific Rim (B. C.)	(1970)	286	921	6,4
22 Forillon (Que.)	1974	240	181	1,3
23 La Mauricie (Que.)	1977	536	240	1,7
24 Pukaskwa (Ont.)	(1971)	1 878	19	0,1
25 Kluane (Y. T.)	1976	22 013	66	0,5
26 Nahanni (N. W. T.)	1976	4 765	5	–
27 Auyuittuq (N. W. T.)	1976	19 707	1	–
28 Gros Morne (Nfdl.)	(1970)	1 805	129	1,0
29 Grasslands (Sask.)	(1975)	906	5	–
30 Mingan Archipelago (Que.)	1984	151	29	0,2
31 Ivvavik (Y. T.)	1984	10 168	–	–
32 Ellesmere Island (N. W. T.)	1988	37 775	–	–
33 Bruce Peninsula (Ont.)	(1987)	154	211	1,5
34 Gwaii Haanas	(1987)	1 495	3	–
35 Aulavik (N. W. T.)	(1992)	12 200	–	–
36 Vuntut (Y. T.)	1995	4 345	–	–
37 Wapusk (Man.)	(1996)	11 475	–	–
38 Tukut (N. W. T.)	(1996)	16 340	–	–
Gesamt		**222 703**	**14 414**	**100,0**

(Für weitere 5 Nationalparks im Norden sind 73 500 km^2 Land reserviert)

Tab. 4: Nationalparks in Kanada

Quellen: Canadian Heritage, Parks Canada 1998; Vogelsang 1998: 141.

	Anzahl der Nationalparks	Fläche 1996 (km²)	(%)	Besucher 1995/96 (1000)	(%)
Atlant. Osten/Quebec	10	4 951	2,2	2 555	17,7
Ontario	5	2 082	0,9	815	5,7
Mittlerer Westen	4	7 947	3,6	763	5,3
Rocky Mountains	7	22 352	10,0	9 278	64,4
Pazifische Küste	2	1 781	0,8	924	6,4
Norden	10	183 590	82,5	79	0,5
Gesamt	**38**	**222 703**	**100,0**	**14 414**	**100,0**

Tab. 5: Flächen und Besucher der Nationalparks nach Regionen

Quelle: Canadian Heritage, Parks Canada 1998.

der Zugang etwas gelockert, und es sind bestimmte Freizeitaktivitäten zugelassen. Für diese ist besonders eine 4. Zone gedacht, in der z. B. Kanufahren, Mountainbiking, Skilanglauf u. a. ausgeübt werden dürfen. In einer begrenzten Zone 5 sind schließlich Dienstleistungen, wie das Besucherzentrum, Hotels, Restaurants, Geschäfte usw., konzentriert; möglichst sollen solche Einrichtungen jedoch außerhalb der Parks angesiedelt werden.

Mit dieser Konzeption wird der Naturschutz in den Nationalparks zweifellos gestärkt. Die Ökosysteme im weitaus größten Teil der Flächen werden nicht gestört und bleiben erhalten, was auch für die Forschung wichtig ist. Andererseits können Besucher an die Natur herangeführt werden und lernen, ökologische Zusammenhänge zu verstehen. In anderen Bereichen können sie sich erholen und ihrem Freizeitsport nachgehen. Bemerkenswert ist, dass über 80 % der Besucher des Banff-Nationalparks aus dem eigenen Land und besonders aus der Provinz Alberta kommen, die Naherholung also sehr im Vordergrund steht; 10 % sind aus den USA, die übrigen besonders aus Großbritannien, Japan und Deutschland.

Kanada richtet seine Nationalparks im Sinne einer nachhaltigen Entwicklung ein. Sie können von der jetzt lebenden Bevölkerung besucht und genutzt werden, gleichwohl bleiben sie geschützt und den nachfolgenden Generationen erhalten. Als Teile der verschiedenen Naturregionen des Landes können sie diese reflektieren. Damit werden Forderungen der Brundtland-Kommission von 1987 erfüllt. Ob das Ziel, 12 % des Landes als geschützes Areal auszuweisen, zu erreichen ist, sei dahingestellt; gegenwärtig sind es 2 bis 3 %.

Die Nationalparks Banff und Jasper

Unter den 38 Nationalparks in Kanada sind Banff und Jasper die bekanntesten. Von Ausländern werden sie oft als einzige genannt und als unbedingtes Reiseziel vorgesehen. Werbeschriften über Kanada stellen sie als Teil des kanadischen Image heraus und bilden ihre Sehenswürdigkeiten ab. Über sie sind unzählige Schriften, Reiseschilderungen, Bildbände, Kalender u. a. gedruckt worden und in vielen Sprachen verbreitet. Weltweit erfahrene Reiseschriftsteller, wie der Deutsche A. E. Johann, sprechen von einem „Zaubergarten der kanadischen Bergwelt“ oder beim Anblick des Lake Louise „von der einmaligen Schönheit und Großartigkeit der Szenerie“.

Beide Nationalparks, in der Provinz Alberta an der Grenze zu Britisch-Kolumbien gelegen, erstrecken sich nord-südlich und stoßen aneinander (Abb. 17). Ihre Gesamtfläche umfasst 17 500 km², das ist mehr als die Größe von Schleswig-Holstein und Hamburg. Die Parks sind über mehrere Highways aus verschiedenen Richtungen gut zu erreichen: von Calgary und Edmonton aus dem Osten, von Prince Rupert und Vancouver aus dem Westen und von der US-amerikanischen Grenze von Süden über

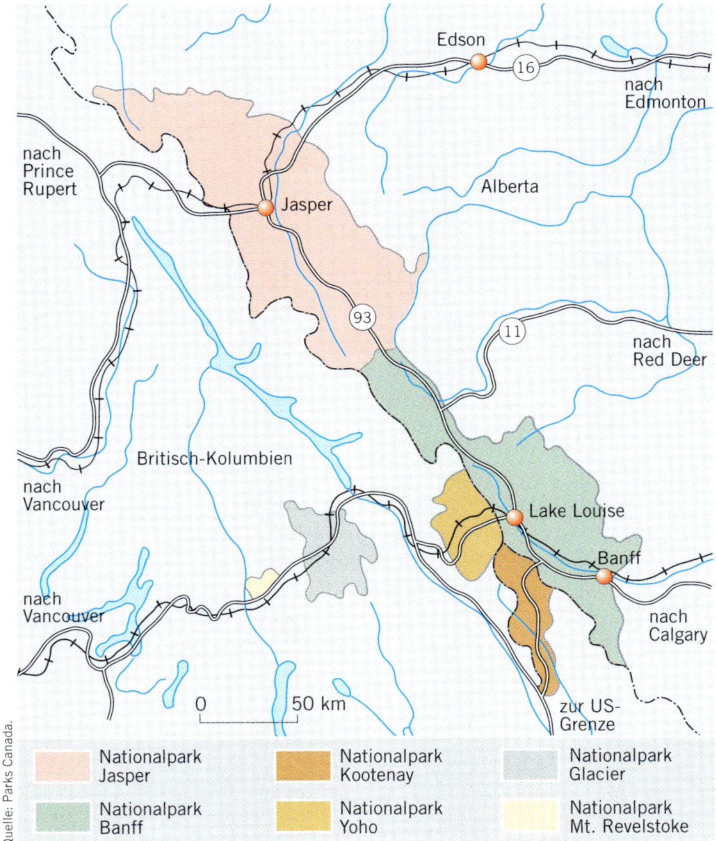

Abb. 17: Lage und Verkehrsanbindung der Nationalparks Banff und Jasper: *Mit fast 5 Mio. Besuchern hat der Nationalpark von Banff den stärksten Zulauf; durch eine abgestufte Nutzung soll die Natur besser geschützt werden.*

Kootenay. Alle Zugangsstraßen münden in den berühmten Banff Jasper Highway, der die Parks in ihrer Längserstreckung durchzieht. Im Süden, zwischen Banff und Lake Louise, ist er Teil des Trans Canada Highway, der das Land von Küste zu Küste verbindet.

Die „Touristenstraße" ist hervorragend ausgebaut und passt sich dem Gelände an. Sie folgt den Talzügen der Flüsse Bow, Mistaya, North Saskatchewan, Sunwapta und im Norden des Athabasca. Die Übergänge der Flusstäler werden von leicht zu überquerenden Wasserscheiden gebildet, wie dem über 2000 m hohen Sunwapta-Pass an der Grenze der beiden Parks am Columbia-Eisfeld. An beiden Seiten der Straße finden sich zahlreiche Halteplätze, von denen aus das Panorama der Bergwelt besonders gut zu überblicken ist; Hinweisschilder auf Berge und Täler sowie auch auf besondere Vegetationsvorkommen erklären das Landschaftsbild und erleichtern die Orientierung. Zu verschiedenen Sehenswürdigkeiten zweigen kurze Stichstraßen mit Parkplätzen oder Fußwege ab.

An der Hauptachse, die den Verkehr bündelt, liegen auch die Versorgungsorte. Sie haben sich mit der Gründung der Parks entwickelt, Banff und Lake Louise seit 1885, Jasper seit 1907. Mit ihren Einrichtungen und Angeboten sind sie ganz überwiegend auf die Besucher ausgerichtet: Hotels, Pensionen und Restaurants, jede Art von Geschäften vom Supermarkt bis zur exklusiven Boutique, zahlreiche Souvenirläden sowie Tankstellen und Reparaturwerkstätten gehören zu wichtigen Einrichtungen.

A. E. Johann, der als Reiseschriftsteller stets eine besondere Vorliebe für Kanada zeigte und das Land wie kaum ein anderer kannte, befuhr die Nationalparks von Banff und Jasper viele Male. Er gibt den Ratschlag, sich noch vor Morgengrauen mit dem Auto von Calgary aus auf den Weg nach Westen zu machen. Dabei hat man nicht nur den Vorteil, auf einer fast leeren Straße zu fahren, sondern erlebt mit der langsam aufgehenden Sonne im Rücken ein „einzigartiges Schauspiel“: Zuerst hat sich „eine schmale, ungleichmäßig gezackte Borte über den Horizont geschoben wie ein sonderbar zerfranster Wolkenstreifen“ ... dann werden „die höchsten Zinnen der schwärzlich grauen Bergwälle vor mir plötzlich von oben her in feuriges Rot getaucht, ein so glühendes Rot in dem gedämpften Vielklang sanfter Morgenfarben, dass man meinen könnte, die Spitzen der Berge wären jäh zu leuchtender Glut erhitzt. Dieses Feuerrot gleitet sacht an den Gipfeln abwärts, wird golden dabei, erhellt nicht mehr nur die Zacken, die Kämme, sondern modelliert nun mit seinen Schatten deutlich die Wände zu hohen Ketten um, die sich hintereinander schieben. Die Glut des Anfangs verwandelt sich in strahlendes Licht“ des Tages (1993: 11f.).

Etwas weiter nördlich, am North Saskatchewan River, stieß 1807 der Pelzhändler David Thompson auf die Rocky Mountains, die er überqueren wollte. Auch er hatte das Bild der Felswände vor Augen: „At length the Rocky Mountains came in sight like shining white clouds in the horizon but we doubted what our guide said, but as we proceeded they rose in height, their immense masses of snow appeared above the clouds and formed an impassible barrier, even to the Eagle ...“ (Warkentin, G. 1993: 205).

Die geologische Entstehung der Rocky Mountains reicht bis in die ältesten Erdzeiten des Kambriums und Paläozoikums zurück, als sich hier Sedimente ablagerten und zu Sandsteinen, Kalksteinen und Schiefern verhärteten. Die lange Phase der Stabilität wurde vor etwa 200 Mio. Jahren unterbrochen, als durch Bewegungen der Platten im Untergrund an der Westseite eine Gebirgsbildung ausgelöst wurde (laramische Orogenese). Der Druck von Westen löste Aufwölbungen und Verschiebungen, Brüche und Faltungen aus, wobei parallel verlaufende Bergketten gebildet wurden. Auch Albrecht Penck, führender deutscher Morphologe und Eiszeitforscher, hatte das Bild der Bergketten vor Augen, als er auf einer Exkursion 1897 Banff besuchte: „Lange verweilten wir, versunken in die großartige Schönheit der Rundsicht, auf dem Haupte des Sulphur Mountain. Die fast geometrische Regelmäßigkeit des Schichtbaus ... regte mächtig zum Nachdenken über das schwierige Problem der Gebirgsbildung an“ (1898: 36f.).

Mit der Entstehung des Gebirges setzte die Erosion ein. Sie wirkt besonders stark, da das Gebiet östlich der Klimascheide auf der kontinentalen Seite liegt. Die Temperaturgegensätze sind weitaus extremer als im Westen, wo sich milde maritime Einflüsse bis weit in das Gebirge bemerkbar machen. Schon David Thompson bemerkte den Unterschied bei seiner Überquerung im Januar 1807 und wies auf die nach Westen hin zunehmende Luftfeuchtigkeit und die mächtige Schneedecke hin, die das Fortkommen der Hundeschlitten behinderte (Warkentin, G. 1993: 228ff.).

Die stärkste Überformung der Gebirgslandschaft vollzog sich im Pleistozän, als sich mehrfach große Eisdecken bildeten, von denen Gletscher in die Täler und auch über das Gebirge hinaus vorstießen. Sie modellierten die Täler, schufen u-förmige Querschnitte und lagerten mächtige Schotterdecken ab. Da sich das Stromnetz der Gletscher häufig veränderte, finden sich vielfach Reste von Seitenmoränen. Kesselförmige Hohlformen, sog. Kare, die in den Steilhängen ausgebildet sind, zeugen von ehemaligen Eiskörpern, aus denen Gletscher herabflossen. Oft sind kleinere Nebentäler von später übertieften Haupttälern durchgeschnitten worden, sodass Hängetäler entstanden sind. Die glazialmorphologischen Formen sind auf engstem Raum zu beobachten und lassen die Wirkung des Eises erkennen. Aber auch die Gipfel, die aus dem Eis als Nunatakr herausragen, wurden durch die Frostverwitterung geformt, was in den schroffen Bergspitzen und den steilen Hangpartien sichtbar ist.

Eine wesentliche Ursache für die Vielfalt und Faszination der morphologischen Formen ist die Lage der Nationalparks an der Hauptwasserscheide des Kontinentes. Ihre westliche Grenze verläuft über Eisfelder, deren Gletscher Flüsse speisen, die in drei Richtungen abfließen: nach Westen und Südwesten in den Pazifischen Ozean, nach Osten in die Hudson Bay und den Atlantik sowie nach Norden in das Arktische

Bild 17: *Columbia-Eisfeld mit Athabasca-Gletscher, Quelle des Sunwapta River, der in den Athabasa mündet, Jasper-Nationalpark.*

Meer. Die wichtigste „Drehscheibe" ist das Columbia-Eisfeld, durch das die Grenze der Parks verläuft (Bild 17).

Die Eisfelder im Westen liegen in Höhen um 3000 m. Herausragende Berge, wie der Mount Lyell, der Snow Dome oder der Mount Columbia (mit 3747 m der höchste Berg Albertas) ragen über 3500 m auf. Die wichtigsten Pässe, die über die Bergkette nach Westen führen, wie der Vermillion-, Kicking Horse-, Yellowhead- oder Robson-Pass weisen Höhen zwischen 1000 und 2000 m auf.

Mit den Eisfeldern beginnt die morphologische Formengruppe, die den besonderen Reiz der Parks ausmacht. Die herabstoßenden Gletscher geben Wasser frei, das sich in Bächen und Flüssen sammelt. Ihr Abfluss wird durch die Festigkeit des Untergrundes und die topographischen Bedingungen bestimmt. Er kann ruhig verlaufen, aber auch über größere Abschnitte hinweg, wie beim Athabasca oder Sunwapta, von Wasserfällen bestimmt werden (Bild 18). In ihren Turbulenzen zeigt sich die Widerständigkeit der Gesteine und ihrer Lagerung besonders deutlich. In anderen Flussabschnitten wird das Gletscherwasser zu Bergseen aufgestaut (Bild 19 u. 20). Sie sind gleichsam die „Perlen der Bergwelt" und schimmern in vielen Farben, die nach dem Gesteinsuntergrund und der Sonneneinstrahlung wechseln. Bekannte Beispiele sind der Lake Louise, Moraine, Peyto, Chephren und der Lake Maligne. Zu bestimmten Tageszeiten spiegeln sich in ihnen die umrahmenden Berge wider. In jedem Fall bieten sie den Besuchern ein besonderes Erlebnis.

Nach Osten zu schließt sich die Formeinheit der größeren Flüsse an, die von den Abflüssen der Gletscher gespeist werden und nach Norden bzw. Süden abfließen. Ihrem Verlauf folgt der bereits beschriebene Highway. Auch östlich der Talzüge sind Bergketten ausgebildet, deren Höhen zwar meistens unter 3000 m liegen, vereinzelt jedoch, wie das vereiste Plateau des Mount Brazeau, mehr als 3500 m erreichen. Weiter nach Osten fällt das Gebirge über eine sog. Fußhügelzone zu den Inneren Ebenen ab.

Neben den morphologischen Formen wird die Landschaft der Nationalparks von der Vegetation und der Tierwelt bestimmt. Sie wird dadurch weiter ausgestaltet und erhält Leben. Für die Ausbildung der Vegetation sind Böden, die sich in den Tälern

Bild 18: *Athabasca-Fälle mit Mount Kerkeslin, 2950 m, Jasper-Nationalpark.*

Bild 19: *Lake Louise mit Mount Victoria, 3459 m, und Victoria-Gletscher, Banff-Nationalpark.*

durch die Arbeit der Gletscher bilden konnten, grundlegend. Ebenso wirkt sich das Klima aus, das mit der geographischen Lage und der Höhe sehr variieren kann. Hangexposition, Sonneneinstrahlung, Windeinwirkung u. a. Faktoren spielen eine Rolle für die Art und Dichte des Bewuchses.

Allgemein können drei Höhenstufen der Vegetation unterschieden werden, deren Einteilung hauptsächlich auf den vorherrschenden Waldbeständen beruht.

1) Die Montane Zone reicht bis etwa 1400 m, an Südhängen darüber hinaus. Verbreitet sind Douglastannen, Fichten und Zitterpappeln; nach Waldbränden siedeln sich hauptsächlich Drehkiefern (*Pinus contorta*) an. Die Wälder sind gewöhnlich mit dichtem Unterholz ausgestattet, und es finden sich offene Grasflächen. Damit ist die Zone im Winter ein Schutzraum für viele Tierarten, wie u. a. Hirsche und Bergschafe.
2) In der Subalpinen Zone, die etwa zwischen 1400 m und 2200 m liegt, sind die Wälder am stärksten verbreitet, vor allem dichte Bestände an Weiß- und Engelmannfichten, Balsamtannen und in größeren Höhen auch Weymouthkiefern und Lärchen. Durch ihre dichte und abwechslungsreiche Bodenvegetation mit Sträuchern, Moosen, Heidekraut und Beeren sowie verschiedenen Blumenarten ist diese Zone ein idealer Lebensraum für eine bunte Tierwelt. Sie reicht von Schwarzbären über Hirsche, darunter die mächtigen Wapiti und Elche, Schneeziegen und Dickhornschafe bis zu einer Vielzahl von kleinen Nagern und Vögeln. Zwischen 2100 und 2400 m gehen die Wälder in eine Krummholzzone über; vorwiegend Klimafaktoren bestimmen das Wachstum und den Verlauf der Baumgrenze.
3) Darüber schließt sich die Alpine Zone oder Tundra an. Hier gedeihen nur in geschützten Lagen Buschweiden, Gräser und Kräuter sowie Moose und Flechten. Die Fauna besteht hauptsächlich aus Kleintieren, wie Ziesel, Pfeifhasen und Murmeltiere, aber auch Grizzlybären kommen hier vor. In der kurzen Sommerzeit werden die Weiden auch von vielen anderen Tieren genutzt. Schließlich gehören zu dieser Zone kaum bewachsene Berghänge und Schuttkegel sowie die höchsten Bergspitzen.

Die ersten Europäer, die zu den Rocky Mountains kamen und sie überquerten, waren Pelzhändler der Handelsgesellschaften North West und Hudson's Bay Com-

Bild 20: *Peyto Lake mit Abfluss durch den Mistaya River nach Norden (oberer Bildrand), Banff-Nationalpark. Die Farbe wird auf Gletschermehl zurückgeführt, dessen Schwebstoffe das Licht reflektieren.*

pany. Sie suchten für den Pelzhandel mit den Indianern neue Räume und wollten Stationen anlegen. Als erste drangen im Jahre 1800 die Franzosen LeBlanc und LeGassi über das Gebirge vor. Durch seine sorgfältigen Tagebuchaufzeichnungen wurde jedoch die Expedition des Inspektors David Thompson im Jahr 1807 weitaus bekannter. Er befuhr den North Saskatchewan mit Kanus und gelangte mit Pferden und Hundeschlitten an den Howse-Pass, den auch seine Kollegen zuvor benutzten. Von dort stieg er zum Tal des Columbia ab und legte dort als ersten Handelsplatz seiner North West Company Kootenay House an. Thompson war ein genauer Beobachter, der erkannte, dass die Rocky Mountains Wasser- und Klimascheide sind, was er in seinen „Narrativs" genau belegte (Glove 1962; Warkentin, G. 1993: 205ff.). Weitere Expeditionen folgten auf anderen Wegen; sie fanden neue Pässe und bestimmten Flüsse und Berge. An einer nahm 1846 der bekannte kanadische Maler Paul Kane teil, der Landschaften und Indianer auf seinen Bildern festhielt.

Die Zeit der einzelnen „Reisen über die Berge" und der Abenteuer sollte bald zu Ende gehen. Eine neue Entwicklung kündigte sich mit dem Bau der Canadian Pacific-Eisenbahn in den Jahren 1883/84 an. Die Strecke führt von Calgary aus durch das Tal des Bow River bis zum Lake Louise und weiter über den Kicking Horse-Pass nach Westen. Schon am Anfang der Bahnlinie, im Bereich des heutigen Banff, entdeckten Streckenarbeiter heiße Schwefelquellen. Ihr Plan, sie für Bäder gegen Krankheiten zu nutzen und ein Unternehmen aufzubauen, endete allerdings in einem Rechtsstreit. Jedoch erfuhr die Regierung in Ottawa von den Vorkommen und sicherte sie für den Staat, indem sie 1885 ein „staatliches Reservat" am Fuße des Sulphur Mountain gründete. Kurz darauf entstand daraus der Rocky-Mountains-Nationalpark (jetzt Banff-Nationalpark), dessen Umfang später erweitert wurde. Dies war der Beginn des kanadischen Nationalpark-Systems. Das Vorbild ist in dem 1872 geschaffenen Yellowstone Park in den USA zu sehen.

Die Bahn sorgte aber nicht nur für die Anreise von Besuchern, sondern auch für deren Unterbringung und Unterhaltung. So wurde schon 1888 das bekannte Banff Springs Hotel eröffnet, kurz darauf ein weiteres Château am Lake Louise. Bergführer aus der Schweiz führten die Gäste zu den Sehenswürdigkeiten der Natur. Manche Seen, Gletscher oder Wasserfälle wurden in der Folgezeit genauer bekannt, viele Berge konnten erstmals bestiegen werden. Zum Zentrum entwickelte sich aus der Bahnstation Banff ein Städtchen, dessen Funktion die Versorgung von Touristen ist (Bild 21). Seit 1933 beherbergt es eine bekannte Kunstschule, die *School of Fine Arts*.

Im nördlich anschließenden Jasper-Nationalpark vollzog sich die gleiche Entwicklung, sie setzte nur etwas später als in Banff ein. Die Gründung erfolgte 1907, und wenige Jahre darauf wurde die Bahnstrecke durch das Athabasca-Tal zum Yellowhead-Pass eröffnet. Sie führte an einem Platz vorbei, der seit langem Pelzhändlern und „Glücksrittern“, die auf dem Weg zu den Goldfunden im Westen waren (sog. Overlanders), als Zwischenstation diente. Nach dem Bahnbau entstand hier der moderne Touristenort Jasper, für den sich das elegante Eisenbahnhotel *Jasper Park Lodge* am Lac Beauvert als ein besonderer Anziehungspunkt für zahlungskräftige Gäste erwies.

Um die Wende zum 20. Jh. war es nur einer kleinen Gruppe von Naturliebhabern möglich, in das Gebirge zu reisen und in den wenigen luxuriösen Hotels zu wohnen. Erst mit der stärkeren Verbreitung des Autos wurden die Parks in den 1920er- und 1930er-Jahren durch Straßen erschlossen. Gleichzeitig erweiterte sich die Infrastruktur vor allem in den drei Versorgungsorten, und es entstanden Hotels und Pensionen. Damit war es auch anderen Sozialschichten möglich, die Parks zu besuchen, wenn sich auch die Zahlen bis zum Zweiten Weltkrieg in Grenzen hielten.

Zu den Angeboten, die in der zweiten Hälfte des 20. Jh.s hinzukamen und den

Bild 21: *Fremdenverkehrsort Banff am Bow River, 1380 m; mit Cascade Mountain (3000 m); unten rechts das Banff Springs Hotel.*

Wert für den Tourismus steigerten, gehören Wandern und Skilaufen. Viele Wanderwege führen heute zu attraktiven Aussichtspunkten abseits von Straßen, manche sind mit Rast- und Campingplätzen verbunden (Patton 1988). Ferner hat sich der Wintersport verbreitet, zumal die Voraussetzungen, besonders in der Schneesicherheit, gut sind. Skigebiete liegen vor allem um Banff, Jasper und dem Lake Louise, wo bereits 1930 eine erste Skihütte erbaut wurde. Allerdings ist eine Ausdehnung des Wintersports heftig umstritten und stößt auf Widerstand.

Wie keine anderen Nationalparks in Kanada sehen sich Banff und Jasper mit dem Konflikt konfrontiert, der zwischen Naturschutz und Tourismus besteht. Allein der Nationalpark von Banff, der nur 3% von der Gesamtfläche aller Nationalparks umfasst, nimmt 4 bis 5 Mio. Besucher pro Jahr auf, über 33 % von der Gesamtzahl; Jasper verfügt über 5 % der Fläche und hat 1,6 Mio. Besucher, was 11 % entspricht. Damit sind Banff und Jasper nicht nur die bedeutendsten Nationalparks für den Tourismus, sie sind besonders im Ausland gleichsam synonym für kanadische Nationalparks überhaupt.

Diese Situation macht es verständlich, dass Banff und Jasper maßgebend für die Nationalpark-Politik in Kanada sind und sich Gesetzgebung und Planung nach ihnen ausrichten. Im Parkgesetz von 1979 und im Grünen Plan von 1990 rückte der Naturschutz wieder an die erste Stelle. Für Banff besteht ein detaillierter Management-Plan, in dem das Zonenkonzept umgesetzt wird und genaue Abgrenzungen vorgegeben werden (Canada: Environment Canada 1988: 24ff.). Danach bestehen:

Zone I *Special Preservation*:

Die vier getrennten Areale nehmen etwa 4 % der Parkfläche ein. Sie sind ausgegliedert, da sie Besonderheiten aufweisen, wie z. B. Karsthöhlen und heiße Quellen, Permafrostvorkommen, seltene Pflanzen und Tiere oder archäologische Funde aus der Vergangenheit der Indianer. Die Vorkommen stehen unter hohem Schutz und unterliegen besonderen Kontrollen.

Zone II *Wilderness*:

Sie ist mit 93 % der Parkfläche die bei weitem größte Zone. Zu ihr gehören Berghänge, Gletscher und Seen, die meistens im sog. Hinterland, also abseits der Straßen liegen. Der Zugang ist auf Wanderwege (trails) beschränkt, an denen sich einfache Zeltplätze, Schutzvorrichtungen und Hütten befinden. Die Parkverwaltung übt Feuer- und Lawinenkontrollen aus und wartet die Übernachtungsplätze.

Zone III *Natural Environment*:

Das etwa 1 % der Parkfläche umfassende Gebiet schließt den engeren Umkreis von Straßen und viel besuchten Plätzen ein. Dazu gehören z. B. die Uferzone des Bow River am Canada Highway oder die Zugänge und die Umgebung von Lodges und Versorgungszentren. Der Schutz erfolgt hier auch aus ästhetischen Gründen.

Zone IV *Outdoor Recreation*:

Ebenfalls 1 % der Parkfläche stehen dem Besucher für Unterhaltung und Sport zur Verfügung. Dies schließt auch die Benutzung von Motorfahrzeugen und Parkmöglichkeiten ein. Dazu gehören u. a. Zelt- und Picknickplätze, Aussichtspunkte sowie vor allem die Skigebiete um Banff (Mount Norquay) und Lake Louise, Sunshine und Lake Moraine. Auch weitere Sportarten sind hier erlaubt. Als einziger See, auf dem Motorboote fahren dürfen, gehört der Lake Minnewanka zu der Zone.

Zone V *Park Services*:

Weniger als 1% der Parkfläche machen schließlich die Besucherzentren von Banff und Lake Louise aus. Die Landnutzung innerhalb der Ortsgrenze ist allerdings mit Auflagen verbunden.

Die Anteile der einzelnen Zonen an der Gesamtfläche des Nationalparks von Banff zeigen deutlich die Priorität des Naturschutzes. Der ganz überwiegende Teil unterliegt abgestuften Schutzbestimmungen, die von der Parkverwaltung kontrolliert werden. Der durchschnittliche Besucher hält sich allerdings überwiegend in den Zonen IV und V auf, übernachtet dort und versorgt sich. Mit seinem Auto oder über kurze Fußwege gelangt er zu vielen Sehenswürdigkeiten, die beiderseits des Highways liegen. Von den zahlreichen Aussichtspunkten kann er Teile der Zonen II und III beobachten und sich an den Bildern erfreuen. Gemessen an der Gesamtzahl der Parkbesucher dringt wohl nur ein kleinerer Teil in die abseits gelegenen Gebiete der Zone II über längere Wanderwege vor, bleibt dort einige Zeit und erlebt den direkten Kontakt mit der Natur.

Allerdings bleibt der Konflikt zwischen Bewahrung der Natur und Tourismus, der in besonderem Maße für den Banff-Nationalpark zutrifft, bestehen (Marsh 1983: 288ff.). Man kann nur versuchen, ihn durch bestimmte Maßnahmen in Grenzen zu halten. Dafür ist das Konzept der Zonierung sicherlich ein richtiger Weg, dennoch wird die Luft durch den Autoverkehr belastet und damit die Vegetation geschädigt. Zu den bisher erprobten Strategien werden ergänzende Maßnahmen und auch neue Konzepte kommen müssen, zumal die touristische Nachfrage eher ansteigen dürfte. Es wird sehr auf die Einstellung der Besucher zur Natur und ihr Verhalten in den Nationalparks ankommen.

Nationalpark Nahanni – Naturdenkmal auf der Welterbeliste

Nur 137 Naturdenkmäler der Erde (davon 20 gleichzeitig als Kulturdenkmal) stehen auf der UNESCO-Liste des Welterbes (World Heritage List). Sie erfüllen die Kriterien der ‚Einzigartigkeit' und ‚Integrität', d. h., sie werden geschlossen erhalten (UNESCO-Liste 1999: 8). Der kanadische Nationalpark Nahanni wurde als erster Naturpark in die seit 1978 geführte Liste aufgenommen.

Der Nahanni-Park liegt in einem bislang wenig erforschten und isolierten Gebiet im äußersten Südwesten der Nordwest-Territorien an der Grenze zum Yukon-Territorium. Mit einer Fläche von 4765 km^2 nimmt er unter den kanadischen Nationalparks eine mittlere Größe ein und rangiert gleich hinter dem Banff-Nationalpark (NP). Im Gegensatz zum Banff-NP führen allerdings keine Straßen zum Nahanni-NP, man erreicht ihn nur über Flüsse oder auf dem Luftweg über Fort Simpson (North-West Territories) bzw. Watson Lake (Yukon Territory), von wo aus Kleinflugzeuge gechartert werden müssen. Statt eines Highways wie zwischen Banff und Jasper wird der Park durch den South Nahanni River erschlossen; eigenes Kanu oder Schlauchboot sind notwendige Verkehrsmittel. Sicherlich ist die schwierige und kostspielige Anreise ein wichtiger Grund dafür, dass die Anzahl der Besucher nur knapp 5000 pro Jahr beträgt und mit Banff nicht vergleichbar ist. Ferner kommt hinzu, dass ein Aufenthalt im Nahanni-Park ein Abenteuer ist, das gefährlich sein kann und gut geplant werden muss, zumal nur einfache Zeltplätze zur Verfügung stehen. Gewöhnlich nehmen es nur erfahrene Wassersportler auf sich.

Die Längsachse des Nationalparks von über 320 km wird vom Nahanni gebildet. Der Fluss entspringt nordwestlich in den Selwyn Mountains und durchquert die bis 2800 m ansteigenden Ketten des Mackenzie-Gebirges. Innerhalb des Parks fällt er über eine Höhe von fast 500 m ab, ehe er am Parkausgang in den Liard mündet, der in den Mackenzie führt. Größter Nebenfluss ist der Flat River, der Wasser von Süden einbringt und dessen Oberlauf in den Park einbezogen ist.

Die Gestaltung des Nahanni-Flusstales wird von Gesteinen bestimmt, die dem erodierenden Wasser unterschiedlichen Widerstand leisten. Im harten Dolomitgestein sind steile, bis zu 1200 m hohe Schluchten eingeschnitten. Einzelne Felsen, wie der Pulpit Rock, zwingen den Fluss, seinen Verlauf zu ändern und sich durch schmale Durchlässe zu zwängen. Stromschnellen und Wasserfälle zeugen von einer ständigen Erosion des Flussbettes. Herausragend sind die Virginia-Fälle, die mit mehr als 90 m fast die doppelte Höhe der Niagara-Fälle erreichen. Das Wasser stürzt hier in breiter Front in einen Talkessel, wobei das donnernde Getöse und die Gischt die Umgebung überziehen.

Die turbulenten Strecken wechseln mit ruhigen, breiteren Flussabschnitten, an denen sich Sandbänke mit Büschen und Treibholz befinden. Im weicheren Kalkstein sind an den Hängen wie auch auf den Plateaus Höhlen und Einbrüche entstanden, die auf Karstverwitterung zurückgehen. Die Bildungen konnten sich erhalten, da das Gebiet während der Eiszeit nicht von Gletschern erreicht und morphologisch überformt wurde.

Erhalten sind auch heiße Quellen (Hot Springs), die Temperaturen von über 60 °C aufweisen. Sie werden aus größeren Tiefen gespeist und zeugen von einem abklingenden Vulkanismus. Durch mitgeführte Mineralien, wie Schwefel, Kalziumkarbonate u. a., sind um die Wasserkörper über 20 m hohe Tuffterrassen ausgebildet worden, die in vielen Farben schimmern. Im nahen Umkreis hat sich infolge der warm-feuchten Dämpfe eine besondere Vegetation angesiedelt, zu der Wilde Minze, Farne, Doldengewächse, Goldrutenarten u. a. Pflanzen gehören. Die Vorkommen sind in der geographischen Breite von über 60° Nord eine seltene Ausnahme.

Abgesehen von diesen Inseln wird die Vegetation von borealen Wäldern und der alpinen Tundra bestimmt. Vorherrschende Baumarten sind in den Tälern Pappeln, die mit der Höhe von Weiß- und Schwarzfichten abgelöst werden und in eine Busch- und Grasformation übergehen. Allerdings ist die Flora weitaus vielseitiger und reich an Gefäßpflanzenarten und Moosen.

Ungewöhnlich vielseitig ist auch die Tierwelt, die allein an Säugetieren über 40 Arten aufweist. Zu den bekanntesten gehören Schwarz- und Grizzlybären, das Wildren (Karibu), Elche, Weißwedelhirsche, Bergziegen und Dallschafe, die gegenüber ihren Artgenossen im Süden ein geringeres Gewicht und dünneres Gehörn haben (Thinhorn Sheep). Als hervorragende Klettertiere sind Ziegen und Schafe häufig an Steilhängen zu beobachten. Die reiche Fauna zeigt sich ferner an vielen Fischarten, die vor allem in den kleineren Nebenflüssen leben, und einer Vogelwelt, die über 120 Arten umfasst. Sie reichen von den mächtigen Goldadlern über Wanderfalken, Trompetenschwänen, Kanada-Gänsen und Blässhühnern bis zu bestimmten Arten von Schwalben und Sperlingen.

Das so reich ausgestattete Gebiet um den Nahanni-Fluss war lange Zeit nur den Indianern, die Jagd und Fischfang betrieben, bekannt. Im späten 18. Jh. lebten hier die zu den Athapaskan gehörenden Stämme der Slavey und Nah'aa, d. h. „Menschen, die weit weg wohnen". In dieser Zeit gelangten auch die ersten Europäer in den Raum, die als Pelzhändler am Mackenzie eine Reihe von Handelsplätzen anlegten, wie z. B. Fort Simpson zu Beginn des 19. Jh.s. Etwa 100 Jahre später lockten Goldfunde am Klondike (Yukon) Menschen an, die ihr Glück suchten. Gerüchte wollten auch von reichen Vorkommen am Nahanni wissen, doch wurden die Glücksritter enttäuscht. Einige von ihnen verschwanden spurlos, andere wurden später als ‚kopflose Gerippe' gefunden. Daraus entstanden Legenden und mysteriöse Erzählungen, aber auch Geländenamen, wie Deadman Valley oder Headless Range, die in topographische Karten eingegangen sind.

Schriftsteller, wie Pierre Berton, griffen die Legenden auf, und allmählich wurde das Tal des Nahanni bekannter. Allerdings konnten es lange Zeit nur wenige Menschen aufsuchen und ihre Eindrücke weitergeben. Die Natur blieb weitgehend ungestört. Als in den 1960er-Jahren Absichten bekannt wurden, die Wasserkraft des Nahanni zu nutzen um elektrischen Strom zu gewinnen, konnte dies durch den Schutz und die Einrichtung eines Nationalparks im Jahr 1976 verhindert werden. Damit und durch die Aufnahme in die World Heritage List, 1978, blieb der Naturraum erhalten.

Mit dem Nahanni-Nationalpark ist in Kanada eine Naturlandschaft geschützt worden, die für die nördlichen Breiten mit ihren morphologischen Formen, der Vegetation und Tierwelt einzigartig ist. Mit dem unterschiedlich gestalteten Flusstal und den Virginia-Fällen ist der Park aber gleichfalls außerordentlich attraktiv. Was ihn von den zuvor beschriebenen Nationalparks von Banff und Jasper krass unterscheidet sind Erreichbarkeit und Infrastruktur. So blieben die Besucherzahlen am Nahanni noch relativ gering. Allerdings könnte sich in Zukunft der Konflikt zwischen dem Schutz der Natur und einem ansteigenden Öko-Tourismus verschärfen, und allzu leicht kann die sensible Natur des Nordens gestört und übernutzt werden (Noel 1995). Bis jetzt wurde der Konflikt zugunsten der Naturlandschaft entschieden.

DIE EUROPÄISCHE KOLONISATION

Bild 22: *Fort Macleod, Südalberta, 1874 gegründete Polizeistation im Westen zur Bekämpfung des Whiskeyschmuggels aus den USA und zum Schutz der Kolonisten.*

Überblick

- Die Urbevölkerung Kanadas, Indianer und Inuit, lebte in weit voneinander entfernten Räumen, wo sie Jagd, Fischfang und lokal etwas Ackerbau betrieben. Die Begegnung mit Europäern bedeutete für sie eine Zäsur, die bis heute nachwirkt. Seit dem 16. Jh. drangen Franzosen und Engländer von der Atlantikküste, der Hudson Bay und vom St.-Lorenz-Tal aus vor, erkundeten das Land und betrieben mit den *First Nations* einen schwunghaften Pelzhandel.
- Die europäische Besiedlung vollzog sich in fünf getrennten Räumen und dauerte bis ins 20. Jh. Sie wurde von französischen Kolonisten am St. Lorenz eingeleitet und in den Prärien sowie einigen nördlichen Siedlungsinseln abgeschlossen. Die weiten Entfernungen zwischen den Siedlungsräumen stärkten ihre Verbindungen zu den südlich angrenzenden Landesteilen der USA, was politisch zu Schwierigkeiten führen konnte.
- Ein stärkerer Zusammenhalt konnte nur erreicht werden durch die Gründung eines Staates, die 1867 erfolgte, vor allem aber durch eine Verkehrsverbindung von Küste zu Küste. Diese wurde 1885 durch die Transkontinentalbahn fertiggestellt.
- Der junge Staat wurde besonders durch die Einwanderung gefestigt, die jedoch erst zu Beginn des 20. Jh.s gesteigert werden konnte. Die Menschen kamen hauptsächlich aus Großbritannien, Deutschland, Italien und der Ukraine. Die frühe Wirtschaftsentwicklung gründete sich auf die reichen Rohstoffe (staple goods). Erst Ende des 19. Jh.s setzte die Industrialisierung ein, von der besonders Südontario profitierte. Es entwickelten sich Disparitäten, die bis heute bestehen. Ebenfalls verstärkte sich der Dualismus zwischen dem französisch geprägten Quebec und den englisch beeinflussten Landesteilen.

Lebens- und Kulturregionen der Urbevölkerung

Die ersten Menschen in Nordamerika kamen vor mehr als 12 000 Jahren in der späteren Wisconsin-Eiszeit aus Asien. Sie wanderten über die trocken gefallene Landbrücke der Beringstraße und drangen in die nicht vergletscherten Gebiete Alaskas und des Yukon ein, wo sie Täler und Ebenen vor dem Inlandeis bevölkerten und Jagd betrieben. Seitdem erfolgten weitere Einwanderungswellen, und die Menschen verbreiteten sich allmählich über den Kontinent. Erst nach der Wisconsin-Vereisung, um 2000 v. Chr., gelangten die Inuit (Eskimos) von Asien in die nordamerikanische Arktis und verbreiteten sich nach Osten und Süden (Historical Atlas of Canada I).

Die Urbevölkerung, Indianer und Inuit, durchlebte eine Reihe von Entwicklungsperioden, ehe es im 16./17. Jh. zu Kontakten mit den europäischen Entdeckern kam. Ihre Anzahl wird zu dieser Zeit bis zu 1 Mio. geschätzt, die in über 50 Stämmen und mehreren Sprachfamilien unterteilt waren. In dem weiten Land waren die Lebensräume und Kulturkreise weitgehend getrennt und unabhängig, wodurch das Überleben bei der starken Abhängigkeit von der Natur besser gesichert war.

Nach ihrer Lebens- und Wirtschaftsweise kann die Urbevölkerung (Aboriginal Peoples, Natives) auf kanadischem Boden in 6 Regionen unterteilt werden (Abb. 18), die meistens mehrere Sprachgruppen ein-

Abb. 18: Kulturräume der eingeborenen Bevölkerung: *Indianer und Inuit lebten vor der europäischen Entdeckung in weit auseinander liegenden Räumen, in denen verschiedene Wirtschaftsformen vorherrschten.*

Quelle: The Canadian Encyclopedia, 1988, Native People.

schlossen. Die arktische Region im äußersten Norden wurde zur Heimat der Inuit, die in mehrere Gruppen, wie die Labrador-, Copper- oder Caribou-Inuit zerfielen, sich jedoch sprachlich kaum unterschieden. Ihre Ernährung basierte vor allem auf der Jagd nach Meeressäugern, wie Walen und Robben, ferner auch auf Landtieren und Fischfang. Für die Jagd im Wasser entwickelten sie u. a. den Kajak und besondere Harpunen; zum Überleben im Winter erfanden sie den Iglu, ein besonders konstruiertes Schneehaus.

Die südlich anschließende subarktische Region liegt weitgehend in der Vegetationszone des borealen Nadelwaldes mit ihren reichen Tierbeständen an Bären, Elchen, Rentieren oder Wildschafen, ferner auch einer großen Anzahl an Kleintierarten, wie Biber, Hasen, Marder, Murmeltieren, Bisamratten u. a. Sie boten die Lebensgrundlage für die Indianer, die sie fingen und als Nahrung, für Kleidung und andere Gebrauchsgegenstände nutzten. Die Wildbeuterei erforderte, dass die Menschen umherzogen und nur wenig festen Besitz hatten. Zu den wichtigen Jagdgeräten gehörten Tierfallen, Pfeil und Bogen, ferner für die Fortbewegung im Winter Schneeschuhe und Schlitten, die sie erfanden. Sprachlich war das große Gebiet auf die Gruppen der Algonkin im Osten und die Athapasken aufgeteilt.

In der Region der östlichen Waldländer, die den Bereich der Großen Seen und des St. Lorenz sowie die Küstengebiete am Atlantik umfasste, lebten neben den Algonkins verschiedene Völker oder Stämme, die sprachlich als Irokesen zusammengefasst wurden. Neben Jagd und Fischfang kultivierten sie vor allem Mais, Bohnen und Squash, eine Art Kürbis. Der Ackerbau erlaubte es, in steten Siedlungen zu leben, die aus Langhäusern für mehrere Familien bestanden und zur Verteidigung mit Palisaden umstellt waren. Ein gut untersuchtes Beispiel ist der Stamm der Huronen im heutigen Südontario (Heidenreich 1971 u. 1973).

Eine andere Lebensweise übten die Prärieindianer in den Great Plains aus. Sie waren auf die riesigen Büffelherden der Grassteppe angewiesen, die ihnen alles Notwendige zum Leben boten. Ergänzend jagten sie auch anderes Wild, wie Antilopen, Kaninchen oder Wildgänse bzw. sammelten Wurzeln und Beeren. Für die Büffeljagd erfanden sie besondere Methoden, indem sie z. B. die Tiere an einen Abgrund trieben, wo sie sich zu Tode stürzten (buffalo jump). So fand man an einem über 10 m hohen Steilhang in den Porcupine Hills (Südalberta) Schädel und Knochen von Büffeln, die hier von den Blackfoot-Indianern gejagd wurden. Ein Museum *Head Smashed-in Buffalo Jump* erinnert an die urtümliche Jagd. Seit dem frühen 18. Jh. gelangten die Indianer in den Besitz von Pferden, wodurch sich die Jagdmethoden änderten. Die Abhängigkeit von den Büffelherden führte zu einem nomadischen Leben in Zelten (tepees), die aus Büffelhäuten gefertigt wurden. Der Pelzhändler Alexander Henry beobachtete 1776 einen Siedlungsplatz mit etwa 200 Zelten, in denen jeweils 2 bis 4 Familien lebten (1901: 289 ff.). Die Region der Prärien teilten sich ebenfalls zahlreiche Indianerstämme, die den Sprachgruppen der Algonkins und der Sioux angehörten.

In den südlichen intermontanen Plateaus lebten Indianerstämme, die verschiedenen Sprachfamilien angehörten. Sie jagten die reichen Tierbestände der Wälder, und zudem boten die Gebirgsflüsse reichlich Fische. Die langen Wintermonate verbrachten sie in festen Dörfern, während sie in der anderen Zeit unstet umherzogen.

Die Indianerstämme der pazifischen Westküste sind durch ihre kunstvoll gezimmerten Häuser und Totempfähle berühmt (Bild 23); hervorzuheben sind ebenfalls die Fertigkeiten im Spinnen und Weben. Sprachlich in kleinere Gruppen unterteilt, lebten sie meistens in Küstensiedlungen, deren Häuser parallel zum Wasser aufgereiht waren. Von hieraus gingen sie mit relativ großen und seetüchtigen Kanus dem Fischfang in den Küstengewässern nach, die reiche Bestände vor allem an Lachs aufweisen. Ergänzende Nahrungsquellen boten die Jagd und das Sammeln von Pflanzen und Beeren in den Wäldern der Gebirge.

Allgemein lag die Stärke von Indianern und Inuit in der Auseinandersetzung mit den natürlichen Bedingungen. Sie lebten unmittelbar von der Natur, die ihnen heilig

Bild 23: *Totem Poles der Haida- und Tsimshian-Indianer an der Westküste (Museum of Anthropology, Vancouver).*

war, und sie mussten das Angebot so gut wie möglich nutzen. Mit ihren Erfindungen, z. B. den Schneeschuhen oder verbesserten Tierfallen, erleichterten sie sich das Überleben. Durch die geringe Anzahl und Verteilung der Menschen sowie auch durch die einfachen Jagdgeräte und Werkzeuge blieb die Umwelt bewahrt.

Die Urbevölkerung, die der Jagd, dem Fischfang und einem geringen Ackerbau nachging, wurde seit den europäischen Entdeckungen im 16. Jh. zunehmend mit Menschen konfrontiert, deren Kultur, Technik und Denkweisen ihnen fremd waren. Die Kontakte begannen an der atlantischen Gegenküste zu Europa.

Frühe Entdeckungen und Erkundungen durch Europäer

Es ist sicher bewiesen, dass um das Jahr 1000 Wikinger von Grönland aus die atlantische Küste entdeckten und das Land betraten; 1960/61 fanden die Norweger Helge und Anne Ingstad bei L'Anse aux Meadows an der Epaves Bay auf Neufundland den Platz einer Wikinger-Siedlung, der ersten und bisher einzigen auf amerikanischem Boden. Sie legten die Grundrisse von sieben Häusern, darunter die bekannten Langhäuser, frei und schlossen auf insgesamt 60 bis 90 Bewohner. Auch konnten verschiedene Gegenstände ausgegraben werden, deren Herkunft eindeutig ist (Ingstad 1985). Ob allerdings das in den Sagen der Wikinger genannte *Helluland* mit Labrador übereinstimmt, ihr *Markland* Neufundland ist und vor allem, ob das rätselhafte *Vinland* hier zu suchen ist, kann nur angenommen werden. Der teilweise rekonstruierte Siedlungsplatz ist als historischer Nationalpark ausgewiesen und in die Welterbeliste der UNESCO aufgenommen worden. Von diesen frühen Entdeckungen konnten jedoch keine Impulse ausgehen; die Kenntnisse gerieten bald in Vergessenheit.

Erst 500 Jahre später waren europäische Staaten in der Lage, kostspielige Entdeckungsreisen auszurüsten und erfolgreich durchzuführen. Kurze Zeit nach den Epoche machenden Fahrten von Kolumbus gelangte 1497 der in englischen Diensten stehende John Cabot (Giovanni Caboto) an die atlantische Küste Kanadas, freilich auch in dem Glauben, das nördliche China vor sich zu haben. Die Berichte Cabots von einem ungewöhnlichen Fischreichtum in den Küstengewässern (Neufundlandbänke), die auch von den nachfolgenden Entdeckern bestätigt wurden, kamen in ein Europa, dessen Stadtbevölkerung stark anwuchs und wo der Bedarf an proteinreicher Nahrung zunahm.

So fanden sich im 16. Jh. in steigender Zahl Fischer aus England und der Bretagne, aus spanischen und portugiesischen Häfen vor den Küsten von Neufundland und Neuschottland ein, um vor allem Kabeljau an Bord zu nehmen. Zum Zerteilen und Salzen der Fische brauchte man zunächst gar nicht an Land zu gehen, doch als das weitaus rentablere Trocknen der Fische aufkam, entstanden an zahlreichen Stellen der Küste sommerliche Lagerplätze mit einfachen Unterkünften, wie sie auch aus Europa bekannt waren. Der ausgenommene und zerteilte Kabeljau wurde zum Trocknen auf Holzgerüste gelegt. Das benötigte Holz konnte leicht in den küstennahen Wäldern gewonnen werden. Es kam zu ersten Kontakten mit Eingeborenen, und bald wurden mitgebrachte Waren gegen Tierfelle getauscht, die in Europa zunehmenden Absatz fanden und Gewinne brachten.

Inzwischen hatte sich auch Frankreich in die europäischen Staaten, die nach unbekannten Ländern und möglichen Reichtümern suchten, eingereiht. Bedeutend wurden die Fahrten des Bretonen Jacques Cartier aus Saint Malo, die ihn 1534, 1535/36 und 1541/42 in den St. Lorenz-Golf und -Strom bis zur Höhe des heutigen Montreal führten. Er nahm das Land für seinen König in Besitz und errichtete ein hohes Kreuz mit dem Wappen Frankreichs. Allerdings konnte Cartier keine wertvollen Güter nach Europa bringen, im Gegenteil, seine Berichte waren wenig ermutigend, und der lange, harte Winter hatte ihn enttäuscht. Doch bestanden gute Verbindungen zu den Eingeborenen, man tauschte Pelze ein und konnte die indianische Ansiedlung Hochelaga im Bereich der heutigen Stadt Montreal kennen lernen. Die Entdeckung des wichtigen St.-Lorenz-Weges, der weit in den amerikanischen Kontinent hineinführt, sollte sich erst in den kommenden Jahrzehnten als überaus nützlich für Frankreich erweisen.

Bei den Entdeckungen im 17. Jh., die weitgehend vom beginnenden Pelzhandel bestimmt wurden, bahnte sich eine englisch-französische Rivalität an, die für die Geschichte Kanadas von großem Einfluss bleiben sollte. England beschränkte sich zunächst noch auf die Küstengebiete; Sir Humphrey Gilbert nahm 1583 die Insel Neufundland in Besitz, wo sich 1610 eine englische Kolonie bildete. In der gleichen Zeit, 1603, richteten Kaufleute aus Frankreich eine Expedition aus, die an die Entdeckungen Cartiers anknüpfen und den Pelzhandel im St.-Lorenz-Gebiet aktivieren sollte. Es war ein Glücksfall, dass der bereits in Übersee erfahrene „Königliche Geograph" Samuel de Champlain für diese Reise gewonnen werden konnte. Er sollte zur überragenden Persönlichkeit für Französisch-Kanada werden, dessen Wirken lange über seinen Tod – er starb 1635 in Quebec – hinausreichte (Bild 24) (Biggar 1922–1936; Morison 1972).

Ein erstes Siedlungsunternehmen im Tal des Annapolis an der Fundy Bay, wo 1603 Port Royal gegründet wurde, erwies sich als ungünstig. Zwar bot das Flusstal fruchtbaren Boden für einen Anbau, doch erkannte Champlain sehr bald, dass die Lage für einen zukunftsträchtigen Pelzhandel wenig geeignet war. Auf seiner dritten Reise fand er an einer Verengung des St.-Lorenz-Tales einen günstigen Umschlags- und Siedlungsplatz. Hier gründete er 1608 Quebec. Damit hatte das Unternehmen ein Zentrum, von dem aus ein weiter Raum um die Großen Seen erkundet werden konnte. In zahlreichen Expeditionen nahmen Champlain und seine Begleiter, wie Etienne Brûlé, Jean Nicolet u. a., die Topographie des Gebietes auf. Sie ergänzten die Kenntnisse durch umfangreiche Befragungen der Indianer und begleiteten sie auch auf Kriegszügen. So rundete sich allmäh-

Bild 24: *Denkmal von Samuel de Champlain am Nepean Point in Ottawa, Entdecker, Kartograph und Begründer der Kolonie Neufrankreich.*

lich die Vorstellung vom St. Lorenz, seinen Nebenflüssen und den Großen Seen ab, und es setzte sich die Erkenntnis durch, dass hier keine Verbindung zum Pazifischen Ozean und damit nach Ostasien bestehen könne. Die noch anfangs gehegte Hoffnung musste aufgegeben werden. Die „Carte de la nouvelle france" (1632), in der die Ergebnisse der Erkundungen zusammengefasst wurden, bezeichnet C. E. Heidenreich (1976: 10) als erstes wissenschaftliches Dokument über Kanada.

Expeditionen und kartographische Aufnahmen sind jedoch nur ein Teil der Leistungen Champlains. Als Begründer der Kolonie Neufrankreich musste er großes organisatorisches Geschick aufwenden, um die Ansiedlung von Quebec in den ersten schwierigen Jahren zu erhalten. Zwar dominierte zunächst der Pelzhandel, doch war man sich darüber im Klaren, dass erst durch Ackerbau treibende Kolonisten Fortbestehen und Weiterentwicklung dieser Siedlungsinsel möglich waren.

Die Versuche Englands, einen Weg nach Ostasien zu finden, wurden im nördlichen Kanada unternommen. Bereits im letzten Viertel des 16. Jh.s drangen Martin Frobisher (1576/78) und John Davis (1585/87) zum Arktischen Inselarchipel vor; im 17. Jh. folgten Henry Hudson (1610), William Baffin (1615/16), Luke Foxe (1631) und andere. Alle diese wagemutigen Expeditionen endeten jedoch an undurchdringbaren Eisbarrieren, ohne das Ziel zu erreichen. Sie brachten aber Kenntnisse von den östlichen Inseln und Wasserstraßen des arktischen Kanada, die zweihundert Jahre später, im 19. Jh., wieder aufgenommen werden sollten.

Als am folgenreichsten erwies sich zunächst die Entdeckung der Hudson-Straße und -Bucht, die Henry Hudson 1610/11 befuhr und für den englischen König in Besitz nahm. Jahrzehnte später kam man darauf zurück. Als die Erfolge der französischen Pelzhändler, die von Quebec und seit 1642 auch von Montreal aus operierten, bekannt wurden, drangen englische Kaufleute der 1670 gegründeten *Company of Adventurers of England Trading into Hudsons's Bay*, kurz *Hudson's Bay Company* (HBC), in die Bucht vor. Die Gesellschaft erhielt vom englischen König die Privilegien des Pelzhandels und der Jagd „of all lands watered by streams flowing into Hudson Bay". Ferner wurde ihr das Monopol des Verkehrs durch die Hudson-Straße erteilt. Damit stand der Hudson's Bay Company über ein Drittel der Fläche Kanadas, insgesamt über 4 Mio. km^2, zur Verfügung. Günstig an der Mündung von Nelson und Hayes River in die Hudson Bay gelegen, entstand 1682 als Zentrum Fort Nelson, das spätere York Factory.

Die französischen Unternehmungen, die vom St. Lorenz ausgingen, und das Vordringen der englischen Hudson's Bay Company führten zur Entdeckung und Durchdringung der weiten Räume des kanadischen Mittleren Westens. Es entstand ein Netz von Stützpunkten, die nicht selten dicht nebeneinander lagen, oft hart umkämpft waren, verloren gingen oder verlegt werden mussten. Vor der Errichtung eines Stützpunktes wurde das Gelände genau erkundet; später diente dann die Anlage selbst als Versorgungsbasis für weiter vordringende Expeditionen. Wichtig waren gute Verbindungen zu Indianern, die mit ihren genauen Kenntnissen vom Lande wichtige Hinweise geben konnten und als Begleiter und Führer fungierten. So wurde das Landesinnere im Verlauf des 18. und beginnenden 19. Jh.s relativ zügig erschlossen. Eine Vielzahl von einzelnen Waldläufern, den französischen Coureurs de Bois, von kleineren Unternehmungen und aufwendigen Expeditionen mit weitgesteckten Zielen haben daran mitgewirkt.

Einige der bedeutenden Entdecker, die unbekannte Wege nahmen und die Kenntnisse des Landes erweiterten, sollen genannt werden (Warkentin, G. 1993). Zu den offenen Prärien drangen Henry Kelsey 1690/92 von Fort York aus sowie Pierre Gaultier de la Vérendrye 1731 über den Lake of the Woods vor. Eine erste Fahrt nach Norden führte Samuel Hearne 1770 im Auftrag der Hudson's Bay Company durch und gelangte bei der Mündung des Coppermine an die Grenze des zusammenhängenden Festlandes. Auf mehreren Reisen 1775/78 und in den 1780er-Jahren konnte Peter Pond das Gebiet um den Fluss und See Atahabasca erschließen und kartographisch aufnehmen.

Mit diesen Vorstößen dehnte sich der Pelzhandel weit in das Landesinnere aus, und die Transportwege zu den Häfen im Osten wurden länger und kostspieliger. Um einen Weg nach Westen zu suchen, brach Alexander Mackenzie von Fort Chipewyan am Athabasca-See aus auf. Zunächst gelangte er 1789 jedoch über den später nach ihm benannten Fluss an das Arktische Meer; erst in einem zweiten Anlauf, 1792, konnte er zur pazifischen Küste an der Mündung des Bella Coola vordringen. Damit war erstmals das Land durchquert, und die Dimensionen wurden klarer.

Nach dem Durchbruch Mackenzies drangen zwei weitere Expeditionen zum Ozean vor: Simon Fraser 1808 auf dem schwierig zu befahrenden gleichnamigen Fluss und David Thompson, der 1811 die Mündung des Columbia bei der US-amerikanischen Station Astoria erreichte. Wie viele andere Entdecker auch, hat Thompson Tagebücher mit detaillierten Aufzeichnungen und Karten geführt und seine auf zahlreichen Reisen gemachten Erfahrungen im kanadischen Westen mitgeteilt. Sein Werk nimmt in der geographischen Literatur Kanadas einen herausragenden Platz ein (Tyrell 1916, Neudruck 1968; Warkentin, J. 1964 u. Warkentin, G. 1993).

Von See aus war die Westküste zunächst von den Spaniern Juan Pérez und Juan Francisco Bodega im 18. Jh. erkundet worden. Bekannt wurde sie jedoch vor allem durch James Cook, der 1778 auf Vancouver Island am Nootka Sound landete und das Gebiet für die Britische Krone in Besitz nahm. Große Verdienste kamen George Vancouver zu, der die Küste 1792/94 bereiste und kartierte.

Im Norden blieben die arktischen Inseln noch bis weit in das 19. Jh. unbekannt. Auf der Suche nach einer Durchfahrt gelangte William Edward Parry 1819/20 von Osten kommend bis zur Melville-Insel und nahm auf dieser und weiteren Fahrten große Teile der westlichen Inselgruppe auf, worüber er in seinem fünfbändigen Reisewerk „Four Voyages to the North-Pole" (1833) berichtete. Das Scheitern der groß angelegten Franklin-Expedition 1845/47 löste eine Reihe von Suchaktionen, wie die von John McClure 1850/53 aus, wodurch der Inselarchipel zunehmend bekannter wurde. Schließlich gelang Roald Amundsen 1903/1906 die erste Durchfahrt von Ost nach West. Allerdings erwies sich die unter vielen Opfern erkämpfte Nordwest-Passage für die Handelsschifffahrt als ungeeignet.

Bis zum Beginn des 19. Jh.s hatten die Erkundungen eine wenn auch grobe Vorstellung vom westlichen Kanada mit seinen Dimensionen, Seen und Flüssen, wie auch der Grenze zwischen Wald und offenem Land erbracht. Der topographische Rahmen war erkennbar, feinere und spezielle Untersuchungen mussten folgen und ihn füllen. So richtete sich das Interesse in der nächsten Zeit vor allem auf geologische Vorkommen, auf Klima, Böden und Vegetation. Wenn auch noch kaum technische Hilfsmittel zur Verfügung standen, so kamen hier doch wertvolle Beobachtungen zusammen, und es wurde natürlich auch die Frage nach der Eignung des Landes für eine mögliche künftige Nutzung und Besiedlung gestellt. Die Beurteilung war keineswegs einhellig. So erhob der Gouverneur der Hudson's Bay Company, Sir George Simpson, ein guter Kenner des Landes, 1857 schwere Bedenken gegen eine agrare Nutzung. Sie musste allerdings den von ihm geführten Pelzhandel äußerst gefährden.

Zu genaueren Untersuchungen wurden von offizieller Seite zwei Expeditionen ausgerüstet: Die Provinz Kanada entsandte S. J. Dawson und H. Y. Hind, die 1857/58 Beobachtungen und Messungen vornahmen; und auf Weisung des British Colonial Office in London bereiste 1857/60 John Palliser den Raum vom Red River im Osten bis zum Tal des Columbia im Gebirge und bis zum Athabasca im Norden (Spry 1959 u. 1965). Als Ergebnis seiner Beobachtungen stellte er zwei Regionen mit unterschiedlichem Wert heraus: Einen nördlichen Landstreifen, den er besonders intensiv am Saskatchewan River untersuchte, hielt er wegen der einzelnen Baum- und Buschbestände sowie vor allem wegen der fruchtbaren Böden gut geeignet für einen Anbau. Er nannte ihn den fruchtbaren Gürtel (fertile belt). Den bei weitem größeren Teil des Raumes, die südlich dieses Parkgürtels gelegene offene Grassteppe, bezeichnete er dagegen als unbrauchbar für eine Nutzung, was er mit dem ariden Klima und den sandigen Böden begründete. Tatsächlich ist jedoch dieses als *Palliser's Triangle* bekannt gewordene Trockengebiet weitaus begrenzter, wie sich später herausstellte. Die Ergebnisse erwiesen sich als wichtige Vorarbeiten für die wenig später einsetzende Besiedlung des Mittleren Westens.

Die Entdeckung des heutigen Kanada begann an der Europa gegenüberliegenden Küste am Atlantik. Der Fischreichtum zog europäische Fischer an, die sich bei ihrer Arbeit auch zeitweilig an den Küsten aufhielten. Die großen von Frankreich und England ausgesandten Expeditionen suchten eine Durchfahrt nach Ostasien, wo man sich im Handel große Gewinne versprach. Dabei wurden der St. Lorenz (1534) und die Hudson Bay (1610) entdeckt, die sich allerdings nur als Eingänge in den Kontinent, nicht aber als Durchfahrten erwiesen. Sie wurden jedoch Ausgangspunkte für die Durchdringung des Landesinneren.

Im St.-Lorenz-Tal hatte Frankreich eine günstige Basis. In der waldreichen Umgebung gab es große Bestände an Pelztieren, der engere Bereich des Flusstales ist fruchtbar und konnte eine Kolonie mit den Zentren Quebec und Montreal tragen. Neue Handelsbereiche im Westen waren relativ leicht über die Großen Seen zu erreichen. Die englische Basis an der Hudson Bay musste ausschließlich auf den Pelzhandel ausgerichtet werden, da durch die nördliche Lage eine landwirtschaftliche Nutzung und damit Selbstversorgung nicht möglich waren. Der Pelzhandel zwang die Gesellschaften, immer wieder in neue und ergiebige Räume vorzudringen. So konnten vor allem im 18. Jh. die weiten Gebiete zwischen den Großen Seen und der Hudson Bay im Osten und den Rocky Mountains erkundet werden. Von hier gelangten Expeditionen nach Norden an die arktische Küste und über das Gebirge an den Pazifischen Ozean. Als letzte und gleichzeitig schwerste Aufgabe blieb die Erschließung der arktischen Inseln, die erst mit den technischen Mitteln der neueren Zeit erfolgen konnte.

Kontakte mit der Urbevölkerung durch den Pelzhandel

Ganz wesentlich für das Verhältnis zwischen den Indianern und den eindringenden Europäern war, dass die ersten Kontakte über den Handel kamen. Man stand sich nicht von vornherein feindlich gegenüber, sondern war Partner in einem Geschäft, war also auf Zusammenarbeit angewiesen, wenn man profitieren wollte. Zwar kam es auch zu kriegerischen Auseinandersetzungen und Übergriffen, doch blieben bittere Kriege und Massaker, wie sie sich in den USA ereigneten, aus.

Bei dem Handel mit Tierfellen, die von Europäern eingetauscht wurden, war es für beide Seiten vorteilhaft, Erfahrungen und technische Hilfsmittel weiterzugeben. Dabei profitierten die europäischen Händler von den Indianern, indem sie deren bewährte Kanus einsetzten, sich auf deren Schneeschuhen bewegten, Pemmican als ein konzentriertes Nahrungsmittel schätzen lernten oder den Anbau von Mais und Tabak übernahmen. Sehr wichtig wurde der Einsatz von Indianern als Führer und Begleiter bei Reisen und Expeditionen. Sie gaben ihre detaillierten Landeskenntnisse weiter und halfen bei den ersten Skizzen und Karten (Vollmar 1981). Aus Europa kamen Geräte für Haushalt, Anbau und Fischfang, Messer, Äxte, Fallen und Feuerwaffen. Auf der negativen Seite standen vor allem der Alkohol, dem zahlreiche Indianer verfielen, und eingeschleppte Krankheiten, besonders Pocken, Masern und Tuberkulose, gegen die ihnen Abwehrstoffe fehlten. So verloren die Huronen in wenigen Jahren zwischen 1630 und 1640 durch Pocken (small pox) über 60 % der Stammesmitglieder, was zu ihrer Auflösung wesentlich beitrug (Heidenreich 1971: 115).

Zu der Zeit, als die Europäer das heutige Kanada betraten, waren Pelze das bei weitem wertvollste Handelsgut, das im Lande gewonnen werden konnte. Besonders begehrt waren die Felle des Bibers, mit Abstand gefolgt von Marder, Otter und Fuchs. Da die Pelze von den Indianern selbst nur wenig benötigt wurden, konnten sie gegen Waren eingetauscht werden und erhielten einen Wert. Die Indianer zeigten ihre Schätze den Entdeckern, die in Europa einen wachsenden Absatzmarkt sahen. So wurde der Biber, der für Mäntel und Hüte in Mode kam, zu einem neuen Markenzeichen für Kanada.

Mit der Gründung der Städte Quebec (1608) und Montreal (1642) erhielt der Pelzhandel erste Zentren. Das bewirkte einen Aufschwung, der sich mit der Kontrolle und dem Schutz durch die französische Regierung (seit 1663) fortsetzte. Wenig später, 1670, stieg die englische Hudson's Bay Company energisch in den Pelzhandel ein; mit ihrem Zentrum York Factory an der Hudson Bay hatte sie sich einen günstigen Ausgangspunkt gewählt. Eine weitere Intensivierung des Handels wurde mit der Gründung der North West Company (1779) erreicht, zu der sich Kaufleute in Montreal zusammenschlossen. Als diese Vereinigung 1821 in der Hudson's Bay Company aufging, war schließlich ein Höchstmaß an Konzentration erreicht; der Handelsraum schloss das gesamte Britisch-Nordamerika ein.

Von den Handelshäusern bis zu den Fallenstellern bestand eine eingespielte Organisation (Heidenreich u. Ray 1976; Yerbury 1985). Mittelpunkte des Handels waren zahlreiche an verkehrsgünstiger Stelle angelegte Stationen. In ihrem direkten Umkreis lieferten die Indianer noch selbst ihre Ware ab; in einem weiteren Bereich übernahmen indianische Zwischenhändler (middlemen) die Felle und brachten die dafür eingetauschten Güter. Sie wurden durch unabhängige französische Händler, die *Coureurs des Bois*, ergänzt, die weit ins Landesinnere vordrangen und gute Kontakte zu den Indianern hatten. Sie eigneten sich nicht nur deren Fertigkeiten an, sondern versuchten auch, ihre geistige Einstellung und die Gebräuche zu verstehen. Mit der Anerkennung und Beachtung der indianischen Riten wurden die oft noch jungen und Abenteuer suchenden Franzosen zu wichtigen Vermittlern zwischen den unterschiedlichen Kulturen. Während die französischen Händler unter den Indianern lebten, arbeiteten die Angestellten der englischen Hudson's Bay Company in erster Linie in den Stationen. Ihr Verhältnis zu den Indianern war mehr distanziert und bezog sich vor allem auf das Geschäft.

Insgesamt wird die Periode des Pelzhandels, die bis in das 19. Jh. andauerte, als ein besonderer Abschnitt in der Sozial- und Wirtschaftsgeschichte Kanadas gesehen. „Without the fur trade Canada would not exist in anything like the form we know it today, and the nature of Indian-European contact would have been drastically different" (Harris in Heidenreich & Ray 1976: 7).

Handel und Durchdringung des Landes ergänzten sich, die geographischen Bedingungen wurden bekannt, die Topographie auf ersten Karten verzeichnet. Das Verhältnis zwischen Indianern und Europäern konnte sich durch die Partnerschaft allmählich und weitgehend friedlich entwickeln. Probleme zeichneten sich allerdings in den Indianerstämmen ab: Alkohol und Krankheiten, aber auch kaum gekannte Machtkämpfe untereinander, wenn es z. B. um die besser gestellte Position der Zwischenhändler ging, störten den sozialen Frieden. Die freien und nur auf die Natur angewiesenen

Indianer gerieten in eine Abhängigkeit von den europäischen Kaufleuten.

Ökonomisch entsprach der Pelzhandel – Tausch wertvoller Rohstoffe gegen Fertigwaren – dem Verhältnis zwischen Mutterland und Kolonie. Andere Wirtschaftszweige, wie etwa die Landwirtschaft, konnten sich kaum entwickeln, zumal sie die Jagd auf Pelztiere störten und auch nicht genügend Menschen dafür zur Verfügung standen. So wurde die Kolonie für lange Zeit vom Pelzhandel dominiert, die Zentren York Factory, Quebec und Montreal galten eher als Filialen großer Handelshäuser in England und Frankreich. Eine Besiedlung und Kolonisation des Landes konnte nur von anderen wirtschaftlichen Grundlagen ausgehen.

Die Siedlungsräume der Europäer

Insgesamt können fünf Siedlungsräume, die im südlichen Kanada liegen und voneinander getrennt sind, unterschieden werden. Ihre Besiedlung erfolgte vom 17. Jh. im St.-Lorenz-Tal bis in die zweite Hälfte des 19. Jh.s in den Präriegebieten. Im Folgenden sollen Anfänge und Entwicklungen der Siedlungsräume bis ins 19. bzw. 20. Jh. dargestellt werden (zusammenfassend u. a. Harris & Warkentin 1974/1991; Francis u. a. 1996; Findlay 1990; Bumstedt [Hg.] 1993).

Neufrankreich, Lower Canada: Quebec

Nach seiner ersten Landung an der Fundy Bay hatte sich Samuel de Champlain einen strategisch günstigen Platz am St. Lorenz gesucht, um hier 1608 die Siedlung Quebec zu gründen. An dieser Stelle verengt sich das Flusstal noch einmal auf etwa 1500 m, um sich dann nach Osten zu einem Estuar auszuweiten. Am linksseitigen Ufer, bei der Einmündung des Saint Charles, besteht ein ca. 100 m hohes, steil aufragendes Kliff mit einem relativ breiten Vorland, wodurch Festung und Hafen, Verteidigung und Handel möglich wurden.

Der Pelzhandel blieb noch für Jahrzehnte die wichtigste Funktion Quebecs und der beiden anderen Orte Trois-Rivières (gegr. 1634) und Montreal (gegr. 1642). Das umgebende Land war um diese Zeit noch weitgehend unbesiedelt. Als 1663 die Handelsplätze der französischen Krone unterstellt wurden, zählte der Bereich nicht mehr als 2500 Einwohner, von denen etwa die Hälfte in den genannten Orten lebte. Eine Einwanderung aus dem französischen Mutterland war auch in den folgenden hundert Jahren nur sehr begrenzt möglich. Insgesamt werden bis 1763, als Frankreich die Herrschaft über die Kolonie an England verlor, nicht mehr als 10 000 Immigranten geschätzt (Trudel 1968: 132). In den 1660er- und 1670er-Jahren entsandte die Regierung französische Frauen, um das Gleichgewicht der Geschlechter anzunähern und das Bevölkerungswachstum zu steigern. Die Geburtenrate erreichte bis zu 60 ‰, und die Anzahl der Bewohner nahm relativ schnell zu (Tab. 6), obwohl auch viele die Kolonie wieder verließen.

Während sich Mitte des 18. Jh.s die Siedlungen vor allem auf den engeren Uferbereich des St. Lorenz beschränkten – nach einer Beschreibung von 1749 (Harris & Warkentin 1974: 37) „two rows of white-washed farmhouses straggling along the river" –, griff die Kolonisation danach bald auf die vom Fluss entfernteren Bereiche über. Dabei wurden auch die südöstlich des St. Lorenz gelegenen Areale bis zur amerikanischen Grenze, die sog. Eastern Townships, einbezogen.

Landvergabe und Rechtsverhältnisse leitete man von dem feudalen Seigneurial-System in Frankreich ab (Harris 1966; Pletsch

Jahr	Europäer
Neufrankreich/Quebec	
1640	250–500
1690	12 000
1760	70 000
1790	161 300
1851	890 300
1871	1 191 500

Tab. 6: Europäische Bevölkerung in Neufrankreich/Quebec

Quellen: Trudel 1968 u. 1973; Harris/Warkentin 1974, u. a.; Schätzungen, ab 1851 Daten des Census of Canada.

1980). Eine Schlüsselstellung nahmen die Seigneurs als Siedlungsträger ein, denen von der Krone oder in deren Auftrag ein unterschiedlich großes Stück Land, das über 10 000 ha umfassen konnte, überschrieben wurde (Abb. 19). Es waren in der Mehrzahl Einzelpersonen, konnten aber auch religiöse Institutionen, wie Klöster und Hospitäler, sein. Der Seigneur musste sich zur Treue verpflichten und Kolonisten, sog. Censitaires oder Habitants, anwerben. Er hatte seine Seigneurie ordnungsgemäß zu verwalten, ein Herrenhaus (Manor House) als Mittelpunkt zu errichten und für eine niedere Gerichtsbarkeit zu sorgen. Wichtig war auch der Bau einer Getreidemühle, die den Kolonisten zur Verfügung stehen musste. Diese hatten dem Seigneur einen Grundzins in Geld und Naturalien zu leisten und waren zu bestimmten Diensten verpflichtet.

Der wahrscheinlich erste, 1637 abgeschlossene Kontrakt mit einem Kolonisten beschreibt das ihm übertragene Flurstück als einen langen schmalen Streifen (lot familiaux). Die Parzellen haben gewöhnlich ein Seitenverhältnis von 1 : 10, d. h. bei einer üblichen Breite von 200 bis 250 m (3 bis 4 arpents) eine Länge von über 2000 m (30 bis 40 arpents). Die Flächengrößen lagen gewöhnlich zwischen 15 und 70 ha (40 bzw. 200 square arpents), meistens aber wohl um 40 ha. Wenn der am Fluss gelegene Bereich einer Seigneurie aufgeteilt war, wurden nach dem gleichen Prinzip die entfernteren Teile vergeben. Leitlinien waren hier Wege, an denen neue ein- oder doppelzeilige Hofreihen gebildet wurden. Diese sog. rangs (engl. ranges) lagen oft mehrfach hintereinander gestaffelt. Durch die strenge Einteilung konnten die Maße der Besitzstreifen hier weitgehend standardisiert werden (Abb. 20).

Derartige Streifen- oder Einödfluren, bei denen die Höfe an einem Ende der Flurstücke liegen und lange Reihen bilden, kommen auch in Europa vor. In Deutschland bieten sich Vergleiche mit den Hufen der Marschen oder den Waldhufen in den Mittelgebirgen an; aber auch in Nordwestfrankreich, dem Herkunftsgebiet der Siedler, sind sie bekannt. Dabei stellt sich die Frage, ob die kanadischen Siedlungsformen aus Europa übertragen wurden oder ob sie im Lande neu entstanden sind. Nach H. J. Nitz (1973, S. 87) hat die „Auffassung einer autochthonen Neuentwicklung in Amerika die größere Wahrscheinlichkeit für sich".

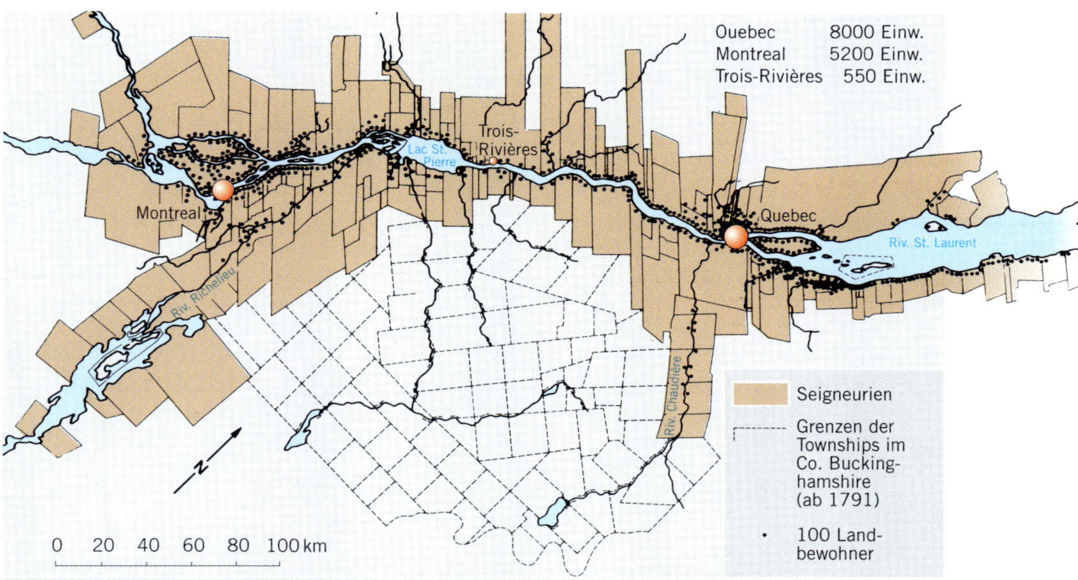

Quellen: Harris 1966, Pletsch 1980.

Abb. 19: Bevölkerungsverteilung und Seigneurien in Neufrankreich um 1760: *Landvergabe und Fluraufteilung gehören zum französischen Kulturgut und prägen die Landschaft am St. Lorenz.*

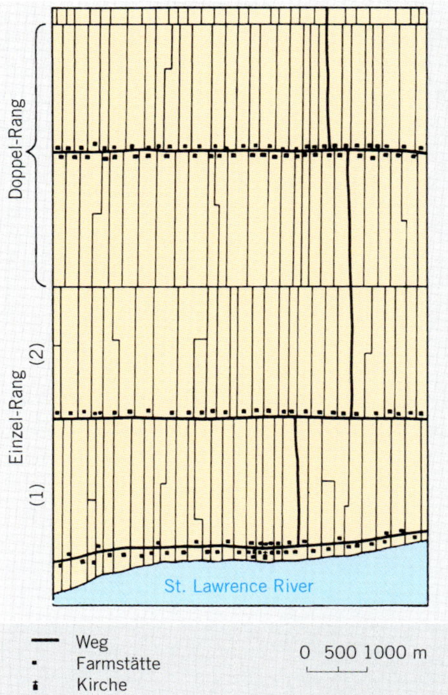

***Abb. 20:** Siedlungsweise und Fluraufteilung in Französisch-Kanada (Modell).*

Dafür sprechen verschiedene Vorteile: Jeder Hof liegt an einer für die Bauern wichtigen Verkehrslinie; zunächst waren es Flüsse, die gleichzeitig eine ergänzende Versorgung mit Fischen boten, später Wege. Der lang gestreckte Besitzstreifen konnte leicht festgelegt und vermessen werden. Die Breite von etwa 200 bis 250 m ließ genügend Raum zwischen den Farmstätten, bot aber auch eine relative Nähe zu den Nachbarn, was Kontakte und Zusammenarbeit ermöglichte. Die Länge von über 2 km ließ erwarten, dass sich der Besitz über verschiedene Bodentypen und Vegetationsbereiche erstreckte und Weide- sowie Ackerland einschloss. Zwar waren die äußeren Felder relativ weit vom Hof entfernt, doch überwog der Vorteil eines geschlossenen Besitzes. Da sich die Siedlungs- und Flurformen auf Gebiete mit französischen Siedlern beschränkt, wird sie als „ureigenstes französisches Kulturgut" angesehen und zur Abgrenzung von der anglophonen Lebensweise mit herangezogen (Müller-Wille & Pletsch 1981: 64f.).

Andere Siedlungsformen finden sich nur sehr vereinzelt, wie z. B. die sog. bourgs, im Kreis angelegte Höfe, deren Fluren radial auf den Ort zulaufen. Sie sollten eine gute Verteidigung gewähren, haben sich jedoch nicht durchsetzen können.

Auch nach 1783, als England im Frieden von Paris die Kolonie Neufrankreich übernahm, blieb die Landaufteilung in Seigneurien und Hufen der Kolonisten erhalten. Viele Adlige zogen in dieser Zeit aus den Städten auf ihr Land und bauten sich Gutshäuser. Meistens um die Kirchen bildeten sich kleine Versorgungszentren (villages), in denen sich häufig auch Bürger ansiedelten.

Vor allem durch die hohen Geburtsraten, die von der Kirche erwartet wurden, ergab sich im St.-Lorenz-Tal ein wachsender Bevölkerungsdruck. Er führte zur Abwanderung in andere Räume Kanadas, wo sich – wie in den Prärien – frankokanadische Siedlungsinseln bildeten, aber auch in die angrenzenden Staaten der USA. Innerhalb Quebecs kam es auf den Plateaus der Appalachen, den sog. Eastern Townships, zu einer Unterwanderung der bereits ansässigen Engländer, Iren und Schotten, die in die Städte oder nach Ontario auswichen. Neues Siedlungsland stand nur noch in den nördlichen Teilen, vor allem im Clay Belt an der Siedlungsgrenze zur Verfügung.

Lange Zeit wurde der ländliche Raum von der frankophonen Bevölkerung Quebecs bevorzugt. Bis ins 19. Jh. entfielen auf die Stadtbevölkerung nur wenig über 10 %, woran Anglokanadier stark beteiligt waren. Erst allmählich schlug das Bevölkerungs- und Wirtschaftswachstum zugunsten der Städte um, von denen sich besonders Montreal und Quebec-Stadt zu übergeordneten Zentren entwickeln konnten.

Atlantischer Raum, Akadien, Maritimes: Neuschottland, Neubraunschweig, Prince-Edward-Insel, Neufundland

Die Besiedlungsgeschichte des Atlantischen Raumes begann mit der Landung einer französischen Expedition (1604/05), der Pierre du Gua de Monts und Samuel de Champlain angehörten. De Monts besaß ein königliches Handelspatent und wollte mit Unterstützung von Kaufleuten aus Rouen und La Rochelle eine Kolonie gründen. Ihr Aufenthalt im Annapolis-Tal nahe der Fundy Bay war allerdings nur kurzfristig, ehe Champlain den günstigeren Standort am St. Lorenz wählte. Das Gebiet um die Fundy Bay, damals Baie Française, blieb jedoch bekannt und wurde seit den 1630er-Jahren von französischen Kolonisten permanent besiedelt (Abb. 21). Es wurde zum Kern des historischen Akadien (Acadie, Acadia), das sich über die heutigen Provinzen Neuschottland und Neubraunschweig sowie den US-Staat Maine erstreckte (Clark 1968; Griffiths 1973; Ross & Deveau 1992).

Kein anderer Raum in Nordamerika war heftiger zwischen Frankreich und England umstritten als Akadien. Die Lage zwischen Neuengland im Süden und Neufrankreich am St. Lorenz mag dabei ebenso eine Rolle gespielt haben wie die reichen Fischgründe in den Buchten und im Schelfbereich vor den Außenküsten. Die Herrschaft zwischen beiden Ländern wechselte mehrmals, besonders seit England 1621 das Land dem Schotten Sir William Alexander zusprach, der es Nova Scotia nannte. Das verstieß gegen den Prioritätsanspruch Frankreichs, der von der Kolonisation im Annapolis-Tal abgeleitet wurde. Die Auseinandersetzungen erreichten einen unrühmlichen Höhepunkt, als England um die Mitte des 18. Jh.s endgültig die Hoheitsgewalt gewann und die französischen Siedler zu einem Loyalitätseid zwingen wollte. Auf die Verweigerung erfolgte eine unerbittliche Deportation, vor allem in die südlichen Kolonien; bekannt sind die sog. Cajuns in Lousiana. Die Anzahl der ausgewiesenen Akadier wird zwischen 6000 und 10 000 geschätzt, was zweifellos die überwiegende Mehrheit der 1755 ansässigen französischstämmigen Bevölkerung war. Lediglich im Norden, in der heutigen Provinz Neubraunschweig, konnte sich eine stärkere frankokanadische Gruppe halten und ihre Kultur und Sprache bis heute bewahren.

Besonders im 18. Jh. hatten sich an verschiedenen Stellen der Küste weitere Siedlungen gebildet (Abb. 22). Dazu gehörten z. B. die Ansiedlungen um die französische Festung Louisburg auf der Cape-Breton-Insel und auf der Isle Saint-Jean, der heutigen Prince-Edward-Insel im Bereich von Charlottetown. Eine herausragende Gründung war die Stadt Halifax (1749), die sich in kurzer Zeit zur bedeutendsten englischen Marinebasis entwickelte. Erfolgreich war auch die seit 1753 erfolgte Ansiedlung deutscher Protestanten in Lunenburg, die eine Art Gegengewicht zu den katholischen Akadiern bilden sollten. Die Anzahl der Bewohner schwankte in den ersten Jahren zwischen 1000 und 2000. Auf Neufundland hatten sich vor allem an

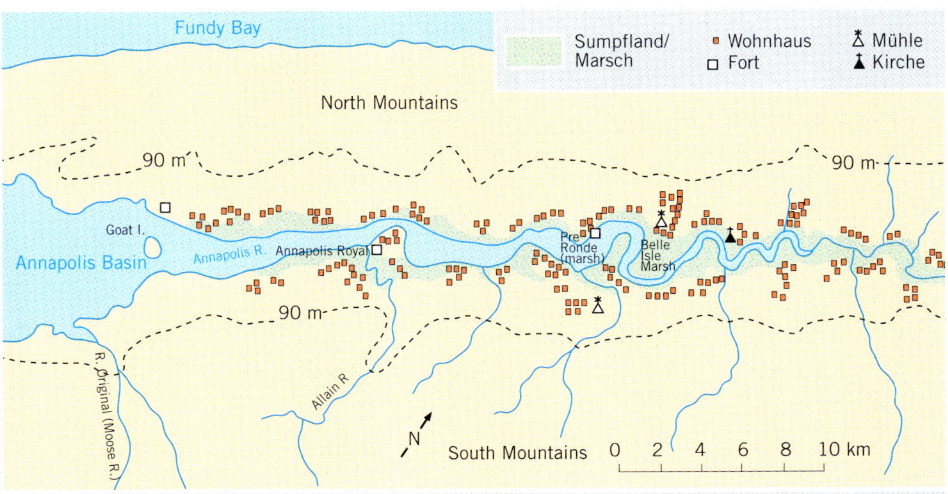

Quelle: Clark 1968, S. 206 u. Harris/Warkentin 1974, S. 29.

Abb. 21: Besiedlung im Annapolistal (1733): *Das geschützte und fruchtbare Tal gehört zum ältesten französischen Siedlungsraum in Kanada, es wird seit Beginn des 17. Jahrhunderts aufgesucht.*

***Abb. 22: Siedlungsansätze und Einflussgebiete in Akadien Mitte des 18. Jh.s:** Zahlreiche befestigte Forts deuten an, dass der atlantische Bereich heftig zwischen Frankreich und England umkämpft war.*

Quelle: Clark 1968, S. 332.

der Ost- und Südküste im Bereich der Placentia Bay kleinere Häfen und Stützpunkte für die Fischerei bilden können (Bild 25). Allerdings waren auch sie zwischen den europäischen Mächten heftig umstritten, bis sich im 18. Jh. endgültig England die Herrschaft sichern konnte. Der französische Rivale wurde auf die kleine Inselgruppe Saint Pierre und Miquelon vor der Südküste Neufundlands verwiesen, die noch heute zu Frankreich gehört.

Neben dem Fischfang an den reich gegliederten Küsten und wohl auch dem Pelzhandel setzten sich im Verlaufe des 17./18. Jh.s Ackerbau und Viehwirtschaft durch. Allerdings stehen nur begrenzte Anbauflächen zur Verfügung, wie z. B. in den Tälern des Saint John und Annapolis, auf der Prince-Edward-Insel oder im Umkreis einiger Küstenorte. Eine größere Fläche für die Landwirtschaft wurde in den Marschen um die Fundy Bay durch Eindeichung gewonnen (Schott 1955). In den entwässerten Kögen bauten die Kolonisten vor allem Getreide, aber auch Flachs, Hanf und Gemüse an, im klimabegünstigten Annapolis-Tal wuchsen Obstbäume. Der Umfang des eingedeichten Landes wird für Mitte des 18. Jh.s bereits auf über 5000 ha geschätzt, sodass die Produkte vor allem nach Neuengland verkauft werden konnten.

Schließlich ist der Schiffbau als ein früher Wirtschaftszweig hervorzuheben. Auf zahlreichen kleineren Plätzen baute man Boote, größere Werften entstanden vor allem in Halifax und Yarmouth, Saint John, Liverpool und Lunenburg. Holz war im Hinterland ausreichend und in guter Qualität vorhanden; als Baustoff wurde es seit der frühesten Besiedlung benötigt und verarbeitet. Eine Holzwirtschaft konnte sich jedoch erst mit wachsendem Export nach England im 19. Jh. herausbilden.

Die frühen Entwicklungen im atlantischen Siedlungsraum wurden in mehrfacher Hinsicht erschwert (Tab. 7). Die Topographie ließ nur kleinere und voneinander getrennte Siedlungsinseln zu, deren Flächen für eine landwirtschaftliche Nutzung begrenzt sind. Die Verbindung zum St. Lorenz war

Bild 25: *Ansiedlung von Fischern an der buchtenreichen Küste Neufundlands; Holzgestelle zum Trocknen der Fische.*

Jahr	Europäer	Jahr	Europäer
Akadien		**Neufundland**	
1650	300–500	1650	2 000
1750	12 500	1750	7 000
1851	533 300	1857	124 300
1871	767 400	1874	161 400

Tab. 7: Europäische Bevölkerung im atlantischen Bereich/Akadien

Quellen: Clark 1968; Rowe 1980 u. a.; Schätzungen, ab 1851 Daten des Census of Canada.

durch das dicht bewaldete Bergland schwierig, eher konnte Neuengland im Süden auf dem Wasserweg erreicht werden. Sehr zum Nachteil waren ferner die Rivalitäten zwischen Frankreich und England, die Ansprüche an dem Raum geltend machten; die Ausweisung französischer Kolonisten aus Akadien bedeutete einen besonders schweren Rückschlag. Gegenüber Neuengland, das in den USA eine dominierende Stellung erlangte, bildete sich der wirtschaftliche Kernraum Kanadas am St. Lorenz und in Südontario. Der Siedlungsraum am Atlantik geriet in eine Abseitslage (Lenz 1990).

Upper Canada: Ontario

Kein anderer Landesteil Kanadas ist räumlich so eng mit dem Nachbarstaat USA verzahnt wie der südliche Bereich Ontarios, der als Halbinsel zwischen dem oberen St. Lorenz und den Seen Ontario, Erie und Huron gelegen ist. Zwar wurde die politische Grenze in der Mitte der Seen und der Flüsse St. Lorenz, Niagara und Detroit/St. Clair schon 1783 festgelegt, doch bewirkte die räumliche Nähe auch weiterhin enge Beziehungen zum Nachbarstaat. So ist auch die Besiedlung Südontarios in den Rahmen der großen Bewegungen zum amerikanischen Mittelwesten einzuordnen (Schott 1936).

Bis um das Jahr 1780 war Südontario von der europäischen Besiedlung kaum erfasst. Der Pelzhandel hatte sich längst weit nach Westen verlagert; die Hauptrouten mit einzelnen Stationen führten um die Halbinsel herum. Es bestanden verschiedene französische Niederlassungen, wie die Forts Niagara, Frontenac und Rouillé sowie eine kleine Kolonie am Detroit River, die sich als Siedlungsinsel erhalten konnte.

Als Frankreich im Frieden zu Paris, 1763, die politischen Hoheitsrechte an England abtreten musste, kam die Entwicklung Südontarios in ein neues Stadium. Die Grenze zwischen Ontario oder Upper Canada und dem ehemaligen Neufrankreich, jetzt Quebec oder Lower Canada genannt, wurde am Ottawa River festgelegt. Zügig begann man mit der Übernahme des Landes von den Indianern, und bis auf kleinere Reservationen gelangte das Gebiet in wenigen Jahrzehnten in den Besitz der englischen Krone. Als weitere Voraussetzung für die Besiedlung wurde das Land in Townships eingeteilt und seit 1781 vermessen, wobei im Laufe des 19. Jh.s verschiedene Einteilungen zur Anwendung kamen (Abb. 23). Die zunächst eingeführten länglichen Besitzparzellen mit der Lage der Höfe an der Frontseite lehnten sich noch eng an die französischen Hufensiedlungen in Quebec an. Allerdings folgte die Basislinie nicht den Krümmungen der Fluss- oder Seeufer wie in Quebec, sondern wurde gerade gezogen. Wie bei den französischen *rangs* diente ein Weg an der Rückseite als neue Frontlinie für eine weitere Reihe von Höfen. Mit genauerer Vermessung wurde ein System mit fast quadratischen Parzellen und einer Doppelreihe von Höfen an der Straße eingeführt. Ein drittes System vermittelt zwischen den beiden erstgenannten Einteilungen. In jedem Falle besaßen die Siedler ihr Land in einem Stück und konnten ihre Höfe darauf anlegen. Es bildete sich, wenn auch mit leichten Unterschieden, eine Streusiedlung heraus, bei der die Wege gewisse Leitlinien abgaben.

Die Besiedlung Südontarios wurde durch sog. Loyalisten, die aus den USA kamen, eingeleitet (Moore 1994). Die hier 1776 proklamierte Unabhängigkeit von 13 Kolonien brachte diese Bürger, unter ihnen viele Beamte, Geistliche, Kaufleute, Offiziere und Soldaten, in einen Konflikt gegenüber der englischen Krone. Sie entschieden sich für eine Auswanderung in die kanadischen Kolonien, um weiterhin als Untertanen des Königs unter englischem Recht leben zu können. Seit 1782 kamen Loyalisten über den Niagara, andere erreichten Ontario über den St. Lorenz, nachdem sich bereits eine größere Gruppe in Neuschottland niedergelassen hatte. Ein dritter Weg bestand über den Detroit River. Insgesamt, so nehmen R. C. Harris und J. Warkentin (1974: 116) an, mögen es 6000 bis 10 000 Loyalisten gewesen sein, die sich in Südontario niederließen.

Ausschlaggebender war jedoch eine weitere Welle von Siedlern, die aus den Staaten New York, Pennsylvania und aus Neuengland auf der Suche nach Land nach Westen zogen und in Ontario leicht Grund und Boden erwerben konnten. Unter ihnen waren zahlreiche Siedler deutscher Abstammung, in der Mehrzahl Mennoniten aus Pennsylvanien. Ihnen gelang es seit 1800,

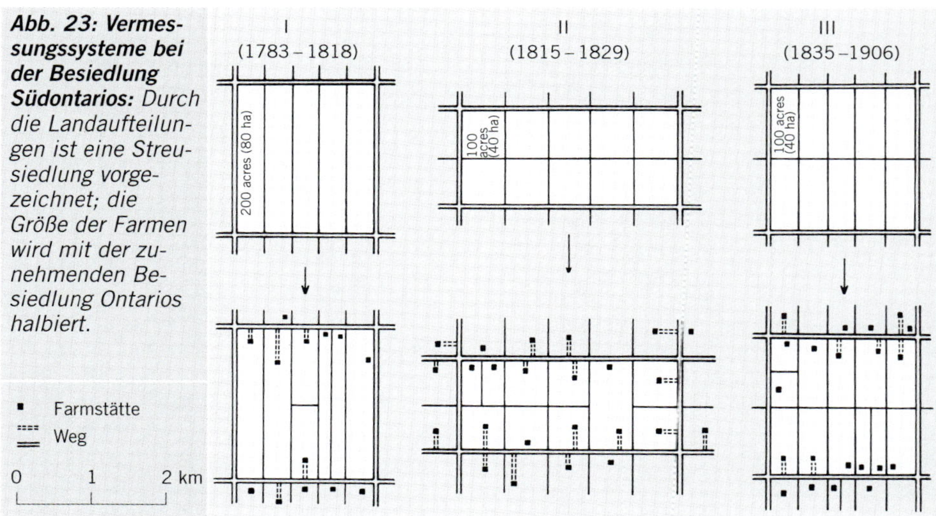

Abb. 23: Vermessungssysteme bei der Besiedlung Südontarios: *Durch die Landaufteilungen ist eine Streusiedlung vorgezeichnet; die Größe der Farmen wird mit der zunehmenden Besiedlung Ontarios halbiert.*

Quelle: Harris/Warkentin 1974, S. 124.

zusammenhängende Ländereien vor allem im Waterloo County und der nahen Umgebung aufzukaufen und sich hier geschlossen anzusiedeln (Regehr 1996, Bd. 1).

Bei Ausbruch des Krieges mit den USA im Jahre 1812 geht man in Südontario von rd. 100 000 Bewohnern aus (Tab. 8); ungefähr 80 % von ihnen dürften zu diesem Zeitpunkt noch amerikanischer Herkunft gewesen sein. Ihr Anteil ging mit der folgenden Einwanderung aus Europa allerdings laufend zurück. Es erreichten Ontario vor allem Iren, Schotten und Engländer, die 1871 die bei weitem größte Gruppe bildeten.

Die Landnahme (Abb. 24) begann am St. Lorenz und auf der Niagara-Halbinsel. Von hier schob sie sich im Verlaufe des 19. Jh.s nach Norden vor, wobei Bodenqualitäten, Verkehrswege sowie Landspekulationen den Vorgang beeinflussten. Als nördlichster Siedlungsraum wurde nach der Wende zum 20. Jh. der sog. Clay Belt erschlossen.

Die Landzuweisung an die Siedler in Südontario war zunächst kostenlos, später erfolgte sie gegen einen geringen Kaufpreis und Gebühren. Allerdings war die Übernahme des Landes mit Auflagen verbunden, nach denen sich der Siedler auf dem Grundstück niederlassen und ein Haus bauen musste; ferner waren bestimmte Teile des Landes in vorgegebenen Zeiten zu roden. Der Anbau beschränkte sich zunächst auf Getreide, vor allem auf Weizen. Hinzu kam eine begrenzte Viehwirtschaft, bei der die Wälder als Futterquelle einbezogen wurden. Erst später ging man zu einer gemischten Produktion mit Getreide, Viehwirtschaft, Gemüseanbau u. a. über. Wichtigstes Ausfuhrprodukt blieb jedoch für lange Zeit das Holz.

Die zügige und erfolgreiche Besiedlung Südontarios wurde durch eine stabile politische Situation gefördert. Sie wurde mit der Gründung von Upper Canada, der späteren Provinz Ontario, im Jahre 1791 geschaffen. Ihr erster Gouverneur, John Graves Simcoe (1791–96), setzte sich intensiv für eine Landnahme ein, um finanziell und wirtschaftlich unabhängig zu werden und die Provinz verteidigen zu können. Mit großzügigen Bedingungen für die Bewerber lenkte er die Aufmerksamkeit der benachbarten Amerikaner auf Upper Canada, wodurch er allerdings auch die Spekulation mit dem Land förderte. Ein großes Verdienst waren Planung und Anlage zweier großer Verkehrsachsen: die Yonge Street, die von York, dem späteren Toronto, nach Norden führt und eine Verbindung zu

Jahr	Europäer
1790	25 000
1825	158 000
1851	952 000
1871	1 620 900

Tab. 8: Europäische Bevölkerung in Ontario

Quellen: Schott 1936; Harris/ Warkentin 1974, u. a.; Schätzungen, ab 1851 Daten des Census of Canada.

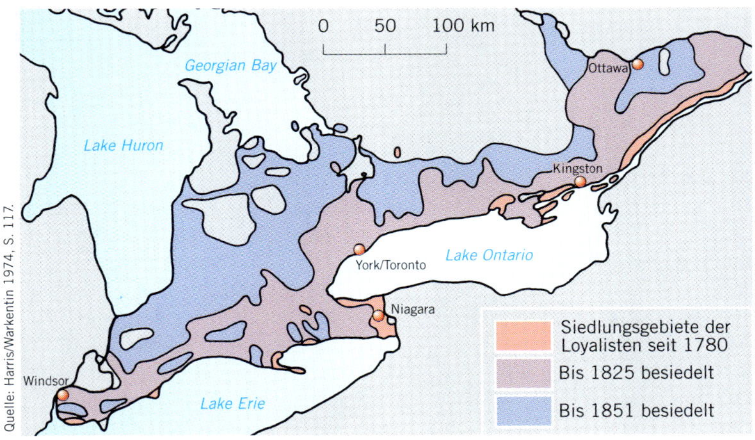

Abb. 24: Die Besiedlung Südontarios: *Sie ist eine der großen Leistungen der Kolonisation, in nur 70 Jahren vom Eintreffen der Loyalisten aus den USA wurde das Land zwischen den Großen Seen gerodet und besiedelt.*

den Oberen Seen herstellt, und die Dundas Street, die den Raum in west-östlicher Richtung durchzieht. Beide Wege kreuzen sich im heutigen Stadtgebiet von Toronto.

Verkehrswege und Garnisonen an den Seen wurden vielfach Ansatzpunkte für geschlossene Orte, die später z.T. Hafenfunktionen erhielten. Beispiele sind das 1783 gegründete Kingston als Flotten- und Militärstützpunkt, Niagara als bedeutender Handelsplatz und das 1783 angelegte York, das spätere Toronto, dessen Hafen Zentrum des Handels wurde. Zunächst bedeuteten die Stadtgründungen ein Wagnis, da sie ihre Funktionen erst mit der Kolonisation des Hinterlandes erhielten. Die Erwartungen erfüllten sich vor allem nach dem Krieg von 1812/14, als sich die Einwanderung aus Europa verstärkte.

Bis zur Mitte des 19. Jh.s waren die Wälder Südontarios größtenteils gerodet und in Ackerland umgewandelt; 1851 lebten 86% der Bevölkerung auf dem Lande. Erst in den nächsten Jahrzehnten gewannen die Städte – allen voran Toronto – als Zentren der Wirtschaft zunehmend an Bedeutung. Sie boten der Landwirtschaft aufnahmefähige Märkte.

Pazifischer Raum: Britisch-Kolumbien

Die europäische Besiedlung des kanadischen Raumes am Pazifik geht auf englische Entdeckungen von See aus sowie auf Pelzhandelsposten zurück, die von Expeditionen der Hudson's Bay Company angelegt wurden. Ein erster größerer Handelsplatz war das 1843 gegründete Victoria auf Vancouver Island. Er wuchs schnell zu einer kleinen Siedlung mit einigen Farmen im nahen Umkreis an; um die Mitte des Jahrhunderts lebten hier etwa 600 Menschen, im gesamten Raum werden etwa 1000 angenommen. Handelsgüter waren neben Pelzen vor allem Holz und gesalzener Fisch.

Jahr	Europäer	Jahr	Europäer
Britisch-Kolumbien		**Bevölkerung einschl. Indianer**	
1850	1 000	1851	55 000
1865	15 000	1861	51 500
1881	24 000	1881	49 500

Tab. 9: Europäische Bevölkerung in Britisch-Kolumbien

Quellen: Harris/Warkentin 1974; Robinson/Hardwick 1973, u.a.; Schätzungen.

Um den Raum politisch aufzuwerten und die englische Herrschaft gegenüber möglichen Übergriffen von den USA zu festigen, wurden Kronkolonien gebildet, 1849 auf Vancouver Island und 1858 auf dem angrenzenden Festland. Beide vereinigten sich 1866 unter dem Namen British Columbia.

Die sich unter der Herrschaft der Hudson's Bay Company vollziehende ruhige Entwicklung wurde durch Goldfunde am unteren Fraser (1858) und im Cariboo County, im Bereich des mittleren Fraser, (1863) unterbrochen. Wenn der *goldrush* in Britisch-Kolumbien auch bei weitem nicht die Ausmaße erreichte wie frühere Entdeckungen in Kalifornien oder später am Klondike im Yukon-Gebiet (1896/98), so wirkte sich diese Phase doch nachhaltig für die Besiedlung aus. Wie überall strömten sofort, nachdem sich die Nachricht herumgesprochen hatte, Goldsucher ins Land. Insgesamt mögen es 25 000 oder gar 30 000 gewesen sein, die zum Fraser-Tal zogen; einige Tausend gelangten zu den Funden weiter nördlich.

Für die bestehenden Siedlungen brachte die neue Situation einen Anstieg ihrer Bevölkerung (Tab. 9). Victoria wuchs auf etwa 6000 Einwohner im Jahre 1863 an; New Westminster an der Mündung des Fraser zählte 1200 Bewohner. Zusammen mit dem Ort Yale waren sie zu wichtigen Versorgungszentren geworden. Als „echte Goldgräberstadt" erreichte das neu gegründete Barkerville in den besten Zeiten über 3000 Einwohner. Anstelle der schmalen Pfade, die für den Pelzhandel ausreichten, wurden jetzt breitere Wege für Wagen benötigt. Auf manchen Flussabschnitten verkehrten Dampfer. An den Wegen und Flüssen entstanden neue Orte mit Versorgungsfunktionen, Haltepunkte und Umladeplätze. Wo Getreidebau und Viehwirtschaft möglich waren, nahmen Farmen und Ranchbetriebe die Produktion auf, die guten Absatz fand.

Das Goldfieber dauerte nur wenige Jahre, und die meisten der daran Beteiligten wanderten wieder ab. Manche der neu gegründeten Orte mussten aufgegeben werden, andere verloren an Bevölkerung und Bedeutung. Der hohe Anteil der Amerikaner ging zugunsten von Einwanderern britischer

Herkunft, die künftig die Mehrheit bildeten, zurück. Für die ansässigen Indianer war die Zeit tragisch. Sie verloren durch die Berührung mit den rauen Sitten der Goldsucher viel von ihrer natürlichen Lebensweise. Eine eingeschleppte Pockenepidemie forderte etwa 30 000 Opfer, die Hälfte ihrer Mitglieder. Die restlichen Indianer wurden in Reservate eingewiesen, in denen sie ihr früheres freies Leben nicht mehr führen konnten (Duff 1997).

Pelzhandel und Goldsuche waren vorübergehende Phasen; andere Ressourcen, wie Wälder, Fischreichtum und Erzvorkommen, boten danach sichere Grundlagen für Wirtschaft und Handel und damit für eine stete Besiedlung. Jedoch blieb die Kolonie lange Zeit isoliert, erst mit der kanadischen Transkontinentalbahn erhielt der Raum einen Anschluss an den Osten des Landes. Am westlichen Endpunkt der Strecke konnte seit den 1880er-Jahren Vancouver als das dominierende Zentrum des Siedlungsraumes entstehen.

Prärieprovinzen:
Manitoba, Saskatchewan, Alberta

Die weite Grassteppe der Prärien und die mit Baumgruppen durchsetzte Übergangszone im Norden blieben im 19. Jh. noch weitgehend Naturraum. Hier lebten um 1850 zwischen 40 000 und 50 000 Indianer, deren Wirtschafts- und Lebensgrundlage die Büffeljagd war. Allerdings war das Land zwischen dem Kanadischen Schild im Osten und den Rocky Mountains schon recht gut bekannt. Es bestanden Pelzhandelsstationen und kirchliche Missionen, bei denen häufig Getreide und Gemüse angebaut und Vieh gehalten wurde. Expeditionen hatten das Land erkundet und eine künftige Kolonisation geprüft.

Ein erstes größeres Siedlungsunternehmen wurde durch den Earl of Selkirk am Red River, im heutigen Manitoba, begründet. Er hatte das Land in einem weiten Umkreis des Flusses von der Hudson's Bay Company erworben und rief 1812 Siedler aus Schottland und Irland, aus der Schweiz und anderen Teilen Europas (sog. Meurons) sowie auch aus Quebec. Wie am St. Lorenz legten sie beiderseits des Flusses Reihensiedlungen und Hufen an; das bebaute Land umfasste 1856 rd. 3500 ha. Die Kolonie musste erhebliche Schwierigkeiten überstehen, wie Überflutungen und Heuschreckenplagen, interne Konflikte und mangelnde Eignung der Bauern. Die Fluktuation war groß, Nachschub aus Europa blieb aus, sodass 1871 von den etwa 12 000 Bewohnern der Kolonie über 80 % Halbblutindianer (Métis) waren.

Ein größerer Handel mit agraren Produkten war durch die isolierte Lage der Kolonie und die begrenzten Transportmittel kaum möglich. Mit Ruderbooten und den sog. Red River Carts, zweirädrigen Wagen, die von einem Pferd oder Ochsen gezogen wurden, konnten lediglich Pelzhandelsstationen und Expeditionen versorgt werden. So blieben Jagd und Fischfang auch weiterhin wichtige wirtschaftliche Grundlagen. Als Beginn einer Kolonisation der Prärien kann das Unternehmen am Red River nicht gewertet werden.

Zu den politischen und organisatorischen Voraussetzungen für eine groß angelegte Kolonisation der Prärie gehörte die Abtretung des Landes durch die Hudson's Bay Company, die seit fast 200 Jahren die königliche Charta besaß. Man war sich bewusst, dass Pelzhandel und Agrarkolonisation nebeneinander kaum durchführbar sind, zudem lag eine Intervention durch die USA im Bereich des Möglichen und veranlasste zu schnellem Handeln. Die Übernahme des Landes durch die britische Krone und die Weitergabe an Kanada erfolgten 1868/69; es wurde zunächst als Nordwestterritorium der Bundesverwaltung in Ottawa direkt unterstellt. Allerdings wurde schon 1870 die Provinz Manitoba mit dem Red-River-Gebiet abgetrennt und in den Gründungsbestimmungen dem englischen und französischen Einfluss, z. B. in Sprache und Religion, Rechnung getragen. Die Maßnahmen wurden notwendig, um die Gruppe der Métis zu befriedigen, die in Louis Riel einen tatkräftigen Anwalt ihrer Interessen hatten. Ihre Rebellion am Red River konnte zwar schnell durch die Entsendung von Truppen beendet werden, doch blieb der Konflikt bestehen und entzündete sich in späteren Jahren wieder.

Für die Besiedlung wurden mit der Vermessung und Einteilung des Landes wichtige Grundlagen geschaffen, die Siedlungsform und Wegenetz bestimmten. Ausschlaggebend war der Entschluss, das Vermessungssystem der Amerikaner in den angrenzenden Präriestaaten, das eine Land Ordinance von 1785 bestimmte, zu übernehmen. Danach wurde das Land in quadratische Einheiten unterteilt, die sich an Mittelmeridianen und Breitenkreisen orientierten. Grundeinheit ist die Section, ein Quadrat mit einer Seitenlänge von einer Meile (1,609 km); 36 Sections werden zu einer Township (Seitenlänge 6 Meilen oder 9,65 km) zusammengefasst; eine Unterteilung der Sections erfolgt in 4 Quartersections mit je 800 m Seitenlänge (Abb. 25). Die Flächenmaße dieser Einheiten betragen: Quartersection 160 acres = 64,75 ha, Section 640 acres = 259 ha, Township 13 040 acres = 9324 ha

Eine Viertelsektion von rd. 65 ha Größe bildete eine Siedlungseinheit (Homestead); sie wurde dem Kolonisten zur Rodung zugewiesen, hierauf hatte er seine Farm zu errichten.

Die quadratische Aufteilung wurde – wie in den USA – konsequent durchgeführt; sie gibt dem Land aus der Vogelperspektive ein schachbrettartiges Aussehen. Zusammenhängende Besitzblöcke und Streusiedlung haben sicher manche Vorteile; als nachteilig gilt, dass die natürlichen Gegebenheiten, wie Böden und Topographie, nicht berücksichtigt und dadurch in ihrer Qualität sehr ungleiche Blöcke ausgewiesen wurden. Auch kann sich die Isolation der Farmen ungünstig auswirken, und schließlich erlaubt das Wegenetz keinesfalls die kürzesten und günstigsten Verbindungen zwischen zwei Orten.

Eine weitere sehr wichtige Voraussetzung für eine zügige Besiedlung der Prärien waren ein moderner Verkehrsanschluss zum Osten und der Ausbau eines Verkehrsnetzes im Gebiet selbst. Schon seit den 1830er-Jahren hatte man im Osten kürzere Bahnverbindungen errichtet und damit gute Erfahrungen gemacht. So sah man dieses Verkehrsmittel als geeignet an, die auch politisch so notwendige Anbindung des Westens an die östlichen Zentren vorzunehmen. Überdies hatte Britisch-Kolumbien bei der Aufnahme in die Föderation im Jahre 1871 eine Bahnverbindung in den nächsten 10 Jahren gefordert und zugesichert bekommen. So wurde die Eisenbahn zu einem wichtigen Träger der Kolonisation, und es bildete sich eine enge Wechselbeziehung zwischen Bahn und Besiedlung heraus. Die Bahn brachte die Siedler sowie die Güter zu ihrer Versorgung in den Raum und transportierte die landwirtschaftlichen Erzeugnisse zu den Ausfuhrhäfen; die Rentabilität der Bahn war von einer zügigen Landnahme und einer erfolgreichen Produktion abhängig.

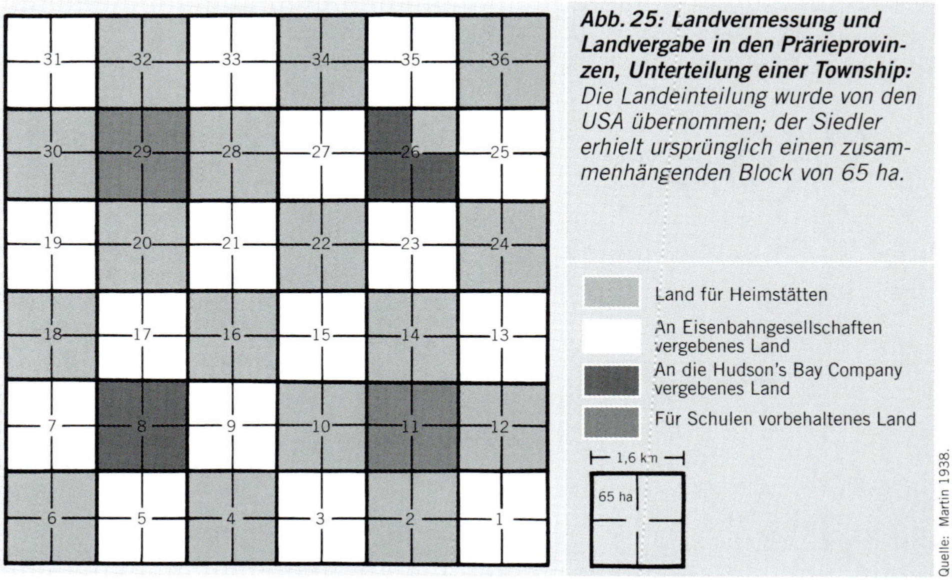

Abb. 25: Landvermessung und Landvergabe in den Prärieprovinzen, Unterteilung einer Township: *Die Landeinteilung wurde von den USA übernommen; der Siedler erhielt ursprünglich einen zusammenhängenden Block von 65 ha.*

Bild 26: *„Generalstore“ aus der Kolonisationszeit zur Versorgung der Siedler in den Präriegebieten.*

Mit dem Bahnbau wurde neben den verstreuten Einzelhöfen ein weiterer Siedlungstyp im ländlichen Raum begründet, die als Trade, Service oder Market Centres bezeichneten Zentralen Orte. Es sind geschlossene Siedlungen mit Einrichtungen zur Versorgung und Betreuung der Bewohner des Umlandes (Bild 26) (Lenz 1965: 63ff. u. 1976). Das sind u. a. Getreideelevatoren, Geschäfte und Dienstleistungsbetriebe wie Post und Banken, Reparaturwerkstätten, ferner Schulen, Krankenstationen, Kinos, Sportstätten, Vereine und evtl. die Herausgabe einer Wochenzeitung. Ansatzpunkte wurden Haltestellen mit Verladeeinrichtungen und Getreidespeichern, die von den Bahngesellschaften im Abstand von etwa 8 Meilen (= 13 km) eingerichtet wurden. Durch diese Dichte betrugen die Transportwege von den Farmen zur nächsten Bahnstation ganz überwiegend weniger als 25 km.

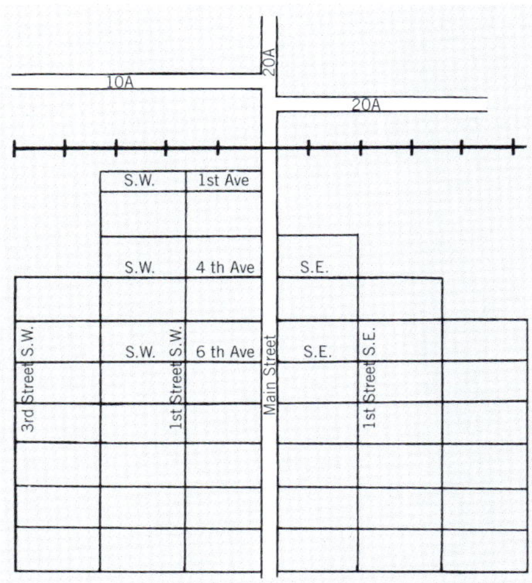

Quelle: Thorn 1998, S. 91.

Abb. 26: Grundriss eines Main-Street-Ortes im Kolonisationsgebiet der Prärien (Dauphin, Manitoba): *Die an Bahnstrecken gelegenen Versorgungszentren haben überwiegend gleiche Grundrisse; die Geschäfte liegen an der Main Street.*

Die Grundrisse der Marktzentren sind weitgehend gleich (Abb. 26): Im rechten Winkel zur Bahnstrecke und auf den Bahnhof zu verläuft die breitere Hauptstraße (main street), an die sich nach beiden Seiten in schachbrettartigem Muster die Wohnstraßen anschließen. Die Geschäfte und Dienstleistungen liegen an der Hauptstraße und parallel zur Bahnlinie, sodass häufig ein T-förmiger Innenstadtbereich mit Zentrum vor dem Bahnhof entstand. Auch bei einem schnellen Wachstum erfolgte der Ausbau der Orte gewöhnlich nicht auf der anderen Seite der Bahn. Mit ihren unbefestigten Straßen und einfachen Bauten haben die Zentren lange Zeit ihren Pioniercharakter bewahrt.

Vor einer Vergabe der Heimstätten an die Kolonisten mussten schließlich die vereinbarten Landabtretungen geregelt werden. Es waren zunächst die mit den Indianern abgeschlossenen Verträge (treaties), in denen ihnen Reservationen zugesichert wurden, jedoch viele Zusagen in der Ausstattung später unterblieben. Garantien für Landanteile erhielten ferner die im Pelzhandel bewährten Halbblutindianer und die Nachkommen der Siedler in der Red-River-Kolonie. Als sog. Schulland hielt man zwei Sektionen einer jeden Township von der Vergabe zurück. Die Hudson's Bay Company erhielt ein Zwanzigstel (ca. 2,6 Mio. ha) der „fruchtbaren Zone". Den beteiligten Eisenbahngesellschaften mussten insgesamt 13 Mio. ha Land, das für eine Kolonisation geeignet schien, abgetreten werden. Damit wurden sie neben der englischen Krone zu mächtigen Siedlungsunternehmen.

Die kanadische Regierung musste die Landvergabe an die Siedler durch Gesetze vorbereiten, die vor allem eine Landspekulation verhindern sollten. Zwar zahlten die Bewerber für eine Heimstätte von 65 ha nur geringe Gebühren, doch wurden ihnen Auflagen erteilt, von deren Erfüllung eine endgültige Übertragung des Landes abhing. So mussten sie innerhalb einer bestimmten Frist Farmgebäude errichten und eine festgelegte Fläche in Kultur nehmen. Es wurden aber auch Möglichkeiten eingeräumt, angrenzendes Land hinzuzukaufen oder Vorkaufsrechte zu erwerben. Gesellschaften oder Personen, die andere Siedler anwarben, erhielten besondere Vergünstigungen und Landrechte.

Im Ablauf der Landnahme und Besiedlung der Prärien können verschiedene Phasen festgestellt werden:

1) In der Zeit vor dem Bahnbau, etwa von 1870 bis zu Beginn der 1880er-Jahre, wanderten vor allem Gruppen von Siedlern ein. Am bekanntesten wurden die etwa 7000 Mennoniten, die seit 1874 aus Südrussland kamen und sich in zwei geschlossenen Arealen in Manitoba niederließen (Warkentin 1959; Ens 1994; Stadel & Lehr 1996). In der Anlage ihrer Höfe, Dörfer und Fluren kommen ihr ausgeprägter Gemeinschaftssinn wie auch ihre Erfahrung zum Ausdruck. Sie errichteten Straßendörfer und teilten die ihnen zugewiesenen quadratischen Sektionen in Form einer Gewannflur auf (Abb. 27). Ihre Höfe waren sog. Wohnstallhäuser, die mit der Giebelseite zur Straße standen und Wohn- sowie Wirtschaftsgebäude unter einem Dach vereinten (Bild 27). Mit ihren wirtschaftlichen Erfahrungen aus den russischen Steppengebieten nahmen sie den Anbau von Weizen auf und erzielten schon in den ersten Jahren beachtliche Ernten. Damit bewiesen die Mennoniten Manitobas den nachfolgenden Siedlern, dass die Landwirtschaft in den Prärien erfolgreich und mit gutem Gewinn betrieben werden kann. Das ist sicherlich ihre große Leistung. Ihre Fluraufteilung setzte sich jedoch nicht durch, schon nach wenigen Jahren wurden die Gewannfluren und die meisten Dörfer zugunsten der üblichen Streusiedlungen mit geschlossenen Besitzblöcken aufgelöst. Nur wenige der geschlossenen Orte blieben bis heute bestehen.
Westlich dieser Mennoniten-Siedlungen bestanden in dem Jahrzehnt 1870/80 nur wenige kleine Siedlungsinseln, die sich vor allem um Handelsstationen und Missionen gebildet hatten. Die mangelnden Transportmöglichkeiten ließen eine umfangreichere Landnahme und natürlich auch eine größere marktorientierte Produktion in dieser Phase noch nicht zu.
2) Die Besiedlung im folgenden Jahrzehnt, bis in die 1890er-Jahre, wird durch die Eröffnung der Transkontinentalbahn (1885) und der ersten Zweigstrecken gekennzeichnet. Sie bestimmten den Verlauf der Landnahme, die zwar noch besonders auf Manitoba beschränkt war, doch entlang der Bahntrasse schon die Rocky Mountains erreichte. Im Südwesten Albertas hatte sich mit den Zentren Calgary und Lethbridge ein eigener Wirtschaftsraum mit vorherrschender Vieh-

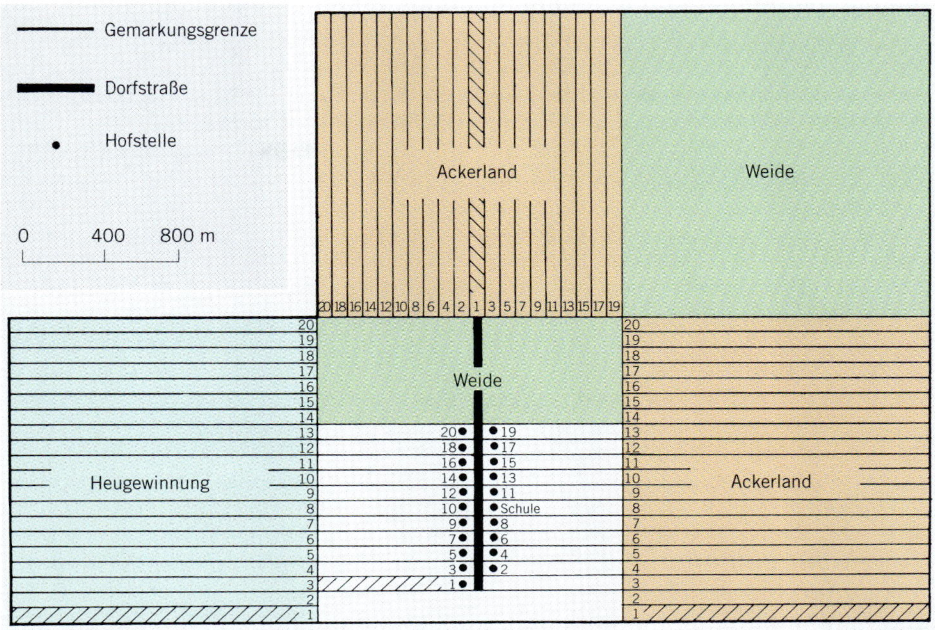

Quelle: Warkentin 1959.

Abb. 27: Dorf- und Flurbild der Mennoniten-Siedlung Neuhorst, Manitoba, 1881: *Aufgrund ihrer Erfahrungen in Russland bevorzugten die Mennoniten einen engen Dorfverband und Gewannfluren; allerdings hat sich die Fluraufteilung nicht bewährt und wurde bald aufgelöst.*

Bild 27: *Ursprüngliches Wohnstallhaus mennonitischer Siedler in Blumenort, Südmanitoba, Ende 19. Jahrhundert.*

wirtschaft herausgebildet. Eine erfolgreiche Kolonisation mit Bewässerungswirtschaft ging hier von den Mormonen aus, die aus Utah einwanderten und ihr Zentrum Cardston gründeten (Lehr 1972).

In dieser Zeit, als der Fortschritt durch den Bahnbau offensichtlich wurde und ein weiterer Ausbau des Netzes vorauszusehen war, flammte noch einmal eine Rebellion der Métis auf, der sich auch Indianer anschlossen. Das Ende ihrer Wirtschaft zeichnete sich ab; mit den Büffelherden verloren sie ihre wichtigste Lebensgrundlage. Der besonders von den Métis betriebene Warentransport mit den Red River Carts, an dem sie gut verdienten, wurde durch die Bahn stark eingeschränkt. Landvermessung und Besiedlung ließen sie um ihren Besitz fürchten. Man holte Louis Riel, der bereits eine Rebellion angeführt hatte, aus seiner Verbannung in Montana. Es kam 1885 zu einem Kampf gegen Regierungstruppen bei Batoche, nordöstlich von Saskatoon in Saskatchewan, wo Riel inmitten eines von Métis bewohnten Gebietes sein Hauptquartier errichtet hatte. Die Métis verloren, ihr Anführer Louis Riel wurde zum Tode verurteilt. Doch sollte sein Eintreten für Minderheiten bis heute nicht vergessen werden (Beal & Mcleod 1994).

3) Während Besiedlung und Landnahme bis zum Ende des 19. Jh.s relativ langsam zunahmen, erfuhren sie danach bis zum Ende des Ersten Weltkrieges einen deutlichen Aufschwung. Zwischen 1901 und 1921 nahm die Anzahl der Einwohner und der Farmen um das Vier- bis Fünffache zu, das in Kultur genommene Land vergrößerte sich von 2,2 auf über 18 Mio. ha (Tab. 10).

Jahr	Einwohner	Farmen	Kulturland (1000 ha)
1871	73 200		
1901	419 500	55 176	2 265
1911	1 328 100	199 203	9 302
1921	1 956 100	255 657	18 169
1931	2 353 500	288 079	24 226

Tab. 10: Bevölkerung und Landwirtschaft in den Prärieprovinzen

Quellen: Census of Canada; Lenz 1965: 41.

Die Gründe für den schnellen Anstieg sind vielfältig: Der weitere Ausbau des Bahnnetzes, vor allem die den Raum im nördlichen Parkgürtel durchquerenden Strecken, haben neue fruchtbare Areale erschlossen. Die Weizenproduktion steigerte sich, und ein wachsender Markt in Ostkanada und auch in europäischen Staaten konnte beliefert werden. Gleichzeitig stiegen die Preise, was potentielle Siedler unmittelbar anzog. Sie kamen in wachsender Anzahl nach Kanada, zumal wertvolles Siedlungsland in den USA allmählich knapper wurde; viele Farmer wanderten auch direkt von dort her ein. Die Situation wurde durch eine aktive Siedlungspolitik der 1896 gebildeten liberalen Regierung unter Wilfrid Laurier genutzt; sie erleichterte die Aufnahmebedingungen und half den Siedlern mit Zuschüssen und Krediten. Eine wirksame Werbung in Europa und in den USA gab vielleicht manchem Auswanderungswilligen den letzten Anstoß, Kanadas Westen als Ziel zu wählen. Auch in der politischen Verwaltung wird durch die Gründung der Provinzen Saskatchewan und Alberta im Jahre 1905 eine größere Selbstständigkeit erreicht.

4) In einer letzten Kolonisationsphase, die vom Ersten Weltkrieg bis um 1930 gerechnet werden kann, nahmen die Zunahmequoten gegenüber denen der vorangegangenen Periode wieder ab. Das trifft besonders für die ersten Jahre nach dem Kriege zu, als durch die allgemeine Wirtschaftsdepression Absatz und Preise zurückgingen. Eine schnelle wirtschaftliche Erholung erlaubte dann allerdings ab Mitte der 1920er-Jahre eine erneute Siedlungsexpansion. Land suchende Kolonisten bewarben sich wieder in größerer Zahl, der besiedelte Raum konnte weiter aufgefüllt und besonders im Norden erweitert werden. Das Bahnnetz wurde durch Nebenstrecken, die sich durch eine wachsende Produktion rentierten, ausgebaut. Im Norden kamen verschiedene Stichbahnen hinzu; Edmonton entwickelte sich zu einem bedeutenden Bahnknotenpunkt. Als nördlichster Siedlungsraum wurde der Bereich am Peace River erschlossen. Nachdem hier bereits 1911/1912 die ersten Siedler eintrafen, konn-

te die Landnahme durch eine 1916 eröffnete Bahnverbindung mit Edmonton erheblich verstärkt werden.

Besiedlung und Kolonisation der Prärien vollzogen sich in der relativ kurzen Zeit von etwa 1870 bis 1930. Dies war möglich durch einen gleichzeitigen Aufbau von Farmstätten, Versorgungszentren und Eisenbahn. Die Infrastruktur erlaubte eine schnelle Aufnahme der Produktion, wobei sich der Anbau von Getreide, vor allem von Weizen, als am günstigsten erwies; 1931 nahmen Weizenfelder 43% des gesamten in Kultur genommenen Landes ein; in der gleichen Zeit betrug der Anteil am Weltexport von Weizen etwa 50% (Easterbrook & Aitken 1988: 490). Die Prärieprovinzen Kanadas waren zu einer der wichtigsten Kornkammern der Erde geworden. Zum überragenden Handels- und Verkehrszentrum hat sich am östlichen Rand des Raumes die *Gateway Town* Winnipeg entwickelt.

Siedlungsinseln im Norden

Die räumliche Ausdehnung des Pelzhandels erfasste um die Wende vom 18. zum 19. Jh. auch den Norden, wo in der subarktischen Waldzone ein unübersehbares Potential an Pelztieren zur Verfügung stand. Bevorzugt waren die Regionen um den Great Slave Lake und der Bereich des Mackenzie mit seinen Nebenflüssen. Zu den ersten Handelsstützpunkten gehörten Fort Liard, Fort Resolution und Fort Simpson, die Anfang des 19. Jh.s entstanden und zu denen bald weitere kamen. Viele dieser Stützpunkte waren nur wenige Jahre in Funktion, bei anderen siedelten sich Indianer, Missionsstationen, später Polizeiposten und weitere Versorgungseinrichtungen an. Sie blieben jedoch punktuelle Niederlassungen, die ein weites, aber kaum besiedeltes Umland zu versorgen hatten (Bild 28).

Eine besondere Siedlungsaktivität bewirkten Goldfunde, die erstmals 1896 am Klondike und anderen Nebenflüssen des Yukon, besonders ergiebig am Bonanza Creek, gemeldet wurden. Wie immer bei spektakulären Entdeckungen von Gold fanden sich auch hier in kürzester Zeit Tausende von Menschen ein. Bereits 1898 wurden in dem Bereich fast 30 000 Bewohner gezählt, aber nur ein Teil von ihnen war direkt an der Goldsuche beteiligt. Sehr bald entstand ein Netz von Ortschaften, in denen sich Händler, Geschäfte und Dienstleistungsbetriebe niederließen. Gründer dieser Zentralen Orte waren gewöhnlich Händler oder Gewerbetreibende, die oft schon früher im Norden tätig waren und Erfahrungen besaßen. Sie suchten günstige Standorte und hofften natürlich darauf, durch Bodenspekulation Gewinne zu erzielen. Regionales Zentrum wurde Dawson City an der Einmündung des Klondike in den Yukon, das 1898 über 16 500 Einwohner zählte und nach Schätzungen in den besten Zeiten zwischen 20 000 und 30 000 Bewohner gehabt haben soll (Bild 29). Untergeordnet war eine Anzahl lokaler Zentren in verschiedenen Abstufungen bis hin zu zahlreichen dispersen Einrichtungen (Becker 1980).

Mit dem Wegzug der Goldsucher nach der Jahrhundertwende verloren auch die meisten der Zentralen Orte ihre Funktion, lediglich Dawson City konnte eine gewisse Bedeutung erhalten.

Nur wenige Siedlungen entwickelten sich teils durch andere Funktionen, teils durch neu entdeckte Erzvorkommen zu Städten; zu ihnen gehören Whitehorse und Yellowknife, die beide auch Verwaltungssitze von Territorien sind (Gabriel 1991).

Neben dem Erzbergbau boten andere Wirtschaftszweige Standorte für Siedlungen: Erdölvorkommen im Mackenzie-Tal führten 1920 zur Anlage des Ortes Norman Wells mit einer Raffinerie, von der ein weites Umland versorgt werden konnte. In Nordquebec und Nordontario entstanden bewohnte Plätze vielfach im Anschluss an Zellulose- und Papierfabriken, die besonders an Flüssen errichtet wurden.

Die Landwirtschaft konnte sich nur randlich in begünstigten Gebieten mit anbaufähigen Böden weiter nach Norden ausdehnen. Es handelt sich um den engeren Bereich des Lac St. Jean in Quebec, wohin die ersten Siedler bald nach 1850 kamen, um den sog. Clay Belt beiderseits der Provinzgrenze von Quebec und Ontario, dessen Verkehrserschließung und Besiedlung nach der Jahrhundertwende einsetzte, und um das Peace-River-Gebiet in Nordalberta und Britisch-Kolumbien, das seit 1911/12 und besonders durch eine Bahnverbindung 1916 erschlossen wurde.

Bild 28: *Inuit-Siedlung Pangnirtung am Cumberland Sound auf Baffin Island, Nunavut; im 19. Jahrhundert Stützpunkt für den Walfang, heute bekannt für eskimoische Kunst, besonders Webarbeiten (1240 Einw.).*

Quelle: Joachim Härtling.

Quelle: Bernhard Metz.

Bild 29: *Dawson City an der Mündung des Klondike in den Yukon River; 1896 durch den Goldrush gegründet, ging die Bedeutung mit dem Rückgang der Goldförderung zurück, heute Touristenziel (1300 Einw.).*

Mit der Anlage von punktuellen Standorten des Pelzhandels, des Bergbaus und der Holzwirtschaft sowie einigen randlich vorgeschobenen landwirtschaftlich genutzten Arealen waren die Siedlungsmöglichkeiten und -grenzen im Norden erreicht. Auch in neuerer Zeit konnte man nur an diese Möglichkeiten anknüpfen, die Standorte vermehren und mit Hilfe moderner Technik ausbauen.

Zusammenfassung:
Der Gang der Besiedlung

Die europäische Besiedlung Kanadas vollzog sich in einem zeitlichen Rahmen vom 17. bis ins 20. Jh. und fand in fünf voneinander getrennten Siedlungsräumen statt. Ein erster wurde zu Beginn des 17. Jh.s von Franzosen am St. Lorenz begründet und vor allem seit den 1680er-Jahren über das Flusstal ausgedehnt. Im gleichen Zeitraum, besonders nach 1630, entstanden permanente französische Siedlungen an der Fundy Bay im atlantischen Bereich. Raumansprüche und Ortsgründungen durch England führten hier zu heftigen Auseinandersetzungen zwischen den beiden Mächten. Erst seit 1780, nach der amerikanischen Revolution, begann die Kolonisation Ontarios mit Siedlern, die zunächst aus den USA, danach überwiegend aus Großbritannien kamen. Ein vierter Siedlungsraum an der weit entfernten pazifischen Küste wurde Mitte des 19. Jh.s besonders von Engländern erschlossen. Wenig später, seit etwa 1870, begann schließlich die groß angelegte Kolonisation des Mittleren Westens, der weiten Grassteppen der Prärien. Verstärkt nach der Wende zum 20. Jh. siedelten sich hier Familien und Gruppen aus vielen Ländern Europas an. Als an den Rocky Mountains eine westliche Begrenzung erreicht wurde, schwenkten die Siedlungsvorstöße nach Norden um, wo sie sich im Peace-River-Gebiet am weitesten ausdehnen konnten. Nördlich davon bildeten sich nur vereinzelte Stationen und Standorte des Bergbaus.

Die Siedlungsräume liegen in einem breiten Streifen im Süden des Landes und sind durch die Gebirge der Appalachen und Kordilleren sowie durch die südlichen Ausläufer des Kanadischen Schildes getrennt. Eine Verbindung untereinander war schwierig und auch lange Zeit kaum vorhanden. Dagegen war der Austausch mit gleichartig gestalteten Räumen im Süden einfacher und besonders über Wasserwege leicht möglich. So bestanden vielfältige Kontakte und Beziehungen, sodass nach der Revolution und Gründung der USA eigenständige Entwicklungen und Zusammenschlüsse nicht ausgeschlosen werden konnten. Zudem bestand auch immer die Gefahr gewaltsamer Übergriffe durch den schnell erstarkten südlichen Nachbarn.

Die Zeit eines politischen Zusammenschlusses der Siedlungsräume war gekommen.

Der politische Zusammenschluss – von britischen Kolonien zum Dominion of Canada

Die voneinander getrennten und in verschiedenen Zeiten besiedelten Räume gehörten gegen Ende des 18. Jh.s alle dem britischen Kolonialreich an (Francis u. a. 1996; Sautter 1992; Bumsted [Hg.] 1993). Schon 1713 kam Neuschottland in britischen Besitz, in Neufundland und auf der Prince-Edward-Insel konnten 1763 britische Besitzansprüche durchgesetzt werden, und Ontario erhielt 1791 den Status einer selbstständigen Provinz. Das bedeutendste politische Ereignis im 18. Jh. war die Beendigung der englisch-französischen Auseinandersetzungen. Sie wurde durch den entscheidenden Sieg einer britischen Streitmacht bei der Stadt Quebec im Jahre 1759 erreicht und im anschließenden Frieden von Paris, 1763, besiegelt. Frankreich musste seine Besitzungen an England abtreten, *Nouvelle France*, jetzt als Quebec bezeichnet, wurde ebenfalls britische Kolonie. Große Bereiche des Westens und Nordens waren zu dieser Zeit noch als *Rupertsland* zusammengefasst, das der englischen Hudson's Bay Company 1670 von ihrem König garantiert wurde. Jedoch übte die Krone hier keinen direkten Einfluss aus.

Von einer Einheit der genannten Siedlungsgebiete innerhalb der Grenzen des heutigen Kanada konnte um 1800 allerdings keine Rede sein. Sie lagen weit voneinander entfernt, Verkehrsverbindungen bestanden kaum, und ein Austausch untereinander war gering. So verliefen die Entwicklungen getrennt, und ein politischer Zusammenschluss war zunächst nur schwer vorstellbar.

Zu den dringenden Angelegenheiten, die von der englischen Kolonialmacht in Kanada gelöst werden mussten, gehörte die Eingliederung Quebecs mit seiner französischen Bevölkerung. Zudem stand die Auseinandersetzung mit den jungen Vereinigten Staaten von Amerika, zu denen sich ehemalige Kolonien 1776 zusammengeschlossen hatten, bevor, und es musste eine beide Seiten zufrieden stellende Grenze gefunden werden.

Die Lösung der Quebec-Frage war politisch von großer Bedeutung, zumal die Trennung der Kolonien vom englischen Mutterland im Süden leicht übergreifen konnte. Immerhin handelte es sich um etwa 70 000 Franzosen, die im Tiefland des St. Lorenz lebten, von ihnen ein beträchtlicher Teil in den Städten Quebec und Montreal. Von englischer Seite war es nicht möglich, die französische Überlegenheit in Quebec durch eigene Kolonisten zu durchbrechen, wenn auch der Handel sehr bald von englischen Kaufleuten beherrscht wurde. Unter diesen Umständen schien es politisch geboten, die bestehenden Verhältnisse möglichst wenig und schon gar nicht schlagartig zu verändern.

Die besondere Stellung der Kolonie wurde in der Quebec-Akte aus dem Jahre 1774 festgeschrieben: Die Rechts- und Besitzverhältnisse blieben erhalten, von den Seigneurien wurden nur relativ wenige von Engländern übernommen. Die französische Sprache und die kulturelle Eigenständigkeit ließ man ebenso unangetastet wie die katholische Religion mit ihren kirchlichen Einrichtungen und Traditionen. Diese verbrieften Grundsätze hatten allerdings auch eine starke Abgeschlossenheit der französischen Bevölkerungsgruppe, von der eine Abwanderung auf Betreiben der Kirche lange Zeit unterblieb, zur Folge. Erst der starke Bevölkerungsdruck zwang zur Emigration, die vor allem in das benachbarte Maine, aber auch in andere Teile der Vereinigten Staaten und Kanadas führte.

Direkte Auseinandersetzungen mit den aufständischen Kolonien im Süden ergaben sich aus dem Versuch, Quebec in die neu zu gründenden Vereinigten Staaten einzubeziehen. Ein militärischer Vorstoß der Amerikaner 1775/76 scheiterte jedoch am Widerstand englischer Truppen. Danach stellte sich das Problem der Abgrenzung zwischen den verbleibenden englischen Kolonien und den jungen Vereinigten Staaten von Amerika. Es konnte im Friedensschluss von 1783 wenigstens teilweise geregelt werden. Einen wichtigen Markierungspunkt bildeten die Großen Seen, von denen Superior-, Huron-, Erie- und Ontario-See durch die Grenze geteilt wurden. Sie verläuft nach Osten am St. Lorenz und dem 45. Breitenkreis, von diesem in einem weiten Bogen durch die Appalachen, wo sie teils Flüssen folgt und an der Mündung des Ste. Croix zum Atlantik führt. Allerdings ergaben Unklarheiten über den Verlauf im Gebirge lange Grenzstreitigkeiten zwischen Neubraunschweig und dem US-Staat Maine.

Die zahlreichen Loyalisten, die nach der Revolution aus den USA in die englischen Kolonien am Atlantik und in das noch unbesiedelte Ontario einwanderten, bewirkten neue territorialpolitische Maßnahmen (Nicholson 1979; Historical Atlas Bd. II). Von Neuschottland wurde 1784 als selbstständige Kolonie Neubraunschweig abgetrennt, und die nach Westen bis zu den Großen Seen ausgedehnte Kolonie Quebec wurde im Constitutional Act von 1791 aufgeteilt. Südlich des Ottawa entstand *Upper Canada* (Ontario) mit einer ganz überwiegend englischen Bevölkerung, am St. Lorenz verblieb *Lower Canada* (Quebec) mit seiner französischen Prägung.

Die politische Teilung musste freilich die Eigenentwicklung der ethnischen Gruppen weiter begünstigen. Andererseits erlaubten die kleineren politischen Territorien einen vorteilhafteren Aufbau der Infrastruktur, die auf eigene Hauptzentren ausgerichtet werden konnte. Diese wuchsen meistens mit dem Umland und bildeten bald anerkannte Mittelpunkte für Wirtschaft, Handel und Verwaltung. Für Ontario ist Toronto ein gutes Beispiel. Das englische Vorbild wurde 1791 vor allem in dem Regierungssystem der Provinzen durchgesetzt; alle – auch Quebec – erhielten Volksvertretung und Oberhaus sowie einen Vizegouverneur mit Exekutivrat, dem ein Vetorecht gegeben war. Ein Generalgouverneur besaß die nominelle Obergewalt für das gesamte Britisch-Nordamerika und fungierte als Vertreter der Krone.

So konnte nach der Revolution der Vereinigten Staaten von 1776 ein Teil des britischen Kolonialbesitzes in Nordamerika erhalten werden. Doch blieb das Verhältnis der Nachbarn nicht ohne Krisen, zumal die Grenzen besonders im Westen noch nicht abschließend festgelegt waren. Mit besonderer Schärfe wurden die Auseinandersetzungen im Krieg von 1811/14 ausgetragen. Er blieb für beide Seiten ohne militärisches Ergebnis, doch hatte er den Erfolg, dass man sich gegenseitig respektierte und brachte die Einsicht, dass bei der Verteilung der Kräfte Kriege am wenigsten zur Lösung der Probleme führen können. So wurden auch die Grenzfragen durch Verhandlungen geklärt. Im Westen bestimmte man 1818 den 49. Breitenkreis als Grenze bis zum Gebirge; 1846 wurde diese Linie dann bis zum Pazifischen Ozean verlängert, wobei jedoch die gesamte Insel Vancouver im britischen Kolonialreich verblieb. Im Jahre 1842 konnten schließlich auch die noch strittigen Grenzfragen zwischen Neubraunschweig und Maine durch Vermittlungen geklärt werden.

Ein wesentliches politisches Anliegen blieb noch die Überführung der Kolonien in ein zusammenhängendes Staatsgebilde. Eine Lösung wurde immer dringender, zumal die Bevölkerung in der ersten Hälfte des 19. Jh.s durch eine kräftige Einwanderung aus Großbritannien schnell anwuchs. Hieran hatten alle Provinzen Anteil, in besonderem Maße Ontario, dessen Einwohnerzahl bis zur Mitte des Jahrhunderts auf fast eine Million anstieg. Insgesamt zählte man in den Kolonien um diese Zeit rd. 2,5 Mio. Menschen. Auch die Wirtschaft entwickelte sich durch wachsenden Handel und verbesserte Transportmöglichkeiten mit Dampfschiffen und Eisenbahnen positiv.

Der allgemeine Aufschwung förderte aber auch die Unzufriedenheit über die Bevormundung von London und über unverständliche Maßnahmen des Kolonialamtes und der Regierenden im Lande. Der Wunsch nach politischen Reformen wurde nicht zuletzt durch das amerikanische Beispiel gefördert.

Es hat nicht an Versuchen gefehlt, das politische System durch Rebellionen zu ändern, doch setzten sich schließlich besonnene Reformer durch. Für William W. Baldwin – einflussreicher Politiker in Ontario – erschien „Selbstregierung innerhalb des britischen Reiches als das Erstrebenswerteste, nicht völlige Unabhängigkeit vom Mutterland" (Sautter 1992: 102). Grundlage für ein neues Verwaltungssystem der Kolonien in Kanada wurde der Bericht des Generalgouverneurs Lord Durham, den er im Auftrage der Regierung in London 1839 vorlegte. Er forderte größere Selbstständigkeit der Kolonien und Zurückhaltung der Verwaltungen in England. Ein Vorschlag war die Zusammenlegung von Ober- und Unterkanada zu einer *Province of Canada*, um dadurch das ethnische Problem mit der französischen Bevölkerung zugunsten der Engländer besser lösen zu können. Dieses wurde zwar 1840/41 in London beschlossen und durchgeführt, doch brachte die Union nicht den erwünschten Erfolg.

Es sollte noch über ein Vierteljahrhundert dauern, bis 1867 der *British North America Act* vom englischen Parlament angenommen wurde. Danach sind die Provinzen Quebec und Ontario, deren Union wieder aufgelöst wurde, Neuschottland und Neubraunschweig zum *Dominion of Canada* vereinigt. Für das Regierungssystem diente das englische Vorbild: Generalgouverneur als Vertreter der Krone; Senat, allerdings mit regional bestimmten Mitgliedern; und ein gewähltes Unterhaus (House of Commons), dem die Regierung verantwortlich ist. Als Form des Zusammenwirkens von Bund und Provinzen wählte man eine Föderation, in der die Rechte und Pflichten geteilt sind. Einige Rechte, wie wichtige außenpolitische Entscheidungen oder Änderungen der Verfassung, behielt sich das Parlament des Mutterlandes vor. Noch im gleichen Jahr, 1867, zog die neue Regierung in die Parlamentsgebäude in Ottawa ein, das von der Königin Victoria als Hauptstadt der ehemaligen Provinz Kanada ausgewählt und nun Bundeshauptstadt wurde.

Wichtige Grundlagen waren geschaffen: Das Dominion hatte eine Regierungsform mit weitgehender Selbstbestimmung, vier Provinzen mit eigenen Parlamenten waren föderalistisch vereint. Das Verhältnis zu den wirtschaftlich überlegenen USA war normalisiert, die Grenzen vom Atlantik zum Pazifischen Ozean festgelegt. Es kam nun darauf an, die noch abseits stehenden Kolonien und die weiten Gebiete des Westens und Nordens in das Dominion einzugliedern.

Der Westen hatte Vorrang, zumal immer mit der Möglichkeit gerechnet werden musste, dass die Grenze von Siedlern aus dem Süden überschritten und es erneut Auseinandersetzungen mit den USA geben würde. So übernahm 1868 die britische Regierung das gesamte Land der Hudson's Bay Company und gab es an Kanada weiter. Dieses musste neben einer Gebühr die Zusage geben, der Company ein Zwanzigstel des Landes der sog. fruchtbaren Zone im Westen, insgesamt eine Fläche von etwa 2,6 Mio. ha, abzutreten. Daraufhin wurde das riesige Gebiet 1869 unter der Bezeichnung *North-West Territories* dem Dominion angeschlossen und der Verwaltung des Bundes direkt unterstellt. Damit war von politischer Seite der Weg für die Besiedlung des landwirtschaftlich nutzbaren Südens der Territorien geöffnet. Eine erste territorialpolitische Maßnahme war die Gründung von Manitoba als fünfte kanadische Provinz im Jahre 1870. Sie umfasste zunächst nur den engen Bereich der bereits bestehenden Red-River-Kolonie und wurde später mehrfach ausgedehnt.

Ein nächster Schritt führte in den Fernen Westen, wo am Pazifischen Ozean um Victoria und Vancouver die Kronkolonie Britisch-Kolumbien bestand. Aufgrund guter wirtschaftlicher Beziehungen zu den amerikanischen Staaten im Nordwesten, die durch eine Bahnverbindung seit 1869 noch verstärkt wurden, war durchaus ein politischer Anschluss an die USA denkbar und wurde auch von einigen betrieben. Es kam jedoch 1871 zu einer Eingliederung in den kanadischen Bund mit der Auflage, innerhalb von 10 Jahren eine Bahnverbindung zu den östlichen Provinzen fertig zu stellen. Wenig später, 1873, schloss sich die Prince-Edward-Insel an. Neben finanziellen Zusagen wurden auch hier bessere Verkehrsverbindungen durch Fähren zum Festland gefordert.

Die schnelle Besiedlung der Präriegebiete erforderte bald kleinere politische Territorien. Zunächst wurden verschiedene Distrikte geschaffen, aus denen 1905 Saskatchewan und Alberta als neue Provinzen hervorgingen und Manitoba 1912 seine heutige Größe erhielt. Im Nordwesten wurde 1898 das Yukon-Territorium abgetrennt, womit man sich eine bessere Kontrolle der Goldförderung versprach. Der übrige größere Bereich des Nordens einschließlich des Arktischen Archipels erhielt die Bezeichnung *North-West Territories*; sie wurden 1920 in die Distrikte Mackenzie, Keewatin und Franklin unterteilt. Diese Gliederung bestand bis 1999, als der nordöstliche Teil zum Inuit-Territorium *Nunavut* deklariert wurde.

Noch für lange Zeit außerhalb des Kanadischen Bundes blieb Neufundland mit der Insel und einem Teil von Labrador, dessen Grenze zu Quebec 1927 endgültig geregelt werden konnte. Mehrmals lehnte die Bevölkerung einen Anschluss ab, bis schließlich die Abstimmung von 1948 ein positives Ergebnis brachte und Neufundland 1949 als zehnte kanadische Provinz eingegliedert werden konnte.

Mit dem Zusammenschluss der einzelnen Siedlungsräume oder Kolonien zu einem Staat war die politische Einheit vollzogen worden. Sollte sie Bestand haben, musste sie durch engere Kontakte der Menschen untereinander, durch Handel und Wirtschaft ergänzt werden. Gerade dies aber war bei der Weiträumigkeit des Landes nur schwer möglich. Der Zusammenschluss durch verbindende Verkehrslinien musste somit von Anfang an erklärtes Ziel der Regierungen sein. Sie wurden nicht nur ökonomisch für erforderlich gehalten, sondern als politische Notwendigkeit gesehen.

Seit Mitte des 19. Jh.s befürworteten die Regierungen als wichtigstes Transportmittel die Eisenbahn, was durch die guten Erfahrungen in den USA mitbestimmt wurde. Zunächst fehlte es jedoch an Geld, und es konnten nur kürzere Strecken erbaut werden. Eine erste politisch bedeutsame Bahnlinie war die um 1860 eröffnete *Grand Trunk*, mit der Ontario und Quebec und später auch Neuschottland verbunden wurden. Von größter Wichtigkeit für den jungen Staat war eine durchgehende Verbindung nach Westen, doch kam der Bau aus finanziellen und innenpolitischen Gründen lange Jahre nicht über einzelne Teilabschnitte hinaus. Erst der *Canadian Pacific Act*, den die konservative Regierung unter John A. Macdonald 1881 erließ, brachte neuen Schwung in das Unternehmen, das schließlich 1885 vollendet werden konnte.

Die politische Bedeutung dieser ersten durchgehenden Ost-West-Verbindung kann nicht hoch genug eingeschätzt werden, war es doch jetzt möglich, den Menschen das Gefühl des Zusammenlebens in einem Staat zu geben. Damit war der Wahlspruch im Wappen Kanadas „A mari usque ad mare" verwirklicht.

Einwanderung und ethnische Differenzierung

Um 1750 lebten in den heutigen Grenzen Kanadas etwa 70 000 Europäer, darunter mehr als 50 000 Franzosen am St. Lorenz. In dem Jahrhundert bis 1850 stieg die Zahl auf 2,4 Mio., bis 1900 auf über 5 Mio.; mehr als 70 % von ihnen lebten in Ontario und Quebec.

Der Bevölkerungsanstieg resultierte aus einer hohen Geburtenzahl und der Einwanderung, die erst in den 1880er-Jahren stärker anstieg, doch im folgenden Jahrzehnt wieder durch eine Wirtschaftsrezession erheblich abfiel (Abb. 28). Von den Einwanderern mit ihrer Tatkraft, ihren Ideen und Innovationen hing es ganz wesentlich ab, ob die seit 1867 bestehende kanadische Konföderation politisch und wirtschaftlich bestehen und sich entwickeln konnte.

Allerdings befand sich Kanada gegenüber den aufstrebenden USA in einem Nachteil. Die Staaten waren mit ihrer Demokratie und Wirtschaft sowie dem im Westen vorhandenen günstigen Siedlungsland in Europa weitaus bekannter und für die meisten der Auswanderungswilligen das erklärte Ziel. Das traf auch für viele zu, die von Kanada aus – vielleicht nach nur kurzem Zwischenaufenthalt – in die USA wanderten. So ergab sich bis zur Jahrhundertwende eine negative Nettowanderung, die allein durch eine hohe natürliche Bevölkerungszunahme aufgefangen werden konnte.

Eine neue Situation ergab sich um die Wende zum 20. Jh. Die 1896 an die Macht gekommene liberale Regierung unter Sir Wilfrid Laurier und seinem Innenminister Clifford Sifton nutzte die wiederkehrende Belebung der Wirtschaft konsequent aus, um die Einwanderung anzukurbeln. Das gelang mit einer groß angelegten Werbekampagne in den USA und in Europa, in der vor allem die Prärien als Siedlungsland herausgestellt wurden. Den Wanderungswilligen gewährte man zahlreiche Vergünstigungen durch verbilligte Tarife bei der Anreise, finanzielle Zuschüsse und Kredite. Die schnell ansteigenden Einwanderungsquoten, die 1903 über 100 000 betrugen und in den Jahren 1911 bis 1913 Rekorde bis über 400 000 erreichten, bestätigten den Erfolg der Maßnahmen. Wenn auch in dieser Periode die Emigration stark war, konnte doch ein erheblicher Wanderungsgewinn verzeichnet werden. Schon bis 1911 hatte sich die Gesamtbevölkerung Kanadas von 3,7 Mio. (1871) auf 7,2 Mio. fast verdoppelt.

Die Einwanderung brachte Kanada eine Vielzahl von nationalen Bevölkerungsgruppen mit ihren unterschiedlichen Kulturen, Sprachen und Verhaltensweisen. Von Anfang an hoben sich jedoch zwei dominierende Gruppen heraus: die Einwanderer aus Großbritannien, in der Engländer, Schotten, Iren und Waliser zusammengefasst sind, und die Bewohner französischen Ursprungs. Zu Beginn der Staatsgründung (1871) nahmen beide über 90 % der Bevölkerung ein, und 1931, als die Zeit der Kolonisation zu Ende ging, betrug ihr Anteil noch 80 %. Den Rest teilten sich andere Volksgruppen, so besonders aus Deutschland, der Ukraine, Polen und Skandinavien.

Die Verteilung der Einwanderer auf die Provinzen hat zu einer starken Trennung der dominierenden Gruppen geführt. Die frankokanadische Bevölkerung hatte 1871 in Quebec einen Anteil von etwa 80 %,

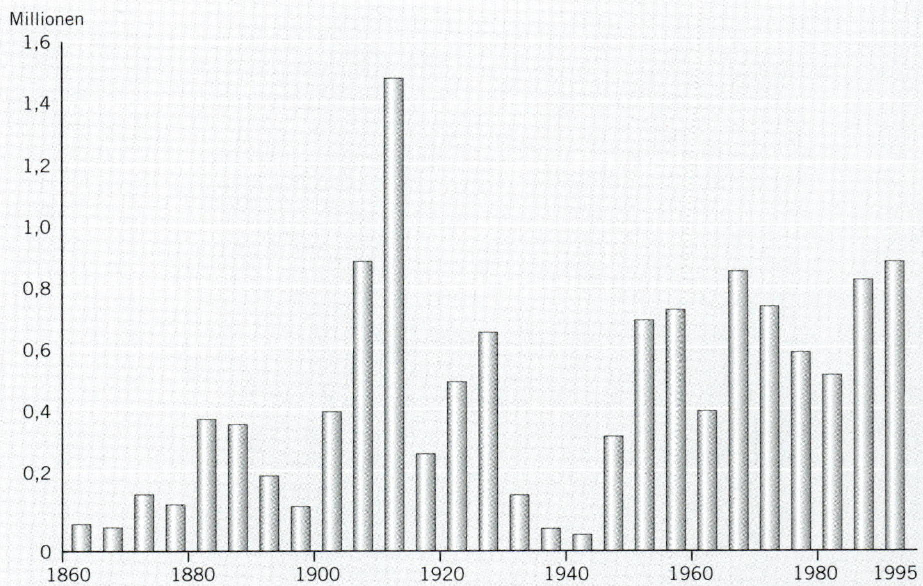

Abb. 28: Einwanderung nach Kanada (in fünfjährigen Durchschnittswerten, 1860/65 – 1990/1995): *Die früher sehr wechselnden Zahlen sind in neuerer Zeit durch Planungen konstanter und auf hohem Niveau.*

Quellen: Canada Yearbooks, verschiedene Jahre.

***Bild 30:** Holy-Trinity-Kirche der Ukrainian Greek Orthodox Church auf dem Lande südlich von Edmonton, Alberta; Zeugnis der Herkunft der Siedler in den Prärien.*

ebenso hoch war der Anteil der Anglokanadier in Ontario; nur 5 % der Bewohner waren hier französischer Herkunft. Ein weiterer Schwerpunkt anglokanadischer Bevölkerung lag in den Atlantischen Provinzen, wo sie insgesamt rd. 80 %, in Neufundland gar 90 % ausmachte. Nur in Neubraunschweig bestand eine etwas höhere Anzahl französischer Siedler. Diese weitgehende räumliche Konzentration ethnischer Gruppen geht auf die Anfänge der Kolonisation zurück und hat sich durch die Einwanderung verstärkt.

Ein bunteres Mosaik ethnischer Gruppen hat sich in den Prärieprovinzen herausgebildet. Der Census von 1931, als die Landnahme weitgehend abgeschlossen war, führt über 25 Länder auf, aus denen die Menschen einwanderten. Zwar war auch hier der britische Anteil mit 50 % hoch, doch war er weniger dominierend als in den östlichen Provinzen. Starke Gruppen kamen u. a. aus Russland und der Ukraine (11 %), Deutschland (10 %) und Skandinavien (7 %), mit geringeren Anteilen aus Polen (4 %), den Niederlanden (3 %) und anderen ost- und südeuropäischen Ländern. Frankokanadier waren mit 6 % vertreten, dabei handelte es sich sowohl um kleinere Ansiedlungen von Farmern aus Quebec als auch um Abkömmlinge der Métis mit indianischen und französischen Vorfahren. Die ethnischen Gruppen haben sich teilweise geschlossen angesiedelt. Beispiele sind u. a. die zum deutschen Anteil zählenden Mennoniten in Südmanitoba, die Isländer am Winnipeg-See oder die Ukrainer, die an der nördlichen Grenze des Landbaus zu finden sind (Bild 30).

In Britisch-Kolumbien hatte sich ebenfalls eine etwas größere Vielfalt ethnischer Gruppen durchgesetzt; allerdings waren Einwanderer britischer Herkunft mit ungefähr 70 % (1931) vertreten. Hervorzuheben ist eine relativ starke Gruppe von Asiaten, vor allem Chinesen, die 7 % Anteil erreichten. Die Kontingente aus anderen europäischen Ländern waren sehr verteilt und betrugen jeweils nur bis zu 2 %.

Die eingeborene Bevölkerung, Indianer und Inuit, war weit im Lande verstreut. Ihre Anzahl ging mit der Ausbreitung der Europäer vor allem durch Krankheiten zurück. Für 1871 werden in den 4 Gründungsprovinzen der Konföderation nur noch 23 000 angegeben, im Westen mögen etwa 100 000 gelebt haben, zusammen ein Anteil von etwa 3%.

Frühe wirtschaftliche Entwicklungen

Die Europäer lernten zuerst den Reichtum an Fischen, vor allem an Kabeljau, vor Neufundland und Neuschottland kennen. Die Fänge wurden gesalzen oder getrocknet nach Europa gebracht. Die geographischen Auswirkungen dieser frühesten wirtschaftlichen Nutzung bezogen sich auf die Küsten, wo die Fischer vereinzelt kleine Niederlassungen anlegten.

Ein weiteres Produkt der Ausbeutung waren Tierfelle, besonders die Pelze des Bibers. Der etwa über zweieinhalb Jahrhunderte, vom Beginn des 17. bis Mitte des 19. Jh.s andauernde Pelzhandel hatte weitergehende Auswirkungen. Das Land wurde von Expeditionen und einzelnen Händlern durchdrungen, die erste kartographische Aufnahmen machten. Die Indianer wurden als Handelspartner anerkannt. Die ökonomischen Einflüsse des Pelzhandels waren dagegen gering. Die Tauschwaren kamen aus Europa, Investitionen im Lande beschränkten sich allenfalls auf die Einrichtung von Handelsstationen. Da der Handel nur von großen und einflussreichen Gesellschaften organisiert werden konnte, war es für andere wirtschaftliche Unternehmungen so gut wie ausgeschlossen, sich dagegen durchzusetzen.

Gegen Ende der Pelzhandelsperiode, in der ersten Hälfte des 19. Jh.s, erlangte die Holzwirtschaft stärkere Bedeutung. Auch Holz war zunächst ein wichtiges Exportgut, das von England für den Bau und die Reparatur seiner großen Flotte dringend benötigt wurde. In den Wäldern am Atlantik standen umfangreiche Reserven zur Verfügung, besonders gefragt waren hohe Kiefern für Schiffsmasten. Britische Firmen organisierten Einschlag und Transport von Saint John aus, wichtiger Ausfuhrhafen war auch Halifax. Allerdings war der Holzexport mit hohen Kosten für Fracht und Arbeit verbunden, sodass man sich auf besonders ausgesuchte Hölzer beschränken musste. Zum Export kam ein wachsender Binnenmarkt. Holz wurde wichtiger Baustoff für Häuser und Scheunen, für Möbel, Wagen und Boote. Es entstanden durch Wasserkraft betriebene Sägemühlen, für die man wiederum Sägeblätter, Nägel und zahlreiche andere Geräte benötigte.

Ein viertes Handelsgut für den Export war Getreide, in erster Linie Weizen. Er wurde schon früh im St.-Lorenz-Tal angebaut und von dort anfangs auch in geringen Mengen exportiert, im 19. Jh. aber zunehmend selbst verbraucht. In Ontario war Weizen zunächst ebenfalls die bevorzugte Anbaufrucht. Der Markt konnte jedoch erst beliefert werden, als höhere Ernten eingebracht werden konnten und Transportmöglichkeiten vorhanden waren; Korn bzw. Mehl gelangte meistens über Montrealer Firmen nach England. Mit dem Anwachsen der Städte in Ontario und Quebec stellte sich die Agrarproduktion auf intensivere Kulturen, Obst, Gemüse und andere Früchte bzw. auch Viehhaltung und Milcherzeugung um.

Weitaus größere Bedeutung hatte jedoch der Weizenanbau in den Präriegebieten. Um 1900 wurden hier rd. 70 % der landwirtschaftlich genutzten Fläche mit Weizen bestellt, 1931 waren es noch fast zwei Drittel. Der Verkauf von Weizen erbrachte zeitweise über 70 % der Einkommen (1926). Zwar waren die Farmer damit sowohl vom Klima als auch vom Weltmarkt und den Preisen abhängig, doch wirkte sich der erfolgreiche Weizenanbau für die gesamte Wirtschaft des Landes sehr positiv aus. Er schuf mit die Grundlage für eine schnelle Besiedlung der Prärien, und mit der wachsenden Anzahl der Farmstätten stieg der Bedarf an Einrichtungen, Arbeitsgeräten, Maschinen usw. Das Eisenbahnnetz musste verdichtet werden, wodurch wieder andere Zweige der Wirtschaft entstanden oder ausgebaut werden konnten. In vielen Orten wurden Mühlenbetriebe gegründet, die für die Versorgung der Bevölkerung wie auch für den Export arbeiteten. Schließlich mussten für den Handel über 5000 (1931) Elevatoren an den Bahnstrecken errichtet werden, in denen der Weizen bis zum Abtransport aufgenommen werden konnte. An Umschlagplätzen und in Ausfuhrhäfen entstanden Speicher mit großen Kapazitäten. Neben diesen weit verzweigten ökonomischen Auswirkungen ergaben sich durch den Weizenanbau auch politische und gesellschaftliche Fortschritte. So schlossen sich die Farmer schon

1901 zu *Grain Grower Associations* zusammen, um Sicherheiten zu erlangen oder bestimmte Leistungen von der Regierung zu fordern.

Die vier genannten Handelsprodukte (staple goods) wurden durch Bodenschätze ergänzt, die man nach und nach entdeckte. Schon früh wurden Goldfunde bekannt und ausgebeutet, 1858/63 am Fraser in Britisch-Kolumbien und seit Ende des Jahrhunderts am Klondike im Tal des Yukon. Wenn auch die Goldsucher nach wenigen Jahren wieder abzogen, blieben in diesem Bereich wirtschaftliche Aktivitäten erhalten. Als sehr bedeutend erwiesen sich Entdeckungen, die Ingenieure beim Bau der Eisenbahnen machten. In Ontario stieß man in den 1880er-Jahren auf ergiebige Lagerstätten von Nickel- und Kupfererzen, später auf Silber- und Goldvorkommen. Aus dem westlichen Gebirge wurden gegen Ende des Jahrhunderts Blei-, Zink- und Silbererzlager bekannt. Wenn auch die Ausbeutung in den ersten Jahren gering war, blieben diese frühen Entdeckungen wichtige Standorte des Bergbaus und der Aufbereitung. Ihre Entwicklung war eine Frage der Technik, die erst allmählich gelöst werden konnte.

Ebenfalls schon früh wurden aus vielen Teilen des Landes Kohlevorkommen bekannt. In Neuschottland nutzten Siedler sie bereits im 18. Jh., in den Prärien wurden kleine Lagerstätten von Farmern ausgebeutet. In die Zeit der Kolonisation fallen auch erste Entdeckungen von Erdöl und Erdgas. Zwar wurde bereits 1858 eine Ölquelle im Umkreis von Sarnia in Ostontario erbohrt, doch erwies sich das Vorkommen als sehr gering, und trotz weiterer intensiver Suche konnte hier keine Steigerung erreicht werden. Dagegen stieß man in der späteren Provinz Alberta bei Medicine Hat 1883 auf Erdgas, was zu weiteren Explorationen führte. Ein größeres Erdölfeld konnte 1914/15 im Turner Valley, südwestlich von Calgary erbohrt werden (Gould 1976). Wie die Metallerze konnten jedoch auch Erdöl und Erdgas zunächst nur sehr begrenzt und für einen geringen lokalen Bedarf gefördert werden.

Die Verarbeitung von Rohstoffen hat ihre Anfänge in zahlreichen Betrieben, die Verbrauchsgüter herstellten. Ihre Produkte waren äußerst vielfältig, z. B. Textilien und Schuhe, Möbel, Seife, Bürsten, Kessel, Herde, Pumpen und andere Geräte, es waren ferner Brauereien und Brennereien für Whiskey, Gerbereien, Sägewerke, Getreidemühlen oder kleinere Eisengießereien. Als Energiequelle nutzte man die reichlich vorhandene Wasserkraft. Die Betriebe beschäftigten meist nur wenige Arbeiter und lagen sehr verstreut, nicht selten wurden sie in Farmen neben der Landwirtschaft geführt. Die Produkte konnten in der näheren Umgebung auf dem Lande und in kleinen Städten abgesetzt werden. Diese Struktur, die sich besonders in Ontario herausgebildet hatte, änderte sich bis gegen Ende des 19. Jh.s nicht wesentlich, zumal in großen Teilen des Landes die Verkehrsverhältnisse kaum entwickelt waren und der Markt nur begrenzt aufnehmen konnte.

Eine Ausnahme bildete allerdings der Schiffbau, der sich in einigen Standorten am Atlantik (u. a. Halifax, Yarmouth, Saint John) wie auch in Quebec erfolgreich entwickelt hatte. Die Umstellung von der Holz- zur Metallbauweise brachte in der zweiten Hälfte des 19. Jh.s allerdings einen empfindlichen Rückgang. Die Werften am Atlantik verzeichneten noch 1876 durch den Export Einnahmen von 2,2 Mio. $, bereits 20 Jahre später betrugen sie nur noch 200 000 $ (Erskine 1968: 258). Mancher Betrieb musste schließen, und viele Fachkräfte wurden arbeitslos. Die große Zeit des Holzschiffbaus war endgültig vorbei.

Dagegen gingen in der gleichen Zeit Innovationen vom Bau der Eisenbahn aus. Es entstanden Eisengießereien, Maschinenfabriken, Werke für den Waggon- und Lokomotivbau sowie zahlreiche Zuliefererbetriebe, die sich besonders in Ontario, z. B. in Hamilton, konzentrierten, aber auch in Montreal, Winnipeg und an anderen Standorten errichtet wurden. In Sydney, auf der Cape-Breton-Insel in Neuschottland, begann um die Jahrhundertwende die Herstellung von Stahl. Impulse für eine industrielle Fertigung gingen auch von dem wachsenden Markt für landwirtschaftliche Geräte und Maschinen aus.

Der Übergang zur industriellen Produktion, die Take-off-Phase (nach Rostow 1960), wurde am Ende des 19. Jh.s deutlich. Bezeichnend waren Zusammenlegungen von

Betrieben und die Gründung von Korporationen, der verstärkte Einsatz von Maschinen und eine Spezialisierung der Produktion. Die Abhängigkeit vom fließenden Wasser als Energiequelle wurde durch die Kohle aufgehoben. Die Gewinnung von Hydroenergie begann auf einer neuen Stufe 1895 an den Niagara-Fällen und danach an vielen anderen Flüssen, besonders im Bereich des Kanadischen Schildes. Sie bot hier die Grundlage für Zellulose- und Papierfabriken, die nun in der Nähe des Rohstoffes arbeiten konnten. Es kam zu Standortverlegungen, bei denen Arbeitskräfte, leichter Zugang zum Rohmaterial und zum Absatzmarkt, die Nähe zu ergänzenden Industrien und anderen Institutionen, wie Banken und Handelshäusern, eine wichtige Rolle spielten. Bevorzugte Standorte wurden größere und aufstrebende Städte, in erster Linie Toronto und Montreal, aber auch Winnipeg für die Prärien und Vancouver für die Westküste, sowie eine Reihe weiterer Orte. Große Firmen des Verteilerhandels, die sich in diesen Städten ansiedelten, sorgten für einen landesweiten Absatz der Produkte.

Die Entwicklungen bewirkten einen beträchtlichen Anstieg der Produktion und der Anzahl der Industriearbeiter. Der Aufschwung wurde gleichzeitig durch einen Wechsel in den Wirtschaftsbeziehungen bestimmt. Die Bindungen zum englischen Mutterland lösten sich und wurden von einem engen Verhältnis zu den USA, wo die Phase des Aufschwungs etwa 50 Jahre früher einsetzte, abgelöst. Innerhalb Kanadas vollzogen sich regionale Verlagerungen, die zu einer starken Konzentration der Wirtschaft in den zentralen Provinzen Ontario und Quebec führten.

Die Anfänge der Urbanisierung

Für lange Zeit dominierte in Kanada die Landbevölkerung. Um 1900 betrug ihr Anteil noch zwei Drittel, und erst in den 1920er-Jahren schlug das Verhältnis zugunsten der Stadtbevölkerung um. Die noch lange bestehende Agrargesellschaft zeigt sich auch darin, dass bei der Gründung des Dominions, 1867, noch zwischen 50 und 60 % der Beschäftigten in der Landwirtschaft tätig waren, ein Anteil, der erst nach der Jahrhundertwende langsam zurückging.

Allerdings bestanden in dem zeitlichen Übergang von einer Agrar- zur Industriegesellschaft regionale Unterschiede. Am frühesten ist er in Bereichen von Ontario und Quebec anzusetzen, wo die Industrialisierung begann und sich als Standorte von Industrie und tertiärem Sektor Städte entwickelten.

Nach J. und R. Simmons (1974) lassen sich drei Stadien in der Herausbildung der kanadischen Städte unterscheiden:

1) Ausgangspunkte für viele Städte waren Verteidigungs- und Handelsposten sowie Missionsstationen, die häufig zusammen angelegt wurden. Mit den Stützpunkten bezweckte man, den Raum und die eigenen Interessen abzusichern und Handel oder Missionierung der Indianer im Umland zu betreiben. Für diese Funktionen mussten die Standorte sorgfältig gewählt werden, sie brauchten einen günstigen Zugang und mussten vom Umland aus gut erreichbar sein, Erwägungen, die auch später als Standortfaktoren für Siedlungen gelten. Zwar sind zahlreiche der frühen Stützpunkte ohne weitere Folgen wieder verlassen worden, doch gingen auch viele in Ansiedlungen über, aus denen sich Städte entwickelt haben. Ein Beispiel ist Saint John, das wirtschaftliche Zentrum von Neubraunschweig, wo bereits 1631–1635 eine befestigte Pelzhandelsstation der Franzosen, das Fort La Tour, angelegt wurde und sich am gleichen Standort seit 1783 die Stadt entwickelte. In Ontario entstand Kingston an der Stelle des Forts Frontenac, und auch Toronto hatte Vorläufer in französischen Militärstützpunkten. Beispiele im Westen sind Winnipeg, Portage la Prairie und Edmonton, die auf Pelzhandelsstationen zurückgehen und hervorragende Verkehrslagen aufweisen. In dieser ersten Phase wird zwar manche Stadtentwicklung vorbereitet, doch war eine Existenz von Städten nicht möglich. Lediglich in Neufrankreich bestan-

den Quebec (seit 1608) und Montreal (seit 1642), von denen die Kolonie repräsentiert wurde. Während Montreal wichtige Funktionen für den Pelzhandel hatte, war Quebec mehr der politische und kirchliche Mittelpunkt. Beide Städte blieben bis zur Mitte des 18. Jh.s, also für etwa 150 Jahre, ohne Konkurrenz.

2) Die eigentliche Gründungsphase der Städte begann in der zweiten Hälfte des 18. Jh.s. Die jetzt einsetzende Besiedlung und Landnahme benötigte Zentrale Orte, von denen aus die Umgebung versorgt werden konnte. Für ihren Standort war eine günstige Verkehrslage wichtig, ihr Wachstum hing wesentlich davon ab, wie schnell und dicht das Umland besiedelt wurde. So folgten die Stadtgründungen der Landnahme, wie es z. B. in Südontario zu erkennen ist, wo das Fortschreiten der Kolonisation von den Ufern der Seen nach Norden deutlich mit der Gründung von Städten verbunden ist. In den Prärien, wo die Besiedlung im Osten einsetzte, wurden die Bahnen zu Leitlinien, auf die die Orte angewiesen waren. Nur durch sie konnte die eindeutig vorherrschende Versorgungsfunktion für die Bevölkerung des Umlandes erfüllt werden. Sie bestand im Ankauf der Agrarprodukte und ihrem weiteren Versand sowie im Verkauf von Gütern und Dienstleistungen. In dieser Phase kam es naturgemäß zu Konkurrenzen, und manche der Neugründungen konnten nicht über einen gewissen Stand hinaus gelangen, wobei die Verkehrslage entscheidend war.

3) Während die kleineren und mittleren Städte für lange Zeit und auch größtenteils bis heute die Funktion als Versorgungszentren für das ländliche Umland beibehalten haben, wurden besonders günstig gelegene und schon herausragende Städte seit Ende des 19. Jh.s Anziehungspunkte für die verarbeitende Industrie. Damit erhielten sie eine Funktion, die ihr Wachstum nachhaltig förderte. Bestanden 1881 erst 7 Städte mit über 25 000 Einwohnern, waren es 1921 schon 18, unter ihnen 6 mit mehr als 100 000. Mit der Industrie bereitete sich der tertiäre Sektor aus, wodurch das Wachstum verstärkt wurde und sich ein Städtesystem ausbildete.

Auswirkungen historischer Strukturen

In der Zeit der europäischen Landnahme, die vom 17. bis in das 20. Jh. dauerte, wurden bestimmte regionale Strukturen angelegt, deren Auswirkungen auch heute erkennbar sind. Einige seien angedeutet:

Zwei europäische Mächte erhoben in Kanada ihre Ansprüche. Mit der Gründung einer Kolonie am St. Lorenz hatte Frankreich einen historischen Vorsprung. Bevorzugtes Ziel britischer Einwanderer und Einflüsse wurde Ontario, das gleichsam ein Gegenpol zu dem französisch beeinflussten Quebec wird. Zwar kann England die politische Vorherrschaft erringen, doch bleiben Gegensätze in Kultur, Sprache und Religion bestehen, die sich verfestigen und auf andere Bereiche übergreifen. Die regionale Konzentration der Frankokanadier in Quebec hat sich nur sehr gering aufgelöst, und es finden auch nur begrenzt andere ethnische Gruppen Eingang in die Provinz. So blieb der Dualismus bis heute bestehen und ist politisch wirksam.

Auch in anderen Siedlungsräumen hat sich ein starkes regionales Bewusstsein ausgebildet. Gründe dafür werden in der geographischen Trennung voneinander und in der weitgehend selbstständigen Entwicklung der Räume gesehen. Der Regionalismus setzte sich fort und zeigt sich auch in der aktuellen Politik.

Der Handel wurde lange Zeit durch die Ausfuhr von Rohstoffen (staple goods) bestimmt; eine Ausnahme waren Seeschiffe. Erst später kamen verschiedene Halbfertigprodukte hinzu. Die Dominanz von Primärprodukten im Handel musste eine Wirtschaftsentwicklung im Sinne qualitativer Veränderungen erschweren. Die Industrialisierung setzte erst gegen Ende des 19. Jh.s ein, weitaus später als in England und in den USA. Die Industrie blieb zu einem großen Teil rohstoffgebunden, und im Export waren Rohstoffe und Halbfertigprodukte weiterhin mit hohen Anteilen vertreten.

Die frühen Handelsverbindungen mit England und ab Mitte des 19. Jh.s zunehmend auch mit den USA brachten den Regionen Vorteile, die günstige Verkehrsverbindungen zu den Handelspartnern hatten. Das waren besonders die Zentren Montreal am St. Lorenz sowie Städte an den Nordufern von Erie- und Ontariosee, wie Toronto und Hamilton. Zudem hatte sich besonders in Südontario eine intensive Landwirtschaft entwickeln können, und der Raum wurde früh durch ein Verkehrsnetz erschlossen. Die Gunst der Lage und Impulse, die von der Landnutzung und Infrastruktur ausgingen, trugen dazu bei, dass hier die Industrialisierung einsetzte und einheimische Rohstoffe weiterverarbeitet wurden. Durch die Konföderation belebte sich auch der interregionale Handel, wodurch ein Absatz der Produkte, wie u. a. Landmaschinen, Arbeitsgeräte und Konsumartikel, zunahm. Es bildeten sich Handelsunternehmen, Banken und andere Dienstleistungen, die ihren Sitz hauptsächlich in Toronto und Montreal nahmen. So entstand schon frühzeitig eine Kernregion, von der aus Entwicklungen in peripheren Räumen gelenkt wurden. Damit entwickelten sich gleichzeitig regionale Disparitäten, die nicht nur erhalten blieben, sondern sich zunehmend verstärkten. Produktion, Handel und besonders der tertiäre Sektor der Wirtschaft konzentrierten sich auf die Kernregion im Südosten, die auch im globalen Maßstab als das Wirtschaftszentrum Kanadas gesehen wird.

DIE BEVÖLKERUNG – EINWANDERER UND ETHNIEN

Bild 31: *Schülergruppe in Saskatchewan, deren Vorfahren als Siedler aus verschiedenen Ländern Europas kamen.*

Überblick

- Die Bevölkerung Kanadas hat Ende des 20. Jh.s über 30 Mio. erreicht. Bei zurückgehenden Geburtsraten wird die Einwanderung als Wachstumsfaktor immer wichtiger. Dominierten bis in die Nachkriegszeit Europäer, kommen die Einwanderer in den letzten Jahren überwiegend aus Ländern Asiens, Afrikas und Lateinamerikas. Der Wandel zeigt sich besonders in Großstädten, wie Toronto und Vancouver, die begehrte Ziele sind.
- Im ethnischen Profil nehmen die Anteile außereuropäischer Gruppen zu. Bei den offiziellen Sprachen verbreitet sich Englisch stärker, während Französisch weitgehend auf Quebec beschränkt bleibt. Politisch hat sich Kanada für den Multikulturalismus entschieden, wobei den Immigranten größtmögliche kulturelle Freiheiten gewährt werden.
- Der Bevölkerungsschwerpunkt liegt nach wie vor in den südlichen Teilen der Provinzen Ontario und Quebec; der Norden ist weitgehend bevölkerungsleer. In den westlichen Provinzen liegen die Schwerpunkte im Bereich größerer Städte, wie Vancouver, Edmonton und Calgary. Sie und in erster Linie Toronto sind auch Ziele der Binnenwanderung.
- Mit rd. 80 % nimmt die Stadtbevölkerung einen hohen Anteil ein. Fast zwei Drittel lebt in 25 Stadtregionen von über 100 000 Einwohnern. Von diesen weisen die Millionenstädte Toronto, Vancouver und Ottawa hohe Zuwachsraten auf, geringer ist dagegen das Wachstum Montreals.

Bevölkerungsentwicklung und Wachstumsfaktoren

Mit rd. 30 Mio. Einwohnern nimmt Kanada bevölkerungsmäßig unter den mehr als 190 Staaten der Erde den 33. Rang ein, ist jedoch durch seine Flächengröße eines der am dünnsten besiedelten Länder.

In den letzten 150 Jahren, seit die Volkszählungen aufgenommen wurden (1851), ist die Bevölkerung stetig angestiegen, allerdings wechselten Perioden mit unterschiedlichen Wachstumsraten (Tab. 11 u. 12). Eine herausragende Zunahme erfolgte zu Beginn des Jahrhunderts, worin sich ein besonders hoher Wanderungsgewinn widerspiegelt; ein geringes Wachstum zeigte sich in den 1930er-Jahren, was mit wirtschaftlichen Schwierigkeiten verbunden war. Nach dem Zweiten Weltkrieg wies der Zeitraum von 1946 bis Mitte der 1960er-Jahre wiederum hohe Zuwächse auf, z. B. 1951/56 von rd. 15 %, d. h. einem jährlichen Durchschnitt von 3 %. Danach gingen die Raten laufend zurück; für 1991/98 wird ein Jahreszuwachs von 1,1 % errechnet (Canada Yearbook 1999: 3.2). Das ist im Vergleich zu Industrieländern Europas durchaus hoch, liegt doch hier die jährliche Wachstumsrate um 0,5 %.

Jahr	Bevölkerungszahl (1000)	Wachstumsrate jährl. (%)
1851	2 436	
1871	3 689	2,57
1891	4 833	1,55
1911	7 207	2,46
1931	10 377	2,20
1951	14 009	1,75
1971	22 026	2,86
1991	28 120	1,39
1997	30 287	1,28

Tab. 11: Bevölkerungsentwicklung in Kanada

Quellen: Canada Yearbooks versch. Jahre; 1999: 3.2.

Die Schwankungen in den Wachstumsraten sind Ergebnis von zwei Faktoren: der natürlichen Bevölkerungszunahme (Geburten minus Todesfälle) und der Nettowanderung (Einwanderung minus Auswanderung).

Während sich die Rate der Todesfälle um 7 ‰ eingependelt hat, ist die Geburtenrate (pro 1000 Einwohner) – wie auch in anderen westlichen Industrieländern – stark rückläufig. Nach dem Krieg erreichte sie mit 28,5 ‰ (1954) einen Höhepunkt und ist seitdem laufend zurückgegangen (Vogelsang 1996c: 380f.); in den 1990er-Jahren sank sie von 14 auf 12 ‰ (1997). Eine gleiche Abnahme erfolgte bei den Fertilitätsraten, d. h. der Anzahl der Kinder von Frauen im Alter zwischen 15 und 49 Jahren. Sie sanken von 3,84 (1961) auf 1,6 im Jahre 1996 und liegen seit Beginn der

Provinz/ Territorium	Bevölkerung (1000)			Wachstumsrate jährlich (%) 1991–1997	Bevölkerung n. Prov./Territ. (%) 1997
	1971	1991	1997		
Newfoundland	533	580	564	−0,5	1,9
Prince Edward Island	113	131	137	0,8	0,4
Nova Scotia	799	918	948	0,5	3,1
New Brunswick	644	749	762	0,3	2,5
Quebec	6 156	7 081	7 420	0,8	24,5
Ontario	7 868	10 472	11 408	1,5	37,7
Manitoba	1 001	1 113	1 145	0,5	3,8
Saskatchewan	934	1 006	1 024	0,3	3,4
Alberta	1 672	2 601	2 847	1,6	9,4
British Columbia	2 250	3 380	3 933	2,7	13,0
Yukon Territory	19	29	32	1,7	0,1
North-West Territories	37	61	68	1,9	0,2
Kanada	**22 026**	**28 120**	**30 287**	**1,3**	**100,0**

Tab. 12: Bevölkerungsentwicklung in den Provinzen und Territorien

Quelle: Canada Yearbook 1999: 3.2.

1970er-Jahre unter dem natürlichen Reproduktionsniveau. Eine Ausnahme bilden die Inuit, deren Geburtsraten den kanadischen Durchschnitt um mehr als das Doppelte übertreffen.

Ein Rückgang der Geburtenrate ist in allen Provinzen festzustellen, besonders krass in Neufundland auf 9,9‰, was auf eine schlechte wirtschaftliche Lage der Menschen schließen lässt. Er trifft ebenfalls für Quebec zu, deren überwiegend katholische Bevölkerung sich früher durch besonders hohe Kinderzahlen auszeichnete. Die Geburtenrate liegt jetzt mit 11,3‰ (1996/97) unter dem kanadischen Durchschnitt.

Durch das abnehmende natürliche Wachstum sank dessen Anteil an der Bevölkerungsentwicklung zugunsten der Nettowanderung. Betrug das Verhältnis zwischen beiden Wachstumsfaktoren 1981–1986 noch 3:1, war der Wanderungsgewinn 1991–1996 bereits höher als die natürliche Zunahme (Tab. 13).

Auch nach der Kolonisation blieb die Einwanderung ein wichtiger Faktor für die Bevölkerungsstruktur und den wirtschaftlichen Aufbau des Landes (Knowles 1992; Vogelsang 1994 u. 1997). Nach der Depression der 1930er-Jahre und dem Zweiten Weltkrieg stiegen die Zahlen erneut an und blieben auf einem hohen Niveau. Für die erste Nachkriegszeit waren die trostlose Lage in vielen Ländern Europas, die Unterdrückung in osteuropäischen Staaten und Aufstände, wie 1956 in Ungarn, Gründe für eine Auswanderung nach Kanada, zumal hier günstige Aufnahmebedingungen und Arbeitsplätze geboten wurden.

In dieser Phase überwogen deutlich Immigranten aus Europa, vor allem aus Großbritannien, Deutschland und weiteren west- und nordeuropäischen Ländern, mit wachsenden Zahlen aber auch aus Italien, Griechenland, Portugal und Jugoslawien. Mit dem Wirtschaftsaufstieg und der Verbreitung von Gastarbeitern ebbte die Einwanderungswelle aus Europa ab und ging bis in die 1990er-Jahre auf einen Anteil von rd. 20 % zurück.

Dagegen kamen seit den 1960er-Jahren die Einwanderer zunehmend aus anderen Regionen, besonders aus Asien, Afrika und Lateinamerika (Tab. 14). An der Spitze der Herkunftsländer für die Jahre 1991/96

Periode	Bevölkerungswachstum (1000)	Geburten (1000)	Todesfälle (1000)	Natürliches Wachstum (1000)	Natürliches Wachstum Anteil (%)	Einwanderung (1000)	Auswanderung (1000)	Bilanz (1000)	Anteil (%)	Bevölkerung[1] (1000)
1976–80	1382	1820	843	977	70,7	771	366	405	29,3	24 900
1981–85	1304	1872	885	987	75,7	677	360	317	24,3	26 204
1986–90	1907	1933	946	987	51,8	1199	279	920	48,2	28 111
1991–95	1848	1935	1027	908	49,1	1170	230	940	50,9	29 959

[1] Bevölkerungszahl am Ende der jeweiligen Perioden

Tab. 13: Wachstumsfaktoren der kanadischen Bevölkerung

Quelle: Canada Yearbook 1999: 3.4

Region	Einwanderung vor 1961 (1000)	vor 1961 (%)	1992–1997[1] (1000)	1992–1997[1] (%)
Europa	953	90,4	201	18,4
Asien	33	3,0	680	62,3
Afrika	5	0,5	72	6,6
Zentral-, Südamerika, Karibik	15	1,4	99	9,1
USA, Australien, Ozeanien, Andere	49	4,7	39	3,6
Gesamt	**1055**	**100,0**	**1091**	**100,0**

[1] Stichtag für die Zählungen ist der 1. Juli des Jahres.

Tab. 14: Herkunft der Einwanderer nach dem Geburtsort 1996

Quellen: Canada Yearbook 1999: 3.12; Statistics Canada, CANSIM, Matrix 2, 1999.

stehen Hongkong, allerdings mit abnehmender Tendenz, die Volksrepublik China, Indien, die Philippinen, Sri Lanka, Taiwan und Vietnam; aus Europa sind unter den ersten Zehn nur noch Großbritannien und Polen vertreten.

Der drastische Wandel der Herkunftsregionen ist mit einer veränderten Einwanderungspolitik verbunden. Lange Zeit galt, dass der „angelsächsische Grundcharakter" des Landes und die „britische Zivilisation" erhalten werden müssen (Rede des Premierministers Bennet 1929, zit. nach Bongart 1982: 17) und ein grundsätzlicher Wandel im Charakter der Bevölkerung nicht gewünscht wird (Regierungserklärung von 1947, zit. nach Vogelsang 1997: 234f.). Nach diesem Grundsatz wurde schon früh die Einwanderung aus China unterbunden, indem seit 1885 Kopfsteuern erhoben wurden und zwischen 1923 und 1947 ein völliger Ausschluss erfolgte. Auch gegen die Aufnahme von Japanern, Indern und Ukrainern vor dem Ersten Weltkrieg gab es Widerstände. Erst nach einer langen Zeit der Unsicherheit und Diskussion setzte sich die Erkenntnis durch, dass ethnische Vorbehalte von anderen Kriterien abgelöst werden müssen. Die Überlegungen führten zu einer Neuordnung der Einwanderung im Gesetz von 1978.

Um Planungsgrundlagen zu bekommen, werden nach landesweiten Konsultationen jährliche Gesamtzahlen für die Einwanderung festgelegt; für die 1990er-Jahre 250 000, für 1998 und 1999 maximal 225 000 pro Jahr. Sie richten sich u. a. nach dem natürlichen Bevölkerungswachstum, der Situation der Wirtschaft und auf dem Arbeitsmarkt sowie politischen Gegebenheiten. Die tatsächlichen Zahlen der Einwanderer schwanken naturgemäß von Jahr zu Jahr, jedoch haben sie sich in letzter Zeit deutlich erhöht. Lagen sie in den 1980er-Jahren zwischen 80 000 und 130 000 pro Jahr, stiegen sie gegen Ende des Jahrzehnts an und erreichten nach 1990 über 200 000 pro Jahr; für 1992/97 lag der Durchschnitt bei fast 220 000, danach nahm die Rate wieder ab.

Bei der Aufnahme der Immigranten werden 3 Kategorien mit wechselnden Anteilen unterschieden: Einen größeren Posten nimmt die Familienzusammenführung ein, wofür vor allem soziale Gründe anzuführen sind. Zur ökonomischen (business-) Kategorie zählen Fachkräfte, die auf dem Arbeitsmarkt benötigt werden, und Geschäftsleute, die investieren, Unternehmen gründen und Arbeitsplätze schaffen. Ihre Auswahl erfolgt nach wechselnden Richtlinien und einem Punktsystem. Schließlich werden aus humanitären Gründen Flüchtlinge und Asylsuchende aufgenommen.

Mit den detaillierten und flexiblen Bestimmungen hat sich Kanada ein Gesetzeswerk geschaffen, das allgemein anerkannt wird und mit dem die Einwanderer in die Wirtschaft und in das soziale System des Landes integriert werden können.

Allerdings konzentrieren sich die Berufs- und Aufenthaltswünsche relativ stark. Während vor dem Zweiten Weltkrieg die Ziele breit gestreut waren und viele Einwanderer in der Landwirtschaft, im Bergbau und in der Holzgewinnung sowie auch in der verarbeitenden Industrie ihren Arbeitsplatz fanden, sind heute moderne Industriebranchen und Dienstleistungen gefragt. Entsprechend werden die Provinzen Ontario von über 50 %, Britisch-Kolumbien (15 bis 20 %), Alberta und Quebec bevorzugt; sie nehmen insgesamt über 90 % der Immigranten auf. Aber auch innerhalb dieser Provinzen erfolgt eine weitere Konzentration in den Metropolen, allen voran Toronto, Vancouver und Montreal, sodass sich hier das ethnische Profil am schnellsten verändert.

Ethnisches Profil und die Politik des Multikulturalismus

Lange Zeit wurde das ethnische Profil Kanadas von den Gründernationen (Founding Nations/Peuples Fondateurs oder Charter Groups) Frankreich und England bestimmt. Nach der Zählung von 1871 lag ihr Anteil bei über 90 %; von insgesamt 3,7 Mio. Einwohnern waren rd. 60 % britischer und 31 % französischer Abstammung. Zwar wanderten nach der Jahrhundertwende zahlreiche Menschen aus anderen europäischen

Jahr	Urbevölkerung (1000)		
	Indianer	Métis[1]	Inuit
1971	295	–	18
1981	368	98	25
1996[2]			
Abstammung	867	221	50
Selbstidentifikation	554	210	41

[1] Métis (Halbblutindianer) mit indianischen und europäischen Vorfahren; werden erst seit 1981 gesondert gezählt.

[2] Varianten nach Statistics Canada. Einige Reservate sind nicht erfasst. Besonders die älteren Zahlen sind unsicher und nicht vergleichbar.

Tab. 15: Urbevölkerung

Quellen: Canada Yearbook 1985: 61; Vogelsang 1999: Tab.

Ländern ein, doch änderte sich an der Dominanz der britisch-französischen Gruppe wenig. Ihr Anteil betrug auch 1971 noch etwa drei Viertel (45 % brit., 29 % franz.), während der Rest vor allem aus Deutschland (6 %), Italien und der Ukraine, aus Skandinavien, den Niederlanden und Polen stammte. Die Gruppe der Asiaten, besonders schon früh eingewanderte Chinesen und Japaner, umfasste nur knapp über 1 % der Landesbevölkerung (Abb. 29).

Eine nachhaltige Änderung des ethnischen Profils setzte erst in den 1970er-Jahren ein. Sie ist mit dem geschilderten drastischen Wandel in den Herkunftsregionen der Einwanderer verbunden und schlägt sich bereits in dem Vergleich 1971/96 nieder. Darin zeigt sich ebenfalls ein komplizierteres Bild, das auf eine geänderte Fragestellung bei der Zählung zurückgeht. Während 1971 nur nach den väterlichen Vorfahren gefragt wurde, konnten danach alle Zweige der Familie angegeben werden, d. h. Mehrfachnennungen erfolgen. Damit ist das Profil zwar nicht mehr so eindeutig, doch durch die erlaubten Möglichkeiten realistischer.

Mit 10 % sind 1996 die Ethnien aus Asien, Afrika und Lateinamerika bereits deutlich am Profil beteiligt, was ganz überwiegend aus Einfach-Nennungen hervorgeht. Dagegen sind die früher vorherrschenden Gruppen aus Europa nicht mehr so eindeutig vertreten, sondern haben sich in unterschiedlichen Kombinationen vermischt, wie es die Mehrfach-Nennungen zeigen. Neu ist die Angabe der *Canadian Origins*, deren hoher Anteil zeigt, dass der ursprünglichen ethnischen Herkunft vor allem wohl bei jüngeren Bewohnern keine besondere Rolle mehr beigemessen wird.

Hervorgehoben sei die Gruppe der Urbevölkerung, der Indianer, Métis und Inuit. Ihre Herkunft ist weitgehend eindeutig, eine Vermischung mit anderen Ethnien ist relativ selten. Obwohl sich ihre Anzahl auf ca. 800 000 (1996) erhöht hat, blieb der Anteil an der Gesamtbevölkerung zwischen 2 und 3 % (Tab. 15).

Die regionale Verteilung der ethnischen Gruppen ist in der Zeit der Landnahme durch die Europäer angelegt worden und hat sich seitdem kaum verändert (Abb. 30). Das auffallendste Merkmal ist nach wie vor die Konzentration von über 80 % der Frankokanadier in der Provinz Quebec; die meisten der übrigen leben zudem in den angrenzenden Gebieten von Neubraunschweig und Ontario. Die britische Bevölkerungsgruppe dominiert dagegen mit hohen Anteilen von teils über 90 % in allen anderen Provinzen. Nachkommen von Einwanderern aus weiteren europäischen Ländern finden sich am häufigsten in den Prärieprovinzen und in Ontario; Einwanderer der jüngsten Phase leben vor allem in den Großstädten Ontarios und Britisch-Kolumbiens. Von der Urbevölkerung sind die Indianer weit in Zentral- und Westkanada verstreut, die Métis haben sich seit langem in den Prärieprovinzen konzentriert, und von den Inuit haben über 60 % ihren Wohnsitz in Unavut, das 1999 aus einem Teil der Nordwest-Territorien gebildet wurde.

Es ist zu erkennen, dass sich neben der ethnischen Zweiteilung in Franko- und Anglokanada eine weitere regionale Differenzierung ausbildet. Sie erfolgt zwischen wenigen Großstädten auf der einen und dem ländlichen Raum mit kleineren Orten auf der anderen Seite. Während hier das ethnische Profil mehr oder weniger konstant bleibt, wie es sich im Verlauf der Siedlungsgeschichte entwickelt hat, bildet sich in den Großstädten eine multiethnische Gesellschaft mit steigenden Anteilen von Einwanderern aus Ländern Asiens, Lateinamerikas und Afrikas aus. Die Anzahl der nicht in Kanada Geborenen ist hoch, und große Teile der Bevölkerung, wie besonders in Toronto und Vancouver, sind den sog. visible minorities zuzurechnen, also jenen

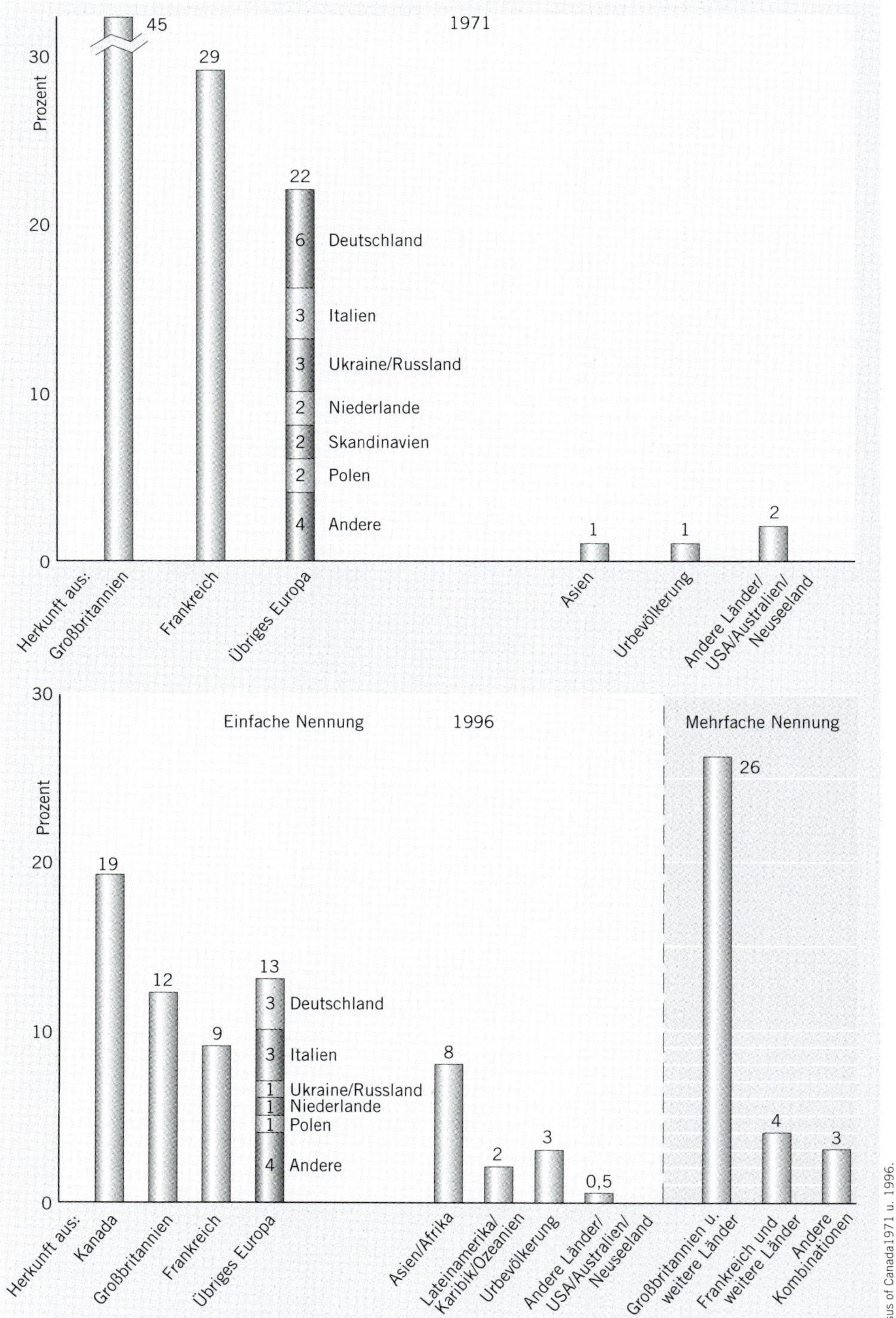

Abb. 29: Kanadas ethnisches Profil 1971 und 1996: *Hervorzuheben ist die Zunahme außereuropäischer Ethnien.*

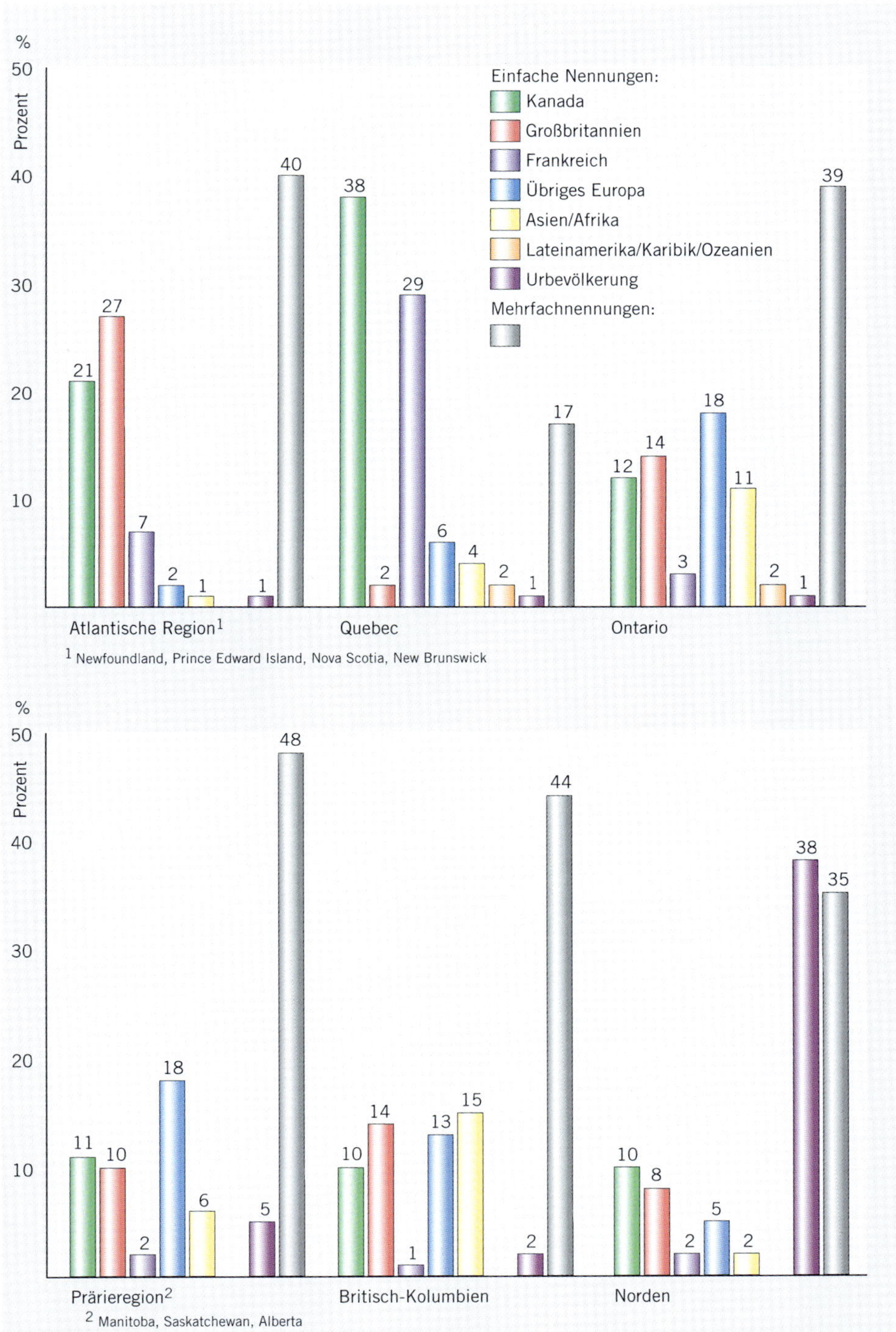

Abb. 30: Ethnische Herkunft der kanadischen Bevölkerung nach Regionen, 1996: *Auffällig ist die Konzentration von Bewohnern französischer Herkunft in Quebec, während sonst anglophone Gruppen stark überwiegen.*

Quelle: Canada Yearbook 1999: 3.15.

Menschen, die z. B. durch ihre Hautfarbe als Einwanderer leicht zu erkennen sind.

Als wichtiges Merkmal ethnischer Zugehörigkeit gelten die Sprachen, von denen in Kanada die Muttersprache und die Umgangssprache statistisch erfasst werden. Sowohl Englisch als auch Französisch sind offizielle oder Amtssprachen, was bereits bei der Staatsgründung 1867 festgelegt und im *Official Language Act* von 1969 bestätigt wurde.

Der Erhalt der Muttersprache (mother tongue) ist eine Frage der Anpassung und der Zeit seit der Einwanderung. Gewöhnlich bleiben die Immigranten selbst zweisprachig, während die folgenden Generationen die Landessprache aufnehmen. In der Entwicklung zeigt sich, dass Englisch als Muttersprache etwa gleich bleibend von rd. 60 % der Bevölkerung angegeben wird, während Französisch leicht auf etwa 23 % zurückging. Dies könnte man damit erklären, dass viele der Neueinwanderer aus englischen Sprachgebieten kommen bzw. sich leichter an diese Sprache anpassen.

Für wichtiger kann die Umgangssprache (home language) gelten, in der man sich im täglichen Leben bevorzugt verständigt. Zwei Drittel der Bewohner tun dies auf Englisch, über 20 % mit abnehmender Tendenz auf Französisch; alle anderen Sprachen älterer Einwanderungsgruppen, die nur noch wenig Nachschub erhalten, wie Deutsch, Italienisch, Ukrainisch u. a., verlieren als Umgangssprache an Bedeutung. Auch die Sprachen der Urbevölkerung gehen drastisch zurück; nur 30 % geben eine indianische Stammessprache oder Inuktitut, die Sprache der Inuit, als Muttersprache an, dagegen fast 60 % Englisch und 6 % Französisch.

Die regionale Verbreitung der Umgangssprachen spiegelt das bekannte Bild der ethnischen Konzentrationen wider (Tab. 16). Zentrum des Französischen ist Quebec, wo sich die Sprache allerdings auch durch Gesetze der Provinzregierung, wie der Loi 101 von 1977, festigen konnte. Um die Provinz zieht sich ein Bereich, in dem Zweisprachigkeit vorherrscht. Er umfasst das nördliche Neubraunschweig, die Ballungsräume von Montreal und Ottawa-Hull sowie weitere Grenzräume Ontarios. Obwohl die französische Sprache im Schulunterricht landesweit gefördert wird, liegen die Anteile besonders im Westen unter 1 %. Es zeigt sich, dass nach wie vor ein regionaler Dualismus besteht, der sich eher verstärkt, und dass eine angestrebte Zweisprachigkeit im Land eine Fiktion ist (Joy 1972). Deutlich kommt bereits die neue Einwanderung aus den außereuropäischen Regionen in den höheren Anteilen von nicht offiziellen Sprachen der Provinzen Ontarios und Britisch-Kolumbien zum Ausdruck.

In Kanada ist bisher eine Vielzahl von ethnischen Gruppen aus aller Welt aufge-

Provinz/ Territorium	Umgangssprachen 1996 (%, aufgerundet)			
	Englisch	Französisch	Nichtoffizielle Sprachen	Mehrere Sprachen und Kombinationen
Newfoundland	99	–	1	–
Prince Edward Island	97	2	–	–
Nova Scotia	96	2	1	1
New Brunswick	68	30	1	1
Quebec	10	82	6	2
Ontario	82	3	12	2
Manitoba	87	2	9	2
Saskatchewan	94	1	4	1
Alberta	90	1	7	2
British Columbia	85	–	12	2
Yukon Territory	95	2	3	1
North-West Territories	68	1	29	2
Kanada	**67**	**22**	**9**	**2**

Tab. 16: Umgangssprachen in den kanadischen Provinzen/Territorien

Quellen: Statistics Canada, Census 1996.

nommen und ohne größere Auseinandersetzungen zusammengeführt worden. Für die Einstellung der Gastgesellschaft erwies sich als richtungsweisend, dass von Beginn der europäischen Besiedlung an zwei dominante Gruppen vorhanden waren, zu denen besonders seit der Wende zum 20. Jh. Menschen aus vielen Teilen Europas hinzukamen. Es bildete sich ein kultureller Pluralismus, der schon früh in dem Modell des *Kanadischen Mosaiks* erfasst wurde (Gibbon 1938). Damit konnte der Druck auf die Einwanderer, sich möglichst rasch assimilieren zu müssen, abgemildert werden, was im Gegensatz zu der Theorie des *Melting Pot of Nations* in den USA steht.

Die Debatten über das Nebeneinander verschiedener Kulturen wurden Anfang der 1960er-Jahre wieder aufgenommen. Dazu führten Auseinandersetzungen mit der Urbevölkerung, vor allem aber mit den Frankokanadiern, die das Recht einer société distincte für sich in Anspruch nahmen. Grundlegende Untersuchungen wurden von einer Kommission für Bilingualismus und Bikulturalismus durchgeführt. Das 1963 vorgelegte Ergebnis fasste Premierminister Pierre E. Trudeau mit der Feststellung zusammen, dass Kanada ein zweisprachiges, aber multikulturelles Land sei. Jede ethnische Gruppe habe das Recht, ihre eigene Kultur und ihre eigenen Werte im kanadischen Kontext zu erhalten und zu entwickeln. Das Konzept wurde in die Verfassung aufgenommen, und 1988 verabschiedete das Parlament den *Canadian Multiculturalism Act* (Froeschle 1988; Lenz 1996).

Die Politik des Multikulturalismus umfasst zahlreiche Maßnahmen, mit denen die Regierung die Kulturarbeit von ethnischen Gruppen unterstützt. Zu ihnen gehören der Aufbau von Zentren und Bibliotheken, eigene Zeitungen, Sendungen im Fernsehen und Radio. Gefördert werden ferner kulturelle Aktivitäten und Treffen sowie ein Austausch untereinander, um gegenseitigen Respekt zu erreichen. Weitere Maßnahmen beziehen sich darauf, den Einwanderern bei ihrer Integration in die Gesellschaft und in den Arbeitsprozess zu helfen. Das geschieht u. a. durch Unterricht in den offiziellen Landessprachen, durch Bildungsarbeit und Unterweisung in die demokratischen Rechte und Pflichten, aber auch durch praktische Hilfen bei der Einbürgerung.

Für viele Einwanderer besonders aus Ländern der Dritten Welt sind solche Programme überaus hilfreich, zumal sie sich einer Gesellschaft mit einem für sie fremden Wertesystem gegenübergestellt sehen. Damit erleichtert das Konzept eine Integration, ohne dass die Immigranten ihre kulturellen Wurzeln aufgeben müssen, sondern sie im Gegenteil in die Gesellschaft einbringen können (Breton u. a. 1990: 263f.). Zwar kommt es im Einzelnen durchaus zu sozialen Spannungen, doch blieben bisher weitreichende Konflikte unter den zahlreichen neu eingewanderten Gruppen bzw. zwischen diesen und der dominierenden Gesellschaft aus. Man ist sich jedoch bewusst, dass Risiken bestehen und wird sicherlich bemüht bleiben, diese zu erkennen und abzubauen.

Regionale Bevölkerungsschwerpunkte und Binnenwanderungen

Die Verbreitung der rd. 30 Mio. Bewohner Kanadas zeigt einen deutlichen Nord-Süd-Gegensatz. In den weiten Gebieten des Nordens ist vor allem aus klimatischen Gründen keine dichtere und flächenmäßig verteilte Besiedlung möglich. Lediglich an Standorten des Bergbaus und der Holzwirtschaft sowie in einem weiten Netz von kleinen Handels- und Versorgungszentren sind Siedlungen entstanden; auch Indianer und Inuit leben in geschlossenen Orten.

In den 1960er-Jahren tauchte die Idee auf, Bergbausiedlungen im nahen Norden zu größeren Wachstumszentren mit Industrie auszubauen und sie durch einen „Mid Canada Development Corridor" zu verbinden. Dieser sollte eine Art Siedlungsachse mit weiteren Orten und Verkehrsverbindungen werden (Rohmer 1970). Die Vision scheiterte allerdings an den Realitäten.

Dem bevölkerungsleeren Norden steht der besiedelte Süden des Landes gegenüber, ein unterschiedlich breites Gebiet entlang der Grenze zu den USA. Am stärksten bevölkert sind die Teile der Provinzen Ontario und Quebec, wo sich an den Ufern von Erie- und Ontariosee sowie am St. Lorenz die sog. Mainstreet Kanadas hinzieht. Dabei handelt es sich um ein Städteband von Windsor bis Quebec-City mit den bedeutendsten Metropolen Toronto und Montreal. In diesem Raum leben über 18 Mio. Menschen, etwa 60 % der Landesbevölkerung; entsprechend wird hier mit über 70 Einwohnern pro km^2 die höchste Dichte erreicht. Dieser Raum ist zugleich die wirtschaftliche Kernregion (core region) Kanadas.

Östlich dieser zentralen Region, in den Atlantischen Provinzen, leben 2,4 Mio. Menschen, 8 % der Landesbevölkerung. Sie verteilen sich hauptsächlich an den Küsten, an denen zahlreiche Buchten gute Standorte für Siedlungen und Häfen bieten. Das Landesinnere ist dagegen wenig bevölkert, was auch für die Gaspésie-Halbinsel zutrifft. Nur in den Flusstälern, wo ein Anbau möglich ist, findet sich eine lockere linienhafte Besiedlung, wie im Tal des Saint John in Neubraunschweig oder entlang von Restigouche, Miramichi und La Have in Neuschottland. Weite Teile des gebirgigen Landes sind bewaldet.

Nach Westen schließt sich an das Kerngebiet Südontarios ein etwa 1300 km breites Gebiet an, das zum Kanadischen Schild gehört und nur wenige Siedlungen aufweist. Lediglich entlang von Bahnlinien und Straßen bestehen kleinere Orte; bedeutender sind das Bergbaugebiet von Sudbury, der Industriestandort Sault Ste. Marie und die Hafenstadt Thunderbay am Oberen See. Eine flächenhafte Bevölkerungsverbreitung ist erst in den anschließenden Prärieprovinzen möglich. In diesem größten Anbaugebiet Kanadas, das sich bis zu den Rocky Mountains erstreckt, leben über 5 Mio. Bewohner, was einem Anteil von 17 % entspricht. Die Bevölkerungsdichte ist mit 6 bis 7 Einwohnern/km^2 allerdings gering; allein in den fünf größten Städten Edmonton, Calgary, Winnipeg, Saskatoon und Regina konzentrieren sich 2,8 Mio. oder 56 % der Bevölkerung der Prärieregion. Die geringsten Dichtewerte weist der semiaride Süden von Saskatchewan und Alberta auf, wo ungünstige Bedingungen für die Landwirtschaft bestehen.

Der gebirgige Westen, die Provinz Britisch-Kolumbien, hat mit 4 Mio. Einwohnern einen Anteil von 13 % an der Gesamtbevölkerung. Da der Siedlungsraum begrenzt ist, hat sich in günstiger Lage an der Mündung des Fraser eine ausgesprochene Bevölkerungskonzentration herausgebildet, die den Großraum von Vancouver und den südlichen Teil von Vancouver Island mit Victoria einschließt und 55 % der Provinzbevölkerung umfasst. Im Gebirge sind besonders die Flusstäler, wie die des Fraser, Okanagon oder Columbia, stärker besiedelt; einzelne Städte gehen auf den Bergbau oder die Holzwirtschaft zurück.

Durch die extrem ungleiche Verteilung sagt die Bevölkerungsdichte des Landes von 3 Einwohnern/km^2 nur wenig aus und ist mehr eine rechnerische Größe; in den nördlichen Territorien liegt sie bei 0,02, in den am stärksten besiedelten Landesteilen erreicht sie etwa 70.

Die Wachstumsraten der Bevölkerung (Tab. 12) zeigen sowohl eine Festigung als auch Veränderungen in der regionalen Verteilung. Sehr gering ist weiterhin das Wachstum in den Atlantischen Provinzen, von denen Neufundland sogar ein absolutes Minus zu verzeichnen hat. Starke Einbußen zeigen sich ebenfalls in den östlichen Prärieprovinzen Manitoba und Saskatchewan, in denen die Landwirtschaft ein wichtiger Wirtschaftszweig ist. Bei den Zentralprovinzen wird eine zunehmende Teilung erkennbar: Während Ontario seit langem hohe Zuwachsraten aufweist, findet in Quebec ein drastischer Einschnitt statt. Eindeutig am stärksten wächst dagegen die Bevölkerung in den westlichen Provinzen Britisch-Kolumbien und Alberta, die seit langem die höchsten Raten verzeichnen können. Insgesamt hat die Kernregion zwar ihre Dominanz nicht verloren, doch bildet sich im Westen ein weiterer Bevölkerungsschwerpunkt mit starken Wirtschaftszentren aus (Hecht & Lenz 1982).

Da das natürliche Bevölkerungswachstum durch die wenig unterschiedlichen Geburts- und Sterberaten in den Provinzen relativ gleich ist, ist die Binnenwanderung als bedeutender Wachstumsfaktor mit heranzuziehen. Insgesamt wechseln über 20 %

der Kanadier in 5 Jahren ihren Wohnsitz, ein Teil davon zieht in andere Provinzen um. Längerfristig ist vor allem Britisch-Kolumbien als Gewinner der Binnenwanderung herauszustellen (Tab. 17), ferner weisen Alberta und Ontario hohe positive Werte auf. Allerdings wechselten hier Zuwachsraten mit empfindlichen zeitweiligen Einbrüchen. Negative Bilanzen bestimmen dagegen weitgehend das Bild der atlantischen Regionen, der östlichen Prärieprovinzen und Quebecs, das den stärksten Wanderungsverlust aufzuweisen hatte. Der Trend der Binnenwanderung in die westlichen Provinzen setzte sich auch 1995/96 fort. Die Ergebnisse werden durch Immigranten aus anderen Ländern verstärkt, die Ontario und Britisch-Kolumbien bevorzugt als Wohnsitz wählen.

Ursache für die Präferenzen der Binnenwanderer sind hauptsächlich wirtschaftliche Faktoren. Sie erklären wohl auch maßgeblich die seit langem anhaltenden negativen Bilanzen in der atlantischen Region wie auch in den landwirtschaftlich orientierten Provinzen Manitoba und Saskatchewan. Ferner können kurzfristige Entscheidungen im Wanderungsverhalten durch „boom and bust", d. h. durch lokalen wirtschaftlichen Aufschwung oder eine eintretende Regression erklärt werden. Gerade junge und ungebundene Personen entschließen sich schnell zu einem Wohnungswechsel in einen für sie günstigen Arbeitsort mit guten Verdiensten. Dabei spielen auch finanzielle Unterstützungen und Ausbildungshilfen seitens der Provinzregierungen sowie Lebenskosten u. a. eine Rolle. Für ältere Menschen, die sich zunehmend an den Binnenwanderungen beteiligen, sind ein verträgliches Klima, eine hohe Lebensqualität, ein guter Wohnstandort mit geringen Unkosten usw. von Bedeutung. Mindestens zum Teil können darauf die Wanderungsgewinne von Britisch-Kolumbien zurückgeführt werden. Die starken Abwanderungen aus Quebec sind vermutlich auch im Zusammenhang mit den Separationsbestrebungen und den Sprachengesetzen der Provinz zu sehen.

Provinz/ Territorium	Binnenwanderung (1000) 1956–1991	1995–1996[1]
Newfoundland	− 77,3	− 7,6
Prince Edward Island	+ 1,9	+ 0,9
Nova Scotia	− 19,8	− 0,9
New Brunswick	− 13,5	− 0,2
Quebec	−343,3	−13,2
Ontario	+ 57,6	− 5,6
Manitoba	−117,6	− 1,9
Saskatchewan	−140,4	− 0,7
Alberta	+271,4	+ 5,7
British Columbia	+369,6	+23,5
Yukon Territory	− 1,9	+ 0,8
North-West Territories	− 0,5	− 0,7

[1] Stichtag ist der 1. Juli.

Quellen: Vogelsang 1996 (a): 103; Canada Yearbook 1999:3.13.

Tab. 17: Binnenwanderung in den kanadischen Provinzen/Territorien

Insgesamt zeigt sich ein Komplex von langfristig anhaltenden, aber auch von kurzfristig ausgelösten Ursachen, von denen die Binnenwanderungen beeinflusst werden und das unterschiedliche Bevölkerungswachstum mit bewirken.

Das Wachstum der Stadtbevölkerung

Noch bis in die 1920er-Jahre lebte erst die Hälfte der kanadischen Bevölkerung in Städten, zu denen Orte mit mehr als 1000 Einwohnern gerechnet werden. Die Landbevölkerung nahm vor allem durch die Kolonisation in den Prärieprovinzen zu, das Wachstum der Städte wurde durch die Industrialisierung gefördert. Während das Verhältnis zwischen Stadt- und Landbevölkerung 1951 noch 63 zu 37 % betrug, änderte es sich danach schnell zugunsten der Städte auf 77,9 zu 22,1 %. Allerdings schwankt das Stadt-Land-Verhältnis zwischen den Regionen, und es zeigen sich die auch bei der Binnenwanderung erkannten Unterschiede. Mit Werten zwischen 44 % (Prince Edward Island) und 57 % (Newfoundland) ist der Verstädterungsgrad in den Atlantischen Provinzen am geringsten; ebenfalls liegen die Werte von

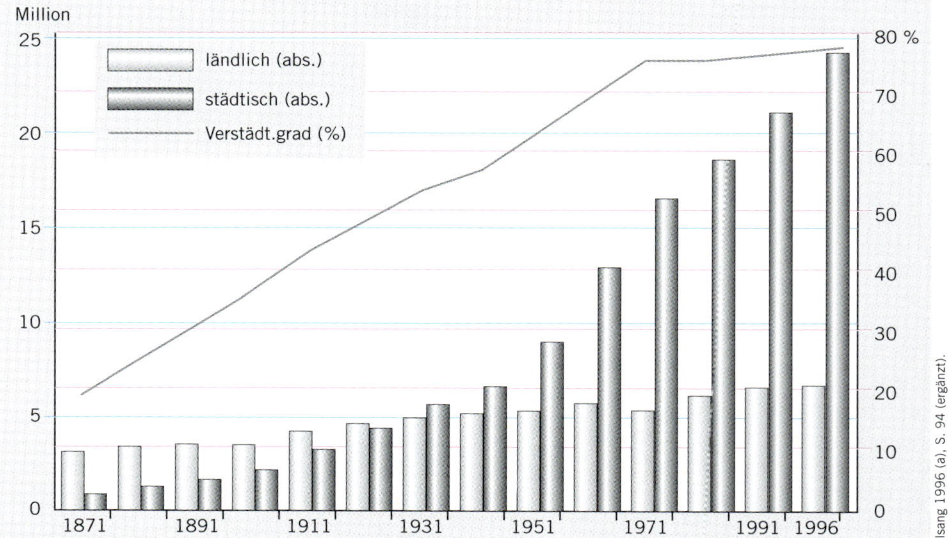

Abb. 31: Ländliche und städtische Bevölkerung Kanadas.

Manitoba und Saskatchewan (72 % bzw. 63 %) noch unter dem Landesdurchschnitt. Diesem entsprechen Quebec (78 %) und Alberta mit 79 %, während sich Britisch-Kolumbien mit 82 % und Ontario mit 83 % als die am stärksten verstädterten Provinzen erweisen (1996).

Die Zunahme der Verstädterung wies in den 1970er-Jahren eine Unterbrechung auf (Abb. 31) und kehrte sich zur sog. Counterurbanization um. Zwar wurde der Trend bald wieder gestoppt, doch blieben die Zuwachsraten der Stadtbewohner in der folgenden Zeit nicht mehr so deutlich und der Verstädterungsgrad stagnierte eher. Möglicherweise ist – wie in anderen westlichen Industrieländern auch – eine obere Grenze der Verstädterung erreicht worden.

Die Stadtlandschaften breiten sich zunehmend aus und gehen in das ländliche Umland über. Die Bewohner der randlichen Bereiche von Großstädten können leicht deren Angebote, wie Einkaufszentren, materielle und soziale Dienstleistungen, Schulen, Arbeitsplätze u. a., nutzen, zumal die Verkehrswege gut ausgebaut sind und die Verbindungen durch Telekommunikation laufend verstärkt werden. Gleichzeitig können die Nachteile der Städte, wie die steigenden Lebenshaltungskosten und Umweltbelastungen, durch einen Umzug in das nahe Umland umgangen werden.

Veränderungen im Wachstum der Stadtbevölkerung zeigen sich auch in den verschiedenen Größenklassen. An der Spitze stehen 25 Stadtregionen (Metropolitan Areas) mit mehr als 100 000 Einwohnern. Ihre Bevölkerungszahl belief sich 1996 auf insgesamt 18 Mio., das sind 62 % aller Kanadier. Diese Gruppe weist zwar insgesamt hohe Wachstumsraten auf, doch gehen diese tendenziell zurück und sind auch im Einzelnen uneinheitlich. Besonders die Großstädte unter 200 000 Einwohnern nehmen nur geringfügig zu bzw. stagnieren.

Uneinheitlich ist auch das Wachstum der Größenklasse zwischen 10 000 und 100 000 Einwohnern. Die insgesamt 112 Städte dieser Gruppe zählen 4,6 Mio. Einwohner (1996). Ein in neuerer Zeit herausragendes Beispiel für ein schnelles Wachstum bieten verschiedene Mittelstädte in Britisch-Kolumbien, wie Kelowna, Penticton, Kamloops u. a. Offensichtlich geht es auf verschiedene Ursachen zurück, von denen ihre Lage in attraktiven Gebirgstälern und eine hohe Lebensqualität hervorgehoben seien, sodass sich Familien und ältere Menschen hier bevorzugt ansiedeln (Momer 1998).

Demographische Entwicklungen in postindustrieller Zeit

Seit etwa 1970 bahnen sich in der Bevölkerung Entwicklungen an bzw. verstärken sich, die man mit R. Vogelsang (1996 c) als *Zweiten demographischen Übergang* bezeichnen kann. Sie vollziehen sich gleichzeitig mit dem Übergang von der Industrie- zur Dienstleistungsgesellschaft, zur sog. postindustriellen Zeit.

Im Mittelpunkt der Entwicklungen in den letzten 30 Jahren steht der krasse Rückgang der Geburtenraten ebenso wie der Fertilitätsraten, deren Bedeutung für das Bevölkerungswachstum immer geringer wird.

Andererseits nahm die Lebenserwartung der Kanadier erheblich zu und gilt weltweit als eine der höchsten. Die heutigen Durchschnittswerte liegen bei 75 Jahren für die männliche und 81 Jahren für die weibliche Bevölkerung. Damit wird sich die Altersstruktur verändern, wobei sich der Anteil der über 65-Jährigen und besonders auch der Gruppe über 80 innerhalb der nächsten 20 Jahre von jetzt 12 % auf mehr als 16 % erhöhen könnte. Entsprechend dürfte die Altersgruppe zunehmend auch die Binnenwanderung beeinflussen. Vor allem kleinere Städte in attraktiver Lage, wie z. B. in Britisch-Kolumbien, gelten als Anziehungspunkte und werden sich in ihrer Sozialpolitik darauf einstellen müssen.

Den Übergang in die postindustrielle Gesellschaft zeigen ferner Verhaltensweisen an, die vor allem den sozialen Aspekt betreffen. Zu ihnen gehören ein Rückgang der Eheschließungen und hohe Scheidungsraten. Daraus ergibt sich eine Zunahme der sog. Singles, die Einpersonenhaushalte bilden oder in Lebensgemeinschaften zusammen sind. Erstere sind landesweit auf 23 % angestiegen, in großen Städten, wie in Toronto, besteht fast die Hälfte aller Haushalte aus einer oder zwei Personen. Im Zusammenhang mit den veränderten Familienstrukturen stehen eine Zunahme unehelicher Geburten und von allein erziehenden Personen. Dies hat wiederum zur Folge, dass vor allem Frauen vermehrt einem Erwerb nachgehen, um wirtschaftlich unabhängig zu sein.

Der Prozess zu veränderten demographischen Strukturen und Verhaltensweisen, den Kanada mit anderen postindustriellen oder postmodernen Gesellschaften teilt, ist durchaus in Konturen erkennbar. Es bestehen keine Zweifel, dass er sich fortsetzen und manche Veränderungen vor allem in den Großstädten bewirken wird.

DIE ÜBERWINDUNG DES RAUMES DURCH DEN VERKEHR

Bild 32: *Der St. Lorenz bei Quebec City; die wichtige Wasserstraße führt bis in die Großen Seen.*

Überblick

- Mit der dampfbetriebenen Eisenbahn, die erstmals 1836 bei Montreal eingesetzt wurde, begann für Kanada ein neues Zeitalter, konnte damit doch das weite Land überwunden und vereint werden. Für die Kolonisation der Präriegebiete war die 1885 geschlossene Transkontinentalstrecke eine wichtige Voraussetzung. Das Schienennetz verzweigte sich schnell und erreichte durch Stichbahnen auch näher gelegene Orte im Norden.
- Im 20. Jh. haben Highways und Luftverkehr die Bahn – bis auf den Transport von Massengütern – ersetzt. Das Straßennetz ist vor allem in den dichter besiedelten Gebieten ausgebaut worden. Von Küste zu Küste führt der Trans Canada Highway über 7800 km. Im Süden besteht auch ein relativ dichtes Flugnetz, das besonders die Großstädte verbindet; Toronto, Vancouver und Montreal sind die führenden Flughäfen. Im Norden sind auch kleinere Siedlungen angeschlossen, die von bestimmten Knotenpunkten aus regelmäßig oder bei Bedarf angeflogen werden.
- Von den Wasserstraßen kommt dem St. Lorenz eine besondere Bedeutung zu. Er führt über 3800 km bis in die Großen Seen und ist in den 1950er-Jahren auch für Ozeanschiffe durch Schleusen ausgebaut worden. Transportiert werden überwiegend Getreide und Eisenerze für beide Anrainerstaaten. Der größte Containerhafen ist Montreal. Durch den stark angestiegenen Handel mit ostasiatischen Ländern haben die Häfen am Pazifik, allen voran Vancouver, einen Aufschwung erfahren. Sie sind auf die Verladung bestimmter Rohstoffe, wie Holz oder Kohle, die mit der Bahn befördert werden, spezialisiert.

Verkehrsträger vor dem Eisenbahnbau

Für einen Staat mit den Dimensionen Kanadas hat das Verkehrsnetz eine besondere Bedeutung. Es dient nicht nur zum Transport von Gütern und ermöglicht dadurch die Nutzung der weit gestreuten Ressourcen, sondern verbindet die Tausende von Kilometern entfernt lebenden Menschen und gibt ihnen das Gefühl, zu *einem* Land zu gehören. Damit erhält der Verkehr von Küste zu Küste auch eine wichtige politische Funktion.

Die Europäer, die seit Beginn des 17. Jh.s Kanada durchzogen und den Pelzhandel betrieben, waren auf die Verkehrsmittel der Indianer angewiesen. Sie benutzten vor allem die Flüsse und Seen. An den Übergängen (portages) und auf dem Land folgten sie schmalen Pfaden, den trails. Im Sommer war das Kanu wichtigster Verkehrsträger, erst gegen Ende des 18. Jh.s wurde das aus England bekannte Yorkboot eingesetzt, mit dem größere Lasten transportiert werden konnten. In den Wintermonaten dienten Schlitten und Schneeschuhe für Transport und Fortkommen, wobei besonders die zugefrorenen Wasserwege genutzt wurden.

Auch die Ausfuhrhäfen waren an Flüssen gebunden, auf denen die Waren aus dem Landesinneren gebracht wurden. Von ihnen galt der St. Lorenz mit dem Überseehafen Montreal als wichtigster Weg nach Europa. Allerdings entstand mit dem Eriekanal (1825), der nach New York führt, ein starker Konkurrent, der einen Teil des Handels an sich zog. Ein dritter Weg nach Europa, vor allem nach Britannien, nahm seinen Ausgang in York Factory an der Hudson Bay, wo die englische Hudson's Bay Company ihren wichtigsten Handelsplatz betrieb. Er war über ein weit verzweigtes Flussnetz mit dem Westen und Norden des Landes verbunden, und es bestand ein Transportsystem über einen riesigen Landesteil.

Gegenüber den Wasserstraßen blieb der Landverkehr zurück und beschränkte sich auf kürzere Verbindungswege, die zum Teil von den Kolonisten angelegt werden mussten. Zwischen manchen Städten und auch zur Umgehung bestimmter Flussstrecken wurden Postkutschen eingesetzt, die auch Verbindungen in die benachbarten Teile der USA unterhielten. So benutzte der deutsche Reiseschriftsteller Johann Georg Kohl, der 1854 in Quebec und Ontario weilte, Schiffspassagen, Postkutschen und die auf Teilstrecken eben eröffnete Bahn (Kohl 1856).

Die Eisenbahn als wichtigstes Transportmittel der Kolonisation

Die bedeutendste Innovation für die Überwindung des Raumes im 19. Jh. ging von der dampfgetriebenen Eisenbahn aus, die den Transport auf den Wasserwegen allmählich ablöste (Glazebrook 1964; Lamb 1977). Das Eisenbahn-Zeitalter begann im Jahr 1836, als bei Montreal die kurze Strecke zwischen La Prairie und St. Jean eröffnet wurde. Zunächst sah man in der Bahn eher einen Zubringer für Häfen oder eine Alternative im Winter, auch wurde sie aus Gründen wirtschaftlicher Konkurrenz angelegt, wie z. B. zwischen Montreal und Portland (Maine) im Jahre 1853, obwohl auch Halifax über einen eisfreien Hafen verfügt. Vielfach bestand Anschluss an das amerikanische Bahnnetz und an Häfen, wodurch zeitweilig ein beachtlicher Teil des Warenverkehrs über die Grenze gelenkt wurde.

Eine erste größere Linie wurde um 1860 mit der *Grand Trunk* aufgenommen, die von Sarnia (Ontario) nach Rivière-du-Loup, nordöstlich von Quebec am St. Lorenz, führte und über Toronto und Montreal verlief. Sie verband die schon damals wichtigste Wirtschaftsachse des Landes. Erst 1876 konnten nach langen Vorbereitungen und schwierigen Konstruktionen in den Appalachen die lokalen Bahnen der Atlantikprovinzen und damit Halifax als wichtigstes Zentrum angeschlossen werden. Sicherlich übte dabei die junge Konföderation einen starken Einfluss aus, musste sie doch bestrebt sein, die einzelnen Teile des Staates enger zu verbinden.

Das zeigte sich besonders bei der Planung und dem Bau der Bahnlinie zum Westen, die der Provinz Britisch-Kolumbien beim Eintritt in den Bund garantiert werden musste. Mit dem *Canadian Pacific Act* von 1881 wurden wichtige Grundlagen vor allem der umstrittenen Finanzierung geschaffen, und nur wenige Jahre später (1885) konnte im Gebirge bei Craigellachie, westlich von Revelstoke, die letzte Schwelle gelegt werden. Besonders in den Kordilleren war der Bau äußerst schwierig, und die Ingenieure und Arbeiter vollbrachten mit den damaligen technischen Mitteln höchste Leistungen.

Für die Besiedlung der Prärien erwies sich die Bahn, deren Strecken sich schnell über den Raum verzweigten, als wichtige Grundlage. Sie brachte Siedler und Gebrauchsgüter in die Region und transportierte die Produkte, besonders Weizen und anderes Getreide, in die Gebiete des Verbrauchs bzw. zu den Exporthäfen. Damit ermöglichte sie die Kolonisation und erfüllte einen hoch zu wertenden politischen Zweck für die Verbindung innerhalb des Landes. Entsprechend sicherte die Regierung der Canadian Pacific Railway großzügig Unterstützungen zu: Darlehen und Zuschüsse, ein zeitlich begrenztes Monopol, vor allem aber über 13 Mio. Hektar „fruchtbaren Landes" zu beiden Seiten der Strecke von Winnipeg bis zum Gebirgsrand, das die Bahngesellschaft an Siedler verkaufen konnte.

Die Periode, in der die Eisenbahn wichtigster Verkehrsträger und bedeutender politischer Faktor war, reichte bis in die 1920er-Jahre. Gegen Ende dieses Zeitraumes war in dem besiedelten Raum eine relativ hohe Dichte des Eisenbahnnetzes vorhanden, regional dürfte sie sogar das erforderliche Maß überschritten haben. Das Verhältnis zwischen Streckenlänge und Bevölkerung hatte in Kanada mit den höchsten Wert in der Welt erreicht. Die zahlreichen, oft nebeneinander verlaufenden Strecken wurden von verschiedenen Gesellschaften betrieben und lagen in heftiger Konkurrenz. Da sie teils in finanziellen Schwierigkeiten steckten, wurden Zusammenlegungen notwendig; 1923 verschmolzen die Canadian Northern, die National Transcontinental und die Grand Trunk zu einer nationalen Organisation, den Canadian National Railways (CNR). Das zweite große Eisenbahnunternehmen blieb die privat betriebene Canadian Pacific Railway (CPR).

Das Streckennetz ist bis in die 1970er-Jahre hauptsächlich durch Stichbahnen zu Bergbaustätten im Norden erweitert worden, Bespiele sind die Erzbahnen nach Schefferville und Gangnon im östlichen Landesteil sowie nach Pine Point am Großen Sklavensee. Andererseits sind im besiedelten Raum Strecken abgebaut worden, sodass die Gesamtlänge von 70 900 km (1960) auf 65 400 km im Jahr 1996 zurückging.

Im Transport von Massengütern und Containern konnte die Bahn in letzter Zeit ihre Leistungen erheblich steigern. Die Gesellschaften haben sich technisch auf bestimmte Massengüter, wie Kohle, Erz, Getreide, Holz u. a., für die sie häufig ein Monopol besitzen, spezialisiert. Damit werden vor allem das Be- und Entladen verkürzt und erleichtert. Besonders im Containerverkehr wirken sich Deregulierungen (National Transportation Act 1988) und Konkurrenz zumal bei langen Strecken vorteilhaft gegenüber den Lastwagen aus. Als eine bedeutende Innovation ist die Einführung von Doppelstockzügen zu sehen, die seit etwa 1990 fahren und mit denen Transportleistung und Produktivität besonders im transkontinentalen Containerverkehr beträchtlich erhöht werden konnten und die Bahn konkurrenzfähiger machten.

Der Personenverkehr, der 1978 von der neu gegründeten staatlichen VIA Rail Canada (VIA) übernommen wurde, hat dagegen seine frühere Bedeutung verloren. Wurden 1945 noch über 55 Mio. Passagiere befördert, sind es heute noch etwa zwischen 5 und 10 Mio. Ebenso reduzierten sich die zurückgelegten Bahnkilometer der Reisenden bis zu 85 %. Der weitaus größte Personenverkehr beschränkt sich auf den stärker bevölkerten Städtekorridor von Windsor bis Quebec City, während die Überlandfahrten vom Osten an die pazifische Küste sehr eingeschränkt sind. Manche Verbindungen sind stillgelegt und werden durch Reisebusse ersetzt. Für den Personenverkehr ist die hohe Zeit der Eisenbahn, mit der sich Tradition und Romantik verbinden, vorbei, andere Verkehrsträger sind an ihre Stelle getreten.

Straßennetz und Trans Canada Highway

Als um die Wende zum 20. Jh. die ersten Autos in Kanada fuhren, gab es nur wenige Straßen. In Ontario schlossen sich die Autobesitzer zu einer *Good Roads Association* zusammen, um die Aufmerksamkeit auf ihre fatale Situation zu lenken. Ausgebaute und mit Kies bestreute Wege bestanden nur im nahen Umkreis von Bahnstationen, um Fracht und Personen zum weiteren Transport heranzuführen. Die Eisenbahn hatte absoluten Vorrang. Als gegen Ende des Ersten Weltkrieges etwa 200 000 Kraftfahrzeuge registriert wurden, kündigte sich ein stärkeres Interesse der Regierung am Straßenbau an. Im *Canada Highways Act* von 1919 wurden endlich auch Geldmittel des Bundes für den Straßenbau zur Verfügung gestellt und ein erster dem Autoverkehr gerechter Highway zwischen Toronto und Hamilton angelegt.

Eine Wende trat in den 1920er-Jahren ein, als sich die Anzahl der Kraftfahrzeuge durch sinkende Preise und eine bessere Technik schnell auf über eine Million erhöhte. Zwar waren dabei etwa 80 % Personenwagen, doch es bahnte sich auch im Transportwesen ein neuer Trend an. Man erkannte nun die Notwendigkeit von Straßen, legte Bauprogramme auf und schuf damit eine Grundlage für das heutige Straßennetz. Durch Depression und Kriegszeit stagnierte die Entwicklung allerdings zunächst, die Anzahl der Fahrzeuge erhöhte sich bis 1946 nur gering auf 1,6 Mio.

Ein hervorragendes Straßenbauwerk dieser Zeit ist der Alaska Highway. Er beginnt in Dawson Creek und ist nach Süden über Edmonton an das kanadische Straßennetz angeschlossen. Von den rd. 2450 km führen fast 2000 km durch Kanada; an seinem Ende, in Fairbanks/Alaska bestehen weitere Anschlüsse. Obwohl die Straße teilweise durch schwieriges Gelände mit Sümpfen und Mooren und über mehr als 200 Brücken verläuft, wurde sie von den USA und Kanada in der Rekordzeit von März bis November 1942 erbaut. Maßgebend waren strategische Überlegungen, da in Alaska ein Angriff japanischer Truppen zu befürchten war und ein ungefährdeter Nachschub gesichert werden musste. Der 1948 für den zivilen Verkehr freigegebene Highway hat größtenteils eine Schotterdecke und wird im Winter offen gehalten. Er erhält heute für Transporte und für den Tourismus eine wachsende Bedeutung und hat die Entwicklung der nordwestlichen Region Kanadas gefördert.

Der in den 1920er-Jahren erkennbare Trend, die Straße stärker als Verkehrsträger einzubeziehen, hat sich nach dem Zweiten Weltkrieg voll durchgesetzt. Ein Grund dafür ist die sprunghaft angestiegene Anzahl der Personenkraftwagen. Sie lag 1966 bei rd. 7 Mio. und stieg in den letzten 30 Jahren auf 17,5 Mio. an (1997), das sind 0,6 pro Einwohner.

Die außerordentliche Steigerung wurde von einem Ausbau des Straßennetzes begleitet. Der Anteil von Allwetter-Straßen mit festem Belag nahm ständig zu. Als Verbindungen von Städten und im Umkreis von Ballungsräumen sind wegen des hohen Verkehrsaufkommens mehrspurige Autobahnen angelegt worden. Dagegen bestehen auf dem Lande, z. B. als Verbindungen zwischen den Farmen und kleineren Versorgungsorten meistens noch Kieswege. Insgesamt erstreckt sich das kanadische Straßennetz über 900 000 km, von denen rd. 35 % befestigt (paved) sind (1995 World Road Statistics, 1999). Für die Verwaltung sind die Provinzen zuständig, für Straßen innerhalb von Städten und Metropolen haben die Gemeinden zu sorgen. Die Kosten für den Unterhalt und den weiteren Ausbau sind außerordentlich hoch.

Eine Besonderheit im kanadischen Straßennetz ist der Trans Canada Highway. Es ist eine in der ganzen Länge von über 7800 km befestigte Straße (7 bis 8 m breit), die von St. John's am Atlantik bis Victoria an der Pazifischen Küste führt. Mit einer Abzweigung zur Prince-Edward-Insel werden alle zehn Provinzen des Landes von der Nationalstraße durchquert (Abb. 32). Einbezogen sind Fähren, wie z. B. zwischen Port-aux-Basques (Neufundland) und North Sidney in Neuschottland oder zwischen Vancouver und Nanaimo in Britisch-Kolumbien. Über 550 Brücken und Passagen über Flüsse und schwierige Streckenabschnitte mussten errichtet werden. Besonders aufwendig im Bau und auch in der Unterhal-

Quelle: National Atlas of Canada 1974, S. 200.

Abb. 32: Trans Canada Highway: *Die Nationalstraße ist 7820 km lang und verbindet die 10 Provinzen; sie wurde in den 1960er-Jahren fertig gestellt.*

Quelle: Bernhard Metz.

Bild 33: *Dempster Highway im Nordwesten, Yukon-Territorium, verbindet Dawson mit Inuvik über 670 km; 1979 eröffnet.*

tung ist die Sektion in den Rocky Mountains über den Rogers-Pass, wo viele Sicherungen gegen Schneelawinen und Bergrutsche angebracht werden mussten. Die Straße wird auch im Winter offen gehalten.

Eine Durchquerung des Landes mit dem Auto war noch in den 1940er-Jahren schwierig, und man musste streckenweise auf Straßen in den USA ausweichen. Dies gab den Anlass zur Planung einer Nationalstraße, die im Trans Canada Highway Act von 1949 offiziell beschlossen wurde. Die Einweihung erfolgte 1962, die letzten Kilometer auf Neufundland wurden drei Jahre später fertig. Sicherlich ist der Trans Canada Highway nicht nur aus ökonomischen Gründen erbaut worden, konzentriert sich der Verkehr doch im Wesentlichen nur auf kürzere Abschnitte, wie z. B. Montreal – Quebec, Calgary – Banff und andere. Es war vielmehr auch eine politische Entscheidung. Wie im 19. Jh. die Eisenbahn das verbindende Element des jungen Staates war, ist die Nationalstraße der Ausdruck eines wirtschaftlich erstarkten und modernen Landes.

Als außerordentlich schwierig erweist es sich nach wie vor, den Norden in den Landverkehr einzubeziehen. Wie es nur wenige Stichbahnen gibt, führen auch nur sehr vereinzelte Straßen, meistens Kieswege, zu nördlichen Siedlungen und Standorten des Bergbaus. Relativ gut ist der Nordwesten erschlossen, wo mit dem bereits erwähnten Alaska Highway eine Innovation gegeben war und mehrere Zweigstraßen entstanden sind. Über Dawson ist 1979 eine Verbindung zu dem 670 km entfernten Inuvik, der sog. Dempster Highway, eröffnet worden (Bild 33). Damit ist ein Transport in das Mackenzie-Delta und zur Beaufort Sea möglich, wo seit langem nach Bodenschätzen, u. a. nach Erdöl und Erdgas, gesucht wird. Von Bedeutung ist hier ferner der Mackenzie Highway, eine Allwetterstraße, die vom Peace-River-Gebiet über 600 km zum Großen Sklavensee führt und 1949 eröffnet wurde. Mit ihr ist neben kleineren Orten vor allem die Bergbau- und Verwaltungsstadt Yellowknife angeschlossen, und es ist ein Ausgangspunkt für die weitere Einbeziehung des Mackenzie-Tales gegeben.

In den Wintermonaten können durch den tief gefrorenen Boden und die starken Eisdecken auf Flüssen und Seen Transporte mit schweren Raupenfahrzeugen und Lastschlitten (tractor trains) durchgeführt werden. Sie sind relativ kostengünstig und versorgen abgelegene Siedlungen und Standorte des Bergbaus mit notwendigen Gütern.

Der Ausbau eines leistungsfähigen Straßennetzes ist in Kanada erst in jüngerer Zeit erfolgt, lange Jahrzehnte dominierte die Bahn. In dem Wettbewerb zwischen den Verkehrsträgern hat sich der Personenverkehr neben dem Flugzeug eindeutig auf Kraftwagen und zu einem Teil auf Autobusse verlagert. Im Frachtverkehr ist die Bahn zwar führend, doch musste sie einen erheblichen Teil der Güter bereits an Lastkraftwagen abtreten, deren Leistungen weiterhin steigen. Sie befördern hauptsächlich Industrieprodukte und Nahrungsmittel, während die Bahn überwiegend Rohstoffe als Massengüter transportiert.

Der Luftverkehr

Die großen Entfernungen fordern in Kanada den Luftverkehr geradezu heraus. Während im dichter besiedelten Süden das Flugzeug vor allem durch schnelle Transporte überlegen ist, bietet es im Norden vielfach die einzige Verbindung zu Siedlungen und Standorten des Bergbaus.

Es ist bezeichnend, dass sich der Flugverkehr relativ schnell durchsetzen konnte und dass zunächst die Versorgung des Nordens im Mittelpunkt stand. Die Entwicklung begann nach dem Ersten Weltkrieg, als Militärflugzeuge und vor allem ausgebildete Piloten und Mechaniker zur Verfügung standen. Nachdem durch ein Gesetz von 1919 (Air Board Act) Flugdienste zugelassen und geregelt wurden, legte man in schneller Folge Flugbasen an, von denen aus die Einsätze erfolgen konnten. Diese bezogen sich u.a. auf Vermessung und Aufnahme der Waldbestände sowie schon seit 1921 auf die Kartierung und Luftbildaufnahmen des Landes. Andere Aufgaben waren Erkennung und Meldung von Waldbränden, zu denen Feuerwehr und Ausrüstungen geflogen werden mussten. Zu den frühen Transporten gehörte auch ein Postdienst. Bergbauunternehmen begannen damit, Materialien zu entlegenen Standorten fliegen zu lassen, vor allem aber wurde die Suche nach Bodenschätzen durch das Flugzeug außerordentlich gefördert. In der Zeit der 1920er-Jahre feierte man die sog. Buschpiloten als die „Helden des Nordens“; durch ihre oft abenteuerlichen Einsätze konnte der Raum bekannter werden, und nicht zuletzt retteten sie vielen Menschen, die hier wohnten und arbeiteten, das Leben.

Durch die Aktivitäten im Norden konnten neben technischen Verbesserungen an den Maschinen und ihrer Versorgung auf Flugplätzen viele Erfahrungen gesammelt werden. Dieses hat sicherlich mit dazu beigetragen, dass bereits in den 1930er-Jahren der Luftverkehr über Kanada und Verbindungen mit dem Ausland erörtert wurden. Im Jahre 1937 gründete die Regierung die staatliche Fluggesellschaft Trans Canada Air Lines, die seit 1964 Air Canada heißt. Ihr Programm, das mit Irland, England und den USA abgesprochen war, bezog nicht nur den Luftverkehr über Kanada ein. Man sah diesen vielmehr als Teil einer Route, die von Europa über Nordamerika in den pazifischen Raum führt, eine Konzeption, die schon beim Bau der transkontinentalen Eisenbahn im vorigen Jahrhundert geäußert wurde.

Im April 1939 konnte die Flugverbindung zwischen Montreal und Vancouver aufgenommen werden, wenig später wurde sie bis Halifax geführt. Das Flugnetz von Air Canada erfuhr besonders in den Nachkriegsjahren eine schnelle Erweiterung, zumal 1942 als Konkurrenzunternehmen die private Gesellschaft Canadian Pacific Airlines hinzukam. Die meisten der noch bestehenden zahlreichen kleinen Flugunternehmen mussten ihren Betrieb aufgeben und wurden integriert. Als 1965 und 1969 Operationsgebiete und Strecken der Gesellschaften von der Regierung abgesteckt wurden, um ruinöse Wettbewerbe zu vermeiden, verblieben neben den beiden großen Gesellschaften Air Canada und Canadian Pacific Airlines, auf die mehr als drei Viertel der Einnahmen entfielen, fünf regionale Gesellschaften mit zusammen 12 % Anteil und zahlreiche kleine Anbieter, die meistens nur im Bedarfsfall flogen.

Nach der Übernahme der Canadian Airlines im Jahr 2000 beherrscht heute die Air Canada die Flugstrecken im besiedelten Süden und bietet internationale Verbindungen an. Ferner operieren verschiedene kleinere Unternehmen, die hauptsächlich von den Basen Vancouver, Edmonton, Winnipeg und Montreal aus Stationen im Norden bedienen. Hier ist inzwischen ein festes Streckennetz ausgebaut worden, dessen Landeplätze regelmäßig oder nach Bedarf angeflogen werden. Von bestimmten Knotenpunkten aus, wie u. a. Whitehorse, Yellowknife, Rankin Inlet oder Iqaluit, der Hauptstadt des Inuit-Territoriums Nunavut (früher Frobisher Bay), fliegen Zubringer zu weiteren Orten. Damit sind die meisten Siedlungsplätze im Norden an das Flugnetz des Landes angeschlossen.

Neben zahlreichen verstreuten Landeplätzen bestehen über 60 moderne Flughäfen für den internationalen, nationalen und regionalen Verkehr. Die am stärksten frequentierten Fluglinien verlaufen zwischen Toronto, Montreal, Halifax und Ottawa im Osten sowie Vancouver, Calgary, Edmonton und Winnipeg im Westen. Einen hohen Rang nimmt die Ost-West-Verbindung zwischen Toronto und Vancouver ein. Entsprechend weisen die Flughäfen dieser Städte die höchsten Passagierzahlen auf, an führender Stelle Toronto (Lester B. Pearson) mit rd. 21 Mio., Vancouver mit 12 Mio., Montreal mit den Plätzen Dorval und Mirabelle 7,3 Mio. (1996). Das gesamte Passagieraufkommen im kanadischen Luftverkehr ist von 1,6 Mio. (1950) auf über 40 Mio. im Jahr 1996 angestiegen. Ebenso vervielfachte sich die Transportleistung, die sich allerdings nur auf spezielle und hochwertige Güter beschränkt.

An der erfolgreichen und schnellen Entwicklung zeigt sich, dass der Luftverkehr die Personenbeförderung weitgehend von der Bahn übernommen hat, was vor allem auf die weiten Strecken zwischen dem Osten und Westen des Landes zutrifft. Damit hat sich auch die frühere Rolle der Bahn, nämlich die weit voneinander entfernten Regionen des Landes stärker zusammenzuführen, auf den Luftverkehr übertragen.

Die moderne Wasserstraße des St. Lorenz

Das schon von den Entdeckern genutzte Einfallstor des St. Lorenz ist bis heute eine der wichtigsten Wasserstraßen des Kontinentes geblieben. Sie verbindet den Atlantischen Ozean mit den Großen Seen und erstreckt sich bis zum amerikanischen Hafen Duluth am Oberen See über 3800 km. In ihrem Einzugsbereich liegen fruchtbare Landwirtschaftsgebiete und reiche Erzvorkommen, im Umland der Großen Seen haben sich in beiden Staaten bedeutende Industriezentren herausgebildet.

Diesem wirtschaftlichen Lagevorteil stehen Hindernisse gegenüber, die durch Klima, Höhenunterschiede und Wassertiefen gegeben sind. Durchschnittlich dreieinhalb Monate im Jahr, etwa von Mitte Dezember bis in den April, ist der Fluss vereist und nicht befahrbar. Er könnte zwar durch Eisbrecher offen gehalten werden, doch bleibt der wirtschaftliche Nutzen fraglich. Die morphologischen Hindernisse beziehen sich besonders auf den Teilabschnitt zwischen Montreal und dem Ontariosee, der auf etwa 300 km Länge einen Höhenunterschied von 75 m aufweist, ferner auf die rd. 100 m hohe Stufe zwischen Ontario- und Eriesee (Abb. 33).

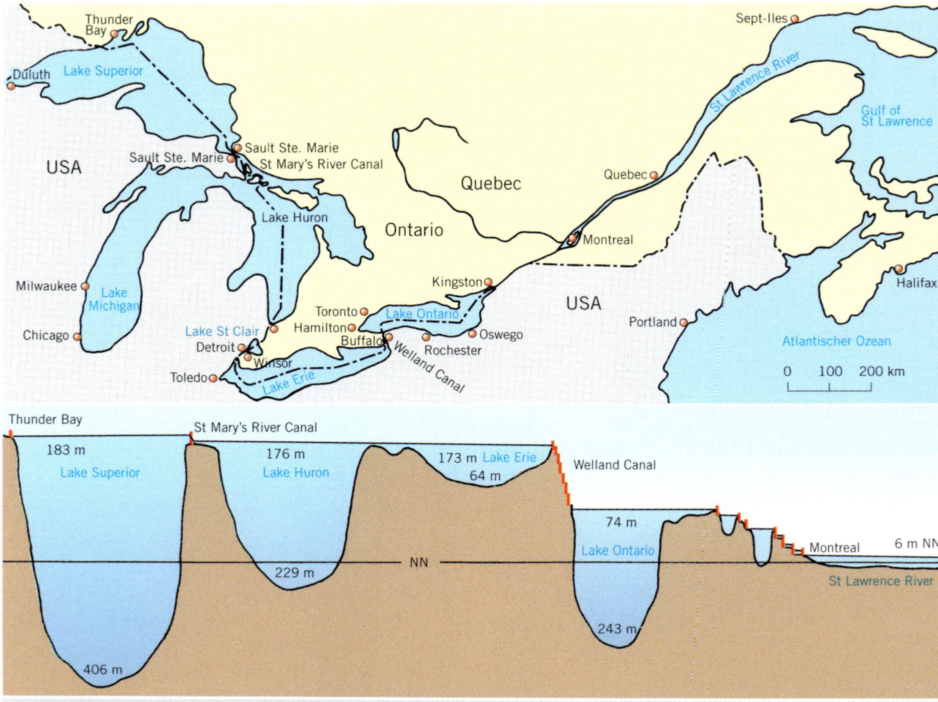

Abb. 33: Wasserweg St. Lorenz – Große Seen: *Er führt über 3800 km in den Kontinent. Der Abschnitt ab Montreal ist 1959 für Ozeanschiffe eröffnet worden.*

Quelle: The Canadian Encyclopedia, 1988, St. Lawrence Seaway.

Schon 1680 schlug der Superior Dollier de Casson vor, die Lachine-Stromschnellen bei Montreal durch einen Kanal zu umgehen. Die Idee konnte erst 1824 verwirklicht werden, und seitdem waren laufend Arbeiten notwendig, um den Schiffsverkehr bis zum Ontariosee zu sichern. Der letzte umfassende Ausbau wurde von Kanada durch den St. Lawrence Seaway Authority Act von 1951 eingeleitet. Die USA schlossen sich erst drei Jahre später zögernd an, da man eine Konkurrenz zu anderen Verkehrsverbindungen befürchtete. Schließlich konnte der neue Seeweg 1959 feierlich eröffnet werden.

Stromschnellen und Höhenunterschiede werden von 7 großen Schleusen, darunter 5 auf kanadischer Seite, umgangen. Ihre Ausmaße (233,5 m lang, 24,4 m breit und 9,1 m tief) ermöglichen den meisten Ozeanschiffen freie Fahrt, während früher die Fracht auf *Canallers* mit 2000 bis 3000 t Ladung umgeschlagen werden musste. Neben den Ozeanschiffen wird der Seeweg heute hauptsächlich von *Lakers* befahren, die über 25 000 t laden können. Die Arbeiten am Seeweg schlossen ferner den Ausbau von Häfen, Straßen und Brücken sowie die Energiegewinnung durch Hydrokraftwerke ein, sodass von einer neuen, vom Fluss geprägten Stromlandschaft gesprochen wurde (Winkler 1960).

Die Höhenstufe zwischen Ontario- und Eriesee, an der die berühmten Niagara-Fälle liegen, wird durch den Wellandkanal überwunden. Auch er hatte verschiedene Vorläufer, die auf das Jahr 1829 zurückgehen und laufend verbessert wurden (Jackson 1995 u. 1997). Auf einer relativ kurzen Strecke von 43,5 km müssen rd. 100 m Höhendifferenz ausgeglichen werden, was durch 7 Schleusen mit jeweils 14,20 m Hub sowie eine Kontrollschleuse geschieht. Ferner ist ein Seitenarm zur Entlastung angelegt worden. Die Ausmaße der Schleusen sind denen des St.-Lorenz-Seeweges angepasst und lassen die gleichen Schiffsgrößen zu (Bild 34). Trotz des eindrucksvollen Bauwerkes bleibt der Wellandkanal im System der Wasserstraße ein

Quelle: McIntyre Educational Media Ltd., Toronto.

***Bild 34:** Getreidefrachtschiff in der St.-Lambert-Schleuse des St.-Lorenz-Seeweges bei Montreal.*

„Flaschenhals", sodass weitere Ausbauten notwendig werden dürften.

Ein letzter Höhenunterschied von ca. 7 m muss zwischen Huron- und Oberem See überwunden werden, was durch einen Kanal und verschiedene parallel angelegte Schleusen bei Sault Ste. Marie erreicht wird. Die Anlagen wurden von beiden Ländern errichtet.

Die mit dem 1959 eröffneten St.-Lorenz-Seeweg verbundenen Prognosen waren hoch, man erwartete in kurzer Zeit ein Frachtaufkommen von bis zu 80 Mio. t. Tatsächlich blieben die Raten zunächst jedoch erheblich darunter. Erst Ende der 1970er-Jahre wurden auf dem Abschnitt Montreal – Ontariosee über 55 Mio. t erreicht, danach wechselten die Tonnagen ständig und gingen bis 1996 auf 38 Mio. t zurück. Die Schwankungen sind u. a. von der Konjunkturlage der Gesamtwirtschaft wie auch der einzelnen Zweige, ferner von Exportaufträgen, Transport- und Energiekosten abhängig.

Von Beginn an dominierten Massengüter, deren Anteile am Transport über 80 % erreichen (Tab. 18). Darunter nehmen Getreide und Eisenerze mit Abstand die ersten Plätze ein. Die Getreidefrachten, die etwa zu gleichen Teilen aus den USA und Kanada kommen, haben einen weiten Einzugsbereich. In Kanada umfasst er einen großen Teil der Prärieprovinzen, der an den Hafen von Thunder Bay am Oberen See angeschlossen ist, in den USA werden große Bereiche des Mittelwestens und des Weizengürtels eingeschlossen. Die verschifften Eisenerze werden ebenfalls in beiden Staaten abgebaut, seit langem in Minnesota und Wisconsin (USA), wo Duluth der bedeutendste Ausfuhrhafen ist. In Kanada gehören die Erze aus Labrador, die seit den 1950er-Jahren abgebaut werden, zu den am meisten transportierten Gütern. Die Erze werden über Stichbahnen zu den Häfen Sept-Iles/Pointe-Noire und Port-Cartier an den St. Lorenz gebracht.

Aus der Zusammensetzung der transportierten Güter, ihrer Herkunft und den Zielen lässt sich ersehen, dass die Wasserstraße St. Lorenz – Große Seen zum größten

Tab. 18: Frachtaufkommen auf dem St.-Lorenz-Seeweg, Sektion Montreal – Ontariosee

Frachtgüter	Frachtaufkommen 1995 (Mio. t)	1995 (%)	1996 (Mio. t)	1996 (%)
Getreide	14,6	38	12,3	32
Eisenerz	11,0	28	11,6	30
Salze	1,4	4	1,5	4
Erdölprodukte	1,0	3	1,1	3
Andere Massengüter	5,9	15	5,7	15
Massengüter gesamt	**33,9**	**88**	**32,2**	**84**
Eisen- u. Stahlprodukte	4,5	12	5,7	15
Andere Produkte	0,2	–	0,2	–
Gesamttonnage	**38,6**	**100**	**38,1**	**100**

Quelle: Saint Lawrence Seaway Development Corporation, Annual Report 1996.

Teil dem Binnenverkehr der beiden Anrainerstaaten und dem gegenseitigen Handel dient. Dabei werden Fluss und Wellandkanal hauptsächlich von kanadischen Schiffen genutzt, während auf den Seen der Verkehr zwischen Häfen der USA vorherrscht. Ein kleinerer Rest entfällt auf den Handel mit dem Ausland, besonders mit Europa.

Somit bildet der Wasserweg in erster Linie ein Verkehrssystem für den Kontinent und eine Achse für vielfältige wirtschaftliche Entwicklungen. Allerdings gibt der krasse Rückgang von Frachten und Schiffen in letzter Zeit Anlass zur Frage nach der Konkurrenzfähigkeit des Seeweges besonders gegenüber der effizient arbeitenden Eisenbahn. Gleichzeitig wächst die Zahl der Ozeanschiffe, die wegen ihrer Größe nicht mehr die Schleusen benutzen können. Bemerkenswert ist ferner, dass internationale Passagierschiffe auf Kreuzfahrten die Route relativ selten befahren.

Die Entwicklungen in den 40 Jahren seit der Eröffnung des Seeweges, 1959, fordern Modernisierungen heraus. Die Vision, dass die Großen Seen zu einer Art „vierten Küste“ für den Überseeverkehr werden, hat sich bisher nicht erfüllt.

Häfen an der pazifischen Küste: Konkurrenz zum Osten

Gegenüber den Häfen am St.-Lorenz-Seeweg haben die Standorte an den Außenküsten weitaus bessere Bedingungen. Das gilt für Halifax am Atlantik ebenso wie für die Häfen Britisch-Kolumbiens am Pazifischen Ozean; sie sind ganzjährig eisfrei und an tiefen Buchten und Fjorden gelegen. Wassertiefen von mehr als 22 m – im Vergleich Montreal 10,5 m – lassen auch die modernsten und größten Schiffe zu und verschaffen damit den Häfen große Vorteile (Lyon & Duggan 1993; Wieger 1997).

Die meisten der kleinen Häfen am Pazifik liegen im Umkreis von Vancouver und auf Vancouver Island. Sie sind bei geringem Umschlag auf die Verladung eines bestimmten Rohstoffes oder Halbfertigproduktes spezialisiert und eng mit der lokalen Industrie verbunden. Heraus ragen die Häfen von Prince Rupert und Vancouver mit den im engeren Umfeld gelegenen Fraser Port und North Fraser Harbour.

Die Hafengruppe im Raum von Vancouver weist einen Gesamtumschlag von 105 Mio. t (1994) auf. Davon beläuft sich der internationale Verkehr, der auf Vancouver und Fraser Port beschränkt ist, auf 64,8 Mio. t, was mit Abstand der erste Rang von allen Häfen des Landes ist (Tab. 19). Bemerkenswert ist das Verhältnis von Export und Import, das 13 zu 1 beträgt. Teilt man die Exporte in einzelne Güter auf, so zeigt sich, dass Massengüter bei weitem vorherrschen, wobei folgende Rangfolge besteht: Kohle, Weizen, Kali, Schwefel, Zellulose, Bauholz, Chemikalien und Futtermittel. Aus der Entwicklung in den letzten 20 Jahren wird deutlich, dass die Häfen an der

Hafen	Frachtverkehr 1994 (Mio. t)
Vancouver/Fraser Port	64,8
Saint John	18,6
Sept-Iles/Pointe-Noire	18,1
Port-Cartier	17,6
Prince Rupert	13,4
Montreal/Contrecœur	13,1
Halifax	11,4
Quebec/Lévis	11,2

Tab. 19: Warenumschlag der führenden kanadischen Häfen im internationalen Frachtverkehr

Quelle: Wieger 1997: 46.

Westküste, allen voran Vancouver, ihren internationalen Warenverkehr erheblich steigern konnten; zwischen 1976 und 1994 von 37,6 auf 91 Mio. t, d. h. um 142 %. Dagegen wiesen alle übrigen kanadischen Häfen im gleichen Zeitraum eine Steigerung von nur 17 % auf.

Zu diesen Ergebnissen führten verschiedene Faktoren: Der Reichtum an Ressourcen der Gebirgsregion und der angrenzenden Prärien, von denen vor allem der Abbau von Kohle wesentlich gesteigert wurde, sowie die an den Ressourcen orientierte Industrie Britisch-Kolumbiens; ferner eine steigende Nachfrage von bestimmten Gütern in Ost- und Südostasien, das Freihandelsabkommen mit den USA und Mexiko und nicht zuletzt der moderne Ausbau des Verkehrswesens. Dieser bezieht sich u. a. auf den Einsatz von doppelstöckigen Containerzügen der Eisenbahn und auf effiziente Verladeeinrichtungen in technisch spezialisierten Hafenterminals. Sie sind umfassend in Vancouver, für Kohle und Getreide in Prince Rupert sowie für Kohle und Container in Roberts Bank, unweit südlich von Vancouver, entstanden.

Die Exporte, die von Vancouver aus nach Asien gehen, machen über 70 % der Gesamtmenge aus, die nach Lateinamerika 11 %. An der Spitze der Abnehmer steht Japan, wohin besonders Kohle, Weizen und Kali verfrachtet werden. Die Ausfuhrgüter deuten bereits darauf hin, dass sich das Hinterland weit über die Prärieprovinzen ausgedehnt hat, wo z. B. Kalisalze in Südsaskatchewan abgebaut werden. Mit geringen Mengen, hauptsächlich Fertigprodukten, sind auch Ontario und Quebec einbezogen (Abb. 34). Von hier aus werden die Export- und Importgüter per Bahn an die Westküste transportiert. Nach wie vor ist

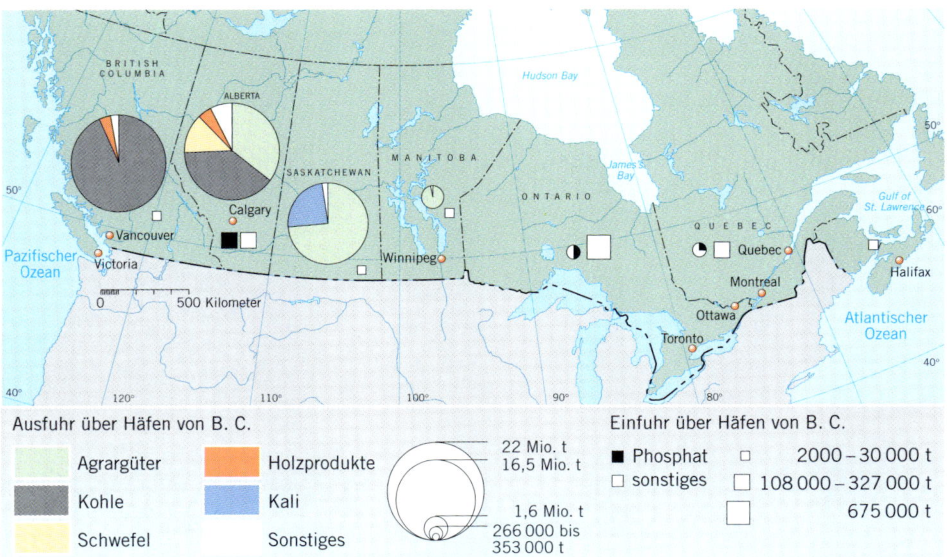

Abb. 34: Gütertransport mit der Bahn von und zu den Häfen Britisch-Kolumbiens, 1994: *Der Einzugsbereich der pazifischen Häfen reicht bis zu den Prärieprovinzen; die überwiegenden Massengüter werden mit der Bahn transportiert.*

Quelle: Wieger 1997, S. 41.

Bild 35: *Vanterm Container Terminal am Burrard Inlet, Vancouver, dahinter Hafenbecken für Kreuzfahrtschiffe.*

Montreal der größte Containerhafen Kanadas, doch holte Vancouver in letzter Zeit erheblich auf, zumal der Hafen besser an den modernen Schiffstransport angepasst ist.

Kanada besitzt an beiden Außenküsten und am St.-Lorenz-Seeweg eine Reihe von leistungsfähigen Häfen. In ihnen werden ganz überwiegend Massengüter umgeschlagen; manche haben sich auf ein Frachtgut spezialisiert, wie z. B. die Erzhäfen Sept-Iles/Pointe-Noire und Port-Cartier am St. Lorenz, Thunder Bay am Oberen See auf Getreide oder die Holzhäfen an der Westküste. Das Freihandelsabkommen mit den USA und Mexiko erleichtert den Schiffstransport über die Grenzen. Durch die gestiegenen Exporte nach Ost- und Südostasien haben in letzter Zeit die Ausfuhrhäfen am Pazifischen Ozean, namentlich Vancouver, einen starken Aufschwung genommen und sind nach dem letzten Stand der Technik umgerüstet worden (Bild 35). Damit sind sie manchem Hafen im Osten überlegen und können, zusammen mit dem ebenfalls modernisierten Frachtverkehr der Bahn, zur Konkurrenz um das Hinterland werden.

LANDWIRTSCHAFT UND LÄNDLICHER RAUM

Bild 36: *Weizenanbau und Einzelhöfe in Saskatchewan.*

Überblick

- Bei der europäischen Besiedlung begann der Ackerbau in Tälern des Ostens und fand seine größte Ausdehnung in den Grassteppen der Prärien, die eines der bedeutendsten Weizenanbaugebiete der Erde sind. Ebenso produktiv ist die Viehwirtschaft. Schon früh wurden in zahlreichen Versuchsstationen agrobiologische Forschungen aufgenommen und Farmer beraten.
- Regional sind sieben Agrarräume mit unterschiedlicher Produktion und Struktur herauszustellen. In Grenzgebieten des Anbaus, die durch Kälte im Norden und mangelnde Feuchtigkeit in Teilen der Prärien bestimmt werden, haben die Risiken zu einer Rücknahme bzw. zu Umstellungen in der Nutzung geführt.
- Allgemeine Tendenzen im 20. Jh. sind eine fortschreitende Mechanisierung der Arbeiten, wodurch sich die Kapitalintensität der Betriebe stark erhöht. Ferner erfolgt ein Rückgang vor allem von kleineren Subsistenzfarmen, deren Land teils von Nachbarn übernommen wird. Damit setzen sich leistungsfähige Farmen mit spezialisiertem Anbau und hoher Produktivität durch. Im Gegensatz zu den USA blieb der Familienbetrieb jedoch weitgehend erhalten.
- Im ländlichen Raum ist das Netz der Farmen weitmaschiger geworden, und die Landbevölkerung hat sich verringert. Eine hohe Mobilität und erheblich gestiegene Bedürfnisse der verbleibenden Farmbevölkerung haben eine Konzentration der materiellen und sozialen Versorgung bewirkt. Kleinere Marktzentren aus der Kolonisationszeit müssen zugunsten von Städten mit einem breiteren Spektrum an Versorgungseinrichtungen aufgegeben werden.

Historischer Überblick

Das räumliche Vordringen landwirtschaftlicher Produktion ging mit der Besiedlung des Landes durch die Europäer einher. Dabei können folgende Zeitabschnitte unterschieden werden:

1) In der Zeit vor 1780 konnte sich die Landwirtschaft nur gering durch französische und englische Siedler ausbreiten. Die genutzten Flächen waren auf Neufundland und in Akadien verstreut; hervorzuheben sind die größeren Areale der Marschen im Bereich der Fundy Bay. Als ein weiteres Anbaugebiet kam das Tal des St. Lorenz in Quebec hinzu. Mit den damaligen Mitteln konnte die Produktion nur gering sein und diente vor allem der Selbstversorgung. Für die Bewohner der Städte und auch für die Soldaten mussten zusätzlich Nahrungsmittel aus den Mutterländern und von den Westindischen Inseln eingeführt werden.
2) In dem Jahrhundert zwischen 1780 und etwa 1880 wurde der Ackerbau durch Einwanderer aus den USA in Südontario eingeführt. Die relativ fruchtbaren Böden ermöglichten eine verstärkte Produktion von Nahrungsmitteln, sodass die wachsenden Städte besser versorgt werden konnten. Gleichzeitig setzte eine gewisse Organisation der Landwirtschaft ein, wobei die Regierung Maßstäbe setzte und Hilfen gewährte. Weiterhin konnte im 19. Jh. die Landwirtschaft auch im Westen in einigen Gebirgstälern und Küstenebenen von Britisch-Kolumbien aufgenommen werden.
3) Zwischen 1870/80 und 1930 wurden die Präriegebiete im Mittleren Westen, das umfangreichste für die Landwirtschaft geeignete Areal Kanadas, kolonisiert. Von Beginn an stand der Anbau von Getreide, besonders von Weizen, im Mittelpunkt der Produktion. Gleichzeitig erfolgten Vorstöße zu nördlichen Anbaugebieten am Peace River im Nordwesten und zum Clay Belt in den Provinzen Ontario und Quebec. In dieser Periode wurde Kanada einer der wichtigsten Exporteure von landwirtschaftlichen Produkten auf dem Weltmarkt.
4) Das Jahrzehnt von 1930 bis zum Zweiten Weltkrieg gilt für die Landwirtschaft als Rückschlag. Die Finanzkrise und eine Folge von Dürrejahren in den Prärien wirkten sich verheerend aus. Getreideproduktion und Exportpreise fielen drastisch ab, und als Folge mussten landwirtschaftliche Betriebe aufgegeben werden. Ein Teil der Farmer siedelte sich im Norden neu an. Da zu dieser Zeit die Landwirtschaft bereits eine hervorragende Stellung in der Volkswirtschaft des Landes erreicht hatte, musste die Regierung eingreifen. Es wurden bedeutende Maßnahmen getroffen, wie die Gründung des Canadian Wheat Board und der Erlass des Prairie Farm Rehabilitation Act von 1935. Im Osten wirkte sich die Krise weniger aus, da die Produktion vielfältiger ist und die Farmer nicht so stark vom Export abhängig waren. Aber auch hier gingen die Einkommen zurück, und Farmen mussten verkauft werden. Vielfach siedelten sich arbeitslose Stadtbewohner auf dem Lande an, um sich selbst versorgen zu können.

Tendenzen der Landwirtschaft

Schon zu Beginn der 1940er-Jahre hatte die kanadische Landwirtschaft die vorangegangene Krise überwunden und konnte erfolgreich zur Versorgung Englands und der alliierten Truppen im Krieg beitragen. Die getroffenen Maßnahmen zur Wiederherstellung der Produktion besonders in den Präriegebieten wirkten sich bald positiv aus. Das 1935 eingerichtete Wheat Board gab den Farmern durch eine garantierte Abnahme Sicherheit und bewirkte damit eine größere Stabilität.

In relativ kurzer Zeit setzte sich nach dem Kriege eine Mechanisierung der Arbeiten durch. Allerdings waren Traktoren, Mähdrescher und andere Geräte schon seit den 1920er-Jahren bekannt, doch förderte der Krieg in besonderem Maße ihre Verbreitung. So stieg z. B. die Anzahl der Traktoren von 160 000 (1941) in nur 10 Jahren auf 400 000 (1951); sie liegt heute bei 711 000 (1996). Entsprechend nahm die Zahl der Pferde als Zugtiere ab, und ebenso verringerten sich die Arbeitskräfte auf den Farmen. Dies war bedeutend, da die Landarbeiter in anderen Produktionszweigen benötigt wurden und auch als Soldaten dienen mussten. Mit den vielfältigen Maschinen und Geräten, die von der Industrie angeboten wurden, änderten sich die Betriebsstrukturen. Die Kapitalintensität der Farmen nahm schnell zu, ebenso auch die Abhängigkeit von Energie, Benzin, Öl und Erdgas, deren Preise zunehmend die Ausgaben mitbestimmten.

Von großem Nutzen hat sich die Organisation von Forschungs- und Versuchsstationen erwiesen. Bereits 1886 richtete die kanadische Regierung Versuchsfarmen (Experimental Farms) ein, deren Zentrale in Ottawa ist. Zu ihren Aufgaben gehören u. a. Pflanzenzüchtungen, Schädlingsbekämpfung, Erhaltung der Bodenfruchtbarkeit, Tierzucht und -pflege, wie auch die Erprobung von Anbaumethoden und Geräten. Die Versuche, deren praktische Ergebnisse die Farmer direkt übernehmen können, werden von weiteren staatlichen oder privaten Institutionen und landwirtschaftlichen Fakultäten ergänzt. Mit ihren Bewertungen aus ökonomischer und auch aus agrar-sozialer Sicht können den Behörden wichtige Hinweise für die Planung gegeben werden. Der erreichte hohe Standard der kanadischen Landwirtschaft ist nicht zuletzt auf diese schon früh begonnenen Forschungen zurückzuführen.

Im Mittelpunkt der neueren Entwicklungen steht die Abnahme der Farmen (Tab. 20 u. 21). Ihre Anzahl erreichte Anfang der 1940er-Jahre mit mehr als 730 000 Betrieben einen Höhepunkt; sie ging seitdem landesweit um 62 % zurück. Regional zeigen sich die höchsten Werte in den Atlantischen Provinzen und in Quebec. Das trifft ebenfalls für die Aufgabe des Farmlandes zu, sowohl beim Gesamtareal, einschließlich von Wald und Naturweiden, als auch beim bearbeiteten und genutzten Land. Flächen aufgegebener Farmen werden im atlantischen Bereich eher aus der Nutzung genommen und aufgeforstet, weil es sich oft um ertragsarme Böden oder ungünstige Hanglagen handelt. Dagegen wird das Land in den Prärieprovinzen meistens von benachbarten Farmen übernommen und weitergenutzt. Außerdem fanden hier noch lange Zeit in den nördlichen Anbaugebieten Neurodungen statt, allerdings mit abnehmender Tendenz. Eine Folge des starken Farmrückganges und der gleichzeitigen Veränderungen im Umfang der Nutzflächen, die teils aufgegeben, teils übernommen wurden bzw. neu hinzukamen, sind die landesweit angestiegenen Betriebsgrößen. Auch dabei zeigen sich strukturelle Unterschiede zwischen dem Osten und Mittleren Westen.

Die Entwicklungen in den letzten 50 Jahren sind Ausdruck einer sich durchsetzenden Industrialisierung. Der Trend zu großen und leistungsstarken Maschinen muss zu Betrieben mit größeren Flächen und ausreichendem Kapital führen, um die Maschinen möglichst optimal auszunutzen und die hohen Investitionen aufbringen zu können. Auf der anderen Seite mussten

Jahr	Landwirtschaftliche Betriebe
1921	711 090
1941	732 832
1961	480 817
1981	318 361
1991	280 043

Tab. 20: Landwirtschaftliche Betriebe

Quelle: Census of Canada 1996 (Cat. 93–358), Tab. 1.

	1976	1996
Anzahl der Farmen[1]	338552	276548
Durchschnittsgröße (ha)	202	246
Zugehörendes Land (Mio. ha)	68,4	68,0
davon bestellt	28,3	34,9
Wiesen und Weiden	4,1	4,3
Sommerbrache	10,9	6,3
Anderes Areal	25,1	22,5

[1] Die Definition von „Farm" wechselte mehrfach.

Tab. 21: Farmen und landwirtschaftliche Flächen

Quelle: Census of Canada 1996 (Cat. 93–358), Tab.7.

meist kleinere und vielfach von älteren Personen bewirtschaftete Betriebe aufgegeben werden

Die Rentabilität der Farm ist zu einem vordringlichen Ziel geworden. Der frühere Pionierfarmer betrieb vor allem im Osten eine Selbstversorgungswirtschaft, die sich am längsten in den abgelegenen Appalachentälern hielt. Heute sind die Betriebe an die Marktwirtschaft gebunden und unterliegen anderen Gesetzen. Sie sind einem Zwang zur Rentabilität ausgesetzt, deren Prämissen – Energiekosten, Absatzmöglichkeiten, Marktpreise usw. – sich laufend verändern. Entsprechend ändert sich auch der Grad der Rentabilität, der erreicht werden muss, um die Farm erhalten zu können.

Bei der Bevölkerung des ländlichen Raumes geht die Zahl der auf Farmen lebenden und arbeitenden Personen stark zurück. Betrug die Farmbevölkerung 1941 über 27 % und 1951 noch 20 % der Gesamtbevölkerung, sank ihr Anteil bis heute auf etwa 3 bis 4 %. Der Rückgang verlief parallel zur Aufgabe der Betriebe. Die Ziele der Abwanderer sind unterschiedlich. Während jüngere Personen von den großen Städten mit ihren vielseitigen Bildungsmöglichkeiten und Arbeitsplätzen angezogen werden, bleiben die Älteren vor allem in den nahe gelegenen kleinen Marktzentren oder siedeln sich am Rande von Städten an. Besonders in den 1960er-Jahren wurden die Nachteile des ländlichen Raumes spürbar; niedrige Einkommen, Unterbeschäftigung, geringe Bildungsmöglichkeiten und Mängel in der materiellen und sozialen Versorgung ließen eine Verarmung sichtbar werden. Die Regierung griff mit zahlreichen Hilfsprogrammen auf Bundes- und Provinzebene ein, von denen besonders der 1961 erlassene Agricultural Rehabilitation and Development Act (ARDA) eine landesweite Bedeutung erlangte (Buckley & Tihannyi 1967). Zusammen mit anderen Institutionen führte man umfangreiche Aufnahmen und Kartierungen der Nutzbarkeit des Landes durch. Als Ergebnis wurden Subsistenzfarmen aufgekauft, unbrauchbares Land aus der Produktion genommen und versucht, den Menschen alternative Arbeitsmöglichkeiten zu geben. Die Bestrebungen laufen darauf hinaus, die Produktion in leistungsfähigen Farmen zu sichern und marginale Betriebe herauszunehmen. Dazu gehören ebenfalls Vermarktung und Exportabschlüsse, sodass der Anbau besser geregelt werden kann.

Betriebsform	Anzahl 1996	Anteil (%)
Familienfarmen, 1 Besitzer	168 007	60,8
Mit Teilhaber	74 898	27,1
Familienkörperschaften	27 082	9,8
Andere Körperschaften	5 605	2,0
Andere Vereinbarungen	936	0,3
Farmen insgesamt	**276 528**	**100,0**

Tab. 22: Betriebsführung der Farmen

Quelle: Census of Canada 1996 (Cat. 93–356). Tab. 1.1.

Eigentumsstruktur und Betriebsführung der Farmen sind noch überwiegend an Familien gebunden (Tab. 22). Über 60 % aller Betriebe gehören einer Familie und werden vom Besitzer bewirtschaftet. Hinzu kommen Farmen, die mehreren Teilhabern, meistens sind es enge Verwandte, gehören, ferner bestehen Familien-Körperschaften. Diesen Eigentumsformen stehen andere Korporationen (non family corporates) gegenüber, d. h. Farmen, die Aktiengesellschaften oder Firmen der Industrie gehören und von Managern geleitet werden. Dieser in den USA weitaus bedeutendere Typ ist in Kanada mit 2 % Anteil nur sehr gering vertreten.

Die Familienfarmen bewirtschaften überwiegend eigenes Land, besonders in den Präriegebieten kommt jedoch mehr und mehr Pachtland hinzu, das meistens von aufgegebenen Farmen stammt. Um den Betrieb leistungsfähig und rentabel zu halten, sind allerdings nicht nur landwirtschaftliche Kenntnisse notwendig, sondern ebenso wichtig sind betriebswirtschaftliche Entscheidungen über Investitionen, eine bessere Ausnutzung des Maschinenparks, Vermarktung der Produktion, Preisgestaltung usw. Der Farmer muss sich laufend über alle Neuerungen und Angebote unterrichten sowie Absatzmöglichkeiten und Preise beobachten. Das erfordert ein hohes Maß an Kommunikation und Übersicht und gleicht mehr der Verwaltung eines Industriebetriebes.

Ein wichtiges Ziel der Agrarpolitik ist nicht zuletzt, die Farmfamilien materiell und sozial den Stadtbewohnern anzupassen.

Durch vielfache Verbindungen zu Städten sind seit langem materielle Bedürfnisse geweckt worden, die mit den angestiegenen Einkommen auch befriedigt werden können. Die verbreitete Warenbestellung nach Katalogen kam der Landbevölkerung sehr entgegen. Schwieriger ist allerdings die soziale Versorgung, da die Farmen meistens verstreut liegen und weite Entfernungen, z. B. zu höheren Schulen, Krankenhäusern, Altersheimen usw., zurückzulegen sind. Auf jeden Fall muss versucht werden, die Nachteile eines Lebens auf einsam gelegenen Farmen so weit wie möglich abzubauen, um auch damit die Familienfarm zu erhalten und ein weiteres Abwandern der Farmbevölkerung zu verhindern. Die ökonomischen und sozialen Bemühungen von Regierung und anderen Institutionen sollen letztlich zu einer positiven Einstellung zur Arbeit auf den Farmen führen. Diese soll nicht nur darauf ausgerichtet sein, Geld zum Leben zu verdienen („a way of earning a living"), sondern es soll sich die Einsicht durchsetzen, dass der Betrieb einer Farm ein sehr erfolgreiches Leben ermöglichen und den „way of life" bestimmen kann (Troughton 1982: 75).

Die Agrarregionen

Natürliche Ausstattung und historische Entwicklungen haben die Agrarregionen Kanadas geprägt. Zwar setzen sich die aufgezeigten allgemeinen Tendenzen in jedem dieser Räume durch, was zu gewissen Angleichungen führt, doch unterscheiden sich Zeitpunkt und Intensität, wodurch sich traditionelle Formen zum Teil länger erhalten können (Abb. 35).

Atlantische Region

Der Bereich am Atlantik bietet für die Landwirtschaft relativ ungünstige Voraussetzungen. Die agrarisch nutzbaren Flächen

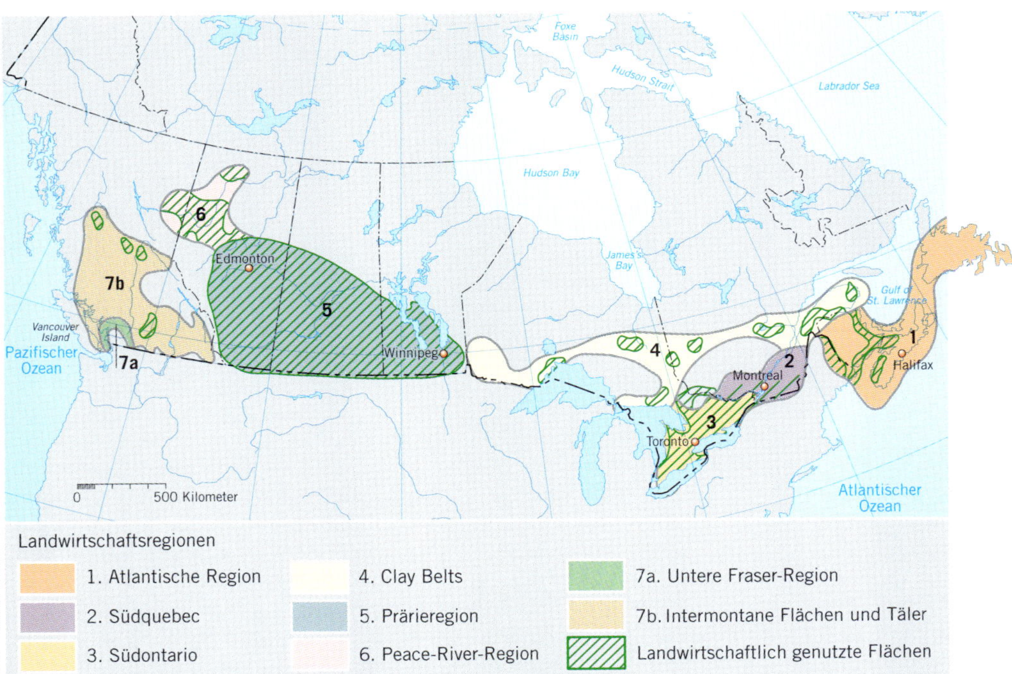

Quelle: Troughton 1982, S. 260.

Abb. 35: Landwirtschaftsregionen Kanadas: *Die landwirtschaftlichen Nutzflächen liegen im Süden, die Regionen unterscheiden sich in der natürlichen Ausstattung.*

***Bild 37:** Eingeschränkte landwirtschaftliche Nutzfläche in den Atlantikprovinzen.*

beschränken sich auf einzelne Gebirgstäler und Küstenebenen sowie in größerer Ausdehnung auf die Marschgebiete der Fundy Bay. Neben der Topographie wird die Produktion durch ein raues Klima und ungünstige Böden eingeschränkt (Bild 37).

Eine relative Bedeutung kam der Landwirtschaft dieses Raumes noch bis in die zweite Hälfte des vorigen Jahrhunderts zu. Schon seit etwa 1870 setzte jedoch ein Rückgang ein, wobei mühsam gerodetes Land aufgegeben wurde und Höfe und kleine Dörfer verfielen. Die Wüstungsperiode, die von einer Auswanderung der Landbevölkerung begleitet wurde, hatte einen ersten Höhepunkt um die Jahrhundertwende. Ursachen des Verfalls werden in einer zunehmenden Konkurrenz der günstiger produzierenden Landwirtschaft in anderen Regionen, vor allem in Südontario, gesehen (Wieger 1982 u. 1990). Isolation und mangelnde Infrastruktur wirkten sich besonders negativ aus. So setzte sich der Wüstungsprozess fort, wenn er auch in der ersten Hälfte des 20. Jh.s noch relativ zurückhaltend verlief. Die Nutzflächen der Farmen sind weiterhin zu klein, um rentabel wirtschaften zu können; die Verkaufserlöse liegen vielfach unter 2500 $ pro Jahr. Die früher von den Farmern im Winter wahrgenommene Arbeit in der Holzwirtschaft entfällt zunehmend, da die Produktion stark mechanisiert und ganzjährig betrieben wird. Der Wüstungsprozess bewirkt eine weitere Isolierung der noch bestehenden Farmen, Transport und Organisation des Absatzes sowie die Versorgung der Bevölkerung werden erschwert.

Der Rückgang von Farmen und genutzten Flächen ist mit einer Konzentration der Landwirtschaft verbunden. Sie bezieht sich auf Gunsträume, wie z. B. das Flusstal des Saint John, die Marschländer um die Fundy Bay oder Prince Edward Island, wo die Landwirtschaft führender Wirtschaftszweig ist. Von den Produkten, die früher sehr vielseitig waren, sind Rinderhaltung und Milchwirtschaft zusammen mit dem Anbau von Futterpflanzen wichtige Zweige geblieben. Vor allem aber werden hochwertige Spezialprodukte angebaut, zu denen Speisekartoffeln und auf Prince Edward Island auch Saatkartoffeln gehören, die größtenteils exportiert werden. Ferner sind es Gemüse, Tabak, Obst und Blaubeeren; die früher berühmten Apfelkulturen im Annapolistal sind heute nur noch zum Teil erhalten.

Im nationalen Rahmen kommt der Landwirtschaft in den Atlantischen Provinzen allerdings eine untergeordnete Rolle zu. Mit Ausnahme von Speise- und Saatkartoffeln, die über 43 % der kanadischen Produktion ausmachen, sind die Anteile gering. Es ist jedoch für die Region wichtig, dass die Landwirtschaft neu geordnet wird und sich leistungsfähige Betriebe mit Spezialkulturen durchsetzen und den Verkaufswert steigern können. Wenn auch der Prozess noch im Gange ist, zeichnet sich für die Zukunft das Bild einer modernen Landwirtschaft ab.

Südquebec

Die Agrarregion von Südquebec umfasst das St.-Lorenz-Tiefland und die südlich anschließenden Flächen der Appalachen. Die fruchtbaren Böden im engeren Tal des St. Lorenz bei Montreal waren einer der Ausgangspunkte der Landwirtschaft Kanadas, die hier im 17. Jh. mit dem Anbau von Winterweizen und einer geringen Viehwirtschaft begann. Lange Zeit war die Landwirtschaft in diesem Bereich ein wichtiger Faktor, und die Bodenverbundenheit der franko-kanadischen Bauern war nirgends so stark wie hier.

Seit Mitte des 20. Jh.s änderte sich die Situation zunehmend. Die meist kleineren Subsistenzfarmer gaben ihren Betrieb auf, viele Landbewohner wurden von der aufblühenden Industrie in den Städten, vor allem im Großraum von Montreal, angezogen.

Die steigende Stadtbevölkerung bildet einen aufnahmefähigen und gut erreichbaren Absatzmarkt für spezielle Produkte. So betreiben größere und leistungsstarke Betriebe den Anbau von Gemüse und Früchten, wodurch die Produktion einen hohen Wert erreicht. Geblieben ist die Gewinnung von Ahornsirup, der seit langem „gezapft“ wird und zusätzliche Einkommen bietet.

Ein nachteiliger Prozess ist die Verdrängung von Anbauflächen im Umland von Großstädten. Besonders im Ballungsraum von Montreal gehen der Landwirtschaft durch eine schnelle Ausbreitung von flächenintensiven Vororten laufend hochwertige Anbauareale verloren, die meistens nach Ankauf noch lange Zeit brachliegen. Allerdings wird sich diese Entwicklung, etwa durch Verbote von Landspekulationen, kaum aufhalten lassen (Pletsch 1981).

Südontario

Die Agrarregion Südontarios nimmt das glazial gestaltete Tiefland nördlich der Großen Seen ein, das in großen Bereichen fruchtbare Böden und relativ günstige klimatische Bedingungen aufweist. Die um 1780 einsetzende Landnahme schritt rasch vom Süden nach Norden voran, und in weniger als hundert Jahren war der größte Teil der Region für eine landwirtschaftliche Nutzung erschlossen. Zunächst wurde hauptsächlich Weizen angebaut, aber schon in der Mitte des 19. Jh.s begannen der Anbau von Futterpflanzen und Viehwirtschaft. Umfangreiche Meliorationen der verbreiteten Ebenen mit fruchtbaren lehmigen Böden (clay plains), die von niederländischen Einwanderern durchgeführt wurden, erlauben hier eine intensive Nutzung.

Seit Mitte des 20. Jh.s hat sich die Agrarwirtschaft Südontarios durch die schnelle Ausbreitung von Körnermais und Sojabohnen als Futterpflanzen stark verändert. Ihre Anbauflächen haben sich mehr als verzehnfacht und das Getreide, v. a. Weizen, verdrängt. Hohe, durch Züchtungen erreichte Hektarerträge bei relativ geringen Produktionskosten begründeten eine Mastviehhaltung, besonders von Rindern. Sie bestimmt heute große Teile der Agrarlandschaft. Milchwirtschaft wird dagegen hauptsächlich noch im Umkreis der Städte betrieben, die gut erreichbare Absatzmärkte darstellen. Das ist auch bei dem intensiven Gemüseanbau nördlich von Toronto der Fall (Bild 38).

Zu den Sonderkulturen Südontarios gehört der Tabak, dessen Anbau in einem Landstreifen nördlich des Eriesees schon im 19. Jh. begann. Die Erträge machen landesweit etwa 90 % aus, mehr als ein Drittel wird exportiert. Bedeutend ist ferner der Niagara Fruit Belt zwischen Erie- und Ontariosee. Der Standort ist mit guten Böden und relativ milden Temperaturen ausgestattet, sodass neben anderen Obstsorten auch die empfindlichen Pfirsiche, Aprikosen und Weintrauben wachsen. Heute dominieren größere Flächen mit Weinstöcken; die einzelnen Betriebe umfassen im Durchschnitt 11 ha, können aber auch weitaus größer sein. Allerdings besteht durch die Freihandelszone (NAFTA) eine wachsende Konkurrenz der angrenzenden USA. Räumliche Einschränkungen der bebauten Flächen gehen von den Städten auf der Niagara-Halbinsel aus, von denen sich

Bild 38: *„Holland Marsh" nördlich Toronto, Ontario; Schwarzerden und Drainage ermöglichen einen intensiven Gemüseanbau, Siedler aus den Niederlanden.*

Quelle: McIntyre Educational Media Ltd., Toronto.

z. B. St. Catharines und Niagara Falls mit ihren Wohnvierteln und Industrieanlagen schnell ausbreiten.

Die Landwirtschaft in Südontario wird äußerst intensiv und Gewinn bringend betrieben; der Produktionswert pro Hektar liegt an der Spitze aller Regionen Kanadas. Ein wichtiger Auslöser ist in der nahe gelegenen Bevölkerungsballung in den Großstädten, allen voran Torontos, zu sehen, die den Absatz sichert und die Produktion beeinflusst.

Clay Belts in Ontario und Quebec

Die Agrarregionen von Südquebec und Südontario werden im Norden von einzelnen Räumen mit landwirtschaftlicher Nutzung umgeben. Sie sind von den zusammenhängenden Anbaugebieten losgelöst und gründen sich vor allem auf lehmige Ablagerungen in eiszeitlichen Stauseen. Von der Bodenbeschaffenheit her bestehen zwar gewisse Voraussetzungen, doch ist der Anbau durch das nördliche Klima nicht ohne Risiken.

Die Erschließung des Raumes setzte nach der Jahrhundertwende mit dem Ausbau des Eisenbahnnetzes ein, doch blieben zunächst Holzgewinnung und Erzabbau vorherrschend; eine großräumigere Besiedlung erfolgte nach dem Ersten Weltkrieg. Während sich der in Kultur genommene Bereich Ontarios hauptsächlich entlang der Bahnlinien erstreckt und nur einzelne Erweiterungen aufweist, ist das in Quebec gelegene Siedlungsgebiet weitaus kompakter und umfangreicher. Hier wurden die Siedler durch die Provinzialregierung mit Subventionen und anderen Leistungen unterstützt, und die katholische Kirche hielt ihre Gläubigen zur Siedlung auf dem Lande an. Der große Kinderreichtum der Familien hatte ein schnelles Anwachsen der Bevölkerung zur Folge.

Der Rückgang von Landwirtschaft und Besiedlung setzte zuerst in dem weniger subventionierten Teil Ontarios in den 1940er-Jahren ein, hat aber danach die gesamte Region erfasst. So nahmen von 1961 bis 1991 in einzelnen Bereichen die landwirtschaftlichen Betriebe um mehr als 75 % ab, Betriebsflächen und genutztes Land verringerten sich um über 50 % (Ehlers 1984; Ehlers & Hecht 1994: 106).

Dem Verfall folgte vielerorts ein „Kulturlandschaftsumbau". Die verbleibenden Farmen übernahmen Teile der landwirtschaftlichen Nutzflächen und vergrößerten sich. Auf dem aufgelassenen Land siedelte sich Sekundärwald an. Der frühere Getreideanbau wurde weitgehend zugunsten von Grünland mit Rinderzucht ersetzt.

Räumlich findet eine Verlagerung des Anbaus von den Randbereichen zu zentraler gelegenen Teilen mit guter Verkehrsanbindung statt. Gleichzeitig vollzieht sich ein Funktionswandel: Viele der aufgelassenen Farmen werden als Freizeitwohnsitze eingerichtet und genutzt, wobei die Lage an Verkehrswegen und in der Nähe von Versorgungszentren bevorzugt wird. Natürlich ist das auch von der Attraktivität der Landschaft, z. B. von Seen mit Angelmöglichkeiten usw., abhängig. Die neuen Nutzer sind meistens in Dienstleistungsberufen tätig und arbeiten in Städten.

Verfall und Umbau in der Landwirtschaftsregion der Clay Belts konnten in wenigen Jahrzehnten erfolgen, da der Raum verkehrsmäßig gut an die städtischen Ballungszentren der Provinzen Ontario und Quebec angeschlossen ist, die etwa 500 km südlich liegen. Von diesen Absatzmärkten gingen bestimmende Impulse für die Veränderungen in der landwirtschaftlichen Produktion aus, und ebenfalls wurde durch die städtische Bevölkerung der Übergang zu einer freizeitlichen Nutzung des Raumes gefördert.

Die Vorgänge im Clay Belt sind auch in anderen Bereichen der nördlichen Agrarregion festzustellen. Ein Beispiel ist das Tal des Gatineau, das Outaouais, nördlich der Großstadt Ottawa-Hull, wo ebenfalls zahlreiche Zweitwohnungen entstanden sind (Eberle 1992). Ein weiteres Gebiet des landwirtschaftlichen Umbruchs ist die Gaspésie-Halbinsel, wo allerdings ein Funktionswandel wie im Clay Belt kaum möglich sein dürfte und eher Aufforstungen vorgenommen werden.

Prärieregion

Auf die Prärieprovinzen Manitoba, Saskatchewan und Alberta entfallen mehr als 80 % der landwirtschaftlichen Nutzfläche Kanadas; die agrare Produktion des Landes wird von ihnen maßgeblich bestimmt. Schon bei der Kolonisation hatte sich Weizen als wichtigstes Produkt und hauptsächliche Einnahmequelle der Farmer durchgesetzt; 1931 nahmen Weizenfelder über 43 % des genutzten Landes ein.

Die Dürre in den 1930er-Jahren traf die Weizenwirtschaft besonders hart, Felder mussten aufgegeben und Farmen verlassen werden. Zu den Gegenmaßnahmen des Prairie Farm Rehabilitation Act (1935) gehörten u. a., brachliegende und vom Bodenabtrag bedrohte Flächen mit Gras einzusäen und Weideland zu gewinnen; ferner wurden die Farmen mit Wasser versorgt und die Landbewässerung im Trockengebiet Südalbertas ausgebaut.

Die allgemeine Situation verbesserte sich durch gute Getreideernten in den 1940er-Jahren sowie auch durch eine starke Nachfrage nach Rind- und Schweinefleisch während des Krieges. Damit erhielt die Tierhaltung in der Region einen deutlichen Impuls, sodass sich die Einkommen daraus auf 40 % verdoppelten.

Die Landnutzung hat sich seit Mitte des Jh.s zwar nicht grundsätzlich verändert, doch ist sie räumlich besser an die natürlichen Bedingungen angepasst worden (Lenz 1965; Wieger 1991b: 88 ff.). Als „Steuerungsfaktor" erwies sich vor allem die zur Verfügung stehende Feuchtigkeit, wodurch ein Süd-Nord-Wandel besteht. Der trockenere Süden weist vermehrt extensiv genutztes Weideland und Weizenanbau auf. Dabei ist es notwendig, den Anbau alle zwei oder drei Jahre durch eine Brache zu unterbrechen, wodurch im Boden Feuchtigkeit und Nährstoffe gespeichert werden können. Um eine Verdunstung möglichst gering zu halten, werden die Stoppeln der letzten Ernte nicht umgebrochen, sondern nur deren Wurzeln gekappt. Als typisch hat sich die Verbindung von Sommerweizen mit Gerste, Raps und Flachs herausgebildet, wobei der Weizen weitaus dominiert. Raps bezieht sich in erster Linie auf die Neuzüchtung CANOLA, die viele Vorteile aufweist und Ende der 1970er-Jahre eingeführt wurde.

Im nördlichen Parkgürtel sind die Anbaumöglichkeiten durch bessere Böden und größere Feuchtigkeit differenzierter. Hier ist der früher ebenfalls vorherrschende Weizenanbau zugunsten anderer Nutzungen zurückgegangen. Getreide wechselt mit Öl-

Bild 39: *Farm in der Prärieregion; die Gebäude sind über ein größeres Areal verstreut, eine besondere Form der Hofanlage besteht nicht.*

saaten und Futterpflanzen, wie besonders Luzerne, und es besteht eine intensive Rinder- und Schweinehaltung. Weiter nach Norden nimmt der Grünlandanteil zu.

Herausragende Nutzungsgebiete sind durch Landbewässerung entstanden. Das mit über 460 000 ha umfangreichste Bewässerungsgebiet liegt in Südalberta; es ist bereits um die Jahrhundertwende unter dem Einfluss der hier angesiedelten Mormonen begonnen worden (Wieger 1989). Genutzt werden Flüsse aus den nahe gelegenen Rocky Mountains, die eine starke und gleichmäßige Wasserführung haben. Der Anbau umfasst Weizen, darunter sog. Weichweizen zur Herstellung von Backwaren, Gerste, Luzerne und Raps; weniger verbreitet sind Spezialkulturen, wie Zuckerrüben und Gemüse (Bild 39). Ferner sind verschiedene feed lots angelegt worden, in denen Jungrinder gemästet werden. Dies ist Teil des Zusammenwirkens mit den angrenzenden Weidegebieten in der Fußhügelzone, wo sich seit langem Ranchbetriebe etabliert haben.

Nach wie vor werden große Teile der Prärielandschaft von Getreidefeldern und -speichern an den Bahnstrecken geprägt. Der Weizen hat mit rd. 12 Mio. ha – das sind über 40 % des bestellten Landes oder über ein Drittel der gesamten landwirtschaftlichen Nutzfläche – den größten Anteil, gefolgt von Gerste, der Rapssorte CANOLA und Hafer. Anbaufläche und Produktion schwanken allerdings von Jahr zu Jahr, worin sich natürliche und marktwirtschaftliche Abhängigkeiten zeigen (Tab. 23).

Während die Durchschnittsgröße der Farmen in den Prärieprovinzen zwischen 300 und 400 ha liegt, erreichen Betriebe mit spezialisiertem Getreideanbau nicht selten über 1000 ha; häufig ist ein Teil ihres Landes gepachtet. Die Farmen konzentrieren sich meistens in guter Lage an festen Straßen und in der Nähe von Versorgungsorten (Abb. 36 u. 37). Ein Teil der Landbesitzer ist nicht dauernd auf den Betrieben anwesend (non-resident oder suitcase farmer). Sie wohnen oft in nahe gelegenen Städten und überlassen Einsaat, Ernte und andere Feldarbeiten Unternehmern, die Maschinen und Arbeitskräfte vermieten.

Neben den überwiegenden Familienfarmen gibt es in den Prärieprovinzen nur relativ wenige Betriebe, die Kapitalgesellschaften oder Gemeinschaften gehören und von Beauftragten geführt werden. Am bekanntesten sind die Bruderhöfe oder Kolonien der Hutterer (Abb. 38) (Peter 1987; Perterer 1998). Die religiöse Gruppe wanderte 1874 aus Russland in die USA aus und kam von dort 1918 in die Prärieprovinzen Kanadas. Die heute (1996) insgesamt 286 Bruderhöfe (Tab. 24) haben sich durch laufende Teilungen gebildet. Wird eine Zahl von etwa 150 Personen auf einem Hof erreicht, muss eine Tochterkolonie gegründet werden, was bei einer hohen Geburtsrate alle 14 bis 20 Jahre notwendig wird.

Die Größe der Kolonien schwankt nach der Ertragslage des Gebietes, der finanziellen Ausstattung u. a. zwischen 1000 und 9000 ha. Die geringsten Durchschnitts-

Zeitraum	Anbaufläche (Mio. ha)	Ernte (dz/ha)	Produktion (Mio. t)
1970–1979	9,2	18,1	16,7
1980–1989	13,1	18,4	24,1
1990–1997	10,2	21,8	22,2
1997[1]	11,6	21,0	24,3

[1] Auf die Prärieprovinzen Manitoba, Saskatchewan u. Alberta entfielen 97 % der Anbaufläche und 96 % der Produktion.

Tab. 23: Weizenanbau und -produktion (Durchschnittswerte)

Quellen: Canada Yearbooks, verschiedene Jahre.

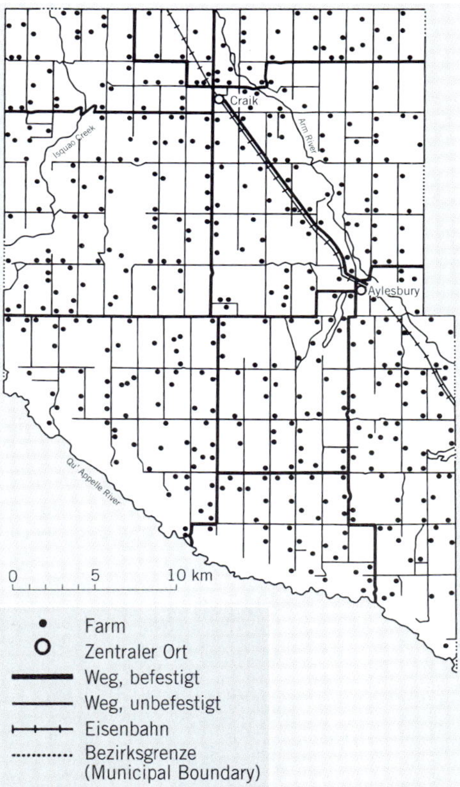

***Abb. 36:** Farmen im Bezirk Craik, Saskatchewan, 1920*

Quelle: Schlichtmann 1977, S. 36.

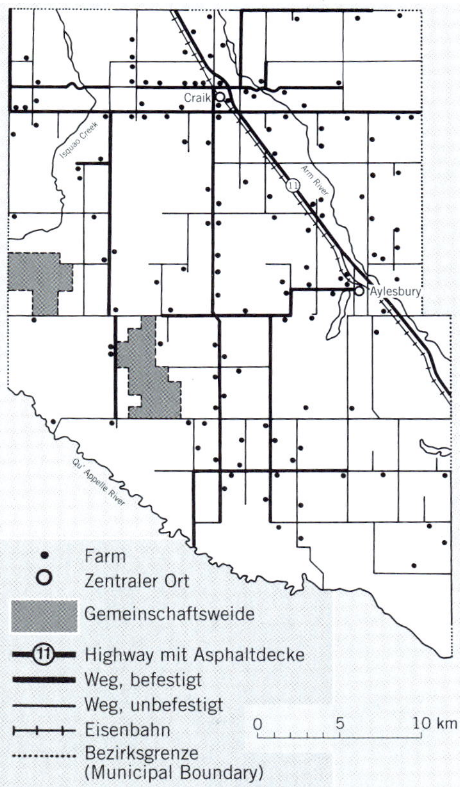

***Abb. 37: Rückgang und Konzentration der Farmen zwischen 1920 und 1975:** Der relativ dicht besiedelte Bereich im semiariden Süden wurde durch die Dürre in den 1930er-Jahren stark betroffen. Die verbleibenden Farmer konzentrierten ihre Betriebe an Straßen und im Umkreis von Versorgungszentren.*

Quelle: Schlichtmann, 1977, S. 37.

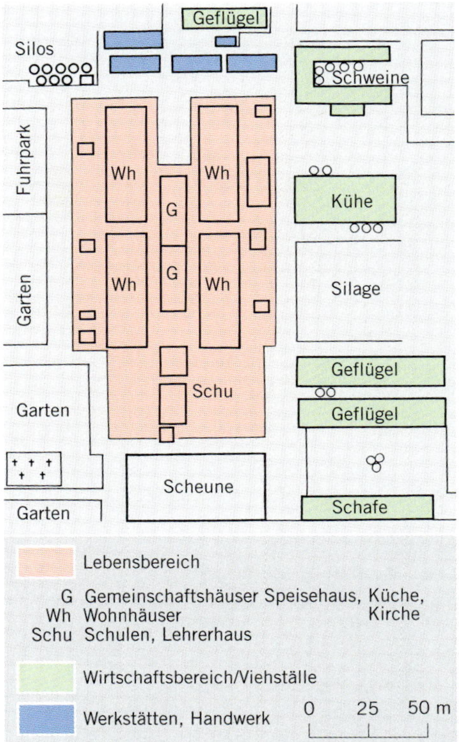

Abb. 38: Anlage eines Bruderhofes der Hutterer, 1995: *Die Gemeinschaftshöfe sind funktional streng unterteilt, auf ihnen leben bis zu 150 Personen.*

Quelle: Perterer 1998 (vereinfacht).

größen bestehen in Südmanitoba mit 1700 ha, in den anderen Provinzen liegen sie bei 3200 ha, die Kolonie in Britisch-Kolumbien verfügt über 9200 ha. Gewöhnlich wird eine gemischte Landnutzung betrieben mit Anbau verschiedener Getreidearten, Futterpflanzen und Sonderkulturen sowie einer sehr differenzierten Viehwirtschaft. Während die Lebensweise der Hutterer äußerst einfach und anspruchslos ist, sind die Betriebe mit modernsten Maschinen und technischen Anlagen ausgerüstet. Sie werden intensiv bewirtschaftet und erzielen gute Erträge und entsprechend hohe Nettoeinkommen pro Flächeneinheit. Damit sind die Kolonien weitgehend autark und relativ unabhängig von der dominierenden Gesellschaft.

Zunehmend geraten allerdings Leben und Wirtschaft der Hutterer in ein „Spannungsfeld zwischen Tradition und Modernisierung“ (Bild 40; Perterer 1998). Die Konflikte ergeben sich aus dem Zusammenspiel von religiöser Geisteshaltung, demographischen und sozialen Verhaltensweisen sowie ökonomischen Bedingungen. Die Gemeinschaften haben sich von außen kommenden Einflüssen zu erwehren, durch die ihre tradierten Strukturen in Frage gestellt oder gar aufgelöst werden müssen. Dabei sind Anpassung oder Umgehung der Konflikte erprobte Mittel, die in der Vergangenheit oft mit Erfolg betrieben wurden. So ist die Wirtschaft der Großbetriebe stets den natürlichen Gegebenheiten angepasst worden, und alle Fortschritte in der Mechanisierung und Technisierung der Arbeiten bis hin zu computergesteuerten Fütterungssystemen und Melkanlagen wurden genutzt. Damit konnten sich die Kolonien der dominierenden Farmwirtschaft gegenüber behaupten und ihre Unabhängigkeit bewahren.

Eine erneute ökonomische Umstellung zeichnet sich ab, da in den bevorzugten Siedelgebieten, vor allem in Südalberta, Ländereien knapp werden, zumal die Hutterer große und möglichst zusammenhängende Areale für ihre Tochterkolonien benötigen. Um die vorhandenen Flächen und Maschinen optimal zu nutzen, müssen sie zu einer Spezialisierung der Produktion

Provinz	Bevölkerung 1996		Kolonien 1996	
	Anzahl	(%)	Anzahl	Bewohner im Durchschnitt
Manitoba	8700	33,5	101	86
Saskatchewan	4446	17,1	54	82
Alberta	12696	48,9	130	98
Brit.-Kolumbien	121	0,5	1	121
Kanada	25963	100,0	286	91

Tab. 24: Bevölkerung und Kolonien der Hutterer

Quelle: Perterer 1998, Tab. 5–1 u. 5–2.

Bild 40: *Frauen und Mädchen einer Hutterer-Kolonie in Sonntagstracht.*

übergehen und mit einer Verkleinerung der Betriebe rechnen. Dies wird nicht ohne eine Neuordnung der Tätigkeitsstruktur gehen und überkommene Hierarchien in der Gemeinschaft in Frage stellen. Vor allem Jugendliche und zunehmend auch Frauen drängen auf angemessene Positionen, in denen sie Verantwortung tragen. Es zeigt sich, dass die einseitig betriebene Landwirtschaft kaum Spielräume für weitere Tätigkeitsfelder lässt. Das Handwerk, das in jeder Kolonie einen festen Standort hat, dient seit langem nur der Selbstversorgung und ist wenig ausbaufähig. Eine Möglichkeit bieten dagegen spezialisierte Dienstleistungen und Aufgaben, die durch technische Umstellungen in der Verwaltung eingeführt werden. Allerdings sind dafür Fachkräfte auszubilden.

Als hinderlich für moderne Berufsfelder dürfte sich der geringe Schulbesuch auswirken. Er erfolgt einheitlich von 5 bis 15 Jahren (public school oder sog. *Englische Schule*) innerhalb der Kolonien, wobei der Unterricht meistens von einem einzigen Lehrer und in einem Raum für alle Jahrgänge abgehalten wird. Die daneben betriebene *Deutsche Schule* ist als Abendschule für die Erziehung im Glauben und Sozialverhalten und zur Erhaltung der deutschen Sprache zu werten. Schon länger ist bekannt, dass Jugendliche weiterführende Schulen besuchen möchten, um den Nicht-Hutterern gleichgestellt zu sein.

Bemerkenswert ist, dass sich hutterische Bruderhöfe neuerdings dem Tourismus öffnen, d. h. Führungen veranstalten, Souvenirs, die eigens hergestellt werden, verkaufen, u. a. Obwohl damit Einnahmen verbunden sind und sich die gesellschaftlichen Gruppen besser kennen lernen, können derartige Aktivitäten andererseits den Gemeinschaftssinn innerhalb der Kolonien negativ beeinflussen und individuelle Bestrebungen fördern.

Die internen bzw. von außen bewirkten Spannungen und Konflikte werden möglicherweise zu einer weiteren Differenzierung der Religionsgruppe der Hutterer führen. Im Kern dürfte sie jedoch nicht gefährdet sein.

In die Strukturwandlungen des ländlichen Raumes sind auch die bei der Kolonisation angelegten Versorgungszentren einbezogen (Lenz 1965 u.1976; Dale 1988; Thorn 1996 u.1998). Generell lässt sich feststellen, dass die kleineren Orte unter 500 Einwohnern und mit nur wenigen zentralen Einrichtungen kaum Chancen zum Überleben haben; viele von ihnen sind bereits aufgelöst, und es bestehen nur noch die Getreidespeicher an der Bahnstrecke.

Die Gründe dafür sind vielschichtig. Die Anzahl der Farmen geht zurück, und entsprechend verringert sich die Landbevölkerung. Gleichzeitig nimmt die Mobilität der verbleibenden Farmbewohner durch den Ausbau des Straßennetzes zu, und ebenso wachsen die Bedürfnisse nach einem breiten Warenangebot, qualifizierten Dienstleistungen und einer befriedigenden sozialen Betreuung. So werden die kleinen Orte, die dieses nicht leisten können, übergangen. Die Versorgung konzentriert sich dagegen in Zentren, die gewöhnlich über 80 zentrale Einrichtungen verfügen und 1000 bis 5000 Einwohner haben (Abb. 39; Bild 41). Diese sog. *farm towns* liegen in der Prärieregion im Mittel zwischen 60 und 100 km voneinander entfernt und sind über Allwetterstraßen gut erreichbar. Wegen ihrer Ausstattung, vor allem auch mit sozialen Einrichtungen, wie Schulen, Krankenhaus, Altersheim, Verbänden, Sportstätten usw., siedeln sich hier häufig ehemalige Farmer an. Als Versorgungs- und Gemeinschaftszentren haben sich viele der *farm towns* den modernen Anforderungen anpassen können. Allerdings ist es auch für sie schwierig, Arbeitsplätze zu schaffen und

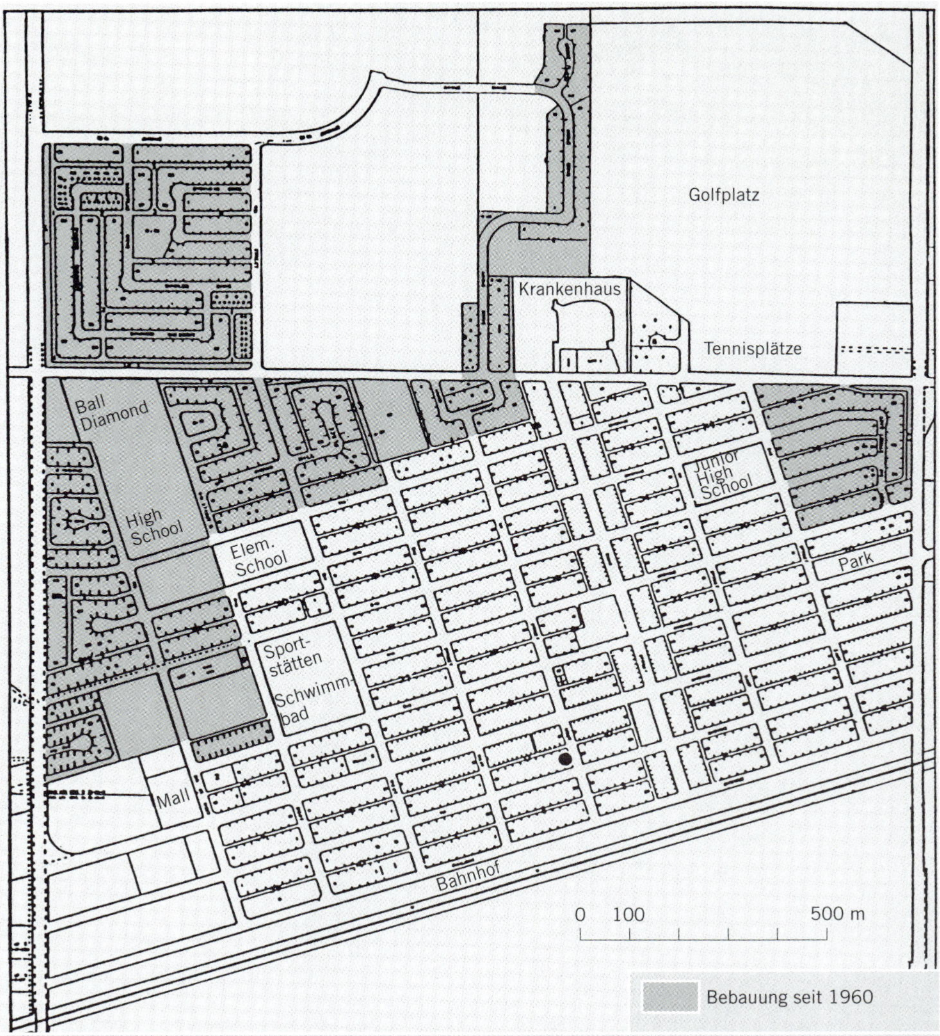

Abb. 39: Versorgungszentrum Hanna, Alberta, 1990: *Der Ort wurde mit dem Bahnbau 1912 gegründet. Die Einwohnerzahl hält sich seit den 1980er-Jahren um 3000, fluktuiert jedoch sehr; Neubauten füllen das Stadtareal auf.*

Quelle: Unterlagen der Stadtverwaltung.

***Bild 41:** „Farmtown" Hanna, Südalberta (rd. 3000 Einw.); Geschäfte und Dienstleistungen an der Hauptstraße.*

damit die Abwanderung jüngerer Bewohner einzuschränken. So wechseln Zunahme, Stabilität und Bevölkerungsrückgang ab, und manche der Orte sind auf ergänzende Funktionen angewiesen, um ihre Zentralität zu erhalten.

Insgesamt hat der Strukturwandel in den letzten Jahrzehnten zu Konzentrationen und Veränderungen geführt. Die bei der Kolonisation angelegten Familienfarmen blieben erhalten, sie sind vergrößert und leistungsfähiger und können ihre Produktion den natürlichen Bedingungen und den Marktverhältnissen besser anpassen. Produktion und Produktivität sind z. T. erheblich angestiegen. Durch den Ausbau der Verkehrswege konnte die Mobilität der Landbewohner verbessert werden; ihre Versorgung ist durch ein Netz von Zentralen Orten mittlerer Ordnung gesichert.

Der kolonialzeitliche ländliche Raum der Prärieregion hat sich modernen Verhältnissen angepasst. Allerdings sind mit dem Strukturwandel viele Probleme, wie z. B. die Abwanderung junger Menschen, nicht gelöst; es bedarf neuer Impulse und Funktionen, um die einseitige landwirtschaftliche Basis des Raumes zu erweitern.

Peace-River-Gebiet

Die Agrarregion am Peace River, die zu den Provinzen Alberta und Britisch-Kolumbien gehört, ist das nördlichste Anbaugebiet Kanadas; die am weitesten vorgeschobene Nutzung erreicht bei Fort Vermilion 58° 24' n. Br. Der Anbau ist hier möglich, da die Wachstumsperiode zwischen 60 und 100 Tagen liegt und die Böden relativ fruchtbar sind. Allerdings bilden frühe oder späte Frosteinbrüche, durch die die Ernten vernichtet werden können, stets ein Risiko. Diese vom zusammenhängenden Siedlungsraum der Prärien getrennte Agrarregion konnte erst nach der Fertigstellung einer von Edmonton ausgehenden Bahnverbindung im Jahre 1916 bzw. in Britisch-Kolumbien nach 1925 stärker besiedelt werden.

Was die Peace-River-Region auszeichnet, ist die bis heute anhaltende Rodung neuer Wirtschaftsflächen (Ehlers 1984: 29ff., Ehlers & Hecht 1994: 106). Als Ursachen werden u. a. die ökologische Gunst des Raumes und die Verkehrsverbindung durch die 1964 eröffnete Bahnlinie zum Great Slave Lake gesehen. Ebenso bedeutsam dürfte sein, dass in den Bereichen stärkster Kolonisation Mennoniten ansässig sind, zu deren religiöser Auffassung harte Arbeit auf dem Lande und ein bescheidenes Leben gehören. Sie siedelten sich im nördlichen Bereich des Peace-River-Gebietes von Alberta bei La Crête an und haben auch die Kolonisation in dem Teil von Britisch-Kolumbien aufgenommen. Meistens sind es die Kinder der mennonitischen Farmer, die sich um neues Land bewerben und in der Nähe der Höfe ihrer Eltern neue Betriebe aufbauen, wobei sie auf Rat und Hilfe rechnen können. Es werden sowohl die Waldstücke zwischen den bereits landwirtschaftlich genutzten Flächen gerodet und damit zusammenhängendes Kulturland geschaffen als auch die zur Besiedlung freigegebenen Räume am Rande in Besitz genommen und erschlossen. Dabei geht es ihnen darum, lebensfähige Farmen zu schaffen und effektiv zu wirtschaften.

Der Anbau hat sich auf Gerste und Weizen sowie auf die Ölpflanze Raps der Varietät CANOLA spezialisiert, Futterpflanzen, Grünland und Viehwirtschaft treten dagegen zurück. Eine Besonderheit ist die Gewinnung von Grassamen, die hier verstärkt betrieben wird. Die durchschnittliche Betriebsgröße der Farmen liegt über 350 ha und hat sich derjenigen Albertas angeglichen.

Wie in den südlichen Präriegebieten konzentriert sich die Versorgung des ländlichen Raumes in der Peace-River-Region auf größere, leistungsfähige Zentren. Die Anzahl ihrer Einrichtungen sowie öffentliche und private Dienstleistungen haben in letzter Zeit zugenommen, ebenso Bevölkerung und Wohngebäude. Zu dem ausgedehnten Umland dieser Zentren gehören hauptsächlich Farmen; Gewerbe und Industrie sind nur sehr gering vertreten.

Wenn auch die Ausweitung der landwirtschaftlichen Nutzflächen nicht mehr die Ausmaße früherer Jahre erreicht, bleibt die fortdauernde Kolonisation im Peace-River-Gebiet eine Besonderheit an der nördlichen Siedlungsgrenze Kanadas.

Britisch-Kolumbien

Die Gebirgsregion von Britisch-Kolumbien bietet nur wenig Raum für eine agrare Nutzung. Die landwirtschaftliche Nutzfläche ohne extensiv genutztes Weideland beträgt etwa 950 000 ha, das sind 2 % des kanadischen Anbaugebietes. Ein größerer Anteil entfällt auf den Peace-River-Block im Nordosten, weitere Schwerpunkte des Anbaus sind das untere Fraser-Tal und der Südosten von Vancouver Island sowie verschiedene intermontane Talzüge.

Äußerst intensiv ist der Anbau am unteren Fraser, wo fruchtbare Böden und ein günstiges Klima gute Voraussetzungen bieten. Milchwirtschaft und Geflügelhaltung sowie Gemüseanbau, Blumen- und Obstkulturen finden einen guten Markt im nahe gelegenen Großraum von Vancouver. Allerdings werden auch hier die Felder durch die schnelle Ausbreitung der Stadt eingeengt und müssen Wohnhäusern, Verkehrs- und Industrieanlagen weichen.

Ein herausragendes Anbaugebiet ist das Tal des Okanagon, das sich von der Grenze zu den USA etwa 200 km nach Norden hinzieht (Bild 14). Zwar werden große Teile von lang gestreckten Seen eingenommen, doch bestehen im Tal und besonders auf den Terrassen gute Möglichkeiten für einen Anbau. Im Schutze der Küstenketten gelegen, herrschen milde Winter- und hohe Sommertemperaturen vor; die Niederschläge liegen allerdings unter 300 mm pro Jahr (vgl. Station Penticton), sodass die Felder bewässert werden müssen. Bedeutend ist der Anbau von Obst: Äpfel, Kirschen, Pfirsiche, Aprikosen und vermehrt Weintrauben sind die Hauptprodukte. Nachdem das Tal seit den 1950er-Jahren durch Straßen besser erschlossen wurde, konnte der Anbau erheblich intensiviert werden, und es sind Gemüse u. a. Sonderkulturen, wie z. B. Ginseng, hinzugekommen. Große Schäden können durch Frosteinbrüche im Winter oder während der Obstblüte im Frühjahr hervorgerufen werden. Obst- und Gemüseanbau werden auch in anderen Flusstälern, wie z. B. des Kootenay, betrieben und dienen der Versorgung kleinerer Städte.

Zu den ältesten Zweigen der Landwirtschaft in Britisch-Kolumbien gehört die Rinderzucht, die sich in der zweiten Hälfte des 19. Jh.s auf den Plateaus und im Südosten ausbreitete. Häufig werden als Sommerweiden höhere Lagen aufgesucht, während die Herden im Winter bei den Ranchbetrieben weiden bzw. Futter erhalten. Hier ist der Anbau von Gräsern und anderen Futterpflanzen verbreitet, was zum Teil eine Bewässerung erfordert.

Bewertung der Landwirtschaft

Der Strukturwandel im letzten halben Jahrhundert hat die kanadische Landwirtschaft aufgewertet und gefestigt. Die früheren Selbstversorgungsbetriebe sind bis auf wenige Reste, besonders in den Atlantischen Provinzen, verschwunden. Es dominieren leistungsfähige Farmen, die mit großem Kapitaleinsatz für Maschinen, Energie, Düngemittel u. a. eine hohe Produktivität erreichen. Die Investitionen der Farmer sind mit einer Spezialisierung auf Produkte verbunden, die Marktchancen haben und möglichst gute Preise erzielen. Damit sind die Betriebe aber auch abhängiger geworden, und die Risiken sind gestiegen.

Bei den erzeugten Produkten liegt die Viehwirtschaft weit vorn: Von über 250 000 sog. Census-Farmen mit Verkaufseinnahmen von über 2500 $ im Jahr betreiben 42 % Rinder- und Schweinezucht, Milchwirtschaft oder Geflügelhaltung, weitere 2 % halten Tiere in Kombination mit Ackerbau. 32 % der Farmen sind auf den Anbau von Feldfrüchten ausgerichtet, darunter 12 % auf Weizen. 4 % betreiben Gemüse- und Früchteanbau sowie Sonderkulturen; auf die restlichen Farmen verteilen sich verschiedene Feldfrüchte, z. T. in Kombination. Die Zusammenstellung zeigt, dass von der Viehwirtschaft hohe Einnahmen erwartet werden, vor allem durch Exporte in die USA und nach Japan, sowie durch die Versorgung eines wachsenden Binnenmarktes. So haben sich die Viehbestände laufend erhöht, sie umfassten 1991 rd. 13 Mio. Rinder, 10 Mio. Schweine und 95 Mio. Hühner.

Eine besondere Bedeutung kommt nach wie vor dem Weizenanbau zu, wenn auch die Einnahmen daraus zurückfielen und beträchtlich schwanken. Die mit Weizen bestellte Fläche, die zu 97 % in den Prärieprovinzen, besonders in Saskatchewan, liegt, belief sich in letzter Zeit zwischen 10 und 14 Mio. ha. Ernten und Gesamtproduktion sind von Jahr zu Jahr unterschiedlich, doch ist eine Tendenz zu höheren Erträgen erkennbar (Bild 42; Tab. 23).

Im Export von Weizen nimmt Kanada seit längerem nach den USA einen zweiten Platz auf dem Weltmarkt ein. Dies ist durch einen relativ geringen Eigenbedarf möglich, ist aber auch auf die hervorragende

Bild 42: *Getreidespeicher an den Bahnstrecken, „Wahrzeichen der Prärien“; Beispiel Vulcan, Alberta.*

Qualität des kanadischen Hartweizens zurückzuführen, sodass Weizen ein wichtiger Devisenbringer ist. Zu den Hauptabnehmerländern in den 1970er- und 1980er-Jahren gehörten die ehemalige Sowjetunion und China sowie Brasilien, Japan, Kuba und Großbritannien. Allerdings birgt der Weltmarkt für agrare Produkte große Unsicherheiten, die von Rezessionen, Überangeboten, Preisverfall u. a. bestimmt sind. So ist auch die kanadische Landwirtschaft, wie in den USA und der Europäischen Union, auf Subventionen der Regierung angewiesen.

Wie in den meisten Volkswirtschaften der Industrieländer ist der Anteil der Landwirtschaft am Bruttoinlandsprodukt mit 2,5 % gering. Jedoch muss auch die Nahrungsmittelproduktion einbezogen werden, die stets ein bedeutender Zweig des produzierenden Gewerbes mit vielen Arbeitsplätzen war und auch heute ist. Schließlich hat die Landwirtschaft in Kanada eine lange Tradition und gilt als zuverlässiger Exporteur von hochwertigen Produkten, eine Stellung, die sie durch erfolgreiche Strukturwandlungen sicher auch in Zukunft behalten wird.

FORST- UND HOLZWIRTSCHAFT

Bild 43: *Zellulose- und Papierfabrik in Corner Brook, Neufundland, mit günstigem Wasseranschluss durch den Humber River und die Bay of Islands.*

Überblick

- Kanada ist eines der waldreichsten Länder der Erde. Allerdings sind Qualität und Erreichbarkeit der Holzbestände sehr unterschiedlich, sie reichen von den borealen Nadelwäldern im Norden bis zu hochwertigen Beständen in den südlichen Kordilleren. Seit Beginn der Besiedlung ist Holz der am meisten gebrauchte Rohstoff, der u. a. zum Hausbau und als Heizmaterial lebensnotwendig war. Auch wurde Holz schon früh für den Schiffsbau nach England exportiert. In der ersten Hälfte des 20. Jh.s gewann die Herstellung von Zellulose und Papier an Bedeutung, wofür sich vor allem in den USA ein großer Absatzmarkt bot.
- Regionale Schwerpunkte der Holzwirtschaft sind die Gebirgsprovinz Britisch-Kolumbien und die Zentralprovinzen Quebec und Ontario. Für den Westen ist Japan ein wichtiger Abnehmer von Holzprodukten, gleichzeitig auch ein starker Investor in der Wirtschaft. Mit der Produktion im Osten wird hauptsächlich der US-amerikanische Markt beliefert.
- Die Nutzung der kanadischen Wälder ist in jüngster Zeit in die Kritik geraten. Riesige Kahlschläge in den Kordilleren und die drohende Abholzung der letzten Regenwälder in den gemäßigten Breiten haben zu weltweiten Protesten geführt. Auch wird die Wiederaufforstung als ungenügend kritisiert. Die Provinzregierungen als die bei weitem größten Waldeigentümer haben daraufhin neue Bestimmungen zur Forstwirtschaft erlassen, die eine nachhaltige Bewirtschaftung der Wälder festlegen.

Waldpotential und historischer Rückblick der Nutzung

Kanada gehört zu den waldreichsten Ländern der Erde. Die aufgenommene Waldfläche umfasst 4,2 Mio. km^2, das sind 45 % des Landes (ohne Binnengewässer). Weltweit beträgt der Anteil fast 10 %. Von den Wäldern werden rd. 2,5 Mio. km^2 oder 60 % als nutzbar eingestuft (timber productive forest land). Allerdings ist ein Holzeinschlag in großen Bereichen, die weit abgelegen und unerschlossen sind, nicht möglich und ökonomisch nicht sinnvoll. Auch sind die Waldbestände in ihrem Holzreichtum und der Qualität sehr unterschiedlich, fast zwei Drittel sind Weichholz, 15 % Hartholzbestände, 20 % entfallen auf Mischwälder. Insgesamt bieten sie ein äußerst umfangreiches Potential für die Wirtschaft.

Holz war seit Beginn der Besiedlung der wichtigste Baustoff für Unterkünfte, die bei der winterlichen Kälte solide errichtet werden mussten und meistens Blockhäuser waren. Außerdem war Holz als Heizmaterial unentbehrlich. Frühe weitere Verwertungen ergaben sich beim Deichbau an der Fundy Bay und beim Schiffbau an der Atlantikküste. Erste Exporte gingen besonders seit 1806 durch die Kontinentalsperre Napoleons in das englische Mutterland. Benötigt wurden vor allem Maste für Segelschiffe, die aus hohen Fichten und Eichen der Mischwälder Neuschottlands und Neubraunschweigs gewonnen und über Saint John verschifft wurden. In wachsendem Maße kamen Balken und Bretter (lumber) hinzu, die zunehmend auch in die USA exportiert werden konnten. So dehnte sich im Laufe des 19. Jh.s die Holzproduktion von der atlantischen Küste auf die zentralen Provinzen Quebec und Ontario aus, und auch im pazifischen Gebirgsbereich begannen die ersten Sägewerke mit der Holzverarbeitung. Es entstanden Unternehmen, die Einschlag und Transport des Holzes durchführten, und zahlreiche meist kleinere Sägewerke, die Stämme zu Bauholz verarbeiteten.

Wichtige Veränderungen in der Holzwirtschaft ergaben sich durch die Herstellung von Papier, die schon früh im 19. Jh. einsetzte. Die Papierproduktion aus Holz begann 1864 in Sherbrooke (Queb.), und bereits um die Wende zum 20. Jh. hatten mehr als 50 Werke die Arbeit aufgenommen. Mit verbesserter Technik und zollfreien Lieferungen von Zeitungspapier in die USA, besonders seit den 1920er-Jahren, nahm die Produktion außerordentlich zu. Der schnell steigende Verbrauch namentlich in den Großstädten New York und Chicago führte zur Gründung neuer Werke und einer starken Erweiterung der Kapazitäten. Mit der Produktion von Zellulose und Papier war regional eine Ausbreitung der Holzwirtschaft nach Norden in den Bereich des Kanadischen Schildes der Provinzen Quebec und Ontario verbunden. Die bei der Bauholzgewinnung bevorzugte Kiefer wurde durch Fichten des borealen Nadelwaldgürtels ergänzt. Neben den Wäldern bietet der Schild auch ausreichend Wasser und Energie durch die Flüsse, womit die drei wesentlichen Grundlagen für eine Papierproduktion gegeben sind. Die Flüsse stellen ebenfalls einen billigen Transportweg für die Hölzer, die geflößt werden können, dar.

Eine Forstwirtschaft, die Schutz und Pflege der Wälder sicherstellt, konnte sich zunächst nicht durchsetzen, galten die Wälder doch als unerschöpflich. Seit der Gründung einer Forest Association (1900) und dem Forestry Development and Research Act von 1966 sollten noch weitere Jahrzehnte vergehen, ehe eine Forstpolitik im Sinne der Nachhaltigkeit aufgenommen wurde. Ihre landesweite Durchsetzung wird allerdings durch Besitzverhältnisse und Zuständigkeiten der einzelnen Provinzen erschwert, verfügen diese doch über 70 % des Nutzwaldes, während auf den Bund 23 % und auf Privatbesitz rd. 6 % entfallen.

Eine hohe Priorität in der Forstwirtschaft kommt den Waldbränden und ihrer Bekämpfung zu. Im Durchschnitt der 1970er- und 1980er-Jahre schwankte ihre Zahl zwischen 8000 und 10 000 pro Jahr. 1995 wurden 8367 gezählt, davon mehr als die Hälfte durch Menschen verursacht, die meisten anderen durch Blitzschlag. Trotz großer Erfahrungen bei der Bekämpfung gingen 6,6 Mio. ha Wald verloren, mehr als das Sechsfache des abgeholzten Areals von etwas über 1 Mio. ha. Legt man die abgebrannte Fläche zugrunde, entfielen 94 % auf Blitzschlag und knapp 6 % auf menschliche Unachtsamkeit (Canada Yearbook 1999: 63). Hierbei wirkt sich aus, dass letztere meistens Flächen in der Nähe von Siedlungen oder Zeltplätzen betrifft und schneller bekämpft werden können, während Feuer durch Blitzschlag vielfach in abgelegenen Wäldern ausbrechen. Allerdings gehören Waldbrände für große Teile der Bestände zum „ökologischen Gleichgewicht" und tragen zu deren Fortbestehen bei. Besonders für die borealen Wälder wird eine hohe Fähigkeit zur Regeneration festgestellt (Thannheiser 1994).

Ökonomische Bedeutung und regionale Schwerpunkte

Wie in früheren Zeiten kommt der Holzwirtschaft auch heute eine erhebliche Bedeutung zu. Weltweit gilt Kanada als der größte Exporteur von Holz und Holzprodukten, vor allem von Zellulose und Papier. Insgesamt werden ca. 20 % des Welthandels bestritten.

Der jährliche Holzeinschlag lag in den 1980er- und beginnenden 1990er-Jahren zwischen 160 und 180 Mio. m^3 pro Jahr (1993: 169 Mio. m^3). Das liegt zwar unterhalb einer geschätzten und möglichen Obergrenze der Holzentnahme von 227 Mio. m^3, doch können sich regional durchaus Probleme in der Versorgung von Betrieben ergeben.

In der Holzverarbeitung hat sich seit langem die Zellulose- und Papierproduktion gegenüber dem Bauholz durchgesetzt, was vor allem im Osten der Fall ist. Insgesamt bestehen 144 Werke, in denen Zellstoff und Papier in verschiedenen Kombinationen hergestellt werden. Sie sind hauptsächlich in Quebec (54 Betriebe) und Ontario (34) verbreitet, ferner in Britisch-Kolumbien (25) und Neubraunschweig (11) (1992).

Nicht zuletzt zeigt sich die Bedeutung der Holzwirtschaft beim Export, an dem Holzprodukte 14,5 % Anteil haben (1995) und wichtige Devisenbringer sind. Auch hierbei wird die starke Position der Papierherstellung deutlich, die in besonderem Maße auf eine Ausfuhr angewiesen ist. Der überwiegende Teil, ca. 80 %, geht in die USA, der geringere Rest nach Europa und Japan. Die Abhängigkeit vom amerikanischen Markt hat einen Vergleich mit konkurrierenden Produktionsgebieten herausgefordert. Sie haben sich u. a. im Südosten der Vereinigten Staaten entwickeln können, wo verschiedene Vorteile bestehen und die Kosten erheblich geringer sind. Es werden weitere Anstrengungen, besonders auch in der Qualitätsverbesserung, nötig sein, um den Anteil am amerikanischen Markt stabil zu halten.

Schließlich sind auch die Beschäftigten in der Forst- und Holzwirtschaft zu werten; ihre Anzahl beträgt über 67 000, was allerdings nur 0,4 % der Erwerbstätigen ausmacht (1997).

Die regionalen Schwerpunkte der Holzwirtschaft ergeben sich aus den Anteilen an den nutzbaren Wäldern und deren Erschließung, ebenso an den tatsächlich genutzten Flächen und dem Holzeinschlag. Dabei nehmen die Zentrale Region mit den Provinzen Quebec und Ontario sowie die Gebirgsregion Britisch-Kolumbiens die ersten Plätze ein (Tab. 25).

Der atlantische Raum, wo Holzwirtschaft und -handel begannen, ist im Landesmaßstab auf einen geringen Anteil von unter 10 % zurückgefallen. Das meiste Holz, etwa 90 %, dient der Zellulose- und Papierproduktion, für die verschiedene Betriebe besonders in Neubraunschweig bestehen. Eines der größten Werke in der Region ist schon 1925 in Corner Brook (Newfoundland) gegründet worden, um 1930 ging die Pulp and Paper Mill bei Dalhousie (New Brunswick) in Betrieb.

Ebenso haben auch die Prärieprovinzen nur einen relativ geringen Anteil an der Holzwirtschaft des Landes. Manitoba und Saskatchewan verfügen über wenig nutzbare Waldflächen, durch die Lage am Gebirgsrand liegt der Anteil Albertas mit über 10 % etwas höher. Hier wurde erst 1955/57 eine Zellulosefabrik in Hinton am Athabasca westlich von Edmonton in Betrieb genommen; neuerdings sind weitere Verarbeitungsstätten in Nordalberta entstanden.

Die Gebirgsregion Britisch-Kolumbiens ist zu etwa zwei Drittel bewaldet. Der überwiegende Teil der Bestände wird als nutzbar eingestuft; es sind zu über 80 % Weichhölzer, darunter die hochwertigen Hemlock- und Douglastannen, Sitkafichten und Zedern. Der Anteil der Wälder, die sich im Besitz der Provinz befinden, ist mit 95 % besonders hoch.

Die Nutzung dieser umfangreichen Ressourcen begann um die Mitte des 19. Jh.s, als bei Victoria auf Vancouver Island die ersten Sägewerke angelegt wurden. Die ersten Zellulosefabriken entstanden 1910 auf dem südwestlichen Festland an der Strait of Georgia. Die Küstengebiete boten nicht nur reiche Holzbestände, sondern lagen auch für Transporte günstig. Zwar breiteten sich Holzeinschlag und -verarbeitung allmählich auch im Hinterland der Küste aus, doch blieb der Südwesten bis in die Gegenwart ein wichtiger Standort.

Erst gegen Ende des 19. Jh.s wurden durch den Bahnbau die inneren Gebirgsbereiche erschlossen und damit eine weitere Region für die Holzwirtschaft gewonnen. Allerdings war der Holzeinschlag hier zunächst noch gering, und die Verarbeitung vollzog sich in kleinen, meist transportablen Sägewerken an den Bahnstrecken. Ein deutlicher Anstieg der Produktion ist erst seit den 1960er-Jahren mit der Gründung von Zellulose- und Papierfabriken sowie großen Säge- und Hobelwerken zu verzeichnen. Neue Standorte bildeten sich u. a. in Prince George, Quesnel und im Bereich um Kamloops/Kelowna (Abb. 40). Ein deutlicher Trend zeigt sich in der räumlichen Konzentration der Betriebe, wobei die Kapazitäten stark erweitert werden und zu größeren und technisch modern ausgestatteten Einheiten zusammengeschlossen sind. In den komplexen Standorten, in denen eine möglichst vielseitige Holzverarbeitung angesiedelt ist, können sich die Betriebe gegenseitig ergänzen. So können von Sägewerken Holzabfälle für die Zelluloseherstellung übernommen werden, Sägespäne und Borke dienen als Energiequellen für Strom und Dampf.

Gleichzeitig mit der regionalen Konzentration erfolgt ein vertikaler Zusammenschluss von der Holzgewinnung über die Verarbeitung zum Verkauf und Transport in einer Gesellschaft und unter einer Verwaltung. Damit kann die gegenseitige Verflechtung der einzelnen verarbeitenden Betriebe noch weitaus effektiver genutzt werden. Als Sitz derartiger Firmen und ihrer Verwaltungen, Forschungsinstitute usw. wird vor allem Vancouver bevorzugt.

Besonders in der Zellstoffproduktion zeigt sich in neuester Zeit ein großes Interesse Japans, das als Handelspartner in der Holzwirtschaft eine wachsende Bedeutung erlangt (Wieger 1994: 80ff.). So bestehen in vielen Fabriken Britisch-Kolumbiens wie auch Nordalbertas japanische Beteiligungen in Form von joint ventures; andere Werke haben japanische Firmen vollständig erwerben können.

Für die Provinz Britisch-Kolumbien ist die Holzwirtschaft von erheblicher Bedeutung. Bei der Ausfuhr nehmen Holz und

Region	Nutzwald 1991[1] (Mio. ha)	(%)	Holzeinschlag 1993 (Mio. m³)	(%)	Exportwert 1993 (Mrd. $)	(%)
Atlantische Provinzen	21,4	8,8	15,4	9,1	2,3	8,6
Zentralprovinzen	96,2	39,3	55,5	32,8	11,4	42,7
Darunter: Quebec	54,0	22,1	32,3	19,1	6,5	24,3
Ontario	42,2	17,2	23,2	13,7	4,9	18,4
Prärieprovinzen	53,6	21,9	20,1	11,9	1,2	4,5
Brit.-Kolumbien	51,7	21,1	78,0	46,1	11,8	44,2
Nordterritorien	21,8	8,9	0,3	0,1	–	–
Kanada	**244,7**	**100,0**	**169,3**	**100,0**	**26,7**	**100,0**

[1] „Timber productive forest land"

Tab. 25: Regionale Anteile am Wald und Holzeinschlag

Quelle: The State of Canada's Forests, 1995: 88–94; Statistics Canada 1999, CANSIM, Matrix 6076.

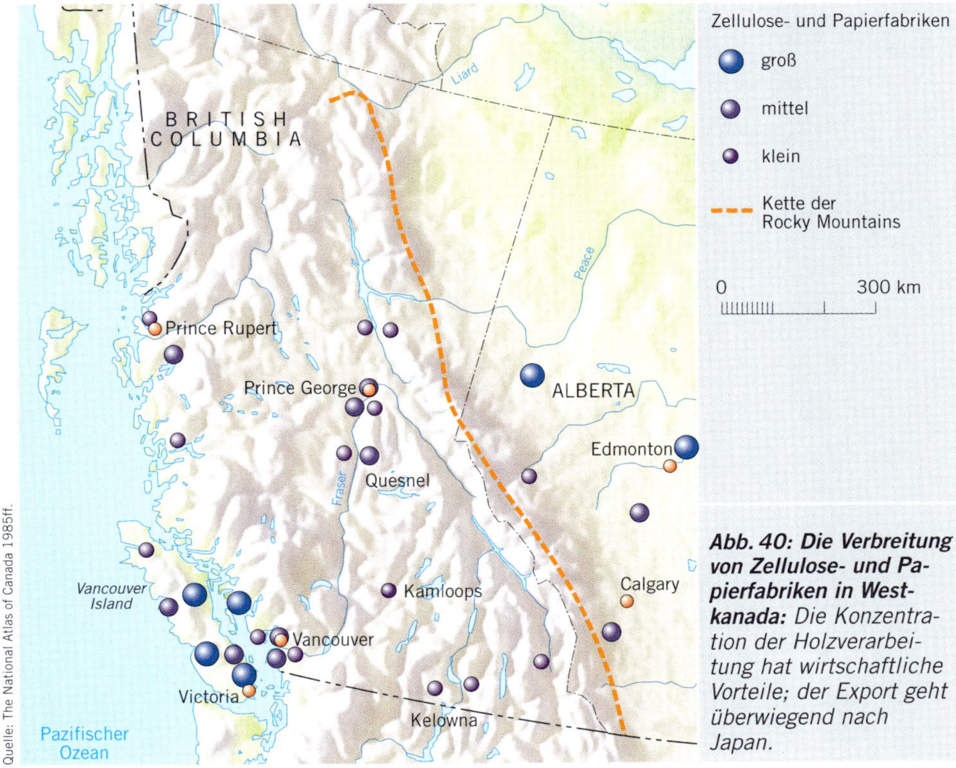

***Abb. 40: Die Verbreitung von Zellulose- und Papierfabriken in Westkanada:** Die Konzentration der Holzverarbeitung hat wirtschaftliche Vorteile; der Export geht überwiegend nach Japan.*

Holzprodukte die Hälfte des Gesamtwertes ein (1997: 49,3 %); zahlreiche Arbeitsplätze sind direkt oder indirekt mit der Holzwirtschaft verbunden (Forgacs 1997: 168). Der Anteil am Bruttoinlandsprodukt ist mit rd. 28 % hoch. Damit ist angezeigt, dass die Provinz größten Wert auf eine nachhaltige Forstpolitik legen muss.

Die Wälder der zentralen Provinzen Quebec und Ontario gehören der Mischwaldzone und dem borealen Waldgürtel an, die in einem unscharfen Saum ineinander übergehen. Sie sind zu fast 90 % im Besitz der Provinzen. Eine verstärkte Holzgewinnung setzte hier um die Mitte des 19. Jh.s ein, wofür der nahe gelegene und aufnahmefähige Markt des US-amerikanischen Industriegebietes einen wichtigen Anstoß gab. Die Nutzholzproduktion breitete sich von Osten nach Westen aus, in den Tälern des Saguenay, St. Maurice und Ottawa wurden große Bestände an Kiefern und anderen Nadelbäumen gefällt und von zahlreichen Sägewerken verarbeitet. Mit der Verkehrserschließung durch die Bahn wurden auch die Bereiche Ontarios an der Georgian Bay sowie nördlich und westlich des Huron- und Oberen Sees einbezogen. Bis in die 1920er-Jahre herrschte die Bauholzproduktion vor, die auf dem unerschöpflichen Markt der USA abgesetzt werden konnte. Auch nicht bearbeitete Stämme wurden zu den Sägewerken nach Michigan geliefert, was jedoch von der Provinzialregierung Ontarios zum Schutz der eigenen Holzverarbeitung untersagt wurde.

Seit der Wende zum 20. Jh. und besonders seit den 1920er-Jahren wurde die Holznutzung zunehmend von der Zellulose- und Papierherstellung bestimmt. Günstige Standorte für die Werke waren am südlichen Rand des Schildes und an Flüssen. Sie dienten zum Transport der Hölzer, die nun zunehmend auch im borealen Waldgürtel geschlagen wurden. Diese bevorzugten Standorte sind besonders in Quebec zu finden, wo sich bald eine Kette von Zellulose- und Papierfabriken von Clarke City am Nordufer des St. Lorenz im Osten bis in das obere Tal des Ottawa (Temiscaming) gebil-

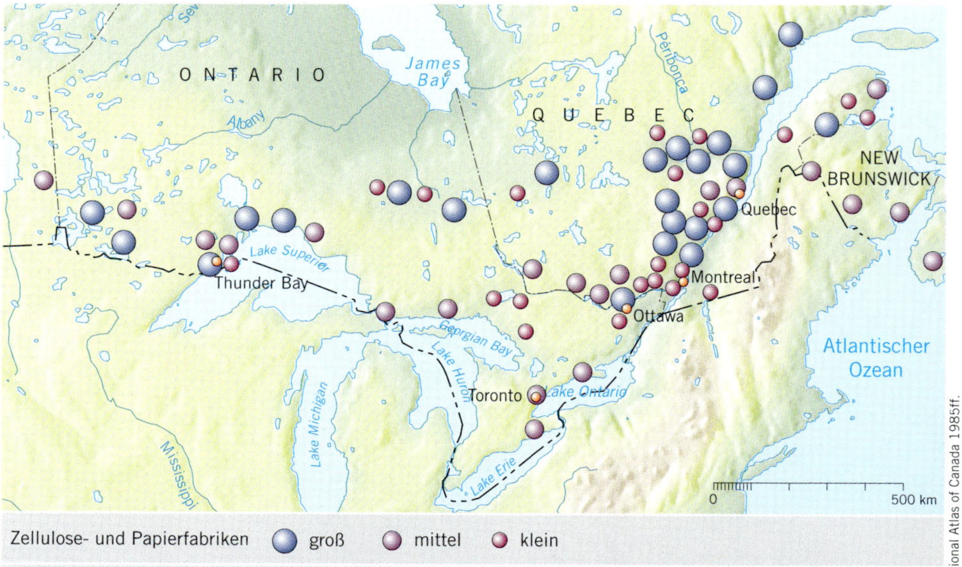

Abb. 41: Die Verbreitung von Zellulose- und Papierfabriken in Ostkanada: *Standortfaktoren sind u. a. geeignete Holzvorkommen, Flüsse oder Bahn für den Transport und Energiequellen; das dichte Netz zeugt von hohen Exporten in die USA.*

det hat (Abb. 41). Die Standortbedingungen in Ontario sind weniger günstig. Ein großer Teil der Fabriken ist an Bahnen gebunden.

Die zahlreichen Gründungen in den 1920er-Jahren hatten zur Folge, dass erst zwei Jahrzehnte später weitere Betriebe angelegt wurden. Sie entstanden am Nordufer des Oberen Sees, womit eine neue Region erschlossen werden konnte. Vereinzelt kam es zwar auch in der Nachkriegszeit zu Neugründungen, doch erfolgten sie innerhalb der bereits bestehenden Standorte. Mehr noch konnte die Produktion jedoch gesteigert werden, indem ältere Werke modernisiert und ihre Kapazitäten erhöht wurden. So haben sich die Anteile von Papier am Export von Holzprodukten auf 60 % in Quebec und 50 % in Ontario gesteigert.

Forstwirtschaft und Forstpolitik im Umbruch

Da die Wälder Kanadas als unermesslich und unerschöpflich angesehen wurden, stand eine wirtschaftliche Nutzung immer im Vordergrund. Die Provinzregierungen verfügen über Waldanteile von über 90 % und vergeben nach eigenen Regeln Lizenzen für den Holzeinschlag an die verarbeitenden Firmen, wobei Gewinne, Steuern, Arbeitsplätze u. a. ökonomische Parameter ausschlaggebend sind. So wurden umfangreiche Gebiete zur Nutzung freigegeben, ohne die ökologischen Auswirkungen zu beachten und eine Nachhaltigkeit durch Wiederaufforstung zu sichern.

Ein Problem ist die Art der Waldnutzung, die in riesigen Kahlschlägen (clearcuts) von zum Teil mehreren 100 ha großen Arealen erfolgt. Tab. 26 zeigt die Anteile von Kahlschlägen landesweit und in den fünf Provinzen mit den höchsten Holzeinschlägen, die noch außerordentlich groß sind. Da die Flächen meistens abseits liegen, müssen sie durch Forstwege erschlossen werden, deren Trassen wenig gesichert sind und besonders in Hanglagen starke Bodenerosionen auslösen (Bild 44). Durch die Kahlschläge wird die Abspülung verstärkt, sodass ein neuer Bewuchs der Hänge sehr erschwert wird. So bietet sich oft jahrelang ein erschreckendes Bild der Zerstörung. Gleichermaßen bedrohlich für den Wald sind die Schadstoffemissionen, die von der Industrie herrühren und zum sauren Regen bis weit in den Norden des Landes führen.

Schon in den 1980er-Jahren hatten Verbände des Umweltschutzes verstärkt auf die Missstände in der Forstwirtschaft vor allem in der Provinz Britisch-Kolumbien hingewiesen. Ein Kernpunkt der Auseinandersetzungen war die Gefahr, dass die letzten zusammenhängenden Regenwaldgebiete der gemäßigten Breiten abgeholzt werden. Die über 100 m hohen Rotzedern, Hemlocktannen und Sitkafichten haben besonders an der pazifischen Küste ideale Wachstumsbedingungen mit milden Temperaturen und über 8000 mm Niederschlägen. Hier konnte sich ein Ökosystem mit einer großen Zahl von Pflanzen- und Tierarten ausbilden, das

Provinz	Fläche 1995 (1000 ha)	Kahlschläge (%)
Quebec	357	77
Ontario	212	94
Brit.-Kolumbien	190	87
Neubraunschweig	98	77
Neuschottland	50	98
Kanada	**1011**	**86**

Tab. 26: Genutzte Waldflächen und Kahlschläge

Quelle: Canada Yearbook 1999: 2.9.

Bild 44: *Hangrutschung durch Wegebau im südlichen Britisch-Kolumbien.*

als einzigartig auf der Erde bezeichnet wird. Vor allem ging es um den Clayoquot Sound, ein 262 ha großes Areal an der Außenküste von Vancouver Island, wo die ursprünglichen Wälder besonders eindrucksvoll gewachsen sind (Berman 1994).

Die Kampagnen gegen die Waldvernichtung wurden bevorzugt in den Abnehmerländern von Zellstoffen und Papier aus Kanada geführt. Sie hatten zur Folge, dass kanadische Produkte boykottiert wurden und Umsatzeinbußen bei der Wirtschaft zu verzeichnen waren. Auch in Deutschland, das 3 bis 4 % des Exportes von Zellulose und Papier abnimmt, wurde in den Medien ausführlich berichtet, und es erfolgten Protestaktionen mit dem Ziel eines Boykotts (Hayter & Soyez 1996).

Die am stärksten betroffene Provinz Britisch-Kolumbien reagierte mit einem Raumordungsplan für den Clayoquot Sound (1995), in dem ein Drittel des Gebietes unter Naturschutz gestellt ist; weitere Teile unterliegen einem begrenzten Holzeinschlag, bei dem bestimmte Normen eingehalten werden müssen, um Ökosystem und Landschaftsbild möglichst zu erhalten. Im Jahr 2000 wurde der Clayoquot Sound von den Vereinten Nationen als Biosphären-Reservat ausgewiesen. Die Maßnahmen konnten eingeführt werden, da eine große Holzfirma auf ihre Nutzungsrechte in diesem Gebiet verzichtete. Erst 2001 ist zwischen der Provinz und europäischen Papierherstellern und Verlagen ein Vertrag zur Erhaltung des sog. Great-Bear-Regenwaldes abgeschlossen worden, der für verschiedene unberührte Täler einen Einschlag-Stopp bzw. vollständigen Schutz vorsieht. Die Vereinbarungen werden als „wegweisend für ökologische Konflikte" bezeichnet (Spiegel v. 23. 4. 2001).

Allgemein sollen Kahlschläge bestimmte Flächengrößen nicht mehr überschreiten, genannt werden 40 ha im Küstenbereich und 60 ha im Landesinneren. Die abgeholzten Flächen müssen nach einem bestimmten Zeitplan anschließend aufgeforstet werden. Dabei sind Monokulturen möglichst zu vermeiden. Mit einem Zertifikat, das ihnen eine nachhaltige Bewirtschaftung bestätigt, können sich die Firmen gegenüber ihren Kunden ausweisen. Ferner werden Umweltgruppen wie Greenpeace bei der Planung des Einschlags Mitspracherechte eingeräumt. Kontrollen und notfalls hohe Strafen sollen sicherstellen, dass die Regeln eingehalten werden.

Mit den neuen Bestimmungen und einem engen Zusammenwirken von Regierung, Wirtschaft, Umweltverbänden und Öffentlichkeit einschließlich der Stammesräte der Indianer ist die Forstpolitik in die Offensive gegangen, um ihr angeschlagenes Image im In- und Ausland zu verbessern.

Ganz wesentlich ist, dass eine nachhaltige Forstwirtschaft durchgesetzt wird, d. h., dass die Wälder nicht nur ausgebeutet werden, sondern dass versucht wird, sie im Kern zu erhalten und zu regenerieren. Es gibt durchaus Anzeichen dafür, dass dies allgemein anerkannt wird, wenn auch die Instrumentarien zur Durchsetzung in den Provinzen unterschiedlich sind. Zu ihnen gehören kleinflächige Kahlschläge, weniger Herbizide, eine schnelle sachgerechte Aufforstung der genutzten Flächen und die Beseitigung der Forstwege nach ihrem Gebrauch. Holzfirmen experimentieren mit Neuanpflanzungen und legen Modellwälder an. Der nachgewachsene Sekundärwald soll künftig bei der Nutzung an die Stelle des Urwaldes treten, was allerdings erst längerfristig zu erreichen sein wird.

In der Holzindustrie wird eine größere Diversifizierung und Flexibilität der Produktion besonders durch kleinere Spezialbetriebe angestrebt, zumal sich Nachfrage und Märkte verändern. Das dürfte sich auch auf die Siedlungen (forest communities) auswirken, die bislang von einem einzigen Großbetrieb als Arbeitgeber abhängen (Carrow 1994; Owen 1994; Barnes & Hayter [Hg.] 1997).

Der Umbruch in der Forstwirtschaft und Forstpolitik macht deutlich, dass der Wald nicht mehr ausschließlich unter ökonomischen Gesichtspunkten gesehen wird. Mit gleicher Bedeutung werden die ökologischen Funktionen für den Wasserhaushalt, die Böden oder die Tierwelt herausgestellt, ebenso die Attraktivität für den Tourismus und die Erholung der Menschen. Es besteht die Hoffnung, dass die veränderte Einstellung zu einem behutsameren Umgang mit den Wäldern führen und einen Ausgleich zwischen den verschiedenen Interessen bewirken wird.

FISCHWIRTSCHAFT UND PELZGEWINNUNG

Bild 45: *Küstenfischer in Neufundland; die Fänge werden am Hafen gereinigt und an Händler verkauft.*

Überblick

- Für Indianer und Inuit waren Fische seit jeher eine der wichtigsten Nahrungsquellen. Auch kamen schon im 16. Jh. europäische Fischer an die Atlantikküste, um besonders Kabeljau zu fangen. Dieser ist auch heute bedeutend, während an der pazifischen Küste der Lachsfang dominiert. Wenngleich die Fischerei für die Volkswirtschaft nur von geringer Bedeutung ist, so sind in Küstengebieten, wie z. B. in Neufundland, viele Menschen vom Fischfang abhängig.
- Regional ist der Fischfang einschließlich des Fangs von Schalentieren am Atlantik nach Menge und Wert am bedeutendsten. Mit den Neufundland-Bänken liegt hier einer der ergiebigsten Fanggründe der Erde. In jüngster Zeit gehen die Bestände stark zurück, und es kam in den Grenzgewässern der 200-Meilen-Zone zu Auseinandersetzungen mit europäischen Fischern. Kanada schränkte die eigenen Fänge drastisch ein und setzte eine internationale Überwachung durch, um eine Überfischung mit ungesetzlichen Praktiken zu verhindern.
- Die ausgedehnten Wälder Kanadas bieten ein großes und vielseitiges Potential an Wildtieren, die seit jeher von der Urbevölkerung gejagt wurden. Der Pelzhandel zwischen ihnen und den eindringenden Europäern bestimmte eine lange Wirtschaftsperiode.
- Die Jagd auf pelztragende Tiere in freier Wildbahn wird bis heute betrieben. Daneben hat sich die Pelztierzucht entwickelt. Besonders durch die Vielfalt gehört Kanada zu den wichtigsten Lieferanten im Welthandel. Sehr umstritten ist allerdings die Jagd auf Jungrobben vor Neufundland.

Die Fischwirtschaft

Die Voraussetzungen für eine Fischerei sind in Kanada äußerst günstig. Am Atlantik beträgt die Küstenlänge bis zur Hudson Strait fast 20 000 km und ist stark gegliedert. Vorgelagert sind ausgedehnte Bereiche des Kontinentalschelfes, die eine einträgliche Küstenfischerei ermöglichen. Nicht weit südöstlich vor der Insel Neufundland liegen die bekannten Neufundlandbänke, die durch das Aufeinandertreffen von Labrador- und Golfstrom mit verschiedenen Temperaturen zu den ergiebigsten Fischgründen der Welt gehören. Die ebenfalls stark gegliederte Küste am Pazifik ist über 11 000 km lang, und auch hier bietet der vorgelagerte Schelf gute Fangmöglichkeiten. In den zahlreichen Gebirgsflüssen und Bächen können Lachse ideale Bedingungen zum Laichen finden. Schließlich besitzt Kanada eine große Zahl von fischreichen Seen und Flüssen im Binnenland. Da der Fischreichtum größtenteils nicht im eigenen Land verbraucht werden kann, ist es wichtig, dass in den USA ein nahe gelegener Absatzmarkt besteht.

Historischer Rückblick und regionale Schwerpunkte

Die Fischerei war der erste Wirtschaftszweig, den die Europäer in Kanada ausübten. Besonders die Berichte von John Cabot (1497) trugen dazu bei, dass schon im 16. Jh. Franzosen, Portugiesen und Spanier sowie später Engländer vor der atlantischen Küste fischten. Es entstanden frühe Siedlungen, in denen Kabeljau getrocknet wurde und als Klippfisch oder Stockfisch auf den Markt nach Europa gelangte. Die Ausfuhr von getrocknetem und gesalzenem Fisch dominierte bis gegen Ende des 19. Jh.s. Erst dann begann durch verbesserte Techniken eine Umstellung zugunsten von frischem bzw. konserviertem Fisch. Typisch für die Fischerei am Atlantik war, dass nur im unmittelbaren Küstenbereich mit kleinen Booten und unzureichenden Mitteln gefangen wurde. Der Absatz war schwierig, da die meist kleinen Häfen weit verstreut und oft sehr isoliert lagen. Auch für viele der später errichteten Konservenfabriken bestand die Schwierigkeit, einen günstigen Standort zu finden. Es fehlte an Mitteln, die Fischerei zu modernisieren und eine Flotte für den Hochseefang aufzubauen.

Die Fischwirtschaft an der pazifischen Küste war zunächst völlig auf den Lachsfang eingestellt. Schon einige Indianerstämme ernährten sich von dem auf seiner Wanderung leicht zu fangenden Fisch. Seit dem 19. Jh. nutzten ihn die Europäer, und die Hudson's Bay Company führte auch geringe Mengen von gesalzenem Lachs aus. Einen Aufschwung konnte die Lachsfischerei jedoch erst durch die Konservierung nehmen. Die erste Anlage entstand 1870 am Fraser, und erst danach wurden größere Exporte zu entfernteren Märkten, wie z. B. nach England, möglich. Bis 1928 hatte sich die Zahl der Konservenfabriken auf 64 erhöht, davon fanden sich die meisten an drei Standorten, an der Mündung des Fraser bei Vancouver, in der Umgebung von Prince Rupert und im zentralen Küstenbereich bei Rivers Inlet. Die anderen waren an der Küste bis Alaska und auf den Inseln Vancouver und Queen Charlotte verstreut (Hist. Atlas III: 21). Die weitere Entwicklung wurde von einer zunehmenden Konzentration der Fischverarbeitung bestimmt. Sie war mit der Einführung moderner Fangschiffe und -methoden wie auch der Technik in der Verarbeitung verbunden.

Fischwirtschaft an der Atlantikküste

Obwohl günstige Bedingungen bestehen, hat sich die Fischerei am Atlantik in neuerer Zeit nicht eben erfolgreich entwickeln können und musste Krisen hinnehmen. Nach wie vor gehören Kabeljau, Rotbarsch, Schollen und Heringe zu den am meisten gefangenen Fischen, sie werden wertmäßig allerdings von Schalentieren, vor allem dem Hummer, weit übertroffen.

Lange Zeit hielt sich die Küstenfischerei, von der besonders in Neufundland zahlreiche Familien lebten. Mit Angeln und Netzen konnten nur kleinere Fänge eingebracht werden, die nach den Fahrten gleich verarbeitet wurden. An vielen Tagen, besonders im Winter, konnten die Boote nicht ausfahren, sodass die Jahresverdienste der Fischer sehr gering ausfielen. Ein zusätzliches Einkommen bot seit langem der Robbenfang, der früher allerdings mit großen Gefahren verbunden war. Erst allmählich konnte eine leistungsfähige Hochseefischerei mit modernen Verarbeitungsbetrieben aufgebaut werden. Beide Betriebsarten bestanden lange Zeit nebeneinander.

Eine Krise entstand durch den Rückgang der Fischbestände auf den Neufundlandbänken in den 1960er- und 1970er-Jahren. Er wurde vor allem durch europäische Hochseeflotten ausgelöst, die mit modernster Technik ausgerüstet die Fangmengen der kanadischen Fischer bei weitem übertrafen. Eine Gegenmaßnahme Kanadas bestand in der Ausdehnung einer Schutzzone vor der Küste von 12 auf 200 Seemeilen (1 Meile = 1,85 km). Allerdings konnten darin nicht die gesamten Bänke einbezogen werden, zwei wichtige Laichplätze, *tail* und *nose*, zusammen etwa 10 % des Schelfes, befinden sich außerhalb (Abb. 42). Ferner versuchte man, über die 1979 gegründete Northwest Atlantic Fisheries Organization (Nafo), eine Überfischung zu verhindern und die Bestände zu sichern. Dafür verminderte Kanada seine Fangmengen drastisch und legte 1992 seine Hochseeflotte für Kabeljaufänge still; erst 1999 wurden wieder geringe Fangmengen zugelassen. Es gelang jedoch zunächst nicht, die europäischen Länder, voran Spanien und Portugal, von nachhaltigen Maßnahmen zur Bestandserhaltung zu überzeugen. Besonders die „grenzüberschreitenden Fischbestände" nahmen weiterhin rapide ab.

Erst nach langwierigen Verhandlungen und einem Zwischenfall mit einem spanischen Fischerboot kam es 1995 zu einer Vereinbarung, dem *Canada-EU Control and Enforcement Agreement*. Wichtige Elemente darin sind u. a. eine strenge Überwachung und Kontrolle von Fängen und Fangmethoden sowie hohe Strafen bei Übertretungen. Es wird erwartet, dass damit die wissenschaftlich berechneten Quoten, die beträchtlich herabgesetzt wurden, eingehalten werden und sich die Fischpopulationen langsam wieder erholen.

Die Fangbeschränkungen in Kanada treffen besonders die etwa 30 000 Fischer und Beschäftigten in den Verarbeitungsbetrieben Neufundlands, für die es so gut wie keine Alternative gibt. Es muss befürchtet werden, dass die traditionelle Erwerbsstruktur der Fischwirtschaft in vielen Gemeinden nicht erhalten werden kann und damit ihr Bestehen gefährdet ist.

Eine mögliche Gefahr für die Meeresökologie und die Fischerei an der Atlantik-

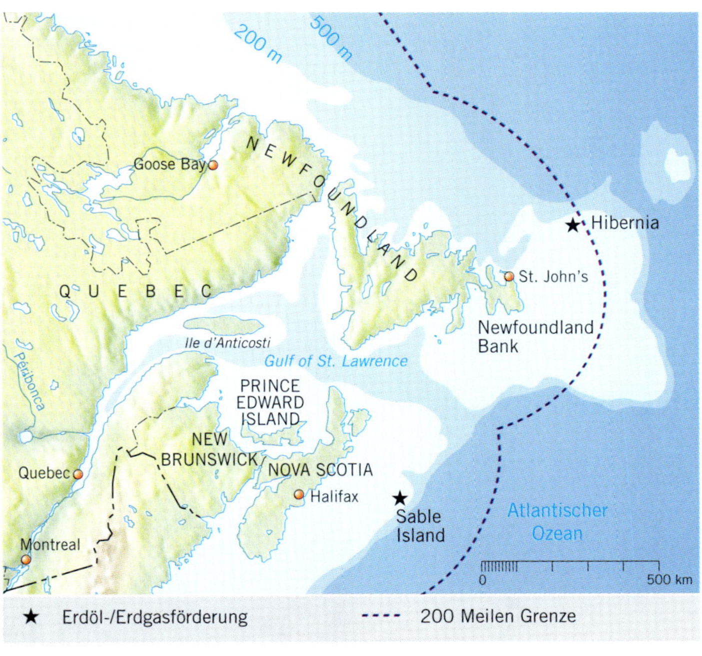

Quelle: The National Atlas of Canada 1974.

Abb. 42: Fischfanggebiete vor der Atlantikküste: *Die Zerschneidung der fischreichen Neufundlandbänke hat eine Überfischung durch europäische Länder zur Folge und zu einer Krise geführt.*

küste könnte die Förderung von Erdöl und Erdgas bewirken, die im Offshore-Bereich vor Neufundland (Hibernia) und Neuschottland (Sable Island) angelaufen ist. Weiterführende Pläne bestehen für den gesamten Festlandschelf. Sollten die Unternehmen erfolgreich sein, würde den Atlantischen Provinzen damit eine neue wirtschaftliche Ausrichtung ermöglicht und die Bedeutung der Fischerei relativiert werden.

Fischwirtschaft an der pazifischen Küste

Wie in der Vergangenheit kommt in der Fischwirtschaft am Pazifik auch gegenwärtig dem Lachsfang eine besondere Rolle zu. Die Fangmengen sind aus vielerlei Gründen von Jahr zu Jahr und regional sehr unterschiedlich. So wechseln mengenmäßig Lachs und Hering, ferner Heilbutt sowie der minderwertige Seehecht. Dem Wert nach liegt allerdings der Lachs mit Abstand an der ersten Stelle.

Die Lachsfischerei unterliegt durch die Gewohnheiten des Fisches besonderen Bedingungen und auch Gefahren. Bekanntlich ziehen die Lachse, nachdem sie 2 bis 6 Jahre im Meer verbracht haben, zum Laichen in seichte und geschützte Gewässer im Küstenbereich, wo sie nach der Laichablage verenden. Die Jungfische suchen nach wenigen Monaten über die Flüsse das Meer auf, um nach Jahren dann wieder zu den gleichen Plätzen zum Laichen zurückzukehren. Dieser Kreislauf hat den Vorteil, dass die Lachsbestände recht genau bekannt sind und gut überwacht werden können. Allerdings ist es auch leicht möglich, die Fische auf ihren Flusswanderungen zu fangen und Raubbau zu betreiben.

Die Gefahr einer Überfischung hat schon längst staatliche Maßnahmen zum Schutz der Bestände ausgelöst. So wurden Abkommen mit den USA und Japan getroffen und Kontrollen vereinbart. Fangmethoden und -mittel werden nur unter bestimmten Auflagen zugelassen, und vor allem werden die Fangzeiten beschränkt. Sie können auch regional sehr genau festgelegt werden, da man durch die langen Beobachtungen und Erfahrungen sichere Voraussagen über die Regeneration der Lachsbestände treffen kann.

Auf der anderen Seite und ergänzend werden Vorkehrungen zur Erholung und Förderung der Fische getroffen. Weit zurück reichen Versuche, den Laich künstlich zu bebrüten, doch waren die Erfolge bisher nur gering. Neuerdings sollen Fischbrutanstalten mit besser erprobter und angepasster Aufzucht der Jungtiere wieder mehr in Betrieb genommen werden. Einen Fortschritt brachten sog. Laichbecken, die parallel zu Flüssen und Bächen angelegt sind und in denen günstige Bedingungen – z. B. Tiefe, Temperatur, Fließgeschwindigkeit usw. – geschaffen werden können. Als nützlich erwiesen sich ferner sog. Fischtreppen, mit denen man den Lachsen hilft, auf ihren Flusswanderungen natürliche oder künstliche Hindernisse zu überwinden. Die Idee wurde erstmals nach einem Bergsturz am Fraser, am Hell's Gate 1945/46, verwirklicht (Bild 11). Die Anlagen haben sich seitdem vielfach bewährt, allerdings können größere Staustufen nicht überwunden werden.

Die Elektrizitätsgewinnung durch Wasserkraft führt zu einer starken Beeinträchtigung der Lachswirtschaft. Dabei geht es nicht nur um die Staudämme, an denen die Wanderungen scheitern, sondern ebenfalls um Veränderungen der Fließgeschwindigkeit oder des Oxygengehaltes im Wasser. Eine Verschmutzung der Flüsse durch Industriebetriebe oder Bergwerke ist für die empfindlichen Tiere natürlich äußerst schädlich. Um hier Konflikte zu vermeiden, sind die Vorhaben der verschiedenen Wirtschaftszweige sehr genau abzustimmen. So sind z. B. die am stärksten von Lachsen aufgesuchten Fluss-Systeme des Fraser und Skeena nicht in die Energiegewinnung einbezogen, im Gegensatz zum Columbia, an dem zahlreiche Stauwerke bestehen. Immerhin gelang es, Bestand und Fang in relativem Einklang zu halten und die Lachsfischerei auch künftig zu sichern.

Trotz der Kontingentierung der Fänge sind die Kapazitäten der Fischereiflotte erheblich vergrößert worden, wobei sich der Trend zum größeren und leistungsfähigen Boot durchgesetzt hat. Die Fischer werden dafür häufig von den Verarbeitungsfirmen z. B. durch günstige Kredite unterstützt, was freilich eine gewisse Abhängigkeit bewirkt hat. Größere Reichweiten und Geschwindigkeiten der Fangflotte haben ermöglicht, dass sich die Verarbeitungsindustrie auf nur zwei Hauptstandorte konzentrieren konnte: im Mündungsbereich des Fraser und des erweiterten Umlandes von Vancouver und Victoria sowie in geringerer Ausdehnung an der Mündung des Skeena im Umland von Prince Rupert. Mit der räumlichen Konzentration haben sich große Konzerne durchgesetzt, die eine Verarbeitung und Vermarktung der Fische betreiben.

Binnenfischerei

Obwohl Kanada über unzählige Seen und Flüsse verfügt, trägt die Inlandfischerei nur sehr wenig zur Fischwirtschaft des Landes bei. Die größten Mengen kommen aus den Großen Seen, dem Winnipeg- und dem Großen Sklavensee, unter den Provinzen sind Ontario und Manitoba führend. Die Bestände umfassen eine breite Auswahl, von der Barsche, sog. Weißfische, Forellen und Hechte bevorzugt gefangen werden.

Die Nutzung der Gewässer geschieht aus verschiedenen Gründen, von denen Eigenverbrauch und Sportfischerei, die Gewinnung von Futter für Pelztierfarmen und der Fang für kommerzielle Zwecke genannt seien. Dieser wird teilweise von Berufsfischern, aber auch als Nebenbeschäftigung durchgeführt. Die Fänge kommen überwiegend auf nahe gelegene Märkte, besonders in größeren Städten.

Die Fischbestände vieler Binnenseen werden durch eine von den Provinzen unterstützte Aufzucht ergänzt, um die Nutzung zu gewährleisten. Auch wird auf die Wasserqualität geachtet, die durch sauren Regen gefährdet ist. Lange Zeit waren die Fischbestände der Großen Seen stark betroffen, erst nach bilateralen Abkommen mit den USA zur Verbesserung der Wasserqualität konnten sie sich in jüngster Zeit wieder erholen.

Bedeutung der Fischwirtschaft

An der Wertschöpfung aller Wirtschaftszweige Kanadas hat die Fischerei nur einen geringen Anteil von 0,2 %, der weit hinter den anderen Zweigen der Rohstoffgewinnung liegt. Angesichts der großen Ressourcen vor zwei langen Küsten und in zahlreichen Binnengewässern ist die Stellung kaum verständlich. Auch die besseren Voraussetzungen, die mit der Erweiterung der kanadischen Fischereizone am Atlantik geschaffen wurden, wirken sich nicht aus. Der Marktwert der hier hauptsächlich gefangenen Fischarten Kabeljau und Hering ist allerdings relativ gering. Wenn es trotz der Halbierung der Fangmenge seit dem Moratorium von 1991 zu erhöhten Werten der Fänge gekommen ist (Tab. 27), kann dies eine Reaktion des Marktes sein, aber auch eine Steigerung der Fänge von wertvollen Schalentieren, wie besonders Hummer. An der pazifischen Küste ist mit dem Lachs ein hochwertiger und gefragter Fisch vorhanden, dessen Nutzung trotz mancher Einschränkungen den Aufbau einer modernen Fischwirtschaft ermöglicht hat.

Die Arbeitsplätze in der Fischwirtschaft haben zwar landesweit nur einen Anteil von etwa 1 %, doch bestehen regionale Unterschiede, wobei die Anteile in den Küstenprovinzen weitaus höher liegen. Das gilt in besonderem Maße für Neufundland, wo die Bewohner vieler Siedlungen von der Fischerei abhängen und es keine weiteren Verdienstmöglichkeiten gibt. So hat hier in jüngster Zeit die Arbeitslosigkeit stark zugenommen, und es haben sich soziale Probleme ergeben, die nur mit staatlicher Hilfe gemildert werden können.

Da etwa 80 % der Fische und Fischprodukte exportiert werden, nimmt Kanada mit rd. 2 Mrd. $ Exportwert eine führende

	Fangmenge				Wert der Fänge			
	1988		1995		1988		1995	
	(1000 t)	(%)	(1000 t)	(%)	(Mio. $)	(%)	(Mio. $)	(%)
Atlantische Küste	1385	81	633	69	1016	62	1350	73
Pazifische Küste	266	16	244	27	534	32	413	23
Binnengewässer	52	3	38	4	94	6	77	4
Gesamt	**1703**	**100**	**915**	**100**	**1644**	**100**	**1840**	**100**

Tab. 27: Regionale Anteile der Fischerei

Quelle: Canada Yearbook 1999: 10.8.

Stellung auf dem Weltmarkt ein. Sicherlich ist dies vor allem auf den Handel mit den wertvollen Hummern, Muscheln u. a. Schalentieren sowie den Lachsen zurückzuführen. Hauptabnehmer sind die USA, Staaten der Europäischen Union und Japan.

Als eine Ergänzung des herkömmlichen Fischfangs ist die Aquakultur zu sehen, in der hauptsächlich Lachse, Forellen, Austern und Muscheln gezüchtet werden. Standorte sind u. a. die Fundy Bay am Atlantik sowie die Umgebung großer Städte in Ontario und Quebec, die als sichere Absatzmärkte dienen.

Die Pelzgewinnung

Das Potential an jagdbaren Pelztieren in den umfangreichen Waldgebieten Kanadas ist außerordentlich groß. Bären, Biber, Marder, Fuchs, Bisamratte, Wiesel, Waschbär und andere pelztragende Tiere bevölkern in unterschiedlicher Zusammensetzung und Anzahl die Waldregionen. An den Küsten Neufundlands und Labradors sowie auch am Pazifik ist der Lebensraum zahlreicher Robben.

Historischer Rückblick

Die Pelzgewinnung in freier Wildbahn gehört zu den ältesten Wirtschaftszweigen Kanadas. Sie hat eine ganze Periode der Wirtschaftsentwicklung bestimmt und war noch bis weit ins 19. Jh. bedeutend. Das Fallenstellen hat sich bis heute erhalten und wird von Trappern besonders in den nördlichen Wäldern ausgeübt.

Gegen Ende des 19. Jh.s ist die Pelztierzucht hinzugekommen. Die ersten Fuchsfarmen wurden um 1880 in Neuschottland eröffnet. Sie verbreiteten sich danach auch in anderen Provinzen, und ihre Anzahl erreichte in den 1930er-Jahren über 8000. Die Jahresproduktion erhöhte sich in der gleichen Zeit auf über 200 000 Pelze, ist aber danach stark abgesunken. Als Grund wird ein Wandel in der Mode gesehen, der vom Fuchs zum Nerz führte. Darauf entstanden in den 1930er-Jahren Nerzfarmen, deren Produktion schnell anstieg und 1956 bereits über 1 Mio. Felle erreichte. Die Anzahl der Betriebe nahm bis 1947 auf fast 4000 zu, danach setzte ein Konzentrationsprozess ein, in dem sich nur die größeren und rentabel arbeitenden Farmen durchsetzen konnten. Zu regionalen Zentren sind Ontario und Quebec geworden, während sich die Pelztierzucht in den Atlantischen Provinzen nach der Krise erst wieder allmählich aufbauen konnte.

Die Jagd auf die Wildbestände hatte vor allem beim Biber gezeigt, dass die Anzahl der Tiere schnell abnahm und eine Nutzung nur begrenzt möglich ist. Auch bei anderen Pelztierarten hat sich sehr bald erwiesen, dass Auflagen bei der Jagd notwendig sind, um die Tiere zu schonen. So sind in den einzelnen Provinzen – zuerst 1926 in Britisch-Kolumbien – Gesetze eingeführt worden, die u. a. die Jagdsaison, bestimmte Quoten und die Registrierung der Pfade der Fallensteller (trap lines) festlegen. Die Bestände und Reserven werden sorgfältig beobachtet, und bestimmte Gebiete sind zur Schonung der Tiere von der Jagd ausgenommen. Das Wildlife Management, das von der Bundesregierung und den Provinzialregierungen betrieben wird, hat sich mit seinen vielseitigen Forschungsarbeiten und praktischen Maßnahmen bis heute als außerordentlich nützlich erwiesen und die Tierbestände erhalten können.

Bedeutung der Pelzgewinnung

Der Anteil der Pelzgewinnung an der Gesamtwirtschaft sowie am Exportwert ist gering. Dennoch nimmt Kanada auf dem Weltmarkt einen der vorderen Plätze ein, was sicherlich auch auf die Qualität der Waren zurückzuführen ist. Während noch in den 1980er-Jahren über 3 Mio. Tiere jährlich auf freier Wildbahn in Fallen gefangen wurden, ist die Zahl auf gut 1 Mio. zurückgegangen (Tab. 28). Von etwa 20 Arten sind zahlenmäßig Biber, Bisamratten, Marder, Eichhörnchen und Waschbären die wichtigsten, zu den wertvollsten gehören Wildnerz und Hermelin (Wiesel). Regional liegen die Fanggebiete hauptsächlich in den Territorien und den nördlichen Teilen der Provinzen, vor allem Ontarios. Für die Menschen in diesen abgelegenen Gebieten hat die Pelzgewinnung einen hohen Stellenwert, und nicht selten ist sie die einzige Einnahmequelle.

Die Jagd auf Robben vor der atlantischen Ostküste wird teils von Schiffen aus geführt oder wie im nordöstlichen Neufundland auf dem Eis vorgenommen. Neben den Fellen werden auch Fleisch und Fett gewonnen. Die Fangquoten sind international festgelegt, und Kanada ist bestrebt, die Population allmählich zu erhöhen und mit den Fischbeständen in Einklang zu bringen. Die Jagd speziell auf junge Robben, die auf dem Eis mit Holzstöcken erschlagen werden, hat weltweite Proteste ausgelöst und zu Einfuhrbeschränkungen der Felle geführt. Von kanadischer Seite wird stets betont, dass alle Bestimmungen eingehalten werden und die Jagd streng beaufsichtigt wird. Für die Fischer in den abgelegenen Orten Neufundlands bedeutet die Robbenjagd zweifellos eine wichtige Einnahmequelle.

Die Pelztierzucht in Farmen hat sich seit den 1930er-Jahren auf Nerze eingestellt. Die daneben bestehenden Fuchsfarmen, die zunächst fast gänzlich aufgegeben werden mussten, haben erst seit 1975 wieder etwas mehr an Bedeutung gewonnen. Mit der Umstellung ist Ontario führende Provinz in der Pelzgewinnung geworden, die Atlantischen Provinzen, besonders Neuschottland, hatten dagegen die stärksten Einbußen. Ebenfalls ist hier die Konzentration der Farmen noch nicht so weit vorgeschritten wie in den anderen Regionen.

	Anzahl (1000)		Wert (Mio. $)	
	1992	1995	1992	1995
Freie Wildbahn	816	1128	14,5	25,4
Pelztierfarmen	996	950	20,5	58,0
Gesamt	**1812**	**2078**	**35,0**	**83,4**

Tab. 28: Gewinnung von Tierfellen

Quelle: Statistics Canada, CANSIM, Matrix 5692.

Vergleicht man die beiden Quellen der Pelzgewinnung, freie Wildbahn und Zucht, nach dem Wert der Produktion an Rohfellen, zeigen sich von Jahr zu Jahr Unterschiede. 1995 lag der Anteil der Zuchtbetriebe bei fast 70 %, in den 1970er-Jahren war er zeitweilig auf weit unter 40 % abgefallen. Dabei spielt sicherlich die Vielfalt der Pelztiere im natürlichen Potential eine Rolle, wodurch der internationale Markt konkurrenzloser beliefert werden kann. Für die Nerzzucht trifft das nicht in dem Maße zu. Allgemein ist der Markt für Pelze begrenzt und zudem unsicher, da er Modetrends unterworfen ist. Ferner gibt es besonders in Europa eine Bewegung, die für den Schutz der Tiere eintritt und das Tragen von Pelzen verurteilt.

Für Kanada bleiben Pelztierjagd und -zucht wichtige lokale Wirtschaftszweige und bringen Arbeit und Verdienst. Nicht zuletzt ist das Fallenstellen für viele Eingeborene, Indianer und Inuit, eine aus der Tradition erwachsene Lebensaufgabe.

BERGBAU UND ENERGIEWIRTSCHAFT

Quelle: Société d'énergie de la Baie James, Montreal

Bild 46: *Hydroenergiegewinnung am Grande Rivière, Nordquebec; starke Eingriffe in Landschaft und Ökologie.*

Überblick

- Kanada ist reich an Bodenschätzen. Zu ihnen gehören verschiedenartige Metallerze, die im Bereich des Kanadischen Schildes und der Gebirge vorkommen. Im Untergrund der Inneren Ebenen, vor allem der Provinz Alberta, finden sich die Brennstoffe Erdöl, Erdgas und Kohle.
- Mit den Ressourcen können neben der eigenen Versorgung durch Exporte auf dem Weltmarkt hohe Erlöse erzielt werden, wenn auch häufig Absatz- und Preisschwankungen auftreten. Da der Bergbau erhebliche ökologische Schäden verursacht, sind vor Inbetriebnahme von Anlagen Umweltverträglichkeitsprüfungen durchzuführen.
- Zur Deckung seines hohen Energieverbrauchs kann Kanada auf verschiedene Energieträger zurückgreifen. Neben den Brennstoffen kann an vielen Flüssen Hydroenergie gewonnen werden, ferner können Kernkraftwerke mit eigenen Uranvorkommen betrieben werden. Mit der Inwertsetzung seiner Energiequellen ist das Land unabhängig, darüber hinaus können Brennstoffe und elektrischer Strom exportiert werden.
- Da die Energiequellen verstreut und die Standorte weit nach Norden vorgerückt sind, müssen hohe Investitionen und lange Transportwege in Kauf genommen werden. Auch verursacht der starke Energieverbrauch in der Wirtschaft, dem Verkehr und den Haushalten steigende Emissionen, sog. Treibhausgase. Da die kanadische Regierung auf der Klimakonferenz von Kyoto (1998) eine Reduzierung angekündigt hat, sind Sparmaßnahmen sowie technische Verbesserungen eingeleitet worden.

Rohstoffgewinnung durch Bergbau

Die Bodenschätze haben in besonderem Maße die wirtschaftliche Entwicklung Kanadas gefördert und wesentlich zum Reichtum des Landes beigetragen. Die außerordentlich vielfältigen Vorkommen – insgesamt werden etwa 60 verschiedene Rohstoffe abgebaut – lassen sich in vier Gruppen unterteilen:

1) Metallerze, Eisen und Buntmetalle, von denen über 20 verschiedene Arten genannt werden. Zu den wertmäßig bedeutendsten gehören Gold, Kupfer, Nickel, Zink, Eisen und Uran (U_3O_8);
2) mineralische Rohstoffe (Nichtmetalle); von besonderem Wert sind Kalisalze, Asbest, Salz und Schwefel;
3) Steine und Erden;
4) Brennstoffe, zu denen Erdöl, Erdgas und Kohle gehören.

Die Inwertsetzung der Bodenschätze

Schon in der frühen Zeit der europäischen Landnahme erregten bestimmte Bodenschätze die Aufmerksamkeit der französischen und britischen Kolonialherren. Es waren vor allem die Kohlevorkommen auf der Cape-Breton-Halbinsel am Atlantik, deren Verschiffung nach Frankreich allerdings aufgegeben werden musste, und umfangreiche Lager von Raseneisenerz bei Trois-Rivières, die seit 1736 genutzt und für Gebrauchsgüter der Siedler verarbeitet werden konnten. Später kamen leicht abzubauende Eisenerze hinzu, die auch begrenzt exportiert wurden.

Die Entwicklung des Bergbaus in den Kordilleren setzte mit den Goldfunden am Fraser seit 1858 ein. Da es sich um Goldseifen handelte, bereitete die Gewinnung keine technischen Schwierigkeiten. Schon einige Jahre zuvor hatte der Goldrausch in Kalifornien zur Nutzung der Kohle bei Nanaimo auf Vancouver Island geführt, deren Abbau mit der Besiedlung zunahm. Im Osten konnten in dieser Zeit weitere Lager von Silber-, Kupfer- und Eisenerzen im Bereich des Oberen Sees in Ontario entdeckt werden. Allerdings war eine Nutzung durch technische Mittel und mangelnde Transportmöglichkeiten sehr begrenzt.

Einen wesentlichen Aufschwung konnte der Bergbau erst mit dem Bau der Eisenbahn nehmen. Bei den Arbeiten an den Trassen stieß man auf ergiebige Lagerstätten, deren Erze zu den Standorten der Verarbeitung und in die Exporthäfen transportiert werden konnten. Es bildeten sich besonders seit den 1880er-Jahren Bergbaubezirke, wie z. B. in Nordontario um Sudbury, Cobalt, Timmins, Kirkland Lake u. a. oder in Quebec um Rouyn und Val d'Or. Dem Bahnbau verdankt auch die Bergbauregion im Bereich des Kootenay im Südosten von Britisch-Kolumbien ihre Entwicklung. Weitere Vorkommen konnten seit 1930 in Nordmanitoba und in den 1950er-Jahren bei Bathurst im Norden von Neubraunschweig erschlossen werden.

Von großer Bedeutung für den kanadischen Bergbau wurde die Förderung von Eisenerz, die erst in neuerer Zeit einsetzte. Vor dem Zweiten Weltkrieg bestand lediglich im Michipicoten-Distrikt am Nordufer des Oberen Sees in Ontario eine relativ geringe Nutzung. Die schon früher gegründeten Eisen- und Stahlwerke mussten mit Importen arbeiten; nach Hamilton (Ontario) führte man Erze aus den USA ein, das Werk in Sydney (Nova Scotia) arbeitete mit Erzen aus Neufundland, das noch englische Kolonie war, und nur die Hütte in Sault Ste. Marie konnte zum Teil einheimische Rohstoffe verwenden. Neue Impulse sollte der 1944 aufgenommene Abbau der Hematitlager im Steep Rock Lake in Westontario bringen, der in den 1950er-Jahren einen Höhepunkt erreichte. Die Schwierigkeit beim Abbau der Lager unter einem See und weitere Komplikationen haben die Hoffnungen jedoch nicht erfüllen können.

Im Mittelpunkt der heutigen Eisenerzförderung stehen die Vorkommen in Labrador. Die Entdeckung erfolgte 1945, und schon in den nächsten Jahren wurden die umfangreichen Lager am Rande der Arktis erschlossen. Bereits 1954 gelangte das erste Erz über eine fast 600 km lange Stichbahn zur weiteren Verladung nach Sept-Iles an den St. Lorenz. Die schnelle Erschließung dieser abgelegenen Erzlager war eine technische Großtat, die von kanadischen und US-amerikanischen Gesellschaften unter dem Druck einer drohenden Erzverknappung geleistet wurde.

Hinsichtlich der Gruppe der Nichtmetalle wurden die wertvollen Asbestlagerstätten im südlichen Quebec bereits 1876 entdeckt und wenige Jahre später mit dem Bau einer Bahnverbindung erschlossen. Bei Ölbohrungen in Südsaskatchewan konnten 1943 Kalisalzvorkommen entdeckt werden, deren Förderung nach langen Vorbereitungen 1958 aufgenommen wurde.

Als neuste Entdeckung wurden 1992 diamantenhaltige Gesteine, sog. Kimberlites, bekannt. Die Fundorte liegen in den Nordwest-Territorien, am Lac de Gras, etwa 300 km nordöstlich von Yellowknife. Da es sich um wertvolle Lagerstätten handelt, ist die Erschließung in einem Tagebau 1998 begonnen worden. Die Arbeitsplätze sollen überwiegend mit Einheimischen besetzt werden. Allerdings wird der Tagebau beträchtliche Umweltschäden hervorrufen, die von den betreibenden Gesellschaften mit hohen Investitionen begrenzt werden müssen.

Erst in neuerer Zeit gelang auch der Durchbruch bei der Förderung von Erdöl und Erdgas. Zwar konnte schon 1913/14 im Tal des Turner bei Calgary (Alberta) ein erstes Erdöllager erbohrt werden, doch blieb hier wie auch im Mackenzie-Tal bei Norman Wells (1912) die Produktion gering. Entscheidend wurden die Funde von Leduc, südlich von Edmonton, wo 1947 erstmals Öl aus oberdevonischen Schichten erbohrt werden konnte. Dies gab den Auftakt zu einer intensiven Exploration im zentralen und nördlichen Alberta, wo im weiteren Umkreis von Edmonton und im Nordwesten nacheinander ergiebige Felder erschlossen werden konnten. Ebenfalls waren im benachbarten Britisch-Kolumbien sowie in Saskatchewan und Manitoba Bohrungen erfolgreich. So wurde der Mittlere Westen, vor allem die Provinz Alberta, seit 1947 der bei weitem wichtigste Produzent der Energieträger Erdöl und Erdgas.

Hinzu kommen in Nordalberta umfangreiche Lagerstätten von ölhaltigen Sanden (tar sand), die schon den Indianern bekannt waren und von Pelzhändlern, wie Peter Pond, 1778, beschrieben wurden. Die am Athabasca aufgeschlossenen Vorkommen fanden erst Ende des 19. Jh.s weitere Beachtung, doch konnten technische Probleme der Ölgewinnung lange Zeit nicht gelöst werden. Eine Versuchsanlage entstand 1967 durch das heutige Unternehmen Suncor, ein weiterer Betrieb, Syncrude, eröffnete 1978 eine Anlage.

Ein bislang letzter Standort der Förderung von Erdöl und Erdgas ist im Schelfgebiet vor der Atlantikküste in den 1980er- und 1990er-Jahren erschlossen worden. Nachdem 1992 ein erstes Offshore-Feld vor Neuschottland in Produktion ging (Cohasset-Panuke), lief 1997 das weitaus größere Unternehmen *Hibernia* etwa 300 km vor der Küste Neufundlands von einer Ölplattform aus an (Maynard 1997). Ferner wird zur Zeit vor Neuschottland im Bereich von Sable Island die Gewinnung von Erdgas vorbereitet, die in nächster Zeit aufgenommen werden soll.

Einen ersten Aufschwung des Kohleabbaus in den westlichen Prärien und den Rocky Mountains brachte der Bau der Eisenbahnen gegen Ende des 19. Jh.s. Als die Bahn in den 1950er-Jahren auf Dieselkraftstoff umgestellt wurde, mussten viele der meist kleineren Zechen geschlossen werden und die abgelegenen Siedlungen (mining towns) verfielen. Eine erneute Belebung des Abbaus setzte in den 1970er-Jahren durch die weltweite Ölkrise und ein verstärktes Interesse Japans an Kohleimporten ein.

Der historische Überblick hat gezeigt, dass der kanadische Bergbau erst vor gut 100 Jahren begann. Eine wesentliche Innovation kam von der Eisenbahn, die einen Transport der Produkte und damit eine Inwertsetzung der Entdeckungen ermöglichte. Seit dieser Zeit sind viele spektakuläre und auch weniger bedeutende Entdeckungen gemacht worden, und es bildeten sich Bergbaubezirke aus (Abb. 43). Die Erschließung von Lagerstätten setzte sich bis in die neuste Zeit fort und dürfte mit laufend verbesserten Methoden der Exploration und hohem finanziellen Einsatz auch weiterhin erfolgreich sein. Da gleichzeitig immer wieder Abbaustätten aus Rentabilitätsgründen geschlossen werden müssen, ist eine Kontinuität für die Gesamtwirtschaft von großer Bedeutung (Steinecke 2000).

Abb. 43: Regionen und Standorte des Bergbaus 1998: *Der Reichtum an Metallerzen gründet sich vor allem auf den Kanadischen Schild und die Kordilleren; Brennstoffe sind dagegen besonders an Sedimente der Inneren Ebenen gebunden.*

Die Bedeutung des Bergbaus

Die Förderung der einzelnen Bergbauprodukte schwankt von Jahr zu Jahr. Der Bedarf im eigenen Land und auf dem Weltmarkt, die Konkurrenz und die Preise sind dafür in erster Linie maßgebend. Fast alle Erze hatten in der Vergangenheit zum Teil drastische Rückgänge ihres Abbaus aufzuweisen; Gold und Uran sind besonders krasse Beispiele. Wenn es dadurch auch lokal zu erheblichen Schwierigkeiten kam, blieb die Bedeutung des Bergbaus insgesamt bestehen, wobei die Vielfalt der Produkte einen Ausgleich brachte. In der breiten Palette fehlen nur wenige Rohstoffe, die nicht vorhanden sind und eingeführt werden müssen, wie z. B. Bauxit für die Aluminiumherstellung.

Der Gesamtwert der Bergbauprodukte liegt bei fast 50 Mrd. $ (1996). Unterteilt man ihn auf die 4 genannten Kategorien, entfallen auf Brennstoffe fast zwei Drittel, auf Metallerze 24 % sowie auf die Gruppen Mineralien und Steine/Erden etwa je 5 %

Quelle: The National Atlas of Canada u. Steinecke 2000, S. 29.

(Tab. 29). Eine Verschiebung der Wertanteile zugunsten der Brennstoffe erfolgte seit den 1970er-Jahren, davor dominierten die Metallerze.

Kanada ist in der günstigen Lage, sich mit den Brennstoffen Erdöl, Erdgas und Kohle selbst versorgen zu können. Da die Produktion von Erdöl ganz überwiegend im Westen erfolgt, wird ein Teil der Versorgung in den östlichen Provinzen durch Importe gedeckt, während gleichzeitig in den amerikanischen Mittelwesten exportiert wird. Das Gleiche ist bei Erdgas der Fall, jedoch liegen hier die Exporte bedeutend höher.

Obwohl die Erdölförderung in letzter Zeit laufend angestiegen ist, von 1990 bis 1996 um rd. 30 %, wird sie durch neue Entdeckungen in etwa ausgeglichen. Die Reserven werden auf fast 9 Mrd. barrels veranschlagt; von ihnen wird allerdings das konventionelle Leichtöl in Alberta abnehmen. Dafür werden hier stärker die ölhaltigen Sande mit einer geschätzten Reserve von 400 Mrd. m^3 Erdöl (das ist das Doppelte der bekannten Reserven von Saudi-Arabien) abgebaut werden. Allein diese kanadische Reserve würde ausreichen, um den derzeitigen weltweiten Erdölbedarf für weitere 100 Jahre zu sichern (Spiegel 14/2001). Abbau und Trennung werden zzt. im Tagebau und in aufwendigen Verfahren vorgenommen, was zu erheblichen Umweltschäden führt (Niems 1991). Um die Förderung auszuweiten, sind vor allem neue Technologien erforderlich, wie eine Trennung des Öls unter der Erde (sog. In-situ-Verfahren). Damit dürfte sich der Anteil des Erdöls aus den Sanden, der jetzt etwa 10 % an der Gesamtproduktion beträgt, beträchtlich erhöhen. In jedem Falle gibt die riesige Reserve der kanadischen Wirtschaft einen starken Rückhalt, weitere Gewinnungsanlagen sind für die nächsten Jahre geplant.

Die erschließbaren Reserven an Erdgas werden nach Schätzungen von 1997 noch bis Mitte des 21. Jh.s reichen. Weitere Entdeckungen werden besonders in Alberta vorausgesagt, aber auch im Norden und im atlantischen Schelfbereich sind sie zu vermuten (Canada-Info, Sept. 1997).

Der Abbau von Kohle hat sich seit den 1970er-Jahren von 15 Mio. t (1970) auf 78,5 Mio. t (1997) mehr als verfünffacht. Daran ist hauptsächlich die Förderung im Westen beteiligt, wo im Bereich der Rocky Mountains wertvolle Steinkohle (bituminous coal) im Tagebau gewonnen wird (Abb. 44). Sie geht überwiegend in den Export vor allem nach Japan und Südkorea, was durch langfristige Lieferverträge mit Unternehmen der Länder und Beteiligungen gesichert ist (Wieger 1994: 81f.). Ein weiterer Teil der Kohle, besonders aus Lagerstätten in den Plains von Alberta, wird in den Kraftwerken der Provinz verwendet. Gegenüber dem Aufschwung im Westen ist

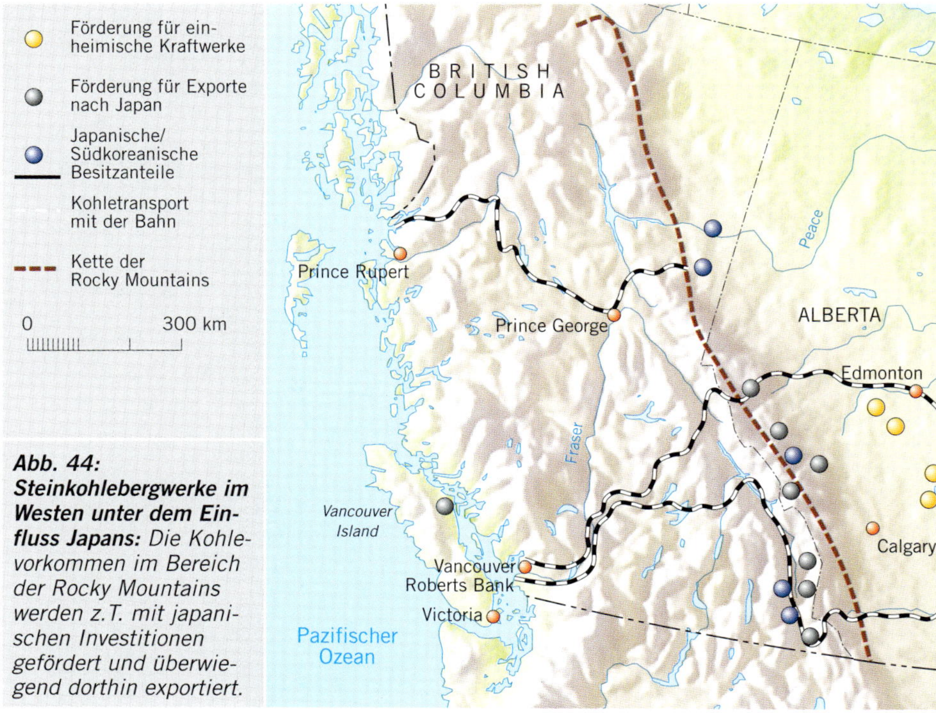

Abb. 44: Steinkohlebergwerke im Westen unter dem Einfluss Japans: *Die Kohlevorkommen im Bereich der Rocky Mountains werden z.T. mit japanischen Investitionen gefördert und überwiegend dorthin exportiert.*

Quelle: Wieger 1994, S. 81 (vereinfacht).

	1988		1992		1996	
	Wert (Mrd. $)	Anteil (%)	Wert (Mrd. $)	Anteil (%)	Wert (Mrd. $)	Anteil (%)
Metallerze	13,6	37	10,2	29	11,8	24
Mineralien/Steine u. Erden	5,6	15	4,5	12	5,3	11
Brennstoffe	17,8	48	20,9	59	32,1	65
Gesamt	**37,0**	**100**	**35,6**	**100**	**49,2**	**100**

Tab. 29: Bergbauproduktion

Quelle: Canada Yearbook 1999: 10.22.

die Kohleförderung auf Cape Breton Island (Neuschottland) seit längerem auf Subventionen der Bundesregierung angewiesen. Sollte sie – wie 1999 angekündigt – wegfallen, müssten Bergwerke geschlossen werden.

Die Produktion von Buntmetallen ist in starkem Maße vom Weltmarkt abhängig, sodass Fördermengen und Preise sowie auch die weltweite Rangfolge von Jahr zu Jahr wechseln. Obwohl es dadurch immer wieder zu Einbrüchen bei einzelnen Erzen kommt, gibt die Vielfalt der Produkte der Wirtschaft eine sichere Grundlage. Zu den wichtigsten in Tab. 30 genannten Erzen kommen zahlreiche weitere, wie die seltenen Vorkommen von Molybdän, Antimon, Cadmium, Niob (Columbium), Selen, Zinn u. a., die in verschiedenen Mengen gewonnen werden und ebenfalls weltweite Bedeutung haben.

Etwa 80 % der Bergbauprodukte gehen in den Export, wodurch Kanada eine führende Stellung auf dem Weltmarkt einnimmt. Die wichtigsten Abnehmer sind die USA, Länder der Europäischen Union und Japan.

Trotz allen Reichtums an Bodenschätzen wird ein landesweites Management der Ressourcen dringend gefordert, um die Nachhaltigkeit zu sichern. Dabei sind die Grenzen der Nutzung aufzuzeigen und die künftige Stellung des Bergbaus zu beurteilen (Mitchell 1991 u. 1993). Ein ebenso wichtiges Anliegen ist der Schutz der Umwelt, die in den Bergbauregionen stark gefährdet ist. Das gilt in besonderem Maße für die Tagebaue, in denen Kohle, ölhaltige Sande, Asbest oder verschiedene Erze gewonnen werden. Die Überprüfung einer Umweltverträglichkeit und die Beseitigung der Schäden durch Rekultivierungen sind zu wichtigen Maßnahmen geworden.

Regionale Verbreitung der Bodenschätze

Die Verbreitung der Bodenschätze beruht auf den geologischen Regionen. Die Metallerze sind in erster Linie an den Kanadischen Schild gebunden, an dem hauptsächlich die zentralen Provinzen Ontario und Quebec Anteil haben. Randlich sind Neufundland durch den Gebietsanteil in Labrador, Manitoba, Saskatchewan und die Nordwest-Territorien beteiligt. Eine zweite Region mit Metallerzvorkommen bilden die Kordilleren, die besonders der Provinz Britisch-Kolumbien und im nördlichen Bereich dem Yukon-Territorium angehören. Schließlich weisen auch die Appalachen, die hauptsächlich mit den Atlantischen Provinzen übereinstimmen, Erzvorkommen auf. Die Brennstoffe kommen dagegen ganz überwiegend in den Inneren Ebenen des Mittleren Westens vor. Das trifft besonders für Erdöl und Erdgas zu, während Kohlelagerstätten auch in Britisch-Kolumbien und in Neuschottland abgebaut werden (Abb. 43).

Metalle	Nichtmetalle/ Mineralien	Brennstoffe
Gold (4)	Kalisalz (1)	Erdöl (11)
Kupfer (3)	Asbest (2)	Erdgas (3)
Nickel (2)	Schwefel (2)	Kohle
Zink (1)		
Eisen, 61 % Fe		
Uran (1)		
Silber		
Platinum (3)		
Kobalt (4)		
Blei (5)		

[1] Rangfolge nach ihrem Wert 1996 (in Klammern weltweiter Rang 1994).

Tab. 30: Produkte des Bergbaus[1]

Quelle: Canada Yearbook 1999: 10.26 u. 344 ff.

Bei der großen Bedeutung, die dem Bergbau für die Wirtschaft des Landes und der Provinzen zuzumessen ist, erhalten Veränderungen in der Förderung bzw. im Wert der Produktion ein besonderes Gewicht. Für die Provinzen ist bedeutend, dass ihnen die Nutzung der Rohstoffe auf ihren Territorien untersteht und ihnen erhebliche Einnahmen zugute kommen. Die wenigen Vorbehalte des Bundes schmälern diesen Vorteil kaum. Lediglich die Territorien im Norden fallen unter die Hoheit der Bundesregierung in Ottawa.

Bei der Verteilung der Wertschöpfung aus dem Bergbau (Tab. 31) fällt besonders die Provinz Alberta auf, die mit 53 % Anteil mit Abstand an der Spitze liegt. Dies be-

Provinzen	Bergbauproduktion 1996		davon		
	Wert (Mrd. $)	Anteil (%)	Metallerze (%)	Mineralien/ Steine/Erden (%)	Brennstoffe (%)
Atlantische Provinzen[1]	2,5	5,0	12,7	10,5	1,3
Zentralprovinzen:					
Quebec	3,3	6,8	18,6	21,5	–
Ontario	5,6	11,5	35,2	26,8	0,3
Östl. Prärieprovinzen[2]	6,2	12,7	12,7	22,9	11,0
Westl. Provinzen:					
Alberta	26,0	53,0	–	9,2	79,5
Britisch-Kolumbien	4,3	8,6	13,0	8,7	7,0
Nördl. Provinzen[3]	1,2	2,5	7,8	0,5	0,9

[1] Newfoundland, Prince Edward Island, Nova Scotia, New Brunswick
[2] Manitoba, Saskatchewan
[3] Yukon, North-West Territories

Tab. 31: Regionale Anteile am Wert der Bergbauproduktion

Quelle: Canada Yearbook 1999: 10.24.

ruht fast ausschließlich auf der Förderung der Brennstoffe Erdöl, Erdgas und Kohle, deren Werte in neuerer Zeit laufend gestiegen sind. In der auch als Texas des Nordens bezeichneten Provinz werden etwa 85 % des Erdöls und 90 % des Erdgases gewonnen. Den Rest teilen sich die angrenzenden Provinzen Saskatchewan und Britisch-Kolumbien.

Erdöl und -gas haben die Wirtschaft Albertas in der zweiten Hälfte des 20. Jh.s sehr beeinflusst und es wurde Kapital angehäuft. Man ist sich allerdings bewusst, dass die Ressourcen nicht erneuerbar sind und ihre Erschließung laufend höhere Kosten verursacht. Das gilt insbesondere für die ölhaltigen Sande, die künftig stärker in die Ölgewinnung einbezogen werden müssen. Für die Gesamtwirtschaft der Provinz wird seit längerem eine breitere Grundlage angestrebt. Damit verbindet sich eine „umsichtige Förderpolitik" der Rohstoffe wie auch eine „wachsende Verflechtung mit Industrie- und Dienstleistungsunternehmen", woraus sich andere Ansätze als Folgeaktivitäten entwickeln (Brücher 1995).

In der Gebirgsprovinz Britisch-Kolumbien ist der Bergbau differenzierter. Er umfasst den Abbau von Buntmetallen, wie Blei, Zink, Kupfer und Molybdän, sowie auch von Kohle. Für ihren Transport sind Bahn und Häfen in neuerer Zeit stark ausgebaut und modernisiert worden. Der aufnahmefähige ostasiatische Markt lässt einen weiteren Aufschwung erwarten.

Der Bergbau in Saskatchewan zeichnet sich durch die Gewinnung von Uran sowie von Kalisalzen (Pottasche) aus. Der auf verschiedene Standorte im Norden verteilte Uranbergbau war nach dem Zweiten Weltkrieg großen Schwankungen ausgesetzt und hat sich erst in neuerer Zeit wieder stabilisieren können. Für die vornehmlich auf Landwirtschaft ausgerichtete Wirtschaft der Provinz bedeutet der Bergbau einen gewissen Ausgleich. Die Bergbauregion im Norden Manitobas gründet sich auf Nickel-Lagerstätten, deren Erze am Ort geschmolzen und konzentriert werden.

Eine breite Palette an Erzen kommt in den Zentralprovinzen Ontario und Quebec vor. Besonders Ontario hat große Anteile an Nickel, Gold, Kupfer, Uran und Silber, in Quebec kommen Eisenerze in Labrador und die bedeutenden Asbestlager hinzu. Entsprechend sind die Wertanteile beider Provinzen hoch. Allerdings wird die Förderung sehr vom Weltmarkt bestimmt, zumal ein großer Teil in den Export geht.

Die Atlantikprovinzen weisen nur geringe Wertanteile auf, eine Ausnahme bilden die Eisenerze Neufundlands in Labrador. Das Bild könnte sich allerdings mit der Erdöl- und Erdgasgewinnung im Offshore-Bereich verändern und auch die Dominanz Albertas relativieren. Man hofft jedenfalls schon jetzt auf sog. Spin-off-Effekte der Ölwirtschaft, von denen die Provinzen profitieren können; ein Ausbau der Infrastruktur ist bereits eingeleitet worden. Bei der vermutlichen Schließung von Kohlebergwerken und den Problemen in der Fischwirtschaft wäre das ein notwendiger Ausgleich.

In den nördlichen Territorien sind zwar verschiedene Bergbaustandorte bekannt, doch sind die Wertanteile der Förderung sehr gering. Die meisten der früher genutzten Goldvorkommen sowie die kombinierten Blei-Zink-Kupfer-Silbererz-Lager im Yukon-Territorium und bei Pine Point am Großen Sklavensee sind in letzter Zeit aufgegeben worden. Weitere Vorkommen von Buntmetallerzen befinden sich in der Arktis, auf Baffin und Cornwallis Island sowie an einigen anderen Standorten (Schmidt 1991, Steinecke 2000). Bei den hohen Gewinnungs- und Transportkosten dürften die bisher entdeckten Ressourcen in der Arktis wohl noch lange Zeit Reserven bleiben.

Probleme der Bergbausiedlungen

Besondere Probleme des Bergbaus ergeben sich aus der Abgelegenheit und Isolation vieler Standorte. Die Transportkosten sind hoch, Verkehrswege und die weitere Infrastruktur müssen erst angelegt werden, die Energieversorgung ist sicherzustellen. Zu den hohen Investitionen für die Ausstattung kommen die Arbeitskräfte, die geworben und angesiedelt werden müssen. Seit den Anfängen der Erzgewinnung haben sich sog. Company Towns entwickelt, die von der Bergwerksgesellschaft errichtet und größtenteils auch verwaltet werden. Sie bestehen aus den Wohnungen von Familien und Alleinstehenden – häufig sind es Wohnwagen, ferner aus Einrichtungen zur Ver-

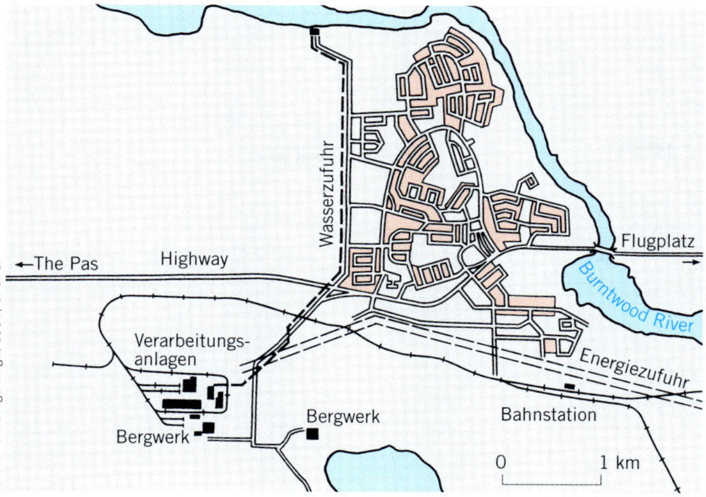

Quelle: Swatridge/Wright 1990, S. 171.

Abb. 45: Nickelgewinnung und Bergbausiedlung Thompson, Manitoba: *Das Problem abgelegener Bergbausiedlungen liegt in ihrer einseitigen Abhängigkeit. Das um 1960 erbaute Thompson basiert auf Nickelerzvorkommen, es hat etwa 15 000 Einwohner.*

sorgung, wie Einkaufszentren, Schulen, Kirchen, Sport- und Unterhaltungsstätten. Das Bild vieler Bergbauorte entspricht dem von Vorstadtsiedlungen mit weitläufigen Einzelhausreihen, die unterschiedlichen sozialen Gruppen – Managern, Angestellten, Arbeitern – zugeordnet sind (Abb. 45).

Um den Wohnwert in der Isolation zu erhöhen, zielen moderne Planungen auf mehr Kommunikation ab, die Orte sind kompakter angelegt und bieten vor allem ein Zentrum mit einem modernen Konsum- und Freizeitangebot. Auch sind die Unternehmen bestrebt, Verantwortlichkeiten zu übertragen, um das Angebot variabel zu halten und den Bewohnern eine stärkere Mitsprache zu ermöglichen. Die neuen Konzeptionen, die sich sehr von den Company Towns älteren Stils unterscheiden, sollen die hohe Fluktuation der Bewohner in Grenzen halten und die Arbeitnehmer stärker mit ihren Siedlungen verbinden.

Allerdings bleibt das Problem der Monostruktur der meisten Orte. Sie sind ausschließlich an das Bergwerk, an die Förderung und den Verkauf des Erzes gebunden. Uranium City (Saskatchewan), Thompson (Manitoba), Gagnon (Queb.), Schefferville (Queb.) sind nur einige Namen. Treten länger anhaltende Absatzschwierigkeiten mit Entlassungen auf, sind die Orte gefährdet. Uranium City, 1952 gegründet, zählte bereits Ende der 1950er-Jahre 4600 Einwohner, bis 1974 war die Zahl auf 1850 gesunken, danach stabilisierte sich die Lage mit besseren Absatzbedingungen und Preisen für Uran zunächst wieder, um dann erneut abzufallen. Ähnliche Einbrüche haben viele der monostrukturierten Siedlungen aufzuweisen, manche mussten ganz verlassen werden (Vogelsang 1980).

Ein Beispiel ist der 1953 gegründete Ort Schefferville in Nordquebec, der auf Eisenerzförderung basierte. Noch 1976 zählte er 3400 Einwohner, danach begann eine Phase der Unsicherheit. Die allgemeine Absatzkrise, aber auch betriebswirtschaftliche Überlegungen und Kostenvergleiche mit anderen zum Konzern gehörenden Bergwerken führten letztlich dazu, dass die Förderung im Bereich von Schefferville 1983 eingestellt und die Siedlung aufgegeben wurde. Sie ist heute eine „Geisterstadt", in der sich vielleicht einige Indianer aufhalten (Bradbury & St. Martin 1983). Beispiel einer schnell wachsenden Stadt ist Fort McMurray, die von den Ölsand-Vorkommen im nördlichen Alberta profitiert; ihre Einwohnerzahl stieg von 1300 (1965) auf rd. 43 000 heute.

Die Instabilität der Bergbausiedlungen hat zu Forderungen geführt, die einseitige wirtschaftliche Basis durch weitere Industrien zu ergänzen, um alternative Arbeitsplätze anzubieten. Wegen der isolierten Lage vieler Bergwerke ist das jedoch nur in wenigen Fällen zu erreichen. Andere Überlegungen gehen davon aus, größere Siedlungen ganz zu vermeiden. Die Arbeitskräfte können mit Flugzeugen zum

Standort gebracht und nach einer festgelegten intensiven Arbeitsperiode ausgewechselt werden (fly in – fly out). Damit braucht man vor Ort nur die notwendigsten Einrichtungen. Besonders für kleinere Bergwerke ist dies ein möglicher Ausweg und wird auch praktiziert. In den meisten Fällen dürfte sich eine komplette Siedlung wohl nicht ersetzen lassen, sodass die Problematik vorerst bestehen bleibt.

Energiewirtschaft – Ausbau zur Unabhängigkeit

Energieverbrauch und Energieträger

Im Energieverbrauch nimmt Kanada weltweit einen Spitzenplatz ein. Der Pro-Kopf-Verbrauch von Primärenergie liegt nach verschiedenen kleinen Staaten an 8., von Elektrizität nach Norwegen und Island an 3. Stelle (1996). Entsprechend rangiert das Land auch im Gesamtverbrauch unter den ersten 10 Staaten, obwohl es nach der Bevölkerungszahl erst an 33. Stelle kommt (Lenz 1993).

Für diesen hohen und oft kritisierten Energieverbrauch können viele Gründe angeführt werden: die lange Heizperiode, der hohe Lebensstandard der Menschen, die natürlich auch die billigen Angebote nutzen, die großen Distanzen für den Transport oder die modern aufgebaute Industrie und Landwirtschaft (Tab. 32). Allerdings verfügt Kanada über eine Anzahl verschiedener Energieträger, mit denen die Versorgung gesichert werden kann und Exportüberschüsse möglich sind.

Um den hohen Bedarf an Energie befriedigen zu können, müssen die vorhandenen Energieträger ökonomisch und regional sinnvoll genutzt werden. Ihre Anteile an der inländischen Energieerzeugung gehen aus den Tab. 33 und 34 hervor.

Die Brennstoffe Erdöl, Erdgas und Kohle sind beim Bergbau bereits behandelt worden. Dabei konnte herausgestellt werden, dass zwar ausreichende Reserven vorhanden sind, beim Erdöl jedoch in Form ölhaltiger Sande, für deren Nutzung weitere technische Voraussetzungen, die den Abbau und das Gewinnungsverfahren betreffen, notwendig sind. Alle Brennstoffe werden ganz überwiegend im Westen gewonnen.

Dagegen kann der Energieträger Wasserkraft in vielen Bereichen des Landes genutzt werden. Voraussetzungen sind Flüsse mit großer und regelmäßiger Wasserkapazität, ein hügeliges Relief und ein möglichst fester Untergrund für die Staudämme. Die günstigsten Möglichkeiten bestehen im Bereich des Kanadischen Schildes und der Kordilleren.

Die ersten Städte, die mit Hydroenergie versorgt wurden, waren Ottawa (1885) und Quebec (1895), doch schon in den folgenden Jahren schlossen sich Sherbrooke und Montreal an. Seit der Wende zum 20. Jh. wird Energie von den Niagara-Fällen gewonnen. Ein Problem dieser Zeit war allerdings die Übertragung des elektrischen Stromes über lange Strecken und ohne allzu große Verluste. Sie ist erstmals 1911 von den Niagara-Fällen nach Dundas (Ontario) auf einer Strecke von fast 100 km gelungen. Damit konnten die Standorte immer weiter nach Norden verlegt und die Kapazitäten erhöht werden.

Energieverbraucher	Anteile 1996 prim./sek. Energie (%)	Anteile 1996 Elektrizität (%)
Industrie	31,5	43,5
Transportwesen	29,9	0,8
Landwirtschaft	3,1	2,1
Haushalte	19,1	28,8
Öffentliche Verwaltung	1,9	2,8
Wirtschaft/Institutionen	14,5	22,0

Tab. 32: Energieverbraucher

Quelle: Canada Yearbook 1999: 10.11.

Von den Großprojekten der letzten Zeit sind die Anlagen von Churchill Falls in Labrador (Newfoundland) hervorzuheben, die 1974 mit einer Kapazität von 5,2 Mio. kW in Betrieb gingen. Weitere Kraftwerke in dieser Region sind bereits in Grundsatzabkommen festgelegt. Ferner sei das Manicouagan-Outardes-Projekt in Quebec genannt, dessen Stauwerke zwischen 1967 und 1976 mit 3,7 Mio. kW errichtet wurden, sowie die Anlagen am Nelson River in Nordmanitoba.

Die bislang größten hydroelektrischen Kraftwerke sind an der James Bay, im nördlichen Quebec errichtet worden. Sie nutzen Flüsse, die von Osten in die südliche Ausbuchtung der Hudson Bay führen. Der Raum gehört zum Kanadischen Schild und liegt im Übergangsbereich vom borealen Nadelwald zur Tundra. Das Großprojekt wurde 1971 von der Provinzregierung beschlossen, jedoch stieß der Bau auf den Widerstand der über 10 000 Cree- und Nascapi-Indianer sowie einiger hundert Inuit, die in diesem Gebiet Jagd, Fischerei und Pelztierfang ausüben. Sie fühlten sich vor allem durch die ökologischen Veränderungen bedroht und schalteten Gerichte ein, wodurch es 1975 zu einem Vergleich kam. Neben Kompensationszahlungen erhielten die Betroffenen Nutzungsrechte in begrenzten Räumen im Umkreis ihrer Siedlungen und gaben dafür ihre Landansprüche für den gesamten restlichen Raum auf. Damit wurde der Weg für den Bau der Wasserkraftwerke frei (Soyez 1993). Ein erster Bauabschnitt wurde noch in den 1970er-Jahren am Grande Rivière begonnen und 1996 weitgehend abgeschlossen; es entstanden neun Kraftwerke mit einer Gesamtleistung von 15 700 MW. Ein zweiter Komplex am Grande Baleine oder Great Whale River ist nach heftigen Auseinandersetzungen 1995 von der Provinzregierung Quebecs vorerst gestoppt worden.

Die Landschaft im Einzugsbereich des Grande Rivière wird am stärksten durch die Stauseen verändert, wodurch teils bestehende Seen vergrößert werden oder auch völlig neue entstanden sind. Insgesamt bedecken sie eine Fläche von 15 500 km^2; durch überstaute Wälder ist eine Vergiftung durch Quecksilber möglich. Auffällig sind weiterhin die Staudämme, Deichbauten und Umleitungen sowie die Einrichtungen der Infrastruktur. Sie umfassen Straßen, Flugplätze und Siedlungen für die hier zeitweilig arbeitenden 15 000 Menschen.

Dem Projekt an der James Bay liegen Bedarfsberechnungen für die Provinz Quebec zugrunde. Obwohl der Transport des Stromes zu den bedeutendsten Abnehmern im Großraum von Montreal annähernd 1000 km beträgt, kann der Verlust mit weniger als 5 % relativ gering gehalten werden. Neben der Eigenversorgung erfolgt ein Verkauf von Strom in die östlichen USA, insbesondere in den Staat New York.

Auch im Bereich der Kordilleren sind in letzter Zeit weitere Anlagen zur Gewinnung von Hydroenergie errichtet worden oder im Bau begriffen. Kraftspendende Flüsse sind vor allem Fraser und Columbia, im Norden der Peace River. Das hier erbaute Stauwerk bei Hudson Hope, das 2,3 Mio. kW erzeugt, ist noch immer wegen ökologischer Auswirkungen am Unterlauf des Flusses umstritten. Ein größeres Projekt ist die Erweiterung

Energieträger	1990	1996
Gesamtproduktion (Petajoule)[1]	**11,392**	**14,961**
davon (%):		
Kohle	14,7	12,2
Erdöl	32,8	30,7
Erdgas, Beiprodukte	41,0	46,5
Strom (Wasser-/Kernkraft)	11,5	10,6

[1] 1 Petajoule = 10^{15} Joules

Quelle: Canada Yearbook 1999: 10.10.

Tab. 33: Produktion von Primärenergie

	Energiemenge (Nettoerzeugung) (1970)	(1990)	1996
Gesamtproduktion (Mrd. kWh)	**204,7**	**482,0**	**555,7**
davon (%):			
Wärmekraftwerke	23,0	23,3	20,8
Wasserkraftwerke	76,5	61,6	63,5
Kernkraftwerke	0,5	15,1	15,7

Bilanz 1996	Energiemenge
Gesamtproduktion (Mrd. kWh)	**555,7**
davon:	
Export	43,8
Import	6,2
Gesamtverbrauch	518,1
Pro-Kopf-Verbrauch (kwh)	17,5

Quellen: Statist. Bundesamt, Länderbericht Kanada 1995: 73; United Nations, Energy Statistics Yearbook 1996: Tab. 34.

Tab. 34: Elektrizitätserzeugung/-verbrauch und Bilanz

der Kapazität des Kraftwerkes bei Revelstoke am Columbia River.

Die neuesten Entwicklungen zeigen, dass in Kanada auch weiterhin die Hydroenergie eine wichtige Rolle spielen wird. Jedoch steigen die Kosten für die Projekte, und die Eingriffe in die Umwelt werden stärker gewertet. Beides trifft besonders auf den Norden zu, wo die größten Reserven sind.

Die Nutzung von Kernenergie wurde gleich nach dem Zweiten Weltkrieg vorbereitet. Ein erster Forschungsreaktor konnte 1945 in Chalk River, nordwestlich von Ottawa, in Betrieb genommen werden, weitere Anlagen entstanden in Whiteshell (Manitoba) und 1962 in Rolphton (Ontario). Es gelang die Entwicklung des effizienten und zuverlässigen Reaktors CANDU, der im Land eingesetzt und auch exportiert wurde. Der Ausbau von Atomkraftwerken vollzog sich dann in den 1970er- und 1980er-Jahren, in denen an fünf Standorten insgesamt 22 Reaktoren mit einer Nettokapazität von 15 000 MW installiert wurden. Die größten Betriebe Bruce A und B mit 6360 MW, Pickering A und B mit 4000 MW und Darlington A mit 3400 MW befinden sich in Südontario im näheren Umkreis großer Bevölkerungsballungen (Bild 47). Die Provinz versorgt sich zu 60 % mit Strom aus Kernkraftwerken, landesweit liegt der Anteil zwischen 15 und 20 %.

In den 1990er-Jahren mehrte sich die Kritik an der Energiepolitik Ontarios und am Management des Monopolisten Ontario Hydro. Die Wettbewerbsfähigkeit geriet in Zweifel, zumal an älteren Reaktoren wiederholt Störfälle auftraten und längere Ausfälle bewirkten. Auch hatten sich Atomkraftgegner im Land formiert, von denen Pläne für neue Werke abgelehnt werden. Schon die Eröffnung von Darlington (1993) vollzog sich unter großen Protesten. Andererseits werden auf lokaler Ebene auch die Schwierigkeiten deutlich, die sich aus einer längeren Stilllegung bzw. Aufgabe der Betriebe ergeben. Günstige Arbeits- und Verdienstmöglichkeiten zogen z. B. im Bruce County viele Menschen an, die sich in kleineren Orten niederließen. Jetzt müssen durch die unsichere Situation des Kernkraftwerkes andere wirtschaftliche Möglichkeiten gefunden werden, um eine Abwanderung der Bewohner zu verhindern.

Die Energiegewinnung aus Kernkraft im Land und besonders in Ontario sieht sich zunehmend in einer Phase des Umbruchs. Es werden neue Konzepte gefordert. Sie könnten unter anderem in der Beteiligung Kanadas an der internationalen Kernfusionsforschung liegen. Dabei bieten die bestehenden Standorte durchaus Vorteile und könnten genutzt werden (Gerloff 1996a, 1999).

Kanada ist in der günstigen Lage, umfangreiche Uranvorkommen zu besitzen, die in Ontario (Elliot Lake), vor allem aber an verschiedenen Stellen in Nordsaskatchewan (Key Lake u. a.) abgebaut werden. In der Förderung nimmt Kanada weltweit eine Spitzenposition ein. Der weitaus größte Teil, über 70 %, wird besonders in die USA, ferner nach Frankreich, Japan und Deutschland exportiert. Günstig gestaltet sich auch die Lagerung des radioaktiven Abfalls. Hierfür bietet sich die tektonisch stabile Region des Kanadischen Schildes an, wo zur Zeit ein geeignetes Endlager ermittelt wird. Zwischenlager befinden sich bei den einzelnen Werken.

Wie in anderen Industriestaaten, setzte nach der Ölkrise in den 1970er-Jahren eine Diskussion über alternative – sog. erneuerbare – Energieträger ein. Gegenwärtig leisten diese Quellen, wie Sonne, Wind, Biomasse, Erdwärme und Gezeiten, nur einen geringen Beitrag, doch sind Forschungs- und Entwicklungsprogramme eingeleitet worden.

Bis in die 1920er-Jahre zurück reichen Überlegungen, wie an der Fundy Bay zwischen den Provinzen Neubraunschweig und Neuschottland Ebbe und Flut für die Energiegewinnung nutzbar gemacht werden können. Dies wäre auch an anderen Buchten am Nordatlantik, wie Ungava, Frobisher und Cumberland, möglich, doch ist an der Fundy Bay mit einem Tidenhub bis zu 15 m sicherlich der günstigste Standort. Ausführliche Untersuchungen wurden erst in neuerer Zeit, 1969 und seit 1972, vorgenommen. Maßgebend für den Bau eines Gezeitenkraftwerkes sind weniger technische Belange, sondern es ist die Frage, ob sich die kostspielige Anlage gegenüber anderen Energiequellen lohnt. Allerdings sind noch keine abschließenden Entscheidungen gefallen.

Quelle: Bruce Nuclear Power Development, Tiverton, Ontario.

Bild 47: *Kernkraftwerk Bruce A und B sowie Anlagen zur Herstellung von Schwerem Wasser am Ostufer des Huronsees, Ontario.*

Regionale Verbreitung der Energieträger

Während die Energieversorgung durch die ausreichend vorhandenen Energieträger gesichert ist, bedingt ihre regionale Verbreitung den Ausbau eines umfangreichen Transportnetzes.

Erdöl, Erdgas, Kohle und Uran werden fast ausschließlich in den westlichen Provinzen Alberta, Saskatchewan und Britisch-Kolumbien gewonnen, der Verbrauch ist dagegen auf die bevölkerungs- und industriereichen Provinzen Ontario und Quebec konzentriert. So wurden bereits in den 1950er-Jahren über 3000 km lange Öl- und Gaspipelines von Alberta zum Raffineriezentrum Sarnia (Ontario) und weiter bis Toronto verlegt. Lange Zeit erhielt der östlich davon gelegene Raum ausschließlich Erdölimporte, bis nach der Ölkrise die Pipeline in den 1970er-Jahren nach Montreal verlängert wurde. Ferner bestehen Rohrleitungen von Alberta aus nach Vancouver im Westen.

Bislang nicht verwirklicht wurden die Pläne, die nördlichen Erdgasvorkommen im Mackenzie-Delta und auf verschiedenen arktischen Inseln an das Pipelinenetz im Süden anzuschließen. Ebenso wurde das Vorhaben, Erdgas aus Alaska durch das Mackenzie-Tal zu transportieren (ALCAN), nicht realisiert. Umweltbelastungen und Eingriffe in den Lebensraum der Urbevölkerung, sicherlich aber auch hohe Kosten und andere wirtschaftliche Erwägungen sind als Gründe zu nennen. Lediglich eine etwa 500 km lange Pipeline von Norman Wells aus wurde 1984 im Mackenzie-Tal gelegt.

Insgesamt umfasst das interprovinzielle und landesweite Netz von Öl- und Gasleitungen annähernd 250 000 km, wobei Anschlüsse für den Export in die USA bestehen.

Entgegen den hauptsächlich West-Ost verlaufenden Pipelines sind die Stromleitungen der Hydroenergie zunehmend Nord-Süd ausgerichtet. Mit den nach Norden vorrückenden Standorten hat sich das Netz von leistungsstarken Überlandleitungen erheblich ausgedehnt. Sie führen in die Zentren des Verbrauchs, wie in Quebec über mehr als 1000 km vom Grande Revière in den Großraum von Montreal (Abb. 46).

Günstig ist die Elektrizitätsgewinnung im Norden für die dort liegenden Zellulose- und Papierfabriken wie auch für den Bergbau und die angegliederten Schmelzanlagen. Beispiele sind die Nickelgewinnung in Nordmanitoba mit dem Kelsey-Kraftwerk sowie die Aluminiumherstellung in Kitimat

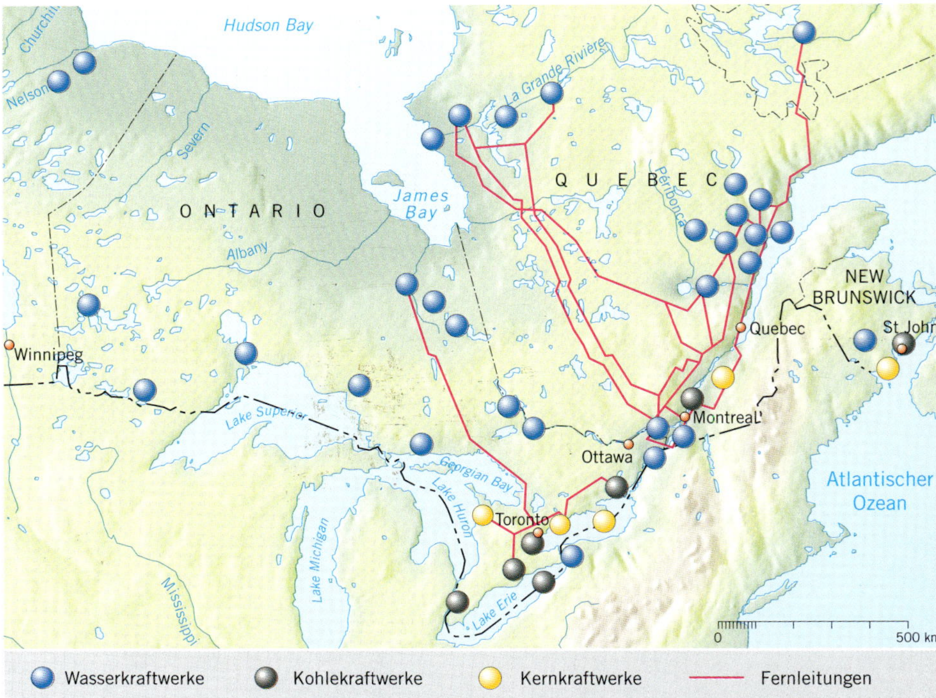

Abb. 46: Standorte der Elektrizitätsgewinnung in Ontario und Quebec: *Während Quebec Elektrizität zu 96 % aus Wasserkraft gewinnt, setzt Ontario mehrere Energieträger – darunter die Kernkraft – ein.*

Quelle: The National Atlas of Canada 1974 u. 1985, Versch. Karten.

(British Columbia), die vom Stauwerk Kemano versorgt wird.

Betrachtet man die Elektrizitätsgewinnung von einzelnen Provinzen, zeigt sich, dass die jeweils günstigsten Ressourcen genutzt werden. So deckt Quebec seine Stromversorgung fast ausschließlich (96 %) aus Wasserkraft; hohe Anteile haben auch Neufundland, Manitoba und Britisch-Kolumbien. Dagegen wird der Strom in Alberta zu etwa 80 % von Wärmekraftwerken auf der Grundlage der reichlich vorhandenen Kohle gewonnen. Verteilt ist die Stromgewinnung in Ontario, wo die Kernkraft überwiegt, aber auch Wasser und Kohle größere Anteile haben. In den Atlantikprovinzen war die Versorgung lange Zeit an das teure Erdöl gebunden, erst in neuerer Zeit ist die Grundlage durch Hydroenergie und ein Kernkraftwerk bei Point Lapreau (New Brunswick) erweitert worden. Mit der Förderung von Erdgas vor der Küste Neuschottlands könnte hier auch dieser Energieträger stärker zur Geltung kommen.

Energieplanungen und Energiepolitik

Die Energieplanungen müssen davon ausgehen, dass der Verbrauch weiter ansteigen wird. Das betriff vor allem die wachsende Industrie, während Sparmaßnahmen am ehesten den Anteil der Haushalte verringern können.

Da die Energieträger Erdöl, Erdgas, Kohle und Uran nicht erneuerbar sind, ist bei langfristigen Planungen mit Einschränkungen bzw. Ausfall zu rechnen. Andererseits können neue Reserven entdeckt bzw. durch technische Fortschritte aktiviert werden; ferner ist es durch die Vielfalt der Energieträger möglich, neue Schwerpunkte in der Nutzung zu setzen.

Die allgemein günstige Situation in der Energieversorgung darf allerdings nicht über Konflikte hinwegtäuschen, die sich aus der geographischen Verteilung von Förderung und Verbrauch ergeben. Das ist vor allem bei den Brennstoffen der Fall, die ganz überwiegend im westlich gelegenen Alberta gewonnen werden, während die Zentralprovinzen die hauptsächlichen Verbraucher sind und von den Lieferungen abhängen.

Bis etwa 1980 wurden die energiepolitischen Kontroversen besonders über Zuständigkeiten, Erträge und Preise geführt. Die starken Ölpreisschwankungen auf dem Weltmarkt führten 1980 zum National Energy Program (NEP) der liberalen Regierung Trudeau. Wesentliche Inhaltspunkte waren die Unabhängigkeit in der Energieversorgung, die innerhalb eines Jahrzehnts erreicht werden sollte, ferner eine Erhöhung der Anteile und Kontrollen durch kanadisches Kapital sowie gerechte Preise und Verteilung der Einkünfte. Wenn auch viele der Forderungen durch den Regierungswechsel 1984 von der konservativen Regierung wieder zurückgenommen wurden, ist die Unabhängigkeit doch weitgehend erreicht worden. Auch konnten neue Übereinkünfte erzielt werden (Western und Atlantic Accord von 1985), die Energiewirtschaft wieder unabhängiger von staatlichen Einflüssen und „marktorientiert" zu gestalten. Seitdem hat sich der Handel mit Brennstoffen und Elektrizität laufend erhöht. Partner sind vor allem die USA, ferner Japan durch Kohlelieferungen und in geringem Ausmaß einige Länder der EU. Im Jahr 1997 ergab sich ein Überschuss von 18,2 Mrd.$ (Export: 30,5, Import 12,3). So bekommt die kanadische Energiepolitik eine internationale Dimension und wird komplexer (Semrau 1990).

In neuster Zeit wird die Energiepolitik zunehmend von der Umweltpolitik beeinflusst. Kanada nimmt bei der Emission sog. Treibhausgase, insbesondere CO_2, den fünften Platz unter den Ländern ein (1994). Dabei stiegen die Belastungen in den 1990er-Jahren weiter an, sodass die Regierung auf der Klimakonferenz von Kyoto (1998) eine Zusage gegeben hat, bis 2012 die Emissionen um 6 % gegenüber dem Stand von 1990 zu senken. Dies hat ein Energiesparprogramm zur Folge, das bereits angelaufen ist und zunächst zu einem geringeren Verbrauch bei der Heizung von Gebäuden führen soll. Weiterhin werden Informationskampagnen sowie Analysen und Forschungen über regionale Klimaveränderungen finanziert. Ein Schwerpunkt liegt ebenfalls in der Entwicklung effektiver Technologien, die sich auf eine Vielzahl von Maßnahmen beziehen. Das erklärte Ziel wird sich allerdings nur erreichen lassen, wenn Provinzen, Kommunen und die Wirtschaft eng zusammenarbeiten.

INDUSTRIE UND HANDEL

Quelle: McIntyre Educational Media Ltd., Toronto

Bild 48: *Aluminiumwerk von Alcan in Chicoutimi-Jonquière, Nordquebec; ausschlaggebend für den Standort (seit 1925) ist die billige Hydroenergie aus der näheren Umgebung.*

Überblick

- Die Industrialisierung setzte sich in Kanada gegen Ende des 19. Jh.s durch. Damit verstärkten sich Einfluss und Kapital aus den USA und lösten die Position Englands ab. Zweigwerke der Automobilproduktion und der Ausbau einer Eisen- und Stahlindustrie machten das nahe gelegene Südontario zur industriellen Kernregion.
- Die Disparitäten zwischen dem Kernraum und der umgebenden Peripherie bestehen weiterhin. Insbesondere weisen die Region am Atlantik und die östlichen Prärieprovinzen geringe Anteile an der Volkswirtschaft und wenig Wachstum auf. Dagegen kann der Westen, Alberta und Britisch-Kolumbien, seine Wirtschaft auf einer reichen Rohstoffbasis aufbauen.
- Kanada ist bestrebt, mit hohen Investitionen für Forschung und Entwicklung Strukturveränderungen in der Industrie zu bewirken. Sie sollen von der Rohstoffverarbeitung zu einer stärkeren Stellung hoch technisierter Branchen der Kommunikation, Luftfahrt, Biotechnologie u. a. führen. Neben der traditionellen Fahrzeugproduktion haben sich bereits im Umkreis von Universitäten neue Standorte der High-Tech-Industrie gebildet.
- Zu einem beachtlichen Wirtschaftszweig hat sich der Tourismus entwickelt. Die Besucherzahlen aus dem Ausland stiegen in letzter Zeit erheblich an. Ziele sind vor allem attraktive Naturlandschaften in den Nationalparks, in zunehmendem Maße aber auch Städte.
- Im Handel nehmen beim Export die Endprodukte gegenüber Rohstoffen und Halbfertigwaren zu. Größter Handelspartner sind die USA mit ca. 80 % Anteil am Volumen, gefolgt von Japan und Ländern der EU. Durch die Freihandelsabkommen von 1988 und 1994 (NAFTA) sind Im- und Export mit den USA weiter angestiegen.

Historische Entwicklung zur Konzentration

Die frühe wirtschaftliche Entwicklung Kanadas war ganz auf die Gewinnung von Rohstoffen (staple goods) und deren Handel ausgerichtet. Die Produkte waren Fisch, Tierpelze und Holz, später kamen Weizen und Erze hinzu. Eine Verarbeitung erfolgte nur in geringem Umfang, Kleinbetriebe herrschten vor. Beginnend in der zweiten Hälfte und nachhaltig gegen Ende des 19. Jh.s setzte sich die Industrialisierung durch. Sie wurde u. a. vom Bau der Eisenbahn, von der erfolgreichen Landwirtschaft in den Prärieprovinzen und von einer starken Zunahme der Einwanderer getragen und begleitet. Auch wurde die Produktion durch den Ersten Weltkrieg gefördert, was sich u. a. auf den Schiffbau und die Luftfahrtindustrie, die 1917 aufgenommen wurde, bezog. Erst danach hatte die verarbeitende Industrie die Landwirtschaft im Gesamtwert der Produktion übertroffen (Easterbrook & Aitken 1988).

Die Veränderungen bestanden darin, dass die 1890 noch vorherrschenden Kleinbetriebe bis 1930 zunehmend verdrängt und von Fabriken mit weitaus höherem Produktionswert abgelöst wurden. In der Branchenstruktur setzte sich anstelle der Holzverarbeitung die Nahrungsmittel- und Getränkeindustrie durch, die auch heute zu den führenden Branchen gehört.

Die industrielle Aufstiegsphase (take-off) ist mit einer deutlichen Verlagerung des ausländischen Kapitals verbunden. Die Wirtschaft der Kolonie und in den ersten Jahrzehnten auch des Dominions war naturgemäß auf das englische Mutterland ausgerichtet. Die in Kanada gewonnenen Güter wurden als Rohmaterial nach England oder in dessen Kolonien exportiert. Fertigwaren kamen zu einem großen Teil aus dem Mutterland, ebenso wie Investitionen, die für die Gewinnung und den Transport der Güter benötigt wurden. Beispiele von Unternehmen, deren Aufbau mit britischem Kapital finanziert wurde, sind die Hudson's Bay Company und die Canadian Pacific Railway, aber auch weniger bekannte Gesellschaften waren davon abhängig. Für den Grundstücksmarkt, Bauvorhaben, Transporteinrichtungen und andere Projekte waren die Investitionen von großem Wert. Die wachsende Industrie benötigte jedoch erheblich mehr und vor allem langfristige Anlagen. Noch um die Wende zum 20. Jh. überwog der Anteil englischer Investitionen mit rd. 85 % bei weitem, seit dem Ersten Weltkrieg ist er rückläufig.

In die entstandene Lücke drang zunehmend Kapital aus den USA ein, das bereits 1930 mit über 60 % dominierte. Da Kanada im Rahmen der Nationalen Politik seit 1879 hohe Schutzzölle verlangte, errichteten amerikanische Gesellschaften Zweigwerke. Damit ließen sich die Zölle umgehen, und es konnten neben dem Absatz im Lande selbst auch die Märkte in Großbritannien und den anderen Ländern des Empire beliefert werden. Die Vorteile für Kanada lagen darin, dass neben den Investitionen auch die neuesten Technologien und Organisationsformen, die sich in den Vereinigten Staaten bewährt hatten, eingeführt wurden. Andererseits waren die Betriebe an die Unternehmen in den USA gebunden und mussten deren wirtschaftlichen Entwicklungen teilen. Insgesamt hatten sich bis 1932 etwa 1320 Zweigwerke aus den USA in Kanada angesiedelt; bis in die 1960er-Jahre hatte sich die Zahl auf über 2000 erhöht. Mehr als zwei Drittel von ihnen haben Standorte in Ontario (Spelt 1968: 358).

Das herausragende Beispiel ist die Automobilindustrie. Zwar hatten sich schon vor der Jahrhundertwende kleinere kanadische Firmen gebildet, doch war es ihnen nicht möglich, ohne die in den USA erzielten Fortschritte eine größere Produktion aufzubauen. Es kam zu Verbindungen mit amerikanischen Produzenten, die schließlich die Firmen übernahmen. Ein Beispiel ist der Standort Walkerville/Windsor, den die Firma Ford 1905 übernahm und wo wenige Jahre später die Massenproduktion begann. In der Nähe von Oshawa produzierte die damals bekannte McLaughlin Carriage Company Fahrzeuge, für die sie Motoren von Buick aus Michigan übernahm; im Jahre 1918 wurde die Firma in den Konzern von General Motors eingegliedert. Danach hat sich in der Autobranche kein bedeutenderer kanadischer Betrieb mehr halten können, zu stark war die Konkurrenz amerikanischer Firmen. Schon

Mitte der 1920er-Jahre erreichte die Produktion von Fahrzeugen in Kanada mit fast 180000 Autos den 4. Platz in der Welt, im Export rangierte sie nach den USA an 2. Stelle. Sie ist bis heute die führende Industriebranche des Landes, die überwiegend in Südontario angesiedelt ist.

Ähnlich entwickelte sich die Eisen- und Stahlindustrie, die eine Schlüsselposition bei der Anlage des Eisenbahnnetzes und damit der Besiedlung des Westens einnahm. Die Produktion setzte um die Wende zum 20. Jh. ein und wurde durch Einfuhrzölle und Prämien gefördert. An drei Standorten, Sydney (Neuschottland), Hamilton und Sault Ste. Marie (beide in Ontario), bildeten sich aus verschiedenen kleineren kanadischen Firmen und amerikanischen Unternehmen Gesellschaften, wie die Steel Company of Canada (Stelco) in Hamilton. Das Erz musste zunächst von der Mesabi Range aus Minnesota eingeführt werden, ebenso die Kohle aus Pennsylvania. Während des Ersten Weltkrieges wurde in Hamilton als zweiter Großbetrieb die Dominion Foundaries and Steel Company gegründet. Damit erhielt dieser Standort eine hervorragende Stellung. Ein Erfolg wurde auch die Gründung der Algoma Steel Corporation 1899 in Sault Ste. Marie. Außerhalb dieser drei in Ontario ansässigen Gesellschaften bestand die Eisen- und Stahlproduktion in Sydney, Neuschottland, deren periphere Lage sich schon bald als ungünstig erwies.

Für den Aufschwung der kanadischen Industrie besaß Südontario die günstigste Ausgangssituation. Es liegt am nächsten zu wichtigen amerikanischen Industriemetropolen und besitzt eine gute Verkehrslage. Zu den vielfältigen eigenen Rohstoffen können über die Großen Seen leicht Güter transportiert werden. Schon in den 1890er-Jahren wurde zudem die erste Hydroenergie am Niagara gewonnen. Die Provinz zog wichtige Schlüsselindustrien, wie die Eisen- und Stahlproduktion und die Automobilherstellung, an sich, denen die Metallverarbeitung und der Maschinenbau folgten. Große Bedeutung erlangte auch die Produktion von landwirtschaftlichen Maschinen und Geräten, die ebenfalls in enger Zusammenarbeit mit amerikanischen Herstellern betrieben wurde.

Von der Provinz Quebec war hauptsächlich Montreal in den industriellen Aufschwung einbezogen. Die Stadt war bekannt durch ihre Kaufleute und Firmen, die Handel und Transport der Güter nach Europa und den USA besorgten. Die hier Ende des 19. Jh.s ansässige Industrie bezog sich besonders auf die relativ arbeitsintensive Herstellung von Konsumgütern wie Textilien, Leder- und Tabakwaren. In diesen Branchen rangierte die Provinz auch noch um 1950 vor Ontario.

Gegenüber der industriellen Konzentration in Südontario und Südquebec blieben die anderen Regionen weit zurück, was vor allem für die Atlantischen Provinzen gilt. Sie hatten in der ersten Hälfte des 19. Jh.s durch Schiffbau und Export von Qualitätshölzern eine gewisse wirtschaftliche Bedeutung erlangt. Finanz- und Handelszentrum war Halifax. Mit dem Ende der Holzschiffe erfuhr die Region einen erheblichen Rückschlag, hatte aber 1890 immerhin noch einen nennenswerten Anteil an der verarbeitenden Industrie vorzuweisen. Danach wirkte sich die Lage an der Peripherie verstärkt aus. Amerikanische Investoren förderten besonders die Ausbeutung der Rohstoffe, zunächst der Kohle. Betriebe der Baumwollverarbeitung, die zum Teil zusammengeschlossen wurden, gerieten unter die Aufsicht Montrealer Firmen. Auch die Rolle von Halifax als Finanzzentrum wechselte nach Montreal. Bis auf wenige Ausnahmen unterblieb die Gründung größerer und moderner Betriebe, vielmehr bestanden die kleineren Werkstätten mit wenigen Beschäftigten und einer geringen Wertschöpfung weiter. So gingen die Anteile an der Industrie bis 1929 drastisch zurück, und es zeichnete sich bereits die heutige Situation ab (Tab. 35 u. 36).

Auch der Westen gehörte zur Peripherie. Zur Zeit des industriellen Aufschwungs in der Zentralregion war die Besiedlung der Prärien gerade aufgenommen worden, und auch in Britisch-Kolumbien begann man erst mit dem wirtschaftlichen Aufbau. Mit den ersten Bahnverbindungen konnte zudem der Westen mit Gütern aus Ontario versorgt werden. So bezog sich die Industrie der Prärieprovinzen 1929 überwiegend auf die Verarbeitung landwirtschaftlicher Produkte in Getreidemühlen, Schlachthäu-

	1930 Beschäftigte (%)	1930 Wertschöpfung (%)	1997 Beschäftigte (%)	1997 Wertschöpfung[3] (%)
Atlantische Provinzen[1]	6,4	4,5	4,9	3,9
Zentralprovinzen:				
Ontario	47,7	50,0	46,6	53,2
Quebec	31,8	29,8	28,5	23,3
Östl. Prärieprovinzen[2]	5,2	6,0	4,5	3,7
Westl. Provinzen:				
Alberta	2,2	2,7	6,2	7,9
Britisch-Kolumbien	6,6	7,0	9,3	8,0

[1] Newfoundland, Prince Edward Island, Nova Scotia, New Brunswick
[2] Manitoba, Saskatchewan
[3] Value of Shipments of Goods of Canadian Manufacture

Tab. 35: Regionale Anteile der verarbeitenden Industrie

Quellen: Canada Yearbooks 1932: 315 und 1999: 7.7 u. 11.8.

		Bruttoinlandsprodukt 1993	Bruttoinlandsprodukt 1998
Kanada (Mrd. $)		**724,9**	**895,7**
davon regionale Anteile (%):			
Atlantische Provinzen[1]		6,3	5,8
Zentralprovinzen:	Ontario	40,2	41,5
	Quebec	22,4	21,6
Östl. Prärieprovinzen[2]		6,5	6,6
Westl. Provinzen:	Alberta	11,1	11,7
	Britisch-Kolumbien	12,9	12,4
Nördl. Territorien[3]		0,5	0,4

[1] Newfoundland, Prince Edward Island, Nova Scotia, New Brunswick
[2] Manitoba, Saskatchewan
[3] Yukon, North-West Territories

Tab. 36: Regionale Anteile am Bruttoinlandsprodukt

Quelle: Canadian Econ. Observer, Hist. Stat. Suppl. 1999/2000, Tab. 39.

sern und Molkereien. Als einziges Industriezentrum hatte sich mit dem Bahnbau Winnipeg in Manitoba herausbilden können, wo neben der Nahrungsmittelindustrie auch der Eisenverarbeitung für die Bahn eine wichtige Rolle zukam. Die Verarbeitung der Rohstoffe war ebenfalls in Britisch-Kolumbien der bedeutendste Industriezweig. Sie konzentrierte sich besonders in Vancouver, wo sich daneben auch andere Hafenindustrien ausbilden konnten.

Zusammenfassend ist herauszustellen, dass sich der Aufbau einer verarbeitenden Industrie zwischen etwa 1890 und den 1920er-Jahren überwiegend in Südontario und in der Region um Montreal vollzog. Hier sahen die amerikanischen Unternehmer die günstigsten Ansatzpunkte für Investitionen und die Gründung von Zweigwerken. Ferner waren inzwischen Handel und Finanzwesen stärker zusammengeschlossen und organisiert worden. So hatten sich die Banken bis auf kleinere Ausnahmen in elf Großbanken vereinigt, die ihre Hauptsitze in Montreal und Toronto behielten. Von hier aus gründete man eine Vielzahl von Zweigstellen, die das gesamte Land versorgten. Im nicht weit entfernten Ottawa fielen durch Bundesregierung, Verwaltung und zahlreiche andere Institutionen die politischen Entscheidungen. Aufgrund ihrer hohen Bevölkerungszahlen mit entsprechend vielen Sitzen im Parlament konnten Ontario und Quebec darauf star-

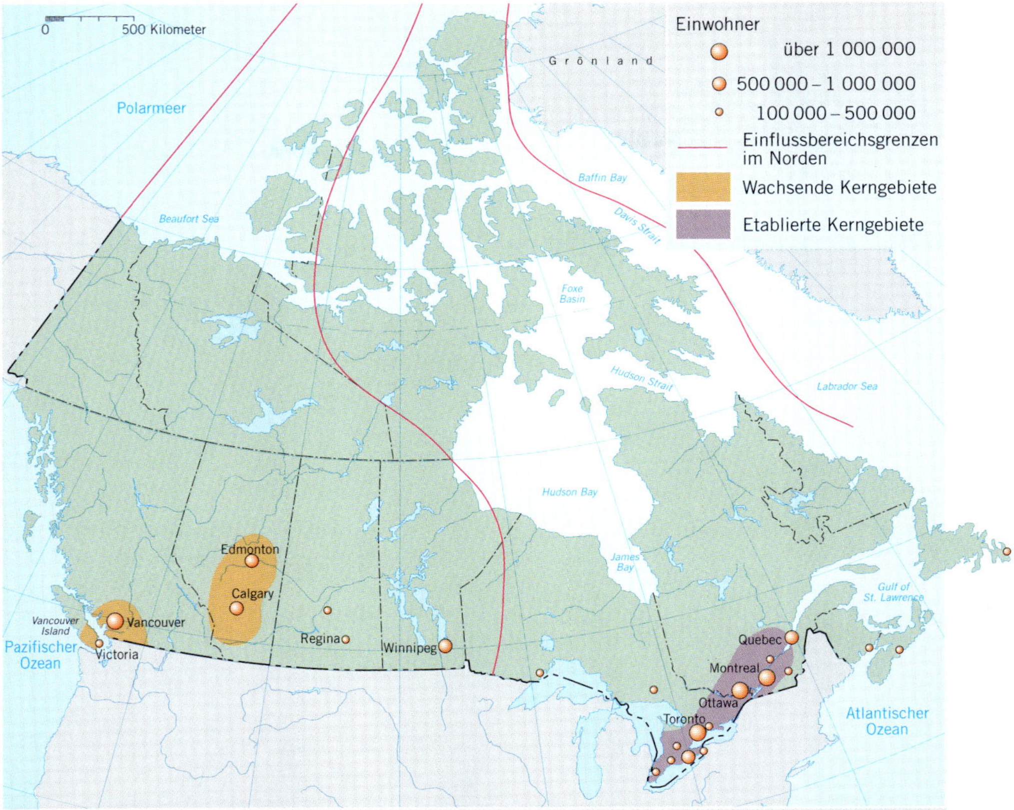

Abb. 47: Wirtschaftliche Kernregionen und Einflussbereiche: *Die überragende Kernregion von Bevölkerung und Wirtschaft umfasst Südontario und den Raum Montreal, das weitere Land bis auf die schnell wachsenden Stadtregionen im Westen gehört zur Peripherie.*

Quellen: Hecht/Lenz 1982; McCann (Hg.) 1987.

ken Einfluss ausüben. In den genannten Städten bestanden zudem Universitäten und Forschungsstätten, von denen Wachstumsimpulse ausgehen konnten. Mit dieser Anhäufung wirtschaftlicher und politischer Macht ist der Bereich zu einer Kernregion (core region) im Sinne von J. Friedmann (1973) geworden. Von hier aus wurde der Aufbau der peripheren Regionen finanziert und damit deren Wirtschaft beeinflusst. An der wirtschaftlichen Konzentration hat sich bis heute wenig geändert (Abb. 47).

Regionaler Überblick und gegenwärtige Disparitäten

Die Zentralprovinzen als industrielle Kernregion

Die Industriekonzentration in den Zentralprovinzen Ontario und Quebec mit 75 % der Beschäftigten und 76,5 % der Wertschöpfung bezieht sich auf fast alle Einzelbranchen der Verarbeitung. Mit den höchsten Anteilen am Produktionswert von über 90 % rangieren der Fahrzeugbau, die Textil- und Lederwarenindustrie sowie die Tabakverarbeitung; auf über 80 % kommen u. a. Metall- und Elektroindustrie, Möbel und Druckereierzeugnisse; weitere Branchen, wie chemische Produkte, erreichen z.T. weit über 70 % Anteil. Innerhalb der zentralen Region führt bei den meisten Produkten Ontario, während Quebec bei Textilien und Bekleidung sowie Holz, Zellu-

Abb. 48: Zonen und Hauptstandorte der Industrie in der Kernregion: *Heraus ragen die vielseitigen Wirtschaftsstandorte Toronto und Montreal, die anderen sind weniger bedeutend oder einseitig ausgerichtet.*

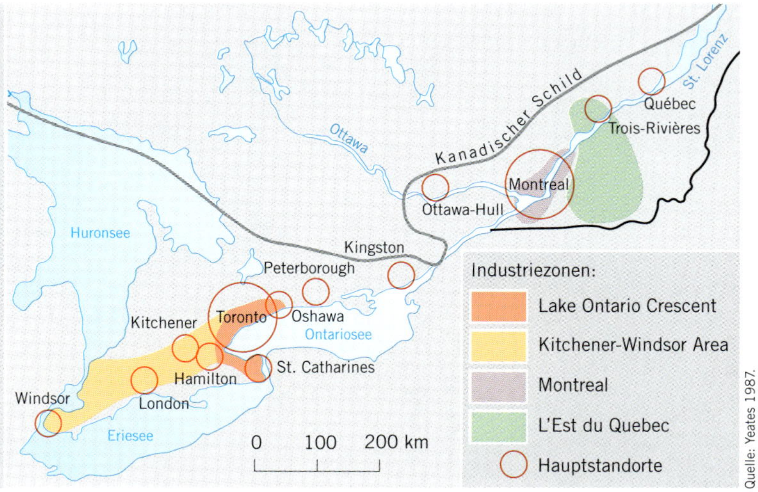

lose- und Papierherstellung leicht höhere Werte aufweist.

Standorte der verarbeitenden Industrie sind besonders die Städte, sodass die Verbreitung mit dem Korridor von Windsor bis Quebec City übereinstimmt und Teil der kanadischen *Mainstreet* ist. Innerhalb der Region bestehen zwei getrennte Teile, von denen der östliche vom Ballungsraum Montreal bestimmt wird (Abb. 48).

Die Entwicklung in Montreal ging von der Textilindustrie aus, die auch heute zusammen mit der Herstellung von Bekleidung einen führenden Platz einnimmt und zahlreiche Zulieferer in der Region hat. Weitere Branchen, wie Schwerindustrie und Metallverarbeitung, haben sich in Industriegebieten am Südufer des St. Lorenz oder in verstreut liegenden modernen Industrieparks angesiedelt. Dazu gehört der weltweit bekannte Bau von Kleinflugzeugen durch den Betrieb Bombadier-Aerospace mit einer Reihe von Werken und einer großen Zahl von Beschäftigten. Ferner ist Montreal ein führendes Raffineriezentrum des Landes, wodurch chemische Industrie angezogen wurde.

Der westliche, zur Provinz Ontario gehörende Teil der Industriezone ist hinsichtlich der Beschäftigten und der Wertschöpfung bedeutender. Die stärkste Konzentration liegt um den westlichen Ontariosee, auch als *Golden Horseshoe* bezeichnet. Die Region schließt die Großstädte Hamilton, Oshawa, St. Catharines-Niagara und Toronto ein, insgesamt rd. 6 Mio. Einwohner (1996). Von diesen Standorten werden die beiden ersteren jeweils von einem Industriezweig geprägt. Oshawa ist das Zentrum der Automobilproduktion, eine Stellung, die es mit der Niederlassung von General Motors im Jahre 1918 erhielt. Etwa die Hälfte der in dieser Branche Beschäftigten des Landes hat hier einen Arbeitsplatz. Einige Zuliefererbetriebe, wie die Hersteller von Reifen, haben sich in der Umgebung angesiedelt.

In Hamilton ist seit der Anlage einer ersten Hütte, 1895/96, die Schwerindustrie bestimmend. Daneben sind chemische Industrie und Maschinenbau noch nennenswert vertreten. Gunstfaktor für den Industriestandort ist nach wie vor die gute Verkehrslage am Wasserweg, über den die Eisenerze von verschiedenen Lagerstätten in Minnesota oder Labrador transportiert werden können. Aber auch die Lage zu den Märkten in Südwestontario und vor allem im Großraum Toronto hat sich als vorteilhaft erwiesen, sodass der randlich gelegene Standort der Schwerindustrie in Sault Ste. Marie leicht übertroffen werden konnte.

Im Gegensatz zu den monostrukturierten Städten zeichnet sich Toronto durch eine weitgehende Branchenvielfalt aus, die eine wesentliche Stärke dieses Wirtschaftsraumes ist. Von den für das gesamte Land ausgewiesenen über 170 verschiedenen Produktionszweigen sind nur 10 bis 20 nicht im Raum Toronto vorhanden. Herausragende Branchen sind Fahrzeug- und Maschinenindustrie, Elektrotechnik, Holzverarbeitung, chemische- und Nahrungsmittelindustrie.

Durch die große Vielfalt der einzelnen Produktionsrichtungen sind die Betriebe verhältnismäßig klein und beschäftigen im Durchschnitt um die 50 Mitarbeiter. Großbetriebe bestehen u. a. in der Autoproduktion, die besonders in Oakville in unmittelbarer Nähe angesiedelt ist. Sie hat zahlreiche Hersteller für Einzel- und Ersatzteile angezogen, deren Absatz weiter verbreitet ist. Von großer Bedeutung ist ferner die Luftfahrtindustrie, die sich – wie in Montreal – besonders seit dem Zweiten Weltkrieg stark entwickelt hat. Sie ist mit verschiedenen Firmen vertreten, die sehr unterschiedliche Teile und Kleinflugzeuge herstellen und auch die amerikanische Raumfahrt beliefern. Im Gegensatz zur Automobilherstellung ist die Luft- und Raumfahrtindustrie zusammen mit Betrieben der Hochtechnologie expansiv und gibt der Region einen starken Rückhalt.

Die Standorte der Industrie sind im Großraum von Toronto sehr verstreut. Etwa seit 1950 entstanden Industrieparks in den Suburbs, die über Schnellstraßen gut erreichbar sind. Nach wie vor produzieren die meisten Konfektionsbetriebe und Druckereien in der Innenstadt. Sie liegen hier zusammen mit Einrichtungen des Handels, der neben der engeren Region große Teile des Landes versorgt bzw. international tätig ist.

Die zweite Industrieregion Ontarios nimmt den westlichen Teil der Halbinsel ein und erstreckt sich von Kitchener bis London und Windsor. Ein Vorteil dieser Region ist die ausgezeichnete Verkehrslage zwischen Toronto und Detroit, zwei herausragenden Industriezentren, die rd. 400 km auseinander liegen und durch Bahn und Schnellstraßen verbunden sind. Die Nähe zur Autoproduktion in Detroit war von großem Einfluss, denn nirgends sonst sind so viele Zweigwerke von amerikanischen Autofirmen gegründet worden. Zahlreich sind sie um Windsor, das nur durch eine kurze Verbindung über den St. Clair von Detroit getrennt ist. Automontage und Ersatzteilfabrikation nehmen hier über zwei Drittel der gesamten Industrieproduktion ein. Auch im Raum London ist die Autobranche vertreten, allerdings ist hier eine stärkere Mischung mit Nahrungsmittel- und Elektroindustrie erreicht worden.

Die vorherrschende Konsumgüterindustrie im Raum Kitchener-Waterloo ist neuerdings durch Betriebe der Hochtechnologie vorteilhaft ergänzt worden (Canada's Technology Triangle). Die Universitäten und ausgebildete Arbeitskräfte sowie die Nähe und vielfache Verbindungen zum Großraum Toronto sind wichtige Standortfaktoren und haben seit den 1980er-Jahren hohe Wachstumsraten bewirkt (Bathelt & Hecht 1990).

Zu einem weiteren Technologiezentrum hat sich in jüngster Zeit die Bundeshauptstadt Ottawa entwickeln können. Telekommunikation, Elektronik und die Herstellung von technischen Geräten sind wichtige Teilbereiche des *Technology-oriented Complex*, der bei der Stadt gegründet wurde. Universitäten und eine hoch qualifizierte junge Bevölkerung sowie ein schnelles Wachstum sind u. a. maßgebend für die beträchtlichen Investitionen von führenden Firmen des Landes.

Die periphere Region an der Atlantikküste

Als der industrielle Aufschwung Ende des 19. Jh.s in den Zentralprovinzen begann, hatte die Region am Atlantik gerade ihren wohl wichtigsten industriellen Ansatz, den Schiffbau, verloren. Das Zeitalter der Segelschiffe, die erfolgreich in manchen Küstengebieten erbaut wurden, ging zu Ende; Dampfschiffe aus Eisen und Stahl traten an ihre Stelle. Doch machten die Werften die Umstellung nicht mit, viele gingen ein, andere fertigten als Kleinbetriebe weiterhin Holzboote für die heimische Küstenfischerei. Vielleicht war damit die Möglichkeit vertan, in der industriellen Entwicklung der Neuzeit eine gewichtigere Rolle zu spielen.

So blieb die verarbeitende Industrie in den vier Provinzen am Atlantik gegenüber der Kernregion, die sich im Inneren des Landes am St. Lorenz und an den Großen Seen herausgebildet hatte, zurück. Moderne Industrien, wie Maschinenbau und Metallverarbeitung, Elektrotechnik, Chemie u. a. wurden nur sehr begrenzt angelegt, die landesweiten Anteile dieser Gruppe liegen bei 1 bis 2 %. Lediglich die Branchen Nahrungsmittel- und Getränkeherstellung sowie Zellulose- und Papierproduktion erreichen höhere Werte um 10 %.

Standorte der Industrie sind die wenigen Städte, wie Halifax, Saint John, St. John's und mit Abstand Moncton. Von ihnen hat Halifax, um dessen Hafen sich verschiedene Betriebe niedergelassen haben, die größere Bedeutung. In den 1960er-Jahren errichtete der schwedische Autoproduzent Volvo hier ein Montagewerk. Eine weitere Gründung aus Europa erfolgte durch die französische Firma Michelin, die 1971 Werke in Bridgewater und Granton, südlich bzw. nördlich von Halifax, eröffnete. Allerdings förderte die Bundesregierung das Projekt mit massiven Subventionen, und die Provinz Neuschottland kam der Firma durch gesetzliche Maßnahmen entgegen. Diese und weitere Firmenniederlassungen von außen bewirkten allerdings kaum anschließende Gründungseffekte.

Ein Problem stellt die Eisen- und Stahlindustrie in Sydney (Nova Scotia) dar. Seit 1901 in Produktion, konnte sie sich auf Erzvorkommen in Neufundland, deren Abbau 1966 eingestellt wurde, und Kohle aus der engeren Umgebung stützen. Die randliche Lage und ein begrenzter lokaler Markt haben wiederholt zu Absatzkrisen geführt, die bis heute anhalten. Die Übernahme des Werkes durch die Provinz (1968) und massive staatliche Subventionen haben die Produktion erhalten und die Arbeitsplätze bis jetzt sichern können.

Die Wirtschaft in der peripheren Region am Atlantik gilt im Vergleich als unterentwickelt und hat nur einen geringen Anteil am Bruttoinlandsprodukt. Dies hat einen Komplex von Ursachen, von denen die Randlage, der mit 2,4 Mio. Einwohnern begrenzte lokale Markt und die politische Zersplitterung nur einige sind. Die Bundesregierung hat wiederholt Förderprogramme aufgelegt, die zwar die soziale Lage der Bevölkerung gesichert haben, jedoch die Wirtschaft und speziell den Ausbau einer Industrie bisher wenig beeinflussen konnten. In einem neueren Aktionsprogramm, *Atlantic Canada Opportunity Agency* von 1987, sollen verstärkt endogene Potentiale mobilisiert und damit regionale Entwicklungen gefördert werden (Vogelsang 1989).

Die periphere Region der östlichen Prärieprovinzen

Mit etwa 4 % Anteil an der verarbeitenden Industrie des Landes sind die Provinzen Manitoba und Saskatchewan nur gering beteiligt. Ihre Wirtschaft gründet sich vielmehr auf die Landwirtschaft, für die günstige Bedingungen vorhanden sind. Hinzu kommen die Ressourcen Buntmetallerze in Nordmanitoba sowie Kalisalze und Brennstoffe in Saskatchewan. Von den 2,2 Mio. Einwohnern lebt die Hälfte in den Großstädten Winnipeg (Manitoba), Saskatoon und Regina (Saskatchewan), die auch Hauptstandorte der Industrie sind.

Von ihnen hat sich Winnipeg zum führenden Industriezentrum entwickeln können, dessen Anfänge auf den Beginn der Kolonisation und besonders auf den Bau der Transkontinentalbahn in den 1880er-Jahren zurückgehen. Herstellung und Reparatur von Lokomotiven und Waggons waren ein erster wichtiger Industriezweig, der rasch erweitert werden konnte. Auch heute nehmen Ausrüstungen für Transportfahrzeuge einschließlich der Luftfahrt, Maschinenbau und elektrische Geräte erste Plätze ein, gefolgt von Nahrungsmittel- und Holzindustrie. Auf die frühe Zeit geht auch die Herstellung von Bekleidung und Lederwaren zurück, die sich bis heute erhalten hat. Insgesamt verfügt Winnipeg über eine vielseitige Industrie und ist mit etwa 80 % der Beschäftigten und der Wertschöpfung in Manitoba das dominierende Zentrum.

Auch in Saskatchewan ist die Industrie weitgehend an nur 2 Zentren gebunden: Während in Saskatoon die Produktion von Nahrungsmitteln und Getränken mit großem Abstand an der Spitze steht, konnte Regina nach dem Krieg seine industrielle Basis etwas erweitern. Bedeutendere Branchen sind hier neben der Nahrungsmittelproduktion die Herstellung und Verarbeitung von Metallen sowie die chemische Industrie.

Der Westen als Peripherie mit hohem Wachstum

Die Provinzen Alberta und Britisch-Kolumbien sind hier zusammengefasst, da sie über umfangreiche und vielseitige Ressourcen verfügen. Es sind neben der Landwirtschaft Holz- und Fischbestände, Buntmetalle, Erdöl, Erdgas und Kohle. Mit den Brennstoffen und den reichlich vorhandenen Wasserkräften sind ausreichende Energieträger für eine Verarbeitung vorhanden. Zu diesen Vorteilen kommt, dass der Westen geographisch am nächsten zu den wirtschaftlich aufstrebenden Staaten an der Westküste der USA und zum asiatisch-pazifischen Wirtschaftsraum liegt. Neben Australien sind ostasiatische Staaten, darunter vor allem Japan, wichtige Handelspartner geworden.

Der Binnenmarkt ist mit insgesamt 6,8 Mio. Einwohnern zwar relativ klein, doch ist die Kaufkraft hoch, und es ist mit einem schnellen Bevölkerungswachstum zu rechnen. Die Zuwachsraten lagen bereits seit 1950 weit über dem kanadischen Durchschnitt und an der Spitze aller Provinzen.

Für den Außenhandel bestehen moderne Häfen an der pazifischen Küste. Als Industriestandorte bieten sich vor allem die drei Ballungsräume Vancouver/Victoria (2,2 Mio. Einw.), Edmonton (891 000 Einw.) und Calgary (852 000 Einw.) an, die über ein großes Potential an qualifizierten Fachkräften, Universitäten und einen starken tertiären Sektor verfügen. Die beiden letzteren, etwa 300 km voneinander entfernten Städte sind durch einen Verkehrskorridor eng verbunden, in dem sich aufstrebende Mittelstädte gebildet haben.

Ein auffallendes Merkmal der Industrie ist allerdings die starke Orientierung auf die reichlich vorhandenen Rohstoffe. In Britisch-Kolumbien ist die Holzindustrie mit Abstand führender Wirtschaftszweig; 45 % des kanadischen Einschlags entfallen auf die Provinz, einen ähnlich hohen Anteil haben Holzprodukte am Export. Ferner ist die Zellulose- und Papierherstellung mit mehr als 20 % an der kanadischen Produktion beteiligt. Weitere Anteile haben vor allem die Weiterverarbeitung von Erdöl und Kohle sowie die Fischindustrie. Erst danach kommen andere Zweige, wie Maschinenbau, Metallwaren, Chemie, Druckerzeugnisse u. a. Verteilter sind die Branchen in dem überragenden Standort Vancouver, während untergeordnete Zentren, wie Victoria, Kamloops, Prince George und Prince Rupert, eher auf die Verarbeitung eines Rohstoffes ausgerichtet sind.

Ebenfalls ist die Industrie Albertas durch die Rohstoffverarbeitung gekennzeichnet. Erdöl, Kohle und Landwirtschaft bieten wichtige Grundlagen für eine Weiterverarbeitung, wie z. B. für die Petrochemie oder die Nahrungsmittel- und Getränkeherstellung. Zu den führenden Branchen gehören aber auch Metallverarbeitung und Maschinenbau. Standorte für eine vielseitigere Ausrichtung einschließlich sog. Schlüssel- oder Wachstumsindustrien sind Edmonton und Calgary, wo sich die Verarbeitung zu über 80 % konzentriert. In beiden Großstädten sind moderne Industrieparks entstanden, in denen eine Mischung von Betrieben angesiedelt ist.

Zwar ist der Westen mit der verarbeitenden Industrie weitgehend von seinen Ressourcen abhängig, doch konnten Kapital und eine dichte Infrastruktur zu einem erheblichen Wirtschaftswachstum führen. Der Anteil von Britisch-Kolumbien und Alberta am Bruttoinlandsprodukt Kanadas liegt, wenn auch mit Abstand, hinter dem der Zentralprovinzen, lässt aber durchaus Steigerungen erwarten.

Regionaler Ausgleich durch strukturelle Veränderungen

Der regionale Überblick hat gezeigt, dass die Anteile der einzelnen Provinzen und Regionen an der Volkswirtschaft erheblich voneinander abweichen. Die Disparitäten setzen sich bis in die Gegenwart fort und teilen das Land in „Kern und Peripherie" oder „Heartland and Hinterland" (McCann 1987). Die ökonomischen Unterschiede spiegeln sich ebenfalls im sozialen Bereich wider. Beispiele sind Unterschiede im Einkommen und der Arbeitslosigkeit (Tab. 37), wobei sich besonders die Atlantischen Provinzen krass abheben. Dies ist trotz verschiedener Fördermaßnahmen der Fall, die von der Regierung initiiert werden, um eine Angleichung zu erreichen.

Da die Disparitäten auf ungleichen Wirtschaftsstrukturen beruhen, müssen sich vor allem die zurückgefallenen Regionen neu orientieren. Dass strukturelle Veränderungen in der Wirtschaft stattfinden, zeigt sich auf nationaler Ebene. Sie werden

	Verdienste 1996 Höhe ($)	Abweichung vom Landesdurchschnitt	Arbeitslosenrate 1997 (%)
Kanada	**27 089**		**9,2**
Newfoundland	20 589	–6500	18,8
Prince Edward Island	19 333	–7756	14,9
Nova Scotia	20 918	–6171	12,2
New Brunswick	21 173	–5916	12,8
Quebec	26 135	–954	11,4
Ontario	29 295	+2206	8,5
Manitoba	24 155	–2934	6,6
Saskatchewan	23 304	–3785	6,0
Alberta	26 256	–833	6,0
British Columbia	28 514	+1425	8,7

Tab. 37: Verdienste der Beschäftigten und Arbeitslosenraten nach Provinzen

Quelle: Canada Yearbook 1999: 7.3 u. 7.1.

		1971	1992	1997
Beschäftigte (Mio.)		**8,6**	**12,8**	**13,9**
davon (%):				
Primärer Sektor	Landwirtschaft	6,1	3,4	3,0
	Forstwirtschaft, Fischerei, Bergbau	3,0	2,1	2,1
Sekundärer Sektor	Verarbeitende Industrie	21,5	14,6	15,5
	Bauwirtschaft	6,8	5,6	5,4
Tertiärer Sektor		62,6	74,3	74,0

Tab. 38: Beschäftigte nach Wirtschaftssektoren

Quellen: Norries/Grainger 1983: 17; Canada Yearbook 1999: 7.6.

unter anderem deutlich, wenn man die Anteile der einzelnen Wirtschaftssektoren an der Anzahl der Beschäftigten und am Bruttoinlandsprodukt vergleicht (Tab 38 u. 39).

Die Gesamtzahl der Beschäftigten stieg besonders seit den 1970er-Jahren von 8,6 auf rd. 14 Mio. an, als die starken Nachkriegsjahrgänge auf den Arbeitsmarkt drängten und die Anzahl von Frauen im Berufsleben zunahm. Gleichzeitig verschoben sich die Anteile der Sektoren: Rückgang bei den Zweigen der Rohstoffgewinnung seit 1951 von 21,2 auf 5,1 %, allein in der Landwirtschaft von 15,7 auf 3,0 %; Rückgang bei der verarbeitenden Industrie um fast 10 %; dagegen ein krasser Anstieg in Dienstleistungen auf fast drei Viertel.

Ein ähnliches Bild ergibt sich aus den Anteilen der Wirtschaftssektoren am Bruttoinlandsprodukt, an dem der tertiäre Sektor mit mehr als 70 % beteiligt ist.

Im Einzelnen lassen sich viele Gründe für die Verschiebung anführen, insgesamt drückt sich darin der Weg zu einer postindustriellen Gesellschaft aus.

Von besonderem Interesse sind die Verlagerungen innerhalb der verarbeitenden Industrie. Verfolgt man Produktionswert und Beschäftigtenzahl einzelner Industriezweige seit 1960, wird deutlich, dass sich die Struktur von einer einseitigen Orientierung auf Rohstoffe und ihre Verarbeitung zu Konsumgütern hin zu einer weiteren Veredelung der Produkte entwickelt hat. So ist die früher führende Nahrungsmittelindustrie in ihrer Bedeutung von der Fahrzeugindustrie abgelöst worden; auf der Werteskala angestiegen sind ferner Maschinenbau, die Herstellung von chemischen, elektrotechnischen und elektronischen Produkten. Heruntergestuft sind dagegen u. a. Textilindustrie und die Produktion von Zellulose und Papier. Die neuen Rangfolgen zeigen, dass

	1993 %	1998 %
Primärer Sektor		
Landwirtschaft	1,6	1,6
Forstwirtschaft	0,7	0,5
Bergbau	3,5	3,4
Fischerei, Jagd	0,1	0,1
Sekundärer Sektor		
Verarbeitende Industrie	14,6	15,9
Bauwirtschaft	5,2	5,0
Tertiärer Sektor	74,3	73,5

Tab. 39: Anteile der Wirtschaftssektoren am Bruttoinlandsprodukt

Quelle: Errechnet nach: Canadian Econ. Observer, Hist. Stat. Suppl. 1999/2000, Tab. 4.

Kanada sowohl Rohstoffland als gleichzeitig auch ein hoch entwickelter Industriestaat ist, in dem sich eine technologische Erneuerung (Restrukturierung) vollzogen hat und weiter fortgeführt wird (Vogelsang 1990b).

Dabei hat sich der Staat mit einer *Nationalen Politik* eingeschaltet, durch die sog. Crown Corporations gefördert werden. Es gehört zur Tradition der kanadischen Wirtschaft, dass viele Unternehmen Korporationen mit unterschiedlichen Kapitalbeteiligungen sind. Ein nicht unbeträchtlicher Teil des Kapitals stammt aus dem Ausland, zunächst aus England, heute vor allem aus den USA und aus Japan, weniger aus Deutschland. Von den Investoren und Anteilseignern werden Grundstoffindustrien bevorzugt, von denen sie sich eine stabile Versorgung versprechen. Beispiele sind die Branchen Erdöl und Kohle, Holz, Papier und Metalle; regional werden besonders die rohstoffreichen Westprovinzen Britisch-Kolumbien und Alberta einbezogen, aber auch in die Zukunft weisende Projekte, wie die Erdölförderung im Offshore-Bereich vor Neufundland (Hibernia).

Den Einflüssen möchte die kanadische Regierung begegnen und mehr Kontrolle für das Land sichern. Das ist besonders im Energiesektor mit den Crown Corporations Ontario Hydro und Hydro Quebec gelungen, ferner im Bereich des Transportwesens durch die Canadian National Railway und die Via Railway. Wichtige Unternehmen waren auch Air Canada und Petro Canada, die nach einiger Zeit wieder privatisiert wurden. Insgesamt bestanden 1991 etwa 550 Crown Corporations, von denen die Regierung über ein Drittel, die Provinzregierung Quebecs ein Viertel und den Rest die übrigen Provinzen kontrollierten (Wesson 1997: 75 u. 82).

Förderung und Kontrolle beziehen sich in erster Linie auf Wachstumsindustrien der High-Tech-Branchen, darunter Telekommunikation, Atomenergie, Genforschung, Meeresforschung u. a., um der Industrie neue Felder zu eröffnen und international konkurrieren zu können. Dies spiegeln deutlich die Investitionen für Forschung und Entwicklung wider. Von fast 9 Mrd. $ (1998) entfielen allein 52 % auf elf Firmen der Kommunikationsbranche, besonders auf das Großunternehmen Nortel; ferner waren Luftfahrt, der Gesundheitssektor mit Pharmaindustrie und Biotechnologie weitere wichtige Sektoren. Zurückgefallen sind dagegen Firmen der Rohstoffindustrie und der Verarbeitung (Can. Info VII/9, 1999).

Die Veränderungen von der Rohstoffgewinnung und -verarbeitung zu modernen Wachstums- oder Schlüsselindustrien vollziehen sich langfristig. Sie bieten die Chance, neue Standorte durch den Ausbau einer umfassenden Infrastruktur zu fördern, was allerdings auch erst langfristig zu erreichen ist.

Eine Wirtschaft auf breiter Basis, von der Rohstoffproduktion bis zu High-Tech-Unternehmen und einer weitgehenden Tertiärisierung besteht heute allenfalls in Ontario und im Großraum von Montreal in Quebec. In den anderen Regionen steht die rohstofforientierte Produktion im Vordergrund. Dabei lässt sich unterscheiden zwischen reichen und vielseitigen Vorkommen, wie in Britisch-Kolumbien und Alberta, und Räumen, die geringer und einseitiger ausgestattet sind. Zu ihnen gehören die Atlantischen Provinzen und die östliche Prärieregion mit Manitoba und Saskatchewan. Hier sind Förderungen und Infrastrukturmaßnahmen am ehesten angebracht, um die Wirtschaft komplexer und moderner auszubauen.

Allerdings zeigt auch der Außenhandel Kanadas, dass sich Veränderungen besonders in der Qualität der Handelsgüter vorwiegend in den etablierten zentralen Wirtschaftsregionen positiv niederschlagen.

Tourismus und Reisen als wachsender Wirtschaftsfaktor

Kanada gehört seit langem zu den zehn führenden Tourismusländern der Erde, es rangiert hinter einigen europäischen Staaten und den USA. Messbare Größen dafür sind die Anzahl der ausländischen Touristen und deren Ausgaben im Land. Gleichermaßen ist auch der Binnentourismus, d. h. Reisen und Übernachtungen der Kanadier in ihrem Land, von erheblicher Bedeutung, liegen doch die Ausgaben weit über denen der Auslandstouristen. Beide Gruppen nehmen die gleichen Einrichtungen der Wirtschaft in Anspruch, erhalten oder schaffen Arbeitsplätze und stärken damit die Volkswirtschaft in beträchtlichem Maße.

Um den Tourismus effektiv zu nutzen und im internationalen Wettbewerb zu bestehen, ist ein professionelles Management nötig, das die vielfältigen Aufgaben von der Imagebildung und Werbung bis zur Betreuung der Gäste übernimmt. Bereits 1934 wurde eine Tourism Industry Association of Canada (TIAC) gegründet, die bis heute besteht, ihr Wirken aber stark ausgeweitet hat.

Kanada verfügt über eine Reihe von Gunstfaktoren, die den Tourismus fördern. Es grenzt an die bevölkerungsreichen und wohlhabenden USA, aus denen die Besucher leicht über eine lange und weitgehend offene Grenze in das Nachbarland reisen können. Für sie besteht der Vorteil der gleichen Sprache, und sie finden viele aus dem eigenen Land bekannte Einrichtungen, wie Hotel- und Restaurantketten, Warenangebote usw. Zudem ist das meiste kostengünstiger, da die US-Währung über dem kanadischen Dollar steht. Auch von den Industrieländern Europas und Ostasiens ist Kanada bequem mit vielen Fluglinien und zu den verschiedensten Zielorten erreichbar.

Als förderlich erweist sich ferner das breite ethnische Spektrum der kanadischen Bevölkerung, sind doch häufig Besuche bei den Verwandten und Freunden, die einmal ausgewandert sind, ein Grund für den Aufenthalt. Das trifft besonders für Europäer zu, neuerdings aber auch in stärkerem Maße für Besucher aus ostasiatischen Ländern.

Ausschlaggebend für einen steten Besucherstrom aus dem Ausland sind schließlich die politische Sicherheit und Zuverlässigkeit Kanadas. Die Versorgung ist durch eine im besiedelten Süden gut ausgebaute Infrastruktur gesichert, zu der die bekannte Hilfsbereitschaft der kanadischen Bevölkerung kommt – wichtige Vorzüge, die den Entschluss zur Reise erleichtern.

Eine herausragende Attraktion, die in der Tourismuswerbung eine wesentliche Rolle spielt, ist die Natur des Landes. Ihre Weite und Vielfalt werden in immer neuen Schriften, Filmen und Fernsehsendungen gepriesen. Allerdings werden die natürlichen Landschaften für die meisten Besucher auf jene Teile beschränkt, die sich leichter erreichen lassen. Und auch unter diesen gibt es ausgesprochene Highlights, zu denen die Niagarafälle und die Rocky Mountains der Kordilleren zählen. Andere Anziehungspunkte sind die zerschnittene Fjordküste am Pazifischen Ozean mit den einzigen Regenwäldern der gemäßigten Breiten sowie das angrenzende Gebirge mit schneebedeckten Bergketten und ariden Tälern, die unweit nebeneinander liegen. Beeindruckend sind auch die weiten Ebenen der Prärien, die in großen Teilen von Weizenfeldern eingenommen und nur von Flüssen und einigen Hügeln unterbrochen werden. In den zentralen Bereichen Ontarios und Quebecs reizt der Wechsel von Wäldern, Seen und Flüssen, um an einsamen Ufern Cottages zu bauen. Schließlich zeigt auch die atlantische Küste mit ihren Buchten, steilen Felsklippen und Sandstränden ein abwechslungsreiches Bild. Mit der Laubfärbung im Indian Summer des Herbstes bieten die Mischwälder im Osten einen besonders schönen Anblick, der viele Besucher anlockt. Der Eindruck von Weite und Einsamkeit fesselt den Betrachter nicht zuletzt in den Landschaften des Nordens, wo er sein ‚frontier-Erlebnis' am Rande der Wildnis hat.

Viele der großartigen Naturbilder haben bereits die Entdecker und Waldläufer im 18. und 19. Jh. beeindruckt und wurden von ihnen beschrieben (Warkentin, G. 1993). Heute werden vor allem die National- und Provinzparks aufgesucht, um sich an den Landschaften zu erfreuen, die Natur näher kennen zu lernen und Tiere zu beobachten.

Bestimmte zeitliche Einschränkungen sind allerdings durch die Sommersaison gegeben, die im Kern zwischen Juli und September liegt, doch räumlich variiert.

Zu dem Naturerlebnis werden seit einiger Zeit die Städte mit ihren Einrichtungen und Angeboten stärker in die Tourismuswerbung einbezogen. Dabei wird eine von der typisch amerikanischen Stadt abweichende Gestaltung und Ausstattung herausgestellt, die sich an europäischen Vorbildern orientiert. Das beste Beispiel ist Quebec City, wo sich französische Tradition und Kultur bis heute erhalten haben. Ebenso werden in Victoria im Westen bestimmte britische Gepflogenheiten vermittelt.

Viele Städte haben ihre historischen Viertel sowie bedeutende Stätten und Gebäude erneuert. Beispiele sind Montreal oder Vancouver, wo der Ausgangspunkt der Stadt, die Gastown, renoviert wurde und Touristen anzieht; ebenso hat man in Saint John (Neubraunschweig) den Ort, an dem die Loyalisten aus den USA gelandet sind, hergerichtet.

Bekannte Festungen, die während der englisch-französischen oder englisch-amerikanischen Auseinandersetzungen angelegt und besetzt waren, wurden nach historischen Plänen erneuert und durch Darbietungen aus der Zeit des 18./19. Jh.s wieder belebt. Unter den Beispielen seien genannt das Fort Louisbourg auf der Cape-Breton-Halbinsel am Atlantik, die inmitten der Städte Halifax und Quebec gelegenen Zitadellen oder Fort Henry bei Kingston (Ontario). Im Westen errichtete man frühere Pelzhandelsstationen oder Polizeiquartiere, an denen sich häufig Städte bildeten, um die Zeit vor der Kolonisation lebendig zu erhalten.

Die Geschichte des Landes oder von Regionen und Städten wird in zahlreichen Museen dargestellt. Unter ihnen sind viele Freilichtmuseen, in denen Leben und Wirtschaft der Kolonisten anschaulich demonstriert werden. Hervorragende Ausstellungen, wie vor allem in Vancouver und Ottawa, sind der Geschichte und Kultur der Indianer oder First Nations gewidmet.

Die touristischen Anziehungspunkte der Städte werden durch jährlich wiederkehrende Festivals ergänzt. Wohl am bekanntesten sind die Rodeos im Westen, wie die Stampede in Calgary, oder der Eiskarneval – la fête au cœur de l'hiver – in Quebec City. Hinzu kommen internationale Großveranstaltungen, für die sich kanadische Städte häufig bewerben, um weltweit bekannter zu werden, aber auch um ihre Erneuerungen zu betreiben. So brachte die Weltausstellung Expo 1986 für städtische Bauvorhaben in Vancouver einen starken Anschub, und die Olympischen Winterspiele 1988 in Calgary förderten in der Welt den touristischen Ruf der Stadt und ihrer Umgebung für den Wintersport. Zuvor hatte Montreal von Expo und Olympia profitiert.

Es trifft wohl zu, dass vor allem die Auslandstouristen mit Kanada in erster Linie ein Naturerlebnis verbinden. Zunehmend dürften aber auch die Städte mit ihren kulturellen Angeboten und ihrer modernen Gestaltung attraktiv für einen Aufenthalt werden.

Der Tourismus aus dem Ausland hat 1999 mit 49,1 Mio. Besuchern einen erneuten Rekord erreicht, wobei sich die Zahl seit Ende der 1980er-Jahre mehr als verdreifacht hat. Ähnlich angestiegen sind die Ausgaben der Touristen, die auf 15 Mrd. $ beziffert werden. Trotz dieser hohen Summe besteht allerdings ein jährliches Defizit von mehreren Milliarden $, was auf die Mehrausgaben der Kanadier, besonders in den USA, zurückzuführen ist.

Von den 49 Mio. Besuchern aus dem Ausland kommen 44,6 Mio. (91 %) aus den benachbarten USA, die ganz überwiegend mit dem Auto einreisen. Die restlichen 4,4 Mio. (9 %) sind aus Großbritannien, Japan, Frankreich und Deutschland sowie zu einem geringen Teil aus anderen Ländern. Weit über die Hälfte aller Besucher geben als Gründe ihres Aufenthaltes Erholung oder Vergnügen an, es folgen Besuche und Geschäfte. Wenn auch die wechselseitigen Besucherzahlen und Ausgaben je nach Konjunkturlage der Wirtschaft in den Ländern schwanken, ist der Zuwachs im Auslandstourismus der letzten Jahre bemerkenswert. Er bestätigt, dass Kanada trotz starker Konkurrenz vieler Länder, die reizvolle und exotische Ziele zu bieten haben, seine Chancen bewahren konnte.

Der bei weitem größte Teil aller Einnahmen aus dem Tourismus – geschätzt werden bis 80 % – entfällt jedoch auf den Binnenmarkt, d. h. auf Reisen von Kanadiern innerhalb ihres Landes (mindestens 80 km vom Heimatort entfernt). Ihre Anzahl schwankt von Jahr zu Jahr, für 1994 ist sie mit 158 Mio. angegeben worden, für 1996 mit 138 Mio. (Canada Yearbook 1999, S. 451). Auch hierbei sind die Hauptgründe Besuche, Erholung und Geschäfte.

Die am meisten besuchten Provinzen sind auch bei den innerkanadischen Reisen Ontario, Britisch-Kolumbien/Alberta und Quebec, bei den Städten rangiert Toronto mit Abstand an der Spitze, gefolgt von Montreal, Edmonton, Quebec City und Ottawa. Dabei spielen sicherlich Kongress- und Geschäftsreisen eine Rolle, für Edmonton dürfte sich auch die weithin bekannte West Edmonton Mall auswirken.

Die Ziele des Binnentourismus zeigen an, dass auch für innerkanadische Reisen Natur und Städte Priorität haben. „Sightseeing", vor allem in den Nationalparks, Schwimmen und Angeln, Picknick sowie alle Arten von Sport sind für die Kanadier beliebte Freizeitbeschäftigungen. Um sie auszuführen, gibt es viele Möglichkeiten und Plätze, die leicht mit dem Auto zu erreichen sind. Oft werden damit Besuche und Treffen verbunden.

Die Aussichten für ein weiteres Wachstum der Freizeitwirtschaft sind in den Industrieländern günstig. Für die Beschäftigten nehmen Freizeit und Einkommen zu. Die Lebensdauer steigt an, und die älteren Menschen sind länger aktiv, sodass diese Gruppe eine zunehmend wichtigere Stellung einnimmt.

Für Kanada schafft der Tourismus mehr Einnahmen und Arbeitsplätze als manche Exportgüter. Auch um diese Wirtschaftsquelle zu erhalten und im globalen Wettbewerb zu bestehen, ist ein nachhaltiger Umgang mit der Natur, gerade in den attraktivsten Gebieten, geboten. Sie sind es vor allem, auf die sich der Ruf Kanadas als Touristenland gründet.

Außenhandel und NAFTA-Abkommen

Der Außenhandel Kanadas wurde lange Zeit durch die frühe Wirtschaftsentwicklung geprägt, als Rohstoffe, die sog. staple goods, in das englische Mutterland ausgeführt werden mussten und von dort Fertigwaren in die Kolonie kamen. Erst im 19. Jh., vielfach durch die aus den USA eingewanderten Loyalisten, entstanden zahlreiche kleinere Unternehmen, die den Handel mit Waren förderten. Dafür konnte verstärkt britisches Kapital gewonnen werden, das noch um 1900 rd. 85 % aller langfristigen Investitionen ausmachte. Sie wurden zunehmend seit den 1920er-Jahren von Anlagen aus den USA übertroffen. Auch war der Außenhandel Kanadas bis zum Ersten Weltkrieg und noch im Jahrzehnt 1931/41 weitgehend auf Großbritannien ausgerichtet, ehe sich nach dem Zweiten Weltkrieg die Vereinigten Staaten als führender Handelspartner etablierten. Geblieben ist die allgemeine Bedeutung des Exportes sowohl für die Gesamtwirtschaft des Landes als auch für einzelne Wirtschaftsregionen. Drastische Beispiele sind agrarisch geprägte Räume, wie Saskatchewan, wo der Weizenexport die Wirtschaftsentwicklung und die Stellung der Provinz nachhaltig beeinflusst.

Nach W. L. Marr und D. G. Paterson (1980: 454) blieb Kanada in einer sog. staple trap, die dann besteht, wenn die Wirtschaft von der Gewinnung und dem Export von Rohstoffen mit einem geringen Grad der Verarbeitung und Veredelung bestimmt wird. Die Bestrebungen waren seit langem darauf ausgerichtet, die Struktur der Exportgüter zugunsten von Endprodukten zu verändern und die Anteile von Rohstoffen und Halbfertigwaren zu senken. Sie betrugen noch Ende der 1920er-Jahre fast die Hälfte des Exportwertes, konnten jedoch bis gegen Ende des 20. Jh.s auf unter 30 % verringert werden. Dabei führen Produkte der Landwirtschaft und Fischerei, ferner Holz und Metalle, wie sog. Legierungspartner, Edelmetalle und aufbereitete Erze. Mit geringen Anteilen kommen Asbest, Salz und Kali sowie Schwefel hinzu.

Der Wertanteil von ausgeführten Endprodukten konnte dagegen auf etwa 45 % gesteigert werden, unter ihnen Kraftfahr-

	Export 1991	Export 1997	Import 1991	Import 1997
Gesamtwert (Mrd. $)	**147,7**	**301,6**	**140,7**	**278,2**
davon (%):				
Landwirtschaft und Fischerei	8,9	8,2	6,4	5,6
Energie und Brennstoffe	9,5	9,2	4,7	3,8
Holz und Holzprodukte	12,6	11,6	0,9	0,9
Industriegüter und Materialien[1]	21,2	18,4	17,5	19,5
Maschinen und Ausrüstungen	19,8	22,4	30,5	32,7
Kraftfahrzeuge und -teile	22,0	23,2	22,0	21,8
Anderes, Konsumgüter	6,0	6,9	18,0	15,6

[1] Hierzu zählen Metalle u. Metallerze, Chemische Produkte, Düngemittel u. a.

Tab. 40: Handelsgüter nach Wertanteilen

Quelle: Canada Yearbook 1999: 9.14 u. 9.17.

	Export 1991	Export 1997	Import 1991	Import 1997
Gesamtwert (Mrd. $)	**147,7**	**301,6**	**140,7**	**278,2**
davon (%):				
USA	73,6	80,9	69,4	76,3
Japan	5,2	4,0	6,2	3,1
Europäische Union	8,5	5,5	10,3	8,7
Staaten der OECD	1,9	2,7	3,2	4,1
Sonstige Staaten	10,9	6,8	10,9	7,8

Tab. 41: Handelspartner nach Wertanteilen

Quelle: Canada Yearbook 1999: 9.15 u. 9.16.

zeuge, Maschinen und Geräte, Flugzeuge und Flugzeugteile. Zwischen den beiden Warengruppen liegen die z.T. schwer einzuordnenden Halbfertigprodukte, die etwa 30 % des Exportwertes ausmachen (Tab. 40). Ein Teil von ihnen lässt sich wohl auch den Endprodukten zuordnen, wodurch ihr Anteil auf mehr als die Hälfte steigen würde. Wenn auch die Strukturveränderungen im Außenhandel nicht abgeschlossen sind und weiter zugunsten von Endprodukten verschoben werden sollen, zeichnen sich die bisherigen Erfolge durchaus ab.

Eine Besonderheit des kanadischen Außenhandels ist die Dominanz des Partners USA. In den Nachbarstaat gehen 81 % der Exporte, von dort kommen über 76 % der eingeführten Güter (1997). Im US-amerikanischen Handel entfallen auf Kanada 22 % des Exportes und 19 % des Importes (1997). Mit diesen Werten bestehen zwischen beiden Ländern weltweit die stärksten Handelsverbindungen. Erst mit großem Abstand folgen Japan und Länder der Europäischen Union, darunter besonders Großbritannien und Deutschland (Tab. 41).

Die Auswahl von Handelsgütern wird von den Partnern sehr unterschiedlich getroffen. Die USA sind mit einem hohen Anteil Abnehmer kanadischer Endprodukte, während Nahrungsmittel und andere Rohstoffe weniger gefragt sind. Ausnahmen sind Produkte wie Erdöl und Erdgas oder elektrische Energie, die einfach über Leitungen geliefert werden kann; auch Papier wird überwiegend vom Nachbarland abgenommen. Dagegen hat sich Japan fast ausschließlich auf Rohmaterialien, zum Beispiel Kohle, festgelegt und bietet als Gegenlieferung besonders Fertigprodukte an. Ähnlich gestalten sich auch Ex- und Import mit europäischen Ländern. Während der Handel mit Erzeugnissen des Rohstoffsektors insgesamt zu Überschüssen in der Bilanz führt, weisen die Ergebnisse bei Fertigwaren eher negative Salden auf. Zusammengenommen ergeben sich in letzter Zeit im Außenhandel jedoch für Kanada positive Werte.

Betrachtet man die Herkunft der Exportprodukte innerhalb Kanadas, wird abermals die Industriekonzentration deutlich, und es zeigen sich die regionalen Disparitäten. So werden in den Zentralprovinzen Ontario und in geringerem Umfang in Quebec über 90 % der sehr differenzierten und für den Export bestimmten Endprodukte hergestellt (Wieger 1991a). Hinzu kommen hoch veredelte Agrargüter, deren Wert etwa ein Drittel der Ausfuhren aus diesem Sektor beträgt. Demgegenüber bringen die peripheren Regionen vorwiegend Rohstoffe bzw. wenig verarbeitete Produkte in den Export ein, wie z. B. Weizen und andere Nahrungsmittel.

Bei den Lieferungen in den USA sind die nördlichen, vielfach angrenzenden Staaten bevorzugte Zielgebiete, wobei sich der Handel vor allem auf die Städte im Grenzbereich auswirkt (Kresl 1993). Für die westlichen Provinzen Britisch-Kolumbien und Alberta sind ferner ostasiatische Länder wichtige Handelspartner. Besonders beim Export von Rohstoffen zeigt sich, dass die Märkte im Ausland weit gestreut sind und Entfernungen eine bestimmte Rolle spielen.

Der Handel mit dem wichtigsten Partner USA hat sich in den 1990er-Jahren durch Freihandelsabkommen überdurchschnittlich verstärkt; zwischen 1988 und 1993 bestand zwischen beiden Ländern das Free Trade Agreement (FTA), seit 1994 bilden sie zusammen mit Mexiko die North American Free Trade Area (NAFTA). Dabei bleibt die strikte Unabhängigkeit der Staaten gewahrt, und es besteht keine gemeinsame Verwaltungsbehörde wie bei der EU. Das Abkommen ist keine Zollunion, sondern darauf gerichtet, alle Handelshemmnisse im Güterverkehr und bei Dienstleistungen innerhalb der nächsten 15 Jahre zu beseitigen. Direktinvestitionen innerhalb der Partnerländer werden gefördert, zusätzliche Vereinbarungen beziehen sich auf Arbeitsrechte und die Umweltpolitik. Handelsstreitigkeiten werden in einem bestimmten Verfahren geschlichtet (Hufbauer & Schott 1993; Göll 1994; Diez 1997).

Nach fünfjährigem Bestehen des NAFTA-Abkommens konnte 1999 eine erste positive Bilanz für die drei Länder gezogen werden (Canada-Info VII/5). Zwischen Kanada und den USA konnte bereits bis 1998 ein weitgehender Abbau der Handelsschranken erreicht werden. Das Handelsvolumen, das schon seit langem beträchtlich ist, erhöhte sich zwischen 1993 und 1997 um 63 %; allein der kanadische Export stieg von 149 auf 244 Mrd. $ (um 64 %) mit weiterhin positiver Tendenz. Dies hat in den letzten Jahren erhebliche Handelsüberschüsse erbracht und dazu beigetragen, dass seit langem 1997/98 wieder ein Haushaltsüberschuss erwirtschaftet werden konnte. Auch der Handel mit Mexiko verdoppelte sich auf 9 Mrd. $ (1998).

Zur Intensivierung des Handels kommt eine Steigerung der Direktinvestitionen, besonders aus den USA. Die Haltung von Regierung und Bevölkerung zu ausländischen Kapitalanlagen in der Wirtschaft des Landes hat sich besonders seit den 1980er-Jahren von einer eher restriktiven zu einer mehr liberalen Einstellung gewandelt. Dabei werden die Vorteile, wie z. B. im regionalen und internationalen Wettbewerb, stärker gewichtet; ferner auch die Verbesserungen auf dem Arbeitsmarkt, auf dem in Kanada ein Beschäftigungszuwachs von 10 % erreicht werden konnte und die Arbeitslosigkeit auf unter 8 % (Ende 1999) zurückging. Es kommt hinzu, dass sich in letzter Zeit auch die kanadischen Kapitalanlagen im Ausland ständig erhöht haben, sodass ein Verhältnis von etwa 3 zu 1 und damit ein stärkerer Ausgleich erreicht werden konnte.

Es wird erwartet, dass die amerikanisch-kanadischen Handelsaktivitäten und damit die Wirtschaftsverflechtungen weiter zunehmen werden, wenn auch Kanada damit vom Konjunkturverlauf in den USA abhängiger wird.

VERSTÄDTERUNG UND DOMINANZ DER METROPOLEN

Bild 49: *Skyline der Innenstadt von Toronto mit CN-Tower und Skydome (links) sowie Wohnanlagen auf Hafengelände (rechts). Bis in die 1960er-Jahre galt das Royal-York-Hotel (Bildmitte mit grüner Kuppel) als höchstes Bauwerk der Stadt.*

Überblick

- Die ersten Städte in Kanada, Quebec (gegr. 1608) und Montreal (1642), wurden als Zentren des Pelzhandels gegründet. Erst im 19. Jh. brachten die zunehmende Bevölkerung, der Eisenbahnbau und die Industrialisierung den entscheidenden Anschub für das Wachstum von Städten als Zentren der Wirtschaft und Versorgung. Heute leben 80 % der Kanadier in Städten.
- Nach ihrer Bevölkerungszahl und Funktion weisen die Städte eine große Vielfalt auf. Orten mit wenigen hundert Einwohnern und einer einseitigen Versorgungsfunktion für das Umland stehen multifunktionale Millionenstädte gegenüber.
- Mit dem Wachstum bildete sich eine Stadtstruktur aus, die sowohl von Einflüssen aus den USA als auch aus Europa geprägt wurde. Es gelang, die Innenstädte weitgehend mit ihren Funktionen intakt zu halten und sie attraktiv zu gestalten. Krasse soziale Gegensätze in der Bevölkerung, Ghettos und Slums konnten in Grenzen gehalten werden. Wie in den USA wird das Wohnen im Einzelhaus mit Garten als Ideal gesehen, sodass sich die Außenbereiche der Städte schnell ausbreiten.
- Unter den Städten ragen 25 Verdichtungsräume, die Metropolitan Areas, heraus. In ihnen sind Wirtschafts- und Dienstleistungsfunktionen sowie oft auch die Provinzregierungen konzentriert. Die Städte weisen häufig ähnliche historische Entwicklungen auf bzw. spiegeln die wirtschaftliche oder ethnische Situation ihrer Regionen wider. Am bekanntesten sind die Wirtschaftszentren und Millionenstädte Toronto, Montreal und Vancouver.

Differenzierung und Grad der Verstädterung

Als städtisch wird in Kanada eine Siedlung definiert, die mehr als 1000 Einwohner und eine Dichte von mindestens 386 Einw./km^2 aufweist. Die Orte können die Bezeichnungen City, Town, Village, Borough oder Hamlet tragen. Der Status einer *eigenständigen Gebietskörperschaft* (incorporated place) wird von den Provinzregierungen verliehen. Er unterliegt – wie in den USA – regional unterschiedlichen Kriterien. wobei die Bevölkerungszahl nur ein Merkmal ist.

Für die größten Siedlungskomplexe ist, ebenfalls in Anlehnung an die USA, 1951 die Bezeichnung Census Metropolitan Area (CMA) oder kurz Metropolitan Area (MA) eingeführt worden. Sie besteht aus einem geschlossen bebauten Gebiet mit mindestens 100 000 Einwohnern, ferner aus einem Umland, aus dem ein größerer Teil der arbeitenden Bevölkerung im Stadtbereich beschäftigt ist bzw. das den Bewohnern selbst Arbeitsplätze bietet. Die Metropolitan Area schließt gewöhnlich Cities, Towns und Villages, aber auch ländliche Gebiete ein, sofern diese mit der städtischen Ballung ökonomisch und sozial verbunden sind. Nach den größeren Städten sind gewöhnlich die Namen gewählt. Von großer Bedeutung ist, dass Planungen für den gesamten Raum möglich sind, um die Infrastruktur abzustimmen. Je nach Wachstum können ständig neue Gebiete angeschlossen und planerisch eingegliedert werden; auch nimmt die Gesamtzahl ständig zu.

In einer weiteren Gruppe werden die Orte zwischen 10 000 und 100 000 Einwohnern zu Census Agglomerations (CA) zusammengefasst. Wie bei den Metropolitan Areas wird auch bei ihnen eine geschlossen bebaute Fläche vorausgesetzt sowie ein Umland, aus dem Pendler Arbeitsstätten im Kernbereich aufsuchen.

Die Orte unter 10 000 Einwohner unterscheiden sich sehr in Physiognomie, Struktur und Funktion. Es können z. B. reine Wohnplätze bei einem isolierten Bergwerk im Norden sein, Versorgungszentren (Zentrale Orte) auf dem Lande oder Industriestandorte in der Nähe größerer Metropolen. In vielen Fällen besitzen sie nicht die Merkmale einer Stadt.

In den Groß- und Mittelstädten über 10 000 Einwohner leben knapp 78 % der kanadischen Bevölkerung. Sie teilen sich auf in (1996):

- 25 Census Metropolitan Areas (CMA) mit einer Gesamtbevölkerung von 17,9 Mio., das sind 61,9 % aller Kanadier;
- 112 Census Agglomerations (CA) mit 4,6 Mio. Einwohnern oder 15,9 %.

Nimmt man die Städte unter 10 000 Einwohner hinzu, werden rd. 80 % Stadtbevölkerung erreicht, ein Anteil, den Kanada mit anderen westlichen Industrieländern gemeinsam hat.

Die Stadtforschung, die intensiv seit den 1950er-Jahren betrieben wird, ist überwiegend auf die Metropolen, unter ihnen besonders Toronto, Montreal und Vancouver, bezogen. Auffallend ist die interdisziplinäre Zusammenarbeit verschiedener Fächer, wie Geographie und Planung, Soziologie, Wirtschaft, Geschichte u. a., was auch in zahlreichen Sammelwerken zum Ausdruck kommt. In wenigen Jahrzehnten hat sich die wissenschaftliche Beschäftigung mit den Städten zu einem viel beachteten Forschungszweig entwickelt, der die Bedeutung der Städte als Wohnplatz einer überwiegenden Mehrheit der Bevölkerung hervorhebt (zusammenfassend u. a. Simmons 1974, Nader 1975/76, Goldberg & Mercer 1986, Yeates 1990, Bunting/Filion 1991).

Historischer Rückblick

In der langen Zeit mit vorherrschender Rohstoffausbeutung (staple economy) brauchte man nur wenige Städte für den Handel und die Ausfuhr der Güter. So bestanden in der Kolonie bis in die zweite Hälfte des 18. Jh.s nur die beiden frühen Gründungen in Neufrankreich, Quebec (1608) und Montreal (1642), die als Zentren von Handel, Politik und Kirche bedeutend waren. Erst mit der Besiedlung bildeten sich Mittel-

Städte >25 000 Einwohner	Einwohner (1000) 1881	1921
Montreal (Que.)	140,7	618,5
Toronto (Ont.)	86,4	521,9
Quebec (Que.)	62,4	95,2
Halifax (N. S.)	36,1	58,4
Hamilton (Ont.)	36,0	114,2
Ottawa (Ont.)	27,4	107,8
Saint John (N. B.)	26,1	47,2

Tab. 42: Städte und Bevölkerungswachstum 1881 bis 1921

Quelle: Nader 1976.

punkte für die Versorgung der Landbevölkerung heraus, von denen die meisten mindestens für lange Zeit Kleinstädte blieben. Nur wenige Orte konnten aufgrund ihrer hervorragenden Verkehrslage schon früher eine höhere Einwohnerzahl erreichen.

Um die Situation vor einem ersten stärkeren Aufschwung der Städte zu kennzeichnen, sollen einige Daten aus dem Census von 1881 herangezogen werden. Von den 4,3 Mio. Bewohnern Kanadas lebten weniger als ein Viertel in Orten über 1000 Einwohner und wurden zur Stadtbevölkerung gerechnet. Nur sieben Städte erreichten eine Einwohnerzahl von mehr als 25 000 (Tab. 42). Sie lagen ausschließlich im Osten, wie auch die Orte über 10 000 Einwohner. Der Westen stand um diese Zeit erst am Beginn seiner Kolonisation, Städte bildeten sich mit der Besiedlung und Verkehrserschließung aus. Lediglich am östlichen Rand der Prärien hatte sich Winnipeg mit 8000 Einwohnern entwickelt und an der pazifischen Küste Victoria, das etwa 6000 Einwohner zählte. Der Aufstieg von Vancouver erfolgte wenige Jahre später.

Bis auf Ausnahmen war das Städtewesen Kanadas noch in den 1880er-Jahren gering entwickelt. Eine erste nachhaltige Phase des Aufschwungs ist mit der folgenden Industrialisierung und der erfolgreichen Kolonisation der Prärien verbunden. Die negative Wanderungsbilanz schlug durch eine außerordentlich starke Einwanderungswelle ins Positive um; die Wachstumsquoten der Gesamt- und Stadtbevölkerung erreichten gleichsam eine neue Ebene.

Die Anteile der Stadtbevölkerung verdoppelten sich zwischen 1881 und 1921 von 23 % auf 47,4 %. Im Verlaufe der 1920er-Jahre wurde erstmals die Zahl der Landbevölkerung übertroffen. An dem Aufschwung nahmen vor allem die Städte der Zentralen Region teil, und es zeichnete sich bereits die Achse Windsor – Quebec City ab. Das stärkste Wachstum wiesen Toronto und Montreal auf, aber auch Ottawa und Hamilton konnten ihre Bevölkerung vervielfachen. Als neue größere Städte kamen London und Windsor hinzu. Bezeichnend ist, dass die Städte am Atlantik, Halifax und Saint John, aber auch das etwas randlich gelegene Quebec City nicht in dem Maße am Wachstum beteiligt waren. Im Westen haben vor allem Winnipeg (1921: 179 087 Einw.) und Vancouver (1921: 163 222 Einw.) an dem Aufschwung teilnehmen können, während Victoria (1921: 38 727 Einw.) zurückgeblieben ist.

Der Motor für das Städtewachstum um die Jahrhundertwende und bis in die 1920er-Jahre war die Industrialisierung. Den größten Anteil daran hatten die Städte Ontarios und Montreal, während der atlantische Bereich weitgehend ausgeschlossen blieb. Bei den stark expandierenden Zentren des Westens waren sowohl Industrie als auch Handel und Versorgung an dem Aufschwung beteiligt.

Diese erste Wachstumsperiode wurde durch die Wirtschaftskrise Ende der 1920er-Jahre abgebrochen. Die Wanderungsbilanz schlug erneut ins Negative um, und die Wachstumsquoten der Stadtbevölkerung gingen zurück. Die allgemeine wirtschaftliche Unsicherheit in dieser Zeit ist auch an dem Rückgang des natürlichen Wachstums zu ersehen.

Die rückläufige Entwicklung dauerte indessen nur relativ kurze Zeit. Schon während des Zweiten Weltkrieges, in besonderem Maße aber in den Jahren danach, setzte sich wieder ein Aufwärtstrend durch; die Wachstumsquoten der Stadtbevölkerung kulminierten in den 1950er- und 1960er-Jahren. Ebenso erhöhte sich der Anteil der Stadt- an der Gesamtbevölkerung, der erst in den 1920er-Jahren 50 % erreicht hatte. Er betrug 1951: 62,9 %; 1971: 76,1 %; 1996: rd. 80 %.

Dem Städtewachstum in den 1950er- und 1960er-Jahren liegen eine starke natürliche Bevölkerungszunahme und erhöhte Einwanderungsquoten zugrunde. Sie erreichten zwar nicht mehr die Werte von 1901/1911, doch sind die Bilanzen durch geringere Auswanderungen positiver. Als Ziele suchen die Einwanderer überwiegend größere Städte, wo sie sich bessere Möglichkeiten für Beruf und Existenz versprechen. Hinzu kamen in dieser Zeit auch innerkanadische Wanderungen, die in die Städte führten. Während ihre Anziehungskraft in der ersten Wachstumsphase hauptsächlich auf den Arbeitsplätzen in der Industrie beruhte, ist der neue Aufschwung zu einem großen Teil auf den Dienstleistungssektor ausgerichtet.

Wachstum und Ausbau der Städte rissen bis heute nicht ab, obwohl sich der Anstieg der Stadtbevölkerung in den 1970er-Jahren wieder verlangsamte und in dieser Phase der sog. Counterurbanization die Landbevölkerung besonders im weiteren Umland der Städte höhere Wachstumsraten verzeichnen konnte. Allerdings setzte sich der Trend nicht in gleicher Stärke fort, eher ist ein gleichmäßiges Wachstum von Stadt- und Landbevölkerung festzustellen.

Mit dieser Entwicklung wurde eine neue höhere Ebene im Wachstum der Städte erreicht. Durch die starke flächenmäßige Ausbreitung besonders der größeren Städte wurden diese mit ihrem engeren Umland zu Metropolitan Areas verbunden und für die Planung zusammengeschlossen. In den meisten Städten bewirkte das Wachstum auch strukturelle Veränderungen; Zonen mit bestimmten Funktionen grenzten sich schärfer ab, Stadtteile wurden saniert, Nahverkehrseinrichtungen ausgebaut bzw. neu angelegt, und es kam innerhalb des Stadtraumes zu Verlagerungen und Bevölkerungswanderungen.

Die Ausbildung von Stadtstrukturen

Im Katalog der Merkmale einer Stadt spielt die Struktur, d. h. die innere Gliederung oder das Gefüge, eine wesentliche Rolle. Gemeint ist die Unterteilung des Stadtraumes in Bereiche, die sich in Physiognomie und Funktion, aber auch in der sozialen Zusammensetzung ihrer Wohnbevölkerung unterscheiden. Die Nutzung des Stadtraumes (urban land use) ist nicht regellos und zufällig, wie es mitunter den Anschein hat, sondern sie hat sich aufgrund bestimmter Abhängigkeiten und Regeln herausgebildet. Die Prinzipien und Kräfte, die eine Gliederung des Stadtraumes bewirken, sind oft untersucht worden (Hofmeister 1991); sie werden nicht einheitlich bewertet und sind regional und auch von Stadt zu Stadt unterschiedlich wirksam. Zu den Kräften, die das Stadtgefüge bestimmen oder beeinflussen, gehören die unterschiedlichen Funktionen, eine Verwertung des Raumes und die entsprechenden Bodenpreise, die Verkehrstechniken und Nutzungsmöglichkeiten; ebenso aber auch Migrationen der Bevölkerung und das Bestehen sozialer Schichten. Schließlich greifen Planungen und politische Entscheidungen in die Flächennutzung ein.

Allgemein gültig ist, dass eine Differenzierung des Stadtraumes von seiner Größe abhängig ist, d. h., dass sie mit dem Wachstum eines Ortes zunimmt. Übereinstimmung dürfte auch darin herrschen, dass wesentliche Grundlagen für die heutige Differenzierung der Stadträume in der Zeit der Industrialisierung geschaffen wurden. Damit waren Funktionstrennung, Arbeitsteilung und Fächerung der Berufe verbunden, und es bildete sich eine soziale Gliederung der Stadtbewohner heraus. Eine der wichtigsten Errungenschaften dieser Zeit war die Erschließung des Stadtraumes durch schnelle und effektive Transportmittel. Damit wurden einzelne Stadtbereiche verbunden, Wohn- und Arbeitsplätze konnten getrennt werden, und es war der Industrie möglich, sich in Bereichen außerhalb der Bebauung anzusiedeln. Ferner erhielten die Versorgungseinrichtungen Standorte, die durch die Verkehrslinien bestimmt wurden.

Wie allgemein haben die Verkehrsmittel auch für die Stadtentwicklung in Kanada große Bedeutung. Ihr technischer Fortschritt fällt mit der Industrialisierung und einem außerordentlichen Städtewachstum zusammen. Während 1881 nur sieben Städte mehr als 25 000 Einwohner hatten, unter ihnen Montreal mit über 100 000, zählten 1921 18 Städte mehr als 25 000

Einwohner, und sechs davon hatten die Grenze von 100 000 überschritten. So konnte sich erst in dieser Zeit sowohl von der Größe als auch von den möglichen Verkehrsverbindungen her eine Differenzierung der Stadträume herausbilden.

Ein wichtiges Datum war die Eröffnung der ersten elektrischen Straßenbahn 1884 in Toronto, die zunächst noch mit Pferdebahnen kombiniert wurde. Noch in den 1880er-Jahren wurde ihr Betrieb auch in anderen Orten aufgenommen, und bis zur Jahrhundertwende setzten sich elektrische Straßenbahnen in den meisten größeren Städten durch. Hinzu kamen Eisenbahn und als wichtiges Kommunikationsmittel das Telefon. Mit der Straßenbahn wurde bereits eine Trennung von Wohnen und Arbeiten eingeleitet, sodass sich reine Wohngebiete bilden konnten. An den Strecken entstanden Wohnungen und Versorgungseinrichtungen; daher ergab sich vor allem in den größeren Städten ein auf die Innenstadt ausgerichtetes Achsensystem. An vielen Haltestellen verdichteten sich die Geschäfte oder sie zogen sich über lange Strecken an den Straßen hin.

Einen noch stärkeren Einfluss auf die Ausbildung des Stadtgefüges übten Personen- und Lastkraftwagen aus, die sich seit den 1920er-Jahren durchsetzten. Der Verkehr war fortan nicht mehr an bestimmte Achsen gebunden, sondern es konnte sich die Stadt jetzt flächenhaft ausdehnen (spread city). Das galt für Wohngebiete ebenso wie für Industrie und Handel. Allerdings stiegen auch die Bodenpreise in den Außenbezirken, sodass sich die bebauten Flächen in Grenzen hielten. Mit der Ausbreitung vollzog sich gleichzeitig ein Dezentralisierungsprozess, bei dem die Innenstadt zugunsten der Außenbezirke in verschiedenen Funktionen relativ an Bedeutung verlor. Gleichzeitig setzte sich auch eine räumliche Trennung bestimmter ökonomischer Funktionen, wie Industrie, Versorgung, Verwaltung usw. durch, und in den Wohngebieten erfolgte eine Segregation der Einwohner nach sozialen Kriterien, wie Beruf und Einkommen. Wo sich im Stadtgebiet diese oder jene Funktionen konzentrierten, hing wesentlich von den verschiedenen Anforderungen ab, die Einrichtungen und Bewohner an den Standort stellen.

Großhandel und Industrie

Stärker als andere Einrichtungen sind Handel und Industrie an den Verkehr gebunden; ihre Standorte mussten stets auf die vorherrschenden Verkehrsmittel ausgerichtet sein. Das waren anfangs Wasserwege, später Eisenbahnstrecken, die meistens durch das Stadtgebiet führten und an denen sich Güterbahnhöfe und Industriekomplexe ausbildeten. Besonders günstige Standorte boten Häfen mit Bahnanschlüssen ins Landesinnere, wie z. B. an den Großen Seen und am St. Lorenz sowie an den Außenküsten.

Mit der Verlagerung des Verkehrs auf die Straße änderten sich die Abhängigkeiten. Industriezweige konnten sich jetzt aus den zentralen Bereichen an den Stadtrand verlagern, wo ebenfalls gute Transportmöglichkeiten durch Autobahnanschlüsse gegeben waren und weiträumige Grundstücke zur Verfügung standen. Die meistens einstöckig errichteten Gebäude mit großen Parkplätzen brachten viele Vorteile mit sich. Ebenfalls konnte Nutzen daraus gezogen werden, dass sich mehrere und zum Teil in ihrer Produktion ergänzende Betriebe in einem Komplex, den sog. Industrie-Parks, ansiedelten. Neben der Industrie fand hier auch der Großhandel die benötigten Flächen und Straßenverbindungen.

Einige Branchen haben dagegen nach wie vor ihren günstigsten Standort in den Innenstädten. Dazu gehören die Herstellung von Bekleidung und Modewaren, Zeitungsunternehmen, das Anzeigewesen (job printing), Werbung und Druckereien. Sie haben gemeinsam, dass sie Verbindungen zu anderen Einrichtungen brauchen und ihre Arbeit sehr abhängig von der Zeit ist. Für ihre besonderen Produkte sind sie ferner auf eine Lage unmittelbar am Verbraucher angewiesen, und da es meistens kleine Betriebe sind, finden sie auch in den Innenstädten genügend Raum.

Einzelhandel und Einkaufszentren

Die Standorte des Einzelhandels müssen für Kunden leicht zugänglich sein. Zunächst konzentrierten sich Geschäfte entlang von Straßen, die von Straßenbahnen oder später Omnibussen befahren wurden. Mit der Verbreitung des Autos rückten Verkaufseinrichtungen weiter an die Ausfallstraßen und über die Stadtgrenzen hinaus (commercial oder retail strips). Vor allem sind es hier Einrichtungen mit großem Platzbedarf, wie der Verkauf von Autos, Wohnwagen, Möbel, Baumaterialien u. a., ferner Angebote für den Durchgangsverkehr, z. B. Tankstellen, Reparaturwerkstätten, Restaurants oder Motels. Stark verbreitet sind Anzeigen und Reklametafeln, die auf Möglichkeiten in der Stadt hinweisen.

Neben der Ausbreitung des Einzelhandels entlang der Straßen haben sich nach dem Zweiten Weltkrieg die aus den USA bekannten Einkaufszentren (Shopping Centres, Malls) durchgesetzt (Bild 50 u. 51). Die ersten wurden in Vancouver (1950) und Toronto (1952) eröffnet, danach erfolgte seit den 1960er-Jahren ein Bauboom, der fast alle Städte einbezog und erst in den 1990er-Jahren merklich zurückging. Angaben zur Gesamtzahl von Einkaufszentren fallen je nach den berücksichtigten Größen unterschiedlich aus. Unter Einbeziehung auch kleinerer Zentren bestanden 1998 rd. 4300, unter ihnen 1700 größere Anlagen. Mit 50 bis 60 % am landesweiten Umsatz des Einzelhandels haben Einkaufszentren in wenigen Jahrzehnten einen bemerkenswerten Anteil gewinnen können (Hahn 1997: 523; Gerhard 1998: 56).

Nach der Anzahl der Geschäfte und ihrer Verkaufsfläche sowie der Angebote werden drei Stufen von Einkaufszentren unterschieden:

1) Neighborhood Centres, in denen für ein engeres Wohngebiet Waren für den täglichen Bedarf verkauft werden,
2) Community Centres und
3) Regional Centres, die insbesondere Güter für den mittel- und langfristigen Bedarf führen. Sie haben ein größeres Einzugsgebiet und heben sich in Größe und Ausstattung deutlich ab. Vielfach sind Dienstleistungen, wie Arzt- und Anwaltspraxen, Reisebüros, Banken, Post u. a. angeschlossen.

Die Formen der zunächst im nahen Umland, in der suburbanen Zone angelegten Einkaufszentren sind unterschiedlich. Die älteren haben meist einen linearen Grundriss, der sich an die Einkaufsstraßen anlehnte. Spätere Veränderungen führten zum Plaza-Typ, bei dem die Geschäfte um einen

Bild 50: *Eingangsgebäude zum Eau Claire Market in der Innenstadt von Calgary, Alberta, Einkaufs- und Entertainment Center.*

Quelle: Barbara Hahn.

Bild 51: *„Complexe Desjardins" in der Innenstadt von Montreal; Mischnutzung mit Einkaufszentrum, Dienstleistungen, Büros, Wohnungen und Hotel, 1976 eröffnet.*

zentralen Platz angeordnet sind. In jedem Fall gehören große, um den Geschäftskomplex gelegene Parkflächen zu den wichtigsten Angeboten, zumal für die meistens vorgenommenen Wocheneinkäufe ein Auto unerlässlich ist.

Die Attraktivität der Einkaufszentren in den suburbanen Räumen wurde schnell erkannt, und es lag nahe, sie auf die Innenstädte zu übertragen. Dies wurde umso dringender, da hier ein Abzug von Kunden und damit ein Zentralitätsverlust zu befürchten waren. Zum Prototyp einer innerstädtischen Shopping Mall wurde der 1960/65 eingerichtete Place Ville Marie in Montreal, ein multifunktionales Zentrum in hervorragender Erreichbarkeit, das bald die Interessen anderer Städte auf sich zog. So sind u. a. das Pacific Centre in Vancouver, Baubeginn 1971, und das Eaton Centre in Toronto, dessen Gestaltung in den 1970er- und 1980er-Jahren erfolgte, entstanden und haben nachhaltig zur Belebung der Innenstädte beigetragen.

Eine Aufwertung der Innenstädte konnte ferner damit erreicht werden, dass Gebäudekomplexe mit verschiedenen Funktionen unter- bzw. oberirdisch miteinander verbunden wurden, um den Menschen besonders während der langen Wintermonate den Aufenthalt erträglicher zu machen. So lassen sich in verschiedenen Städten über geschlossene Brücken (Skyways) oder ein System unterirdischer Wege mit Geschäften, Restaurants, Ausstellungen u. a. Ziele erreichen, ohne sich dem Wetter auszusetzen. Verbunden sind z. B. U-Bahnhöfe, Bürogebäude, Banken, Kaufhäuser, Einkaufszentren, Hotels oder Museen. B. Hahn spricht von Mega-Malls, die – wie etwa in Toronto – mehr als 1500 Einrichtungen einschließen (1997: 525; s. auch bei den Städten Toronto, Calgary, Montreal).

In neuerer Zeit haben sich besonders in großen Zentren die Funktionen über den Versorgungseinkauf hinaus erweitert. Die gewöhnlich attraktiv ausgestatteten Malls werden von vielen Besuchern auch für Freizeitaufenthalte oder als Treffpunkte genutzt. Eine Analyse der Zentren in Edmonton (Alberta) zeigte, dass sie sich durchaus auf die vorherrschenden Besuchergruppen in ihren Angeboten einstellen (Gerhard 1998). Eine Verbindung von Einkauf und

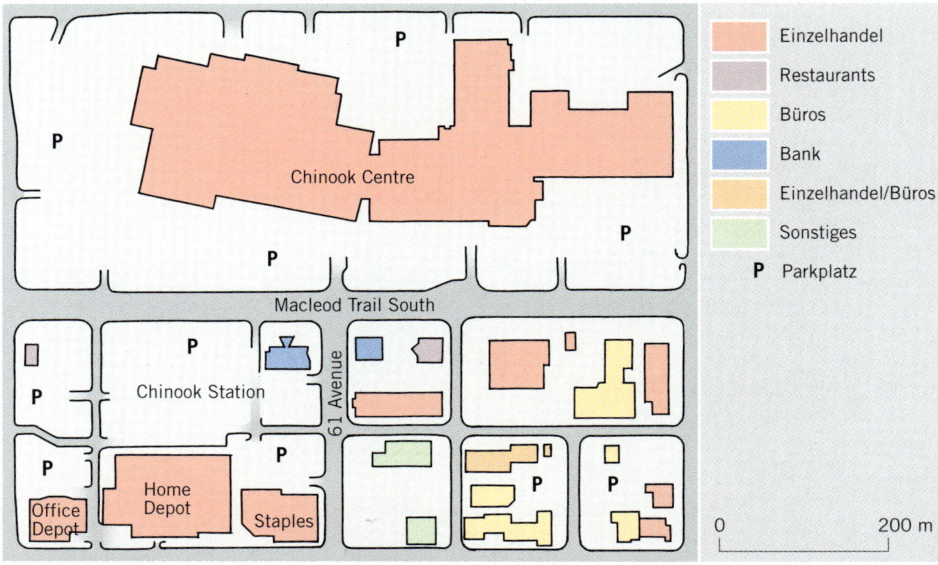

Abb. 49: Einkaufsplätze unterschiedlichen Typs in Calgary, Alberta: *Das 1960 eröffnete Einkaufszentrum Chinook hat 1995 durch gegenüber liegende Discountgeschäfte, einem so genannten Power Centre, Konkurrenz bekommen.*

Freizeiterlebnis wird sehr wirkungsvoll in der West Edmonton Mall geboten, was Besucher aus einem weiten Umkreis der Stadt anzieht.

Wenn in den 1990er-Jahren der Bau größerer Einkaufszentren in Kanada erheblich zurückging, steht dies auch in Zusammenhang mit neuen Betriebsformen (New Format Retailer), die z. T. aus den USA übertragen wurden. Dabei handelt es sich um Anbieter preiswerter Waren in einfach ausgestatteten Verkaufsräumen (Big Boxes). Es können Discount Department Stores mit einem breiten Sortiment oder sog. Category Killers mit speziellen Warenangeboten, z. B. im Bürobereich, sein. Ein Komplex derartiger Einrichtungen wird als Power Centre bezeichnet, was die Überlegenheit gegenüber traditionellen Einkaufszentren zum Ausdruck bringen soll. Ein Beispiel der direkten Konfrontation traditioneller und neuer Einkaufsmöglichkeiten bietet sich in Calgary, wo sich im südlichen Stadtgebiet in guter Verkehrslage bereits 1960 das Chinook Centre als größtes Einkaufszentrum etabliert hat. Es umfasst annähernd 180 Geschäfte und Dienstleistungen, die sich 28 Angebotskategorien teilen. 1995 hat direkt gegenüber ein Power Centre – ebenfalls das größte der Stadt – eröffnet, das in verschiedene „boxes“ aufgeteilt ist. Es bleibt abzuwarten, wie der Konkurrenzkampf ausgeht (Hahn 1997, Abb. 49).

Die aggressive Ausbreitung der neuen Verkaufsstätten lässt erwarten, dass die Struktur des kanadischen Einzelhandels erneut verändert bzw. geteilt wird. Es häufen sich bereits Leerstände, und die Fluktuation von Geschäften nimmt zu. Die traditionellen Einkaufszentren reagieren, indem sie sich ebenfalls zum Billigverkauf entschließen (down grading) oder sich durch exklusive Angebote und ein luxuriöses Ambiente aufwerten (up grading). Eine Folge wäre wohl, dass sich die soziale Schichtung der Gesellschaft künftig auch beim Einkauf stärker zeigt. Eine noch nicht abzusehende Entwicklung könnte sich durch den Einkauf über das Internet (home shopping) ergeben, der allerdings ein „Erlebnis-Shopping“ ausschließt.

Büros und Verwaltungen

Mit der Industrialisierung seit Ende des 19. Jh.s nahmen Dienstleistungen und damit Büroflächen und Büroangestellte schnell zu. In den Städten kam es zur Ausbildung zentraler Geschäftsbereiche (Central Business Districts, CBD), in denen Verwaltungen von Firmen, Handel, Banken und Versicherungen ihren Standort suchten. Vorteile der zentralen Lage und Konzentration waren gute Verkehrsbedingungen und Möglichkeiten für enge Kontakte untereinander. London mit seinen Funktionskernen, wie das Bankenviertel in der City, galt als Vorbild.

Die City blieb bis in die Nachkriegszeit der bei weitem wichtigste Standort von Büroflächen, noch 1961 waren in Toronto hier über 90 % konzentriert. Nur vereinzelt fanden Verlagerungen zu nahe gelegenen Plätzen statt. So zog z. B. in Montreal die Versicherungsgesellschaft Sun Life 1918 in einen Hochhausneubau, wodurch sich hier ein neues Zentrum bildete; ebenfalls sind Umzüge aus den 1920er-Jahren aus Toronto bekannt. Bemerkenswert ist, dass Auslöser für die Standortwechsel offensichtlich Veränderungen in der Organisation der Betriebe waren, die in Verbindung mit einem starken Anstieg der Mitarbeiter und technologischen Erneuerungen, wie z. B. das Telefon, standen (Gad 1983: 50ff.).

Eine ähnliche Situation wiederholt sich seit den 1960er-Jahren. Die Zeit wird durch eine außergewöhnliche Zunahme des Bürosektors bestimmt; in Toronto verdoppelten sich alle zehn Jahre die Büroflächen, und die Zahl der Angestellten, der sog. white collar workers, wächst ständig. Vor allem stieg die Bedeutung der Sektoren Finanzen, Versicherungen und Immobilien, ferner von Zweigen der unternehmensbezogenen Dienstleistungen, wie Wirtschaftsprüfung, Rechts- und Steuerberatung, Werbung u. a., die den Firmen zuarbeiten. Der Aufschwung zeigt sich am Hauptstandort, dem engeren Geschäftsbereich, wo in schneller Folge Hochhäuser oder „Bürotürme" entstanden. Gleichzeitig erhöhten sich hier natürlich auch die Grundstückspreise und Mieten, was eine Verdrängung auslöste.

Weitere Veränderungen beziehen sich auf innerbetriebliche Organisationsformen und neue Technologien. Die Arbeit wird von modernen Kommunikationsmedien bestimmt, Informationen sind überall und jederzeit abrufbar. Damit können Betriebsteile räumlich getrennt und an günstigeren Standorten angesiedelt werden. Diese finden sich im suburbanen Raum, wo Flächen für eine lockere Bebauung in *office parks* zur Verfügung stehen und gute Verkehrsanbindungen gegeben sind. Für viele der Angestellten werden die Anfahrtswege kürzer, und die zeitraubenden Fahrten in die Innenstädte fallen weg. Wesentliche Vorteile sind natürlich die niedrigeren Mieten und Kosten.

Andererseits bieten die Innenstädte die besseren Möglichkeiten für persönliche Kontakte, und sie sind nach wie vor eine Prestigeadresse, die für das Image und die Werbung wichtig ist. So bleiben vielfach Entscheidungsträger und Management großer Firmen und Banken, Versicherungen und Agenturen sowie die Büros von Beratungskanzleien und anderen ausgewählten Dienstleistungen (front offices) im Zentrum. Ebenso haben hier kundenorientierte Einrichtungen, zu denen die öffentliche Verwaltung gehört, ihren Platz. Dagegen werden Abteilungen, in denen eher Routinearbeiten ausgeführt werden, wie Buchungen, Bestellungen, Abrechnungen, Archive u.a.m., sog. back offices, verlagert.

Damit gehen die Anteile von Büroflächen in der City laufend zurück, und es entstehen neue Standorte im Verdichtungsraum (s. Einzelheiten v. a. bei Toronto). Die Umverteilung bewirkt gleichzeitig neue sozialräumliche Muster und Disparitäten. Während in den zentralen Stadtbereichen vor allem hoch qualifizierte und entsprechend dotierte Arbeitsplätze konzentriert sind, werden in den peripher gelegenen Büros mehrheitlich niederrangige Dienstleistungen gefragt. Immer weniger berücksichtigt werden Bewohner der Innenstädte, die nicht für die angebotenen Berufe qualifiziert sind. Die sozial geteilte Stadt wird dadurch weiter ausgeprägt.

Das Stadtzentrum als Standort

Der innerstädtische Bereich, von der Bevölkerung als down town bezeichnet, ist als eine Art Aushängeschild zu sehen, da er zu einem großen Teil das Image der Stadt bestimmt. Für Außenstehende, die eine Stadt aufsuchen, ist dieser Bereich meistens das bevorzugte Ziel; sie erhalten hier ihre Eindrücke, die sie vergleichen und weitergeben. Ihre Wahrnehmung bezieht sich u. a. auf die wirtschaftliche Stärke und Bedeutung der Stadt, auf die Angebote in Kauf-

Bild 52: *Zentraler Geschäftsbereich (CBD) von Toronto; auf engem Raum konzentrieren sich Hochhäuser von Banken, Versicherungen, Firmen, Hotels u. a.*

Quelle: Heike Echterhölter.

häusern, Kultur und Unterhaltung, auf die sozialen Gegensätze der Menschen, ferner können sie an Denkmälern, Gebäuden und Plätzen die Geschichte der Stadt ersehen. Die Vielfältigkeit und das Nebeneinander von Pracht und Armut, von historischen und modernsten Gebäuden und Architekturen gehören sicher zu den bestimmenden und anziehenden Merkmalen der Innenstädte.

Die Abgrenzung zu den nach außen anschließenden älteren Vororten ist fließend. Deutlich zeichnet sich jedoch eine Unterteilung der Innenstädte in einen engeren zentralen Geschäftsbereich, den Central Business District (CBD), und den umgebenden Wohn- und Gewerbering ab. Dieser kann mit der Übergangszone, der zone in transition, die E. W Burgess (1925) in seinem bekannten Stadtmodell beschrieben hat, gleichgesetzt werden. G. A. Nader (1975: 89ff.) bezeichnet die Bereiche als Kern und Rahmen, CBD-Core und CBD-Frame.

Der CBD umfasst nur eine relativ kleine Fläche, die etwa 1 bis 2 % des gesamten Stadtraumes ausmacht, sodass Arbeitsstätten und Geschäfte für Fußgänger erreichbar sind (Bild 52). Gleichzeitig bewirken die hier herrschenden höchsten Bodenpreise eine Ausdehnung in der Vertikalen. In fast allen Großstädten sind in letzter Zeit neue Hochhäuser errichtet worden, die auf engstem Raum stehen und in denen eine große Zahl an Arbeitsplätzen konzentriert ist. Die Ausdehnung der CBDs erfolgt besonders in angrenzende Wohngebiete mit leicht zu erwerbenden größeren Grundstücken und einem besseren Image. Als erstes Stadium einer Umwandlung ziehen gewöhnlich Büros und Praxen in die ehemaligen großen Wohnhäuser ein, was mit einem Anstieg der Bodenpreise verbunden ist.

Eine wesentliche Grundlage für den CBD besteht darin, dass er von allen Seiten und mit möglichst vielen Verkehrsmitteln erreicht werden kann. Nur so sind die großen Ströme von Menschen zu und von ihren Arbeitsplätzen zu lenken. Hinzu kommen Besucher der verschiedensten Einrichtungen, Teilnehmer an Kongressen und Veranstaltungen sowie Touristen.

Die Arbeitsplätze im zentralen Geschäftsbereich gehören ganz überwiegend dem Dienstleistungssektor an. Trotz neuer Standorte im suburbanen Raum sind die Büroflächen in der City erheblich ausgedehnt worden, und die Zahl der Angestellten ist angestiegen. Vor allem sind hochrangige Verwaltungsebenen von Unternehmen, Banken und Versicherungen sowie Beratungsdienste verblieben. Ein Teil der Verwaltungen entfällt auf Behörden sowohl der Städte selbst als auch der Provinzen, deren Regierungen in 9 von 25 Großstädten angesiedelt sind. Die verschiedenen Ministerien und Institutionen befinden sich überwiegend in den Innenstädten, was allgemein historische Ursachen hat, aber auch durch die gute Erreichbarkeit für Arbeitskräfte und Publikum bedingt ist. Die gepflegten Anlagen und Gebäude, sei es in historischen Formen oder modernen Architekturen, wie das Rathaus von Toronto, zeigen, dass die kommunalen und übergeordneten Regierungen bestrebt sind, sich vorbildlich darzustellen. In manchen Städten, wie z. B. in Edmonton, sind verschiedene Dienststellen der Stadtverwaltung großzügig um einen Platz neu erbaut und als Civic Centre errichtet worden. Besonders auffallend sind die Regierungsstellen in der Bundeshauptstadt Ottawa, wo sich die historischen Parlamentsgebäude und moderne Hochhäuser einzelner Ministerien ebenfalls im Innenstadtbereich befinden.

Zu neuer Bedeutung ist der Einzelhandel in den Innenstädten gelangt. Er hat sich zu einem Teil in Einkaufszentren angesiedelt, die an zentralen Stellen liegen und vielfach mit anderen Gebäuden verbunden sind. Die meistens aufwendig gestalteten Shopping Malls haben sich schnell als attraktiv erwiesen und tragen sehr zur Belebung der Innenstädte bei.

Nicht besonders haben sich dagegen Fußgängerstraßen durchgesetzt, wie sie aus vielen europäischen Städten bekannt sind. Obwohl schon 1960 in Ottawa ein Beispiel entstand, das sich durch Einrichtungen für Einkauf und Erholung dort gut bewährt hat, ist es nur wenig nachgeahmt worden.

Eine Aufwertung der Stadtzentren ist ferner durch zahlreiche Hotels erfolgt, die vermehrt seit den 1960er-Jahren erbaut wurden. Sie sind Beweis für einen zunehmenden Stadttourismus, wobei die Mehrzahl der Gäste zu den überaus zahlreichen Tagungen, Konferenzen und Messen kommt. Die Besucher bevorzugen meistens die Innenstadt, da sie hier die vielfältigen Möglichkeiten des Einkaufs und der Unterhaltung haben. Hierbei wirkt sich die kulturelle Funktion aus, die in letzter Zeit in vielen kanadischen Großstädten sehr durch die Eröffnung von Theatern, Konzertsälen, Museen, Galerien usw. gefördert wurde. Häufig sind die Angebote in Komplexen zusammengefaßt, wie im Place d'Arts in Montreal oder dem National Arts Centre in Ottawa. Hinzu kommen Universitäten und andere Forschungs- und Bildungseinrichtungen mit ihren Instituten und Bibliotheken, von denen die älteren meistens in den Innenstädten liegen.

Eine starke Anziehungskraft auf Besucher und Touristen üben historische Gebäude, Plätze und Märkte aus, die seit den 1960er-Jahren in vielen Städten restauriert werden. So haben Quebec City und Montreal ihre historischen Kerne wiederhergestellt und in Programme für Touristen einbezogen. Ähnliche Maßnahmen sind aus Victoria und Vancouver, wo der ursprüngliche Stadtkern zum historischern Bereich erklärt wurde, bekannt. In diesen und anderen Städten, wie z. B. in Halifax und Toronto, wurden ferner ausgediente Lagergebäude in den Häfen als Restaurants, Geschäfte, Museen und dgl. eingerichtet. Damit will man erreichen, dass die Stadtzentren auch nach Arbeitsschluss nicht veröden, sondern mit städtischem Leben erfüllt werden. Wie die Beispiele zeigen werden, ist das in vielen kanadischen Städten gelungen.

Der zentrale Geschäftsbereich wird von dem innerstädtischen Wohn- und Gewerbering umgeben. Dieser hebt sich sowohl von den Funktionen als auch physiognomisch ab. Die Gebäude sind niedriger und älter, und manche Viertel hinterlassen einen eher verwahrlosten Eindruck. Die Bodenpreise fallen krass ab, und es bestehen freie Flächen, die früher Wohngebiete waren oder als Lagerplätze und von der Industrie genutzt wurden. In vielen Fällen werden sie wohl aus Gründen der Spekulation offen gehalten bzw. vorerst als Parkplätze eingerichtet. Ihre Eigentümer hoffen, dass sich der Geschäftsbereich in diese Richtung ausdehnt und die Grundstückspreise ansteigen. Eine gewisse Unsicherheit und ein abwartendes Verhalten sind typisch für die Eigentümer dieses Bereichs im „Schatten" des überragenden CBD. Nicht zuletzt darauf gehen die großen Unterschiede zwischen beiden Teilen der Innenstadt zurück.

Die Hauptfunktion im citynahen Umland ist das Wohnen. Ausgedehnte Wohnbereiche stammen aus der Zeit der Industrialisierung vor dem Ersten Weltkrieg, der sog. Gründerzeit. Neben 3- bis 4-stöckigen Mietshäusern (walk up buildings) sind es Doppel- oder Reihenhäuser, die heute oft baufällig und heruntergekommen sind (Bild 53). In ihnen wohnten Generationen von Einwanderern aus den verschiedensten Ländern, heute sind es oft Menschen, die von Sozialunterstützung leben; Alkoholmissbrauch und Kriminalität gehören zu den negativen Merkmalen.

Andererseits trifft man auf Wohngebiete, die seit Ende des vorigen Jh.s von der sozialen Oberschicht gegründet und bewohnt werden. Sie bestehen aus englischen Landhäusern, die in einem parkähnlichen Umfeld mit ruhigen Straßen liegen. Beispiele solcher Eliteviertel sind Rosedale in Toronto, Westmount in Montreal oder Shaugnessy in Vancouver. Bemerkenswert ist, dass die Standorte seit ihrer Gründung bestehen blieben und nicht, wie in vielen anderen Städten, sukzessive an die Peripherie verdrängt wurden.

Eine Umgestaltung älterer Wohnbereiche erfolgt seit den 1960er-Jahren durch eine Aufwertung (Gentrifikation). Dabei werden Häuser oder Wohnungen zusammengelegt, total saniert und modern ausgestattet. Die Umgestaltung kann sich über Straßenzüge oder Nachbarschaften erstrecken; diese werden damit aufgewertet und ziehen besser gestellte Sozialschichten an. Oft sind es Kleinfamilien oder Einzelstehende mit höheren Einkommen (young urban professionals, sog. Yuppies), nach deren Bedürfnissen sich auch die Infrastruktur, Geschäfte, Restaurants u. a. ausrichtet. Die Aufwertung ist in jedem Falle mit einer Verdrängung der früheren Bewohner verbunden; ihre Unterbringung erscheint proble-

Bild 53: *Ältere Wohnhäuser in der Innenstadt von Toronto (Kensington), Quartiere von Einwanderern aus verschiedenen Ländern.*

matisch und ist häufig nur schwer zu lösen (Ley 1992 u. 1996; Helbrecht 1996a).

Zu den Altbaubeständen in den Innenstädten kommen Neubauviertel, die eine große Vielfalt aufweisen. Moderne Stadtvillen als Einzel- oder Reihenhäuser wie auch mehrgeschossige Hochhäuser sind verbreitet. Diese können einzeln in Grünanlagen stehen oder sich zu kompakten Wohnsiedlungen verdichten, wie z. B. St. James Town in Toronto. Ihre Lage ist oft sehr attraktiv, etwa über dem Flusstal des North Saskatchewan in Edmonton oder am Meer in Vancouvers West End. Wichtig ist ihre Nähe zum CBD, wo die meisten Bewohner ihren Arbeitsplatz haben. Wohnungen können gemietet oder als Eigentum erworben werden (Condominium). Sie werden in verschiedenen Formen angeboten, im sozialen Wohnungsbau, über Kooperativen, d. h. in genossenschaftlicher Verwaltung stehend, oder von privaten Bauträgern in Partnerschaft mit den Kommunen (public private partnership).

In sozialer Sicht will man in den Städten eine Konzentration armer und von Unterstützung lebender Bevölkerungsgruppen vermeiden. Es wird vor allem eine breite Mittelschicht gewünscht, Arbeiter und Angestellte in Gewerbe, Verwaltungen und den Dienstleistungsbetrieben der Innenstädte. Dazu gehören zahlreiche Ein- oder Zwei-Personen-Haushalte, deren rasche Zunahme einen erhöhten Wohnungsbedarf ausgelöst hat. Die Bewohner finden in vielen Wohnhochhäusern Einrichtungen, wie Schwimmhalle, Sauna, Fitness-Studio usw., die ihrem Lebensstil entsprechen.

Zur Vielfalt und Lebendigkeit der Innenstädte tragen nicht zuletzt auch die zahlreichen ethnischen Gruppen bei, die überwiegend in die Städte ziehen. Die ältesten ethnischen Viertel sind die Chinatowns, die mit ihren Geschäften und Restaurants schon immer Anziehungspunkte waren. Sie sind besonders in Vancouver und Toronto ausgebildet, in kleinerer Formen finden sie sich aber auch in anderen Städten. Auch europäische Gruppen prägen mit ihren speziellen Angeboten bestimmte Straßenzüge. Bekannt sind die Konzentrationen italienischer Einwanderer (*Little Italy*); die Viertel der Deutschen haben sich weitgehend aufgelöst. Vereinzelt haben sich Märkte mit Kleinhandel gebildet, auf denen sich das ethnische Umfeld widerspiegelt. Hier sind ebenfalls Einwanderer aus asiatischen und afrikanischen Ländern mit ihren Ständen vertreten. Kensington Market in Toronto ist ein viel besuchtes Beispiel.

Zu der vielfältigen Struktur der Innenstädte gehören schließlich auch Gewerbestandorte von Mittel- und Kleinbetrieben der Leicht- und Konsumgüterindustrie. Auf den Arealen befinden sich vereinzelt noch Lagerhäuser des Großhandels. Allerdings sind viele der alten Gebäude abgerissen bzw. für neue Funktionen umgestaltet worden.

Die einstige Verkehrsbedeutung der Eisenbahn ist oft noch an großen und reich ausgestatteten Bahnhöfen zu ersehen. In vielen Fällen sind sie allerdings verlegt worden oder haben – wie in Ottawa – neue Funktionen erhalten. Der Personenverkehr geht dagegen größtenteils von Bus-Terminals aus, deren Standort verkehrsgünstig in den Städten liegt.

Die suburbane Zone

Die suburbane Zone ist Ausdruck einer Wohnqualität, die von vielen Bürgern bevorzugt wird. Ein Grundstück mit Eigenheim und Garten, ruhige Straßen, Versorgungsmöglichkeiten und Arbeitsplatz in leicht erreichbarer Nähe sind Ideale, die das Streben nach Individualität (privacy) und Besitz (property) verbinden. Auch ist der Wohnplatz geeignet, um Kinder naturverbunden aufwachsen zu lassen (Bild 54).

Die Ausbreitung der Städte und das Wachstum von Suburbs begannen Ende des 19. Jh.s, wobei als wichtiger Verkehrsträger die Straßenbahn galt. Allerdings bildeten sich zunächst nur begrenzte Kolonien der sozialen Oberschicht, und erst als sich das Auto durchzusetzen begann und auch in den 1930er-Jahren finanzielle Förderungen gewährt wurden, konnten sich weiträumige Wohngebiete ausbreiten.

Eine wichtige Rolle beim Aufbau spielen Firmen (developer), die den Vorgang vom Ankauf des Landes bis zum Verkauf der fertigen Häuser bestimmen und erheblichen Einfluss auf die Gestaltung der Wohngebiete haben. So ist z. B. der Verlauf der Straßen unterschiedlich, er kann streng an das Schachbrettmuster angepasst sein, oder die Straßen sind gekrümmt, sie folgen topogra-

Bild 54: *Neu angelegte Wohnstraße in der Suburbanen Zone, Einzelhäuser mit Gärten.*

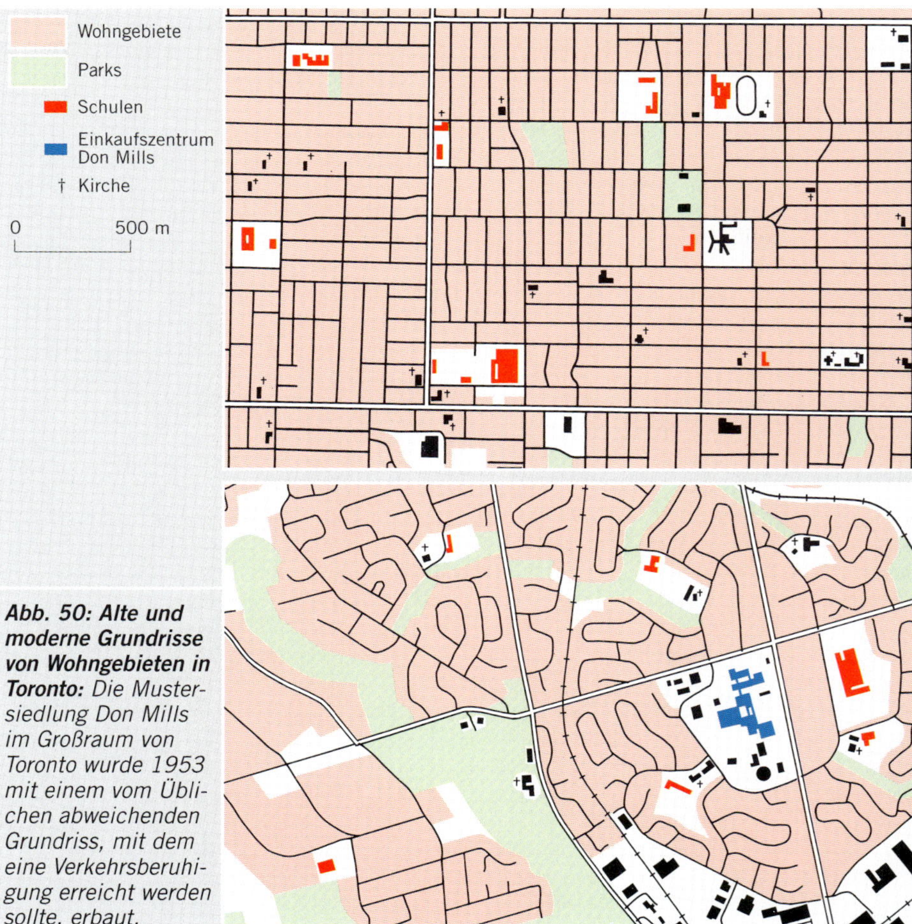

Abb. 50: Alte und moderne Grundrisse von Wohngebieten in Toronto: *Die Mustersiedlung Don Mills im Großraum von Toronto wurde 1953 mit einem vom Üblichen abweichenden Grundriss, mit dem eine Verkehrsberuhigung erreicht werden sollte, erbaut.*

Quelle: Topographische Karte 1:25 000, Blatt East Toronto (30m/11f, c).

phischen Abweichungen und münden in kleinen Plätzen und Rondellen (Abb. 50). Eine solche Gestaltung wirkt beruhigend auf den Verkehr und bringt Abwechslung in den allgemein monotonen Grundriss. Unterschiedlich sind ferner Schnitt und Größe der Grundstücke. In Zeiten eines schnellen Wachstums galt als bevorzugte Größe ein Rechteck von etwa 18 × 36 m, das sich von der Straße bis zu einem schmalen Weg erstreckt. Dieser ist für die Müllabfuhr, und an ihm haben auch die gegenüberliegenden Grundstücke Anteil. Die zu diesen genormten Parzellen gehörenden Häuser sind gewöhnlich nur in wenigen Typen angelegt und von einfacher Bauart. Größere Grundstücke, verschiedenartige Haustypen, wie auch mehrere Garagen, Schwimmbäder, Tennisplätze u. a., zeigen an, dass hier Bewohner mit höheren Einkommen leben. Die soziale Segregation ist in den Suburbs sehr ausgeprägt. Da Grundstück und Haus als Statussymbole gelten, wird mit einem sozialen Aufstieg oftmals auch der Wohnstandort gewechselt.

Seit den 1960er-Jahren sind in den Außenvierteln der Städte vielfach Komplexe von Apartmenthäusern errichtet worden, von denen die weiten Flächen mit Einzelhausbebauung unterbrochen werden. Sie liegen gewöhnlich an verkehrsmäßig günstigen Standorten, z. B. an Schnellstraßen oder Stationen der U-Bahn. Die Komplexe mit zum Teil über 20 Stockwerken hohen Häusern werden von Bürgern bewohnt, die eine Lage im Suburb bevorzugen, sich aber ein Einzelhaus nicht leisten können oder es nicht wollen. Sie sehen für sich wirtschaftliche Vorteile und schätzen Hochhäuser mit Gemeinschaftseinrichtungen für die Freizeit. Eine große Verbreitung haben solche suburbanen Apartmentblocks im Großraum von Toronto, wo man die zwischen 8 und 13 km vom Stadtrand entfernte Zone als *apartment belt* bezeichnet hat. Mit dieser Wohnweise auf engerem Raum ist die Bevölkerungsdichte in den Suburbs angestiegen, und es war möglich und rentabler, sie durch öffentliche Verkehrsmittel besser an die Innenstadt anzuschließen.

Die Versorgung der Bevölkerung in den Suburbs erfolgt durch Einkaufszentren, die seit den 1950er-Jahren in allen größeren Städten Kanadas entstanden sind. Ebenfalls in geschlossenen Arealen, den Industrieparks, sind hauptsächlich Betriebe der Leicht- und Konsumgüterindustrie, Elektrotechnik, Apparatebau usw. zusammengefasst. Hinzu kommen Standorte von Büros und Dienstleistungsunternehmen, die zum Teil aus der Innenstadt verlagert wurden. Sie bieten nahe gelegene Arbeitsplätze und tragen dazu bei, dass der Verkehr zwischen Innenstadt und Außenviertel vermindert wird.

Legt man die zeitliche und räumliche Entwicklung zugrunde, kann der Außenbereich in zwei Zonen unterteilt werden:

1) In eine innere Zone, *Suburban*, die sich an die Innenstadt anschließt. In ihr ist die Bebauung weitgehend abgeschlossen, alle Versorgungseinrichtungen sind vorhanden. Dies kommt dadurch zum Ausdruck, dass sich die Anzahl der Bevölkerung in den letzten Jahren kaum noch verändert hat, wie es die Vororte im Großraum von Toronto belegen.
2) Einen weitaus größeren Raum nimmt eine äußere Zone ein, die als *Exurban* bezeichnet wird. Hier vollzieht sich das flächenmäßige Wachstum der Stadt (urban sprawl), und entsprechend nimmt die Bevölkerung am stärksten zu. Aus der Lage zwischen den bebauten Suburbs und dem offenen ländlichen Raum ergeben sich typische Kennzeichen: freie Landflächen, die teils landwirtschaftlich genutzt werden oder brachliegen, wechseln mit Arealen, die im Aufbau begriffen sind oder bereits bewohnt werden. So bietet die Stadtrandzone meistens ein unfertiges Erscheinungsbild, das durch die beteiligten Bauunternehmen bestimmt wird.

Eine etwas abweichende Wohnform, die ihre Vorbilder in den Südstaaten der USA hat, sind die sog. Walled oder Gated Communities (Bild 55). Ihre meist vermögenden Bewohner der Ober- und Mittelschichten möchten hier in Segregation und Sicherheit leben. Entsprechend sind Häuser und Einrichtungen umzäunt und werden kontrolliert. Noch finden sich derartige Wohngebiete in kanadischen Städten relativ selten. Ein Beispiel ist die 90 000 Einwohner große Stadt Kelowna in Britisch-Kolumbien, wo sich im attraktiven Okanagon-Tal besonders ältere Menschen angesiedelt

Bild 55: *Eingangsbereich der „Gated Community" Glenmore in Kelowna, Britisch-Kolumbien.*

Quelle: Hiltrud Weddeling.

haben. Allerdings sind die Anlagen in der Stadt umstritten (Momer 1998; Stadel & Prock 2000).

Eine viel versprechende Entwicklung, die in den 1950er-Jahren begann, ist die Anlage der sog. *New Towns*, die als „Lösung des unkontrollierten Auswucherns der Städte" angesehen wird (Wolforth & Leigh 1973: 122). New Towns sind vor allem aus England bekannt, wo sie seit langem im Umkreis von London und anderen Großstädten bestehen. Sie vereinen Wohn- und Arbeitsmöglichkeiten und sind mit dem Gedanken der Gartenstadt, den Ebenezer Howard um die Jahrhundertwende propagierte, verbunden.

Die Erfahrungen in England haben 1953 zur Anlage von Don Mills geführt, das unweit nördlich der City von Toronto liegt und heute ein Suburb innerhalb des Großraumes ist (Abb. 50).

Don Mills war ein wichtiges Experiment. Ein neuer Grundriss, der verkehrsberuhigend wirkt und den Durchgangsverkehr weitgehend ausschließt, eine klare funktionale Raumaufteilung mit einem Zentrum sowie die soziale und kommunale Gemeinschaft wurden bestimmend. Mit diesen Grundsätzen hatte die Anlage großen Einfluss auf weitere Planungen in kanadischen Städten. In weiterer Folge wurden danach im Westen Torontos Bramalea, Erin Mills und Meadowvale gegründet, und westlich von Ottawa entstand in den 1960er-Jahren die Stadt Kanata. Die Gründungen haben gemeinsam, dass sie auf privater Initiative beruhen und auch unter privater Leitung geplant und eingerichtet wurden. Obwohl Handel und Industrie integriert wurden, reichten die Arbeitsplätze nicht aus, jedoch ermöglichte die günstige Lage ein Pendeln zur Stadt. Nicht erreicht werden konnte, dass die Bevölkerung sozial ausgeglichen ist, denn es waren vor allem gut verdienende Bürger, die sich um Grundstücke bewarben.

Eine weitere Gründungsphase von New Towns liegt in den 1970er-Jahren, wofür die Provinzregierungen von Alberta und Ontario sowie die Bundesregierung mit einem besonderen Programm (1973) Initiativen einbrachten. Als erste New Town in Alberta wurde Mill Woods am Rande von Edmonton seit 1972 mit vorgesehenen 120 000 Einwohnern errichtet, in Ontario entstanden 1972/73 Saltfleet, südöstlich von Hamilton, mit einer projektierten Bevölkerung von 70 000, North Pickering bei Toronto und Carlsbad Springs südöstlich von Ottawa. Eine Zusammenarbeit der politischen Ebenen von Bund, Provinz und Gemeinde wird besonders bei der langfristigen Entwicklung von Carlsbad Springs bei Ottawa praktiziert.

Es dürfte sich erwiesen haben, dass die Mitwirkung der öffentlichen Hand bei den New Towns Vorzüge hat, besonders um Familien mit geringeren Einkommen zu unterstützen und damit eine stärkere soziale Mischung der Bewohner zu erreichen.

Europäische und US-amerikanische Einflüsse auf die kanadische Stadt

Bei der Behandlung nordamerikanischer Städte werden häufig US-amerikanische Entwicklungen verallgemeinert und auf Kanada übertragen. Zwar haben die Städte beider Länder in vielerlei Hinsicht Gemeinsamkeiten, doch bestehen auch gravierende Unterschiede, die in der Literatur vielfach aufgezeigt wurden (Simmons 1974; Goldberg & Mercer 1986; Mercer 1991; Helbrecht 1996b).

Die Ähnlichkeiten beziehen sich vor allem auf das Bild der Städte. Dazu gehört der Grundriss in Form eines Gitternetzes (grid pattern), das die Stadträume ebenso überzieht wie die quadratischen Sektionen das Land. Abweichungen bestehen in manchen französisch beeinflussten Städten oder Stadtteilen, wo sich die frühere Hufeneinteilung widerspiegelt. Auch im Aufriss, der Stadtsilhouette, gleichen sich die Bilder, wenn auch US-amerikanische Großstädte kompakter sind. Der zentrale Geschäftsbereich im Kern (CBD) wird von dicht stehenden Hochhäusern beherrscht, deren Vertikale an einer relativ scharfen Grenze zu den Wohngebieten der Innenstädte abfällt. Ähnlich sind ferner die Wohnbereiche mit Einzelhäusern und Gärten in den weiten suburbanen Zonen, wobei allerdings die Bevölkerungsdichte in kanadischen Städten durch eingeschlossene Hochhauskomplexe höher ist.

Zu den weiteren Gemeinsamkeiten der Städte beider Länder gehören die relativ späten Gründungen, die erst im 17. Jh. an der Ostküste einsetzten, sowie die Zeit als Kolonialstädte des englischen Mutterlandes. Für die Gestaltung der Städte sind die zunächst aus Europa kommenden Einwanderer mit ihren Erfahrungen wichtig, die sie beim Aufbau einsetzten. Später kommen Einwanderer aus anderen Kontinenten hinzu. Besonders die Industriestädte im Nordosten der USA erhielten seit Beginn des 20. Jh.s eine starke Zuwanderung der Afroamerikaner aus dem Südosten des Landes, die Arbeit suchten. Eine Migration über die kanadische Grenze fand dagegen kaum statt, zumal hier die Industrieentwicklung erst begann.

Aus der Konzentration der Schwarzen wie auch von Puertorikanern und Hispanics erwuchsen in den Städten der USA ausgedehnte Minoritäten-Ghettos mit armen Bevölkerungsschichten, in denen sich eine verhängnisvolle „negative Eigendynamik" entwickelte (Schneider-Sliwa 1996). Sie sind Zeichen einer Segregation, d. h. einer räumlichen Aufteilung von ethnischen und sozialen Bevölkerungsgruppen. Auch in kanadischen Städten sind ethnische Enklaven und Armutsviertel bekannt, wie etwa die Downtown Eastside in Vancouver. Doch greifen Staat und Stadt in unterschiedlicher Weise ein, um ein drastisches Abgleiten des Wohngebietes und seiner Bewohner zu verhindern. Sozialer Wohnungsbau, Betreuung der Menschen und die Finanzierung von Initiativen zur Selbsthilfe sind z. B. Maßnahmen in Vancouver. Das Eingreifen staatlicher Behörden und die soziale Fürsorge gegenüber den Armen haben krasse sozio-ökonomische Disparitäten in den kanadischen Innenstädten abgeschwächt und aggressive Konflikte bisher weitgehend verhindert. Die Kriminalitätsraten bleiben weit unter denen in den USA. Außerdem wird mit einer gezielten Beschäftigungspolitik dazu beigetragen, Arbeitsplätze in staatlichen und städtischen Betrieben zu schaffen, um damit mittlere Einkommensgruppen in den Innenstädten zu stärken.

Die kanadische Politik ist nach europäischem Vorbild mehr auf die Innenstadt zentriert; besonders hervorgehoben wird die *city culture* für die franko-kanadische Stadt (Hecht 1977). Dagegen hat sich in den USA ein polyzentrisches Muster mit Außenzentren ausgebildet (Holzner 1996). Zwar breiten sich auch kanadische Städte schnell in das Umland aus, doch haben sie bei weitem nicht die Dimension wie im Nachbarland erreicht und es sind auch noch nicht in dem Maße selbstständige Außenzentren (edge cities) entstanden.

Die abweichenden Entwicklungen sind zu einem großen Teil auf unterschiedliche Planungstraditionen und Wertvorstellungen zurückzuführen. Während die städtebauliche Planung in den USA stark von wirtschaftlichen Interessen geprägt ist und staatliche Interventionen als unamerikanisch gelten und wenn möglich vermieden werden (Schneider-Sliwa 1995: 427), hat sich in Kanada eine stärkere Regierungsbeteiligung an der Stadtgestaltung durchgesetzt. Wenn auch der Anteil des sozialen Wohnungsbaus stark eingeschränkt wurde, haben sich Zentralregierung, Provinzen und Kommunen gleichermaßen an der Revitalisierung der Innenstädte beteiligt, nicht zuletzt auch, um private Investitionen anzuziehen.

Großen Anteil an der Stadterneuerung und -planung haben ferner Bürgerbewegungen (urban citizen movements) genommen. Sie entstanden beim Protest gegen übertriebene Flächensanierungen in den 1960er-Jahren, die sie erfolgreich stoppen konnten. Später setzten sie sich ebenso wirkungsvoll gegen die wachsenden Umweltschäden ein. Mit der Bürgerbeteiligung erhielten Planung und Aufbau überschaubarer Bereiche (neighborhood-level planning) eine verstärkte Bedeutung.

Schließlich dürften auch zeitlich früher ablaufende Entwicklungen in den USA dazu geführt haben, negative Einflüsse rechtzeitig zu erkennen und gegenzusteuern. So zeigte sich in amerikanischen Städten schon früh ein Niedergang ihrer Kernbereiche, und der Verfall von Geschäften und Wohnungen in den Ghettos wurde offenbar (blight). Auslöser war die Abwanderung in die Außenbereiche und die dortige Einrichtung von Arbeitsplätzen. Hier wurde die Ansiedlung unterstützt von einem System radialer und ringförmiger Expressways, die bis in die Innenstädte führen. Los Angeles bot ein besonders abschreckendes Beispiel. In Kanada konnte man mit dem Ausbau eines öffentlichen Verkehrssystems einer „autogerechten" Stadt entgegenwirken und weitgehend verhindern, dass die Innenstädte durch Autobahnen zerschnitten werden. Ebenfalls sollte es gelingen, die Ausbreitung der Stadtrandzone (sprawl) in Grenzen zu halten, zumal hier kaum eine fiskalische Fragmentierung mit starken politischen Gemeinden wie in den USA besteht.

Es zeigt sich, „dass kanadische Städte eine Einheit eigener Art sind zwischen europäischen und amerikanischen Vorbildern" (Helmbrecht 1996b: 241). Diese Stellung könnten sie auch künftig mit einer ausgewogenen und von allen getragenen Städtepolitik behalten.

Die Dominanz der Metropolen

Bei den Metropolen (Census Metropolitan Areas, CMA oder MA) handelt es sich um Bevölkerungskonzentrationen mit Einwohnerzahlen von über 100 000, die sich über eine größere Fläche ausdehnen und deren Teile eng mit der Kernstadt in Verbindung stehen. Gewöhnlich haben sie ein einziges Zentrum, können aber auch als Doppelstadt ausgewiesen sein.

Die Bedeutung der heute insgesamt 25 städtischen Verdichtungsräume geht daraus hervor, dass sie 82 % der Stadtbevölkerung und knapp 62 % der Gesamtbevölkerung Kanadas einnehmen. In der Bevölkerungsentwicklung zeigen sich die bereits bekannten Tendenzen: Nach einem stürmischen Wachstum in den 1950er- und 1960er-Jahren gingen die Raten deutlich zurück. Regional weisen vor allem Vancouver und Calgary die höchsten Wachstumsraten auf. Von den ostkanadischen Metropolen sind es die Industriestädte Oshawa, Kitchener, aber auch die Millionenstädte Toronto und Ottawa-Hull, während Montreal auffallend im jährlichen Wachstum zurückgefallen ist (Tab. 43).

Die Dominanz in der Bevölkerungszahl wird ergänzt durch die Bedeutung für die Wirtschaft. Es wurde schon früher darauf hingewiesen, dass die Städte wichtige Ansatzpunkte für die verarbeitende Industrie waren und dass sich hier Zweige der Rohstoffveredelung und vor allem auch der Fertigung hochwertiger Endprodukte niederließen. So liegt der Anteil der Großstädte an der industriellen Wertschöpfung weit über zwei Drittel, wobei besonders Toronto und Montreal eine überragende Stellung einnehmen, mit großem Abstand gefolgt von Vancouver. Gleichzeitig mit dem industriellen Wachstum sind die Großstädte Zentren des tertiären Wirtschafts- und Berufssektors geworden. Mit ihren vielfältigen Branchen bestimmen Dienstleistungen seit langem die wirtschaftlichen Funktionen in den meisten Metropolen, nur wenige, wie z. B. Oshawa oder Hamilton, sind stärker auf eine industrielle Produktion ausgerichtet.

Ballungsräume[1]	Einwohner (1000)		Wachstumsrate jährl. (%)
	1988	1996	
Toronto (Ont.)	3813,2	4444,7	1,9
Montreal (Que.)	3112,3	3359,0	1,0
Vancouver (B. C.)	1524,9	1891,4	2,7
Ottawa-Hull (Ont./Que.)	884,0	1030,5	1,9
Edmonton (Alta.)	808,7	891,5	1,2
Calgary (Alta.)	711,4	851,6	2,3
Quebec (Que.)	633,6	697,6	1,2
Winnipeg (Man.)	651,9	676,7	0,5
Hamilton (Ont.)	597,3	650,4	1,1
London (Ont.)	369,7	416,1	1,5
Kitchener (Ont.)	341,4	403,3	2,1
St. Catharines-Niagara (Ont.)	361,3	389,7	1,0
Halifax (N. S.)	312,1	346,8	1,3
Victoria (B. C.)	277,5	313,4	1,5
Windsor (Ont.)	266,1	291,7	1,2
Oshawa (Ont.)	228,6	280,9	2,6
Saskatoon (Sask.)	212,0	222,1	0,6
Regina (Sask.)	195,2	199,2	0,3
St. John's (Nfdl.)	167,8	177,8	0,7
Chicoutimi-Jonquière (Que.)	161,9	166,6	0,4
Sudbury (Ont.)	154,4	166,2	0,9
Sherbrooke (Que.)	137,7	150,0	1,1
Trois-Rivières (Que.)	135,0	143,6	0,8
Saint John (N. B.)	125,6	129,1	0,3
Thunder Bay (Ont.)	127,1	131,3	0,4

[1] Daten gemäß „Census Metropolitan Areas": Stichtag der Zählungen ist jeweils der 1. Juli.

Quelle: Canada Yearbook 1999: 3.10.

Tab. 43: Bevölkerungswachstum der Ballungsräume

Von den 25 Metropolitan Areas wird im Folgenden eine Auswahl näher dargestellt. Neben der Landeshauptstadt Ottawa sind es 12 weitere MAs, die unter verschiedenen Gesichtspunkten verglichen und gewertet werden.

Ottawa: Landeshauptstadt in der Erneuerung

Die Entwicklung Ottawas beruht vor allem auf einer günstigen Lage im Tal des gleichnamigen Flusses. Dieser führt von dem Raum nördlich der Großen Seen bis zum St. Lorenz und verband die Handelsstädte Neufrankreichs mit einem an Pelztieren und Holzbeständen überaus reichen Hinterland. Über weitere Fluss-Systeme und Seen sind Verbindungen zu den Großen Seen und weiter zum Mississippi, zur Hudson Bay im Norden und zum Westen möglich. Von Norden und Süden münden im Bereich der heutigen Stadt die Flüsse Gatineau und Rideau, die das Umland in diese Richtungen erschließen. Wegen der Wasserfälle musste die Schifffahrt hier unterbrochen und der Fluss umgangen werden. Diese Gegebenheiten machten das Tal des Ottawa seit langem zu einem Handelsweg der Indianer. Seit der Entdeckung durch Samuel de Champlain und Étienne Brûlé

(1610/13) folgten die Europäer dieser Route für den Pelzhandel. Der Ansatz für eine Siedlung namens Hull am Nordufer gründete sich allerdings auf den Holzreichtum. Die Nutzung begann 1806, als eine erste Ladung von Stämmen in das englische Mutterland exportiert wurde. Seitdem ist die Holzindustrie für den Raum ein wichtiger Wirtschaftsfaktor geblieben.

Die Besiedlung des heutigen Stadtgebietes von Ottawa, am Südufer des Flusses, geht auf den Bau des Rideau-Kanals zwischen 1826 und 1832 zurück. Er führt über 200 km von Ottawa bis Kingston und stellt in größerem Rahmen eine Verbindung zwischen dem Ozeanhafen Montreal und dem Ontario-See her, die den unmittelbar an die USA grenzenden Abschnitt des St. Lorenz umgeht. Seit dem Krieg mit den Amerikanern von 1812 fühlte man sich in der englischen Kolonie bedroht und wollte den Kanal als strategisch wichtigen Transportweg für die Verteidigung. Schon am Ottawa-Fluss musste die 11 m hohe Stufe der Rideau-Fälle umgangen und ein Höhenunterschied von 24 m in 8 Schleusen überwunden werden. Die Schleusentreppe unweit der Parliament Hills zeugt noch heute von den großartigen technischen Leistungen der Ingenieure (Legget 1955).

In unmittelbarer Nähe dieser Anlage legte man zwei Siedlungsplätze, Lower und Upper Town, an, die nach dem Chefingenieur John By den Namen Bytown erhielten. Der Ort entwickelte sich besonders durch die Holzwirtschaft im Umland, die durch Lieferungen in die USA sehr gestärkt wurde. Es entstanden Sägewerke, von denen die Wasserkraft des Flusses an den Stromschnellen genutzt wurde. Der Rideau-Kanal diente als Transportweg, bis er in den 1850er-Jahren durch einen Bahnanschluss abgelöst wurde. Die Stadt, 1855 in Ottawa umbenannt, hatte in dieser Zeit schon fast 10 000 Einwohner. Der deutsche Reisende J. G. Kohl sah die „junge Siedlung“ 1854 von einem „Meer von Urwald“ umgeben, der bis in die Straßen hineinreichte (Kohl 1856: 216).

Die weitere Entwicklung Ottawas wurde durch politische Entscheidungen bestimmt. Nach dem Zusammenschluss von Ober- und Unterkanada, 1841, hatten für die Provinz Kanada abwechselnd Kingston (1841–1844), Montreal (1844–1849), Toronto (1849–1851 u. 1855–1859) und Quebec City (1851–1855 u. 1859–1865) als Hauptstädte fungiert. Die bevorstehende Gründung des Dominion of Canada, die dann 1867 erfolgte, ließ in den 1850er-Jahren die Frage der Landeshauptstadt aktuell werden. Es stellte sich jedoch als unmöglich heraus, die Konflikte zu lösen und sich über einen permanenten Sitz der Regierung zu einigen. Der regionale und kulturelle Dualismus zwischen dem französisch orientierten Quebec und dem anglophonen Ontario erwies sich als zu stark. So überließ man die endgültige Entscheidung über die Hauptstadt Kanadas der englischen Königin Victoria, wobei in Memoranden auf alle in Frage kommenden Städte einschließlich Ottawas hingewiesen wurde. Das Urteil fiel 1855 zugunsten von Ottawa, da hier größere Vorteile als in jeder anderen Stadt gesehen wurden: „... the City of Ottawa combines greater advantages than any other place in Canada ...“ (Knight 1991: 263). Die Vorteile sind in erster Linie in der Lage der Stadt begründet, wobei am wichtigsten wohl der Standort an der Grenze der rivalisierenden Kulturräume war. Zwar liegt Ottawa auf dem Boden Ontarios, doch ist Hull in Quebec schon über eine Brücke zu erreichen. Die Bevölkerung gehört der englischen und französischen Gruppe an, und es sind beide Sprachen verbreitet. Hinzu kam, dass Ottawa etwa in der Mitte zwischen den Mitbewerbern und Hauptkontrahenten Toronto und Quebec City liegt und auch in strategisch günstigerer Entfernung zu den USA. Gleich nach der königlichen Entscheidung wurde mit dem Bau der Parlamentsgebäude begonnen, und 1865 zogen Regierung und Verwaltungen ein. Zwei Jahre später war Ottawa die Hauptstadt des Dominion of Canada.

Die neue Funktion wirkte sich freilich nicht sogleich aus. Nach wie vor blieb die Holzwirtschaft wichtigste Grundlage für das Wachstum der Stadt, die um 1900 etwa 60 000 Einwohner zählte. Erst nach dem Ersten Weltkrieg erlangten die Arbeitsplätze in der Verwaltung ein stärkeres Gewicht, und entsprechend nahm auch die Bevölkerungszahl zu. Der Trend setzte sich in den 1930er-Jahren und verstärkt nach dem Zweiten Weltkrieg fort. Die Funktion der Stadt als Sitz der Regierung hatte sich endgültig durchgesetzt.

Der Ausbau Ottawas als attraktive Landeshauptstadt wurde sehr von der National Capital Commission bestimmt, deren Anfänge bis 1899 zurückreichen. Während sie in der ersten Zeit vor allem eine Verschönerung der Stadt durch Parkanlagen, öffentliche Plätze usw. empfahl, erweiterte die Kommission später ihre Vorschläge. Grundlegend wurden zwei Berichte, von denen bereits derjenige von Sir Herbert Holt aus dem Jahre 1915 Empfehlungen enthielt, die erst sehr viel später aufgegriffen werden konnten. Zum Teil sind sie in dem vorerst letzten Gesamtplan enthalten, den Jacques Gréber 1950 vorlegte. Daraufhin wurde der Kommission 1959 vom Landesparlament ausdrücklich die Aufgabe zugewiesen, Pläne und Verbesserungen zu entwickeln, die der nationalen Bedeutung von Stadt und Region gerecht werden. Nochmals wurden 1969 von der Regierung Ziele formuliert. Danach soll die Landeshauptstadt ein Symbol des Zusammenwirkens der Kulturen und Sprachen in Kanada werden; sie soll weiterhin ein leistungsfähiges und abwechslungsreiches Handels- und Wirtschaftszentrum sein, und sie soll schließlich als Modell für die Planungen in anderen Städten des Landes gelten und diese beeinflussen.

Die Planungen seit dem Ersten Weltkrieg mussten von einer Mittelstadt ausgehen, deren wirtschaftliche Basis zu der Zeit noch die Holzwirtschaft war. Einziges auffälliges Merkmal der Regierungsfunktion waren die Parlamentsgebäude, die in gotischer Architektur auf einem höher gelegenen Gelände am Ottawa-Fluss standen. Durch einen Brand wurden sie 1916 zerstört, jedoch sofort in einer leicht abgewandelten Form wieder aufgebaut. Unweit der Parliament Hills bestanden die zwei Gründungszentren, die Ober- und Unter-Stadt, die durch den Rideau-Kanal getrennt waren. Weitere Siedlungskerne lagen jenseits der Mündung des Rideau und auf der anderen Seite des Flusses Ottawa in Hull, das überwiegend durch die Holzwirtschaft geprägt wurde; der größte verarbeitende Betrieb lag nur durch den Fluss getrennt gegenüber dem Regierungssitz. Der wenig attraktive Stadtraum beider Städte wurde von Eisenbahntrassen zerschnitten, der Hauptbahnhof befand sich in unmittelbarer Nähe der Parlamentsgebäude.

Die wichtigsten Vorhaben, die von Gréber 1950 und teils auch schon von seinen Vorgängern festgelegt wurden, beziehen sich auf (Abb. 51):

- die Erhaltung eines Grüngürtels um die Stadt, südlich des Flusses;
- die Erhaltung und Ausdehnung des Gatineau-Parks im Norden als Naherholungsraum;

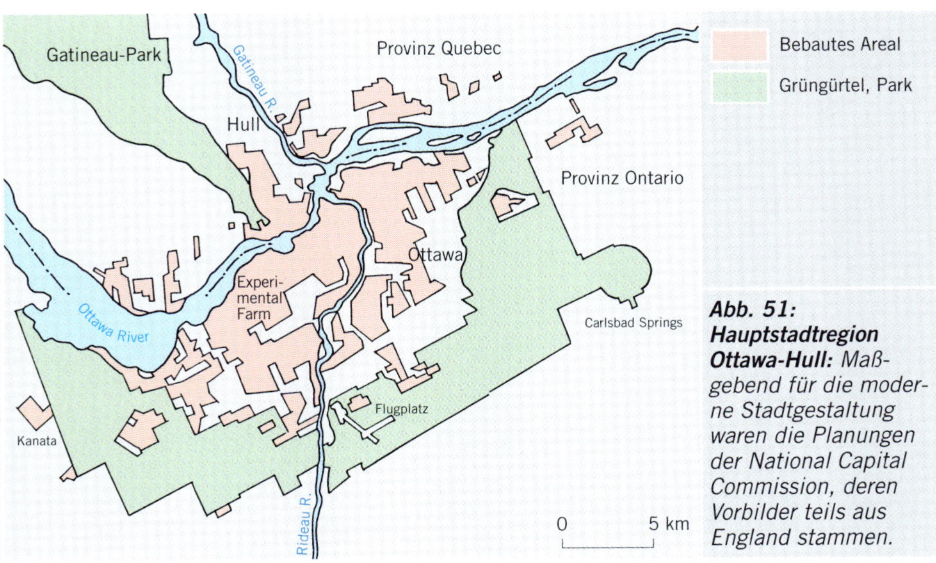

Quelle: The National Capital Commission Ottawa/Hull.

Abb. 51: Hauptstadtregion Ottawa-Hull: *Maßgebend für die moderne Stadtgestaltung waren die Planungen der National Capital Commission, deren Vorbilder teils aus England stammen.*

- die Einrichtung weiterer Parks und Anlagen im engeren Stadtgebiet;
- die Verlagerung von Verwaltungen aus dem zentralen Regierungsbereich;
- eine Neuordung der Verkehrswege, vor allem eine Verlegung der Bahnlinien aus der Stadt.

Der Grüngürtel um Ottawa stellt eine Besonderheit in nordamerikanischen Städten dar und ist in Anlehnung an London (England) konzipiert worden. Allerdings trifft die Bezeichnung nicht so ausschließlich zu, denn größere Bereiche werden auch ackerbaulich genutzt, andere von Industrie oder Verkehrseinrichtungen, wie dem Flugplatz, eingenommen. Das Land wurde seit 1958 von der Bundesregierung aufgekauft. Mit dieser Maßnahme konnte man erfolgreich eine Siedlungsverdichtung in dem vom Grüngürtel eingeschlossenen Stadtgebiet von Ottawa erzielen und die flächenintensive Ausbreitung von Einzelhäusern, den urban sprawl, einschränken. Um Wohnraum für die wachsende Zahl von Bediensteten in den Verwaltungen zu schaffen, legte man jenseits des Grüngürtels, ebenfalls nach englischem Vorbild, New Towns an. Das im Westen gelegene Kanata, das etwa 40 000 Einwohner zählt, ist über den Queensway gut an die Innenstadt angeschlossen.

Die Dezentralisierung von Regierungsverwaltungen erfolgte seit Ende der 1960er-Jahre. Viele Bürogebäude entstanden verstreut in der Innenstadt oder konzentriert etwas außerhalb, wie z. B. die Confederation Heights im Süden oder Tunney's Pasture am Fluss. Umfangreiche Regierungskomplexe wurden seit 1969 im gegenüberliegenden Hull, Provinz Quebec, errichtet, dessen stärkere Einbeziehung dem kanadischen Dualismus Rechnung trägt. Mit der Dezentralisierung von Verwaltungen bleibt gleichzeitig der Parlamentshügel mit den neugotischen Gebäuden und den weiträumigen Grünflächen erhalten und damit der funktionale Mittelpunkt der Stadt und ein attraktives Touristenziel (Bild 71).

Wesentliche Verbesserungen in der Stadt konnte man schließlich dadurch erreichen, dass der Bahnverkehr neu geordnet wurde. Fast 60 km Bahntrassen im Stadtgebiet wurden abgetragen, wodurch nicht nur hinderliche Übergänge wegfielen, sondern auch Land für Parks oder zur Bebauung gewonnen werden konnte. Auf einer der ehemaligen Trassen verläuft der Queensway, die wichtigste Stadtautobahn und Ost-West-Verbindung. Problematisch war die Lage des neuen Hauptbahnhofes am südöstlichen Stadtrand. Dadurch wurde der Personenverkehr zunächst erschwert, zumal der alte Bahnhof sehr zentral lag. Er ist modern umgestaltet worden und wird als Konferenz- und Bürogebäude genutzt.

Die Baukonjunktur in den 1970er- und 1980er-Jahren umfasste hauptsächlich die westlich des Rideau-Kanals gelegene Oberstadt, in der zahlreiche Neubauten entstanden. Hervorgehoben sei die Sparks Street, die 1960 als erste Fußgängerstraße eröffnet wurde. Die früher in großen Bereichen vernachlässigte Unterstadt östlich des Kanals hat in dem 1983 eröffneten Rideau Centre einen neuen Mittelpunkt erhalten, in dem ca. 240 Geschäfte, Kaufhäuser, ein Tagungszentrum und Hotels untergebracht sind (Hahn 1992: 86 ff.). Gleichzeitig wurde aber auch der traditionelle Byward Market restauriert, und es bleibt zu hoffen, dass sich die vielen kleinen Geschäfte und Restaurants, die hier von ethnischen Minderheiten betrieben werden, erhalten können.

In diese Phase fällt auch der Bau bedeutender Kultureinrichtungen. Zu Nationalbibliothek und -archiv sind seit 1969 ein National Arts Centre und 1988/89 die weltweit beachtete Nationalgalerie und das Museum der Zivilisation gekommen (Bild 56). Zusammen mit weiteren Institutionen und zwei Universitäten ist damit die Funktion Ottawas als Kulturstadt wesentlich gestärkt worden.

Die wachsende Bedeutung von Regierung, Kultur und Wissenschaft hat in der Wirtschaft und bei den Arbeitsplätzen zu einer Umverteilung geführt. Etwa 85 % der Erwerbstätigen sind heute in Dienstleistungsberufen tätig, allein 20 % bei der Regierung (1996). Der Industriesektor ist mit rd. 7 % nur noch gering vertreten; die Arbeitsplätze sind auf Holzverarbeitung und Papierproduktion sowie Maschinen- und Gerätebau verteilt. Durch die Regierung bedingt haben sich ferner Druckereien und das Verlagswesen entwickeln können. Die traditionellen Branchen werden jedoch bei

***Bild 56:** Museum of Civilization in Ottawa-Hull, 1989 eröffnet, Architekt Douglas Cardinal.*

weitem von High-Tech-Unternehmen übertroffen, worauf überdurchschnittliche Investitionen und Arbeitsmöglichkeiten vor allem in der Kommunikations- und Elektronikindustrie hinweisen. Damit wächst Ottawa zu einem der führenden Forschungsstandorte des Landes heran.

Die Lage der Metropole Ottawa-Hull an der Grenze zwischen den Provinzen Quebec und Ontario und damit zwischen den französisch und britisch beeinflussten Kulturen in Kanada spiegelt sich in der ethnischen Zusammensetzung der Bevölkerung und ihren Sprachen wider. Etwa ein Drittel der Bewohner gibt eine französische, annähernd 60 % eine britische (englische, irische oder schottische) Herkunft an (1996). Mit den gleichen Anteilen, 30 zu 60 %, verteilen sich auch die bevorzugten Sprachen (home languages). Hervorzuheben ist, dass die Hälfte derjenigen, die die offiziellen Sprachen angeben, beide beherrschen und im täglichen Umgang anwenden. Damit weist die Hauptstadt die gewünschte Zweisprachigkeit auf, die sonst nur noch in Montreal erreicht wird.

Bei einem internationalen Vergleich von Regierungsstädten kommt Ottawa ein besonderes Image zu. Der Ort erhielt eine Funktion, die sich erst durchsetzen musste. Lange Zeit noch blieb es eine Resource Town, deren wirtschaftliche Basis die Holzverarbeitung war. Montreal und Toronto hatten die Landeshauptstadt in jeder Beziehung überflügelt und sich zu den führenden Metropolen des Landes entwickelt. Ottawa musste aufholen und sich als Regierungssitz beweisen. Der Premierminister Sir Wilfrid Laurier (1896–1911) stellte sich ein „centre of the intellectual development of this country, and the Washington of the North“ vor (Eggleston 1961: 155). Unter seiner Regierung wurde die National Capital Commission eingesetzt, deren langfristige Planungen richtungweisend und erfolgreich waren. Nicht zuletzt dadurch hat Ottawa das Profil einer Landeshauptstadt erhalten.

Montreal und Toronto: Metropolen in Rivalität

Die beiden etwa 500 km voneinander entfernten Metropolen Montreal und Toronto repräsentieren mehr als andere Städte den modernen Industriestaat Kanada. Beide Großräume zählen zusammen 7,8 Mio. Einwohner, das entspricht etwa einem Viertel der Gesamtbevölkerung. Von der verarbeitenden Industrie sind hier über ein Drittel konzentriert. Die Abstände zu den nächstfolgenden Großstädten werden noch auffallender, wenn man Bereiche des tertiären Wirtschaftssektors heranzieht, wie z. B. das Finanz- und Versicherungswesen oder das Verkehrsaufkommen. Beide Städte haben stets nach einer überragenden nationalen Bedeutung gestrebt und sich in einer gewissen Rivalität entwickelt.

Die Geschichte Montreals begann 150 Jahre früher als die von Toronto. Die Lage an der Mündung des Ottawa in den St. Lorenz und an den lange nicht zu überwindenden Lachine-Stromschnellen machte den 1642 gegründeten Ort zum Hauptstandort für den Pelzhandel. Von hier aus sicherten sich französische Expeditionen einen ausgedehnten Handelsraum im Nordwesten und stießen bis an die Grenzen des Kontinentes im Norden und Westen vor. Mit dem Zusammenschluss der Kaufleute zur North West Company (1784) verstärkte sich die Machtposition der Zentrale, erreichte aber auch bald ihre Grenzen, als der Raum zu groß für die Ausfuhr der Pelze über den Hafen am St. Lorenz wurde.

Mit der Übernahme der North West Company durch die Hudson's Bay Company im Jahre 1821 endete die erste wirtschaftliche Blütezeit Montreals. Die Stadt hatte allerdings eine bleibende Tradition im Handel begründet und ein beträchtliches Kapital angesammelt. Dies drückt sich in der Eröffnung der heute noch bedeutenden Bank of Montreal, 1817, aus, die zur Grundlage des Finanzplatzes wurde. Um diese Zeit (1820) zählte Montreal etwa 20 000 Einwohner und hatte damit Quebec City auch größenmäßig übertroffen.

Toronto, das bis 1834 York hieß, erreichte 1820 erst wenig über 1200 Einwohner. Der Platz war 1793 von Gouverneur J. G. Simcoe für eine Siedlung ausgewählt worden, da ein günstiger Hafen bestand und Verbindungen nach Norden möglich waren. Obwohl sich die Stadt gegenüber den Konkurrenten Kingston und Niagara bald durchgesetzt hatte, konnte sie sich doch erst allmählich mit der Kolonisation des Umlandes entwickeln. Die Funktionen als Hauptstadt von Upper Canada/Ontario und als Zentrum für Handel und Wirtschaft waren zunächst ganz auf die Provinz ausgerichtet.

Der Außenhandel Ontarios musste zunächst über Montreal geführt werden; allerdings eröffnete sich über den Wellandkanal (1829) und den US-amerikanischen Eriekanal (1825) ein zweiter Wasserweg über New York, der den Handel Torontos förderte. Andererseits erlangte Montreal Vorteile durch den Einsatz von Dampfschiffen seit 1853, und es konnte die regelmäßig befahrene Route nach Liverpool eröffnet werden.

In der gleichen Zeit zog Montreal den beginnenden Eisenbahnverkehr im St.-Lorenz-Tal an sich, was auch Toronto für seinen Bereich gelang und das damit sein Hinterland vor allem nach Norden ausdehnen konnte. Schließlich profitierten die Städte von der blühenden Landwirtschaft ihres Umlandes, worauf die Anfänge einer Nahrungsmittelindustrie zurückgehen. Durch die günstigen regionalen Entwicklungen in den Zentralen Provinzen während des 19. Jh.s wuchsen Montreal und Toronto, die sich längst gegenüber anderen Konkurrenzstädten durchgesetzt hatten, stark an und nutzten ihre Vorteile im Handel und Finanzwesen.

Die Industrialisierung, die um 1890 einsetzte, brachte den Kernprovinzen und besonders den Großstadtregionen einen neuen Impuls. Der Prozess setzte in Montreal mit der Textil- und Lederindustrie früher ein, doch erwies sich Südontario für die industrielle Expansion amerikanischer Großbetriebe als vorteilhafter. Damit wuchs Toronto als Industriestadt und konnte eine Vielzahl von Branchen anziehen. Bereits um 1910 hatte es hinsichtlich der Anzahl der Industriearbeiter mit Montreal gleichgezogen. Günstig für das aufstrebende Toronto war die Entdeckung reicher Buntmetallvorkommen beim Bahnbau im nördlichen Ontario, deren Erschließung von Banken der Stadt finanziert und kontrolliert wurde. Damit wuchs der Einfluss auf diesen wichtigen Wirtschaftszweig.

Montreal war dagegen im Transport und Handel überlegen und konnte sein Hinterland nach Westen ausdehnen. Bis in die 1930er-Jahre war es mit Abstand größter

Getreidehafen und auch im Großhandel führend. Danach verteilte sich der Handel allerdings auf mehrere Häfen und Städte, von denen z. B. Vancouver einen größeren Anteil übernahm.

In der Zeit nach dem Zweiten Weltkrieg setzte sich zunächst das Bevölkerungswachstum mit hohen Raten fort, allerdings verlagerte sich die Entwicklung von den Kernstädten auf die Stadtregion. Betrachtet man die Wachstumsraten der letzten 35 Jahre, zeigt sich, dass Toronto eindeutige Vorteile aufzuweisen hat (Tab. 44). Dabei kommt zum Ausdruck, dass die früheren hohen Geburtsraten in Quebec laufend zurückgegangen sind und die Nettowanderung in Montreal zeitweilig negativ ausfiel. So konnte in den 1970er-Jahren erstmals in der Geschichte der beiden Städte Toronto eine höhere Einwohnerzahl als Montreal verzeichnen.

Die Entwicklung zugunsten Torontos zeigt sich ferner am schnellen Wachstum der Beschäftigtenzahlen vor allem bei den Dienstleistungen und den Bereichen Transport und Handel. In der verarbeitenden Industrie waren die Steigerungsraten geringer; in Montreal, wo ein starker Anteil der Konsumgüterindustrie mit Textilherstellung besteht, erfolgte ein Abbau von Arbeitsplätzen.

Schwierigkeiten bereiteten in Montreal Umstellungen im Verkehrswesen. So hatte der Bahntransport einen Rückgang zu verzeichnen, und durch den 1959 eröffneten St.-Lorenz-Seeweg nahm der Güterumschlag im Hafen ab. Allerdings konnte im Container-Verkehr ein gewisser Ausgleich geschaffen werden. Untersuchungen des Luftverkehrs zeigen, dass sich in den 1960er-Jahren Toronto, Montreal und Vancouver als ausgeprägte nationale Zentren etabliert hatten. Seitdem konnte Toronto seinen Einflussbereich landesweit ausdehnen, er umfasst jetzt nicht nur den Westen, sondern auch die Atlantischen Provinzen, die bislang stärker auf Montreal ausgerichtet waren. Die Überlegenheit zeigt sich ebenfalls im internationalen Luftverkehr (Preston 1986 u. 1994).

Die Stärkung Torontos ist schließlich auf eine Verlagerung von Dienstleistungsunternehmen, vor allem des Finanz- und Versicherungswesens, aus Montreal zurückzuführen. Sie hatte politische Gründe. Die nationalistischen Strömungen in Quebec, die 1969/70 zu Gewalttätigkeiten eskalierten, und die Separationsbestrebungen der Provinzregierungen lösten Unsicherheit aus. Die Investitionen von ausländischem Kapital wie auch von der nationalen Wirtschaft außerhalb Quebecs gingen erheblich zurück. Hinzu kamen Sprachgesetze, die dem Französischen eine Priorität zuordneten. Die Ereignisse trugen mit dazu bei, dass sich das Hinterland Montreals stärker auf die Provinz Quebec einschränkte, während Toronto seinen Einfluss landesweit ausdehnen bzw. festigen konnte. Die Stadt ist heute die mit Abstand führende wirtschaftliche Metropole Kanadas und hat damit eine Position erreicht, die lange Zeit in der Geschichte des Landes Montreal innehatte.

Zeitraum	Wachstumraten (%)	
	Toronto	Montreal
1961–1966	18,2	15,5
1966–1971	14,8	6,7
1971–1976	7,6	2,6
1976–1981	7,0	0,9
1981–1986	9,5	2,3
1986–1991	17,8	9,8
1991–1996	10,1	4,5

Tab. 44: Wachstumsraten der Bevölkerung in den Ballungsräumen von Toronto und Montreal

Quellen: Bourne 1984: 75; Canada Yearbooks 1992 u. 1999.

Indessen haben sowohl Toronto als auch Montreal in den letzten 40 Jahren ihre Stadtgebiete modernisieren und mit attraktiven Einrichtungen ausstatten können. Dabei haben die Städte ihre Traditionen und Besonderheiten genutzt und originelle Projekte entwickelt. Einzelne Maßnahmen und die Gesamtplanungen sind viel beachtet worden und haben beispielgebend wirken können.

Montreal wurde 1642 auf einem schmalen rechteckigen Gelände am St. Lorenz gegründet, das noch bis zum Beginn des 19. Jh.s von einer Mauer umgeben war. Handelshäuser und Verwaltungen konzentrierten sich vor allem an zwei von West nach Ost gerichteten Längsachsen, St. Paul und Notre Dame. Erst seit Ende des 19. Jh.s wuchs die Stadt durch neue Wohnviertel

***Bild 57:** Innenstadt von Montreal mit Bank- und Bürogebäuden; Blick auf den inmitten des Ballungsraumes gelegenen Mont-Royal. (Quelle: Ville de Montreal, Serv. du dévelopement économique.)*

über diesen engeren Bereich hinaus (Bild 57). Am Fuße des Mount Royal, in Westmount, siedelten sich Familien der oberen sozialen Schicht an, allerdings wurde eine Bebauung hier durch den 1890 eingerichteten Mount-Royal-Park begrenzt. Industriestandorte bildeten sich vor allem am St. Lorenz und dem 1824 eröffneten Lachine-Kanal. Handel, Versorgung und Verwaltung sowie die Banken blieben noch für lange Zeit in der Innenstadt bestehen.

Inzwischen hatten sich allerdings die Wohngebiete durch Eisen- und Straßenbahnen schon sehr ausgedehnt, und am Mount Royal entstand seit 1821 die McGill-Universität. So siedelten sich zunehmend Geschäfte an der Ste. Catherine Street an, und es folgten allmählich auch Dienstleistungsbetriebe. Ein bedeutender Schrittmacher war die damals größte Lebensversicherungsgesellschaft Kanadas, Sun Life, die ihren Sitz 1918 aus der Altstadt verlegte und am heutigen Dominion Square das erste Hochhaus in der Stadt erbauen ließ. Mit dem Umzug vergrößerte sich der Betrieb erheblich und führte neue Strukturen ein. Wichtig war ein gut erreichbarer Standort, der sich zu einem neuen Zentrum ausbildete, das bald weitere Funktionen an sich zog und den alten Kern in seiner Bedeutung ablöste.

Die moderne Gestaltung der Innenstadt Montreals begann in den 1960er-Jahren. Eine wichtige Voraussetzung dafür ist in der Verlegung einer Bahntrasse zu sehen, die auf dem Dorchester, jetzt Réne Lévesque Boulevard verlief; sie wurde zusammen mit dem Zentralbahnhof in den Untergrund verlegt. Wenig später errichtete man hier das erste Hochhaus der Royal Bank und das unterirdische Einkaufszentrum Place Ville-Marie (1960/65). Dieses erste Zentrum, „eines der kühnsten Baukomplexe des Kontinents", galt nicht nur als Vorbild für andere kanadische Städte, es gab auch der Innenstadtsanierung einen maßgebenden Impuls. In schneller Folge wurden in den 1970er- und 1980er-Jahren weitere multifunktionale Komplexe erbaut, wie Place Bonaventure (1967), Desjardins (1976), Montreal Trust (1987), um nur einige zu nennen (Abb. 52). Sie sind über- oder unterirdisch angelegt und kombinieren meistens Wohnungen, Büros, Hotels, Einkaufs- und Unterhaltungsmöglichkeiten.

Abb. 52: Die Innenstadt von Montreal: *Mit zahlreichen Plätzen, Einkaufs- und Unterhaltungszentren sowie einem unterirdischen Wegenetz ist die Innenstadt attraktiv geblieben.*

Ihre Attraktivität erhalten die über die Innenstadt verstreuten Komplexe nicht zuletzt durch ihre Verbindungen untereinander und zu anderen Einrichtungen. Sie verlaufen über ein unterirdisches Wegesystem von mehr als 30 km bzw. über die U-Bahn (seit 1966), von der 10 Stationen einbezogen sind. Damit gelingt es, nicht nur die Büroangestellten als Kunden zu gewinnen, sondern auch Besucher aus den Außenbereichen der Stadt und der Region anzuziehen (Hahn 1992: 109ff. u. 1996c; Hamilton 1987/88).

In der Zeit des schnellen Aufbaus von modernen und multifunktionalen Großprojekten wurden bald Nachteile erkennbar. Die Stadt nahm wenig Einfluss und überließ privaten Bauträgern weitgehend die Planung. Die Spekulation wuchs schnell und konnte kaum eingeschränkt werden. Noch intakte Straßenzüge mit historischen Wohnbauten wurden niedergerissen, die Investitionen im Wohnungsbau traten zurück, es herrschte eine „kommerzielle Aufbruchstimmung". Nachhaltige Innovationen für die Erneuerung der Innenstadt erbrachte die Internationale Weltausstellung Expo 1967, aus deren Anlass auch die Untergrundbahn erbaut wurde. Ferner gaben die Olympischen Spiele von 1976 mit den ehrgeizigen Stadien und Bauten im Ostteil der Stadtgestaltung weitere Impulse.

Die Attraktivität Montreals wurde ebenfalls dadurch gefördert, dass seit 1964 der alte Stadtkern als historischer Bezirk ausgewiesen ist. Dabei handelt es sich um das etwa 40 bis 50 ha große Areal, das in der Frühzeit der Stadt von einer Mauer umschlossen war. Hier soll der historische Charakter möglichst erhalten werden, d. h., bauliche Veränderungen werden sehr genau überwacht. Ältere und bedeutende Häuser und Einrichtungen, wie der Place d'Youville, an dem sich in den 1840er-Jahren das kanadische Parlament befand, werden restauriert und wieder genutzt. Daraus geht schon hervor, dass nicht beabsichtigt ist, eine Art Freimuseum zu schaffen, sondern es bleiben die Funktionen dieses Stadtbereiches erhalten. Zu nennen sind die Verwaltungen im Rathaus (1872/78; Bild 58), im Gerichtsgebäude (1849) und anderen Institutionen; ferner Banken und Börse im Bereich Place d'Armes, St. James Street und Victoria Square sowie der Großhandel, dessen Firmen nach wie vor an der

Bild 58: *Rathaus (Hôtel de Ville) in Montreal, in den 1870er-Jahren in Anlehnung an den Empirestil Napoleons III. erbaut.*

St. Paul Street ihre Büros haben. Hinzu kommen schließlich bedeutende Kirchen, Notre Dame und Notre-Dame-de-Bon-Secours (ursprünglich 1657 erbaut) sowie das bereits 1685 eröffnete Sulpicien-Seminar. Eines der interessantesten Gebäude ist sicherlich das 1705 errichtete Château de Ramezay, ursprünglich Sitz des französischen Gouverneurs in Montreal und nach einer wechselvollen Geschichte jetzt als Museum eingerichtet.

Der Reiz des historischen Bezirkes von Montreal liegt in der Verknüpfung der historischen Dimension mit gegenwärtigen Funktionen; er ist gleichzeitig historische Attraktion und Bestandteil des städtischen Lebens. Das wird durch die geschickte Erneuerung des Place Jacques-Cartier gestützt, an dem und in dessen näherer Umgebung sich zahlreiche Kunstgalerien, Geschäfte und Restaurants befinden. Damit hat der alte Kern Montreals eine erhebliche Bedeutung für den Tourismus erlangt und diese Funktion für die Stadt sehr gefördert.

In der Bevölkerung Montreals war die französisch beeinflusste Gruppe stets dominant, und erst mit der Industrialisierung seit Ende des 19. Jh.s nahmen Einwohner englischer Herkunft zu. Nach 1900 haben sich zudem Juden aus Europa und kleinere Gruppen von Einwanderern aus Italien, Griechenland und anderen Ländern angesiedelt. Die relativ wenigen Immigranten aus Deutschland integrierten sich schnell und passen sich sprachlich überwiegend dem Englischen an. Legt man die Umgangssprache zugrunde, sind von der Bevölkerung über zwei Drittel dem französischen und etwa 17 % dem englischen Kulturkreis zuzurechnen, während sich der Rest verteilt (1996). Hervorzuheben ist der hohe Anteil von weit über 50 %, die beide Sprachen beherrschen. Während die Frankokanadier im Osten der Innenstadt konzentriert sind, leben die Anglokanadier vor allem im Westen, wo z. B. der Bezirk von Westmount einen typisch englischen Charakter aufweist. Die relativ scharfe Trennungslinie bildet der St.-Laurent-Boulevard.

Wie in allen kanadischen Großstädten haben sich auch in Montreal in den letzten Jahrzehnten die Außenbereiche stark erweitert. Hierhin zogen Bewohner aus der Innenstadt, die durch den Ausbau von Geschäfts- und Verwaltungsbauten sowie durch Sanierungen verdrängt wurden, sowie zahlreiche Zuwanderer. Durch die Neubauten gehen große Flächen von z. T. hochwertigem Ackerland verloren oder liegen aufgrund von Spekulationen jahrelang brach. Farmen werden aufgegeben oder stellen sich auf den nahe liegenden Absatzmarkt ein und betreiben eine intensive Veredelungswirtschaft im sog. Agrobusiness-Typ.

Trotz der in letzter Zeit gegenüber Toronto zurückgebliebenen Wachstumsraten von Bevölkerung und Wirtschaft kann sich Montreal auf eine breite wirtschaftliche Grundlage stützen. Dabei sind die Zweige Handel, Transport und Industrie sowie das Finanzwesen von besonderem Gewicht. Der Hafen, der im Container-Verkehr mit Abstand an der Spitze liegt, ist einer der modernsten und schnellsten. Die verarbeitende Industrie weist zwar eine breite Branchenstruktur auf, doch ist die Produktion von Konsumgütern noch immer sehr stark. Als Zentrum von Banken, Börse und Versicherungen hat die Stadt trotz der Verlagerungen eine hervorragende Stellung halten können. Allerdings dürfte es in absehbarer Zeit nicht möglich sein, den inzwischen erreichten Vorsprung Torontos einzuholen.

Ausgangspunkt der 1793 gegründeten Siedlung Toronto war ein schmales Rechteck am Ufer des Ontariosees beiderseits der nach Norden führenden Yonge Street. Unweit nördlich der bebauten Flächen stockten noch lange Zeit dichte Wälder. Das Land war in große Besitzeinheiten, sog. park lots, aufgeteilt, die führenden Bürgern gehörten. Ihre Längserstreckung von Süden nach Norden hatte zur Folge, dass die Straßen in dieser Richtung, zu denen die breiten Spadina und University Avenues gehören, regelmäßiger ausgebildet sind als die West-Ost-Verbindungen. Um die Mitte des 19. Jh.s – die Stadt zählte schon über 30 000 Einwohner – hatten sich vor allem King und Yonge Street als Geschäftsstraßen herausgebildet, während sich südlich bis zum See der Großhandel mit Warenhäusern und Lagerplätzen ausbreitete. Viel von dem Gelände an der Wasserfront trat die Stadtverwaltung an die Eisenbahnen, die seit den 1850er-Jahren für den Handel bedeutend wurden, ab. Die Entscheidung war sicher im Sinne der ökonomischen Entwicklung der Stadt, für die Planung des Geländes blieb sie jedoch äußerst umstritten. In diese Zeit fiel auch die Einführung der Straßenbahnen (1861), die anfangs von Pferden gezogen und später elektrifiziert wurden. Damit konnte die bebaute Fläche ausgedehnt werden, es bildeten sich Suburbs, in die zunächst Einwohner höherer Einkommensgruppen zogen. Yorkville, Parkdale und später Rosedale sind Beispiele. Gleichzeitig dehnte die Stadt ihr Areal durch Annektionen besonders nach Norden aus. Einen starken Wachstumsschub löste die Industrialisierung seit Ende des 19. Jh.s aus; die Einwohnerzahl erhöhte sich sprunghaft. Damit wird auch die funktionale Gliederung des Stadtgebietes deutlicher, die vom Ontariosee aus konzentrisch angeordnet ist.

Der Bereich am See südlich der King Street blieb bevorzugter Standort für Industrie und Großhandel, was sich durch die Eisenbahnen noch verstärkte. Weitere Industrien siedelten sich an den Bahnlinien vor allem nach Westen und Nordwesten an. Nördlich der Hafen- und Industriezone hat sich der zentrale Geschäftsbereich hauptsächlich im Umkreis der Yonge Street entwickelt; er wurde durch die ersten Kaufhäuser, die hier von T. Eaton (1883) und R. Simpson (1894) in unmittelbarer Nähe angelegt wurden, sehr verstärkt. Mit dem Wachstum des Stadtgebietes dehnte sich die Geschäftsachse weiter nach Norden aus. Bezeichnend ist, dass sich Banken und andere Finanzinstitutionen konzentriert haben, und zwar am nördlichen Ende der Bay Street, die oft mit der Wall Street New Yorks verglichen wird. Durch das hier 1899 eröffnete Rathaus ist dieser Bereich zum Zentrum von Dienstleistungen und Verwaltungen geworden. Weiter nördlich lehnten sich um den Queen's Park die Verwaltungsgebäude der Provinz Ontario und der weitläufige Campus der Universität (gegründet 1827) an. Die damalige Außenzone bildeten die Suburbs Parkdale und Rosedale mit der sozialen Oberschicht. Im engeren Stadtbereich verteilten sich schließlich weite

Areale mit Einzel- oder Reihenhäusern, die ganz überwiegend solide erbaut sind und in denen untere und mittlere Einkommensgruppen wohnen. In keiner anderen Stadt Kanadas gab es in den 1930er-Jahren so viele Hausbesitzer wie in Toronto.

Die Erweiterung des bebauten Stadtareals wie auch das Bevölkerungswachstum waren in den 1920er- und 1930er-Jahren und während des Zweiten Weltkrieges weitaus geringer als davor. Erst seit Mitte des 20. Jh.s erfolgte ein erneuter Umschwung, und es wurden wichtige Maßnahmen vor allem zur Erneuerung der Innenstadt getroffen.

Um eine einheitliche und großräumige Infrastrukturplanung zu ermöglichen, wurde bereits 1954 die Municipality of Metropolitan Toronto (Metro Toronto) geschaffen, zu der die City of Toronto und die angrenzenden Boroughs York, East York, Etobicoke, North York und Scarborough vereinigt wurden, ohne die lokale Autonomie aufzugeben. Außerhalb der Metro fasste man die kleineren administrativen Bereiche zu den größeren Einheiten Halton, Peel, York und Durham zusammen (Abb. 53). Da sich voraussichtlich die bebauten Flächen über die Metro hinaus schnell vergrößern würden, ist auch dies als Maßnahme zur besseren Infrastrukturplanung zu sehen. Zugleich hatte man damit die Grenzen eines Großraumes Toronto abgesteckt.

Ab 1998 ist eine erneute Konzentration vorgenommen worden; Metro Toronto mit den sechs administrativen Einheiten ist zur City of Toronto zusammengefasst, wodurch eine Art „Mega-City“ mit 630 km^2 und rd. 2,4 Mio. Einwohnern (1996) entstand. Die umstrittene Fusion wurde hauptsächlich ökonomisch begründet. Gleichzeitig wird damit jedoch auch die Innenstadt gestärkt, die den Interessen des schnell wachsenden Umlandes gegenübersteht. So könnten sich die Maßnahmen langfristig durchaus als positiv erweisen (Phillips 1998).

Eine weitere für die künftige Entwicklung wichtige Maßnahme war die Verkehrsplanung, die aufgrund der Zusammenschlüsse großräumig konzipiert werden konnte. Grundlage wurde ein Plan von 1959 mit einem System von mehrspurigen Expressways, die die Innenstadt umschließen und schnelle Verbindungen nach allen Richtungen hin ermöglichen. Für den inneren Stadtbereich wurde die Untergrundbahn bedeutend, von der bereits 1954 eine erste Teilstrecke eröffnet werden konnte. Das Netz umfasst heute zwei Nord-Süd-Verbindungen, von denen eine unter der Yonge Street (ca. 16 km) verläuft, und eine West-Ost-Strecke (ca. 22 km), die hauptsächlich der Bloor Street folgt. Erweiterungen des Netzes werden vorgenommen oder sind geplant, ebenfalls wird der Zubringerverkehr zu den U-Bahn-Stationen laufend

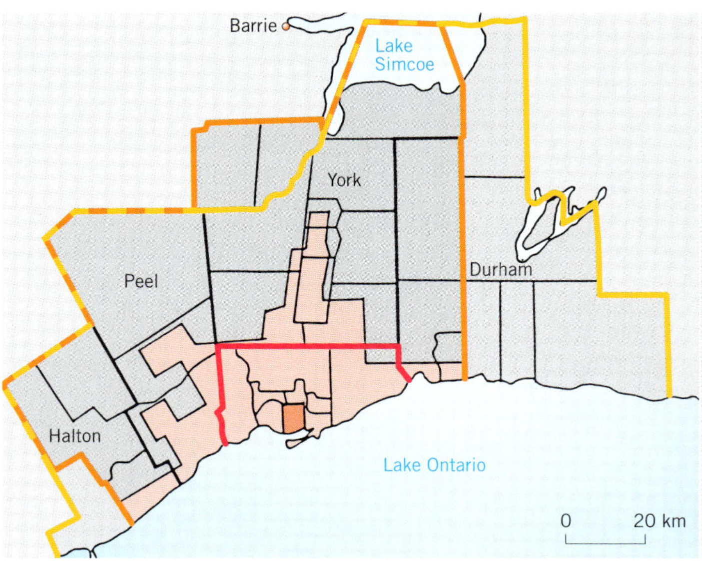

Abb. 53: Grenzen der Metropolitan Area von Toronto, Ontario: *Die Abgrenzungen im Großraum von Toronto lassen langfristige und übergreifende Planungen zu.*

Quelle: Unterlagen der Stadtverwaltung, 1995ff.

ausgebaut. Das Verkehrsmittel U-Bahn hat einer Abwanderung der Bevölkerung aus der Innenstadt zweifellos Vorschub geleistet, da die Arbeitsplätze im zentralen Bereich leichter zu erreichen sind. Ebenfalls förderte man damit Konzentrationen von Wohnungen und Arbeitsplätzen in Gewerbe und Büros im Bereich von U-Bahn-Stationen außerhalb der Innenstadt. Ein Beispiel bietet die Station Eglington im Norden.

Auch in Toronto begann in den 1960er-Jahren eine nachhaltige Umgestaltung der Innenstadt. Sie betraf besonders den zentralen Teil, ein Rechteck zwischen der Front und Bloor Street im Süden und Norden sowie der Spandina Avenue und Parliament Street im Westen und Osten. Am deutlichsten zeigt sich die Stadterneuerung im Bankenviertel mit dem Kern an Bay und King Street, wo in schneller Folge Hochhäuser für Banken, Verwaltungen, Firmen- und Handelsvertretungen errichtet wurden (Bild 53). Nach dem Vorbild von Montreal sind sie durch unterirdische Einkaufszentren, Plätze und Wegesysteme verbunden, an die Hotels und U-Bahn-Stationen angeschlossen sind. Von hier aus ist die *Underground City* an der Yonge- und Bloor Street nach Norden erweitert worden (Abb. 54). Einbezogen ist das 1977/79 eröffnete Eaton Centre, das auf mehreren Ebenen über 320 Geschäftslokale enthält. Es hat sich zu einer besonderen Attraktion entwickeln können und trägt sehr zur Belebung der Innenstadt bei (Bild 59).

Wahrzeichen Torontos sind ferner der 1973/78 erbaute CN (Canadian National) Tower mit einer Höhe von 553 m und der in unmittelbarer Nähe gelegene, 1989 eröffnete Skydome, eine gigantische Sportarena mit einem beweglichen Kuppeldach. Ein Kongresszentrum und die Roy-Thompson-Konzerthalle schließen den Komplex, der auf ehemaligem Bahngelände erbaut wurde, nach Norden ab. Zu einem weiteren Mittelpunkt der Stadt ist der Nathan Phillips Square mit dem 1965 eröffneten neuen Rathaus geworden (Bild 60). Durch diesen eindrucksvollen und weltweit bekannten Gebäudekomplex des finnischen Architekten Viljo Revell hat sich Toronto ein modernes Image gegeben. Aber auch historische Gebäude, wie die alte City Hall (1899) und die Osgoode Hall (1832) sind in die Gestaltung einbezogen worden. Im nahen Umkreis haben sich weitere Verwaltungsgebäude und große Hotels angesiedelt. Zahlreiche Veranstaltungen zu allen Jahreszeiten tragen dazu bei, den Rathausplatz zu einem beliebten Treffpunkt von Bürgern der Stadt und Touristen zu machen.

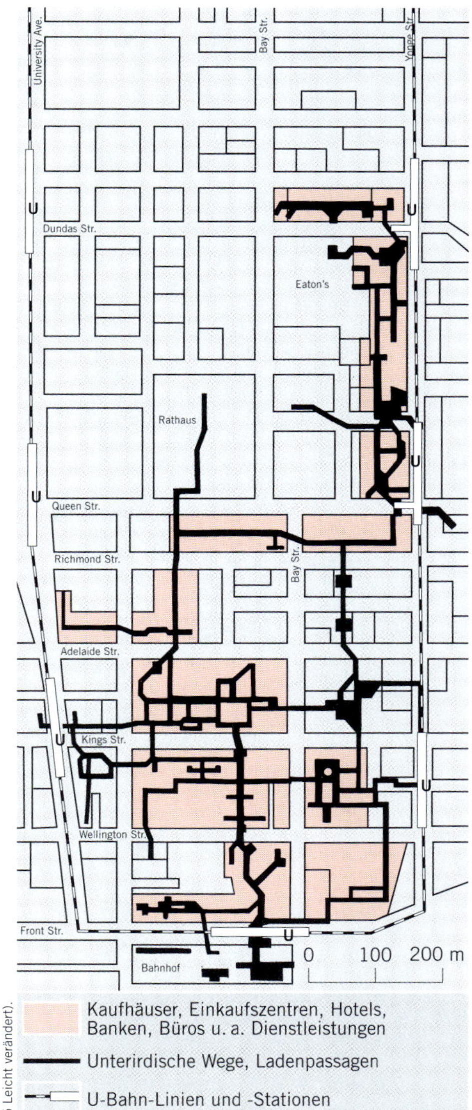

Quelle: Hahn 1997, S. 525 Leicht verändert).

Abb. 54: Unterirdisches Wegesystem in der Innenstadt von Toronto (Stand 1996): *Unterirdische Geschäftspassagen verbinden viele innerstädtische Einrichtungen und erleichtern den Aufenthalt besonders im Winter.*

Bild 59: *Eaton Centre in der Innenstadt von Toronto, Einkaufszentrum mit Geschäften und Dienstleistungen auf drei Etagen, U-Bahn-Station; Ende der 1970er-Jahre eröffnet, Architekt Eberhard Zeidler.*

Bild 60: *Rathaus mit Nathan-Phillips-Platz in Toronto, 1965 eröffnet, Architekt Viljo Revell (Finnland); der flache Kuppelbau des Stadtparlamentes wird von 2 Verwaltungsgebäuden umschlossen. Rechts das grüne Dach des alten Rathauses.*

Die Innenstadt von Toronto hat sich indessen nicht nur durch attraktive Bauten und Einrichtungen verändert, sondern es ist auch der Wohnungsbau sehr gefördert worden. Die wohl größte Anlage von vielstöckigen Mietshäusern ist die seit Anfang der 1960er-Jahre erbaute St. James Town am östlichen Rand des Stadtzentrums. Die oft kritisierte hohe Bebauungsdichte wurde bei späteren Erweiterungen aufgelockert. Ein neues Wohnungsbauprojekt für etwa 10000 Menschen, die sog. St. Lawrence Neighbourhood, ist 1977 in der Nähe des Hafens begonnen worden. Das etwa 20 ha große Gelände lag brach oder wurde durch Lagerplätze genutzt. Die Gebäude, Reihenhäuser oder 4- bis 6-geschossige Mietshäuser, werden von einer sozial gemischten Bevölkerung bewohnt, die vor allem die Nähe zum Stadtzentrum und zu ihrem Arbeitsplatz schätzen.

Eine eindrucksvolle Aufwertung haben die innenstadtnahen Hafengebiete erfahren. Die Revitalisierungen begannen in den 1970er-Jahren an der Bayfront und wenige Jahre später an der benachbarten Harbourfront (Hahn 1993). Auf dem insgesamt etwa 80 ha großen Gelände entstand eine Mischung von vielgeschossigen Wohngebäuden, Hotels, Bürohäusern und anderen kommerziellen Einrichtungen. Unter dem Einfluss privater Investoren weist besonders die Bayfront überwiegend Luxusapartments auf, die hohe Haushaltseinkommen der Bewohner voraussetzen. So kam es von sozialer Seite zur Kritik – „playground for the well-to-do" –, auch wurde beanstandet, dass durch die hohen Bauten teilweise eine „visuelle Barriere zwischen See und Hinterland" errichtet wurde (Hahn 1994: 346). Die Harbourfront ist lockerer gestaltet und weist am Queen's Quay Terminal einen attraktiven und stark besuchten Festival Market mit Geschäften, Restaurants und vielen Darbietungen auf.

Bezieht man schließlich auch die vielfachen Aufwertungen älterer Wohnhäuser und anderer Gebäude ein (Gentrifizierung), kann die Umgestaltung und Modernisierung der Innenstadt Torontos als erfolgreich bezeichnet werden. Trotz Abwanderungen und ungelöster sozialer Probleme bleibt sie nach wie vor mit Leben erfüllt.

Wie in anderen Großstädten vollzieht sich auch in Toronto eine Bevölkerungsverlagerung von der Innenstadt in die Randbereiche. Tab. 45 weist aus, dass die City (die frühere Metro) weitaus geringere Zuwachsraten hat, was vor allem auf eine negative Nettowanderung zurückzuführen ist.

Ein weiterer Wandel betrifft die Zusammensetzung der Bevölkerung. Schon seit langem ist Toronto ein bevorzugtes Ziel von Einwanderern, die das ethnische Profil der Stadt bestimmen. Noch 1961 dominierten Einwohner europäischer Herkunft, darunter über 60 % aus Großbritannien. In den 1990er-Jahren herrschen sie zwar auch noch vor, doch ist der Anteil von Gruppen aus Asien, Afrika, Lateinamerika, der Karibik u. a. auf fast 25 % angestiegen; sog. visible minorities machen etwas über 30 % aus (1996). Damit werden das Bevölkerungsmosaik besonders in der Innenstadt bunter und auch die Umgangssprachen vielseitiger. Zwar geben drei Viertel der Bewohner Englisch als erste Sprache an, doch bevorzugen über 20 % ihre Heimatsprachen.

Im Straßenbild der Innenstadt zeigt sich die ethnische Vielfalt auch an Geschäften, Restaurants und Märkten, wie dem Kensington Market und in der vielbesuchten China Town (Thomson 1989). Allerdings ist die Wertung von J. Spelt (1973: 107): „Toronto is a unique city indeed, a city of contrast and harmony“, heute wohl etwas zu relativieren.

Zusammen mit der nach außen gerichteten Bevölkerungswanderung findet eine Verlagerung der Arbeitsstätten statt. Zunächst zogen die meisten Betriebe der traditionellen Industrie in das nahe oder weitere Umland der Stadt. Nur bestimmte Branchen, die stärker an die Innenstadt gebunden sind, blieben präsent; zu ihnen gehören Bekleidung und Mode, Verlage, Druckereien und Medien sowie verschiedene Dienstleistungen.

Der die meisten Arbeitsplätze bietende Bürosektor ist seit den 1970er-Jahren auf weit über eine halbe Million Arbeitsplätze angewachsen, die Bürofläche hat sich vervierfacht. Gleichzeitig hat sich der Standort geteilt: Noch 1970 konzentrierten sich Büros und Angestellte zu etwa 80 % in einem relativ kleinen Bereich im Kern der Stadt, dem Central District. Bis in die 1990er-Jahre hat sich der Anteil auf 50 bis 60 % verringert, und zwar zugunsten von sog. office parks, die sich über das Stadtgebiet verstreuen (Abb. 55). Dabei ist häufig innerhalb von Betrieben, z. B. von Banken oder Versicherungen, eine qualitative Trennung erfolgt in Routineaufgaben, die ausgelagert wurden, und der Hauptverwaltung, die im Zentrum verblieb (Gad 1991). Ihre Nähe bevorzugen auch bestimmte Dienstleistungen, die produktionsorientiert sind, wie Beratungsfirmen, Anwaltspraxen, Werbeagenturen u. a.

Die Grenzen des bebauten Areals sind zwar ständig nach außen verschoben worden, jedoch ist der Raum nicht so einheitlich in Grundstücke mit Einzelhäusern und Gärten aufgeteilt, wie das in den meisten amerikanischen Städten der Fall ist. Toronto ist sicher eines der besten Beispiele für einen alternativen Wohnungsbau. Schon seit Ende der 1950er-Jahre wurden verstärkt vielgeschossige Apartmenthäuser errichtet. Sie sind an verkehrsgünstigen Standorten angehäuft, wie an U-Bahn-Stationen oder Schnellstraßen. Ein typisches Beispiel sind die Komplexe von Hochhäusern an der Kreuzung des Don Valley Parkway mit dem McDonald Cartier Freeway (401) im Nordosten. Die Vorteile dieser Wohungskonzentrationen in der Verkehrsanbindung und Versorgung der Bewohner wurden bald klar, sodass Komplexe von Apartmenthäusern

	1981		1991		1994	
	Einwohner (1000)	Zunahme 1971–81 (%)	Einwohner (1000)	Zunahme 1981–91 (%)	Einwohner (1000)	Zunahme 1991–94 (%)
Metro Toronto (ab 1998 City)	2137	2,2	2276	6,5	2317	1,8
Stadtrandregion	1280	54,0	1960	53,1	2127	8,5
Groß-Toronto	3418	17,1	4236	23,9	4445	4,9

Tab. 45: Regionales Bevölkerungswachstum im Großraum Toronto

Quelle: City of Toronto, Key Facts 1995: 1.1.

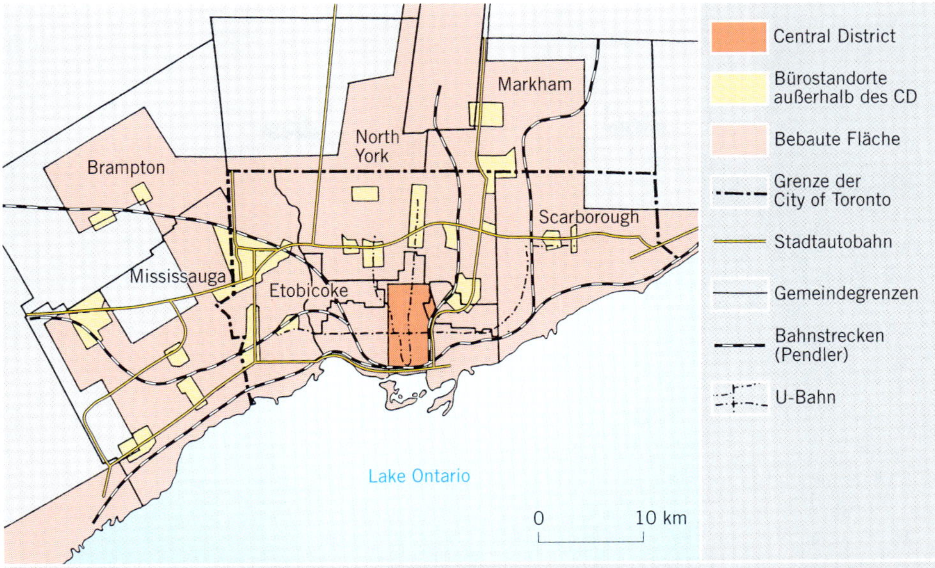

***Abb. 55: Bürostandorte in der Metropolitan Area von Toronto, Ontario:** Mit der Verlagerung von Büros in den Außenbereich sind die Arbeitsplätze besser erreichbar; der traditionelle Central District bleibt besonders als Standort hochrangiger Dienstleistungen erhalten.*

Quelle: Gad 1991, S. 433, Unterlagen der Stadtverwaltung.

heute zum festen Bestandteil der Vororte von Toronto geworden sind. Für die Versorgung der Wohnbevölkerung stehen zahlreiche Einkaufszentren zur Verfügung, die gut verteilt und leicht zu erreichen sind.

Um die flächenmäßige Ausbreitung des bebauten Areals besser zu konzentrieren, sind nach englischem Vorbild im Umkreis der Metropolitan Area New Towns gegründet worden. Schon 1953 hatte man mit Don Mills am Rande der City ein gut geplantes Beispiel geschaffen, das zu einem beliebten Wohnstandort geworden ist. Weitere New Towns sind vor allem im Westen, dem stärksten Erweiterungsraum ausgelegt worden.

In Toronto haben sich in den letzten Jahrzehnten große Teile der kanadischen Wirtschaft konzentriert: Von den 700 stärksten Unternehmen des Landes hatten 1993 262 (37 %) ihren Hauptsitz in der Stadt, Montreal folgte mit 146. Ferner werden die meisten Banken des Landes von hier aus verwaltet, und fast alle Vertretungen ausländischer Banken haben sich in der Stadt niedergelassen. Damit ist Toronto die mit Abstand führende Wirtschafts- und Bankenmetropole Kanadas und nimmt auch im Rahmen Nordamerikas eine starke Position ein.

Im Stadtraum Torontos konnte die Innenstadt weitgehend erhalten werden, es ist gelungen, krasse soziale Disparitäten zu vermeiden und einen im Großen und Ganzen hohen Lebensstandard zu erreichen.

Quebec City, Victoria und Regina: Ausdruck ihrer Regionen

Die hier zu vergleichenden Provinzhauptstädte sind typisch für ihre Regionen. Das zeigt sich vor allem in der ethnischen Zusammensetzung der Bevölkerung, spiegelt sich aber auch in der Gestaltung der Städte und ihrer Bauten wider. Ferner lassen sich in der wirtschaftlichen Entwicklung und den Funktionen Parallelen finden. Quebec und Victoria sind die ältesten Städte im Osten bzw. Westen; ihre Gründungsjahre 1608 bzw. 1843 zeigen die zeitlich weit auseinander liegende Siedlungsgeschichte der äußersten Landesteile. Regina, das seit 1882 besteht, zeugt von der zeitlich folgenden Kolonisation der Prärien, des mittleren Teiles vom kanadischen Siedlungsgebiet. In der ethnischen Zusammensetzung ihrer Bevölkerung sind die Mutterländer der damaligen Kolonien erkennbar; wird Quebec bis in die Gegenwart als die französischste Stadt des Kontinentes bewun-

Bild 61: *Silhouette der Stadt Quebec am St. Lorenz; ein etwa 100 m hohes Kliff trennt Ober- und Unterstadt mit Hafen. Links die Zitadelle (1820/32 erbaut), das höchste Gebäude auf der rechten Bildhälfte ist das 1892 eröffnete Hotel Château Frontenac, ein Wahrzeichen der Stadt.*

dert, sieht man in Victoria eine typisch britische Prägung. Regina, dessen Bewohner zwar mehrheitlich ebenfalls britischer Herkunft sind, hat daneben stärkere Anteile anderer europäischer Gruppen, sodass – wie allgemein in den Prärieprovinzen – ein Bevölkerungsmosaik besteht. Übereinstimmend sind die drei Städte Sitze von Provinzregierungen, wodurch bestimmte Funktionen vorgezeichnet sind. Eine wirtschaftliche Machtstellung wurde im Falle von Quebec und Victoria allerdings durch die mächtigen Konkurrenzstädte Montreal und Vancouver verhindert, die schon früh Handel und Industrie der Regionen an sich zogen. Regina musste die Funktionen mit der Stadt Saskatoon teilen, sodass bei der ohnehin schwachen wirtschaftlichen Stellung der Provinz Saskatchewan die Entwicklung begrenzt blieb.

Quebec City ist an einem strategisch außerordentlich günstigen Platz angelegt worden (Bild 61). Vom St. Lorenz führt ein steiles Kliff auf ein Plateau, das in 100 m Höhe liegt und genügend Raum bietet. Unterhalb des Kliffs liegt ein Unterland, das groß genug für eine Ansiedlung und einen Hafen mit allen notwendigen Einrichtungen und Anschlüssen ist. Großräumig war bedeutsam, dass sich der St. Lorenz von Quebec an stromaufwärts verengt. Bis dorthin, wo er noch eine Breite von 1500 m hat, konnten die schweren Ozeansegler gut gelangen, oberhalb waren Fortkommen und Kreuzen langwierig und gefährlich. So bot sich diese Stelle, die Endpunkt der Ozeanschifffahrt war, für die Gründung einer Stadt geradezu an, wenn der Standort auch im Laufe der Zeit an Wert verlor. Die Besiedlung erfolgte vor allem südöstlich des St. Lorenz und stärker in Richtung auf Montreal, sodass Quebec am äußeren Rand der Siedlungsachse des Flusses zu liegen kam. Als schwerwiegend erwies sich die Umstellung in der Schifffahrt, in der während der zweiten Hälfte des 19. Jh.s die aus Holz gebauten Segler durch Dampfschiffe abgelöst wurden. Sie konnten ohne Schwierigkeiten bis zu dem rd. 200 km weiter stromaufwärts gelegenen Montreal kommen, wo die Transporte wegen der Stromschnellen ohnehin umgeschlagen werden mussten. Damit erhielt Montreal gegenüber Quebec City einen deutlichen Lagevorteil.

Seit die Kolonie Neufrankreich von England übernommen wurde (1763), verlagerte sich auch der Pelzhandel weitgehend von Quebec nach Montreal, wo die Geschäfte von französischen und englischen Kaufleuten betrieben wurden. Für Quebec City war es sehr bedeutend, dass es weiter politisches Zentrum sein konnte; nach der Teilung der Kolonie (1791) blieb die Stadt Verwaltungssitz von Unterkanada, was später zur Hauptstadt der Provinz Quebec führte. Ebenso blieb die Funktion als kultureller und kirchlicher Mittelpunkt für die französische Bevölkerung erhalten. Eine wichtige wirtschaftliche Grundlage legten die Franzosen schon im 17. Jh., indem sie den Schiffbau, Ledergerbereien und die Herstellung von Schuhen einführten. Trotz der übergeordneten Funktionen war Quebec noch bis ins 19. Jh. eine relativ kleine Stadt mit 15 200 Einwohnern im Jahre 1819. Die Bevölkerung war ganz überwiegend französischer Herkunft.

Ein wirtschaftlicher Aufschwung im 19. Jh. war umso schwerer, da inzwischen Montreal seine Stellung stark ausbauen konnte und Quebec in den Schatten dieses Wirtschaftszentrums der Provinz geriet. Man besann sich der lange zuvor begründeten Lederverarbeitung, der Schuh- und Textilindustrie, wofür ein Potential an handwerklich geschickten Arbeitern zur Verfügung stand. Seit den 1920er-Jahren kam aufgrund der Hydroenergiequellen der Umgebung die Papierindustrie hinzu. Im gesamten wirtschaftlichen Rahmen der Stadt kommt der verarbeitenden Industrie jedoch bis heute ein relativ geringer Anteil zu. Von den einzelnen Zweigen nehmen die Nahrungs- und Papierindustrie mit Abstand die ersten Plätze ein; einen relativ großen Anteil haben ferner Druckereien, was auf Behörden und Verwaltungen zurückzuführen ist. Rückläufig sind seit längerem die Zweige der Lederindustrie. Der Hafen hat in neuerer Zeit einen Aufschwung seines Umschlags besonders im Container-Verkehr zu verzeichnen. Günstig wirkt sich aus, dass der Betrieb mit Eisbrechern das ganze Jahr hindurch aufrechterhalten werden kann, während das weiter stromaufwärts schwieriger ist. Ferner bestehen gute Bahn- und Straßenanschlüsse.

Während die verarbeitende Industrie nur etwa 10 % der Erwerbstätigen aufnimmt, sind im Dienstleistungssektor weit über 80 % beschäftigt (1996). Zu den wichtigsten Arbeitgebern gehören die Regierungsbehörden, Institutionen des Bildungs- und Gesundheitswesens sowie Handel und Transport. Die Verwaltungsfunktion wird durch den Tourismus ergänzt, der sich auf das Image einer französisch geprägten Stadt gründet und zu einer wesentlichen Einnahmequelle geworden ist.

Die bei weitem größte Anziehungskraft für die Besucher übt das Stadtzentrum (vieux Québec, old Quebec) aus, das sich an den Kliffrand anschließt und seit 1729 von einer Mauer umgeben ist (Abb. 56). Mit schmalen und winkligen Straßen, Plätzen mit Denkmälern, wie z. B. dem Place d'Armes, Kirchen und Bürgerhäusern ver-

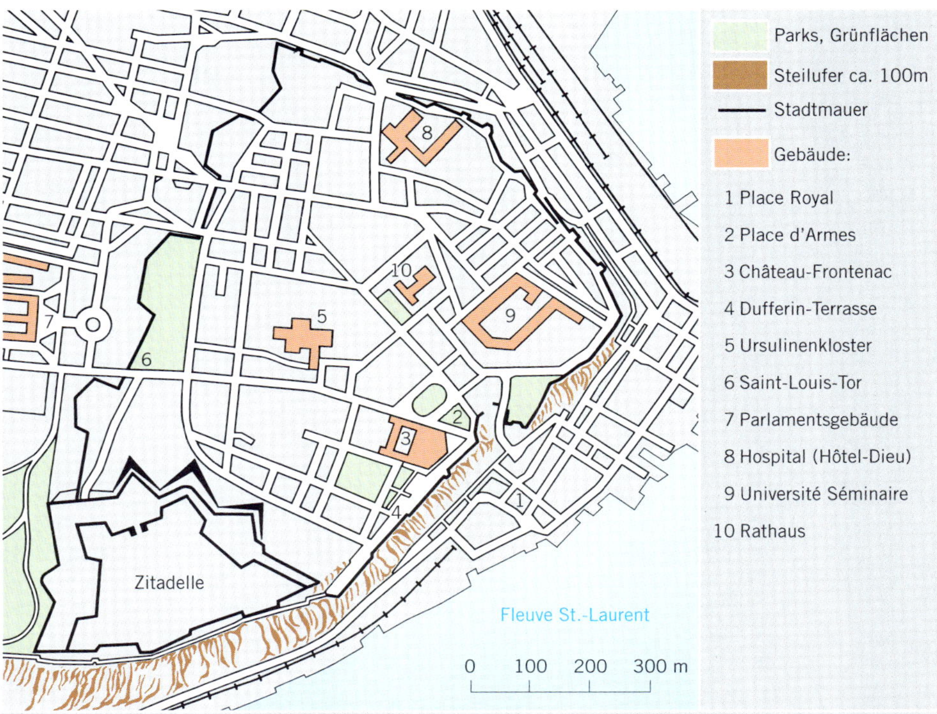

Quelle: Unterlagen der Stadtverwaltung.

Abb. 56: Die Altstadt von Quebec: *Straßennetz, Plätze und viele Gebäude der Innenstadt zeugen von französischen Vorbildern und heben die Ausnahmestellung Quebecs hervor.*

Bild 62: *Place Royal, Gründungszelle der Stadt Quebec in der Unterstadt (gegr. 1608); wieder errichtete Handelshäuser aus dem 17./18. Jahrhundert, Denkmal Ludwigs XIV.*

mittelt die Altstadt den Eindruck einer französischen Kleinstadt des 18. Jh.s. Attraktionen sind ferner die unmittelbar anschließende Zitadelle, die nach dem Krieg mit den USA zwischen 1820 und 1832 erbaut wurde, das weithin sichtbare, 1892 erbaute Hotel Château-Frontenac mit der vorgelagerten Dufferin-Terrasse und als das wohl älteste Gebäude das Ursulinenkloster, dessen Anfänge auf das Jahr 1639 zurückgehen. Die Unterstadt war vor allem auf den Hafen und den Handel ausgerichtet. Als Gründungszelle Quebecs und frühes Wohnquartier der Kaufleute ist hier der Place Royale mit der Kirche Nôtre-Dame-des-Victoires (erbaut 1688 und erneuert 1765) von besonderem Reiz (Bild 62). Wie hier sind überall in der Altstadt Häuser und Plätze erneuert und restauriert worden, um das historische Stadtbild zu erhalten. Zusätzlich bestehen zahlreiche Museen, und es werden besondere Programme, wie der traditionelle Winter Carnival, geboten. Durch den Tourismus sind nicht nur zahlreiche Hotels entstanden, er bringt auch dem Einzelhandel, der in den Straßen der Innenstadt mit vielseitigen Angeboten vertreten ist, große Gewinne.

Neben der historischen Innenstadt drückt sich der französische Ursprung von Quebec City besonders in seiner Bevölkerung aus. Der Anteil der Bewohner, die ihre Herkunft aus Frankreich ableiten, betrug stets über 90 %; andere Ethnien sind kaum vertreten. Entsprechend wird als Mutter- und Umgangssprache fast ausschließlich Französisch angegeben, etwa 30 % der Bewohner sind zweisprachig (1996).

So erweist sich Quebec City als eine französisch geprägte Stadt, die ihren Charakter bis heute bewahrt hat. Im angloamerikanischen Raum ist sie eine Ausnahme.

Die ersten Funktionen der 1843 gegründeten Siedlung Victoria waren Handelsstation der Hudson's Bay Company, Versorgungszentrum für die Goldgräber am Fraser und politischer Mittelpunkt der englischen Kronkolonie. Als einziger herausragender Ort im Westen wurde Victoria mit etwas über 3000 Einwohnern Hauptstadt der 1871 gegründeten Provinz British Columbia.

In dieser Zeit begann eine Phase wirtschaftlicher Blüte, Handel und Verkehr wurden durch Industrie ergänzt, die Holz- und Eisenverarbeitung, die Produktion von Schuhen und Textilien, Getreidemühlen und andere Zweige umfasste. Gleichzeitig siedelten sich verschiedene Banken an, die Finanzierungen übernahmen und den Handel unterstützten. Dieser bezog sich zwar vor allem auf die Provinz, doch konnten auch Verbindungen zu Ländern Ostasiens geschlossen werden. Die Zeit, da Victoria das übergeordnete Zentrum des kanadischen Westens war, blieb allerdings sehr begrenzt. Ihr Ende kam durch die Transkontinentalbahn, die 1885/86 vollendet wurde und entgegen den Vorstellungen Victorias zum Burrard Inlet führte, wo sich der Ort Vancouver gebildet hatte. In nur wenigen Jahren musste Victoria die führende wirtschaftliche Stellung an Vancouver abtreten.

An die Stelle von Industrie, Handel und Verkehr sind heute Regierungs- und Verwaltungsfunktion, die Versorgung eines begrenzten Hinterlandes, Wohnstandort und Tourismus getreten. Entsprechend sind die Arbeitsplätze im tertiären Sektor auf über 84 % (1996) angestiegen, während der Anteil der Industriebeschäftigten auf knapp 5 % gesunken ist. Laufend erhöht haben sich dagegen die Angestelltenzahlen in den Verwaltungen, der Universität und anderen Einrichtungen, zu denen das Astrophysikalische Observatorium, ozeanographische Forschungsstätten und eine Marinebasis gehören.

Es mögen die pensionierten Marineoffiziere gewesen sein, die in Victoria verblieben und den Wohnwert des Ortes und seiner Küsten bekannt machten. Jedenfalls siedelten sich in der Folgezeit zahlreiche britische Offiziere und andere wohlhabende Familien aus dem Empire hier an. Ihnen folgten in den letzten Jahrzehnten vor allem Kanadier aus den Prärieprovinzen, die hier ihren Lebensabend verbringen. Anziehend sind vor allem das ausgeglichene milde Klima von mediterranem Typ, eine lange Wachstumsperiode der Vegetation und die Landschaft. Beste Wohnlagen bieten die Küsten im Süden und Osten, wie z. B. an der Oak Bay, wo prächtige Hausgärten gepflegt werden. So ist Victoria zu einem beliebten Wohnplatz besonders für Pensionäre geworden und hat damit eine einträgliche Funktion gewonnen.

Die gleichen Faktoren, die Victoria für das Wohnen attraktiv machen, gelten auch für den Tourismus. Hier kommt hinzu, dass sich die Stadt mit dem Slogan „bit of Old England" ein Image verschaffen konnte, das für Kanadier und US-Bürger gleichermaßen interessant ist.

Ein besonderer Anziehungspunkt ist die Innenstadt, die sich östlich an das flache Becken des Inner Harbour anschließt (Bild 63). Schon seit den 1960er-Jahren besteht ein Programm, diesen Bereich attraktiv und dem Image gemäß zu gestalten. Dazu dienen das bereits 1908 eröffnete Empress-Hotel, in dem englische Traditionen gepflegt werden, aus England stammende Straßenlaternen, Londoner Omnibusse und andere typische Einrichtungen. Zum Image gehören ferner die Regierungsgebäude und zahlreiche Geschäfte mit typischen britischen Angeboten. Verschiedene Museen, darunter das bekannte Provinzmuseum, sind weitere besondere Anziehungspunkte. So ist die Innenstadt ein belebter Mittelpunkt mit Einzelhandel, Dienstleistungen und Arbeitsplätzen geblieben. Auch sind Wohn- und Bevölkerungsdichte relativ hoch (1991: Stadt Victoria 3800 Einw./km^2); bemerkenswert ist, dass die Bevölkerung zunimmt.

Dass die Stadt mit Recht ihr englisches Image herausstellt, zeigt der hohe Anteil der Bevölkerung britischer Abstammung von über 70 %. Englisch als Muttersprache wird von fast 90 % genannt, als Umgangssprache ist es fast ausschließlich verbreitet (Tab. 46). Allerdings kommt in Victoria eine größere Zahl asiatischer Einwanderer, besonders Chinesen, hinzu; der Anteil sog. *visible minorities* hat sich auf 7,5 % erhöht (1996). Wie in Quebec City der französische Einfluss ausschlaggebend ist, dominiert in Victoria der englische. Beide Städte sind gleichsam Exponenten für den kulturellen Dualismus in Kanada. Sie haben diese Stellung für den Tourismus genutzt, weisen aber auch in ihrer funktionalen Entwicklung viele Gemeinsamkeiten auf.

Voraussetzungen für die Gründung der Präriestadt Regina im Jahre 1882 waren ein Wasserlauf und die Gewissheit, dass die Route der Transkontinentalbahn über diesen Platz führen würde. Schon 1883 legte man den Verwaltungssitz der damaligen meist noch unbesiedelten Nordwest-Territorien nach Regina, wo auch das Haupt-

Bild 63: *Victoria, Britisch-Kolumbien; Blick über den Innenhafen auf das 1908 eröffnete Hotel The Empress, Ausdruck englischer Tradition.*

quartier der North West Mounted Police bestand. Dennoch konnte die Stadt erst mit der Besiedlung ihrer Umgebung wachsen. Noch bis zur Jahrhundertwende zählte sie nur 2200 Einwohner, 1911 mehr als 30000.

Als günstig erwies sich, dass das umliegende Land für den Weizenanbau sehr geeignet ist und dass die Stadt 1905 Regierungssitz der neu gebildeten Provinz Saskatchewan wurde, die Verwaltungsfunktion also beibehalten werden konnte. Seitdem haben sich die Funktionen Reginas kaum verändert. An erster Stelle steht die Versorgung des Umlandes, und entsprechend nehmen Handel und Verkehr wichtige Positionen ein. Eine besondere Bedeutung kommt dem Großhandel, u.a. mit landwirtschaftlichen Maschinen, zu. Im Dienstleistungssektor arbeiten über 80% der Erwerbstätigen, wobei ein Teil den überregional zuständigen Verwaltungen zuzuordnen ist. Mit etwa 9% ist dagegen die verarbeitende Industrie nur gering vertreten. Die Herstellung von Nahrungsmitteln und Metallverarbeitung sind die wichtigsten Branchen.

Wie in allen Präriestädten gleicht der Grundriss Reginas einem Schachbrettmuster. Die quadratische Landvermessung wurde auf die Städte übertragen, wobei nur der Verlauf der Eisenbahntrassen Richtungsänderungen im Schema bewirkte. Der Ausgangspunkt der Stadtentwicklung lag südlich des Bahnhofes. Von hier aus erstrecken sich regelmäßig Baublöcke, von denen zwei für die Anlage des Victoria-Parkes ausgespart blieben (Abb. 57). Die traditionelle Funktion der Innenstadt als Standort für Handel und Versorgung ist seit den 1960er-Jahren neu belebt und erweitert worden. Durch den Bau von Büros, Banken, Hotels, verschiedenen Einkaufszentren sowie einem neuen Rathaus ist die Innenstadt nicht nur neu gestaltet worden, sondern es sind auch viele Arbeitsplätze hinzugekommen. Die wiederum hatten zur Folge, dass innerhalb und besonders südlich angrenzend Apartmenthäuser entstanden und damit die Wohnfunktion im Innenstadtbereich erheblich verstärkt wurde. Die wirtschaftliche Aktivität Reginas ist heute überwiegend in der Innenstadt konzentriert, diese ist Zentrum von Verwaltung und Dienstleistungen und hat ihre Bedeutung für den Einzelhandel trotz der Einkaufsstätten in den Suburbs ausbauen können. Industrie und Großhandel haben besonders im Nordosten einen zusammenhängenden Standort, während im Süden, im sog. Wascana Centre, ein ausgedehntes Naherholungsgebiet erhalten werden konnte. Mit aufgestauten Teichen, Grünanlagen und botani-

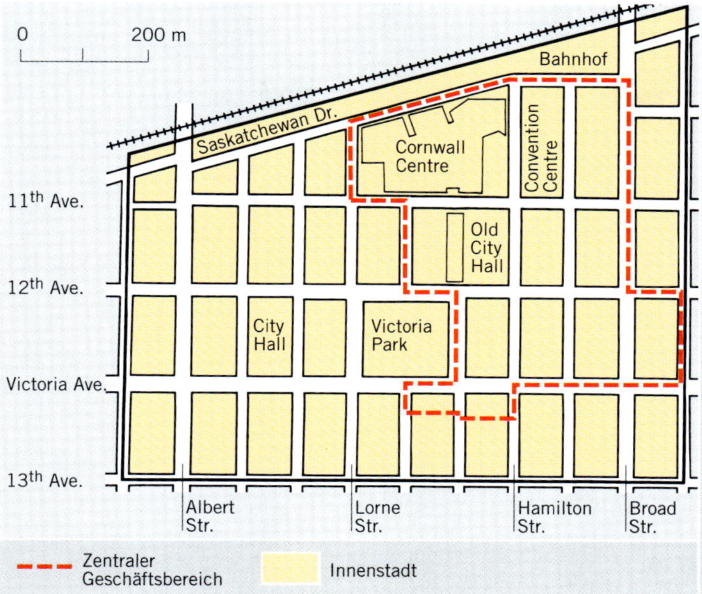

Quelle: Unterlagen der Stadtverwaltung.

Abb. 57: Zentraler Bereich von Regina, Saskatchewan („Market Square"): *Der Grundriss der 1882 gegründeten und geplanten Präriestadt lehnt sich an die quadratische Landaufteilung des Raumes an.*

Sprachen (1996)	Quebec City (%)	Victoria (%)	Regina (%)
Englisch	1,2	94,4	95,7
Französisch	97,2	0,5	0,4
Nicht-offizielle Sprachen	0,8	4,2	3,0
Mehrere Sprachen	0,8	0,9	0,9

Quelle: Census of Canada 1996 (Cat. 95-198, 208, 214).

Tab. 46: Umgangssprachen in Quebec City, Victoria und Regina

schen Besonderheiten ist es eine Art Oase in der sonst trockenen Prärielandschaft. Randlich sind das 1911 erbaute Parlamentsgebäude und der Universitätscampus (gegründet 1961) gut eingefügt.

Die Lage Reginas in den Prärien zeigt sich deutlich an dem ethnischen Profil seiner Bevölkerung. Während in Quebec City und Victoria Bewohner mit französischer bzw. britischer Herkunft jeweils mit großem Abstand dominieren, sind die Gruppen in Regina auf viele europäische Länder verteilt. Bei der Befragung von 1971 gaben als Herkunft ihrer Familien an: britisch (46,5%), deutsch (21,8%), ukrainisch (6,2%), französisch (4,4%), nordeuropäisch (3,8%), polnisch (2,7%).

Bei den Sprachen hat sich mit einem hohen Anteil Englisch durchgesetzt. Dies zeigt an, dass Einwanderer aus nichtbritischen europäischen Ländern schon seit einigen Generationen ansässig sind. Untersuchungen der starken deutschen Gruppe haben gezeigt, dass sich der „Assimilationsprozess weitgehend bereits in der zweiten Generation vollzogen hat", und auch die Sprache zugunsten des Englischen aufgegeben wurde. Die früher gebildeten räumlichen Konzentrationen, wie das *Deutsche Viertel*, werden vermutlich bald der Vergangenheit angehören, zumal kaum noch Nachschub kommt (Vogt 1990: 116). Dagegen nehmen in neuerer Zeit Einwanderer asiatischer Herkunft zu; sie haben einen Anteil von 5% erreicht (1996).

Winnipeg und Vancouver: Entwicklungen in Abhängigkeit von geographischer Lage und Verkehr

Beide Städte haben eine voneinander sehr abweichende geographische Lage: Winnipeg befindet sich fast in der Mitte des besiedelten Teiles von Kanada, etwa 1800 km Luftlinie von Vancouver bzw. Montreal entfernt. Vancouver liegt im äußeren Westen, am Pazifischen Ozean, mit der Gunst eines Hafens und Verbindungen über die Meere. Völlig unterschiedlich ist auch die Umgebung: Um Winnipeg befindet sich ein ebenes Gelände, der ehemalige Untergrund des glazialen Lake Agassiz; östlich schließt sich der fast unbesiedelte Kanadische Schild an, im Westen liegen die landwirtschaftlich genutzten Prärien. Vancouver besitzt dagegen von allen kanadischen Städten die abwechslungsreichste und attraktivste Lage. Meeresstrand und Hochgebirge sind hier in unmittelbarer Nähe, großartige Naturparks liegen in kürzester Entfernung von der Großstadt. Dem kontinentalen Klima Winnipegs mit hohen Temperaturamplituden und langen harten Wintern steht das maritim beeinflusste milde Klima Vancouvers gegenüber, das eine üppige Vegetation hervorbringt.

Die Gemeinsamkeiten beider Städte liegen in ihren historischen Anfängen, die auf die Zeit um 1870 zurückgehen. Für beide wird die Transkontinentalbahn zum Anstoß ihrer wirtschaftlichen Entwicklung. Sie erreichte Winnipeg 1881, das damit zum Eingangstor des zu erschließenden Westens wird. Wenige Jahre später (1887) ist auch Vancouver – gleichsam als Endstation – angeschlossen. Während sich der Einflussbereich Winnipegs auf ein natürlich begrenztes westliches Hinterland erstreckt, hat Vancouver den Vorteil der Lage am Meer. Mit seinem Hafen wird die Stadt zum Umschlagplatz und hat die Chance, sich einen weltweiten Handelsraum zu erschließen.

In den ersten Jahren ist das Wachstum beider Städte noch verhalten; ein nachhaltiger Aufschwung ist mit der starken Einwanderungswelle von der Jahrhundertwende bis zum Ersten Weltkrieg verbunden. In dieser Zeit der Landnahme in den Prärien verstärkte sich besonders die Stellung Winnipegs, das nicht nur Ausgangs- und Mittelpunkt des Verkehrs wird, sondern auch Zentrum des Großhandels und des Finanzwesens für das gesamte Kolonisationsgebiet der Prärien. Die Stellung Vancouvers verstärkte sich wesentlich durch die Eröffnung des Panamakanals im Jahre 1914, da es nun leichter möglich war, die landwirtschaftlichen Produkte der Prärien zum Osten und nach Europa zu verschiffen bzw. Versorgungsgüter von dort einzuführen. Die Ausdehnung des Hinterlandes von Vancouver erfolgte zu Lasten Winnipegs, die Grenze zwischen beiden verschob sich bis Saskatchewan, der westliche Teil orientierte sich zum Pazifischen Raum. Die ersten Weizenlieferungen nach Europa verließen den Hafen Vancouvers 1917. Sie nahmen schnell zu, zumal die Transporte aus den Prärien durch niedrige Frachtraten begünstigt wurden.

Der Einfluss Winnipegs auf das westliche Hinterland ging auch deshalb zurück, da sich seit den 1920er-Jahren eine Dezentralisierung durchsetzte, wobei andere Präriestädte Funktionen des Handels und der Versorgung für ihre Regionen übernahmen. Die außerordentlichen Wachstumsraten Winnipegs gingen zurück, sie konnten nur durch eine eigenständige Industrie ausgeglichen werden. Das gelang jedoch erst allmählich, und auch in neuerer Zeit verlief die Entwicklung der Stadt eher stagnierend. Begünstigt durch reiche Erdöl- und Erdgasfunde wuchsen dagegen die westlichen Großstädte Edmonton und Calgary schnell an und übertrafen bald die Metropole Winnipeg.

Die Stellung Vancouvers verstärkte sich dagegen. Durch die zunehmende Nutzung der reichen Rohstoffvorkommen Holz, Erze und Fische erweiterten sich Handel und Exporte, und auch die verarbeitende Industrie fand in Vancouver den günstigen Standort. Die später erfolgte Dezentralisierung konnte die überragende Stellung der Stadt nicht wesentlich schmälern. Heute leben im Großraum von Vancouver fast 2 Mio. Menschen, das ist die Hälfte der Bevölkerung Britisch-Kolumbiens; die Stadt ist das bedeutendste Wirtschaftszentrum des kanadischen Westens geworden, allerdings konnte es sich relativ unabhängig von den Großstädten der Zentralregion entwickeln. Auch Winnipeg hat seine hervorragende Stellung innerhalb der Provinz behalten und weiter ausbauen können. Insgesamt sind hier 58 % der Bevölkerung und über drei Viertel der Industrie Manitobas zusammengezogen. Jedoch ist die Stellung der Stadt im nationalen Rahmen zurückgegangen. Was die Bevölkerungszahl angeht, wurde Winnipeg seit 1961 vom 4. auf den 8. Rang verdrängt.

Der strategisch günstige Standort Winnipegs wurde schon lange vor der Anlage der Stadt durch verschiedene Handelsstationen genutzt. Durch den Red River bestand eine Nord-Süd-Verbindung, die weite Gebiete im Norden und Nordwesten erschloss und andererseits in die USA führte; über den Assiniboine konnte man nach Westen gelangen. Bereits seit 1859 verkehrten Dampfschiffe auf dem Red River, wodurch der Handel vor allem mit St. Paul (USA) gefördert wurde. Das damalige Fort Gary übernahm die Umschlagfunktion. Unweit davon, am Zusammenfluss von Assiniboine und Red River bildete sich Winnipeg, das 1871 aus wenigen Holzhäusern bestand und 241 Einwohner zählte. Die Entwicklung des Ortes war an die geplante Transkontinentalbahn gebunden, mit seiner Wahl zum Knotenpunkt der Canadian Pacific Railway war der Aufschwung programmiert. Er erreichte mit der starken Einwanderung und der zügigen Kolonisation der Prärien um die Jahrhundertwende seinen Höhepunkt, endete jedoch schon vor dem Ersten Weltkrieg. In dieser Zeit konnte die Stadt nicht nur ihr Areal zu beiden Seiten der Flüsse ausdehnen und eine Bevölkerungszahl von 136 000 (1911) erreichen, sie war vor allem das überragende Handelszentrum des Mittleren Westens geworden. Ihr Versorgungsbereich dehnte sich mit der Kolonisation über etwa 1200 km nach Westen aus. In Winnipeg konzentrierte sich der Handel mit dem Hauptprodukt der Prärien, dem Weizen, der von hier aus nach Osten weitertransportiert wurde. Von dort kamen die Versorgungsgüter, die an die kleineren Marktzentren verteilt werden mussten. Ebenso war Winnipeg Durchgangsstation für die Einwanderer aus Europa, die von hier aus in ihre Siedelgebiete geleitet wurden.

Entsprechend diesen Funktionen entstanden innerhalb der Stadt und vor allem im östlichen und nördlichen Randbereich Bahnhöfe mit umfangreichen Gleisanlagen, Werkstätten und anderen Betriebseinrichtungen. Sie sind wohl das auffallendste Element, das noch heute an die Aufstiegsperiode der Stadt erinnert. Typisch waren ferner Einrichtungen des Großhandels, Firmengebäude, Lagerhäuser und -plätze, Angebote landwirtschaftlicher Maschinen und Geräte, Büros von Getreidehändlern, Banken und Versicherungen. In der Industrie nahm bedingt durch die Bahn die Eisenverarbeitung eine wichtige Stelle ein, gefolgt von Getreidemühlen. Es kam zur Ausbildung einer Stadtstruktur mit räumlich getrennten Funktionen und einer Unterteilung der Wohngebiete nach sozialen und ethnischen Bevölkerungsgruppen.

Mittelpunkt der Stadt wurde ein Bereich um Mainstreet und Portage Avenue. Schon in den 1880er-Jahren, besonders aber durch die Verlagerung der Getreidebörse an die Kreuzung beider Straßen (1906) entstand hier das Zentrum des Handels mit zahlreichen Firmen und Banken. Im Norden entstand schon früh durch Bahnanlagen ein Industrieviertel mit Eisenverarbeitung, Sägewerken und Getreidemühlen. Hier siedelten sich überwiegend Arbeiter an, die zu einem großen Teil aus Osteuropa kamen. Die Wohnbereiche im Süden und Westen waren dagegen der sozialen Ober- und Mittelschicht vorbehalten. Die frühe ethnische und gleichzeitig soziale Trennung hat einen Bruch in der Bevölkerung bewirkt, der kaum zu überwinden war und den sozialen Frieden beeinflusst hat (Artibise 1975). Von den Suburbs hebt sich St. Boniface östlich des Red River ab, wo sich eine relativ starke frankokanadische Bevölkerungsgruppe konzentriert hat und ein Zentrum mit Kirchen, Schulen und Krankenhaus entstanden ist.

Der Bedeutungsverlust Winnipegs, der in den 1920er-Jahren einsetzte, bestimmte das Wachstum der Stadt lange Zeit. Auch die Industrie mit starker Konsumgüterproduktion, wie Nahrungsmittel, Bekleidung, Holzprodukte, ferner Metallverarbeitung und Maschinenbau, hat daran wenig ändern können und ist von anderen Präriestädten übertroffen worden. Die früher so bedeutsame Verkehrsfunktion zwischen Ost- und Westkanada galt für das Zeitalter der Eisenbahn; mit der Verlagerung auf den Straßen- und Luftverkehr musste Winnipeg erhebliche Einschränkungen hinnehmen.

Von den Erwerbstätigen sind heute in Industrie und Bauwirtschaft knapp 20 % beschäftigt. Dagegen hat der Dienstleistungssektor stark zugenommen, was vor allem für die Bereiche Handel, Banken und Versicherungen, Bildung und Gesundheit

Bild 64: *Zentraler Geschäftsbereich von Winnipeg, Manitoba; moderne Hochhäuser für Handel und Banken.*

Quelle: Christoph Stadel.

sowie die öffentlichen Verwaltungen zutrifft, wenn auch der Einfluss der Institutionen über die Provinzgrenze hinaus sehr zurückgegangen ist.

Rückgang und Einschränkung der Funktionen Winnipegs haben hauptsächlich das Stadtzentrum betroffen. Zudem wanderten Bevölkerung und Einzelhandel in die Außenbezirke ab, sodass Umsätze und Arbeitsplätze um über die Hälfte verloren gingen. Der Niedergang der Innenstadt konnte auch durch verschiedene repräsentative Neubauten in den 1960er- und 1970er-Jahren, wie Rathaus und Verwaltungszentrum, Kultureinrichtungen u. a. nicht aufgehalten werden. Eine umfassende Sanierung wurde erst seit 1980 mit dem *Plan Winnipeg* aufgenommen, an dem sich Bund, Provinz und Stadt finanziell beteiligen (Hahn 1988). Der Neubau des Einkaufszentrums Portage Place, das mit anderen Kaufhäusern und Bürogebäuden über Fußgängerwege (Skyways) auf der Etage bzw. unterirdisch verbunden ist, soll den Einzelhandel stärken und das Einkaufen vor allem im Winter erleichtern (Bild 64).

Die Maßnahmen zur Sanierung und Belebung der Innenstadt werden ergänzt durch die Neugestaltung von Gelände, das früher durch Industrie, Großhandel, Bahnanlagen u. a. besetzt war, doch seit langem brachliegt. Ein Beispiel ist der Bereich The Forks am Red River, wo mit dem Bau der Transkontinentalbahn vor über 100 Jahren der bedeutendste Güter- und Verschiebebahnhof für den Westen entstand. Erst in neuerer Zeit wurde das längst funktionslose Areal in die Planung Winnipegs aufgenommen. Es ist für eine gemischte Nutzung mit Wohnungen, Kultur- und Freizeitanlagen sowie kommerziellen Einrichtungen vorgesehen und wird eng mit der Innenstadt verbunden sein.

Die Außenbezirke haben sich zwar in den Nachkriegsjahrzehnten weiter ausgedehnt, doch haben sich ihre Bevölkerungsstrukturen weitgehend erhalten. Nach wie vor konzentrieren sich im Norden europäische Einwanderer nichtbritischer Herkunft, unter denen Nachkommen von Ukrainern stark vertreten sind. In den Stadtteilen St. Boniface und St. Vital zeigt sich der französische Einfluss, der auch in der Sprache zum Ausdruck kommt. Im Südwesten befinden sich die früher angelegten Viertel der sozialen Oberklasse, zu denen weitere exklusive Wohnquartiere wie Tuxedo hinzugekommen sind.

So spiegelt das heutige ethnische Profil der Bevölkerung Winnipegs die früher überwiegende europäische Einwanderung noch deutlich wider: Mit mehr als der Hälfte überwiegt ein starker britischer Anteil, jeweils über 10 % geben als Herkunft ihrer Familien Deutschland, die Ukraine und Frankreich an, ein weiterer Teil Polen, Holland oder Island. Erst in neuerer Zeit nehmen Einwanderer aus Ostasien und den Philippinen zu. Entsprechend sind die Sprachen verteilt: Obwohl die Muttersprachen noch sehr differenziert sind, hat sich als tägliche Umgangssprache mit rd. 90 % Englisch durchgesetzt, 2 % entfallen auf Französisch. Deutsch geben über 25 000 Personen als Muttersprache an (4 %), im Umgang wird es jedoch nur von 5000 benutzt (1996).

Vancouver bildete sich um 1870 aus kleinen besiedelten Plätzen an der südlichen Küste des Burrard Inlet, einer lang gestreckten Bucht des Pazifischen Ozeans. Die Entwicklung beruhte auf der Transkontinentalbahn, die zunächst in Port Moody am östlichen Rand der Bucht endete und 1887 bis Vancouver (vormals Granville) weitergeführt wurde. Dieser Anschluss gab dem Ort den entscheidenden Vorteil gegenüber der schon bestehenden Provinzhauptstadt Victoria, die in kurzer Zeit überholt werden konnte.

Die günstige Verkehrslage mit Bahn und Seeverkehr von einem vorteilhaften Naturhafen aus, dessen Radius durch den 1914 eröffneten Panamakanal zur Ostküste und nach Europa erweitert wurde, ließen Vancouver in kurzer Zeit zum Wirtschaftszentrum des kanadischen Westens aufsteigen. Zudem erwies sich das Hinterland als außerordentlich reich an Ressourcen, die den Handel bestimmten, genannt seien Holz, Bergbauprodukte, Fische und landwirtschaftliche Güter. Heute ist der Handel zu fast zwei Drittel international und besonders nach Ostasien ausgerichtet. So wurde die wenig über 100 Jahre alte Geschichte der Stadt durch keinen wesentlichen Einbruch bestimmt, wie ihn Winnipeg nach 1914 hinnehmen musste.

Die Funktionen der Stadt wurden zunächst von der Rohstoffverarbeitung und dem Handel bestimmt: Holz und Papier, Nahrungsmittel einschließlich Fisch, elektrotechnische Ausrüstungen sowie Transportmittel stellen wichtige Branchen dar. Allerdings sind schon seit längerer Zeit Dienstleistungen in Handel und Finanzwesen, in Verwaltungen, Bildung und Gesundheit ausschlaggebend für die Wirtschaft und für weit über 80 % der Arbeitsplätze. Zu einem beachtlichen Wirtschaftsfaktor hat sich der Tourismus mit über 7 Mio. Besuchern entwickelt, allein über 700 000 landen jährlich mit Kreuzfahrtschiffen. Zu den neueren Branchen gehört die Filmproduktion, die gute Chancen für ein schnelles Wachstum hat.

Die im Großraum von Vancouver herausragende Struktureinheit ist die Innenstadt oder Downtown, die sich auf der Halbinsel zwischen Burrard Inlet und False Creek befindet (Abb. 58). In diesem Bereich wurden unweit des Hafens die ersten Straßen ausgelegt, um 1890 umfasste er noch das gesamte Stadtgebiet. Die Entwicklung der Downtown im 20. Jh. kann als typisch gelten: In den beiden Perioden eines außergewöhnlichen Aufschwunges der Stadt, zwischen 1905 und 1913 sowie 1921 und 1929, formte sich ein zentraler Geschäftsbereich im Umkreis der Achsen Granville, Georgia und Hastings Street. Bis Ende der 1920er-Jahre hatten sich hier Banken und Handelsfirmen, Lagerhäuser und Industriebetriebe, Hotels, Theater und zahlreiche Geschäfte angesiedelt. Kennzeichnend war die Mischung von Funktionen des sekundären und tertiären Sektors, wodurch auch die Physiognomie bestimmt wurde. An dieser Zusammensetzung hat sich in den folgenden Jahrzehnten kaum etwas geändert. Die meist vier- bis sechsgeschossigen Gebäude mit ihren schlichten Fassaden und auch die Straßen mit den oberirdisch geführten Leitungen wirkten heruntergekommen. Weitaus stärkere Anziehungskraft übte das Umland aus. Das zeigte sich schon begrenzt in den 1930er-Jahren, als die Mobilität der Bevölkerung durch das Auto schnell zunahm. Mit dem ersten Einkaufszentrum, das 1950 im suburbanen Raum entstand, wurde auch der Verteilerhandel zunehmend der Innenstadt entzogen. Gleichzeitig wanderten Firmen des Großhandels und Industriebetriebe ab. In dieser frühen Nachkriegszeit wurde ernsthaft für oder gegen eine

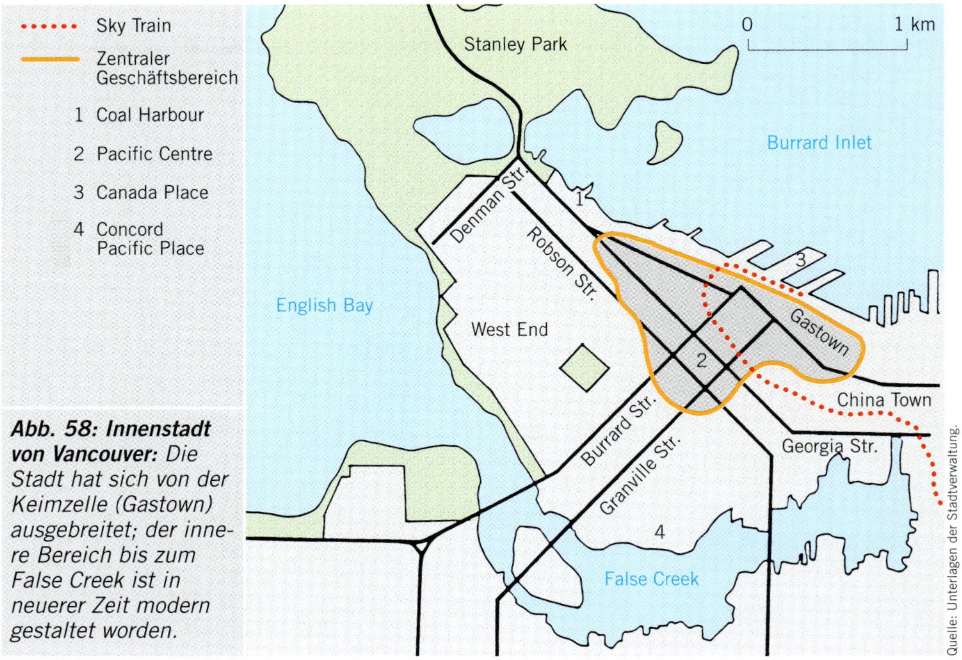

Abb. 58: Innenstadt von Vancouver: *Die Stadt hat sich von der Keimzelle (Gastown) ausgebreitet; der innere Bereich bis zum False Creek ist in neuerer Zeit modern gestaltet worden.*

Erneuerung der Innenstadt diskutiert, zumal die Verfallserscheinungen zunahmen und die Grundstückspreise sanken.

Überlegungen und Warnungen, die Innenstadt nicht aufzugeben, führten in ihre neue Entwicklungsphase, die etwa Ende der 1960er-Jahre verstärkt einsetzte und bis heute anhält. Eine wieder aufstrebende Wirtschaft ermöglichte den Bau von imposanten Bürogebäuden, Bank- und Versicherungszentralen, Verwaltungssitzen von Firmen und internationalen Gesellschaften. Hochhäuser traten an die Stelle alter und zum Teil verlassener Industrien, Lagerplätze und Wohngebäude (Bild 65). Es entstanden Hotels, verbesserte Einkaufsmöglichkeiten, Stätten der Unterhaltung, kulturelle Angebote usw. Am östlichen Rand wurde durch private Initiative der historische Ortskern von Granville, dem Ausgangspunkt Vancouvers, aufgewertet. Das als *Gastown* bezeichnete Viertel ist durch Kunstgalerien, Antiquitätengeschäfte, Boutiquen und Restaurants zu einem besonderen Anziehungspunkt für Touristen geworden. Seit 1971 ist Gastown historischer Bezirk und wird gesetzlich geschützt. Nicht weit südlich schließt sich die Chinatown an, die eine lange Tradition hat und mit ihren Geschäften und Restaurants ebenfalls eine Attraktion darstellt.

Einige Großprojekte aus neuerer Zeit, durch die der Innenstadtbereich aufgewertet wurde, seien hier genannt: Die Verlegung der Toronto Dominion Bank im Jahr 1971 war der Auftakt für das Pacific Centre an der Granville Street inmitten der Downtown. Dabei handelt es sich um einen Komplex von Bürohäusern, einem Kaufhaus, Einzelhandelsgeschäften, Restaurants, Dienstleistungen und einem Hotel. Das teils unterirdisch angelegte Einkaufszentrum ist eher eine Ergänzung zu den Büros und wird auch besonders von den Angestellten frequentiert. Eine Kombination von Büroräumen und Wohnungen bieten die an der Wasserfront des Burrard Inlet gelegenen Projekte Coal Harbour und Bayshore; beide ermöglichen Wohnen in attraktiver Lage und Arbeiten in nächster Nähe. Das ist auch bei dem an der English Bay gelegenen Stadtteil West End der Fall. Ehemals ein locker bebautes Wohngebiet der sozialen Oberklasse, ist hier seit den 1960er-Jahren ein dicht bebautes und bevölkertes Hochhausviertel entstanden. Die Lage besticht durch die unmittelbare Nähe des Stadtzentrums, des weitläufigen Stan-

Bild 65: *Nördliche Innenstadt von Vancouver, Britisch-Kolumbien, mit Stanley Park im Hintergrund.*

ley Park und des Ozeanstrandes. Damit ist West End zu einem bevorzugten Wohngebiet besonders für gut verdienende junge Leute in Kleinhaushalten geworden.

Ein weitgehender Impuls für die Innenstadtgestaltung ging von der Weltausstellung Expo 1986 aus. Am bekanntesten ist der architektonisch eindrucksvolle Hotel- und Kongresskomplex Canada Place, der auf ehemaligem Hafengebiet am Burrard Inlet erbaut wurde. Nicht weniger bedeutend ist die zurzeit noch laufende Revitalisierung des Geländes an der Nordseite des False Creek, der Concord Pacific Place. Das ehemalige, heruntergekommene Industriegebiet wurde teilweise von der Expo '86 genutzt und wird jetzt als Wohngebiet für 13 000 Menschen in sechs Nachbarschaften ausgebaut. Dazu gehören umfangreiche Flächen am Wasser für Naherholung und Sport.

Die Projekte werden in Partnerschaft zwischen privaten Investoren und der öffentlichen Hand (public private partnership) verwirklicht, wobei sich kommunale Vorstellungen einbringen lassen. Eine Reihe von Immobilien ist inzwischen im Besitz ostasiatischer Kapitalanleger, wie auch das Expo-Areal am False Creek von einem Industriellen aus Hongkong 1989 aufgekauft wurde (Wieger 1994: 86f.). Ein wichtiges kommunales Anliegen ist, die Einkaufsstraßen mit ihrem kleinteiligen Einzelhandel (street retailing) zu erhalten. Beispiele dafür sind Robson, Denman oder Granville Street, wo sich an den Läden und Restaurants die vielfältigen ethnischen Gruppen in der Stadt zu erkennen geben und wo stets ein reges Leben nach europäischen Vorbildern herrscht.

So bietet sich die Innenstadt Vancouvers heute als ein sehr intakter Kern, der nicht nur Touristen anzieht, sondern für den auch eine positive Bevölkerungsentwicklung vorausgesagt wird; zurzeit leben fast 50 000 Menschen in der Downtown. Für einen Zuzug sind sicherlich die neu geschaffenen Arbeitsplätze in den Büros, vor allem in gut bezahlten und kreativen Berufen, ein wichtiger Grund. Die positiven Trends hängen aber auch mit der Lebensqualität, der *Livable Region*, und den unterschiedlichen Lebensstilen zusammen, die man hier finden kann und die toleriert werden (Helmbrecht 1997 u. 1998b).

Lebensqualität und Wachstumstrend beziehen sich gleichermaßen auf den Großraum, den Greater Vancouver Regional District. Die Bevölkerungszahl von 1,8 Mio.

Abb. 59: Großraum von Vancouver: *Die schnelle Ausdehnung des Stadtgebietes nach Süden erfordert langfristige Planungen vor allem bei der Erhaltung einer Landreserve.*

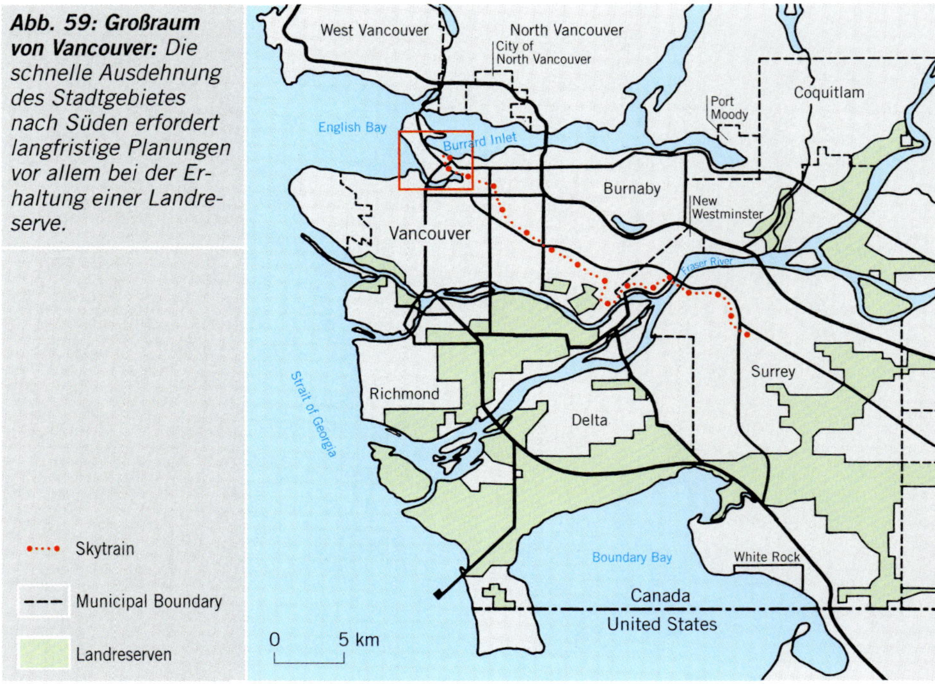

Quelle: Evenden/Meligrana 1998, S. 153.

könnte nach Prognosen in den nächsten 20 Jahren auf über 3 Mio. ansteigen. So muss auf die Fläche von fast 3000 km² mit 18 Gemeinden (municipalities) geachtet werden, zumal sich die Region besonders nach Süden auf dem fruchtbaren Mündungsdelta des Fraser-Flusses erstreckt und durch Berge, Ozean und US-Grenze eingeengt ist. Ein bestimmtes Areal ist zudem als landwirtschaftliche Reserve ausgewiesen und geschützt (Abb. 59).

Die Planung geht nach dem Leitsystem der dezentralen Konzentration vor, wobei an bestimmten verkehrsgünstigen Punkten Wohnungen, Versorgungseinrichtungen und Arbeitsplätze verdichtet werden. Hier bilden sich autarke Kommunen, wie Burnaby oder Surrey, die jedoch keine Konkurrenz zur Innenstadt darstellen. Sie sind in ein Verkehrskonzept einbezogen, in dem der Hochbahn *Skytrain* eine besondere Rolle zukommt. Um die überaus flächenintensiven Einzelhaus-Garten-Siedlungen einzuschränken, werden auch Wohngebiete verdichtet und bevorzugt Einzelhäuser auf engem Raum, drei- bis fünfgeschossige Wohnhäuser sowie Apartmenthochhäuser erbaut (Rau & Rupp 1998).

Der positive Entwicklungstrend im Großraum von Vancouver setzt sich auch über die US-Grenze fort und umfasst einen stark verstädterten Korridor, der über Seattle (Washington) bis Portland (Oregon) reicht (Cascadia). Zu der zusammengefassten Pacific Northwest Region gehören als Hinterland vier US-Staaten und die kanadischen Provinzen Britisch-Kolumbien und Alberta. Die Region ist reich an natürlichen Ressourcen und verfügt über eine wachsende und gut ausgebildete Bevölkerung. Gemeinsame Entwicklungen und Interessen haben bereits grenzüberschreitende Planungen ausgelöst, und es ist zu erwarten, dass künftig von dieser Region Impulse für nachhaltige Entwicklungen ausgehen (Evenden & Meligrana 1998).

Das Bevölkerungswachstum Vancouvers beruht zu einem großen Teil auf Einwanderer, für die es neben Toronto ein bevorzugtes Ziel ist. Kamen die Menschen bis zur Mitte des 20. Jahrhunderts aus Europa und vor allem aus Großbritannien, hat sich die Herkunft seit den 1960er-Jahren auf Länder Ost- und Südostasiens, wie Hongkong, die VR China, Taiwan, Indien u. a., verschoben. Im ethnischen Profil machen Menschen aus Asien und Afrika etwa 20 % aus; ein gleicher Anteil gibt als Umgangssprache eine „nicht offizielle Sprache“ an. Der Anteil sog. visible minorities beläuft sich auf etwas über 30 %, davon sind die Hälfte Chinesen (1996).

Jedoch ist in Vancouver viel vom englischen Flair und einer imperialen Einstellung bewahrt worden; Traditionen aus England und anderen europäischen Ländern sind vielfach erhalten. In neuster Zeit ist ein verstärkter asiatischer Einfluss hinzugekommen. Die Stadt bezeichnete sich neuerdings als „Kapitale Asiens“ und versteht sich damit gleichsam als Tor für den jenseits des Ozeans liegenden Kontinent. Damit übernimmt sie eine Funktion, die in ähnlicher Weise Winnipeg vor über 100 Jahren hatte, als es das Tor, die *Gateway Town*, für den kanadischen Westen war.

St. John's, Saint John und Halifax: Probleme ihres Wachstums

Die drei Großstädte der Atlantischen Region sind die überragenden Wirtschaftszentren ihrer Provinzen Neufundland, Neubraunschweig und Neuschottland. St. John's und Halifax sind gleichzeitig Hauptstädte mit dem Sitz der Provinzparlamente und der Verwaltung.

Die Städte sind Ausdruck einer Region, in der sich Land und Meer verzahnen und der Raum durch die Topographie eng gekammert ist. Das Potential für eine wirtschaftliche Nutzung ist karg, jedoch bieten die Schelfbereiche vor den Küsten einen außerordentlichen Fischreichtum, und neuerdings ist im Off-shore-Bereich die Erdöl- und Erdgasförderung aufgenommen worden. Die historische Entwicklung wurde vor allem im 18. Jh. durch bittere Auseinandersetzungen zwischen Franzosen und Engländern geprägt, wofür die Festung Louisbourg (Nova Scotia) ein beredtes Zeugnis ist. Als sich im 19. Jh. die Zentralprovinzen Ontario und Quebec zum wirtschaftlichen Schwerpunkt des Landes herausbildeten, gelangte die Region am Atlantik an die Peripherie. Mögliche Ansätze für eine Industrie, wie z. B. der Schiffbau, gingen verloren oder wurden nicht weitergeführt. Die wirtschaftliche Entwicklung blieb zurück, die Wachstumsraten gehören bis heute zu den niedrigsten des Landes. Diese Situation, auf die bereits hingewiesen wurde, zeigt den engen Rahmen, der für die Städte gegeben ist.

In besonderem Maße wird das bei St. John's (Nfld.) deutlich (Bild 66). Eine Siedlung bildete sich in günstiger Lage an einer gut geschützten Bucht im 16. Jh., wo schon früher englische Fischer überwinterten. Um die Wende zum 19. Jahrhundert zählte der Ort etwa 3000 Einwohner, die hauptsächlich von der Küstenfischerei lebten. Mehrfach

Bild 66: *St. John's, Hauptstadt Neufundlands; Naturhafen mit einer rd. 200 m breiten Durchfahrt zum offenen Atlantik; Blick von den „Narrows“.*

verheerten Brände, wie 1846 und 1892, große Teile der Stadt, die überwiegend aus Holzhäusern bestand. Jedoch gelang es aus finanziellen Gründen nicht, breitere Straßen und Steinbauten durchzusetzen.

Eine herausragende Funktion erhielt St. John's 1832 als Verwaltungssitz der englischen Kolonie, doch brachte dies kaum Fortschritte. Ebenfalls erbrachten Handel und die Versorgung des Umlandes wenig Gewinn, die Bevölkerung der Insel war arm und lebte vorwiegend in abgelegenen Fischerdörfern. So konnte sich St. John's bis ins 20. Jh. nicht wesentlich vergrößern.

Nach 1950 wuchs die Stadt schneller und konnte ihr Areal ausdehnen, wie z. B. durch die New Town Mount Pearl im Südwesten. Der zentrale Geschäftsbereich um die hafennahe Water Street (Abb. 60) ist zwar durch weitere Einrichtungen und ein Einkaufszentrum ergänzt worden, doch fehlen die in anderen Städten typischen Hochhäuser für Banken, Firmenverwaltungen u. a. Dies zeigt, dass in der Stadt keine nennenswerte verarbeitende Industrie und darauf bezogene Dienstleistungen angesiedelt werden konnten. Landesweit weist St. John's unter den Großstädten die geringste industrielle Wertschöpfung auf, die Anzahl der Beschäftigten (ca. 4000) hat sich in letzter Zeit nicht verändert.

Nach der Zusammensetzung herrschen Betriebe der Nahrungsmittelindustrie und die Herstellung von Baumaterialien vor, was eher eine Güterproduktion für den eigenen Bedarf ist. Industriestandorte sind das Hafengebiet mit Reparaturwerkstätten und anderen Dienstleistungen für die Fischereiflotte sowie verschiedene Industrieparks im Stadtgebiet.

Der Güterumschlag im Hafen erreichte nach einer Erneuerung Anfang der 1970er-Jahre 1,2 Mio. t, ist seitdem jedoch zurückgegangen. Dabei sind Importgüter vorherrschend, während die Ausfuhr einheimischer Produkte, wie z. B. von Zellulose und Papier, vielfach über kleinere Häfen an den Standorten erfolgt; ein Beispiel ist Corner Brooks. So verbleibt eine hohe Zahl von Arbeitsplätzen in den öffentlichen Verwaltungen, im Bildungs- und Gesundheitswesen sowie anderen öffentlichen Einrichtungen.

Für die schwache wirtschaftliche Stellung von St. John's sind neben anderen Gründen Lageveränderungen anzuführen, die sich durch den Anschluss der englischen Kolonie Neufundland an Kanada im Jahre 1949 ergeben haben. Wenn auch die lange Kolonialzeit und die Bindungen an England kaum eine stärkere Eigenentwicklung zuließen, so hatte St. John's doch eine wichtige Mittlerrolle zwischen dem englischen Mutterland und der Kolonie. Im Zweiten Weltkrieg diente Neufundland aufgrund seiner strategischen Lage als wichtiger Standort für den transatlantischen Luftverkehr und als Operationsbasis für die alliierten Seestreitkräfte. Davon profitierte vor allem die Wirtschaft.

Durch die Aufnahme Neufundlands als kanadische Provinz gelangte St. John's an den östlichen Rand eines riesigen Staatsgebietes, weit von dessen wirtschaftlichen Zentren entfernt. Die veränderte Lage hätte zu einer Neuorientierung mit dem Ziel eines eigenständigen Industriezentrums mit Hochseefischerei, Fischverarbeitung und Schiffsbau führen können. Das ist jedoch nicht erfolgt. Die vor der Insel liegenden Fischgründe blieben anderen Ländern überlassen. Durch die technische Ausstattung der Hochseeflotten wurde ein Hafenaufenthalt nur noch in besonderen Fällen nötig.

Für St. John's blieb hauptsächlich die Funktion eines Verteilungs- und Versorgungszentrums für die Provinz. Doch auch die wird regional eingeschränkt, da sich durch ein verbessertes Verkehrsnetz weitere Zentren und Fährverbindungen gebildet haben, die lokale Versorgungsfunktionen übernehmen. So hat sich z. B. Corner Brooks an der Westküste ein größeres Hinterland schaffen können. St. John's ist zwar weiterhin das politische und kulturelle Zentrum Neufundlands mit einer fast ausschließlich englischstämmigen und englischsprachigen Bevölkerung, eine wirtschaftlich herausragende Stellung konnte die Stadt jedoch nicht erlangen.

Im Vergleich mit anderen kanadischen Großstädten hat auch Saint John, das wirtschaftliche Zentrum Neubraunschweigs, eine relativ schwache Position. Wie St. John's besitzt es einen günstigen Hafen an der Fundy Bay, die außerordentlich extreme Gezeiten aufweist. Vorteilhaft ist die gute Verbindung ins Landesinnere durch den Saint John River. Das Flusstal besteht

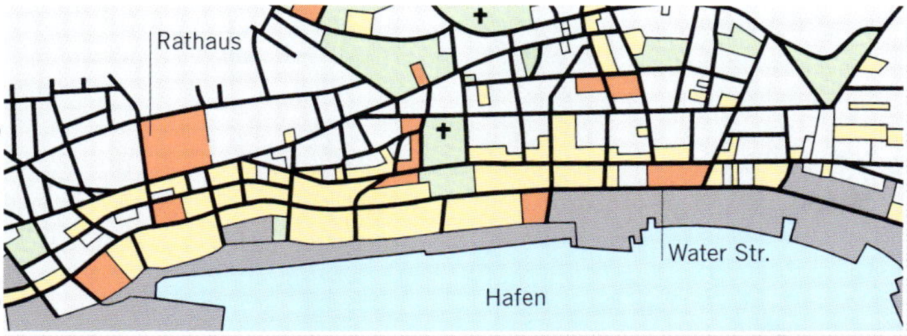

Abb. 60: Innenstadt von St. John's, Neufundland: *Die langsam wachsende Stadt ist mit ihren wichtigsten Einrichtungen traditionell zum Hafen ausgerichtet.*

aus fruchtbaren Böden und lässt eine dichtere Besiedlung zu. Da der Raum seit den ersten Ansiedlungen im 17. Jh. zwischen Franzosen und Engländern umstritten war, errichtete man an dem strategisch wichtigen Standort schon früh Handels- und Militärstationen. Die Bildung einer Stadt geht auf das Jahr 1783 zurück, als hier die ersten sog. Loyalisten aus den kurz zuvor gegründeten Vereinigten Staaten landeten. Zwar siedelten sich viele von ihnen im Flusstal an bzw. zogen weiter, doch beschloss man die Gründung und legte am Hafen die ersten Straßen in Form eines Gitternetzes an.

Die erste und für lange Zeit wichtigste Funktion der jungen Stadt ergab sich aus dem Holzreichtum ihrer Umgebung. Bauholz und Masten für Segelschiffe wurden hauptsächlich nach England und später in die USA exportiert. Hinzu kamen Schiffbau und der Einsatz von Frachtschiffen durch Reedereien der Stadt. Um die Mitte des 19. Jh.s zählte Saint John zu den führenden Häfen des britischen Empire. Jedoch brachte der Übergang von der Segel- zur Dampfschifffahrt eine schwere Krise, und die Hoffnung der Stadt, als Winterhafen für Zentralkanada zu dienen, erfüllten sich erst 1890, als eine Bahnverbindung mit Montreal durch die USA zustande kam. Allerdings veränderte sich die Situation erneut mit der Eröffnung des St.-Lorenz-Seeweges 1959.

Um den Güterumschlag zu erhöhen, hat Saint John seit 1970 große Anstrengungen unternommen und die älteren zentralen Hafenanlagen für den Container-Verkehr erneuert und erweitert. Gleichzeitig ist der Tiefseehafen Canaport für Supertanker angelegt worden, und Pläne bestehen für einen Hafen in Lorneville. Insgesamt konnte der Umschlag seit den 1970er-Jahren erhöht werden, 1994 betrug er 18,6 Mio. t. Dabei ist bemerkenswert, dass Im- und Export ausgeglichener als in anderen Atlantikhäfen sind. An der Ausfuhr sind besonders Zellulose und Papier aus nahe gelegenen Werken, eine große Ölraffinerie und eine Zuckerfabrik beteiligt.

Trotz relativ günstiger Hafenentwicklung ist die Anlage von Industrien zurückgeblieben. Neben den genannten Werken der Holz- und Erdölverarbeitung sind Nahrungsmittelindustrie und kleinere Betriebe des Schiffbaus und dessen Zulieferer zu nennen. Nur 9 % der Erwerbstätigen sind in der verarbeitenden Industrie tätig, dagegen knapp 30 % in den Sektoren Handel und Transport (1996), was auf die Bedeutung des Hafens und die Versorgung eines Umlandes hinweist.

Die moderne Gestaltung von Saint John hat ihren Ausgangspunkt in einem verheerenden Brand im Jahr 1877, dem große Teile der viktorianischen Stadt zum Opfer fielen. Für Jahrzehnte konnten die Verluste nur notdürftig beseitigt werden, und erst seit den 1960er-Jahren wurde eine grundlegende Erneuerung vorgenommen. Ein Schwerpunkt war das Zentrum um den Marktplatz und den Kingspark mit einem neuen Rathaus und vielen restaurierten Gebäuden und Geschäften. Damit blieb die Innenstadt auch wichtigster Standort des Einzelhandels und konnte sich gegenüber Einrichtungen in den Außenbereichen durchsetzen. Allerdings haben sich die Suburbs erst spät gebildet und sind nicht sehr umfangreich. Am auffälligsten war die Verlagerung der Universität, deren neuer Standort am nördlichen Außenrand der Stadt 1960 eröffnet wurde.

Wie in der Provinz Neubraunschweig gehört die Bevölkerung von Saint John beiden ethnischen Hauptgruppen Kanadas an, was die Siedlungsgeschichte seit Beginn des 17. Jh.s widerspiegelt. Von etwa 65 % wird als Muttersprache Englisch genannt, 31 % geben Französisch an. Mit 70 zu 26 % ist das Verhältnis bei der Umgangssprache ähnlich (1996). Einwanderungswellen aus anderen europäischen Ländern oder in neuerer Zeit aus Asien haben die Stadt kaum erreicht. Auch dies ist ein Ausdruck der schwierigen wirtschaftlichen Lage, in der sich Stadt und Region befinden.

Halifax erhielt bereits bei seiner Gründung eine Funktion, die es auch heute ausübt, nämlich die einer Militärbasis. Im Jahre 1749 legten die Engländer an einer Bucht am Atlantik einen Militärstützpunkt an, um den französischen Einflüssen in Neuschottland zu begegnen und die Küstenfischerei zu sichern. In Anlehnung an Festung und Garnison sollte sich eine Siedlung bilden, für die Einwanderer geworben wurden. Allerdings waren die wirtschaftlichen Möglichkeiten begrenzt, sodass die Stadt nur langsam wuchs, um 1800 zählte sie 8000 Einwohner.

Neben der Garnison hatten sich inzwischen Funktionen herausgebildet, die über die Region hinausführten. Zu ihnen gehörten Fischfang und Schiffbau, vor allem aber der Handel, für den die Lage zwischen England und den Westindischen Inseln sowie auch die Nähe zu den USA vorteilhaft waren. In das englische Mutterland ging hauptsächlich Holz für den Schiffbau, dafür kamen Gebrauchsgüter und Waren für den Konsum; nach Süden wurden Holz und getrockneter Fisch ausgeführt und dafür Melasse bzw. Rum eingetauscht. Der Handel mit den Zentralen Provinzen Kanadas, von denen ebenfalls Konsumgüter geliefert wurden, war dagegen relativ gering. Mit dem Handel wuchs Halifax über die Bedeutung eines regionalen Versorgungszentrums hinaus.

Grundlegende Veränderungen zeichneten sich seit den letzten Jahrzehnten des 19. Jh.s ab. Holzexporte und Schiffbau gingen mit der Umstellung auf Dampfschiffe erheblich zurück. Eine Umorientierung der Werften erfolgte jedoch nicht, sodass viele eingingen bzw. nur noch sehr eingeschränkt arbeiteten. Der Handel mit den USA wurde durch hohe Zölle behindert. Die relativ selbstständige Stellung von Halifax geriet zunehmend unter den Einfluss der industriell erstarkten Zentralprovinzen mit ihren Zentren Montreal und Toronto. Dazu trug auch die 1876 eröffnete Bahnverbindung mit Montreal bei, da nun von dort aus verstärkt Güter nach Neuschottland geliefert werden konnten.

Ein Beispiel für den Einfluss der mächtigen Metropolen des Kernlandes auf Städte der Peripherie ist die Übernahme von Banken. Dies betraf besonders Halifax, wo sich durch den internationalen Handel ein starkes Finanzwesen ausgebildet hatte. Durch das Bankgesetz von 1871 wurde es in Kanada möglich, dass sich Banken landesweit ausbreiten und Filialen einrichten konnten. Innerhalb weniger Jahre, von 1900 bis 1912, gelangten vier wichtige Banken durch Verlagerung der Hauptsitze oder Fusionen von Halifax nach Montreal bzw. Toronto, darunter die noch heute bedeutende Bank of Nova Scotia und die Royal Bank of Canada. Beide Weltkriege brachten der Stadt zwar durch Maßnahmen der Verteidigung und verstärkten Handel wieder einen Aufschwung, doch konnte dadurch die krisenhafte Situation nicht überdeckt werden. Zusätzlich belastete Halifax im Dezember 1917 die Explosion eines Munitionsschiffes, wodurch große Teile des Hafens und der angrenzenden Industrie zerstört wurden.

Nach dem Zweiten Weltkrieg war es leichter und schneller möglich, alte Funktionen wieder aufzunehmen. So ist durch die Gründung der NATO und durch die Konfrontation der Bündnisse von West und Ost die Stellung als Militärbasis stark aufgewertet worden. Auch nach dem sog. Kalten Krieg blieb Halifax die bedeutendste Marinebasis Kanadas am Atlantik. Natürlich ist dadurch die Beschäftigungslage in der Stadt beeinflusst und damit auch die Wirtschaft gestärkt worden. Allerdings muss stets mit Veränderungen gerechnet werden, auf die von der Stadt aus kein Einfluss genommen werden kann.

Im Mittelpunkt des wirtschaftlichen Geschehens steht nach wie vor der Hafen. Seine Vorteile sind ein guter Schutz, eine große Tiefe, und er ist im Winter eisfrei, wodurch er den Flusshäfen am St. Lorenz überlegen ist. Ein weiterer Vorzug ist, dass ein umfangreiches Gelände für Erweiterungen zur Verfügung steht.

Nach dem Zweiten Weltkrieg geriet der Hafen zunächst in eine Krise. Der 1959 eröffnete St.-Lorenz-Kanal ermöglichte die Durchfahrt von Ozeanschiffen, im Winter kann der Fluss durch Eisbrecher bis Montreal offen gehalten werden. Mit der Konkurrenz zeichnete sich die Ungunst der Lage von Halifax am Rande der großen Märkte in den Zentralprovinzen deutlich ab, und es musste nach Auswegen gesucht werden. Eine Belebung gelang durch die Anlage von zwei modernen Containerhäfen und einem Autoport mit umfangreichen Stellflächen, wodurch Reedereien aus aller Welt angezogen werden. Mit einem Güterumschlag von 11,5 Mio. t rangierte Halifax 1994 im Mittelfeld der kanadischen Häfen. Bezeichnend ist der kleinere Anteil von Exporten, was auch auf die geringe Güterproduktion in Stadt und Region hinweist.

Die Industrie umfasst zwar verschiedene Branchen, wie Metallverarbeitung, Schiffbau und -reparatur, Fahrzeugmontage, Nahrungsmittel u. a., doch ist die Produktion begrenzt und dient eher dem regionalen Markt. Stärker haben sich die Aufgaben im Dienstleistungsbereich entwickeln können, wobei der Marinestützpunkt, die Provinzverwaltung sowie die Stellung von Halifax als Handels- und Finanzzentrum der Atlantischen Region eine wichtige Rolle spielen. Hinzu kommen mehrere kleinere Universitäten und Colleges sowie Forschungsinstitute für Ozeanographie und Fischereiwesen. Auch ist der Tourismus ein wachsender Wirtschaftsfaktor geworden. In den Dienstleistungen sind annähernd 90 % der Erwerbstätigen beschäftigt (1996).

Zusammen mit der Erneuerung und dem Ausbau des Hafens wurde eine schon längst fällige Sanierung der Innenstadt vorgenommen. Sie liegt auf der Halbinsel zwischen dem Hafen und der lang gestreckten Bucht, des North West Arm (Abb. 61). Der zentrale Geschäftsbereich nimmt davon nur einen kleineren Teil ein, der sich vom Hafen bis zur Zitadelle erstreckt. Wie auch in Saint John war die Innenstadt lange Jahre vernachlässigt worden und mit älteren Wohnbereichen vermischt. Nach dem Krieg wurden Erneuerungspläne vorgelegt, doch begannen die Arbeiten nicht vor Mitte der 1960er-Jahre. Ein zentraler Punkt ist der Scotia Place, ein Großbau, der über verschiedene Straßen hinwegreicht. Seine Funktionen umfassen Einkaufszentren, Hotels, Büros und Apartmentwohnungen. Dieser 1969 eröffnete Mehrzweckkomplex wird durch weitere Hochhäuser mit Banken, Hotels und anderen Einrichtungen ergänzt.

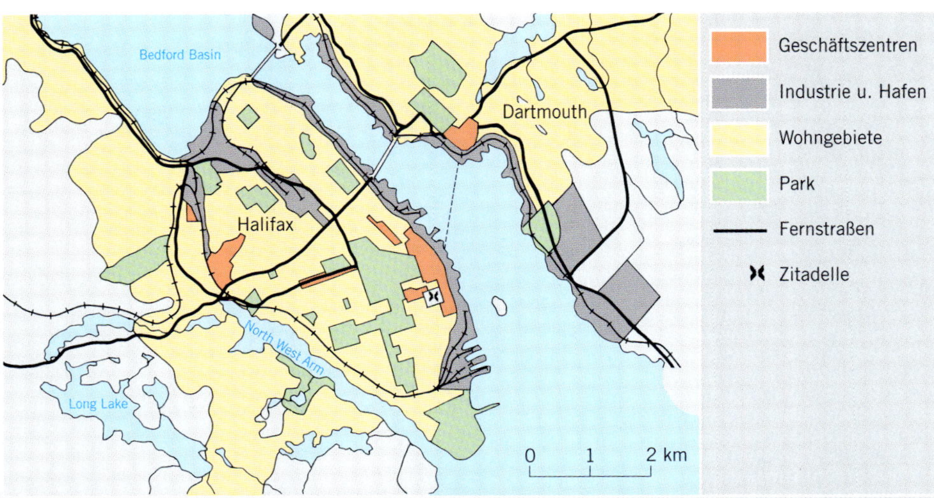

Abb. 61: Das Stadtgebiet von Halifax, Neuschottland: *Die Stadt hat sich in engem Anschluss an den Hafen ausgebreitet und ist – wie auch große Teile des Hafens – modern gestaltet und revitalisiert worden.*

***Bild 67:** Hafenrevitalisierung in Halifax, Neuschottland; in ehemaligen Lagerhäusern befinden sich Geschäfte, Ausstellungen, Restaurants u. a., Ziel von Touristen.*

In die Stadterneuerung ist auch ein unmittelbar an das Zentrum grenzender Abschnitt des Hafens einbezogen (Bild 67). Hier entstanden teilweise in alten und erneuerten Lagerhallen Geschäfte, Museen und Restaurants; ferner Büro- und Wohngebäude. Der Bereich bietet gleichzeitig Unterhaltung und Naherholung und hat sich als Anziehungspunkt für Touristen erwiesen. Besondere Attraktion ist die Bluenose II, ein Nachbau der in Neuschottland gebauten und bekannten Hochseejacht, die hier ihren Liegeplatz hat. Trotz der starken Umgestaltung der Innenstadt sind viele historische Bauten erhalten geblieben; ein Wahrzeichen ist die Zitadelle, die auf einem weithin offenen Hügel liegt.

Suburbs haben sich im näheren Umkreis schon im 19. Jh. gebildet; sie sind zum Teil aus Landhaus-Kolonien begüterter Bürger hervorgegangen, wie am North West Arm. Nach 1950 sind neue Ansiedlungen längs der Bucht von Bedford hinzugekommen. Einbezogen wurde dabei auch die Stadt Dartmouth auf der gegenüberliegenden Seite des Hafens. Der wirtschaftliche Schwerpunkt von Halifax, dessen Bevölkerung zu mehr als 90 % englischer Herkunft ist, verblieb jedoch eindeutig in der Innenstadt.

In der Rangfolge der Städte innerhalb der Atlantischen Region ist Halifax als höchstes Zentrum einzuordnen. Es hat eine günstige Lage und verfügt über alle möglichen Verkehrsanschlüsse. Allerdings könnte diese Stellung durch eine Konzentration der Wirtschaft des Raumes verstärkt werden. Dazu ist sowohl die verarbeitende Industrie durch moderne technische Fertigungen zu erweitern, wie ebenso Aktivitäten im tertiären Bereich, Finanzwesen, Handel und Verwaltung. Die verschiedenen übergreifenden Institutionen des Bundes könnten ein Beginn sein. Die anderen Orte, St. John's und Saint John sowie eine Reihe von Mittelstädten, sind in einer unteren Ebene zusammenzufassen, sie dienen vor allem der Versorgung ihrer speziellen Einzugsbereiche. Soll eine solche Hierarchie funktionieren, wäre ein politischer Zusammenschluss der Provinzen allerdings eine wichtige Voraussetzung. Jedoch ist eine zusammengefasste „Atlantische Provinz" mit Halifax als Hauptstadt und Wirtschaftszentrum wenigstens zurzeit kaum zu realisieren.

Edmonton und Calgary: Entwicklungen im Reichtum des Erdöls

Die Entwicklung von Edmonton und Calgary, die in den 1870er-Jahren begann, unterscheidet sich in den ersten Jahrzehnten nicht von anderen Städten des Westens. Sie waren auf eine Bahnverbindung und die Besiedlung des Umlandes angewiesen, um Handels- und Versorgungsfunktionen zu übernehmen. Die Entscheidung der Canadian Pacific Railway, die erste Transkontinentalstrecke durch die südlichen Prärien zu legen, brachte Calgary einen Vorteil. Seit 1883 wurde es Versorgungszentrum für den Südwesten. Edmonton musste auf den ersten Bahnanschluss länger warten; 1891 führte eine Zweigstrecke von Calgary aus in die unmittelbare Nähe des Ortes, und erst 1905 bzw. 1909 erreichten ihn die Transkontinentalstrecken anderer Bahngesellschaften. Obwohl sich das Umland als fruchtbar erwies und dichter besiedelt werden konnte und Edmonton zudem die Funktionen als Provinzhauptstadt (1905/06) und als Standort der Universität (1907) erhielt, blieb der Vorsprung Calgarys weiter bestehen. Erst als sich die Krise der Landwirtschaft in den 1930er-Jahren verstärkt im Süden auswirkte, wurde es in der Bevölkerungszahl von Edmonton überholt. Dieses konnte zudem sein Hinterland nach Norden ausdehnen, wo im Peace-River-Gebiet ein neues Siedlungsland erschlossen wurde.

Auch in der neueren Entwicklung beider Städte hatte Calgary zunächst den günstigeren Ausgangspunkt, als im nahe gelegenen Turner-Tal 1914 Erdöl erbohrt wurde. Zwar erwiesen sich erst spätere Funde von einiger Bedeutung, doch genügten die ersten Erfolge und mehr noch die sofort einsetzenden Spekulationen, um Calgary zur „Erdölmetropole" des Westens werden zu lassen. Erdöl- und Erdgasgesellschaften sowie weitere Firmen, die Dienstleistungen anboten, eröffneten ihre Büros in der Stadt. Eine wichtige Gründung war das Energy Resources Conservation Board (1938), das eine Art Überwachungsfunktion der Förderung ausübt. Ein Erdölboom wurde allerdings erst mit der Entdeckung von Leduc 1947 ausgelöst. Da das Feld unweit südlich von Edmonton liegt und sich in schneller Folge weitere Funde im mittleren und nördlichen Alberta anschlossen, wurde die Stadt in die Erdölwirtschaft der Provinz einbezogen. Dabei bildete sich zwischen den Städten eine Teilung der Funktionen aus. Während Calgary das Verwaltungs- und Dienstleistungszentrum mit Büros von Firmen der Ölwirtschaft, Beratungs- und Finanzierungsdiensten, Vermittlungen usw. ist, wird Edmonton als Operationszentrum bezeichnet, wo u. a. Unternehmen für Erschließungs- und Bohrarbeiten, für die Verlegung von Pipelines oder für die Verarbeitung und den Transport des Öls ansässig sind. Beide Städte ergänzen sich und bilden in der Ölwirtschaft eine ökonomische Einheit (Dispersed City, Zieber 1973).

Die neueste Entwicklungsphase auf der Grundlage von Erdöl und Erdgas hat beiden Städten einen außergewöhnlichen Aufschwung gebracht. Das gilt besonders für das Jahrzehnt 1971 bis 1981. Von allen Großstädten Kanadas hatten Edmonton und Calgary die stärkste Bevölkerungszunahme von 32,5 % bzw. 47 %. In der Rangfolge der Großstädte des Landes schoben sie sich auf die Plätze 5 und 6 vor. Die außerordentliche Zuwanderung hatte sicher viele Gründe; Arbeitsplätze, eine starke Bautätigkeit und hohe Verdienste mögen einige sein. Wenn auch die Wachstumsraten der Bevölkerung in den 1980er-Jahren wieder zurückgingen, blieben sie mit an der Spitze, erst in den 1990er-Jahren fielen sie besonders für Edmonton zurück. In der Provinz Alberta nehmen die „beiden Hauptstädte" eine überragende Position ein. In ihnen wohnen 60 % der Bevölkerung, von Industrie und Dienstleistungen sind hier mehr als zwei Drittel konzentriert. Natürlich sind die etwa 300 km voneinander entfernt liegenden Städte eng verbunden, und es hat sich entlang von Schnellstraßen und Bahnlinie ein Korridor mit Klein- und Mittelstädten herausgebildet, der von der wirtschaftlichen Ausstrahlung der beiden Endpunkte zeugt. Landesweit bilden Edmonton und Calgary zusammen mit Vancouver ein Städtedreieck, das als westliches Gegenstück zu den Schwerpunkten Toronto und Montreal im Osten gesehen werden kann, wenn auch diese mit ihrer Wirtschaft und den Dienstleistungen noch stark überlegen sind.

Edmonton hatte für den Pelzhandel eine außerordentlich günstige Lage, da über den

North Saskatchewan weite Verbindungen nach Osten und Südosten gegeben waren und gleichzeitig Wege in den Norden zum Tal des Mackenzie bestanden. Verschiedene Handelsstationen im nahen Umkreis hatten die Lage bereits genutzt, als sich am nördlichen Ufer des tief eingeschnittenen Flusstales 1871 die ersten festen Siedler niederließen. Sie hofften darauf – wenn auch vergeblich –, dass die Transkontinentalbahn über Edmonton und den Yellowhead-Pass nach Westen verlaufen würde. Als die Route dann schließlich weit im Süden über Calgary führte, musste sich die noch kleine Siedlung weiterhin auf die Versorgung von Expeditionen beschränken. Für die erste Bahnstrecke, die 1891 den Raum von Süden aus erreichte, erwies sich das Flusstal des North Saskatchewan als ein ernsthaftes Hindernis. So endete sie am Südufer, wo sich ein weiterer Ort, Strathcona, bildete, der 1912 in Edmonton aufging. Die Besiedlung Zentralalbertas wurde nachhaltig durch die beiden weiteren Transkontinentallinien gefördert, die nach der Jahrhundertwende den nördlichen Teil des Siedlungsgebietes erschlossen. Damit erhielt Edmonton ein relativ dicht besiedeltes und produktives Hinterland. In der Stadt entstanden die ersten Getreidemühlen und Schlachthäuser, und es etablierte sich der Großhandel, dessen Büros und Lagerhäuser ein Stadtviertel prägten. Eine starke Bautätigkeit löste ebenfalls die Funktion als Regierungssitz der 1905 gebildeten Provinz Alberta, mit der die Bildung einer Universität verbunden war, aus. So hatte sich Edmonton bis zum Beginn des Ersten Weltkrieges als das wichtigste Versorgungszentrum des Nordwestens entwickeln und eine Einwohnerzahl von rd. 50 000 erreichen können.

Die Funktionen Handel und Versorgung weiteten sich in den folgenden Jahrzehnten aus, da das Hinterland mit der Besiedlung des Peace-River-Gebietes erheblich anwuchs. Als nördlichste Großstadt und Verkehrszentrum wurde Edmonton ferner auch zum Knotenpunkt für den westlichen Teil des fernen Nordens. Schon beim Bau des Alaska Highway, 1942, diente die Stadt als Versorgungsbasis. Sie wurde es zunehmend auch für abgelegene Siedlungen und Standorte des Bergbaus, mit denen Verbindungen auf dem Land- und Luftweg, im Sommer auch über den Mackenzie-Fluss, bestehen. So wie Winnipeg bei der Kolonisation das Tor zum Westen wurde, ist Edmonton ein „Gateway to the North“ geworden.

Zu den traditionellen Wirtschaftszweigen der Nahrungsmittelindustrie mit Getreidemühlen, Schlachthäusern und Fleischverarbeitung ist seit Mitte des 20. Jh.s die Erdölwirtschaft gekommen. Edmonton ist für sie Operationszentrum und größter Standort von Raffinerien in Westkanada geworden. Im Anschluss haben sich petrochemische Betriebe für Grund- und Kunststoffe gebildet. Weitere Branchen sind Metallproduktion und -verarbeitung sowie Druckereien. Insgesamt ist das Spektrum der verarbeitenden Industrie wenig differenziert und bietet nur eine relativ geringe Anzahl von Arbeitsplätzen, was vor allem auf die eher kapitalintensive chemische Industrie zurückzuführen ist.

Die meisten Arbeitsplätze bietet dagegen der Dienstleistungssektor, der seit den 1950er-Jahren beträchtlich angewachsen ist. Dazu haben Niederlassungen von Firmen, Banken, Versicherungen und anderen Dienstleistungen, besonders aber auch der Verwaltungen von Stadt und Provinz sowie verschiedener Institutionen des Bundes geführt. Die Universität ist zu einer der größten Bildungsstätten des Landes angewachsen, sie wird durch das Northern Alberta Institute of Technology und weitere Colleges ergänzt. Ferner bestehen verschiedene kulturelle Einrichtungen.

Die Standorte der Dienstleistungen sind vor allem in der Innenstadt, speziell im engeren Geschäftsbereich, verteilt (Abb. 62). Er liegt dort, wo die ersten Grundstücke nördlich des Flusses ausgelegt wurden und wo auch eine Handelsstation stand. Das tief eingeschnittene Flusstal begrenzt die Ausdehnung nach Süden, Bahnlinien schließen den Bereich nach Westen und Norden ab. Die dem Tal parallel verlaufende Jasper Avenue wurde zur Hauptgeschäftsstraße, die sie bis heute ist. Allerdings blieb das Bild aus der Pionierzeit mit Holzhäusern, ungepflasterten Straßen und einem Gewirr von oberirdisch verlegten Stromleitungen noch lange erhalten.

Eine weitgehende Erneuerung des engeren Geschäftsbereiches und großer Teile

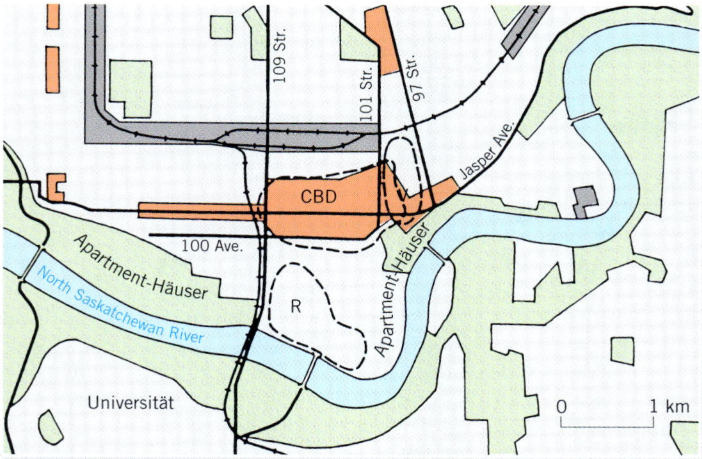

Quelle: Unterlagen der Stadtverwaltung.

Abb. 62: Innenstadt von Edmonton, Alberta: *Der zentrale Geschäftsbereich ist besonders um den Winston Churchill Square in neuerer Zeit baulich stark verändert und durch Dienstleistungen ergänzt worden.*

Quelle: Ulrike Gerhard

Bild 68: *Sir Winston Churchill Square in Edmonton, Alberta, in dessen engerer Umgebung sich Rathaus (Neubauten 1957 und 1992), Bibliothek, Kunstgalerie, Theater, Civic Centre und Bürohäuser befinden.*

der Innenstadt setzte in den 1960er-Jahren ein. Die Stadtverwaltung hatte dafür einen wichtigen Impuls gegeben und 1957 ein modernes Rathaus erbaut und die Konzeption eines kommunalen Zentrums vorgelegt. Dieses ist im Bereich des Sir Winston Churchill Square entstanden und enthält neben der Stadtverwaltung unter anderem Gerichtsgebäude, Büros, eine Bibliothek, ein Theater und eine Kunstgalerie (Bild 68). Daran schließen sich Bürohochhäuser einzelner Firmen und Banken, Hotels, Kaufhäuser und Einkaufszentren an. Inzwischen ist 1992 ein neues Rathaus erbaut worden. Etwas außerhalb liegt am Flusstal der Verwaltungsbereich der Provinzregierung.

In den 1970er- und 1980er-Jahren, die durch den Erdölboom geprägt waren, erfolgte auch der Aufbau einer Reihe von Einkaufszentren, die sich über das Stadtgebiet verteilen (Abb. 63). Insgesamt erreichen 28 von ihnen eine Größe von mehr als 10 000 m² Geschäftsfläche; darunter sind fünf Regionalzentren mit über 70 000 m².

Hierzu gehört auch die weithin bekannte West Edmonton Mall (WEM), deren Geschäftsfläche mit 350 000 m² angegeben wird. Der Komplex liegt etwa 9 km westlich des zentralen Geschäftsbereiches inmitten eines älteren Vorortes mit Einzelhausbebauung. Er umfasst annähernd 50 ha Fläche und ist über breite Straßen gut erreichbar. Der Aufbau erfolgte in drei Phasen zwischen 1981 und 1985, die letzte Teileröffnung war 1986.

Die West Edmonton Mall übertrifft bisherige Vorstellungen von Einkaufszentren; mit mehr als 600 Geschäften und Dienstleistungen sprengt sie traditionelle Größenordnungen. Es ist aber auch die Mischung von Geschäften, Kaufhäusern, Restaurants und anderen Dienstleistungen mit Vergnügungs- und Freizeitangeboten, wie großdimensionierten Eislaufflächen, Schwimm- und Spaßbädern, Tiefseeabenteuerzentren, Kinos u. a. m., die diesen „shopping play-ground" auszeichnet.

Der Abzug der Kaufkraft aus der Innenstadt, besonders zur WEM, hat seit den 1980er-Jahren zahlreiche Maßnahmen ausgelöst, um den Bedeutungsrückgang aufzuhalten. Sie beziehen sich u. a. auf den Ausbau der kommerziellen und kulturellen Angebote, den Bau von innerstädtischen Wohnungen für alle Einkommensgruppen, auf Verbesserungen für den Verkehr, die Pflege historischer Gebäude und damit der Attraktivität des zentralen Bereiches. Ins-

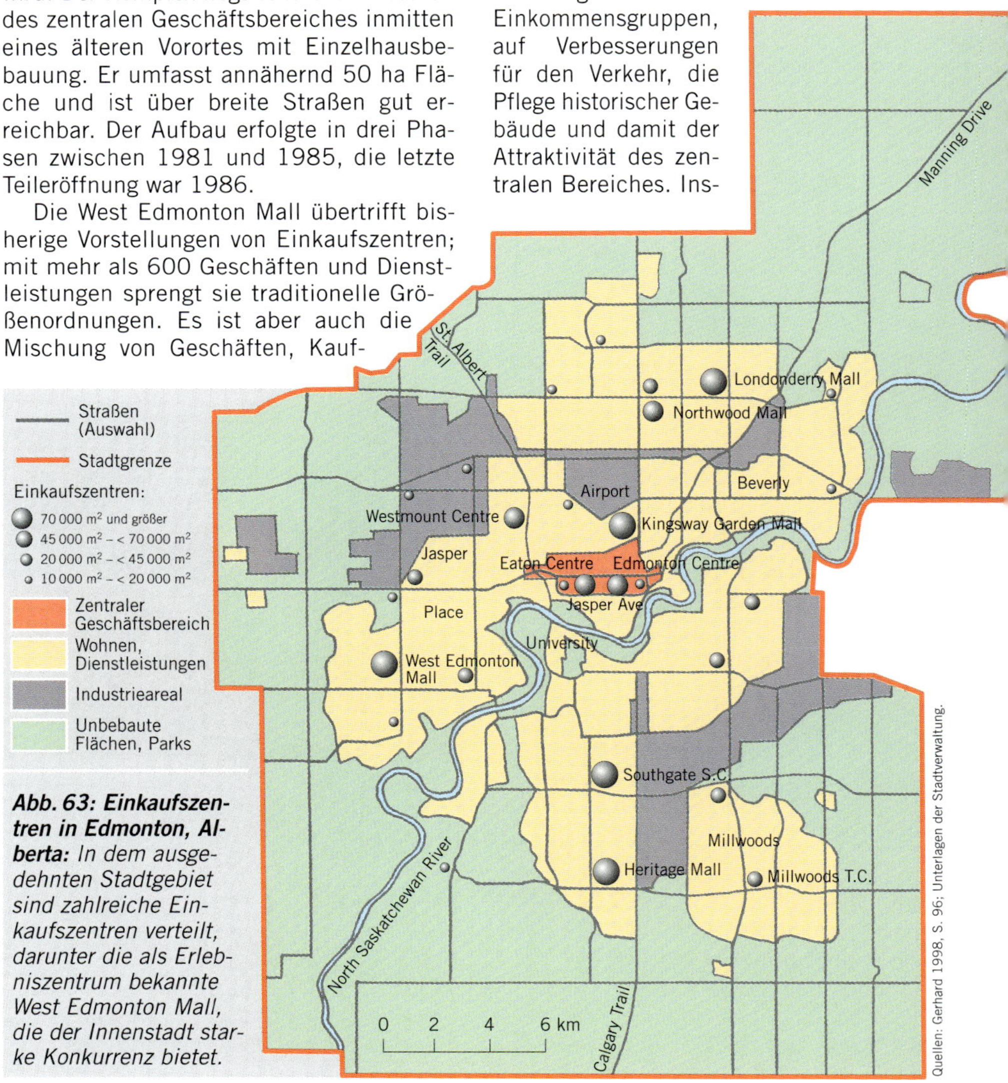

Abb. 63: Einkaufszentren in Edmonton, Alberta: *In dem ausgedehnten Stadtgebiet sind zahlreiche Einkaufszentren verteilt, darunter die als Erlebniszentrum bekannte West Edmonton Mall, die der Innenstadt starke Konkurrenz bietet.*

gesamt haben Stadtverwaltung und private Investoren eine Fülle von Projekten, Um- und Neubauten verwirklicht bzw. vorgesehen, sodass in den 1990er-Jahren bereits wieder höhere Marktanteile im Einzelhandel der Innenstadt zu verzeichnen waren.

Im Vergleich zu anderen städtischen Einkaufszentren, wie das Eaton Centre in Toronto oder das Pacific Centre in Vancouver, hat die West Edmonton Mall weitaus stärkere Auswirkungen für die Stadt. Positiv sind sicher die zahlreichen Arbeitsplätze, hohe Steuereinnahmen und die Anziehungskraft für Touristen. Fest steht auch, dass die Innenstadt in Gefahr geraten ist, der gigantischen Konkurrenz zu unterliegen. Jedoch sind dadurch Kräfte mobilisiert worden, die eine Revitalisierung betrieben und damit die Bedeutung der Downtown erhalten haben. Es scheint, dass ein Arrangement zwischen beiden Polen in Edmonton möglich ist (Schwarzmann 1991: 133; Gerhard 1998).

Eine Barriere für den Stadtraum ist das Flusstal des North Saskatchewan, das durch eine Reihe von Brücken überquert werden muss. Es ist aber auch ein weites Gebiet, das mit Parks und Sportanlagen der Freizeit und Erholung dient. Beide Talränder sind seit langem bevorzugtes Wohngebiet höherer Einkommensgruppen und mit Einfamilienhäusern oder mehrgeschossigen Apartmentblöcken bebaut, die ebenfalls günstig zur Innenstadt liegen.

Die Außenbezirke des Stadtraumes haben sich besonders seit dem Zweiten Weltkrieg stark erweitert, wobei Einfamilienhäuser dominieren. Ein Ideal der Planvorstellungen bildet die Anlage der Wohnstadt von Millwoods im Südosten, die sich seit den 1970er-Jahren über lange Zeit hinzog (Abb. 64). Der Aufbau richtet sich nach dem Nachbarschaftsprinzip. Dabei sind kleinere Wohnbereiche (neighborhoods) um ein Versorgungszentrum für den täglichen Bedarf zusammengefasst. Mehrere Nachbarschaften fügen sich um ein größeres Zentrum, dem Community Centre, zusammen. Schließlich besteht in möglichst zentraler Lage ein übergeordnetes Town Centre, das multifunktional eingerichtet ist, d. h., es werden neben Einkaufsmöglichkeiten hier auch soziale und kulturelle Funktionen ausgeübt. Das Modell bietet eine Möglichkeit,

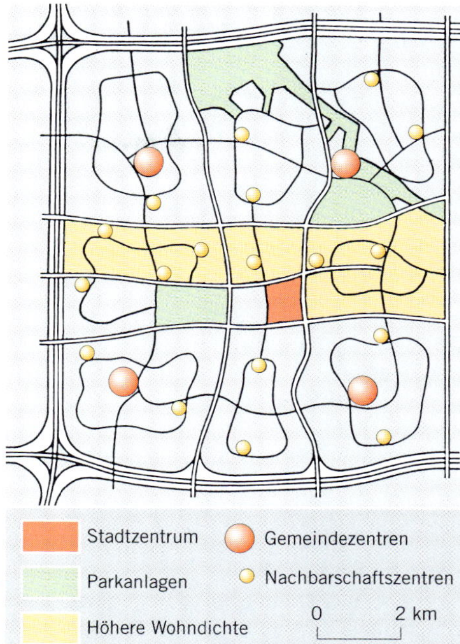

Quelle: Unterlagen der Stadt Edmonton.

Abb. 64: Plan der Wohnstadt Millwoods/Edmonton: *Die in den 1970er-Jahren geplante Wohnstadt ist in Nachbarschaften gegliedert und mit abgestuften Versorgungszentren versehen.*

die Wohngebiete zu untergliedern; die hierarchisch abgestimmten Zentren sichern eine weitgehende Versorgung mit Gütern und Dienstleistungen. Dabei sind besonders die übergeordneten Mittelpunkte sorgfältig geplant und mit Bibliothek, Krankenversorgung, Kinos, Praxen, Beratungsbüros usw. ausgestattet. Ebenfalls wird großer Wert auf ein System an Gehwegen, besonders zu den kleineren Zentren, Schulen und Kirchen gelegt. Allerdings sind die Vorgaben im Einzelnen oft nicht zu verwirklichen, besonders dann, wenn verschiedene Unternehmen sich den Aufbau einzelner Siedlungskomplexe teilen. Ebenfalls könnten Besitzverhältnisse und Grundstückspreise hinderlich sein.

Das schnelle Bevölkerungswachstum in den 1970er- und 1980er-Jahren und die flächenintensive Bebauung des suburbanen Raumes haben mehrfach zu Vergrößerungen des Stadtgebietes durch umgebende Ländereien geführt (Smith 1982). Mit 9536 km^2 (1996) ist Edmonton heute der

Fläche nach die größte Metropolitan Area Kanadas. Eine bereits 1950 gegründete Edmonton Regional Planning Commission führt die Planung des Gesamtraumes durch.

Wie die meisten anderen Präriestädte verdankt auch Calgary seine Entstehung der Eisenbahn, die 1883 eine bereits bestehende Polizeistation erreichte. Ein Aufschwung der Stadt stellte sich jedoch erst mit der Besiedlung des Umlandes seit der Jahrhundertwende ein. In wenigen Jahren verzehnfachte sich die Bevölkerung, Handel und Geschäfte breiteten sich aus, und es entstanden die ersten Getreidemühlen und Schlachthöfe. Damit hatte sich Calgary als Zentraler Ort etabliert und seine Versorgungsfunktion für das Umland aufgenommen.

In dieser Zeit, 1913/14, wurden die ersten erfolgreichen Erdölbohrungen im Turner Valley niedergebracht. Da es nur etwa 60 km südwestlich von Calgary liegt, löste die Nachricht besonders hier heftige Spekulationen aus. Zwar kamen Firmen der Erdölwirtschaft in die Stadt und 1923 nahm eine erste Raffinerie die Arbeit auf, doch erfüllten sich die hoch gesteckten Erwartungen zunächst nicht. Calgary blieb vom landwirtschaftlichen Hinterland abhängig, was sich in einer stagnierenden Bevölkerungsentwicklung widerspiegelt.

Obwohl der Erdölboom Albertas in der Nachkriegszeit auf Entdeckungen in zentralen und nördlichen Teilen der Provinz beruhte, konnte Calgary die früher begründete Stellung als „Erdölmetropole" bewahren. Es bildete sich die bereits beschriebene Funktionsteilung mit Edmonton aus, bei der Calgary vor allem Verwaltungs- und Dienstleistungsaufgaben übernahm. Von den 857 Firmen, die in der Exploration, Gewinnung und Vermarktung von Erdöl- und Erdgas in Kanada tätig sind und hier ihre Verwaltungszentrale (Head Office) haben, sind 761 (89 %) in Calgary ansässig. Hinzu kommen annähernd 1300 weitere Unternehmen, die an die Öl- und Gaswirtschaft angegliedert sind und für sie arbeiten (Angaben für 1996, Nickels Canadian Oil Register). Damit ist dieser Zweig der bei weitem wichtigste in der Gesamtwirtschaft der Stadt. Dies zeigt sich auch darin, dass von den 500 umsatzstärksten Firmen Kanadas 103 in Calgary angesiedelt sind, womit die Stadt nach Toronto einen zweiten Platz einnimmt.

Gegenüber den Verwaltungs- und Dienstleistungsfunktionen tritt die verarbeitende Industrie zurück. Nach ihrer Wertschöpfung und der Anzahl der Beschäftigten ergibt sich die Reihenfolge Nahrungsmittelindustrie, Holzprodukte, Metallverarbeitung, Herstellung von elektrischen Geräten und Druckereien. In neuerer Zeit zeigt sich das Bestreben, den Industriesektor zu erweitern und vor allem moderne Branchen anzuziehen. Bevorzugt werden High-Tech-Unternehmen aus den Bereichen Kommunikation, Computer und Software, medizinische und technische Geräte u. a., bei deren Ansiedlung sich bereits bemerkenswerte Fortschritte abzeichnen. Im Stadtgebiet liegt die Industrie hauptsächlich am östlichen Stadtrand mit günstigen Verkehrsanbindungen.

Im Mittelpunkt des Stadtraumes befindet sich zwischen einer Schleife des Bow River im Norden und einer Bahnlinie im Süden der zentrale Geschäftsbereich, wo auch die historischen Anfänge der Stadt zu finden sind. Noch bis zur Mitte des 20. Jh.s ein Nebeneinander von Wohnhäusern, Geschäften, Industrieanlagen und Lagerhallen des Großhandels, hat das Gebiet seit den 1960er-Jahren eine grundlegende Erneuerung erfahren.

Der Bauboom erstreckte sich u. a. auf Hochhäuser für Firmenverwaltungen, Banken, Versicherungen, Hotels und Apartments, die besonders im Westen konzentriert sind. Die Neugestaltung der Innenstadt umfasste ferner ein modernes Rathaus, kulturelle Einrichtungen, die Restaurierung historischer Gebäude sowie die Anlage von Plätzen. Als Anlass dienten nicht zuletzt auch die jährlich ausgetragene und international bekannte Stampede und die Olympischen Winterspiele 1988. Immerhin zieht Calgary über 7 Mio. Besucher pro Jahr an (Bild 69).

Einen besonderen Stellenwert bei der Neugestaltung der Innenstadt hat der öffentliche Nahverkehr, der mit einem dichten Netz von Buslinien und einigen Stadtbahnstrecken (light rail) betrieben wird. Sie sind abgestimmt mit der Wohn- und Arbeitsplatzdichte sowie den Einkaufszentren, die sich in verschiedener Größe im Stadtgebiet verteilen. Für den zentralen Bereich

Quelle: Barbara Hahn.

Bild 69: *Olympic Plaza in der Innenstadt von Calgary, Alberta, mit dem alten (seit 1911) und dem 1986 eröffneten neuen Rathaus (Glasfassaden); der Platz ist ein beliebter Treffpunkt und Ort für Veranstaltungen.*

sind neben einer Fußgängerstraße sog. Skyways hervorzuheben (Abb. 65 u. Bild 70). Sie sind Teile eines öffentlichen Wegenetzes, das durch Gebäude führt und Straßen überbrückt (indoor pedway system). Insgesamt hat es eine Länge von über 10 km und schließt etwa 50 Hochhäuser ein. So können Büros, Banken, Kaufhäuser, Hotels und andere Einrichtungen verbunden werden, was Aufenthalt und Fußgängerverkehr in der Stadt vor allem im Winter wesentlich erleichtert (Hahn 1992: 144ff.).

Mit der Modernisierung konnten die Innenstadt und besonders der zentrale Geschäftsbereich ihre Position gegenüber den Außenbezirken behaupten. Zwar kam es zu Bevölkerungsverlusten, und der Einzelhandel verteilt sich auf über 30 Einkaufszentren im Stadtgebiet, doch ist die Innenstadt bei weitem der wichtigste Bürostandort geblieben. Von der Bürofläche entfielen 1997 auf den zentralen Bereich (downtown) 28,3 Mio. m^2 (75 %); auf den Grenzbereich (beltline) 3,5 Mio. m^2 (9 %) und auf den Außenbereich (suburban) 6,4 Mio. m^2 (16 %) (Unterlagen der Economic Development Authority). Etwa 90 000 Arbeitnehmer, das sind 20 % aller Erwerbstätigen, sind in der Downtown ganz überwiegend im tertiären Sektor beschäftigt.

Die Verteilung der Büros zeigt, dass der zentrale Geschäftsbereich die erste Adresse für die Firmen geblieben ist und einen hohen Imagewert hat. Bei der besonderen Ausrichtung der Arbeitsplätze auf die Ölwirtschaft spielen Fühlungsvorteile sicher eine größere Rolle und erfordern eine stärkere räumliche Konzentration als bei einer großen Vielfalt benötigt wird.

Die Einbeziehung von Außenstadtbereichen setzte bereits in der Aufschwungperiode vor dem Ersten Weltkrieg ein, was durch die Straßenbahn möglich wurde. So siedelten sich 1909 Bürger der sozialen Oberschicht südlich der Bahnstrecke am Mount Royal an, wo erstmals von dem sonst vorherrschenden Schachbrettgrundriss abgewichen wurde. Weitere Suburbs aus dieser Zeit sind Forest Lawn, Odgen und Bowness, die weit auseinander liegen. Verstärkt konnte sich die Stadt dann erst wieder in den Jahren nach 1945 ausdehnen. Dies geschah in verschiedenen Richtungen bis auf den Südosten, wo Industriegelände vorgesehen war. Wie in Edmonton führte man eine Gliederung der Wohngebiete in Nachbarschaften ein, die seit den 1960er-Jahren zu größeren Einheiten, den Sektoren, zusammengefasst werden. Mittelpunkt ist ein Zentrum, das neben dem Einkauf auch eine

Bild 70: *„Skyways" in der Innenstadt von Calgary verbinden Gebäude mit unterschiedlichen Funktionen, um den Menschen einen Stadtaufenthalt besonders im Winter zu erleichtern.*

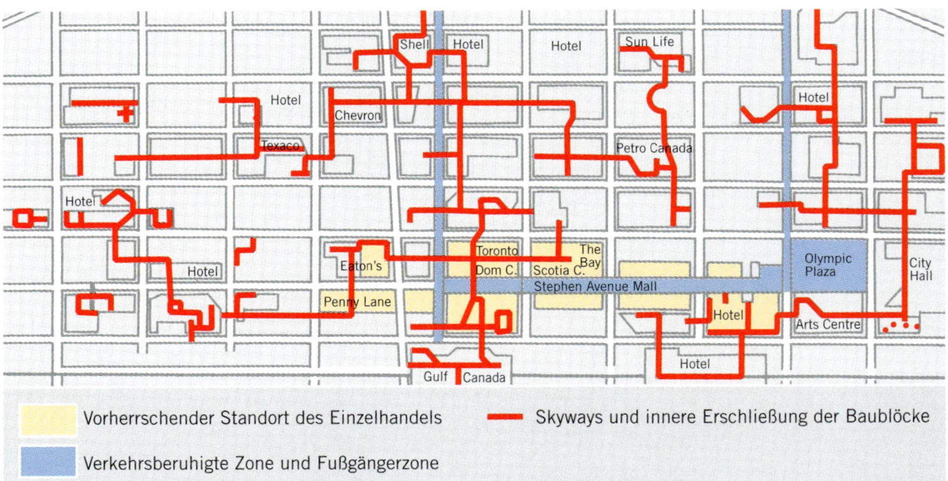

Abb. 65: Das Skyway-System von Calgary, Alberta (Stand 1998): *Die Innenstadt wird von Fußwegen durchzogen, die durch Kaufhäuser, Kulturstätten u. a. Gebäude verlaufen und über hoch gelegene Straßenübergänge (Skyways) verbunden sind.*

Quellen: Hahn 1992, S. 150; Unterlagen der Stadtverwaltung Calgary, 1998.

höhere Schule, Bibliothek, Kirchen, Beratungen und andere Einrichtungen umfasst.

Da in den Suburbs Einzelhäuser mit Gärten bei weitem überwiegen, sind die Flächen groß und die Wege zu den Arbeitsplätzen für die meisten Bewohner lang. Man hat daher ein Netz von Stadtautobahnen (trails) erbaut, wobei der hohe Motorisierungsgrad berücksichtigt ist. Als öffentliches Nahverkehrsmittel dienen Schnellbusse, die Innenstadt und Suburbs direkt verbinden und deren Dichte durch die Nachfrage bestimmt wird. In der Planung ist ein schienengebundenes Verkehrssystem (Light Rail Transit), das als Kombination von Schnell- und Straßenbahn gedacht ist. Bei der geringen

Bevölkerungsdichte in den Suburbs ist es jedoch schwierig, die Trassen festzulegen.

Eine weitere Folge der schnellen Ausdehnung des bebauten Stadtareals ist der Bedarf an Land. Bis zur Jahrhundertwende umfasste das Stadtgebiet nur wenig mehr als die heutige Innenstadt. Seitdem hat sich die Stadtgrenze laufend durch Landkäufe und Eingemeindungen verschoben, und die Fläche ist auf gut 720 km^2 angewachsen (CMA über 5000 km^2). Die Angliederung von Land ist allerdings kaum problematisch, da die Umgebung nur dünn besiedelt ist.

Gemeinsame Entwicklungen der Metropolen

Die kanadische Bevölkerung lebt zu rd. 80 % in Städten, allein in den 25 Metropolitan Areas wohnen 62 %. Die Zeitspanne der Gründungen dieser heutigen Großstädte reicht von 1608 (Quebec City) im Osten bis in die 2. Hälfte des 19. Jh.s mit Vancouver und Edmonton im Westen.

Die meisten Städte wurden als Versorgungszentren ihrer Umgebung mit den entsprechenden Einrichtungen angelegt. Seit der Wende vom 19. zum 20. Jh. sind sie durch Industrialisierung und Verkehrsmittel stärker geprägt worden. Hinzu kamen Einflüsse und Erfahrungen aus den benachbarten USA sowie den ehemaligen kolonialen Mutterländern England und Frankreich. In der Struktur haben sich bestimmte Zonen herausgebildet:

- der zentrale Geschäftsbereich (CBD), in dem hauptsächlich Einrichtungen und Arbeitsplätze des tertiären Sektors liegen und an dessen Rand häufig Komplexe mit vielgeschossigen Apartmenthäusern entstanden sind;
- der innere Wohn- und Gewerbering mit älteren Wohnbereichen, Einrichtungen des Großhandels und der Industrie, die heute meistens brachliegen bzw. andere Funktionen haben;
- eine breite Zone von Suburbs, die weitgehend von Einfamilienhäusern eingenommen werden und punkthaft von Einkaufszentren, Bürostandorten und Industrieparks durchsetzt sind, ferner können Wohnverdichtungen durch Apartmenthäuser eingeschlossen sein;
- die Stadtrandzone, in der bebaute Flächen in den ländlichen Raum vordringen, wobei in einigen Fällen New Towns vorgelagert sind.

Die auffälligsten Erneuerungen in der Nachkriegszeit galten den Innenstädten, besonders dem zentralen Geschäftsbereich. Sie waren entscheidend dafür, dass hier ein wichtiger Standort für Arbeitsplätze und Einzelhandel geblieben ist und die Dezentralisierung ausgleichen konnte. Eine erste Phase der Stadterneuerung vollzog sich in den 1950er- und 1960er-Jahren. Sie wurde – wie auch in vielen Städten Europas – vom Abriss-Neubau-Prinzip bestimmt (bulldozer approach). Die Zeit der Wirtschaftskonjunktur in den folgenden Jahrzehnten fand ihren Ausdruck in eindrucksvollen Hochhäusern für Banken, Büros, Hotels u. a. Einrichtungen, an die häufig modern gestaltete Plätze angeschlossen sind. Hinzu kamen repräsentative städtische Bauten für Verwaltungen und Kultur sowie attraktive Einkaufs- und Unterhaltungszentren. Seit den 1960er-Jahren werden daneben Sanierung und Erhaltung gefordert. Historische Bauten und Altstadtbereiche werden, wie in Quebec City, Montreal oder Vancouver, saniert und gepflegt; Gebäude, die ihre Funktion verloren haben, wie der in der Innenstadt gelegene Hauptbahnhof von Ottawa, werden nicht mehr abgerissen, sondern anders genutzt.

Die Modernisierung der Innenstädte wird bis heute weitergeführt und ist allen Metropolen gemeinsam; eine Krise, wie sie mit der Suburbanisierung hätte eintreten können, ist zugunsten der Innenstädte gelöst worden. Statt „Auflösung und Neuordnung“ zu einem weiten polyzentrischen Stadtraum wie in den USA (Holzner 1996), bleiben in Kanada die Innenstädte überragende Zentren. Das zeigt sich auch in der Erhaltung von Arbeitsplätzen, die vor allem zum tertiären Sektor gehören. Die Bevölkerungsentwicklung in den Innenstädten schwankte in den letzten Jahrzehnten zwischen einer Abnahme und einer mäßigen Zunahme, deren Raten weit unter denen der Stadtrandregionen liegen. Hervorzuheben ist, dass krasse soziale Gegensätze in der Bevölkerung und die Bildung großer Ghettos und Slums weitgehend verhindert werden konnten, vielmehr ist man um die Ansiedlung einer ausgleichenden Mittelschicht bemüht. Für diese und die soziale Oberschicht sind Wohnanlagen im nahen Umkreis der Downtown geschaffen, bzw. es sind Altbauten gentrifiziert worden.

Die Zone älterer Suburbs, die zum Teil schon vor dem Ersten Weltkrieg angelegt wurden, bleibt weitgehend stabil. Es ist bezeichnend, dass es die soziale Oberschicht war, die als erste ihre Landhäuser außerhalb der Stadt errichtete. Nach 1950 hat sich die bebaute Fläche schnell erweitert, da das Einfamilienhaus mit Garten bevorzugt wird. Nur in manchen Städten erreichte man durch eingestreute Komplexe von Apartmenthäusern Wohnverdichtungen, wodurch Verkehrsanschlüsse erleichtert werden. Mit der Wohnsuburbanisierung sind Einkaufszentren und Arbeitsplätze in Industrie- und Büroparks entstanden; der Flächenbedarf ist groß. Vorteilhaft sind umfassende Planungsregionen, in denen künftige Entwicklungen der Städte langfristig berücksichtigt werden können.

Beträchtlich sind Bemühungen und Initiativen, den Verkehr in den Städten zu bewältigen und die weiten Suburbs mit geringer Wohndichte anzuschließen. Die Schwierigkeiten liegen im Ausgleich zwischen dem Individualverkehr und öffentlichen Verkehrseinrichtungen. In den 1950er- und 1960er-Jahren setzte man stärker auf das Auto, und es entstanden – im Vergleich zu den USA allerdings weitaus weniger – Stadtautobahnen und vielspurige Schnellstraßen in den Stadtgebieten. Vorausschauend erbaute man in Montreal und Toronto Untergrundbahnen, die sich bewährt haben, obwohl ihre Streckennetze noch nicht sehr ausgebreitet sind. Sonst wird noch viel experimentiert: Expressbusse und Schnellbahnen in verschiedenen Formen sind eingerichtet worden oder vorgesehen. Es wird deutlich, dass die autobezogene Verkehrspolitik zugunsten öffentlicher und umweltfreundlicher Verkehrsmittel eingeschränkt wird. Das trifft besonders für die Innenstädte zu; in den weiträumigen Außenbereichen wird sich dagegen die Situation wenig ändern lassen.

POLITIK – INSTITUTIONEN, AKTEURE, ENTWICKLUNGEN

Bild 71: *Sitz der kanadischen Regierung und des Parlamentes auf dem Parliament Hill in der Bundeshauptstadt Ottawa (Bau in den 1860er-Jahren, Erneuerung 1916, Peace Tower 1927); das neugotische Ensemble umschließt dreiseitig einen großen Platz, auf dem festliche Paraden stattfinden.*

Überblick

- Seit seiner Staatsgründung 1867 hatte Kanada zahlreiche grundlegende politische Herausforderungen zu bewältigen, die in seiner geographischen Lage, dem kolonialen Erbe und gesellschaftlicher Fragmentierung begründet liegen.
- Kanada ist eine Monarchie und parlamentarische Demokratie. Zugleich ist Kanada ein Bundesstaat und besitzt ein politisch zunehmend einflussreiches oberstes Verfassungsgericht. Dies führt zu einer schwer zu vereinbarenden Kombination aus wettbewerbs- und verhandlungsdemokratischen Elementen.
- Innerhalb der kanadischen Gesellschaft gibt es wenige identitätsstiftende Gemeinsamkeiten. Anglokanadier, Frankokanadier, Ureinwohner und die Einwanderer aus aller Welt unterscheiden sich in ihren politischen Einstellungen, Werten und Zielen grundlegend voneinander. Hinzu kommen enorme regionale Disparitäten.
- An der Entwicklung des Parteiensystems wie im Bereich der Wirtschafts-, Sozial- und Verfassungspolitik der letzten Jahrzehnte wird die Verschärfung der gesellschaftlichen Spannungen deutlich. In der Wirtschafts- und Sozialpolitik wurde in den 1980er- und 1990er-Jahren eine neoliberale Wende vollzogen; die Grundprobleme der Verfassungspolitik bleiben nach zwei gescheiterten Reformpaketen ungelöst.
- Auf der internationalen Bühne hat sich Kanada nach 1945 durch engagierte Mitarbeit im westlichen Bündnis und in zahlreichen internationalen Organisationen einen hervorragenden Ruf gesichert. Globalisierung und das Ende des Kalten Krieges bedeuten für die Diplomatie des Landes neue Herausforderungen; Prioritäten im Bereich der Außenwirtschafts- wie der Verteidigungs- und Sicherheitspolitik werden derzeit neu bestimmt.

Einleitung

„Wenn andere Länder zu viel Geschichte haben, so hat Kanada zu viel Geographie.“ (William L. Mackenzie King)

Politik in Kanada ist seit Beginn der europäischen Kolonisation, insbesondere aber seit der Gründung des Bundesstaates im Jahr 1867 mit drei Grundproblemen konfrontiert:

1) Der kontinentalen Größe des Landes und den daraus resultierenden infrastrukturellen, demographischen und sozialökonomischen Integrationsproblemen. Der Eisenbahnbau im letzten Drittel des 19. Jh.s symbolisiert dabei auf besonders markante Weise die Ost-West-Integration „*a mare usque ad mare*“ als beständige Aufgabe einer Politik des *nation building*. Dazu gehört insbesondere die Vermittlung der Konflikte, die aus den tief gehenden ökonomischen und sozialen Disparitäten des Landes resultieren, aus den Unterschieden in Ressourcen, ökonomischem Potential und Entwicklungsstand.
2) Dem Dualismus von anglokanadischer und Quebecer Nation sowie dem im Zuge der Einwanderung entstehenden Pluralismus des *canadian mosaic*. Hinzu kommen seit den 1960er-Jahren die berechtigten Ansprüche der Ureinwohner auf Selbstregierung und die Forderungen nicht zuletzt der Angehörigen der *visible minorities* in einer zusehends postmodernen Patchwork-Gesellschaft.
3) Dem Einfluss des übermächtigen südlichen Nachbarn. Die Kanadier haben sich der politischen Integration auf dem nordamerikanischen Kontinent zwar bislang erfolgreich widersetzen, dem Sog der USA in Wirtschaft, Kultur und Gesellschaft aber nur schwerlich entziehen können, sodass das kanadische *nation building* beständig durch die kontinentalen Nord-Süd-Beziehungen in Frage gestellt wird.

Derartige Herausforderungen können politisch erfolgreich nur unter bestimmten Rahmenbedingungen bearbeitet werden: Es bedarf erstens eines föderalen politischen Systems, zweitens toleranter Parteien und eines auf Ausgleich bedachten Parteiensystems, drittens einer in hohem Maße staatsinterventionistischen Politik, die sich darum bemüht, die sozioökonomischen Disparitäten des Landes auszugleichen und Chancengleichheit herzustellen, und viertens einer weltoffenen Außenpolitik.

Politische Institutionen

Kanada in seiner heutigen politischen (nicht aber territorialen) Gestalt wurde 1867 durch den Zusammenschluss der britischen Kolonien Lower und Upper Canada (fortan Quebec und Ontario), New Brunswick und Nova Scotia und ihre Aufwertung zum Dominion innerhalb des britischen Empire geschaffen; das Land ist damit eine der ältesten Demokratien der Welt. Zwischen 1870 (Manitoba) und 1949 (Newfoundland) wurden nach und nach die restlichen Teile Britisch-Nordamerikas in die Föderation aufgenommen; Provinzen und Territorien erhielten – mit Ausnahme des erst seit 1999 existierenden Territoriums Nunavut – ihre aktuellen Grenzen. Staatsaufbau und Verfassungsstruktur des Landes, die sich in dieser Zeit nur wenig verändert haben, beruhen im Wesentlichen auf folgenden Prinzipien, die Elemente des nach dem Sitz des britischen Parlaments benannten Westminster-Modells mit spezifisch kanadischen verbinden:

1) Kanada ist eine Monarchie: Sein Staatsoberhaupt, Königin Elisabeth die Zweite, vereint in Personalunion die Kronen Großbritanniens und zahlreicher anderer Commonwealth-Nationen auf sich. Sie wird in Kanada durch den Generalgouverneur bzw. die Generalgouverneurin (*governor general*) vertreten.
2) Kanada ist eine parlamentarische Demokratie: Die Regierung, also der Premierminister bzw. die Premierministerin (*prime minister*) und sein/ihr Kabinett, gehört dem Parlament an und hängt von

seinem Vertrauen ab. Das kanadische Parlament selbst hat zwei Kammern, das Unterhaus (House of Commons) und den Senat (*Senate*).

3) Kanada ist ein Bundesstaat mit zehn Provinzen und drei Territorien: Die Provinzen besitzen eigene staatliche Qualität und haben ähnlich aufgebaute parlamentarische Regierungssysteme wie die Bundesebene, bestehend aus dem so genannten *lieutenant governor* als dem Vertreter der Krone, dem Premierminister (*premier*), seinem Kabinett und einem Parlament (im Unterschied zur Bundesebene heute durchweg mit nur einer Kammer). Die Territorien haben den Provinzen vergleichbare Institutionen und Kompetenzen, unterstehen aber formal der Verfügungsgewalt von Bundesparlament und -regierung.
4) Kanada ist ein Verfassungsstaat: Politisches Handeln ist an Verfassungsprinzipien gebunden, die u. a. die Institutionenordnung des parlamentarischen und föderalen Regierungssystems sowie demokratische Freiheitsrechte garantieren. Schon seit 1867 existiert mit dem so genannten *British North America Act* eine geschriebene, später um weitere Dokumente ergänzte Verfassung. 1982 trat mit dem *Canada Act* zudem ein Bürger- und Menschenrechtskatalog, die *Canadian Charter of Rights and Freedoms*, in Kraft. Ein Oberster Gerichtshof, der *Supreme Court*, überwacht die Einhaltung der Verfassungsprinzipien.

Exekutive und Legislative – eine Variante des Westminster-Modells

Staatsaufbau und Verfassungsstruktur Kanadas spiegeln die historischen und zum Teil fortbestehenden Bande zu Großbritannien mehrfach wider. Sichtbarster Ausdruck dieser Bande ist die Krone. Doch übernahmen die Verfassungsgeber bei der Gründung des kanadischen Bundesstaates neben der Krone wie selbstverständlich noch andere politische Institutionen des Mutterlandes. Diese hatten in den Kolonien Britisch-Nordamerikas bereits eine gewisse Tradition. Seit Beginn der britischen Herrschaft (zweite Hälfte des 18. Jh.s) wurden die Kolonien bereits in der Form des *representative government* verwaltet. In den 40er-Jahren des 19. Jh.s setzte sich das Prinzip des *responsible government* durch, also der Abhängigkeit der Regierung vom Vertrauen der gewählten Parlamentskammer. Das neue *Dominion* führte nach 1867 diese Tradition fort und erhielt ein parlamentarisches Regierungssystem, das in seinen Strukturen, Verfahrensregeln und symbolischen Elementen weitgehend dem Vorbild des Westminster-Modells folgt (Abb. 66).

Die Krone hat in der kanadischen wie in der britischen Verfassungsstruktur eine Doppelfunktion als formale Exekutive und Teil der Legislative (*King-in-Parliament*). Die Funktionen des kanadischen Staatsoberhaupts werden weitgehend von der Generalgouverneurin – seit Oktober 1999 die in Hongkong geborene ehemalige Fernsehjournalistin Adrienne Clarkson – über-

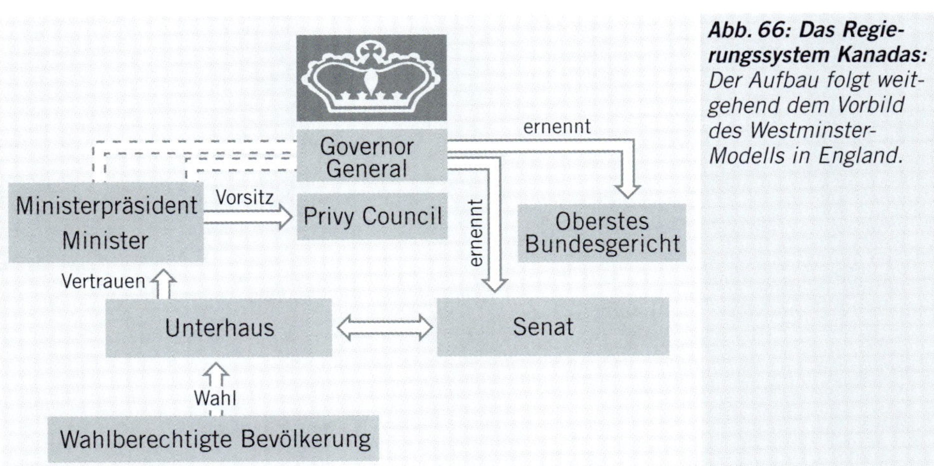

Quelle: Staatsbürgerkundliche Arbeitsmappe Nr. 861510.

Abb. 66: Das Regierungssystem Kanadas: *Der Aufbau folgt weitgehend dem Vorbild des Westminster-Modells in England.*

nommen; die Königin selbst tritt in Kanada nur selten in Erscheinung. Die laut Verfassungstext weitreichend anmutenden Kompetenzen des auf Vorschlag des Premierministers für eine Amtszeit von fünf bis sieben Jahren ernannten Generalgouverneurs und anderer der Krone zurechenbarer Organe (*Privy Council*) wurden in der Praxis jedoch schon bald enger gefasst. Spätestens in Folge einer Machtprobe zwischen Premierminister Mackenzie King und Generalgouverneur Lord Byng im Jahr 1926 sowie der von London 1931 im *Westminster Statute* gewährten völkerrechtlichen Unabhängigkeit Kanadas haben Generalgouverneur und Krone nur noch zeremonielle Kompetenzen – von wenigen und eng umgrenzten Rechten bei der Ernennung bzw. Abberufung des Premierministers und der Parlamentsauflösung einmal abgesehen. Seit 1951 haben nur mehr Kanadier das Amt bekleidet. Der erste Frankokanadier wurde 1959 von Premierminister John Diefenbaker ernannt; seither wechselt die Besetzung des Amts zwischen den beiden Sprachgruppen und berücksichtigt auch andere Minderheiten.

Die zumindest symbolisch zentrale Position innerhalb des kanadischen Regierungssystems nimmt das Parlament ein, da sich die Bundesregierung aus ihm heraus konstituiert und durch eine Mehrheit in der ersten Kammer, dem Unterhaus, legitimiert wird. Der Premierminister ist stets Mitglied der ersten Kammer, Minister gehören dem Unterhaus oder (heute nur noch selten) dem Senat an. Das kanadische Unterhaus besteht seit 1997 aus 301 Abgeordneten, die nach dem relativen Mehrheitswahlsystem in Einerwahlkreisen gewählt werden. Die Wahlkreise (*ridings*) sollen jeweils eine in etwa gleich große Zahl von Wahlberechtigten umfassen, um starke Schwankungen im Erfolgswert der Wählerstimmen zu verhindern. Die Wahlkreise werden daher alle zehn Jahre an die demographischen Entwicklungen angepasst. Durch das relative Mehrheitswahlsystem fallen allerdings sehr viele Stimmen unter den Tisch, da nur derjenige Kandidat, der die meisten Stimmen (eine relative Mehrheit) erhält, in das Unterhaus einzieht. Die Stimmen für alle anderen Kandidaten sind verloren. Der Vorteil dieses Verfahrens ist die enge Bindung der Abgeordneten an ihre Wahlkreise. Die einzelnen Abgeordneten tragen viel zur Legitimität des politischen Systems bei, da sie durch persönliche Kontakte in ihren Wahlkreisen Regierungspolitik vermitteln können und sich zudem kanadische Bürger häufig mit Problemen und Anliegen an „ihre" lokalen Abgeordneten wenden.

Die Mitglieder des Unterhauses (wie des Senats) sind nach Parteizugehörigkeit in Fraktionen (*caucuses*) organisiert und unterliegen strenger Fraktionsdisziplin. Die dem Westminster-Modell eigene, wettbewerbsdemokratische Konfrontation zwischen Regierungs- und Oppositionsfraktionen drückt sich im Unterhaus in der Schärfe der Debatten und auch optisch aus, da sich die beiden Lager – wie im Vorbild Westminster – direkt gegenübersitzen. Die parlamentarischen Ämter, Verfahrensregeln und Normen im Unterhaus orientieren sich stark an der teilweise jahrhundertealten britischen Tradition. Ähnlich wie das britische war auch das kanadische Unterhaus zunächst mehr ein Rede- als ein Arbeitsparlament. Verschiedene Reformen des Ausschuss-Systems in den letzten Jahrzehnten haben indes dazu geführt, dass die Ausschüsse immer mehr Detailarbeit übernommen und damit maßgeblichen Einfluss auf den Inhalt der letztendlich verabschiedeten Gesetze gewonnen haben. Auch die Sonderausschüsse, die oft gemeinsam von Unterhaus und Senat eingesetzt werden und aktuelle politische Probleme ausgiebig untersuchen, haben durch ihre inhaltliche Arbeit hohe Bedeutung erlangt und die Stellung des Parlaments wie sein Ansehen in der Öffentlichkeit gestärkt.

Noch ritualisierter als im Unterhaus ist die Atmosphäre im Senat, der auch zeremonielle Aufgaben, etwa bei der Eröffnung einer neuen Parlamentsperiode, übernimmt. Die zweite Kammer des kanadischen Parlaments war ein wichtiges Element des Verfassungskompromisses von 1867. Der Senat sollte ursprünglich wie das britische House of Lords als konservativer und stabilisierender Ausgleich für das gewählte House of Commons dienen. Da in Kanada das feudal-aristokratische Element fehlte, sollte die zweite Kammer die bürgerliche Oberschicht repräsentieren. Mit dem amerikanischen Senat hat der kanadische außer dem Namen wenig gemein: Seine Mitglieder werden nicht gewählt, sondern vom Generalgouverneur auf Vorschlag des Premierministers berufen – ursprünglich auf Lebenszeit und nach Maßgabe bestimmter Alters- und Besitzqualifikationen. Seit 1965 bleiben die Senatoren bis zum 75. Lebensjahr im Amt. Sie gehören meist der bei ihrer Ernennung auf Bundesebene regierenden Partei an. Somit ist der Senat auch keine echte Vertretung der Provinzen: Zwar wird aus jeder Provinz eine bestimmte Zahl von Senatoren berufen, diese vertreten jedoch nicht zwangsläufig die Interessen ihrer Heimatprovinz. Zudem wurde der regionale Verteilungsschlüssel – mit Ausnahme von Newfoundland und Nunavut – bereits 1915 festgelegt; daher sind die westlichen Provinzen, die seither einen enormen Bevölkerungs- und Bedeutungszuwachs erfahren haben, im Senat deutlich unterrepräsentiert. Der zweiten Kammer gehören heute 105 Mitglieder an – insgesamt 24 für die maritimen Provinzen Nova Scotia, New Brunswick und Prince Edward Island, je 24 für Quebec und Ontario, je sechs für die vier Westprovinzen, sechs für Newfoundland und je ein Senator für die drei Territorien. Laut Verfassungstext hat der Senat ähnliche Gesetzgebungskompetenzen und Aufgaben wie das Unterhaus, dessen Vorlagen er verändern und sogar durch ein absolutes Veto zu Fall bringen kann. Bei Verfassungsrevisionen indes besitzt er nur ein suspensives Veto, Finanzgesetze können nur im Unterhaus eingebracht werden, und schließlich ist die Regierung allein der ersten Kammer verantwortlich. De facto spielt der Senat wegen seiner Repräsentations- und Legitimitätsdefizite nur noch eine geringe Rolle in der Gesetzgebung. Üblicherweise beschränkt sich der Senat auf minder wichtige Gesetzesinitiativen oder eine Überarbeitung der Vorlagen aus dem Unterhaus nach formalen Gesichtspunkten und kann sich dabei auf jahrelange Erfahrung seiner Mitglieder stützen. Blockadesituationen zwischen den beiden Parlamentskammern entstehen nur dann, wenn nach längerer Regierungszeit einer Partei ein Regierungswechsel stattfindet, der Senat jedoch immer noch hauptsächlich mit Mitgliedern der abgewählten Partei besetzt ist.

Trotz der formal weitreichenden Zuständigkeiten der Krone und der zentralen Stellung des Parlaments in der kanadischen Verfassungsordnung wird das Regierungssystem des Landes – auch hierin der Logik des Westminster-Modells folgend – zunehmend von der politischen Exekutive, also Premierminister und Kabinett, dominiert. Kanadische Regierungen stützen sich in der Regel auf stabile parlamentarische Mehrheiten, die ihrerseits durch das relative Mehrheitswahlsystem begünstigt werden. Die Kontrolle der parlamentarischen Tagesordnung und der Gesetzgebung liegt heute daher weitgehend beim Premierminister, seinem Kabinett und der Führungsspitze der Mehrheitsfraktion, während die Kontrollfunktionen und Handlungsmöglichkeiten des Parlaments als Ganzem, der Oppositionsfraktionen und einzelner Abgeordneter (Hinterbänkler) aller Parteien zumindest so lange gering sind, wie die Regierungsmehrheit in beiden Kammern gesichert ist. Unter den Oppositionsfraktionen hat nur die so genannte *official opposition*, also die stärkste Oppositionsfraktion, nennenswerten Einfluss auf Tagesordnung und Verlauf der Debatten und Ausschuss-Sitzungen. Zwar wurden in Kanada seit den 1920er-Jahren gelegentlich auch Minderheitsregierungen ins Amt gewählt, doch waren sie zumeist kurzlebig und wurden in Neuwahlen durch Mehrheitsregierungen ersetzt. Koalitionen sind der politischen Kultur des Westminster-Modells fremd und in Kanada auch nur einmal, während des Ersten Weltkrieges, gebildet worden. Die Alleinverantwortlichkeit von Einparteien-Mehrheitsregierungen soll zugleich die Regierungsfähigkeit der Exekutive und die Transparenz des Regierungshandelns sichern.

Innerhalb der kanadischen Exekutive genießt der Premierminister eine zunehmend herausgehobene Position. Das Kabinett, formal ein Unterausschuss des kanadischen *Privy Council*, wird von ihm organisiert, Minister werden von ihm ausgewählt und entlassen – wobei traditionell besonders auf einen Regional- und Sprachenproporz geachtet wird. Der Premierminister kann außerdem über den Zeitpunkt von Neuwahlen entscheiden. Seine Autorität wird noch gestützt durch die Tatsache, dass er gleichzeitig Chef der Regierungspartei ist und privilegierten Zugang zu den Medien und der kanadischen Öffentlichkeit hat.

Bund und Provinzen – zwischen Wettbewerb und Kooperation

Der kanadische Staat entstand 1867 aus bereits existierenden Kolonien in Britisch-Nordamerika, eine föderale Staatsorganisation stand also außer Frage. Die Vielfalt der Lebensbedingungen und territorial verfestigten sprachlich-kulturellen wie ökonomischen Konfliktdimensionen in der kanadischen Gesellschaft schließen national einheitliche Regelungen in vielen Politikbereichen und damit eine unitarische, zentralistische Staatsform bis heute aus. Da dem Westminster-Modell eine föderale Staatsorganisation aber im Grunde fremd ist, sind Bundes- und Provinzebene in Kanada nicht etwa über ein dem deutschen Bundesrat vergleichbares Organ integriert, sondern existieren formal unverbunden nebeneinanderher. Der kanadische Föderalismus ist im Gegensatz zu dem der Bundesrepublik ein Trenn-Föderalismus und mithin charakterisiert durch strikte Gewalten- und Kompetenztrennung und deren Verteilung nach Politikfeldern. Im kanadischen Bundesstaat obliegen 16 Gesetzgebungsbereiche allein den Provinzen, während Ottawa für alle anderen, u. a. Verteidigung und Handel, verantwortlich ist. Landwirtschaft und Einwanderung sind die beiden einzigen konkurrierenden Zuständigkeiten.

Die kanadischen Staatsgründer, allen voran der spätere Premierminister Sir John A. Macdonald, hatten aus sicherheits- und wirtschaftspolitischen Gründen eine starke Zentralgewalt für notwendig gehalten. Nach dem Sieg der amerikanischen Nordstaaten im Bürgerkrieg, der diese auch außenpolitisch gestärkt hatte, war eine Annektierung der britischen Kolonien und späteren kanadischen Provinzen nicht nur dort, sondern auch in Kanada selbst im Gespräch. Zudem machte die Erschließung und ökonomische Entwicklung der damals noch weitgehend unbesiedelten westlichen Territorien des neuen Staates – und damit auch ihre Sicherung gegenüber amerikanischen Expansionsansprüchen – eine starke Stellung der Bundesgewalt notwendig. Die Verfassungsklausel „Peace, Order and Good Government“, die es der Bundesregierung ermöglicht, bei Gefährdung dieser drei Staatsziele in Provinzangelegenheiten einzugreifen, weist auf diese historischen Gegebenheiten hin. Die Bundesebene erhielt deshalb die nach damaligen Maßstab entscheidenden Zuständigkeiten und ein breit angelegtes Steuererhebungsrecht zugesprochen. Der damals geprägte Begriff *Confederation* ist somit irreführend, da gerade nicht eine lose Konföderation, sondern eine Föderation mit starker Bundesebene angestrebt wurde.

Diese Machtverhältnisse änderten sich jedoch bereits gegen Ende des 19. Jh.s. Neben einflussreichen und charismatischen „Provinzfürsten“ stärkte besonders die Rechtsprechung des britischen *Judicial Committee of the Privy Council*, das damals noch als oberster Gerichtshof für Kanada fungierte, die Stellung der Provinzen. Ab etwa 1910, spätestens jedoch ab der Weltwirtschaftskrise von 1929, begannen sich die Verhältnisse indes wieder zugunsten der Bundesebene zu verschieben. Im 20. Jh. gewannen zwar politische Aufgaben an Bedeutung, die in der Zuständigkeit der Provinzen lagen: Sozial-, Gesundheits- und Erziehungspolitik, die zum Zeitpunkt der Staatsgründung als bestenfalls marginale Bereiche staatlichen Handelns galten, wurden nun zu zentralen Tätigkeitsfeldern der Politik. Doch die massive Expansion staatlicher Leistungen und der Aufbau des Wohlfahrtsstaates überstiegen die finanziellen Möglichkeiten der Provinzen schon bald. Die lukrativsten Steuerquellen wurden hingegen von der Bundesebene kontrolliert. Ottawa zog deshalb zunehmend – teilweise über Verfassungsrevisionen – Aufgaben an sich (etwa im Bereich der Arbeitslosen- und Rentenversicherung) oder gewährte Zuschüsse an die Provinzen, die allerdings an bestimmte Auflagen gebunden waren.

Seit Ende der 1950er-Jahre gewinnen die Provinzen jedoch wieder kontinuierlich an Einfluss zurück. Die Bundesebene übernahm oder bezuschusste nicht nur einige der kostenträchtigsten Aufgaben im Sozialbereich, sondern eröffnete den Provinzen auch neue Steuerquellen. Die treibende Kraft dieses bis heute anhaltenden Dezentralisierungstrends war und ist die mehr-

***Bild 72:** Hôtel du Parlement in Quebec, Sitz der Provinzregierung, erbaut ab 1877; die Architektur orientiert sich an Bauten in Paris.*

heitlich französischsprachige Provinz Quebec (Bild 72). Vor 1960 hatten sich die verschiedenen Regierungen der Provinz vor dem Hintergrund einer noch stark von der katholischen Kirche und ihren Organisationen beherrschten Gesellschaft dem Ausbau des Wohlfahrtsstaates auf nationaler Ebene und der zunehmend interventionistischen Sozial- und Wirtschaftspolitik Ottawas systematisch verweigert. Seit der Wahl der liberalen Provinzregierung unter Jean Lesage im Jahr 1960 und der durch sie ausgelösten so genannten Stillen Revolution, einer Phase tief greifender sozialer, kultureller und politischer Modernisierung der Provinz, setzen die Regierungen Quebecs jedoch auf den mit Ottawa konkurrierenden Ausbau eines Wohlfahrts- und Interventionsstaates auf Provinzebene. Ebenfalls seit den 1960er-Jahren erlebten die Quebecer Separationsforderungen mit dem Ruf der *Union Nationale* nach „égalité ou indépendance“ (Gleichheit oder Unabhängigkeit) einen massiven Aufschwung. Nachdem es der Separatistenbewegung gelungen war, eine alle Gruppen einigende Partei, die *Parti Québécois*, zu gründen, errang sie 1976 erstmals eine Regierungsmehrheit in der Provinz. Wechselnde Provinzregierungen fordern als Bedingung für den Verbleib Quebecs in der kanadischen Föderation seither Zugeständnisse Ottawas an die Autonomiebedürfnisse der französischsprachigen *Québécois*, einen verfassungsmäßig abgesicherten Sonderstatus für die Provinz und weitestgehende Freiheit in Politikfeldern wie Sprache, Bildung und Kultur, aber auch Wirtschafts-, Sozial-, Einwanderungs- und Arbeitsmarktpolitik. Ohne in ihren Forderungen genauso weit zu gehen, haben sich in der Folge auch andere Provinzregierungen – vor allem im Westen des Landes – den Wunsch nach mehr Handlungsfreiheit gegenüber Ottawa zu Eigen gemacht.

Neben Wettbewerb zwischen den Regierungsebenen hat der kanadische Bundesstaat stets auch Formen der Kooperation gekannt. Sie waren seit der Staatsgründung jedoch erheblichen Änderungen unterworfen. Nach zunächst nur loser und gelegentlicher Zusammenarbeit stieg mit dem Ausbau des Wohlfahrtsstaates ab den 1930er-Jahren und in der Nachkriegszeit auch die Notwendigkeit zur Abstimmung zwischen beiden Regierungsebenen. Nach dem Zweiten Weltkrieg etablierte sich ein System enger und harmonischer Zusammenarbeit. Diese fand zumeist hinter verschlossenen Türen zwischen Vertretern der Ministerialbürokratien von Bund und Provinzen statt. Im Zuge der verstärkten Autonomiebestrebungen der Provinzen fand diese *cooperative federalism* genannte Phase ihr Ende. Die Beziehungen zwischen Bund und Provinzen wurden lockerer und konfliktreicher: Verhandlungen finden seit den 1960er-Jahren zunehmend öffentlichkeitswirksam – wenn auch weiterhin oft hinter verschlossenen Türen – zwischen den Fach- und Premierministern der beiden Regierungsebenen statt. Bekannteste Institution dieser *executive federalism* genannten Form der Zusammenarbeit ist die *First Ministers' Conference*, an der alle elf Premierminister teilnehmen. Die so genannte *federal-provincial diplomacy* ähnelt eher Beziehungen zwischen unabhängigen Staaten als denen zwischen verschiedenen Regierungsebenen innerhalb eines Landes. Dabei ist der Koordinierungsbedarf hoch: Neben den konkurrierenden Gesetzgebungsbereichen Landwirtschaft und Einwanderung überlappen sich die Zuständigkeiten u. a. auch in den Bereichen Gesundheit, Umwelt, natürliche Ressourcen, Fischerei und Transportwesen. 1997 waren nicht weniger als 457 bi- und multilaterale Abkommen und Programme in Kraft (Jackson & Jackson 1998: 210).

Insbesondere Quebec verweigert sich allerdings zunehmend einer Kooperation mit der Bundesebene und den restlichen Provinzen außer zum Zwecke der Marktharmonisierung und durfte aus den meisten Verhandlungsarrangements zwischen Ottawa und den neun anderen Provinzen auch tatsächlich ausscheren („opting out"). Den Anfang machte der *Canada Pension Plan*, dem alle anderen Provinzen noch angehören; Quebec dagegen schuf schon in den 1960er-Jahren mit dem *Quebec Pension Plan* eine eigenständige finanzielle Altersversorgung. Die aktuelle liberale Bundesregierung unter Jean Chrétien kommt den Forderungen der Provinzen nach Dezentralisierung und weniger Einmischung Ottawas in ihre Zuständigkeiten seit 1993 weitgehend entgegen. So wurden inzwischen Kompetenzen im Bereich der Arbeitsmarktpolitik an die Provinzen abgetreten. Im Februar 1999 verpflichtete sich Ottawa in einem mit neun Provinzen (ohne das seit 1994 wieder von der separatistischen *Parti Québécois* regierte Quebec) abgeschlossenen *Social Union Agreement*, fortan nicht mehr einseitig gemeinsame Sozialprogramme einzuführen; das Abkommen stellte die Kompetenzen der beiden Regierungsebenen im Bereich der Sozialpolitik auf eine modifizierte Grundlage und weitete die Zuständigkeiten der Provinzen aus. Beispielhaft für diesen neuen, zugleich kooperativen und die Eigensphäre der Provinzen respektierenden Ansatz ist der im selben Jahr in die Wege geleitete *National Child Benefit*. Auch mit Blick auf den Abbau von Mobilitätsschranken und Investitionshemmnissen im kanadischen Binnenmarkt setzt Ottawa mit dem *Agreement on Internal Trade*, das Quebec mit unterzeichnet hat, auf freiwillige, rechtlich nicht bindende Absprachen.

Allerdings hat der Versuch, die föderale Aufgabenverteilung über vertragliche Absprachen zwischen Bund und Provinzen neu zu ordnen, seine eigenen Probleme: Die Garantie nationaler Mindeststandards wird so erschwert. Der zunehmende Rückgriff auf bilaterale Abkommen zwischen Ottawa und einzelnen Provinzregierungen hat zudem die problematische Entwicklung des kanadischen Föderalismus hin zu immer mehr Asymmetrie verschärft. Im Gegensatz zu Quebec und den meisten westlichen Provinzen können die wirtschaftlich schwachen Atlantikprovinzen die neue Flexibilität des kanadischen Föderalismus kaum nutzen, da sie finanziell stark von der Bundesebene abhängig sind. Etwa die Hälfte ihrer Haushalte wird aus Transferleistungen Ottawas bestritten (Schultze 1997: 4).

Die Spannungslinien innerhalb des kanadischen Föderalismus sind also auch eng mit finanziellen Arrangements verknüpft. Vier miteinander zusammenhängende Probleme belasten schon seit der Staatsgründung die Beziehungen zwischen Bund und Provinzen:

1) Die Zuständigkeiten der Provinzen und ihre Einnahmequellen befinden sich oft im Ungleichgewicht. Viele Provinzen können ihre Ausgaben nicht aus dem eigenen Steueraufkommen decken.
2) Wegen der unterschiedlichen Größe und Wirtschaftskraft der Provinzen divergiert

ihr Steueraufkommen von jeher auch untereinander stark. Die ärmeren Provinzen, deren Ausgabenlast für soziale Dienstleistungen zugleich höher ist, können aber nur bedingt an der Steuerschraube drehen, ohne eine Abwanderung besser verdienender Arbeitnehmer und heimischer Unternehmen zu riskieren. Dem Bund muss umgekehrt daran gelegen sein, dass sich nicht einzelne Provinzen über die Aushöhlung oder Unterschreitung nationaler Standards, etwa im sozialen oder Umweltbereich, auf Kosten ihrer Nachbarn und der Gesamtgesellschaft Standortvorteile verschaffen.

3) Sowohl die Bundes- als auch die Provinzebene hat mittlerweile das Recht, Einkommen- und Mehrwertsteuer zu erheben. Die daraus resultierende Konkurrenz um Steuereinnahmen stellt einen ständigen Streitpunkt zwischen Bundes- und Provinzebene dar.
4) Diese Konkurrenz erschwert zugleich die makroökonomische Steuerung; zudem wirkt sich die Unübersichtlichkeit des Steuersystems nachteilig auf den Wirtschaftsstandort Kanada aus.

Die beteiligten Akteure sind sich dieser Probleme durchaus bewusst. In der Nachkriegszeit wurden verstärkt Arrangements zum Ausgleich der vertikalen und horizontalen Ungleichgewichte auf der Einnahmen- und Ausgabenseite entwickelt. Seit 1957 existiert ein vertikaler Finanzausgleich, über den Ottawa Transfers an die ärmeren Provinzen (zuletzt alle außer Alberta, British Columbia und Ontario) leistet; seit 1982 ist dieser weitgehend unumstrittene Finanzausgleich auch Bestandteil der kanadischen Verfassung. 1966 bzw. 1977 wurden mit dem *Canada Assistance Plan* (CAP), der den Provinzen etwa 50 % ihrer Sozialhilfeausgaben erstattet, und dem *Established Programs Financing* (EPF), das Maßnahmen im Bereich Gesundheit und Hochschulen unterstützen soll, zwei weitere Transferprogramme eingeführt, die an die Einhaltung bestimmter von Ottawa vorgegebener Kriterien geknüpft sind. Das Wachstum der Ausgaben sowohl unter dem CAP als auch unter dem EPF wurde aber in den 1980er- und 1990er-Jahren durch die konservative Regierung Brian Mulroneys und die liberale Regierung Jean Chrétiens mehrfach gebremst, was die finanziellen Ungleichgewichte zwischen den Provinzen noch verschärfte. Seit 1996 sind CAP und EPF in einem *Canada Health and Social Transfer* zusammengefasst, der zugleich drastisch gekürzt wurde und erst seit 1999 wieder leicht wächst. Dieser finanzielle Rückzug Ottawas wirft wie die explizite Dezentralisierung von Zuständigkeiten die Frage auf, wie die Gleichwertigkeit der Lebensverhältnisse in Kanada zukünftig zu sichern ist.

Weiterhin ungelöst bleibt das Problem mangelnder Steuerharmonisierung in Kanada. Gelungen ist die Harmonisierung im Bereich des seit 1962 existierenden Systems der Einkommensbesteuerung und bei einigen anderen Steuerarten, nicht aber im Bereich der indirekten Besteuerung. Die von Brian Mulroney eingeführte, höchst unpopuläre *Goods and Services Tax* ist erst seit 1997 voll harmonisiert mit drei Atlantikprovinzen und teilharmonisiert mit Quebec. Umstritten bleibt schließlich trotz der Selbstverpflichtung der aktuellen Bundesregierung zu mehr Zurückhaltung die so genannte *spending power* Ottawas, also das Recht, im nationalen Interesse über Transfer- und Ausgabenprogramme auch in solchen Politikfeldern aktiv zu werden, die an und für sich der Zuständigkeit der Provinzen unterliegen, und diese so zur Umsetzung nationaler Zielsetzungen zu drängen. Diese Praxis, die ursprünglich auf das im *British North America Act* angelegte Konzept eines stark zentralisierten Föderalismus zurückgeht, stößt indes nicht nur in Quebec, sondern auch bei anderen Provinzregierungen zunehmend auf Widerstand. Trotz Protesten greift auch die aktuelle Bundesregierung weiter auf die *spending power* zurück. Dennoch ist Kanada heute politisch und finanziell einer der am stärksten dezentralisierten Bundesstaaten weltweit.

Verfassung und oberste Gerichtsbarkeit – zwischen Parlamentssouveränität und Grundrechtsschutz

Kanadas Mutterland Großbritannien ist das klassische Beispiel für eine Demokratie, die auf einer ungeschriebenen, nicht kodifizierten Verfassung und zum Teil jahrhundertealten Rechtstraditionen (*common law*), Verfahrensregeln und Normen beruht.

Obwohl die kanadische Verfassung ebenfalls aus einer Vielzahl von Rechtsquellen und -dokumenten besteht – darunter Konventionen, einfache Gesetze und ältere Texte wie die *Royal Proclamation* von 1763 –, weicht das Land doch auch in diesem Punkt vom Westminster-Modell ab: Es erhielt bereits mit seiner Staatsgründung im Jahr 1867 einen Verfassungstext, den *British North America Act*, der noch heute die zentralen Elemente der kanadischen Verfassungsordnung umfasst. Anders als in Großbritannien sind deren Bestimmungen einer einfachgesetzlichen Änderung durch das kanadische Parlament weitgehend entzogen; es gilt also nicht das Prinzip der Parlamentssouveränität.

Der *British North America Act* – ein Gesetz des Parlaments in London – sollte es den damaligen Kolonien ermöglichen, sich zu einer politischen Union zusammenzuschließen; einen vollständig unabhängigen Staat schuf er nicht. Eine Änderung des *British North America Act* war zunächst nur durch das britische Parlament möglich. 1931 wurden die Verfassungsgebungskompetenzen Londons für Kanada und die anderen *Dominions* im *Westminster Statute* allerdings weitestgehend eingeschränkt: Das britische Parlament durfte fortan nur noch auf Aufforderung der kanadischen Bundesregierung tätig werden. Dass es dieses Umwegs über London in Kanada anders als etwa in Australien und Neuseeland noch mehrerer Jahrzehnte lang bedurfte, liegt an der Unfähigkeit kanadischer Politiker, sich im Vorfeld des *Westminster Statute* auf eine Änderungsformel für ihre Verfassung zu einigen. 1949 wurden dem kanadischen Parlament zumindest einige Änderungskompetenzen zugestanden. Zugleich verlor das britische *Judicial Committee of the Privy Council* seinen Status als oberster Gerichtshof für Kanada, und der *Supreme Court of Canada* übernahm diese Funktion. Der *British North America Act* blieb aber weiterhin ein Gesetz des britischen Parlaments. Der Versuch, diese formale Bindung zu kappen, beschäftigte kanadische Nationalisten über mehrere Jahrzehnte hinweg und war Kernthema verschiedener Verfassungsreforminitiativen ab 1950, die jedoch durchweg von den Provinzregierungen Quebecs zum Scheitern gebracht wurden, weil sie die Sonderrolle Quebecs in den Reformvorschlägen nicht genügend berücksichtigt sahen (so 1966 bei der Ablehnung der *Fulton-Favreau*-Kompromissformel von 1964 und 1971 bei der Ablehnung der so genannten *Victoria Charter*). Erst 1982 gelang es der liberalen Bundesregierung unter Pierre E. Trudeau, die Bindung an das Mutterland mit der so genannten Heimholung (*patriation*) der Verfassung vollständig zu kappen. Der *British North America Act*, jetzt umbenannt in *Constitution Act*, blieb in Kraft, wurde aber ergänzt durch eine komplizierte, Verfassungsrevisionen stark erschwerende Änderungsformel und einen Bürger- und Menschenrechtskatalog, die *Canadian Charter of Rights and Freedoms.* Zwischen 1867 und 1982 wurde die kanadische Verfassung insgesamt achtzehnmal durch das britische Parlament geändert, danach hat es bislang nur marginale Revisionen gegeben.

Seitdem hat die kanadische Verfassung eine weit zentralere Stellung erlangt als vor ihrer Heimholung. Mit der Ergänzung um einen einklagbaren, über die *Bill of Rights* von 1960 weit hinausgehenden Bürger- und Menschenrechtskatalog hat sich Kanada wieder ein Stück vom Westminster-Modell entfernt und der amerikanischen Praxis des *judicial review* angenähert. Diese Entwicklung lässt sich an der gestiegenen Bedeutung des *Supreme Court of Canada*, der obersten Instanz für Zivil- und Strafsachen wie für verfassungsrechtliche Fälle, leicht ersehen. Diese Stellung hatte das oberste Gericht zwar schon ab 1949 inne; seit der Einführung der *Charter* ist die Zahl der Verfassungsstreitigkeiten jedoch enorm angestiegen. Seit 1985 ist es auch Einzelpersonen und Gruppen möglich, wegen einer Verletzung ihrer Grundrechte in letzter Instanz den *Supreme Court* anzurufen. In ihrer Wirkung fördert die *Charter* also die politische Partizipation von Bürgern und insbesondere von Angehörigen gesellschaftlicher Minderheiten. Die Parlamente und Regierungen auf Provinz- und Bundesebene werden hingegen geschwächt, obwohl sie die – außer von Quebec kaum genutzte – Möglichkeit haben, mit Hilfe der so genannten *notwithstanding clause* Teilbestimmungen der Charter in ihrem Wirkungsbereich für jeweils fünf Jahre außer Kraft zu setzen.

Seit 1982 hat das Verfassungsgericht in einigen weitreichenden Entscheidungen zur Auslegung der Verfassung maßgeblich zum Verfassungswandel beigetragen. Dabei wirkt es, etwa in Fragen des Umgangs mit Minderheiten, auch als Vorreiter für politischen Richtungswechsel. Dies gilt nicht zuletzt für die Ureinwohner Kanadas, deren inhärentes, also der kanadischen Verfassung vorausgehendes Recht auf Selbstregierung durch den *Constitution Act* von 1982 prinzipiell anerkannt wurde. 1997 erregte ein Urteil Aufsehen, mit dem der Rechtsanspruch der Ureinwohner auf bereits vor der Ankunft der Europäer besiedeltes Land bekräftigt wurde. Neben den Grundrechtsentscheidungen sind die Urteile des obersten Gerichts zum Finanzföderalismus und der Kompetenzaufteilung zwischen Bund und Provinzen hervorzuheben. Bahnbrechend war 1998 ein Urteil, mit dem das Gericht die Möglichkeit einer Sezession Quebecs einräumte, sie zugleich aber an eine klare, mit deutlicher Mehrheit angenommene Referendumsentscheidung und die Notwendigkeit zu Verhandlungen mit Ottawa band.

Wo die Politik unfähig zu weitreichenden Entscheidungen und zu gesellschaftlicher Konsensbildung ist, führt die Auslegung der Verfassung durch das oberste Gericht zu einem steten Verfassungswandel. In vielen Fällen macht die Rechtsprechung eine Verfassungsreform überflüssig: Dabei schafft das Gericht häufig vollendete Tatsachen, die von der Politik respektiert und in den entsprechenden Politikfeldern umgesetzt werden müssen. Die einflussreiche Stellung des Verfassungsgerichts führt daher zu einer Verrechtlichung der Politik, d. h. wichtige Entscheidungen, die eigentlich von der Politik getroffen werden sollten, werden durch die Rechtsprechung vorweggenommen. Debatten über umstrittene Politikstrategien werden nicht mehr nur in der politischen Arena geführt, sondern viele Interessengruppen ziehen einen Gang vor Gericht langwieriger Lobbyarbeit vor.

Politische Kultur

Wie lässt sich die Identität einer pluralen, multikulturellen Gesellschaft definieren? Was vereint Bürger unterschiedlicher Abstammung, Religion, Hautfarbe und Lebensart zu einer politischen Gemeinschaft? Für Kanada stellen sich diese Fragen von jeher mit besonderer Schärfe, drohte die Herausbildung und Stabilisierung einer spezifisch kanadischen Identität doch schon seit den Gründungstagen durch die Spannung zwischen innergesellschaftlicher Zerklüftung und der Sogkraft des übermächtigen Nachbarn USA unterminiert zu werden. Die Trennlinien der kanadischen Gesellschaft haben sich in den letzten Jahrzehnten weiter vertieft und sind ergänzt worden durch neue, teils quer zu den alten Bruchstellen verlaufende Konfliktmuster. Die fortschreitende Ausdifferenzierung der kanadischen Gesellschaft korrespondiert mit der zunehmenden Durchlässigkeit der Außengrenzen durch kontinentale Integration und Globalisierung. Im Spiel dieser widerstreitenden Kräfte durchlebt Kanada einen tief greifenden Wandel seiner politischen Kultur, also der Verhaltensnormen, Werthaltungen und Erwartungen, die die Bürger mit der Politik ihres Landes verbinden (Bild 73). Die nationale Integration Kanadas bleibt ein Drahtseilakt.

Abgrenzung nach außen

Das besondere Verhältnis der Kanadier zu den USA wurzelt in der Entstehungsgeschichte beider Staaten. Die Verlierer des amerikanischen Unabhängigkeitskrieges emigrierten ab Ende des 18. Jh.s in großer Zahl in den unter britischer Oberhoheit verbleibenden nördlichen Teil des Kontinents, der sich später zum kanadischen Staatsverband formierte, bis dahin allerdings mehrheitlich französischsprachige Einwohner hatte. Erst durch den Zustrom der Loyalisten, königstreuer britischer Siedler, die Unabhängigkeit und republikanische Staatsform ablehnten, entstand das anglophone *Upper Canada*, das spätere Ontario. Unter der kolonialen Mentalität der Siedler im britischen Nordamerika verbarg sich zwar wie in den USA eine liberale

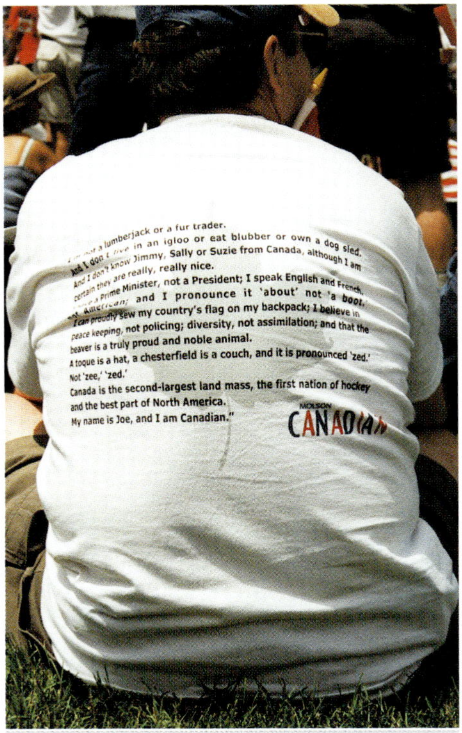

Bild 73: *„Ich bin ein Kanadier", Bekenntnis eines Besuchers des Canada-Day-Festivals am 1. Juli 2000 in Ottawa.*

Quelle: Tanja Zinterer.

und kapitalistische, auf Privateigentum und Besitzrechten fußende Grundhaltung, wie z. B. die schon bald erhobene Forderung nach angemessener politischer Repräsentation in den Institutionen der neuen Heimat zeigte. Doch konnte sich der frühe Liberalismus mit seiner Betonung individueller ökonomischer wie politischer Freiheit hier nicht wie in den USA als identitätsstiftende nationale Ideologie etablieren, gerade weil er die Ideologie der Sieger war. Die Flüchtlinge kompensierten ihre Niederlage durch dezidierten „Anti-Amerikanismus" und verstärkte Identifikation mit dem Mutterland. Ihnen fehlte der aggressive Individualismus der Amerikaner und ihr Argwohn gegenüber jeglicher staatlicher Machtausübung – schließlich hatten die Loyalisten nicht gegen die Regierung, sondern zu ihrer Verteidigung gekämpft. In diesem Kontext konnte sich ein konservativer Strang politischer Kultur entfalten, der um die Anerkennung natürlicher Hierarchien und traditioneller Autorität sowie den Vorrang des Ganzen vor dem Individuum kreiste. Auch die äußeren Umstände – die immense geographische Ausdehnung, das harsche Klima, die geringe Bevölkerungszahl und die bedrohliche Übermacht der USA – unterstützten eine aktive Rolle des kolonialen, später des kanadischen Staates bei der Erschließung des Landes, die nicht nach Wildwestmanier, sondern relativ planmäßig vor sich ging. In der bereits erwähnten Verfassungsklausel „Peace, Order and Good Government" spiegeln sich die Wertschätzung von Ordnung und Gemeinwohl sowie das Vertrauen in die positive Funktion des Staates wider.

Diese Phase der kanadischen Geschichte führte also zum einen zum fortwährenden Drang, sich vom Nachbarn jenseits des 49. Breitengrades abzugrenzen, zum anderen zur Herausbildung ideologischer Pluralität. Die liberalen und konservativen Grundströmungen wurden ab der ersten Hälfte des 20. Jh.s durch neue Wellen von Immigranten, die in ihren Heimatländern mit sozialistischen Ideen in Kontakt gekommen waren, und als Folge ökonomischer Erschütterungen nach links erweitert. Wohlfahrtsstaatliche Ideen fanden so Eingang in den politischen Mainstream. Dies geschah in Kanada in viel stärkerem Ausmaß als in den USA, weil hier die Einschränkung individuellen Spielraums zum Wohle der Gemeinschaft und die Verantwortung des Staates für ein geordnetes Gemeinwesen aufgrund des konservativen Erbes ein legitimer Bestandteil der politischen Agenda waren. Das normative Leitbild des Wohlfahrtsstaates, das nach Weltwirtschaftskrise und Zweitem Weltkrieg zügig umgesetzt wurde, definierte nicht nur einen bis in die 1980er-Jahre stabilen politischen Konsens, der von den Bürgern, wichtigen gesellschaftlichen Interessen und den großen Parteien getragen wurde, sondern fungierte zudem als zentrales Fundament kanadischer Identität, an dem sich die Differenz zu den USA symbolisch festmachen ließ.

Der politische Wertehaushalt der Kanadier erscheint daher sowohl in seiner Bandbreite als auch durch die sozialere, staatsorientierte Haltung weitaus „europäischer" als der ihrer amerikanischen Nachbarn.

Aus der unterschiedlichen historischen Prägung von Amerikanern und Kanadiern ergeben sich traditionelle Differenzen in der Einstellung zu zentralen Dimensionen der politischen Ordnung, die zumindest bis in die 1960er-Jahre hinein weithin Gültigkeit hatten: (a) Kanadier sind demnach gesetzestreuer als Amerikaner und eher bereit, eine Einschränkung ihrer persönlichen Freiheiten um der Aufrechterhaltung der Ordnung willen zu tolerieren, da sie gerade darin eine wesentliche Funktion des Rechts sehen. In den USA dagegen wird das Gesetz primär als Instrument zur Verteidigung individueller Freiheiten betrachtet. (b) Im Kontrast zum amerikanischen Prinzip der Selbstverantwortung treten Kanadier mehrheitlich für kollektive Vorsorge und Ausgleich durch einen aktiven Staat ein. (c) Sie zeigen zudem mehr Respekt gegenüber und größeres Vertrauen in ihre Eliten, deren Entscheidungen sie in der Regel auch bei Nichtgefallen akzeptieren. (d) Kanada zielt nicht auf die Assimilation, sondern auf die gleichberechtigte Integration seiner ethnisch-kulturellen Gruppen; statt des *melting pot* gilt der Multikulturalismus als Ideal. Diese Akzeptanz der Pluralität wurde erleichtert durch den binationalen Ursprung des kanadischen Staates; sie rührt aber auch daher, dass Kanada nie einen Gründungsmythos, eine eindeutige, unumstrittene politische Identität entwickelt hat, auf die es Neuankömmlinge hätte verpflichten können.

Das Dilemma kanadischer Identität verschärfte sich, als die Ausrichtung auf das britische Empire, die vor allem für die anglophonen Kanadier von großer Bedeutung gewesen war, mit dem Niedergang Großbritanniens als Weltmacht schwand. Seit den 1920er-Jahren hat sich das Selbstverständnis vom Untertanen der britischen Krone zum Bürger Kanadas verschoben. Wenn ihre *Britishness* die Kanadier nicht mehr von den Amerikanern abhebt, was unterscheidet sie dann von den Nachbarn, mit denen sie einen Kontinent und mehrheitlich auch eine gemeinsame Sprache teilen? Die militärische Bedrohung, die in den Gründungstagen noch ein wichtiges Argument für den Zusammenschluss zur Föderation war, ist zwar längst einer engen Zusammenarbeit gewichen, doch viele Kanadier sehen ihre Unabhängigkeit unterminiert durch den starken wirtschaftlichen und kulturellen Einfluss der USA. Schon seit dem frühen 20. Jh. ist das anglophone Kanada in die amerikanische Massenkultur integriert: Fast zwei Drittel aller verkauften Magazine kommen aus den USA, 75 % der vor dem Fernseher verbrachten Zeit entfällt auf US-Programme (bei Serien und Fernsehfilmen erhöht sich diese Zahl gar auf über 90 %), und die kanadischen Kinos sind fest in der Hand von Hollywood (Brooks 1996: 82). Auf ökonomischem Gebiet ist die Situation entsprechend. So verwundert es nur wenig, dass immerhin fast ein Drittel der befragten Kanadier in einer aktuellen Umfrage eine Vereinigung beider Staaten zu einer Nation innerhalb der nächsten 25 Jahre erwarteten. Die Hälfte war der Meinung, dass die Kanadier in den letzten zehn Jahren den Amerikanern ähnlicher geworden seien, was sie auf den Einfluss amerikanischer Medien und zunehmende ökonomische Integration zurückführten. Als erstrebenswert betrachteten diese Annäherung aber nur eine Minderheit der Befragten, über 80 % glaubten dagegen, Kanada könne im neuen Jahrtausend besser gedeihen, wenn es seine eigenen Werte und Traditionen behalte und nicht versuche, sich den USA anzugleichen (Maclean's, 20.12.1999: 20ff.) (Abb. 67 u. 68).

Innere Fragmentierung

Die Abgrenzung nach außen ist nur eine Seite des *nation building*: Gefordert ist vor allem die Entstehung eines Zusammengehörigkeitsgefühls im Inneren. Auch in dieser Hinsicht ist die kanadische Nation bis heute fragil geblieben; die verschiedenen politischen Subkulturen sind nur bedingt in einen gemeinsamen Wertehorizont eingebunden und weisen in ihrem politischen Selbstverständnis, ihrer Interpretation der kanadischen Nation und ihren Vorstellungen zu politischer Repräsentation Divergenzen auf, die einen Konsens in wichtigen Fragen erschweren oder verhindern.

Ethno-linguistische Konfliktlinien

Anders als in Europa, wo in der Regel sozioökonomische Gegensätze die wichtigste Determinante politischer Orientierungen und Verhaltensweisen bilden, werden Klas-

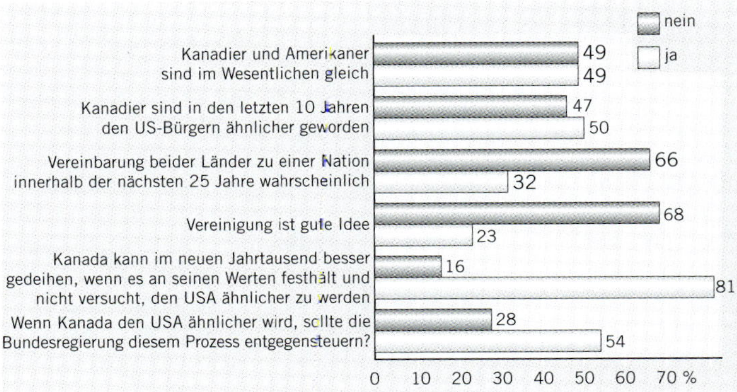

Abb. 67: *Meinungen der Kanadier zum Verhältnis zu den USA in Prozent (Zahlen von 1999).*

Quelle: Maclean's, 20.12.1999.

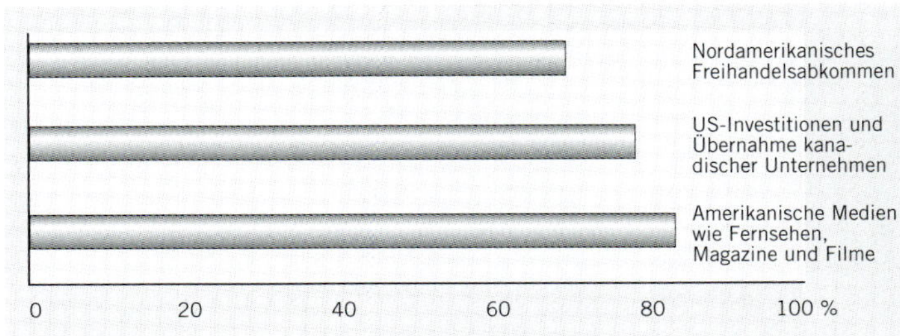

Abb. 68: *Amerikanische Einflüsse, die zu einer Annäherung Kanadas an die USA führen (Befragt wurden die 50% der Kanadier, die glauben, dass Kanada den USA ähnlicher wird) (Zahlen von 1999).*

Quelle: Maclean's, 20.12.1999.

senkonflikte und andere Gegensätze in Kanada zumeist in die Sprache ethno-linguistischer und regionaler Differenzen übersetzt bzw. von ihnen dominiert. Die älteste und wichtigste Konfliktlinie der kanadischen Politik ist die zwischen den frankophonen und anglophonen Bevölkerungsgruppen. Beide Segmente sind kulturell und gesellschaftlich weitgehend voneinander isoliert. Die *two solitudes* stoßen primär in der politischen Arena aufeinander, denn auch die Massenmedien folgen der Sprachgrenze und vermitteln nur wenig von der Realität des jeweils anderen Landesteils. Diese Distanz lässt sich historisch zurückverfolgen zur britischen Inbesitznahme der französischen Kolonie in Nordamerika und zu deren nachfolgenden Bestrebungen, die eigene Identität zu wahren. Beruhte das anglokanadische Selbstverständnis auf der Abgrenzung zu den USA, so entfaltete sich das frankokanadische in der Absetzung von der britischen Kolonialmacht und später von der anglophonen Bevölkerungsmehrheit. Von der Mitte des 19. bis weit ins 20. Jh. hinein definierte sich die Mehrheit der Frankokanadier über einen traditionalistischen Nationalismus, der als Reaktion auf politische und ökonomische Marginalisierung der aktiven Gestaltung sozialer Realität entsagt hatte. Primär kulturell orientiert und mehr auf der gemeinsamen Religion als auf der Sprache basierend, zielte diese Variante des Nationalismus rein defensiv auf das Überleben – *la survivance* – der hergebrachten, sich aber schon im Status der Auflösung befindlichen Lebensweise. Eine konservativ-klerikale, antiliberale Geisteshaltung sah im agrarisch-ländlichen, religiösen Lebensstil das Kernelement der *nation canadienne-française*. Diese galt es von den verderblichen Einflüssen der modernen, materialistischen Zivilisation anglokanadischer Prägung frei zu halten. Zentraler Motor der Ideologie war die katholische Kirche, da sie als einzige Institution der alten Ordnung überlebt hatte und die Verschiedenartigkeit der frankophonen Gesellschaft von der anglophon-protestantischen Umwelt markierte.

Die Widersprüche der traditionalistischen Welthaltung wurden nach dem Zweiten Weltkrieg immer offensichtlicher. Politisch und ökonomisch handelte es sich um einen amputierten Nationalismus, der der sozialen und ökonomischen Unterprivilegierung der Frankokanadier kein tragfähiges Konzept entgegenstellen konnte und aus Verachtung für das schmutzige Geschäft der Politik lange Zeit staatliche Reformmaßnahmen blockierte. Dies änderte sich 1960, als in Quebec mit dem Regierungswechsel zu Jean Lesage und seinen Liberalen auch ein reformistischer, nach außen orientierter Nationalismus zum Durchbruch kam. Getragen von einer neuen, gut ausgebildeten Mittelschicht formierte sich eine säkulare Ideologie der aktiven Selbstbehauptung, die die liberal-kapitalistische Gesellschaft nicht länger negierte, sondern im eigenen Interesse zu gestalten suchte. Die neuen Eliten, die diese *revolution tranquille* (Stille Revolution) trugen, wollten ein modernes, zugleich aber frankophones Quebec und begriffen den (Provinz-)Staat als primäres Instrument der sozialen, wirtschaftlichen und nationalen Fortentwicklung. Statt der Religion wurde die Sprache zur Basis des Nationalgefühls, dessen institutionellen Bezugspunkt fortan nicht mehr die Kirche, sondern die Provinz als politische Organisation der frankophonen Nation bildete. Die neue Spielart des Nationalismus hatte eine explizit politische und sozio-ökonomische Stoßrichtung: die vollständige Emanzipation der Frankokanadier von der anglophonen Vorherrschaft durch gezieltes staatliches Eingreifen. „Maîtres chez nous" (Herren im eigenen Haus) hieß denn auch das Schlagwort. Quebecs besonderer Status als frankophone Nation sollte seinen Ausdruck in einer die Provinzdimension übersteigenden Staatsqualität finden. So stattete man, zum Teil schon vor der Stillen Revolution, den „Quasi-Staat" systematisch mit staatlichen Symbolen und Begriffen wie z. B. einer nationalen Flagge, einem Nationalfeiertag und entsprechenden Bezeichnungen – *assemblée nationale* für das Provinzparlament, *capitale nationale* für die Hauptstadt – aus (Bild 74).

Die Ausrichtung auf die Provinz als entscheidende politische Ebene war schon in den Jahrzehnten nach der kanadischen Staatsgründung durch negative Erfahrungen mit der anglophon dominierten Bundespolitik eingeleitet worden. Eine Reihe von Konflikten – z. B. um das Verbot muttersprachlichen Schulunterrichts für die frankophone Minderheit in den englischsprachigen Provinzen – zeigte, dass von einer Gleichstellung beider Sprachgruppen in der politischen Realität kaum die Rede sein konnte. So setzte sich unter den Frankokanadiern allmählich die Überzeugung durch, dass ihre politischen und kulturellen Anliegen auf der Bundesebene nicht zu verwirklichen waren. Die Konzentration auf Quebec veränderte schließlich auch den territorialen Bezugsrahmen des Nationalismus. Waren mit dem Begriff der Nation ursprünglich alle frankophonen Bewohner

Quelle: Dagmar Eberle.

***Bild 74:** „Ich erinnere mich", Autonummernschilder in Quebec halten die Erinnerung an die entscheidende Niederlage der Franzosen gegen die Engländer auf den Plaines d'Abraham bei Quebec City, 1759, wach.*

Kanadas gemeint, so wurden die französischsprachigen Minderheiten außerhalb Quebecs nunmehr als Diaspora betrachtet. Die *nation québécoise* löste die *nation canadienne-française* ab. Mit dem Erfolg der Stillen Revolution erlangte der Quebecer Nationalismus eine breite Akzeptanz in der Bevölkerung, wie deren deutlich veränderte Selbstdefinition zeigt: Fühlten sich Anfang der 1970er-Jahre noch fast vier Fünftel der frankophonen Bevölkerung Quebecs primär als Kanadier, so verstanden sich 20 Jahre später 59 % als Québécois und nur noch 37 % als Kanadier oder Frankokanadier (Schneider & Schultze 1997: 326). Die primäre Loyalität gilt heute der Nation Quebec als dem Hort frankophoner Identität. Aus der politischen Verantwortung der Provinz für die *société distincte* Quebecs leitet sich auch die Forderung nach einem speziellen Status innerhalb der Föderation oder gar – im Falle der Separatisten – das Streben nach einer Loslösung von Kanada ab.

Im Ergebnis offenbaren die Folgen der Stillen Revolution ein überraschendes Paradox. Die *Québécois* und ihre anglophonen Mitbürger sind sich heute ähnlicher denn je. Wiesen Umfragen die Frankokanadier vor 1960 als deutlich konservativer und traditioneller aus, so hat der Modernisierungsschub diese Differenzen weitgehend abgeschliffen. Auch in Quebec dominieren nun mehrheitlich liberale und sozialdemokratische Werthaltungen. Weder in Quebec noch in der bundespolitischen Arena ist heute eine sozioökonomische oder politische Benachteiligung französischsprachiger Bürger feststellbar. Doch ist es dadurch keineswegs zu einer Erosion des frankokanadischen Nationalbewusstseins gekommen: Im Gegenteil brachte das Anschwellen der Unabhängigkeitsbewegung Kanada im Referendum des Jahres 1995 an den Rande des Zusammenbruchs (49,4 % Ja-Stimmen), während die Separatisten 1980 im ersten Anlauf noch eine deutliche Niederlage (nur 40,4 % Ja-Stimmen) hatten hinnehmen müssen. Die Idee der Unabhängigkeit war implizit oder explizit immer präsent, aber erst nach 1960 erreichte sie den Status einer politischen Bewegung, denn ein unabhängiges Quebec erschien durch das ökonomische und politische Erstarken der Provinz nun als realistische Alternative. Auch wenn eine Sezession von der Mehrheit der *Québécois* nach wie vor nicht gewünscht wird, so sehen sie doch in einer starken Provinzregierung die beste Garantie für das Überleben und die Entfaltung frankophoner Kultur. Das gemeinsame Bestreben nach der Bewahrung der frankophonen Identität, heute mehr von einem Gefühl des Selbstvertrauens denn der Bedrohung getragen, bildet den Filter, durch den in Quebec jegliche politische Diskussion wahrgenommen wird.

Demgegenüber bereitet die andere der beiden Gründungsnationen schon terminologisch ein Problem, stellt sich doch die Frage, wovon man überhaupt spricht: *English Canada, Canada outside Quebec, Rest of Canada*? Diese Bezeichnungen veranschaulichen einen Wandel in der Selbsteinschätzung des anglophonen Kanada von der Britishness hin zur multikulturellen Gesellschaft. *English Canada*, das Gegenstück zur frankokanadischen Nation, bezeichnete ursprünglich ebenfalls eine kulturell wie ethnisch definierte Einheit, die durch die überwiegend britischen Immigranten und ihre angelsächsisch-protestantische Kultur bestimmt war. Im 20. Jh. veränderten mehrere Einwanderungswellen zunächst überwiegend aus Europa, seit den 1960er- und 1970er-Jahren aber vor allem aus Asien, Afrika und Lateinamerika das Gesicht Kanadas deutlich und führten seit den Nachkriegsjahren im anglophonen Landesteil, der die große Masse der Immigranten aufnahm, auch zu einer gewandelten Einstellung gegenüber kultureller Vielfalt. Religiöse und kulturelle Differenzen waren zwar bislang im Privatbereich durchaus toleriert worden, doch das allgemeine Selbstverständnis hatte sich lange Zeit primär an britischen Symbolen und Traditionen orientiert.

Dass die Vielzahl ethnischer Traditionen zunehmend als positives Definitionsmerkmal kanadischer Identität erachtet wurde, ist neben der neuen demographischen Realität auch auf politische Maßnahmen zurückzuführen. Die liberalen Bundesregierungen unter Lester B. Pearson und Pierre E. Trudeau versuchten, den neuen frankokanadischen Nationalismus durch die Konstruktion einer zweisprachigen, Anglo- und

Frankokanadier gleichberechtigt einschließenden pan-kanadischen Identität aufzufangen, also das frankophone Konzept der zwei Gründungsnationen symbolisch und praktisch Wirklichkeit werden zu lassen. 1963 setzte die Regierung Pearson eine Untersuchungskommission, die *Royal Commission on Bilingualism and Biculturalism* ein, deren Arbeit jedoch entgegen der angestrebten ethnisch-kulturellen Integration eine neue Front eröffnete. Viele Kanadier nicht-britischer und nicht-französischer Herkunft konnten sich im Modell eines bilingualen und bikulturellen Kanadas nicht wieder finden und protestierten vehement gegen die dualistische Perspektive des Abschlussberichts. Ihrer Forderung nach der Anerkennung anderer ethnischer Lebenswelten begegnete man mit der Erweiterung des Kommissionsberichts um einen Band mit dem Titel „The Cultural Contributions of Other Ethnic Groups" (1970).

Aus den beiden Positionen resultierte ein Kompromiss, der die Spannung zwischen den konträren Ansätzen letztlich nicht auflöste. Die Bundesregierung definierte die kanadische Identität ab 1971 als zweisprachig und zugleich multikulturell. Bildlich verdeutlicht in der Metapher des kanadischen Mosaiks impliziert der Begriff Multikulturalismus das harmonische Zusammenleben verschiedener Kulturen im Rahmen einer gemeinsamen demokratischen Werteordnung. Angestrebt wird die Versöhnung von staatsbürgerlicher und ökonomischer Gleichberechtigung mit kultureller Vielfalt. Es geht also nicht – wie im Falle Quebecs – um die zumindest partielle politische Selbstbestimmung innerhalb eigener Institutionen, sondern um die Integration in die Gesamtgesellschaft bei gleichzeitiger Anerkennung von Pluralität. Der Multikulturalismus-Diskurs verleiht den ethnischen Minderheiten den Status legitimer Akteure in der politischen Arena und bildet den Rahmen, innerhalb dessen sie ihre Ansprüche und politischen Forderungen formulieren. In der Bevölkerung stößt das Prinzip auf breite Akzeptanz, wenn auch die konkrete Anwendung in der Praxis und die damit verbundenen Kosten oft umstritten sind. Laut einer aktuellen Umfrage betrachten 74 % der Kanadier die multikulturelle Zusammensetzung der kanadischen Gesellschaft als wichtigen Bestandteil der kanadischen Identität (Maclean's, 20.12.1999: 34).

Die anglophonen Provinzen mit hohen Anteilen an Einwanderern – Ontario und der Westen – haben sich in den 1970er-Jahren zum Multikulturalismus bekannt und wie der Bund eine Reihe von entsprechenden Programmen zu Sprach- und Traditionspflege, Eingliederungshilfen für Immigranten usw. eingerichtet. Auf Bundesebene wurde die Politik des Multikulturalismus 1988 im *Multiculturalism Act* auch gesetzlich verankert. Waren die staatlichen Initiativen zunächst stärker an den Bedürfnissen der Minderheiten europäischer Herkunft orientiert, denen es vor allem um die Bewahrung ihres kulturellen Erbes ging, so verschob sich der Akzent durch das Anwachsen der so genannten *visible minorities* seit den 1970er-Jahren von „folkloristischen" Aktivitäten mehr auf die Bekämpfung rassistischer Tendenzen und ethnischer Diskriminierung vor allem in der Arbeitswelt. Ethnische Spannungen zwischen Nicht-Weißen und Weißen, die teils in offene Gewalt umschlugen, wurden in den 1980er-Jahren vorübergehend zum unübersehbaren Bestandteil kanadischen Großstadtlebens. Die *visible minorities*, die überwiegend in den Großstädten wie Toronto und Vancouver leben und dort einen ständig wachsenden Bevölkerungsanteil ausmachen, stellen einen zunehmend wichtigen Faktor im politischen Prozess dar, sodass ihre besonderen Interessen von den Parteien kaum mehr außer Acht gelassen werden können. Die oft gut organisierten *ethnic communities* der kanadischen Metropolen treten zwar nach außen in der Regel geschlossen auf, sind aber selbst keine homogenen Einheiten. Auch sie bleiben von den Ausdifferenzierungstendenzen moderner Gesellschaften nicht unberührt. Unterschiede hinsichtlich Bildungsgrad, Alter, Geschlecht, Aufenthaltsdauer in Kanada schlagen sich häufig in unterschiedlichen Einstellungen zu Fragen der Tradition oder des Geschlechterverhältnisses und zu allgemeinen politischen Themen nieder.

Zur Entschärfung ethnischer Konflikte hat die Formel des „Multikulturalismus innerhalb eines zweisprachigen Rahmens" (Pierre E. Trudeau) nur bedingt beigetragen. Während Quebec das Prinzip des Multikulturalismus als Widerspruch zu der Theorie der zwei Gründungsnationen begreift und folglich ablehnt, lässt sich in den Augen vieler Minderheiten die Bevorzugung des Französischen gerade in Regionen mit großen, konzentrierten Minoritäten anderer Muttersprache kaum noch rechtfertigen.

Völlig unberücksichtigt bleibt dadurch im Übrigen ein dritter Konflikt der kanadischen Gesellschaft, der in den letzten Jahrzehnten eine Repolitisierung erfahren hat: der Kampf der Ureinwohner um Verfügungsgewalt über ihr kollektives Schicksal. Von der kanadischen Regierung politisch lange Zeit wie unmündige Kinder behandelt und in einen halb-kolonialen Status abgedrängt durchlebten die Ureinwohner seit den späten 1960er-Jahren einen Bewusstwerdungsprozess nicht unähnlich der Stillen Revolution. Auf die zum Teil brachialen Assimilierungsversuche des Staates hatten sie lange Zeit mit einer defensiven, auf das pure Überleben und die Rettung des kulturellen Erbes konzentrierten Haltung reagiert, da ihnen legale Möglichkeiten fehlten, ihre politischen Interessen zu vertreten. Selbst das allgemeine Wahlrecht erhielten die meisten Ureinwohner erst 1960. Ein 1969 veröffentlichtes Weißbuch der Trudeau-Regierung lieferte den Anstoß für die Entstehung einer ethno-nationalistischen Bewegung, die offensiv das Recht auf politische Selbstbestimmung und die Respektierung ihrer kulturellen Einzigartigkeit einklagte. Die in dem Papier formulierten Vorschläge zur Abschaffung aller Sondervorschriften und zur Transformation der Ureinwohner in „normale", gleichberechtigte Bürger des kanadischen Staates wurden von diesen als Versuch zur Zerstörung ihrer kulturellen Identität betrachtet. Als Reaktion darauf begannen sie sich auf nationaler Ebene politisch zu organisieren, um aktiv für ihre Selbstbestimmung als Völker zu kämpfen. Die verschiedenen Gruppen von Ureinwohnern – Indianer, Métis und Inuit – definieren sich seither als *Aboriginal Peoples*, ein Begriff, der ihre gemeinsamen historischen Erfahrungen widerspiegelt und zugleich die von den Kolonialisatoren erfundenen Bezeichnungen zurückweist. Ebenso wie die Bezeichnung *First Nations* für die Indianer weist *Aboriginal Peoples* jedoch auch auf die kulturelle Verschiedenheit und Unabhängigkeit der autochthonen Völker hin. Die Ureinwohner begreifen sich neben anglophonen und frankophonen Kanadiern als die dritte, bislang übergangene Gründungsnation des kanadischen Bundesstaates. Sie fordern die Anerkennung ihrer Regierungen als separate politische Ebene neben Bundes- und Provinzregierungen. Wie die *Québécois* sehen die politischen Führer der Autochthonen politische Autonomie als Voraussetzung für selbstbestimmte Modernisierung und einen Ausweg aus dem Teufelskreis von Armut und Assimilierung. Nur wenige gehen so weit, die völlige Loslösung von Kanada zu propagieren.

Erschwert wird eine rasche, einvernehmliche Regelung der politischen Forderungen und Landansprüche der Ureinwohner durch deren interne Heterogenität und zersplitterte Siedlungsstruktur in Hunderten von Reservaten. Zwischen den Gruppen bestehen zum Teil erhebliche soziale und kulturelle wie ökonomische Unterschiede. Zudem differieren die Situation und die Interessen von innerhalb bzw. außerhalb von Reservaten lebenden Autochthonen. Weit größer ist allerdings der Graben zwischen den Ureinwohnern und der kanadischen Mehrheitsgesellschaft. Im Gegensatz zu den beiden anderen ethnischen Konfliktlinien Kanadas, die beide innerhalb des liberal-demokratischen Systems verlaufen, tut sich hier eine fundamentale Wertedifferenz auf. Die Führer der Ureinwohner lehnen die auf individuelle Freiheitsrechte ausgerichteten „westlichen" Ideale als unvereinbar mit ihrer traditionellen Gemeinschaftskonzeption ab, nach der das Individuum ein unabtrennbarer Bestandteil einer größeren, organischen Einheit ist. Daher wollen sie von der Geltung des in der *Charter of Rights and Freedoms* festgelegten kanadischen Grundrechtskatalogs ausgenommen werden, was Bundes- und Provinzregierungen allerdings verweigern. Derweil suchen immer mehr autochthone Gemeinschaften ihre überlieferten Regierungsformen wieder zu beleben, die auf konsensualer statt mehrheitlicher Entscheidungsfindung basieren. Die Bedürfnisse des Einzelnen und der Gemeinschaft wurden in der traditionellen Weltanschauung als übereinstimmend betrachtet; für den sozialen Ausgleich sorgten institutionalisierte Verfahren des Schenkens und Teilens. Dem liegt ein kosmozentrisches Weltbild zugrunde, woraus sich auch eine andere Einstellung zur Natur ableitet. Unveräußerliche individuelle Freiheitsrechte und private Besitztitel finden in dieser Vorstellung keinen Platz. Auch wenn neuere Untersuchungen eine starke Beharrungskraft des traditionellen Wertesystems offenbarten, ist es durch den Einfluss westlich-liberalen Gedankenguts doch zumindest teilweise erschüttert worden. Die Emanzipation von kolonialer Bevormundung kann daher nur über eine selektive Wiederherstellung und Neuinterpretation traditioneller Werte führen, deren Bedingungen innerhalb der autochthonen Gemeinschaften ausgehandelt werden.

Regional-ökonomische Konfliktlinien

Neben der ethnischen Dimension ist ein tief greifender Regionalismus das zweite hervorstechende Merkmal kanadischer Politik. Die Mehrzahl der Kanadier betrachtet Politik weniger als Verteilungsspiel zwischen sozialen Gruppen denn in der Perspektive regionaler Gewinne und Verluste. Ihr politisches Selbstverständnis ist geprägt von einer starken Identifikation mit einem bestimmten Territorium, die die Wahrnehmung nationaler politischer Fragen formt. Die Akzentuierung der räumlichen Dimension von Politik wurzelt in den geschichtlich und geographisch bedingten Unterschieden zwischen den einzelnen Landesteilen. Abweichende Erschließungs- und Besiedlungsmuster zu historisch verschiedenen Zeiten und divergierende Bedingungen der Einbindung in den nationalen und kontinentalen Markt gaben den Regionen ein je eigenes Profil und führten zur Herausbildung verschiedener Subkulturen mit je eigenen Anschauungen und Interessen.

In Umfragen und auch im politischen Verhalten bringen viele Kanadier doppelte Loyalitäten zum Ausdruck, sie unterscheiden zwischen ihrer Verbundenheit mit der Provinz und der nationalen Loyalität. Im Gegensatz zu den ethnischen Bewegungen sieht der Regionalismus in der Wohlfahrt einer räumlichen Einheit, nicht einer ethnischen Gruppe die entscheidende politische Priorität, wenn auch im Falle Quebecs beide Ausrichtungen zusammenfallen und sich dadurch wechselseitig verstärken. Eine regionalistische Perspektive gruppiert politische Konflikte um Fragen der territorialen Repräsentation und der räumlichen Verteilung materieller Ressourcen innerhalb des Gesamtstaates, ist also mehr integrativ als separatistisch ausgerichtet. Dass die territoriale Dimension in Kanada hochgradig politisiert ist, liegt zum einen an der mangelnden Integrationsleistung des nationalen politischen Systems, das aufgrund unzureichender Repräsentation regionaler Interessen in den Institutionen des Bundes nur bedingt für regionalen Ausgleich sorgt, zum anderen an den beträchtlichen sozioökonomischen Entwicklungsunterschieden zwischen den einzelnen Regionen. Die politische und wirtschaftliche Dominanz Zentralkanadas, das mit Ontario und Quebec mehr als 50 % der kanadischen Bevölkerung umfasst, schlägt sich in ausgeprägten Zentrum-Peripherie-Strukturen nieder. Daraus resultieren scharfe regional-ökonomische Konflikte – vor allem zwischen den hoch industrialisierten Provinzen Ontario und Quebec und dem agrarisch-rohstofforientierten Hinterland des Westens sowie zwischen den armen und reichen Regionen. Besonders im Westen, aber auch in den Atlantikprovinzen führte die Erfahrung relativer Deprivation zu einem tief sitzenden Gefühl der Entfremdung von der Bundespolitik, die ihren Interessen nicht zugänglich schien.

Postmoderne Konfliktlinien

Seit den 1970er-Jahren erschienen in Kanada wie in anderen westlichen Industrieländern neue Anliegen auf der politischen Agenda. Abseits traditioneller politischer Themen richtete sich die Aufmerksamkeit von Wählern, Politikern und Medien zunehmend auf Probleme, die man bislang oft als privat betrachtet hatte: Gewalt gegen Frauen und Kinder, Gleichstellung am Arbeitsplatz und in der Familie, Diskriminierung von Homosexuellen, Umweltschutz. Die Ausweitung des Politischen wurde durch eine bis dahin unbekannte Art politischer Akteure, die so genannten Neuen Sozialen Bewegungen, angestoßen. Diese definieren ihre kollektive Identität nicht primär über gleiche materielle Interessen, ethnische Kriterien oder ein regionales Zusammengehörigkeitsgefühl, sondern über einen gemeinsamen Lebensstil, eine geteilte Vorstellung des „guten Lebens“. Die neue Form der „Identitätspolitik“ ist der sichtbare Ausdruck eines Wertewandels, der Kanada und andere westliche Demokratien mit dem Übergang zur postindustriellen Gesellschaft erfasst hat. Aufgewachsen in Wohlstand und Sicherheit haben viele Angehörige der nach 1945 geborenen Generationen eine andere Prioritätenordnung entwickelt als ihre Eltern und Großeltern. Materielle Ziele nehmen in ihren Augen einen geringeren Stellenwert ein; vielmehr streben sie nach Selbstverwirklichung, persönlicher Freiheit und der Befriedigung intellektueller und ästhetischer Bedürfnisse. Fragen der Lebensqualität lösen die Sorgen um den Lebensunterhalt ab. Solche postmaterialistischen Werthaltungen finden sich überwiegend in der neuen Mittelklasse, also unter den urbanen, gut verdienenden, oft mit einer Universitätsausbildung versehenen Bürgern, die die oberen Ränge der neuen Dienstleistungsökonomie bevölkern. Das Wertemuster der Postmaterialisten ist bestimmt von der Ablehnung von Hierarchien, dem Wunsch nach direkter politischer Partizipation, einer liberalen Einstellung in Fragen persönlicher Moral, der Unterstützung von Minderheitenrechten und Umweltbewusstsein. Gesamtgesellschaftlich gesehen hat die Herausbildung einer postmaterialistischen Orientierung zu einer neuen Konfliktlinie geführt, die die Träger dieser Einstellung von sozial konservativen, auf traditionelle Werte fixierten Bevölkerungsgruppen trennt.

Insgesamt ergibt sich also eine hochgradig komplexe, verschachtelte Konfliktstruktur: Die kanadische Gesellschaft ist trinational und zugleich multikulturell verfasst, durchzogen von regionalen Gegensätzen und gespalten entlang neuer, postmoderner Themen. Der kanadischen Politik werden dadurch immense Ausgleichs- und Vermittlungsleistungen abverlangt. Das Bild einer völlig fragmentierten, in viele kleine Einheiten zerfallenden Gesellschaft relativiert sich aber etwas, wenn man in Betracht zieht, dass sich diese Konfliktlinien zum Teil wechselseitig überlappen. Die gleichzeitige Zugehörigkeit zu verschiedenen Gruppen hat einen integrierenden Effekt, finden sich Individuen doch je nach Streitfrage bald auf der gleichen, bald auf der entgegengesetzten Seite der Front. Allerdings beschreibt diese vorsichtig optimistische Interpretation bislang eher eine Möglichkeit als die Realität der von starken Gruppenegoismen geprägten politischen Arena.

Von Ehrfurcht zu Einmischung – der Wandel der kanadischen politischen Kultur

Besonders einprägsam zeigt sich die Problematik einer zerklüfteten Gesellschaft in Kanada an den jahrzehntelangen, bislang erfolglosen Bemühungen, über eine von allen wichtigen Gesellschaftsgruppen getragene Verfassungsreform eine integrationsstiftende Definition des nationalen Selbstverständnisses festzuschreiben. Mit der 1982 eingeführten Grundrechtscharta ist diese Debatte keineswegs an ein Ende gelangt, denn sie konnte die ihr zugedachte Funktion, eine Art Verfassungspatriotismus und damit einen nationalen Grundkonsens zu begründen, nur bedingt erfüllen, obwohl sie von 72 % der Anglo- und immerhin 62 % der Frankokanadier prinzipiell positiv bewertet wird (Sniderman u. a. 1996: 169). Doch hat sie die politische Kultur ohne Zweifel wesentlich verändert. Auf der symbolischen Ebene entfaltete die Charter im anglophonen Kanada durchaus eine integrative Kraft, Menschen aller Regionen und Hintergründe identifizieren sich mit ihr als positivem Element nationaler Identität. Doch die einzelnen Aspekte der Grundrechtscharta, vor allem die Gruppenrechte, sind nicht unumstritten, und die politischen Eliten Quebecs und der Autochthonen lehnen die Charter prinzipiell ab. So lassen sich seit den 1980er-Jahren fünf verschiedene konstitutionelle Grundorientierungen ausmachen, die ihre Anliegen mit zunehmender Unversöhnlichkeit vertreten:

1) Die erste dieser Grundorientierungen geht auf den Schöpfer der Grundrechtscharta, Pierre E. Trudeau, zurück. Trudeau und seine Anhänger vertreten einen individualistischen Pluralismus, demzufolge sich die Nation nicht aus verschiedenen sozialen oder ethnischen Gruppen wie den Franko- und Anglo-

kanadiern zusammensetzt, sondern aus einzelnen Bürgern. Die politische Ordnung muss folglich zuallererst die individuellen Grundrechte der Bürger garantieren, die den Rechten und Ansprüchen bestimmter Gruppen vorausgehen. In dieser Sichtweise haben Frankokanadier als Individuen ein Anrecht darauf, mit staatlichen Instanzen in ihrer Sprache verkehren zu können, aber ein konstitutioneller Sonderstatus für Quebec ist nicht zu rechtfertigen. Die Vision eines im Grundrechtspatriotismus geeinten, zugleich multikulturellen und zweisprachigen Kanadas hat Anhänger in ganz Kanada und besonders in den Metropolen, vor allem unter der anglophonen Elite und Mittelklasse, anglophonen *Québécois* und Frankophonen außerhalb Quebecs.

2) Dem diametral entgegengesetzt ist die Grundorientierung des frankophonen Nationalismus, der die kanadische Staatsgründung keineswegs als politischen Vertrag freier und gleicher Individuen betrachtet. Stattdessen handelt es sich aus dieser Perspektive um eine Zweckehe zweier gleichberechtigter Gründungsnationen, die nur insoweit eine Existenzberechtigung hat, als sie der Bewahrung frankokanadischer Identität dienlich ist. Zwar hat sich auch der Quebecer Nationalismus mit der Stillen Revolution einem liberal-demokratischen Gesellschaftsbild zugewandt. Doch aus seiner Perspektive ist der unbedingte Anspruch des Einzelnen auf freie Selbstentfaltung dort, wo er über die klassischen liberalen Freiheitsrechte hinausgeht, dem kollektiven Ziel kulturellen Überlebens unterzuordnen. Eine Politik des kulturellen Pluralismus ist daher – abgesehen von der Gewährung eines Minderheitenschutzes – für Quebec nicht möglich. Denn es geht nicht nur darum, dass die frankophone Kultur als Angebot zur Verfügung steht. Vielmehr muss durch eine aktive Sprachpolitik und andere Maßnahmen dafür gesorgt werden, dass auch in Zukunft eine große Zahl von Individuen willens ist, dieses Angebot anzunehmen. Zur Verfolgung dieses gemeinsamen Ziels fordern die Anhänger dieser Position die verfassungsmäßige Festschreibung kollektiver Rechte für die *Québécois* als Gruppe.

3) Diese beiden Grundorientierungen haben über Jahrzehnte die konstitutionelle Debatte dominiert. Sie büßten diesen exklusiven Status seit den 1980er-Jahren aber zunehmend ein. So bildete sich im Westen Kanadas eine separate konstitutionelle Orientierung heraus, die auf einen gleichen Status für die einzelnen Bürger wie für die Provinzen Kanadas zielt. Folglich unterstützt sie zwar die in der *Charter* verankerten individuellen Grundrechte, lehnt jedoch kollektive Rechte für bestimmte Gruppen – seien diese ethnisch, über Geschlecht, Sprache oder andere Kriterien definiert – und Programme des Staates zur finanziellen und anderweitigen Unterstützung dieser Gruppen generell ab. Das Ideal der westlichen Verfassungsorientierung ist der Kanadier ohne Bindestrich, also die Kultivierung einer nationalen Identität, die die Unterscheidung zwischen Franko- und Anglokanadiern, Ureinwohnern und anderen Bindestrich-Kanadiern hinter sich lässt.

4) Die neuesten Mitspieler in der Verfassungsarena begründen ihre Ansprüche dagegen ebenso wie die Quebecer auf dem Konzept der Gruppenrechte und positionieren sich damit gegen die individualistische Perspektive des westlichen wie des Trudeau-Lagers. Die Autochthonen streben ähnlich dem Modell Quebecs territoriale Autonomie, weitgehende Selbstregierungskompetenzen und die Anerkennung als Nationen mit einmaliger kultureller Identität an.

5) Auch die Perspektive der Minderheitengruppen und ihrer politischen Repräsentanten, der Neuen Sozialen Bewegungen, basiert auf einem gruppenpluralistischen Modell, das die einzelnen Bürger zugleich als Träger individueller Rechte und Mitglieder verschiedener sozialer Gruppen begreift. Eine politische Gemeinschaft, die aus einer Vielzahl verschiedenster *communities* besteht, hat demnach kollektive Minderheiteninteressen durch die Verfassung zu schützen und deren Gleichberechtigung sicherzustellen, wenn nötig auch durch Vorzugsbehandlung benachteiligter Gruppen.

- Gefördert werden sollen insbesondere Frauen, Homosexuelle und Behinderte, aber auch ethnisch-kulturelle Minderheiten.

Angesichts gesellschaftlicher Heterogenität war Konfliktmanagement in Kanada von Beginn an zentrale Aufgabe der Politik. Die Ausrichtung der Politik nur an einer begrenzten Zahl von Gegensätzen wie dem Klassenkonflikt und an klar abgegrenzten ideologischen Visionen verbot sich von selbst. Statt der eindeutigen Repräsentation bestimmter Interessen war die Integration einer Vielzahl politisch relevanter Spaltungen gefordert. Für die Bewältigung dieser politischen Herausforderung sind zwei Dinge nötig: Zum einen müssen die Bürger bereit sein, Kompromisse von Eliten mitzutragen, zum anderen braucht es einen gewissen Grundkonsens zwischen den Eliten selbst. Beide Voraussetzungen sind im Kanada der 1980er-Jahre zunehmend schwächer ausgeprägt, wie die wachsende politische Frustration unter der Bevölkerung zeigt. Nicht zuletzt die lang anhaltende, tiefe Rezession der 1980er-Jahre und mehrere politische Skandale führten dazu, dass viele Kanadier das Vertrauen in die Politik und die politische Klasse verloren haben. Die Antworten der Kanadier in Meinungsumfragen der letzten beiden Jahrzehnte bringen diesen fundamentalen Wandel deutlich zum Ausdruck. So sagten 1984 noch beachtliche 50 % der Befragten, die Regierung trage Sorge für die wichtigsten Probleme der Bürger (Maclean's, 20. 12. 1999: 26). Sechs Jahre später waren 70 % der Kanadier der Ansicht, die Eliten des Landes sorgten nur für ihre eigenen Interessen statt für das Wohl aller. Auf die Frage, wie oft sie darauf vertrauten, dass die Regierung in Ottawa das Richtige tue, antworteten nur 20 % mit „immer" oder „fast immer", 25 % meinten dagegen „nie" (Nevitte 1996: 76). Die beträchtliche Politikerverdrossenheit spiegelt sich auch in Zahlen aus dem Jahre 1993 wider. 80 % der Befragten stimmten der Aussage zu, dass die Parlamentsabgeordneten den Kontakt mit ihren Wahlkreisen verloren hätten. 67 % glaubten, dass die Regierung sich nicht um die Meinung der Wähler kümmere, und 65 % sprachen dem Normalbürger jeglichen Einfluss auf Regierungsentscheidungen ab. Gar 93 % der Teilnehmer an dieser Umfrage waren davon überzeugt, dass die Politiker Steuergelder verschwendeten.

Darüber hinaus zeigte sich eine weit verbreitete Unzufriedenheit mit der Leistung der Parteien. Fast zwei Drittel der Befragten gaben an, die Parteien würden keine wirklichen Alternativen präsentieren, und 69 % sagten, dass die Parteien die Wähler nicht über die wirklichen Probleme des Landes aufklärten (Clarke et al. 1996: 178ff.). Generell ist das Vertrauen in die Problemlösungsfähigkeit der traditionellen Politik gering: Die Frage, welche Partei die besten Lösungen für die wichtigsten Herausforderungen biete, beantworteten in einer Umfrage aus dem Jahre 1996 drei Viertel der Befragten mit „keine" (Maclean's, 20. 12. 1999: 29). Eine von der Bundesregierung eingesetzte Kommission, die die Gründe für den weit verbreiteten Unmut erkunden sollte, kam in ihrem 1991 herausgegebenen Bericht zu dem Ergebnis, dass die Bürger die Teilnahme an Wahlen als ungenügendes Instrument demokratischer Kontrolle sehen, weil sich die Parteien sowieso nicht an ihre Wahlversprechen hielten und, sobald sie an die Macht gekommen seien, politische Maßnahmen durchführten, über die im Wahlkampf kaum diskutiert würde.

Die Kanadier befinden sich also in einer akuten Repräsentationskrise. Sie halten ihre Politiker und Regierungen weder für empfänglich gegenüber ihren Sorgen noch für zuverlässig und fühlen sich selbst vom politischen Prozess ausgeschlossen. Ihr Unmut richtet sich nicht gegen die Politik als solche, sondern gegen den elitären Politikstil, der so lange für die kanadische Politik kennzeichnend war. Dass viele Bürger nicht länger willens sind, die von den Führungsschichten ausgehandelten politischen Kompromisse einfach zu akzeptieren, rührt nicht nur von der Unzufriedenheit mit ihrem Inhalt her. Vielmehr wird der Prozess der Elitenakkommodation an sich als nicht mehr tragbar erachtet. Die Kanadier wollen aktiv in die Politikformulierung einbezogen werden, sie wollen einen stärker partizipatorisch orientierten Politikstil. In einer Umfrage aus dem Jahre 1990 unterstützten fast 91 % der Befragten die Forderung, die Regierung besser zugänglich für die

Öffentlichkeit zu machen, 44 % meinten, der politische Reformprozess gehe zu langsam voran (Nevitte 1996: 308).

Die schwindende Ehrfurcht vor politischer Autorität resultiert letztlich aus dem oben schon angesprochenen sozialen Wandel der Nachkriegsjahrzehnte. In ihrer Mehrzahl lebt die Bevölkerung heute in gesicherten Verhältnissen, die Menschen sind überwiegend gut ausgebildet und verfügen über so viel politische Informationen wie noch nie zuvor. Zudem setzen viele Berufe kreatives Denken und analytische Fähigkeiten voraus. Die Bürger beschränken den Gebrauch dieser Eigenschaften nicht auf die Arbeitswelt. Eine wohlinformierte, gebildete und kompetente Öffentlichkeit aber ist gleichbedeutend mit nachlassender Willfährigkeit und Folgebereitschaft.

So kann auch keineswegs von nachlassendem politischen Interesse die Rede sein – ganz im Gegenteil: Bezeichneten sich Anfang der 1980er-Jahre 7,2 % der Kanadier als sehr interessiert an Politik, so hatte sich der Prozentsatz 1990 fast verdreifacht auf 20,3 % (Nevitte 1996: 52). Politische Institutionen, die wie die klassischen Parteien hierarchisch organisiert sind und den Mitgliedern nur wenige Einflussmöglichkeiten bieten, stoßen bei der wachsenden Zahl informierter und interessierter Bürger auf wenig Gegenliebe. Dabei gerät der elitäre Politikstil von zwei Seiten unter Druck. Alter, Ausbildung und Wertemuster spielen für die Abgrenzung eine zentrale Rolle. Junge, hoch gebildete und postmaterialistisch orientierte Wähler weisen ein deutlich geringeres Vertrauen in Regierungsinstitutionen – Parlament, Militär, Polizei und Staatsverwaltung – auf als ihre älteren, weniger gebildeten und materalistisch orientierten Mitbürger. Außerdem sind erstere weniger nationalbewusst, dafür aber stärker kosmopolitisch eingestellt. Ihre Abkehr von der traditionellen Politik korrespondiert mit einer verstärkten Zuwendung zu neuen, basisdemokratisch verfassten sozialen Organisationsformen und unkonventionellem politischen Verhalten. Aktivitäten wie die Teilnahme an Boykotten und nicht genehmigten Demonstrationen oder die Besetzung von Gebäuden haben seit den frühen 1980er-Jahren deutlich zugenommen (Abb. 69).

Organisiert werden sie häufig von den Neuen Sozialen Bewegungen, für die ungewöhnliche, Aufmerksamkeit erregende Protestformen und offene Strukturen ein wichtiger Bestandteil ihres Selbstverständnisses sind. Dass sich diese Gruppen außerhalb des parlamentarischen Systems ansiedelten, ist mit eine Folge der auf territoriale Konflikte zentrierten Interessenrepräsentation im politischen System Kanadas. Doch auch auf der anderen Seite der Postmaterialismus-Konfliktlinie gewinnen Forderungen nach Demokratisierung immer mehr an Boden. Der politische Missmut artikuliert sich hier als Rechtspopulismus. Den Aktionsformen und Zielen der Neuen Sozialen Bewegungen stehen die eher traditionell-konservativ eingestellten Bevölkerungsgruppen meist ablehnend gegenüber, ihre Reformvorstellungen zielen vor allem auf die Anreicherung des bestehenden Systems um direktdemokratische Elemente wie den verstärkten Einsatz von Referenden und die Einführung einer Abberufungsmöglichkeit für Parlamentsabgeordnete durch die Bürger ihrer Wahlkreise.

Die als so typisch kanadisch geltende Autoritätshörigkeit erscheint heutzutage mithin geschwächt und geringer ausgeprägt als in den USA. 1981 befürworteten noch drei Viertel der Kanadier die Aussage, ein größerer Respekt für Autorität sei erstrebenswert, 1990 waren es weniger als zwei Drittel. Besonders auffallend ist der Rückgang unter den frankophonen Kanadiern, die 1981 die Forderung nach mehr Re-

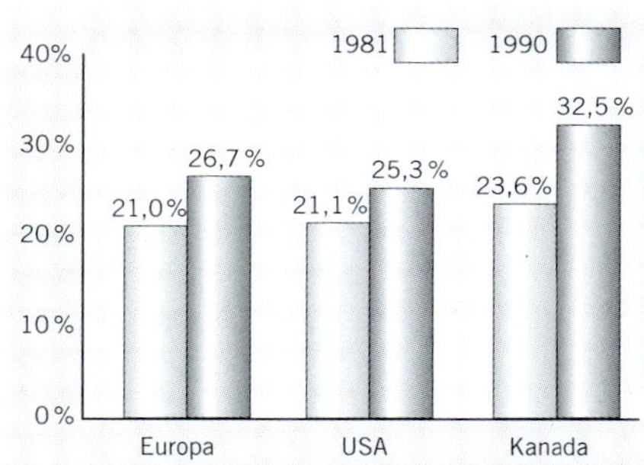

***Abb. 69:** Prozentzahl der Befragten, die an mindestens einer Form unkonventionellen politischen Protests teilgenommen haben (Boykott, ungenehmigte Demonstration, inoffizieller Streik, Gebäudebesetzung).*

Quelle: Nevitte 1996: 80.

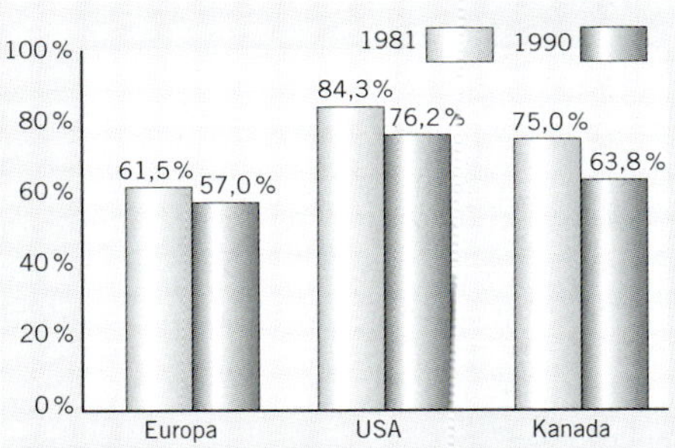

***Abb. 70:** Einstellungen zu Autorität: „Mehr Respekt für Autorität wäre gut“.*

Quelle: Nevitte 1996: 38.

spekt zu 78,5 % unterstützten. Neun Jahre später unterboten sie jedoch ihre anglophonen Landsleute mit einer Zustimmungsrate von nur noch 62,6 % (Nevitte 1996: 38) (Abb. 70) Das gleiche Bild bietet sich bei den Einstellungsmustern. Sowohl 1981 als auch 1990 waren die Kanadier stärker postmaterialistisch orientiert als die US-Bürger. Der Prozentsatz an anglophonen Kanadiern mit postmaterialistischer Werthaltung stieg von 17 % auf 23 %, während materialistische Einstellungen von 17 % auf 9 % zurückgingen. 66 % bzw. 68 % der englischsprachigen Bürger verfügten über ein gemischtes Wertesystem. Wieder sind die Zahlen für die frankophonen Kanadier noch eindrucksvoller. In die materialistische Kategorie fielen 1981 35 % der französischsprachigen Teilnehmer an der Studie, 1990 dagegen nur noch 21 %. Dem steht ein rasanter Anstieg des postmaterialistischen Wertetyps von 13 % auf 29 % gegenüber. Daran lassen sich die Folgen der Stillen Revolution ablesen: Die Modernisierung hat zwar verspätet eingesetzt, erfolgte dann aber, vorangetrieben durch den Staat, umso intensiver.

Auch die Einstellungen der Kanadier zur Rolle des Staates sind im Wandel begriffen. Die Einstellungen zu Markt und Wirtschaft unterscheiden sich im späten 20. Jh. kaum noch zwischen Amerikanern und Kanadiern. Vielmehr liegt die entscheidende Differenz zwischen den Bewohnern des nordamerikanischen Kontinents und den Europäern. Kanadier wie US-Amerikaner unterstützen den freien Wettbewerb, die Selbstverantwortung von Individuen und die Belohnung harter Arbeit zu wesentlich höheren Anteilen als die Bürger des alten Kontinents. Dasselbe gilt für die Befürwortung von Privateigentum und die Überzeugung, dass Armut auf Faulheit und mangelnde Willenskraft zurückzuführen ist. Wie sich die ökonomischen Strukturen in beiden Ländern immer mehr annähern, so konvergieren auch die wirtschaftlichen Wertvorstellungen (Tab. 47, 48 u. 49).

Die gängige Beschreibung der Kanadier als weniger individualistisch, stärker staatsorientiert und autoritätshörig als ihre südlichen Nachbarn kann somit heute nicht mehr aufrechterhalten werden. Um dies zu verdeutlichen, seien die eingangs geschilderten Divergenzen noch einmal aufgegriffen:

1) Auch in Kanada hat sich ein Rechtsverständnis durchgesetzt, das die Schutzfunktion des Rechts gegenüber der Ordnungsfunktion betont. Im Gegensatz zu den USA dient der Gerichtssaal jedoch als Bühne für das Einklagen individueller wie kollektiver Ansprüche und Freiheiten.
2) Der neoliberale Konsens hat das Verständnis von der Rolle des Staates in der Gesellschaft wesentlich verändert und die Gewichte in Richtung Markt und Eigenverantwortung verschoben.
3) Ihren traditionellen Eliten und Institutionen begegnen die Bürger heute verstärkt mit Misstrauen. Demokratie und Mitbestimmung sind gefragt.
4) Obgleich sich die Kanadier im Vergleich zu den Amerikanern generell durch eine stärkere Toleranz gegenüber ethnischen Minderheiten auszeichnen, sind auch die kanadischen Metropolen nicht völlig frei von den aus den USA bekannten ethnischen Spannungen. Mit den Begriffen Multikulturalismus und Bilingualismus lässt sich die kanadische Gesellschaft zudem kaum angemessen erfassen, weil sie einerseits durch die rechtspopulistische Position des *One Canada*, andererseits durch verschiedene Nationalismen und neue Identitäten herausgefordert wird.

Parteien, Wahlen und Regierungshandeln

Kanadas Parteiensystem besteht heute im Wesentlichen aus den Liberalen (*Liberals, LIB*), den Konservativen (*Progressive Conservatives, PC*), der sozialdemokratischen

	Wie beurteilen Sie den freien Wettbewerb? (%)					
	Wettbewerb ist gut		Der Einzelne sollte mehr Verantwortung für sich selbst übernehmen		Es sollte stärkere Leistungsanreize für den Einzelnen geben	
	ja	nein	ja	nein	ja	nein
Europa	49,2	10,3	37,9	21,2	37,9	21,2
USA	64,4	6,9	47,0	13,0	47,0	13,0
Kanada	66,0	6,8	53,4	17,2	53,4	17,2
Anglophone Kanadier	65,3	6,1	56,7	13,7	56,7	13,7
Frankophone Kanadier	72,4	6,2	42,2	28,4	42,2	28,4

Tab. 47: Einstellungen zur Ökonomie

Quelle: Nevitte 1996: 117. Die Zahlen beziehen sich auf 1990.

	Wie beurteilen Sie Privateigentum und Arbeit? (%)			
	Privateigentum in der Wirtschaft sollte vergrößert werden		Harte Arbeit führt auf lange Sicht zu einem besseren Leben	
	ja	nein	ja	nein
Europa	39,8	10,9	35,0	20,6
USA	62,7	4,8	60,3	8,8
Kanada	57,9	6,6	55,5	13,3
Anglophone Kanadier	57,4	6,2	58,0	10,7
Frankophone Kanadier	63,9	5,5	48,9	17,7

Tab. 48: Einstellungen zu Privateigentum und Arbeit

Quelle: Nevitte 1996: 117. Die Zahlen beziehen sich auf 1990.

	Warum leben Menschen in Armut? (Hauptgrund %)			
	Weil sie Pech hatten	Weil sie faul und willensschwach sind	Weil die Gesellschaft ungerecht ist	Weil das ein unvermeidbares Element des Fortschritts ist
Europa	18,2	22,3	35,7	20,4
USA	7,9	38,7	32,8	17,1
Kanada	8,8	31,5	32,2	22,6
Anglophone Kanadier	7,8	32,9	30,4	24,0
Frankophone Kanadier	10,8	24,2	39,8	19,9

Tab. 49: Einstellungen zu Armut

Quelle: Nevitte 1996: 117. Die Zahlen beziehen sich auf 1990.

NDP (*New Democratic Party*), die 1961 der 1933 gegründeten *Cooperative Commonwealth Federation* (CCF) nachfolgte, sowie der erstmals 1993 zu einer Unterhauswahl angetretenen Bundespartei der Quebecer Separatisten (*Bloc Québécois*) und der rechtspopulistischen Protestpartei *Canadian Alliance*, die sich erst 2000 aus der 1988 erstmals in Erscheinung getretenen *Reform Party* und Teilen der Konservativen neu formiert hat.

Die Wurzeln des kanadischen Parteiensystems gehen auf die Zeit vor der Staatsgründung zurück. In den ersten Jahrzehnten des 19. Jh.s wurden die einzelnen Kolonien Britisch-Nordamerikas oligarchisch regiert, da zwar formal bereits repräsentativ-demokratische politische Systeme bestanden, jedoch nur wenige wohlhabende Bürger das Wahlrecht besaßen. Parteien im eigentlichen Sinne gab es nicht; in den Parlamenten der einzelnen Provinzen entstanden jedoch relativ stabile Fraktionen, die miteinander Koalitionen eingingen. Mit der Gewährung des Stimmrechts für immer größere Wählerschichten bestand für diese Koalitionen die Notwendigkeit zur Organisation auch außerhalb des Parlaments. Der Ursprung des kanadischen Parteiensystems ist 1840 anzusetzen: Nach dem Zusammenschluss von *Upper* und *Lower Canada* bildete sich nach einigen Jahren ein Zweiparteiensystem aus Liberalen und Konservativen heraus. Diese gingen zur Verwirklichung der kanadischen Unabhängigkeit eine Koalition ein, die auch nach 1867 noch fortbestand.

Die Demokratisierung des Wahlrechts war jedoch nach der kanadischen Staatsgründung noch lange nicht abgeschlossen. Bis weit in das 20. Jh. hinein hatten viele Kanadier kein Stimmrecht: Frauen erhielten 1918, in Quebec auf Provinzebene sogar erst 1945 das Wahlrecht. Inuit wurden erst 1950 und in Reservaten lebende Indianer erst 1960 zum Wählen zugelassen. Zudem erhielten manche Provinzen das Zensuswahlrecht weiter aufrecht; in British Columbia waren Kanadier ost- und südasiatischer Herkunft bis 1945 vom Wahlrecht ausgeschlossen. Da die Wahlgesetze der Provinzen bis 1920 auch auf Bundesebene galten, erhielt diese Gruppe erst mit der Einführung eines bundesweiten Wahlgesetzes das Stimmrecht auf nationaler Ebene.

Seit 1921, als den später mit den Konservativen vereinigten *Progressives* der Einzug ins Parlament gelang, vollzieht sich die Interessenrepräsentation in Kanada in einem Mehrparteiensystem mit Einparteiregierungen, obwohl der relativen Mehrheitswahl in Einerwahlkreisen gemeinhin die Tendenz zur Förderung eines Zweiparteiensystems zugeschrieben wird. Dies gilt allerdings augenscheinlich für Kanada mit seiner überaus heterogenen Gesellschaft nicht. Stabil war das Zweiparteiensystem aus Liberaler und Konservativer Partei nur zwischen 1867 und 1921. In den 1930er-Jahren entstanden weitere Parteien wie die sozialdemokratische CCF und die in den Prärieprovinzen beheimatete, rechtspopulistische Protestpartei *Social Credit*, die beide 1935 erstmals in das Unterhaus einzogen und in einigen Landesteilen immer wieder hohe Stimmenanteile erreichen konnten, jedoch in ihrer Wählerbasis stets territorial begrenzt waren.

Bei Existenz regionaler Hochburgen begünstigt die relative Mehrheitswahl also ein Mehrparteiensystem. Dabei haben regionale Protestparteien weit größere Chancen, ins Parlament einzuziehen, als Parteien, die überall im Land vertreten sind, aber nirgendwo eine relative Mehrheit erzielen können. Freilich gelang es auf Bundesebene bislang nur den Liberalen und Konservativen, Regierungsmehrheiten zu erringen. Aufgrund des traditionell fragmentierten Parteiensystems erfüllt die relative Mehrheitswahl in Einerwahlkreisen indes die ihr zugeschriebene Funktion, politischen Machtwechsel zu fördern, in Kanada nur unzureichend. Gesamtkanadisch führten die verschiedenen Asymmetrien im Parteiensystem zur jahrzehntelangen Vorherrschaft der Liberalen im Unterhaus, denen es lange Zeit als einziger der Bundesparteien gelang, die ethno-linguistische Barriere zwischen dem frankophonen und dem anglophonen Teil Kanadas zu überwinden. Zwischen 1921 und 1984 stellten die Liberalen nur sporadisch unterbrochen (1926; 1930–1935; 1957–1963; 1979–1980) die Regierung in Ottawa; auch seit 1993 regieren sie wieder unangefochten. Allerdings transformierte das Wahlsystem bei 17 Wahlen zwischen 1945 und 1988 nur in elf Fällen die relative Stimmenmehrheit einer Partei in eine absolute Mandatsmehrheit; bei sechs Wahlen ergab sich keine Mehrheit im Parlament. Dies läuft einem der wichtigsten der relativen Mehrheitswahl zugeschriebenen Effekte zuwider – nämlich dem, stabile, handlungsfähige Regierungen hervorzubringen. Umgekehrt ist die Opposition in Kanada wegen der Fragmentierung des Parteiensystems oft zahlenmäßig unverhältnismäßig schwach. Auffällig sind schließlich auch die meist ausgedehnten Regierungszeiten kanadischer Premierminister und die Quasi-Monopolisierung dieses Spitzenamtes durch Politiker aus Quebec (Trudeau, Mulroney, Chrétien) seit nunmehr gut dreißig Jahren (Tab. 50 u. 51).

Die regionale und gesellschaftliche Fragmentierung Kanadas hat überdies dazu geführt, dass das kanadische Mehrparteiensystem erstens dualistisch ist und zweitens zumindest die beiden traditionellen Großparteien zum Politikstil der so genannten *brokerage politics* gezwungen sind:

1) Dualistisch meint, dass die Parteien auf Bundes- und Provinzebene kaum zusammenarbeiten, sondern die Provinz- und Bundesorganisationen von Parteien desselben Namens nebeneinanderher bestehen und zum Teil auch sehr starke ideologische und programmatische Unterschiede aufweisen. Zudem bestehen manche Parteien nur auf Bundes-, manche nur auf Provinzebene. So hat die *Reform Party* bzw. *Canadian Alliance* sogar in ihren Hochburgen, den Prärieprovinzen, keine Provinzrepräsentation, während die *Parti Québécois* mit dem *Bloc Québécois* erst seit wenigen Jahren ein Pendant auf der Bundesebene hat.
2) *Brokerage parties* handeln wie Volksparteien und bemühen sich programmatisch und personell um die innerparteiliche Integration der regionalen und gesellschaftlichen Konfliktlinien. Sie konkurrieren darum, die verschiedenen ethnolinguistischen und kulturellen Interessen zu einem möglichst breiten Bündnis zusammenzufassen. Ideologisch bedeutet dies, dass sich in den Parteien – insbesondere bei den Liberalen und zeitweise auch den Konservativen – sehr heterogene, teils widersprüchliche Einstellungen und Politikideen finden; politisch folgt daraus ein konsensualer Stil, der auf Ausgleich und Kompromiss zielt. Da sich beide Großparteien auf lose, oft wechselnde Koalitionen sozialer Gruppen stützen, sind ihre Programme meist vage formuliert und offerieren den Wählern nur selten die Auswahl zwischen deutlich unterscheidbaren politischen Projekten. Wahlen dienen folglich primär zur Bestimmung eines Führungsteams. Die von der amtierenden Regierung verfolgten politischen Strategien werden dagegen innerhalb der Regierungspartei oder in Verhandlungen zwischen Bundes- und Provinzregierungen ausgehandelt. Politik entsteht also in der Vermittlung zwischen den Eliten, die die verschiedenen sozialen Lager des Landes repräsentieren.

Allerdings gelang den Bundesparteien eine angemessene innerparteiliche Repräsentation der gegensätzlichen regionalen Interessen nur selten. Ausgeprägte regionale Hochburgen bis hin zu Einparteiendominanzen führten vielmehr zu dauerhaften Asymmetrien in der Parteienlandschaft und regional unterschiedlichen Wettbewerbskonstellationen, sodass das Mehrparteiensystem auch auf der Ebene der Bundespolitik aus verschiedenartigen Teilsystemen zusammengesetzt war: Deutlich wird dies zumeist auch an der regional extrem ungleichgewichtigen Zusammensetzung der Unterhausfraktionen. Das traditionelle Zweiparteiensystem aus Liberalen und Konservativen bestand dabei in Atlantik-Kanada und Quebec bis in die 1990er-Jahre hinein fort, in Quebec allerdings in Form jahrzehntelanger Vorherrschaft der Liberalen (bis 1984), da die *Parti Québécois* auf Bundesebene nicht antrat. In Ontario und den westlichen Provinzen existierte seit der Weltwirtschaftskrise dagegen ein Drei- bzw. Vierparteiensystem aus Liberalen, Konservativen und NDP sowie verschiedenen Protestparteien. Insbesondere in den westlichen Provinzen konnten sich rechtspopulistische Parteien – zwischen 1935 und 1965 *Social*

Regierungsdauer	Partei	Premierminister
1921–1926	LIB[1]	W. L. Mackenzie King
1926	PC[2]	Arthur Meighen
1926–1930	LIB	W. L. Mackenzie King
1930–1935	PC	R.B. Bennett
1935–1948	LIB	W. L. Mackenzie King
1948–1957	LIB	Louis St. Laurent
1957–1963	PC	John Diefenbaker
1963–1968	LIB	Lester B. Pearson
1968–1979	LIB	Pierre E. Trudeau
1979–1980	PC	Joseph Clark
1980–1984	LIB	Pierre E. Trudeau
1984	LIB	John Turner
1984–1993	PC	Brian Mulroney
1993	PC	Kim Campbell
Seit 1993	LIB	Jean Chrétien

[1] Liberals
[2] Progressive Conservatives

Tab. 50: Regierungen und Premierminister seit 1921

Credit und ab 1988 die *Reform Party/ Canadian Alliance* eine breite, dauerhafte Wählerbasis verschaffen. Ein weiterer entscheidender Schritt in Richtung regionaler Fragmentierung war der bundespolitische Auftritt des *Bloc Québécois*. Damit zerbrach das kurzlebige bundespolitische Wahlbündnis zwischen der Provinzpartei *Parti Québécois* und der Konservativen Partei nach 1984 – eine Entwicklung, die den Niedergang der *Progressive Conservatives* einleitete. In jüngster Zeit bestehen Bemühungen zu einer erneuten Konzentration des Parteiensystems: Da sich sowohl die *Progressive Conservatives* als auch die *Reform Party* um konservative Wählerschichten bemühen, strebte die *Reform Party* einen Zusammenschluss beider Parteien an. Dieser gelang jedoch nur bedingt, da sich der 2000 neu gegründeten *Canadian Alliance* nur Teile der Konservativen Partei anschlossen.

Der Charakter der ideologiefernen, auf Stimmenmaximierung ausgerichteten *brokerage parties* spiegelt sich auch im Wahlverhalten der kanadischen Bürger: Ideologische Einstellungen oder die persönliche sozialstrukturelle Situation spielen für die Wahlentscheidung des Einzelnen kaum eine Rolle; eher von Bedeutung ist hier schon die ethnische Zugehörigkeit. Stattdessen gelten inzwischen kurzfristige Orientierungen wie die Einstellung zu Kandidaten oder Wahlkampfthemen für die Mehrzahl der Kanadier als wahlentscheidend. Zwar ist Partei-Identifikation durchaus vorhanden, diese ist jedoch in ihrer Intensität schwach ausgeprägt; die Zahl der Wechselwähler ist weit höher als in der Bundesrepublik Deutschland. In den 1980er-Jahren identifizierten sich zwar noch rd. zwei Drittel der kanadischen Wähler mit einer der im Unterhaus vertretenen Parteien; doch war die Fluktuation sehr hoch und es bestand ein starker Zusammenhang mit dem Wahlerfolg der jeweiligen Partei. Seitdem ist die Zahl der festen Parteianhänger weiter gesunken; durchschnittlich votieren – mit steigender Tendenz – mindestens 30 % der Wähler bei zwei aufeinander folgenden Wahlen für unterschiedliche Parteien (Schultze & Schneider 1997: 294).

Seit den 1980er-Jahren verlieren die traditionellen Standards kanadischer Parteienpolitik immer weiter an Gewicht. Zunächst gewannen die Konservativen die Unterhauswahlen von 1984 und beendeten damit vorläufig die Ära der nahezu kontinuierlichen liberalen Vorherrschaft. Die Konservative Partei, die bereits seit den 1970er-Jahren eine starke Wählerbasis in den Prärieprovinzen ausgebaut hatte, konnte nach der Benennung ihres aus Quebec stammenden neuen Vorsitzenden Brian Mulroney auch ihre Stellung in der frankophonen Provinz ausbauen. Mit der Vereinbarung der Wirtschaftsinteressen der Prärieprovinzen, Quebecs und Ontarios, die alle aus unterschiedlichen Gründen exportorientiert waren, gelang es den Konservativen, die Politik des Freihandels mit den USA innerparteilich durchzusetzen. Mit dem Versprechen, Wirtschaftskrise und Arbeitslosigkeit zu beseitigen, gewannen sie 1984 eine klare Mehrheit. Allerdings verloren die oppositionellen Kräfte des Westens, für die die *Progressive Conservatives* politische Heimat gewesen war, mit deren Ausweitung nach Quebec und dem Wahlsieg ihre beherrschende innerparteiliche Stellung. Daher kehrten die Wähler im Westen, insbesondere in Alberta, bereits 1988 zu ihrem traditionellen politischen Protestverhalten zurück. Die aus einer Protestbewegung entstandene *Reform Party* gewann in den westlichen Provinzen 7,3 % der Stimmen, konnte jedoch nicht ins Parlament einziehen. Zudem baute man im Westen zur Interessenvertretung wieder stärker auf die Provinzregierungen, wodurch das Gegeneinander von Bundes- und Provinzparteien, Bundes- und Provinzpolitik erneut an Bedeutung zunahm. Da die Unterhauswahlen von 1988 jedoch hauptsächlich eine Abstimmung über die Einführung des Freihandels mit den USA waren, konnten sich die Konservativen mit 57,3 % der Sitze behaupten; allerdings büßten sie im Westen einen großen Anteil ihrer Stimmen ein.

Während ihrer zweiten Amtszeit verlor die Regierung Mulroney rapide an Popularität, insbesondere aufgrund ihrer gescheiterten Verfassungspolitik und der Rezession seit Anfang der 1990er-Jahre, die alle Erwartungen an die Auswirkungen der Freihandelspolitik enttäuscht hatte. Obwohl eine Niederlage der Konservativen in den Unterhauswahlen von 1993 erwartet wurde, überraschte deren Ergebnis in zweierlei

Wahljahr	(Minderheits-) Regierung	Parlament	Progressive Conservatives		Liberals		CCF/NDP		Social Credit		Bloc Québécois		Reform Party[1]		Sonstige	
		Sitze gesamt	Sitze	Stimmen (%)	Sitze	Stimmen (%)	Sitze	Stimmen (%)	Sitze	Stimmen (%)	Sitze	Stimmen (%)	Sitze	Stimmen (%)	Sitze	Stimmen (%)
1945	Lib	245	67	27	125	41	28	16	13	4					12	12
1949	Lib	262	41	30	193	49	13	13	10	4					5	4
1953	Lib	265	51	31	171	49	23	11	15	5					5	4
1957	PC (M)	265	112	39	105	41	25	11	18	7					4	2
1958	PC	265	208	54	49	34	8	9	0	2					0	1
1962	PC (M)	265	116	37	100	37	19	14	30	12						
1963	Lib (M)	265	95	33	129	42	17	13	24	12						
1965	Lib (M)	265	97	32	131	40	21	18	14	9					2	1
1968	Lib	264	72	31	155	45	21	17	14	6					0	1
1972	Lib (M)	264	107	35	109	38	31	18	15	8					1	1
1974	Lib	264	95	35	141	43	16	14	11	5					0	2
1979	PC (M)	282	136	36	114	40	26	18	6	5					0	2
1980	Lib	282	103	33	146	44	32	20	0	1					0	2
1984	PC	282	211	50	40	28	30	19							1	
1988	PC	295	169	43	83	32	43	20							0	4
1993	Lib	295	2	16	177	41	9	7			54	13	52	19	1	4
1997	Lib	301	20	19	155	39	21	11			44	11	60	19	1	2
2000	Lib	301	12	12	172	41	13	9			38	11	66	26	–	2

(M) = Minderheitsregierungen [1] seit 2000 Canadian Alliance

Tab. 51: Ergebnisse der Parlamentswahlen seit 1945

Quellen: Verändert nach Nieguth 1997: 402; Jackson & Jackson 1998: 454, Kanadische Botschaft Berlin.

Hinsicht: Erstens erlitt die Konservative Partei eine verheerende Niederlage und errang nur mehr zwei Sitze. Die Konservativen hatten landesweit 16 % der Stimmen erzielt, wurden also durch den Verzerrungseffekt des Mehrheitswahlsystems noch zusätzlich getroffen. Zweitens zogen die beiden neuen Protestparteien ins Parlament ein und errangen zusammen 32 % der Sitze. Die *Reform Party* konnte sich nun auf eine breite Wählerbasis in den westlichen Provinzen stützen, während die neu gegründete Separatistenpartei *Bloc Québécois* in Quebec auf Anhieb 49,3 % der Stimmen gewann. Der *Bloc Québécois* wurde stärkste Oppositionspartei und übernahm damit ironischerweise Titel und Funktion der „Loyalen Opposition Ihrer Majestät". Die Unterhauswahlen von 1993 verschärften also die regionale Fragmentierung des Parteiensystems beträchtlich, da sich nun zum ersten Mal die regionalen Gegensätze und die Krise der nationalen Einheit deutlich im Parlament abbildeten.

In den Unterhauswahlen von 1997 setzten sich diese Tendenzen fort. Zwar konnten die Liberalen mit 51 % noch eine knappe Mehrheit der Mandate erreichen, beide Protestparteien nehmen jedoch nun über ein Drittel der Unterhaussitze ein. Stärkste Oppositionspartei ist die *Reform Party* bzw. *Canadian Alliance*. Die Zukunft der Konservativen als Großpartei mit nationaler Bedeutung erscheint weiter bedroht; allerdings konnten sie sich wie die ebenfalls geschwächte NDP in einer Reihe von Provinzwahlen des Jahres 1999 behaupten bzw. die Liberalen ablösen. Die Bevorzugung regional starker Parteien durch das Wahlsystem kam 1997 wiederum deutlich zum Ausdruck: Der *Bloc Québécois* erhielt von allen im Parlament vertretenen Parteien die geringste Stimmenzahl, ist jedoch zweitstärkste Oppositionspartei. Das Wahlergebnis von 1997 ist in mehrerlei Hinsicht von besonderer Bedeutung:

1) Es zeigt, dass die regionale Fragmentierung des Parteiensystems keine vorübergehende Erscheinung, sondern eher ein stabiler, sich noch verstärkender Trend ist.
2) Die nationale Integrationsfähigkeit des Parteiensystems hat sich weiter verringert, da sich beide regionalen Protestparteien nicht als gesamtkanadische Akteure verstehen.
3) Die schon seit Ende der 1980er-Jahre geführte Diskussion über eine Reform des Wahlsystems lebte wieder auf.

Bei den Unterhauswahlen im November 2000 wurden die Regionalisierungstendenzen noch akzentuierter. Zwar konnten die Liberalen ihre absolute Mehrheit ausbauen, doch war die Unterstützung für sie äußerst unterschiedlich: Während sie in Ontario von 103 Sitzen 100 erringen konnten, waren es im Westen ganze 14. Umgekehrt konnte die *Canadian Alliance* ihren Einflussbereich nicht nach Ontario ausdehnen, wo sie trotz eifriger Bemühungen nur 2 Sitze bekam; in Quebec und in den Atlantischen Provinzen ist sie überhaupt nicht vertreten.

Aktuelle Entwicklungen in der Wirtschafts-, Sozial- und Verfassungspolitik

Der Begriff *National Policy* steht in Kanada für verschiedene breit angelegte wirtschaftspolitische Strategien in der Geschichte des Landes. Die ökonomische Entwicklung und nationale Integration der kanadischen Gesellschaft sind in der Vergangenheit stets von einem aktiven Staat bestimmt worden. Bis heute kann man drei Epochen Nationaler Politik unterscheiden, die auch eng mit den oben beschriebenen Trends im Parteiensystem und den verfassungspolitischen Herausforderungen zusammenhängen (Tab. 52):

1) Die erste Nationale Politik, eingeleitet von den konservativen Bundesregierungen nach 1878, verfolgte inbesondere zwei langfristige Ziele: erstens die Erschließung des Landes nach Westen hin und die Schaffung eines integrierten nationalen Marktes durch aktive Infrastruktur- und Einwanderungspolitik (Förderung des Eisenbahnbaus); zweitens den Aufbau der einheimischen Industrie durch Schutzzollpolitik und staatliche Industrieförderung. Die importsubstituierende Industrialisierungsstrategie bildete den Kern staatlicher Wirtschaftspolitik bis weit ins 20. Jh. hinein, führte indes entgegen ihrer eigentlichen Zielsetzung geradewegs zur Herausbildung der so genannten *branch plant economy* von Tochterfirmen amerikanischer Konzerne. Sie vollzog sich im Rahmen des traditionellen Zweiparteiensystems und wurde nach 1896 von den Liberalen fortgeführt.
2) Als zweite Nationale Politik werden der Aufbau des Wohlfahrtsstaates und der Übergang zu keynesianischer, nachfrageorientierter Wirtschaftspolitik verstanden. Anders als in den USA entstand in Kanada infolge der Weltwirtschaftskrise und des Zweiten Weltkriegs unter der Vorherrschaft zumeist liberaler Bundesregierungen ein voll ausgebildeter Sozialstaat, der wesentlich zur Ost-West-Integration des Landes beitrug. Er hatte zugleich Auswirkungen auf das Parteiensystem; mit der sozialdemokratischen CCF (später NDP) als dritter Kraft und dem *Social Credit* als Protestpartei in den Prärieprovinzen entwickelte sich das Zweiparteiensystem zu einem Vielparteiensystem mit regionalen Schwerpunkten.
3) Die Tradition eines aktiven Staates, wie sie beide Nationalen Politiken verkörperten, geriet in den 1970er-Jahren durch globale ökonomische Verschiebungen und eine sich schnell zuspitzende fiskalische Krise des kanadischen Staates in Bedrängnis. Der keynesianisch-sozialdemokratische Konsens, der die kanadische Wirtschafts- und Sozialpolitik bis dahin getragen hatte, zerbrach angesichts hoher Arbeitslosen- und Inflationsraten und einer ständig steigenden Staatsverschuldung, die in den 1980er- und frühen 1990er-Jahren geradezu dramatische Ausmaße annahm. Die Liberalen versuchten zwar unter Pierre E. Trudeau ab 1980 noch einmal, diese Krise durch eine dritte Nationale Politik zu entschärfen, zu der insbesondere strenge Investitionskontrolle durch die *Foreign Investment Review Agency* (FIRA)

Zeitraum	Parteiensystem/ Regierungspartei	Nationale Politik/ Formative Phasen
1867–1921	Zweiparteiensystem: Progressive Conservatives Liberals	Erste Nationale Politik: Agrarische Expansions- und Besiedlungspolitik (Schutzzölle, staatlich gelenkte Industrialisierung)
1867–1878	Progressive Conservatives Liberals	Staatenbildung/Integration der Provinzen
1878–1896	Progressive Conservatives	Eisenbahnbau/Ost-West-Expansion/Importsubstitution
1896–1911	Liberals	Riel-Krise
1911–1921	Conservatives/Kriegskoalition	Streit um Freihandel/Erster Weltkrieg
1921–1930/35	Mehrparteiensystem	Übergangszeit: Proteste in den Prärieprovinzen
1930/35–1984	Mehrparteiensystem: Libs., Cons., CCF-NDP, Social Credit	Zweite Nationale Politik: Sozialdemokratischer Konsens, Wohlfahrtsstaat und keynesianische Wirtschaftspolitik
1930/35–1945	Progressive Conservatives Liberals	Depression, Zweiter Weltkrieg und die Formulierung von „New Deal"-Politiken
1945–1957	Liberals	Institutionalisierung des Wohlfahrtsstaates
1957–1963	Progressive Conservatives	Diefenbaker-Intermezzo
1963–1979	Liberals	Nationale Integration durch Politiken der Zweisprachigkeit und des Multikulturalismus
1979–1984	Progressive Conservatives Liberals	Experiment einer dritten Nationalen Politik (gescheitert)
1984	Mehrparteiensystem: Libs., Cons., NDP, Reform, Parti/Bloc Québécois	Freihandelspolitik, neoliberale Wirtschaftspolitik
1984–1993	Progressive Conservatives	Verfassungsreformpolitik (gescheitert), Abbau des Wohlfahrtsstaates, Haushaltskonsolidierung
Seit 1993	Liberals	Weitgehende verfassungspolitische Abstinenz, Fortführung der neoliberalen Wirtschaftspolitik

Tab. 52: Parteiensystem und Nationale Politiken

Quelle: verändert nach Schultze 1997b: 272f.

sowie eine dezidierte Industrie-, Regional- und Energiepolitik (*National Energy Programme*) gehörten. Dieses letztlich erfolglose Experiment wurde jedoch noch unter der Regierung Trudeau abgebrochen und durch eine Hinwendung zu neoliberaler Politik ersetzt, was nach außen hin mit der Einsetzung der *Royal Commission on the Economic Union and Development Prospects for Canada* (*Macdonald Commission*) 1982 dokumentiert wurde.

Die endgültige Abkehr von den Strategien Nationaler Politik vollzog sich jedoch erst nach dem Regierungswechsel von 1984. Vor dem Hintergrund wachsender Finanzknappheit und anhaltender wirtschaftlicher Probleme leitete die konservative Regierung Mulroney ab 1985 den Wandel zu einer neoliberalen Politik ein, deren wesentliche Bestandteile der Rückzug des Staates aus der Wirtschaft durch Deregulierung und Privatisierung und die Zurückschneidung von Sozialprogrammen darstellten. Dieser grundlegende Wandel im Aufgabenverständnis der Politik ist mittlerweile zumindest in Ansätzen von beinahe allen Parteien und Regierungen vollzogen worden, insbesondere von den Provinzregierungen, ob unter liberaler, konservativer oder sogar sozialdemokratischer Führung. Soziale Sicherheit und regionaler Ausgleich verloren an Bedeutung, stattdessen setzt man vermehrt auf Marktmechanismen zur Verteilung von Einkommen und Ressourcen und die individuelle Verantwortung des Einzelnen für sein Wohlergehen.

Auch von der liberalen Bundesregierung seit 1993 werden entgegen Wahlversprechen, die eine vierte Nationale Politik erwarten ließen, die Ziele neoliberaler Politik nicht in Frage gestellt, sondern nahezu unverändert weiterverfolgt. Zum vorrangigen Ziel der aktuellen Regierung wurde schon bald nach 1993 die Haushaltskonsolidierung. Hatten die Liberalen 1993/94 noch ein Defizit von 42 Mrd. Can-$ (5,8 % des Bruttoinlandsprodukts) von den Konservativen übernommen, so wies Finanzminister Paul Martin bereits in den Haushaltsjahren 1997/98 und 1998/99 Überschüsse aus. Die Schuldenlast Kanadas fiel von 71,2 % des BIP (1995/96) auf 64,4 % (1998/99). Dieser Erfolg beruhte zum einen auf der überaus günstigen Wirtschaftsentwicklung der zweiten Hälfte der 1990er-Jahre mit einem jahresdurchschnittlichen Wachstum von 3,1 % zwischen 1993 und 1998 (1997: 4,0 %; 1998: 3,1 %), niedrigen Inflationsraten von durchweg unter 2,0% (1997: 1,6 %; 1998: 1,0 %) und sinkenden Arbeitslosenquoten (1993: 11,2 %; 1998: 8,3 %). Zum anderen jedoch war die rasche Konsolidierung das Ergebnis drastischer Einsparungen. Erst seit dem erfolgreichen Haushaltsausgleich der letzten Jahre werden wieder Steuer- und Abgabenerleichterungen sowie neue Investitionen im Beschäftigungs-, Gesundheits- und Erziehungsbereich in Aussicht gestellt (Tab. 53).

Wirtschafts- und verfassungspolitische Anliegen waren und bleiben für die Regierungen Trudeau, Mulroney und Chrétien eng verbunden. Pierre E. Trudeau hatte mit der Heimholung der kanadischen Verfassung 1981/82 einerseits zwar jahrzehntelange Bemühungen erfolgreich beendet, damit aber zugleich den Auftakt für bis heute ungelöste neue verfassungspolitische Debatten gegeben. Obwohl die *patriation* wie Trudeaus Wirtschaftspolitik unter dem Eindruck des ersten PQ-Wahlsieges in Quebec (1976) und des anschließenden ersten Unabhängigkeitsreferendums (1980) auf nationale Integration abzielte, gelang die Festschreibung eines nationalen Konsenses nicht. Der *Constitution Act* von 1981/1982 ist von Quebec bis heute nicht unterschrieben worden, weil sein Wunsch nach Anerkennung eines Sonderstatus als *société distincte* nicht erfüllt wurde.

1987 handelten Premierminister Mulroney und alle zehn Provinzpremiers den so genannten *Meech Lake Accord* aus, der weitgehend Quebecs Vorbedingungen für eine Ratifizierung der kanadischen Verfassung erfüllte. Er enthielt u. a. die Anerkennung Quebecs als *société distincte* mit dem Recht, diesen Sonderstatus auch zu fördern, ausgeweitete Vetobefugnisse der Provinzen bei Verfassungsänderungen, das Recht der Provinzen, auf Gebieten ihrer ausschließlichen Zuständigkeit aus gemeinsamen Programmen ohne Verlust finanzieller Unterstützung des Bundes auszuscheren und das Recht der Provinzen, Kandidaten für den Senat und das oberste Verfassungsgericht vorzuschlagen. Dieses Reformpaket scheiterte im Juni 1990, weil die Provinzparlamente von Newfoundland und Manitoba den *Accord* nicht rechtzeitig ratifizierten. Eine der Schlüsselfiguren des Widerstands war ein autochthones Mitglied des Parlaments von Manitoba, das eine Unterzeichung ablehnte, weil die Forderungen der Ureinwohner nach der Aufnahme ihres inhärenten Rechts auf Selbstregierung nicht erfüllt worden war. Zudem war die Opposition gegen den *Meech Lake Accord* in der Öffentlichkeit enorm: Unter Anglophonen stieß die Anerkennung eines Sonderstatus für Quebec auf Unverständnis, da dies kollektive Sonderrechte bedeutet hätte. Die Ablehnung zeigte, dass sich weite Teile der Bevölkerung nicht mehr mit der Form des Aushandelns hinter verschlossenen Türen abfanden und eine direkte Bürgerbeteiligung an den Verfassungsänderungsprozessen einforderten.

Aus dem Scheitern des *Meech Lake Accord* lernte die politische Elite vor allem, dass die Öffentlichkeit in den Reformprozess einbezogen werden musste. In der nächsten verfassungspolitischen Runde, der so genannten *Canada Round*, die 1991 begann und 1992 zum *Charlottetown Accord* führte, wurde deshalb eine Reihe öffentlicher Konsultationen durchgeführt: Die so genannte *Spicer Commission* veranstaltete landesweit öffentliche Anhörungen, auf de-

Jahr	Schulden (netto) (Mrd. Can-$)	Anteil am BIP (%)	Überschuss/ Defizit (Mrd. Can-$)	Anteil am BIP (%)
1969/70	17,6	21,2	0,3	0,4
1974/75	25,6	16,8	−2,0	1,3
1979/80	72,2	26,1	−11,5	4,2
1984/85	199,1	44,8	−38,5	8,7
1989/90	358,0	54,9	−29,0	4,5
1994/95	545,7	71,1	−37,5	4,9
1995/96	574,3	71,2	−28,6	3,5
1996/97	583,2	69,9	−8,9	1,1
1997/98	579,7	66,3	3,5	0,4
1998/99	576,8	64,4	2,9	0,3
1999/2000	576,8	61,1	0,0	0,0

Tab. 53: Kanadische Haushaltspolitik

Quellen: bis einschl. 1989/90 aus Bernier/Gow 1994: 24f.; 1994/95–1996/97 aus Departm. of Finance, Ann. Fin. Rep. 1998/99; danach aus Departm. of Finance, Budget in Brief 2000 (www-Version).

nen jeder Bürger seine Meinung zur Verfassungsreform äußern konnte. Auch wissenschaftlicher Sachverstand wurde in die Reformdiskussion einbezogen. Quebec zog sich zunächst aus den öffentlichen Verhandlungen zurück, um seine Sonderstellung herauszustreichen, und wartete ein Angebot Anglo-Kanadas ab. 1991 legte die liberale Regierungspartei Quebecs mit dem *Allaire Report* ihre Maximalforderungen vor, die eine nur mehr lose Bindung Quebecs mit Rest-Kanada im Sinne einer Wirtschafts- und Währungsunion vorsahen. Innerhalb der Bundesregierung setzte sich daraufhin das Konzept eines asymmetrischen Föderalismus durch: Die Provinzen hätten demnach zunächst weitgehende Kompetenzen und Vetorechte erhalten. Jeder Provinz wäre es jedoch freigestanden, in vom Bund angebotene Programme einzusteigen. Formal wäre also die Gleichheit der Provinzen gewahrt geblieben, während sich die Stellung der Provinzen sehr unterschiedlich hätte entwickeln können. Auch den mitverhandelnden Vertretern der Autochthonen gelang es, ihre verfassungsrechtlichen Forderungen zu einem großen Teil durchzusetzen. Im Juni 1992 legten die Regierungen Anglo-Kanadas das Ergebnis ihrer Verhandlungen vor. Nach anschließenden Verhandlungen mit Quebec wurde im August 1992 der *Charlottetown Accord* besiegelt. Wichtigster Bestandteil dieses Reformpakets war die so genannte *Canada Clause*, die die Grundrechtscharta um folgende Elemente erweitern sollte: die Garantie des Rechts auf Selbstregierung für die Ureinwohner, eine Bestätigung des Sonderstatus Quebecs, aber auch der Gleichberechtigung aller Provinzen sowie soziale Grundrechte, die jedoch nicht einklagbar sein sollten.

Darüber hinaus sind die Vorschläge zur Institutionenreform hervorzuheben: Quebec sollte zukünftig 25 % der Sitze im Unterhaus stellen dürfen. Dies entspricht zwar gegenwärtig noch dem Bevölkerungsanteil, demographische Tendenzen lassen jedoch ein Absinken dieses Prozentsatzes erwarten. Als Gegengewicht dazu sollte der Senat in eine Provinzkammer nach amerikanischem Vorbild mit gleicher Anzahl an direkt oder indirekt gewählten Senatoren pro Provinz bei weitgehend gleich bleibenden Kompetenzen umgestaltet werden. Dieser Reformvorschlag wurde v. a. aufgenommen, um die westlichen Provinzen, die bereits seit Jahren für eine Reform des Senats geworben hatten, für die Anerkennung des Quebecer Sonderstatus zu entschädigen. Die Reform hätte eine gravierende Änderung des Institutionengefüges zur Folge gehabt und bei ungünstigen Machtkonstellationen die Stabilität des politischen Systems gefährdet.

Der *Charlottetown Accord* war ein Drahtseilakt zwischen der Gewährung von mehr Eigenständigkeit für Quebec und der Gleichberechtigung aller Provinzen sowie zwischen kollektiven und individuellen Rechten. Dieser Kompromiss war jedoch der kanadischen Bevölkerung nicht vermittelbar: Im Referendum Ende 1992 stimmten 54,4 % der Kanadier gegen den *Accord*, obwohl alle großen politischen Parteien für ihn geworben hatten. Dagegen entstand eine Opposition, deren Hauptprotagonisten die *Parti Québécois* und die *Reform Party* in den Prärieprovinzen waren. Darüber hinaus sprachen sich auch viele Neue Soziale Bewegungen und Minderheiten innerhalb der den *Accord* befürwortenden Parteien und Organisationen gegen den Reformkompromiss aus. Vielen Frankokanadiern erschienen die Zugeständnisse an ihre Provinz nicht weitgehend genug, während für viele Anglokanadier und Einwanderer gerade die Gewährung eines Sonderstatus für Quebec und damit von kollektiven Sonderrechten nicht akzeptabel war. Darüber hinaus diente das Referendum auch vielen Kanadiern als Protestabstimmung gegen das politische „Establishment". Künftige Verfassungsrevisionen dürften kaum noch hinter die Demokratisierung des Verfahrens, die sich im Referendum zum *Charlottetown Accord* ausdrückt, zurückschreiten können.

Die Ablehnung des *Charlottetown Accord* war ein großer Schock für die kanadischen Politiker. Da auch die Grundwerte der kanadischen Gesellschaft neu definiert werden sollten und die Verfassung als den damaligen Umständen nicht mehr angemessen kritisiert wurde, schien Kanada durch die Ablehnung in seinen Grundfesten bedroht. Seitdem ist keine neue formelle Verfassungsreform mehr angegangen worden. Die Regierung Chrétien zeichnet sich durch weitgehende verfassungspolitische Abstinenz aus: Die Angst vor einem neuerlichen Scheitern ist zu groß, da spätestens dann ein Auseinanderfallen Kanadas befürchtet wird. Doch die Probleme, die Kanadas Zusammenhalt als Gesellschaft und Staat gefährden, existieren trotz der augenblicklichen Beruhigung der Situation fort.

Die bedrohlichste Herausforderung der nationalen Integration Kanadas stellt unverändert der Separatismus im frankophonen Quebec dar. Zwar kam die Regierung Chrétien dem Quebec-Nationalismus entgegen, indem sie mittels einfachem Gesetz der Provinz einen Sonderstatus und Vetorechte in manchen Politikfeldern einräumte; andererseits erschwerte sie jedoch – gestützt auf das Urteil des *Supreme Court* von 1998 – eine einseitige Unabhängigkeitserklärung durch die Separatisten: Ein Gesetz vom Dezember 1999 definiert mittlerweile, unter welchen Bedingungen Ottawa das Ergebnis eines erneuten Unabhängigkeitsreferendums als Votum für eine Sezession akzeptieren würde.

Weniger beachtet von der Öffentlichkeit gefährden auch die Forderungen der Ureinwohner nach Autonomie und Unabhängigkeit den kanadischen Zusammenhalt. Die über 600 autochthonen Völker, deren Bevölkerungsanteil mittlerweile wieder steigt, streben bereits seit Jahrzehnten nach ihrer Anerkennung als selbstbestimmte Nationen, da sie diesen Status nie offiziell aufgegeben haben. Eine Anerkennung ihrer Souveränität hätte erhebliche territoriale Konsequenzen, da Landforderungen der autochthonen Völker sich auf weite Teile des Landes beziehen. Zudem würde sie eine neue Grundlage für den Quebecer Souveränitätsanspruch bieten. Auf der anderen Seite erschweren die Landforderungen der Ureinwohner auch die Separationsbestrebungen Quebecs: Die Quebecer Cree, eines der größten kanadischen Indianervölker, fordern 80 % des Quebecer Territoriums zurück. In zeitgleichen Referenden zum Unabhängigkeitsreferendum in Quebec 1995 entschieden die Ureinwohner zudem, im Falle einer Abspaltung der frankophonen Provinz bei Rest-Kanada zu bleiben.

Die Autochthonenpolitik ist das beste Beispiel für den Versuch der aktuellen Bundesregierung, Konflikte unterhalb einer formellen Verfassungsänderung beizulegen. Da eine Aufnahme des Rechts der Ureinwohner auf Selbstregierung in die Verfassung in der Öffentlichkeit großenteils akzeptiert worden war, räumte die Regierung Chrétien 1994 den Ureinwohnern einseitig das Selbstregierungsrecht ein. Bezüglich der Interpretation dieses Rechts zeigen sich allerdings beträchtliche Divergenzen zwischen Bundesregierung und den Vertretern der Ureinwohner. Während die Regierung den Ureinwohnern nur unwesentlich über die kommunale Selbstverwaltung hinausgehende Kompetenzen zugestehen will, verlangen deren politische Repräsentanten separate institutionelle Strukturen mit breit gefassten, den Provinzen gleichkommenden Zuständigkeiten für soziale Dienste, Wohlfahrtseinrichtungen, Erziehung, Ressourcen- und Landnutzung, kulturelle Fragen und mehr. Seit den späten 1980er-Jahren haben Bundes- und Provinzregierungen mit einzelnen Stämmen Abkommen zur lokalen Selbstbestimmung ausgehandelt. Derzeit wird in etwa 80 verschiedenen Runden verhandelt.

Den Ansprüchen der Inuit wurde mit der Schaffung von Nunavut („unser Land"), dem im April 1999 im östlichen Teil der ehemaligen North-West Territories gegründeten Territorium, Rechnung getragen. Das neue Territorium bedeutet einen wichtigen Schritt auf dem Weg zur Emanzipation dieser Bevölkerungsgruppe. Auch ein als Meilenstein geltendes, 1998 mit dem Volk der Nisga'a in British Columbia ausgehandeltes Vertragswerk wurde trotz wachsender Proteste im April 1999 vom Parlament der Provinz ratifiziert und ein Jahr später vom Bundesparlament entgültig verabschiedet. Als bedeutender Fortschritt gilt auch der Abschluss der *Royal Commission on Aboriginal Peoples*. Die Probleme sind mit diesen Bemühungen jedoch noch lange nicht gelöst. Nach einer Zeit relativer Ruhe in der Autochthonenpolitik zeichnen sich jetzt wieder soziale Unruhen und Proteste ab. Konflikte zwischen den Mi'kmaq und nicht-autochthonen Fischern im Osten Kanadas löste im September 1999 ein Urteil des *Supreme Court* aus, das dem Indianerstamm auf der Basis eines Kolonialvertrages von 1760 unbeschränkte Fischereirechte zuerkannte.

Kanada in der Welt

Die kanadische Außenpolitik ist von jeher stark durch historische Bindungen – insbesondere an das Mutterland Großbritannien – und geographische Faktoren – Zugang zu drei Ozeanen und Nachbarschaft mit den Vereinigten Staaten – geprägt. Die relative Bedeutung dieser Faktoren indes hat sich im Laufe der Zeit verschoben. Zentraler Bezugspunkt der kanadischen Außenpolitik nach 1867 war Großbritannien; Außenpolitik für das nordamerikanische Dominion wie für den Rest des Empire wurde zunächst sogar in London formuliert. Selbst nachdem Kanada begonnen hatte, sich auf der internationalen Bühne vom Mutterland zu emanzipieren und nachdem es 1931 im *Westminster Statute* die völkerrechtliche Unabhängigkeit erlangt hatte, nahm es noch ganz selbstverständlich als Teil des Empire an dessen militärischen Auseinandersetzungen (Burenkrieg, Erster und Zweiter Weltkrieg) teil und unterhielt auch sonst weiter enge Kontakte mit Großbritannien. In Friedenszeiten war die Grundströmung der kanadischen Außenpolitik vor 1945 zumeist ähnlich isolationistisch orientiert wie die der USA. Das Jahr 1945 jedoch brachte gleich in mehrfacher Hinsicht bedeutende Zäsuren für die internationale Position Kanadas mit sich.

Das kriegsgeschwächte Großbritannien schied in der Nachkriegszeit aus dem Reigen der Großmächte aus und verlor für Kanada in militärischer wie ökonomischer Hinsicht zugunsten der USA – nunmehr eine von lediglich zwei verbliebenen Supermächten – an Bedeutung. Das nordatlantische Dreieck Ottawa – Washington – London war in den ersten Nachkriegsjahren der Kanal reger und folgenschwerer diplomatischer Aktivitäten, doch ins Zentrum der kanadischen Außenpolitik rückten schon bald die bilateralen Kontakte mit dem einzigen Nachbarn. Kanada selbst ging aus dem Zweiten Weltkrieg gestärkt hervor – wie schon 1914–1918 hatte es substantiell zum alliierten Sieg beigetragen. In Abkehr von den isolationistischen und protektionistischen Traditionen seiner bisherigen Außenpolitik strebte es nunmehr zum ersten Mal eine dezidiert eigenständige und aktive Rolle als Mittelmacht auf der internationalen Bühne an. Der Umfang kanadischer Diplomatie wurde drastisch erweitert.

Tatsächlich hat Kanada in den Jahrzehnten seit 1945 die Nachkriegsordnung entscheidend mitgeprägt und sich dabei einen hervorragenden internationalen Ruf gesichert. Schon bald nach dem Krieg übernahm die kanadische Diplomatie Mitverantwortung für die Gründung internationaler Organisationen, den Wiederaufbau Europas und die kollektive Sicherheit einer bipolaren und zunehmend durch Dekolonisierung veränderten Welt. Heute gilt das Land als verlässlicher Partner im westlichen Bündnis und zugleich als engagierter Vertreter eines demokratie- und wertorientierten, fairen und altruistischen Multilateralismus. Die Grundprinzipien dieser Außenpolitik des „guten Weltbürgertums" wurden bis 1968, im „goldenen Zeitalter" der kanadischen Diplomatie, unter der Ägide der beiden liberalen Außenminister (später Premierminister) Louis St. Laurent und Lester B. Pearson etabliert. Seit den 1970er-Jahren – und besonders dramatisch in den 1990er-Jahren – haben sich die innenpolitischen und externen Rahmenbedingungen kanadischer Außenpolitik freilich zusehends verändert. Die Regierungen Pierre E. Trudeau, Brian Mulroney und Jean Chrétien reagierten auf den Wandel des außenpolitischen Umfelds jeweils mit eingehenden Bestandsaufnahmen und teilweise auch mit Neuorientierungen. Ob es dabei zum Bruch mit den Traditionen der Pearson'schen Diplomatie gekommen ist oder doch weiterhin Elemente der Kontinuität überwiegen, ist bislang indes umstritten geblieben.

Eine Gesamtschau kanadischer Außenpolitik vor und nach 1945 lässt wie der Blick auf aktuelle Entwicklungen der letzten Jahre die zentralen Bestimmungsfaktoren und Spannungsfelder kanadischer Außenpolitik deutlich hervortreten. Dazu gehören insbesondere die traditionell enge Verknüpfung von Außen- und Innenpolitik sowie die Definition und Gewichtung der Prioritäten im Bereich der *low politics* (Außenwirtschaftspolitik) und *high politics* (Verteidigungs- und Sicherheitspolitik, internationale Diplomatie). Zielkonflikte waren und sind dabei recht häufig.

Das innenpolitische Umfeld kanadischer Außenpolitik seit 1945

Die besonders enge Verknüpfung von Außen- und Innenpolitik in Kanada ist im Wesentlichen eine Folge seiner Einwanderungsgeschichte, seiner regionalen Disparitäten und Integrationsprobleme sowie seiner föderalen politischen Strukturen. Zwischen den einzelnen Bevölkerungsgruppen der zunehmend multikulturellen kanadischen Gesellschaft und ihren jeweiligen Herkunftsländern bestehen von jeher vielfältige Bindungen, die für die kanadische Diplomatie teils Chancen, teils Belastungen mit sich bringen. Vor 1945, als das Land sich noch als Teil des *Empire* verstand, führten außenpolitische Entscheidungen – insbesondere zu Kriegs- und Wehrpflichtfragen – oftmals zur Verhärtung der ohnehin schwierigen Beziehungen zwischen Anglo- und Frankokanadiern. Die isolationistische Grundströmung war damals im französischsprachigen Quebec besonders stark verankert. In der Nachkriegszeit schwächte sich diese Konfliktdimension mit der Umwandlung des Empire in das Commonwealth und der Lockerung der Kontakte zu Großbritannien zunächst ab. Seit der Stillen Revolution von 1960 manifestiert sich das Bemühen der Provinz Quebec um Autonomie oder sogar Unabhängigkeit jedoch unter anderem durch eigenständige diplomatische Aktivitäten. Diese haben die kanadischen Bundesregierungen seit Lester B. Pearson dazu gezwungen, innenpolitisch dem Konflikt zwischen Anglo- und Frankokanadiern und außenpolitisch der französischsprachigen Welt mehr Aufmerksamkeit als in der Vergangenheit zu widmen. Seither wird versucht, mehr Frankokanadier in den auswärtigen Dienst zu rekrutieren. Paris wurde noch unter Pearson der gleiche Status wie London eingeräumt, doch gestalteten sich die Beziehungen mit Frankreich nicht unproblematisch. Präsident de Gaulle, dem von Kanada zuvor Uranlieferungen zu ähnlichen Konditionen wie Großbritannien verweigert worden waren, sorgte 1967 in Montreal mit seinem Ausruf „Vive le Quebec libre!" für einen Eklat und musste seinen Kanada-Besuch daraufhin vorzeitig abbrechen. Während Quebec seine Kontakte mit dem ehemaligen Mutterland in der Folge wieder belebt hat, zielen die kanadischen Bundesregierungen seither primär auf die Intensivierung der Beziehungen zu anderen französischsprachigen Nationen innerhalb der Frankophonie.

Weitere regionale und ethnische Interessenkonflikte, so etwa der zwischen dem industrialisierten Zentrum und der ressourcenorientierten Peripherie Kanadas, stellen seit den 1960er-Jahren ein gegenüber der innen- wie außenpolitischen Sonderrolle Quebecs zwar untergeordnetes, aber ebenfalls nicht zu unterschätzendes Hindernis für die Formulierung einer einheitlichen und konsensfähigen Außenpolitik des Bundes dar. Neben Quebec sind inzwischen auch andere Provinzen dazu übergegangen, sich von der Zentralgewalt zu emanzipieren und in den Grenzen der Verfassung eine eigenständige, sub- und transnationale Außenpolitik zu betreiben – eine Entwicklung, die durch die föderalen politischen Strukturen des Landes einerseits gefördert wurde und diese andererseits weiter dezentralisierte. Schließlich führt der multikulturelle Charakter Kanadas inzwischen einerseits zur inhaltlichen Ausweitung seiner Außenpolitik und andererseits zu ihrer Konfrontation mit durch Immigration ins Land getragenen neuen Konfliktdimensionen. Aktuelle Beispiele sind etwa die Debatten um die Ausrichtung der Einwanderungspolitik selbst oder um die Teilnahme Kanadas an der NATO-Intervention im Kosovo 1999.

Diese innenpolitischen Faktoren wirken also mehrfach auf die kanadische Diplomatie: Zum einen absorbieren sie die Energien der beteiligten Akteure in erheblichem Maße und drängen somit die Außenpolitik in den Hintergrund. Zum anderen jedoch wird Außenpolitik immer wieder auch für innenpolitische Zwecke instrumentalisiert. Bundesregierungen mobilisieren gerne die bis heute landesweit und quer durch sämtliche Bevölkerungsgruppen populären Leistungen der kanadischen Diplomatie und das internationale Ansehen Kanadas als Integrationsfaktoren. Quebec und gelegentlich auch die Regierungen anderer Provinzen verlagern ihre Konflikte mit Ottawa hingegen oftmals auf die internationale Bühne und werben gegenüber als strategisch wichtig erachteten Staaten, etwa den USA oder Frankreich, für ihre Positionen. (Die USA, zuletzt besonders klar Präsident Bill Clinton, haben anders als Frankreich jedoch wiederholt und unmissverständlich ihr Interesse an der nationalen Einheit Kanadas betont.) Schließlich sind diese internen Konflikte auch Unsicherheitsfaktoren für (potentielle) Investoren, während umgekehrt die zunehmende ökonomische Verflechtung kanadischer und amerikanischer Teilregionen verstärkend auf die Integrationskrise Kanadas einwirkt.

Seit den 1970er-Jahren hat daneben ein weiteres zentrales innenpolitisches Thema an Bedeutung für die kanadische Außenpolitik gewonnen: die Defizit- und Schuldenkrise des Landes (verschärfend wirkt hier, dass fast 50 % der kanadischen Staatsschulden Auslandsschulden sind). Bereits unter Pierre E. Trudeau war die Verkleinerung des kanadischen Truppenkontingents in Europa auch durch Sparziele motiviert. Unter Brian Mulroney wurde Haushaltskonsolidierung dann erstmals zum vorrangigen Ziel einer Bundesregierung. Kürzungen im außenpolitischen Haushalt und Personalabbau im Außenministerium waren die Folge. Diese Entwicklung setzte sich unter Jean Chrétien entgegen programmatischer Ankündigungen fort. Die geringe Konzentration außenpolitischer Zuständigkeiten innerhalb der liberalen Regierung und die teilweise Öffnung des Entscheidungsprozesses durch Konsultationen mit organisierten Wirtschaftsinteressen und Nichtregierungsorganisationen bargen zwar im Grunde eher die Tendenz zur Überdehnung und Fragmentierung der Außenpolitik in sich. Die 1996 abgeschlossene interne Evaluation organisatorischer Strukturen und programmatischer Schwerpunkte des Außenministeriums aber geriet als Teil eines regierungsweiten Prozesses schon bald unter den Einfluss zentraler Behörden (*Privy Council Office*, *Treasury Board*), die ihrerseits in einer spektakulären neokonservativen Wende Haushaltskonsolidierung zum innenpolitischen Kernziel der Regierung gemacht hatten. Opfer der Sparmaßnahmen war nicht zuletzt die Außenpolitik. Personalabbau und Botschaftsschließungen wurden fortgesetzt. Argumente für derartige Kürzungen liefern der Regierung Chrétien die zunehmend einflussreicheren Anhänger einer kanadischen Nischendiplomatie, derzufolge ökonomische und weltpolitische Realitäten (Globalisierung, Ende des Kalten Krieges) eine selektivere, mehr als in der Vergangenheit auf die Durchsetzung von Handels- und Wirtschaftsinteressen konzentrierte Akzentuierung der Außenpolitik erzwingt (Cooper 1995; Potter 1996). Unter den kanadischen Parteien stützen derzeit neben den regierenden Liberalen zumindest die Konservativen und die rechtspopulistische *Reform Party* – seit 1997 offizielle Opposition – einen solchen Kurs. Kritiker bemängeln indes, dass Kanada seine Rolle als „guter Weltbürger“ auf diese Weise zusehends gefährdet.

Außenwirtschaftspolitik

Die kanadische Wirtschaft ist bereits seit der Kolonialzeit stark von Exporten, jedoch auch von Technologie- und Kapitalimporten abhängig. Die ökonomischen Bindungen an das ehemalige Mutterland Großbritannien, das ursprünglich Hauptquelle von Kapitalimporten war und vor dem Zweiten Weltkrieg immerhin noch ein Drittel der kanadischen Exporte absorbiert hatte, blieben nach 1867 zunächst eng, lockerten sich dann aber zugunsten der Bindungen an den amerikanischen Nachbarn. Die USA wurden für Kanada schon vor 1945 zur Haupteinfuhrquelle und nach dem Krieg auch zum mit Abstand wichtigsten Ausfuhrziel. Traditionell exportiert Kanada überwiegend Rohstoffe und importiert Fertigwaren, doch wurde es ab 1945 zunehmend auch selbst zum Industrie- und Dienstleistungsproduzenten. Dazu trug entscheidend der steigende Anteil ausländischer, in erster Linie amerikanischer Direktinvestitionen am kanadischen Wirtschaftsgeschehen der Nachkriegszeit bei. Ergebnis dieser Investitionen war das rasche Wachstum der *branch plant economy*. Zahlreiche Branchen der kanadischen Nationalökonomie sind von amerikanischem Kapital dominiert. Seit langem wird viel diskutiert, ob diese asymmetrischen Wirtschaftsbeziehungen Kanada in gewisser Weise den Entwicklungsnationen vergleichbar und damit zum Teil der Peripherie machen. Dem widerspricht der Wohlstand und (regelmäßig durch Spitzenplätze im *Human Development Index* der Vereinten Nationen bestätigte) hohe Lebensstandard des Landes. Inzwischen exportiert Kanada zunehmend selbst Technologie und Kapital und beeinflusst als Mitglied der Weltbank, des IWF und der G7 ökonomische Entwicklungsprozesse im Rest der Welt an herausgehobener Stelle mit; es darf somit als (wenn auch vielleicht marginaler) Teil des Zentrums gelten. Richtig aber ist, dass Kanada heute eine der offensten – und damit trotz ihrer aktuellen Stärke auch verwundbarsten – Nationalökonomien besitzt. Güter- und Dienstleistungsimporte nahmen allein zwischen 1993 und 1998 von 29,9 % auf 40,2 % des BIP zu, Exporte von 29,3 % auf 41,5 %. Vor allem kontinuierliche Exportsteigerungen trugen das starke ökonomische Wachstum dieser Jahre; die Außenhandelsbilanzen des Landes waren zwischen 1993 und 1998 mit durchschnittlich 2,0 % des BIP (1997: 1,2 %; 1998: 2,1%) stets positiv (vgl. OECD, Economic Survey Canada, Paris 1999). Mit kaum mehr als einem Zehntel der amerikanischen Bevölkerung hatte Kanada schon 1992 einen Weltexportanteil von 4 %, die USA von nur 13 % (Borchard 1997: 71).

Außenwirtschaftspolitische Erwägungen spielen daher für die kanadische Diplomatie von jeher eine zentrale Rolle. Eine ihrer wichtigsten Neuorientierungen in den letzten Jahren – der Schwenk von einer Politik des Wirtschaftsnationalismus zu einer dezidierten Freihandelsstrategie – wird vor diesem Hintergrund verständlich. Zugleich beinhaltet dieser Schwenk eine Neubewertung der Beziehungen zum Nachbarn USA. Historisch – und noch bis in die frühen 1980er-Jahre hinein – diente Protektionismus zusammen mit Maßnahmen der Industrie-, Regional-, Verkehrs- und Energiepolitik dem Aufbau und der Verteidigung eines eigenständigen Industriesektors im Schatten des übermächtigen Nachbarn, der Stärkung ökonomischer Beziehungen in Ost-West-Richtung gegenüber der durch geographische Funktionszusammenhänge tendenziell privilegierten Nord-Süd-Achse und dem Ausgleich zwischen den in Wirtschaftsbasis und Leistungskraft stark divergierenden kanadischen Provinzen. Obwohl Premierminister Mackenzie King noch 1947 ein avisiertes Freihandelsabkommen mit den USA zu Fall brachte, entschloss man sich nach 1945 in Kanada doch zu einer vorsichtigen, selektiven Öffnung gegenüber kontinentalen Wirtschaftsverflechtungen, so etwa über den *Auto Pact* von 1965, der die grenzüberschreitende Produktion amerikanischer Kraftfahrzeugmarken rd. um die Großen Seen regelte. Erst die Regierung Mulroney aber vollzog die Abkehr von dieser weitgehend auf Ad-hoc-Entscheidungen gestützten so genannten Politik der Ersten Option zur Zweiten Option, der expliziten Anbindung an die USA im Rahmen kontinentaler Integration.

Auf der Grundlage der Empfehlungen des kanadischen Senats und der noch von Trudeau berufenen *McDonald Commission* wurden 1985 von der kanadischen Regierung Verhandlungen über ein Freihandelsabkommen mit dem amerikanischen Nachbarn initiiert. Nach einem dramatischen Unterhauswahlkampf, der im Wesentlichen um dieses Thema geführt wurde und die Konservativen denkbar knapp im Amt bestätigte, trat das Abkommen 1989 in Kraft. Die überwältigende Bedeutung des amerikanischen Nachbarn für die kanadische Wirtschaft – als Wachstumsmotor, Herkunftsland von Direktinvestitionen und Exportmarkt – hat seither noch weiter zugenommen. Schon 1993 gingen 80,2 % der kanadischen Ausfuhren in die USA, 1998 war dieser Anteil (nicht zuletzt wegen des niedrigen Can-$-Kurses) gar auf 83,2 % gestiegen – zugleich bezog Kanada 73,2 % (1993) bzw. 77,0 % (1998) aller Importwaren von dort (OECD, a. a. O.).

Unter Jean Chrétien blieb Handels- und Investitionsförderung überraschend finanzieller wie programmatischer Kern der Außenpolitik. Die ideologische Linie der Regierung Mulroney wurde somit bestätigt. Ihren erbitterten Widerstand gegen das Freihandelsabkommen mit den USA gaben die Liberalen nach 1993 schnell auf; das um Mexiko erweiterte NAFTA (*North American Free Trade Agreement*) trat 1994 planmäßig in Kraft – auf die ursprünglich geforderten, letztlich aber nicht durchsetzbaren Nachbesserungen wurde 1997 endgültig verzichtet. Das Augenmerk der kanadischen Regierung gilt nunmehr wie schon unter Mulroney eher protektionistischen Strömungen in den USA, die sich indes seit 1993 wegen des von extrem niedrigen Arbeitslosenquoten begleiteten amerikanischen Rekordwachstums in Grenzen halten. Wie Trudeau und anders als sein Vorgänger setzt Chrétien somit zwar gegenüber den USA nicht auf regelmäßige Gipfel und demonstrative Nähe, sondern eher auf Abgrenzung und symbolische Gesten der Unabhängigkeit. Dennoch bleibt das Verhältnis zum dominierenden amerikanischen Nachbarn auch für die Außenpolitik der Liberalen zentrale Bezugsgröße. Der Schwenk in der Außenwirtschaftspolitik, der sich in der Anerkenntnis langfristiger Bindung an die USA als einzig realistischer Option ausdrückt, signalisierte die zunehmende Bedeutung ökonomischer Rationalität gegenüber dem traditionell wichtigeren Ziel der Verteidigung nationaler Souveränität und Identität. Dieser Schritt bedeutete weniger einen ökonomischen als einen politischen Bruch: Nach innen kam er trotz formaler Ausklammerung der sensiblen Bereiche Sozial- und Kulturpolitik aus den Freihandelsabkommen de facto der Aufgabe zahlreicher Interventionsmöglichkeiten gleich. Akzeptiert werden damit auch die sozialen und regionalen Ungleichgewichte, die die kontinentale Integration hervorgebracht oder verstärkt hat.

Nach außen bleiben die Asymmetrien im Verhältnis zu den USA bestehen. So vorteilhaft sich die kanadischen Handels- und Investitionsbeziehungen mit dem amerikanischen Nachbarn auch bislang entwickelt haben, verlief die Umsetzung der Freihandelsabkommen bisher doch nicht ohne Konflikte. Die zunehmende Institutionalisierung von Konfliktregelungsverfahren im Rahmen dieser Abkommen erwies sich hierbei immerhin als Chance für Kanada. Die relativ wenigen und moderaten Auseinandersetzungen seit 1989 tangieren vor allem den primären Sektor und die Kulturindustrie – zwei Bereiche, in denen sich wegen starker regionaler Interessenlagen (Westkanada) oder ihrer Bedeutung für die nationale Identität die kanadische Neigung zu protektionistischen Reflexen am weitesten erhalten hat. Zum Ersten stoßen in den USA die Subventionen und Hilfsmaßnahmen Kanadas für seine Forst- und Landwirtschaft (u. a. Holz-, Getreide-, Eier- und Milchproduzenten) auf Widerstand. Besondere Schärfe gewannen diese Auseinandersetzungen in jüngerer Zeit durch den kanadischen Versuch, die nach WTO-Statuten gebotene Abschaffung seiner Marketing Boards und ihrer Quotierungen in einer Übergangszeit durch (sinkende) Zollschranken zu ersetzen. Zwar entschied ein NAFTA-Schlichtungspanel hier ursprünglich zu Gunsten Kanadas, doch wurde die Entscheidung von der amerikanischen Handelsbeauftragten Charlene Barshefsky weiter angefochten. Umstritten blieb zum Zweiten auch die Steuer, mit der Kanada zum Schutz der eigenen Presse die so genannten Split-run-Editionen amerikanischer Magazine belegt. Hier urteilte die WTO gegen Kanada, dessen Regierung daraufhin im März 1997 beschloss, gegen den Schiedsspruch vorzugehen.

Auslöser von Handelsdisputen sind in den beiden föderalen Systemen Kanada und USA überdies nicht selten die Provinzen und Einzelstaaten, so im langjährigen

Streit um Lachsfangquoten in den Küstengewässern der beiden Länder. Der *Pacific Salmon Treaty* von 1985 erwies sich als zu ambivalent, um Verteilung und Schutz der Ressource zu gewährleisten. Der Populismus regionaler Politiker auf beiden Seiten erschwerte die Suche nach einem Kompromiss. Die bilateralen Spannungen eskalierten 1997, als Glen Clark, der Premierminister von British Columbia, den USA mit der Kündigung des Nutzungsvertrags für ein Waffentestgelände in den Gewässern der Provinz drohte und wenig später kanadische Fischer eine Alaska-Fähre im Hafen von Prince Rupert blockierten. Im März 1998 ernannten die beiden nationalen Administrationen daraufhin neue Verhandlungsführer. Im Juni 1999 erreichten die Verhandlungsparteien eine Vereinbarung zu flexiblen Fangquoten und einem verbesserten Schutz der Laichgründe.

Zu einem besonders konfliktreichen Thema mit für Kanada eher handelspolitischen, für die USA eher ideologischen und sicherheitspolitischen Implikationen haben sich die Beziehungen der beiden Länder zu Kuba entwickelt. Kanada, für den Inselstaat mit rd. 700 Mio. US-$ der bedeutendste ausländische Investor und nach Spanien größter Handelspartner, fasste 1996 als Reaktion auf den amerikanischen *Cuban Liberty and Democratic Solidarity (Helms-Burton) Act*, der Beziehungen amerikanischer wie ausländischer Unternehmen mit Kuba mit Sanktionen belegt, seinen *Foreign Extraterritorial Measures Act* neu. Im April 1998 besuchte Jean Chrétien die Insel und widersetzte sich damit dem amerikanischen Ziel, das Land zu isolieren.

Die starke Konzentration der kanadischen Wirtschaftsbeziehungen auf den mächtigen und oft unberechenbaren amerikanischen Nachbarn ist trotz erfolgter kontinentaler Integration weiter Anlass zur Sorge und zu außenpolitischem Gegensteuern, denn umgekehrt haben sich US-amerikanische Direktinvestitionen zunehmend von Kanada weg diversifiziert, hat Kanada für seinen Nachbarn bei weitem nicht die herausragende Bedeutung wie umgekehrt. Premierminister Diefenbaker scheiterte in den 1950er- und 1960er-Jahren dabei, 15 % des kanadischen Handelsvolumens von den USA nach Großbritannien zurückzuverlagern. Unter Pearson wurde der Versuch, den USA Investitionsbeschränkungen aufzuerlegen, umgehend revidiert. Premierminister Trudeau setzte dann unter dem Eindruck protektionistischer Maßnahmen Präsident Nixons im Jahr 1971 darauf, der zunehmenden Abhängigkeit von den USA durch Diversifizierungsmaßnahmen in Richtung EG zu begegnen. Diese so genannte Politik der Dritten Option wurde ergänzt durch eine restriktive Investitionspolitik (Foreign Investment Review Agency 1974) und eine interventionistische, redistributive nationale Energiepolitik (1980). Doch wurde die Third Option nie zum offiziellen Regierungsprogramm erhoben und scheiterte spätestens in den frühen 1980er-Jahren an innenpolitischen wie externen Faktoren – u. a. am Widerstand in Westkanada gegen Trudeaus flankierende Energiepolitik, an den Folgen der Ölkrisen in den 1970er- und der fallenden Rohstoffpreise in den 1980er-Jahren, am Desinteresse der EG trotz 1976 geschlossenem Rahmenabkommen, schließlich auch am Widerstand des kanadischen Privatsektors und Präsident Reagans ab 1981. Nachdem Mulroney den Akzent, wie gesehen, ganz auf kontinentale Integration gelegt hatte, kehrten die Liberalen unter Chrétien zu – nunmehr freilich realistischeren, die herausgehobene Bedeutung der USA nicht länger in Frage stellenden – Diversifizierungsmaßnahmen zurück. Premierminister Chrétien selbst führte etliche der so genannten *Team Canada*-Missionen (Promotionsreisen mit Firmenvertretern und Politikern ins Ausland), die zum medienwirksamen Hauptinstrument der neuen Politik wurden. Diese Reisen zielen darauf ab, zur geographischen Dekonzentration und sektoralen Diversifizierung der traditionell rohstofforientierten kanadischen Exportwirtschaft beizutragen.

Anders als unter Trudeau richten sich die Bemühungen inzwischen statt auf Europa zunehmend auf den asiatisch-pazifischen Raum. Kanada unterhält mit ihm – nicht zuletzt wegen massiver Einwanderung von dort – bereits vielfältige Handels- und Investitionsbeziehungen und weist das viertgrößte BIP der Region aus, in das dennoch bislang nur etwa 9 % der kanadischen Ausfuhren gehen. Schon in den 1970er-Jahren hatte Japan Großbritannien als kanadischen Handelspartner überholt, und auch die Beziehungen zu anderen Staaten des *Pacific Rim* legten an Bedeutung zu, während der Austausch mit der EG eher stagnierte. Um das erkannte Wachstumspotential für die kanadische Exportwirtschaft in der asiatisch-pazifischen Region zu nutzen, setzt die Regierung Chrétien auf eine konzertierte Strategie nach australischem Vorbild. Einige der bislang größten *Team Canada*-Missionen wurden 1994, 1996 und 1997 nach Asien entsandt, und 1997 wurde zu „Canada's Year of Asia Pacific" erklärt. Vier öffentliche Diskussionsforen widmeten sich in diesem Jahr dem asiatisch-pazifischen Raum. Kanada fungierte außerdem als Gastgeber diverser APEC-Ministertreffen und des Gipfels ihrer Staats- und Regierungschefs im November 1997. Das Ereignis sollte die neue Rolle des Landes in der Region unterstreichen, wurde indes überschattet durch den harten Umgang der kanadischen Bundespolizei RCMP mit Demonstranten, die sich gegen die Teilnahme des indonesischen Präsidenten Suharto wandten, sowie durch die asiatische Finanzkrise. Kanada selbst überstand diese mit Ausnahme der Provinz British Columbia wegen gleichzeitiger Exportsteigerungen in die USA vergleichsweise unbeschadet.

Zusätzlicher Beleg für die handels- und investitionspolitische Wende der kanadischen Außenpolitik – aber auch für das permanente Bemühen um Eigenständigkeit – war die Entscheidung der aktuellen liberalen Regierung, ohne die USA nun, die *Enterprise of the Americas*-Initiative und den transatlantischen Dialog fortzusetzen. Das außenpolitische Strategiekonzept der Regierung weist Lateinamerika als zweite Wachstumsregion für den kanadischen Exportsektor aus. 1996 wurde deshalb ein Freihandelsabkommen mit Chile geschlossen. 1997 folgten Gespräche mit den Mercosur-Staaten, die allerdings bis zur Lateinamerika-Reise des kanadischen Premierministers im Januar 1998 zu keinem Ergebnis führten. Hinzu kamen Abkommen mit Israel und den EFTA-Staaten. Bedeutung und Erfolg dieser Bemühungen sind noch unklar. Ökonomische und politische Grenzen einer Intensivierung der Wirtschaftsbeziehungen mit Lateinamerika machten 1994 die mexikanische Chiapas- und Peso-Krise deutlich. Letztere führte zur Schaffung einer trilateralen North American Financial Group. Die von Jean Chrétien im Dezember 1994 propagierte transatlantische Freihandelszone TAFTA hingegen blieb in Europa bislang ohne allzu große Resonanz; im März 1995 eskalierte gar der Fischereikonflikt mit Spanien und der EU.

Weitaus vorsichtiger als in der Entwicklung seiner bilateralen Wirtschaftsbeziehungen agiert Kanada in den Verhandlungen zum Ausbau globaler Strukturen der Handels- und Investitionsliberalisierung. Als selbst von Exporten abhängiger Mitbegründer von GATT, IWF und Weltbank war das Land allerdings schon früh für ein liberales Welthandelsregime eingetreten; ein solches Regulierungssystem sollte nicht zuletzt auch die kanadischen Diversifizierungsbemühungen erleichtern. Im Dezember 1996 präsentierte sich Kanada als entsprechend aktiver Teilnehmer auf dem ersten WTO-Gipfel. Von der dabei erzielten internationalen Vereinbarung zur Deregulierung im Telekommunikationsbereich profitierten nicht zuletzt auch heimische Unternehmen. Dem von der OECD angestrebten, inzwischen vorläufig gescheiterten *Multilateral Agreement on Investment* begegnete die kanadische Außenpolitik hingegen mit großer Zurückhaltung. Beim zweiten WTO-Ministertreffen im Mai 1998 regte Handelsminister Sergio Marchi die Aufstückelung der Verhandlungen in überschaubare, möglichst nicht zu schwierigen Entscheidungen zwingende Kleinstpakete an. Unter den WTO-Statuten verzeichnete Kanada bislang sowohl Niederlagen als auch Siege; zwischen Anfang 1995 und Ende 1998 wurde der Konfliktregelungsmechanismus der Organisation 155-mal zu 118 Themen angerufen – Kanada war dabei immerhin 22-mal als Beschwerdeführer und Beklagter, öfter noch als Drittpartei involviert.

Internationale Diplomatie, Verteidigungs- und Sicherheitspolitik

Trotz der traditionell großen, heute noch einmal gesteigerten Bedeutung der Außenwirtschaftspolitik für Kanada speist sich das Prestige des Landes auf der internationalen Bühne seit 1945 überwiegend aus seinem Ruf als engagierter Akteur auf dem Felde der internationalen Diplomatie, der

Verteidigungs- und Sicherheits-, Entwicklungs- und Menschenrechts-, Abrüstungs- und Nonproliferationspolitik. Kanada nimmt hier, wie bereits angedeutet, eine Doppelrolle ein: Als Gründungsmitglied der NATO positionierte sich das Land in der bipolaren Weltordnung des Kalten Krieges entschieden auf Seiten des westlichen Lagers und seines amerikanischen Nachbarn, von dem es auch militärisch abhängig ist. Zugleich aber tritt Kanada gern und oft als Vermittler auf – innerhalb des westlichen Lagers zwischen den USA und anderen Verbündeten, auf globaler Ebene zwischen Ost und West, Nord und Süd – und es hält daran gerade auch nach dem Ende des Kalten Krieges fest. Klassische Fragen der kanadischen Außenpolitikforschung betreffen diese Doppelrolle: Ist Kanada Haupt- oder Mittelmacht, und wie unabhängig ist es vom amerikanischen Nachbarn? Seit dem „goldenen Zeitalter" der kanadischen Außenpolitik ist ihre idealistische Selbstdarstellung nach innen und außen eng mit dem Selbstverständnis des Landes als Mittelmacht, allerdings mit Einfluss über ihr eigentliches demographisches, wirtschaftliches oder militärisches Gewicht hinaus, verknüpft gewesen.

Für eine nordatlantische Verteidigungsallianz war Kanada schon früh in Gesprächen mit Washington und London eingetreten. Seine Rolle als verlässlicher NATO-Partner unterstrich Kanada seither durch einen substantiellen militärischen Beitrag – etwa durch die Stationierung eines (u. a. in Baden-Württemberg stationierten) Truppenkontingents von bis zu 10 000 Mann in Europa und durch seine Teilnahme am Koreakrieg auf Seiten der USA. Diese Bündnisloyalität nutzte Kanada indes auch als Ressource, um eigenständige Akzente zu setzen und auf seine Alliierten mäßigend einzuwirken – so auf Großbritannien und Frankreich während der Suezkrise, auf die USA während des Korea- und Vietnamkrieges (an dem es selbst nicht teilnahm) oder auf Westdeutschland zu Zeiten der Hallstein-Doktrin. Die Ergänzung der NATO-Statuten um den Artikel 2, der das Bündnis als demokratische Wertegemeinschaft definiert und das Ziel ökonomischer Integration vorgibt, rechnet sich die kanadische Diplomatie als besonderen Erfolg zu.

Dennoch waren Kanadas Rolle in der Verteidigungsallianz und die militärischen Beziehungen mit den USA nicht immer unproblematisch. Premierminister Diefenbaker unterzeichnete 1956 zwar das NORAD-Abkommen (*North American Aerospace Defence Command*) mit dem amerikanischen Nachbarn, akzeptierte die Ausstattung der kanadischen Truppen in Europa mit nuklearen Trägersystemen und schließlich sogar Sprengköpfen jedoch erst nach langem Zögern; auch in der Kubakrise irritierte er den Nachbarn durch demonstrative Zurückhaltung. 1963 versprach Lester B. Pearson als neugewählter Premierminister den USA die Einhaltung nuklearer Verpflichtungen, doch fanden seine Versuche, im Vietnamkrieg zwischen Washington und Hanoi zu vermitteln, wenig Anklang beim Krieg führenden NATO-Partner (Kanada selbst nahm zahlreiche amerikanische Kriegsdienstverweigerer auf). Mehr Glück hatte Premierminister Trudeau, als er die Volksrepublik China diplomatisch anerkannte – ein Schritt, dem die USA und andere westliche Staaten schon bald folgten –, doch provozierte er Spannungen innerhalb der Allianz, als er die kanadischen Truppen in Europa um die Hälfte reduzierte und von der Front abzog. Zugleich gaben die kanadischen Streitkräfte ihre nukleare Bewaffnung wieder ab. Eine geplante, quasi-isolationistische Neuorientierung der verteidigungspolitischen Doktrin des Landes wurde indes nicht umgesetzt. Trudeau entschloss sich in den späteren Jahren seiner Amtszeit vielmehr dazu, das kanadische NATO-Kontingent mit deutschen Panzern zu modernisieren. In den KSZE-Verhandlungen und beim Entwurf der Helsinki-Schlussakte bestand Kanada hart auf sowjetischen Konzessionen; in den frühen 1980er-Jahren entdeckte Trudeau aber wieder die Rolle des Vermittlers und bemühte sich um eine Belebung der Rüstungskontrollverhandlungen zwischen Ost und West.

Ganz auf militärische Nähe zu den USA und starkes NATO-Engagement setzte zunächst Premierminister Mulroney. Als Teilnehmer am Golfkrieg entsprach Kanada 1990/91 denn auch den Erwartungen der USA. Die 1992 verkündete Entscheidung Mulroneys, die kanadischen Truppen aus

Europa abzuziehen, führte allerdings zu Verstimmung in Deutschland und Spannungen innerhalb der NATO. Ottawa bleibt zwar ein starker Befürworter der Organisation und ihrer im Juli 1997 auf dem Gipfel von Madrid beschlossenen Ausweitung, zieht sich hingegen selbst militärisch zunehmend aus der Alten Welt zurück. Das verteidigungspolitische Strategiekonzept der liberalen Regierung wertet die Sicherheitsbelange im Rahmen von NORAD, in der Arktis, der Karibik und in Lateinamerika gegenüber Europa, der NATO und der OSZE auf. Mit dem noch von der konservativen Regierung vollzogenen Beitritt zur Organisation amerikanischer Staaten (OAS) im Jahr 1990 strebt Kanada unverkennbar nach einer Rolle als Bindeglied zwischen den USA und dem Rest der Neuen Welt. In der Jugoslawienkrise der 1990er-Jahre trat Kanada durchweg äußerst zurückhaltend auf und sprach sich lange gegen das Drohen mit oder den Einsatz von Gewalt aus. An der IFOR- und SFOR-Operation beteiligte es sich (mit den Resten seines Deutschland-Kontingents) in sehr geringem Ausmaß. Im Februar 1998 stellte das Land nach langer Debatte und nur unter Druck der USA einen symbolischen Beitrag zur später von UN-Generalsekretär Kofi Annan abgewendeten militärischen Intervention im Irak bereit. Im Juni 1998 nahm es als einziger NATO-Staat mit eigener Luftwaffe nicht an den Einsätzen des Bündnisses über Bosnien teil, sagte dann jedoch noch im Oktober 1998 die Beteiligung an den bevorstehenden Luftoperationen im Kosovo (Frühjahr 1999) zu.

Für den NATO-Partner USA bleibt neben der zunehmenden kanadischen Ambivalenz in Fragen militärischen Engagements die Haltung des Landes in Nuklearfragen besonders irritierend. Kanada ratifizierte 1996/97 als einer der ersten Staaten den Atomwaffenteststoppvertrag und reagierte später besonders hart auf die Tests in Indien und Pakistan. Im November 1998 enthielt es sich bei einer UN-Abstimmung, die die Nuklearstaaten zu unzweideutigen praktischen Abrüstungsschritten aufforderte, nur auf Druck der USA, Großbritanniens und Frankreichs seiner (Ja-)Stimme. Der außenpolitische Unterhausausschuss war zuvor nur knapp vor der vollen Unterstützung einer Politik des NATO-Erstschlagsverzichts zurückgeschreckt.

Neben seiner Rolle als NATO-Partner ist Kanada seit 1945 als vertrauens- und glaubwürdiger Protagonist eines sozial-liberalen Multilateralismus hervorgetreten, der sich neben den UN an zahlreichen anderen internationalen Organisationen konstruktiv und im Sinne einer Politik des „guten Weltbürgertums" beteiligt. Dieser Multilateralismus dient traditionell nicht zuletzt der Festigung der kanadischen Identität und der Sicherung außenpolitischen Spielraums gegenüber den Großmachtinteressen der Hegemonialmacht USA. Innerhalb des Commonwealth hatte Kanada zunächst eher vorsichtig agiert und sich gegen eine organisatorische Straffung ausgesprochen. Es unterstützte indes den Colombo-Plan und entwickelte eine Formel, die der Republik Indien und den meisten anderen ehemaligen Kolonien den Verbleib in der Organisation ermöglichte, während es mit einer anderen Formel dazu beitrug, dass sich das südafrikanische Apartheid-Regime zurückzog. Für Kanada ist die Organisation wie ihr in den 1970er-Jahren unter maßgeblicher kanadischer Beteiligung etabliertes frankophones Äquivalent, die *Agence de coopération culturelle et technique*, weniger militärisch oder ökonomisch, sondern als Forum des Nord-Süd-Dialogs von Bedeutung; in beiden Fällen waren die ersten Generalsekretäre Kanadier.

Eine führende Rolle spielt Kanada freilich vor allem innerhalb der Vereinten Nationen. Etwa einmal pro Jahrzehnt (zuletzt 1999/2000) war es bislang Mitglied im Sicherheitsrat; noch präsenter ist das Land in den diversen Unterorganisationen. Basis für seinen überproportionalen Einfluss innerhalb der UN wie auf der internationalen Bühne schlechthin ist vor allem die regelmäßige Teilnahme an friedenssichernden Maßnahmen. Schon ab 1949 und 1954 hatte Kanada innerhalb und außerhalb der Weltorganisation Überwachungsaufträge in Indien und Pakistan bzw. Indochina übernommen. Die eigentlichen UN-Friedensmissionen waren 1956 vom damaligen kanadischen Außenminister Pearson im Rahmen seiner Bemühungen um eine Lösung der Suezkrise erfunden worden; ein Jahr später wurde er dafür mit dem Friedensnobelpreis ausgezeichnet. In der Folgezeit wurde das Land zur tragenden Säule weiterer Missionen, etwa im ehemaligen Belgisch-Kongo (1960–1964) und im Nahen Osten. Die Weltorganisation selbst hat in Kanada auch fünfzig Jahre nach ihrer Gründung einen starken Fürsprecher. Zu ihrem Jubiläum schlug die kanadische Diplomatie eine Reihe effizienzsteigernder Reformen, u. a. eine schnelle Eingreiftruppe und Maßnahmen zur besseren Planung von Friedensmissionen, vor. Im Oktober 1996 kündigte der kanadische Außenminister Lloyd Axworthy vor der UN-Vollversammlung eine Initiative zu friedensschaffenden Maßnahmen an. Im Dezember 1996 richtete Kanada zusammen mit Dänemark und fünf weiteren Ländern die *Stand-by Forces High Readiness Brigade* (SHIRBRIG) ein. Ziel der kanadischen Diplomatie bleibt eine gründliche Reform des UN-Systems.

Doch die Mitarbeit Kanadas in internationalen Organisationen und seine Beteiligung an UN-Friedensmissionen sind seit den 1980er- und 1990er-Jahren zunehmenden Belastungen ausgesetzt. Mit dem Ende des Kalten Krieges haben sich zwar einerseits hergebrachte Formen der Bedrohung für Kanadas nationale Sicherheit entschärft. Zusammen mit der seither zu beobachtenden Ausbreitung regionaler und ethnischer Konflikte treten indes neue Herausforderungen für die internationale Sicherheit in den Vordergrund. Der Begriff selbst erfährt heute zunehmend eine erweiterte Deutung, die zum Beispiel die Gefahren durch Drogenhandel, organisierte Kriminalität, Terrorismus und Umweltkatastrophen einschließt. Diese veränderte globale Sicherheitslage hat die Erwartungen an die Vereinten Nationen in den Bereichen Konfliktprävention, Friedenssicherung und -schaffung weiter erhöht; Zahl und Umfang der Friedensmissionen nahmen in den letzten Jahren beinahe explosionsartig zu. Kanada ging auf diese Herausforderung wenigstens teilweise ein: In den späten 1980er- und 1990er-Jahren kamen neue Operationen mit kanadischer Beteiligung u. a. in Afghanistan, Irak und Iran, Namibia, Angola, Mosambik, Somalia, Ruanda und Uganda, Zentralamerika, Haiti und auf dem Balkan hinzu. Doch während die Nachfrage nach einer umfassenden Beteiligung des Landes an der internationalen Friedenssicherung höher denn je ist, steht seine Handlungskapazität zunehmend in Frage. Kritiker bemängeln, dass ein pragmatisches (oder schärfer: opportunistisches) Kosten-Nutzen-Kalkül immer stärker um sich greift (Tab. 54).

Hinzu kommt, dass die Rolle der Streitkräfte heute unklar, ihr Ansehen beschädigt ist. Hatte die liberale Regierung ihnen ursprünglich noch eine ehrgeizige, dreifache Aufgabe zugewiesen – Landesverteidigung, militärische Kooperation mit den USA und der NATO, internationale Friedenssicherung –, so gewannen in der Folgezeit die Vorgaben der Defizitreduzierung die Oberhand. Zwischen 1994 bis 1999 wurden Einsparungen im Verteidigungsbudget von insgesamt 7 Mrd. Can-$ vorgenommen. Angesichts der abnehmenden Bedeutung internationaler Konflikte, so das Kalkül, werde die Umwandlung der Armee in eine friedenssichernde Polizeitruppe möglich. Zugleich geriet das positive Bild der Streitkräfte in der Friedenssicherung durch Enthüllungen im Zusammenhang mit ihren Einsätzen in Somalia ins Wanken. Im Oktober 1996 traten Verteidigungsminister David Collenette und Generalstabschef Jean Boyle zurück. Der neue Minister Doug Young beendete wenig später die parlamentarischen Untersuchungen zu Somalia, wurde dann jedoch selbst mit Skandalen, u. a. in Bosnien, konfrontiert. Eine von Jean Chrétien energisch betriebene Intervention der Vereinten Nationen in Zentralafrika unter kanadischer Führung kam Ende 1996 letztlich nicht zustande. Die aktuelle Verunsicherung drückt sich auch in Zahlen aus. War die kanadische Beteiligung an UN-Friedensmissionen seit 1956 konstant hoch geblieben, so führte die explodierende Zahl der Einsätze nach 1988 zu einer immer selektiveren Teilnahme des Landes. Als Truppenbereitsteller fiel es zwischen 1991 und Januar 1998 vom zweiten auf den 13. Rang zurück (hinzu kommen allerdings 1200 Soldaten für die IFOR- und SFOR-Operation in Bosnien seit Herbst 1995).

Die Politik der Haushaltskonsolidierung hat in den 1990er-Jahren auch Debatten um eine Neuorientierung – sprich: Reduzierung – der kanadischen Entwicklungshilfe- und Menschenrechtspolitik angesto-

Friedensmissionen	Land/Region	Mandat	Beginn	Beteiligte Kanadier (max.)	Umfang (Personen)
UNTSO (United Nations Truce Supervision Organization)	Früheres Palästina	Überwachung des Waffenstillstands von 1948	1948	22	572
UNCMAC (UN Command Military Armistice Commission)	Korea	Überwachung des Waffenstillstands von 1953	1953	1	keine Angaben
UNFICYP (UN Peacekeeping Force in Cyprus)	Zypern	Friedenssicherung und (nach 1974) Einrichtung einer Pufferzone	1964	1126	6410
UNDOF (UN Disengagement Observer Force)	Syrien (Golan)	Überwachung der Waffenruhe	1974	230	1340
UNIKOM (UN Iraq-Kuwait Observation Mission)	Irak, Kuwait	Überwachung der entmilitarisierten Zone	1991	301	1440
UNSCOM (UN Special Commission)	Irak	Inspektion und Vernichtung irak. B- und C-Waffen	1991	9	175
MINURSO (UN Mission for the Referend. in the Western Sahara)	Westsahara	Überwachung der Waffenruhe	1991	40	439
CMAC (Cambodian Mine Action Center)	Kambodscha	Minenräumung	1992	12	1600
UN ICTY (UN International Criminal Tribunal for the Former Yugoslavia)	Niederlande	Prozesse gegen mutmaßliche Kriegsverbrecher	1993	2	keine Angaben
MINUGUA (UN Verification Mission in Guatemala)	Guatemala	Vollzug des Menschenrechtsabkommens und der Waffenruhe	1994	3	52
UNPREDEP (UN Preventive Deployment Force)	Balkan	keine Angaben	1995	1	1083
UNMOP (UN Mission of Observers in Prevlaka)	Balkan	keine Angaben	1996	1	27
UNMIBH (UN Mission in Bosnia-Herzegovina)	Balkan	keine Angaben	1996	31	2032
MIPONUH (UN Police Operation in Haiti)	Haiti	keine Angaben	1997	22	300

Tab. 54: UN-Friedensmissionen mit kanadischer Beteiligung

ßen. Die internationale Gemeinschaft und die kanadische Bevölkerung erwarten zwar unverändert, dass sich das Land auf der Basis eines demokratie- und wertorientierten Multilateralismus an der Lösung solcher Probleme beteiligt. Offiziell wurde die Menschenrechtspolitik nach dem Ende des Kalten Krieges noch unter Premierminister Mulroney durch die Verankerung des Konditionalitätsprinzips aufgewertet. Die Traditionen Pearson'scher Diplomatie und Kanadas engagierte Mitwirkung in internationalen Organisationen erscheinen jedoch gefährdet durch das wachsende Gewicht haushalts- und wirtschaftspolitischer Prioritäten in der Außenpolitik unter Mulroney und Chrétien. So bleibt Kanada inzwischen hinter seinen Vorgaben in der Entwicklungshilfe klar zurück; die Budgets sanken seit 1993 kontinuierlich und waren 1998/99 mit 0,3 % des BIP deutlich vom Zielwert 0,7 % entfernt.

Wachsender Kritik an einer neoliberalen Auszehrung des kanadischen Internationalismus stemmte sich die Regierung Chrétien allerdings spätestens seit Februar 1996 unter der Führung Lloyd Axworthys, der Außenminister André Ouellet abgelöst hatte, entgegen. In einer programmatischen Rede führte der neue Minister die Begriffe „human security" und „soft power" in die konzeptionelle Diskussion ein; inzwischen hat die in vielem auf eine Wiederbelebung Pearson'scher Diplomatie zielende Axworthy-Doktrin bereits etwas Konturen gewonnen (Axworthy 1997).

Zu ihren bislang wichtigsten Erfolgen gehörte der so genannte Ottawa-Prozess. Im Kampf um eine internationale Ächtung von Anti-Personen-Landminen hatte Axworthy früh eine Führungsrolle übernommen. Bereits im Oktober 1996 fand in der kanadischen Hauptstadt eine internationale Konferenz mit fünfzig Teilnehmerländern zum Thema statt. Auf der Folgeveranstaltung im Dezember 1997 unterzeichneten 122 Länder die Konvention über das Verbot von Anti-Personen-Landminen: Gegen manifeste oder latente Großmachtinteressen – und außerhalb der weitgehend blockierten UN-Abrüstungsgremien – hatte sich die Initiative einer Koalition von Klein- und Mittelmächten durchgesetzt. Kanada bestätigte damit nicht nur seinen außenpolitischen Ruf, sondern erneuerte auch eine diplomatische Tradition, die Suche nach gleich gesinnten Koalitionspartnern für begrenzte, aber erfolgreiche altruistische Initiativen innerhalb internationaler Organisationen.

Axworthy setzte diese populäre Rückbesinnung auf Ideale und traditionelle Strategien kanadischer Außenpolitik umgehend fort. Zur Jahreswende 1997/98 bekundete Kanada durch Entschließungen in UN-Gremien und auf Konferenzen sein Interesse an den Themen leichte Waffen sowie Kinderarbeit und Kinder in bewaffneten Konflikten. Im Mai 1998 unterzeichnete Axworthy zusammen mit dem norwegischen Außenminister Knut Vollebaek die Lysoen-Deklaration, die die beiden Länder zu Konsultationen und gemeinsamem Handeln in den Bereichen Sicherheit, Demokratie und Menschenrechte verpflichtete. Eine Führungsrolle übernahm das Land auch bei der im Juli 1998 in Rom beschlossenen Einrichtung eines Internationalen Strafgerichtshofs. Innerhalb der OAS bemüht sich Kanada seit 1998 u. a. um den Schutz der Rechte indigener Volksgruppen.

Kontinuität und Wandel, Anspruch und Realität kanadischer Außenpolitik

Erhöhte Komplexität der innenpolitischen wie externen Rahmenbedingungen bei gleichzeitig geschrumpften Ressourcen haben Spielraum und Ehrgeiz kanadischer Außenpolitik in den letzten drei Jahrzehnten gegenüber ihrem „goldenen Zeitalter" ohne Zweifel reduziert. Mehr als die meisten anderen Nationen ist Kanada herausgefordert durch die Dialektik von Globalisierung und Fragmentierung. Die Diplomatie des Landes agiert heute selektiver, opportunistischer und oft auch unkoordinierter als in der Vergangenheit. Unter den drei offiziellen außenpolitischen Zielen der aktuellen Regierung – Wohlstand und Beschäftigung, Sicherheit, Verbreitung kanadischer Werte – dominieren Handelsinteressen; eine Tendenz zu symbolischer Politik, die diesen Umstand kaschieren soll, ist nicht von der Hand zu weisen. Insofern scheint es berechtigt, die sich abzeichnende Nischendiplomatie mit Kim Richard Nossal (1998–1999) eher als euphemistische Verbrämung einer überdies nicht selten planlosen, widersprüchlichen Pfennigfuchserdiplomatie zu brandmarken.

Dennoch: Ein radikaler Traditionsbruch ist bislang nicht erfolgt. Die kanadische Außenpolitik hat nach wie vor Substanz und wird damit ihrem Ruf weiterhin gerecht. Es lässt sich überdies selbst für das „goldene Zeitalter" kanadischer Diplomatie zeigen, dass die Gegenüberstellung neorealistisch inspirierter Interessenpolitik und idealistischen „guten Weltbürgertums" nicht trägt – beide Aspekte waren auch in Kanada stets eng miteinander verknüpft. Der Wechsel von Ouellet zu Axworthy und der rasche Erfolg bei der Haushaltskonsolidierung haben die von Premierminister Chrétien versprochene Erneuerung Pearsonscher Diplomatie wenigstens teilweise in Gang gebracht; die internen wie außenpolitischen Grenzen einer reinen Interessenpolitik sind zugleich deutlich geworden. Aspekte der Kontinuität werden gegenwärtig nicht selten unter-, Elemente der Neuorientierung überschätzt und zudem allzu kritisch bewertet. Vielmehr stellt die vorsichtige Neuorientierung der letzten Jahre die Hinwendung zu einer realistischeren Diplomatie unter gleichzeitiger Wahrung ihres bewährten Kernbestands dar. So werden freundschaftliche Beziehungen mit den USA als wichtigstem Partner nunmehr akzeptiert und gefördert, zugleich aber wird nationales Selbstbewusstsein demonstriert und eine Diversifizierung der Außenbeziehungen angestrebt. Stärkere Prioritätensetzung bei der Arbeit innerhalb von internationalen Organisationen, die Delegation von Aufgaben an subnationale Akteure, organisierte Wirtschaftsinteressen und Nichtregierungsorganisationen sowie die bewusste Nutzung von „soft power" können angesichts enger finanzieller Spielräume ebenfalls als Beitrag zur Stärkung Pearson'scher Diplomatie statt zu ihrer Aufweichung betrachtet werden. Hinzu kommt der angesichts der innenpolitischen Legitimitäts- und Integrationskrise der letzten Jahre vielleicht überraschende, angesichts ungebrochenen Wohlstands und demokratischer Stabilität jedoch wohlverdiente Umstand, dass das kanadische Modell auf der internationalen Bühne seine Strahlkraft kaum eingebüßt hat. Insofern gilt nach wie vor, und zwar nach innen wie außen gerichtet: „Kanada zeigt, einem Mikrokosmos gleich, die Probleme der entwickelten Welt von heute auf. Es konnte bisher durch Kompromissfähigkeit und Toleranz ein überwiegend positives Beispiel für die politische Konfliktlösung geben" (Borchard 1997: 338).

Daten zur Innen- und Außenpolitik 1867–2000

1867	Gründung des kanadischen Staates (*British North America Act*)
1870	Gründung der Provinz Manitoba
1871	Beitritt von British Columbia
1873	Beitritt Prince Edward Islands
1905	Gründung der Provinzen Alberta und Saskatchewan
1914–18	Kanadische Teilnahme am Ersten Weltkrieg
1917–18	*Wartime Coalition*
1926	King-Byng-Affäre
1931	Völkerrechtliche Unabhängigkeit Kanadas (*Westminster Statute*)
1936–40	*Royal Commission on Dominion-Provincial Relations* (*Rowell-Sirois Commission*), Beginn der kanadischen Sozialstaatspolitik
1939–45	Kanadische Teilnahme am Zweiten Weltkrieg
1945	Kanada Gründungsmitglied der Vereinten Nationen
1949	Beitritt von Newfoundland. *Supreme Court of Canada* wird oberste kanadische Gerichtsinstanz in Verfassungsfragen. Kanada Gründungsmitglied der NATO
1951	Kanadische Truppen im Rahmen der NATO nach Europa verlegt
1956	Pipeline-Debatte im kanadischen Unterhaus. Einrichtung des *North American Air Defence Command* in Colorado Springs
1957	Friedensnobelpreis für Lester B. Pearson
1960	Beginn der Stillen Revolution in Quebec. *Bill of Rights* verabschiedet
1963	US-amerikanisch-kanadisches Abkommen über Nuklearwaffen auf kanadischen Militärbasen
1963–70	*Royal Commission on Bilingualism and Biculturalism* (*Dunton-Laurendeau Commission*)
1964	Verfassungskompromiss *Fulton-Favreau-Formel* (1966 gescheitert)
1965	*Auto Pact* mit den USA
1971	Verfassungskompromiss *Victoria Charter* (gescheitert)
1974	Gründung der *Foreign Investment Review Agency* (FIRA)

1976	Wahlsieg der *Parti Québécois* (PQ) in Quebec (regiert bis 1985)
1976–79	*Task Force on Canadian Unity* (*Pepin-Robarts Task Force*)
1977	US-amerikanisch-kanadische Verhandlungen über Gas-Pipeline von Alaska durch den kanadischen Nordwesten (das Projekt „Alcan“ wurde zurückgestellt). Quebec verabschiedet Sprachengesetz *Loi 101*
1980	Erstes Unabhängigkeitsreferendum in Quebec (gescheitert)
1981–82	Heimholung der kanadischen Verfassung
1982–85	*Royal Commission on the Economic Union and Development Prospects for Canada* (*Macdonald Commission*)
1987	*Meech Lake Accord* (1990 gescheitert)
1989	US-amerikanisch-kanadisches Freihandelsabkommen (FTA) tritt in Kraft
1991–96	*Royal Commission on Aboriginal Peoples*
1992	*Charlottetown Accord* (scheitert in Referendum)
1994	NAFTA tritt in Kraft. PQ kehrt in Quebec an die Macht zurück
1995	Zweites Unabhängigkeitsreferendum in Quebec (gescheitert)
1997	Gerichtsentscheidung über die Anerkennung der Landrechte der Ureinwohner
1998	Gerichtsentscheidung über die Unzulässigkeit einer einseitigen Unabhängigkeitserklärung Quebecs. Abschluss des *Nisga'a Final Agreement*
1999	Gründung Nunavuts, des Territoriums der Inuit (durch Teilung der North-West Territories)
2000	Gründung der *Canadian Alliance*

Einblicke

Der Norden – Entwicklungsland an der Peripherie

Die Urbevölkerung – von den Reservaten bis Nunavut

Kultureller Dualismus als Bereicherung und Gefahr einer Separation

Kanada und die USA – im Zeichen zunehmender Gemeinsamkeiten

Der Norden – Entwicklungsland an der Peripherie

Der politische Norden umfasst das 1898 gegründete Yukon-Territorium und die Nordwest-Territorien, von denen 1999 ein Teil als Nunavut abgegrenzt wurde. Die Territorien unterstehen der Verfügungsgewalt von Parlament und Bundesregierung in Ottawa, die lokalen Dienststellen befinden sich in den beiden Hauptstädten Whitehorse und Yellowknife, zu denen in Nunavut die Stadt Iqaluit, das frühere Frobisher Bay, kommt.

Die Wirtschaft des Nordens ist zweigeteilt: Indianer und Inuit betreiben noch ihre traditionelle Fischerei und Jagd, wobei hauptsächlich die Felle in den Handel gehen. Unternehmen, die meistens außerhalb der Region ansässig sind, beuten die Ressourcen des Raumes, besonders die Buntmetalle Gold, Silber, Blei und Zink, aus. In den südlichen Bereichen der Subarktis kommen Holz und Hydroenergie hinzu. Die Standorte des Bergbaus liegen weit voneinander entfernt, so sind auch die wenigen Siedlungen weit über den Raum verstreut.

Die Möglichkeiten der wirtschaftlichen Nutzung des Raumes lassen nur eine geringe Bevölkerung zu. Mit rd. 100 000 Bewohnern leben in den Nordterritorien 0,3 % der kanadischen Bevölkerung, rechnerisch ergeben sich 0,02 Einwohner pro km^2. Hinzu kommt, dass die Menschen in wenigen Orten konzentriert sind, so leben in Whitehorse (19 160 Einw., 1996) über 60 % der Einwohner des Yukon-, in Yellowknife (17 275 Einw., 1996) etwa 25 % der Nordwest-Territorien. Fast jeder fünfte Bewohner von Nunavut lebt in der Hauptstadt Iqaluit (4220 Einw., 1996). Weitere Zentren bleiben unter 3000 Einwohnern. In der Zusammensetzung der Bewohner des Nordens zeigt sich, dass etwa die Hälfte aus Eingeborenen, Indianern und Inuit, besteht, die anderen zugezogen sind. Unter diesen wiederum überwiegen mit ca. 80 % diejenigen, die sich nur vorübergehend im Norden aufhalten (transient residents), während die anderen sog. Langzeit-Bewohner (long term residents) sind, die dort dauerhaft leben. Neben den Eingeborenen sind sie an den lokalen Entwicklungen interessiert und setzen sich dafür ein.

Die Entwicklungen im Norden lassen sich seit dem Eintreffen der Europäer in drei Phasen zusammenfassen: Die Begegnungen im 19. oder auch erst im 20. Jh. bedeuteten für die Indianer und Inuit eine Zäsur ihres wirtschaftlichen und sozialen Lebens. Mit dem Pelzhandel und dem Eintausch von Schusswaffen und anderen Jagdgeräten änderten sich nicht nur die Jagdmethoden und der Einfluss auf die Tierbestände, sondern die Eingeborenen gerieten gleichzeitig in eine Abhängigkeit. Der Norden wurde zum Hinterland europäischer Handelsgesellschaften, vor allem der mächtigen Hudson's Bay Company. Mit dem Verkauf des Landes der Company (1870) und der Übertragung der arktischen Inseln durch England (1882) gehörte der Norden zwar politisch zum Dominion of Canada, seine Abhängigkeit und Stellung als Hinterland blieb jedoch bestehen. Von wenigen kleineren Bergwerken abgesehen, dominierten noch lange Zeit Jagd, Fischfang und Fallenstellen.

Eine zweite Entwicklungsphase setzte während und besonders nach dem Zweiten Weltkrieg ein, als der Norden in ein strategisches Verteidigungskonzept einbezogen wurde. Dadurch entstanden militärische Stützpunkte und die Radarstationen der Mid-Canada Line sowie der Distant-Early-Warning Line (DEW) entlang des 70. Breitenkreises. In der gleichen Zeit, den 1950er-Jahren, führten Abnahme und Fluktuation der Tierbestände zu Krisen in der Jagd und im Pelzhandel. Vereinzelt traten bei den Inuit Hungersnöte und Epidemien, besonders Tuberkulose und Kinderlähmung, auf. Erstmals griff die Regierung ein und erweiterte ihre Präsenz, die bisher hauptsächlich aus Polizeistationen bestand. Die Errungenschaften des Sozialstaates, wie Fürsorge, Altersversorgung, Kindergeld usw., wurden eingeführt und die soziale Infrastruktur ausgebaut. Es entstanden Schulen und Krankenstationen, neue Wohnungen und moderne Einrichtungen zur Ver- und Entsorgung. Neben neuen Städten, wie Inuvik und Frobisher Bay, jetzt Iqaluit, wurden häufig lange bestehende Handelsstationen zu Siedlungen erweitert. Yellowknife, ursprünglich ein Bergbauort, erhielt 1967 die Funktion eines Verwaltungszentrums. Eine Folge dieser Maßnahmen war, dass wohl die Mehrzahl der Eingeborenen ihre bisherigen Wohnorte, in denen oft nur wenige Familien lebten und die zum Teil auch nur saisonal besetzt waren, aufgaben und in die größeren Zentren zogen. Die Abhängigkeit des Nordens und seiner Bewohner dehnte sich seit dieser Zeit auf den sozialen Bereich aus.

Sie verstärkte sich besonders ökonomisch in einer dritten Phase, in der die Ressourcen zunehmend bekannt und ausgebeutet wurden. Unternehmen aus dem In- und Ausland sicherten sich Nutzungsrechte und investierten Kapital. Während in der Region Rohstoffe und Hydroenergie gewonnen werden, erfolgen Verarbeitung und Verkauf außerhalb, sodass die Gewinne in den industriellen und urbanen Zentren des Südens verbleiben. Zusätzlich werden in der Region ökologische Schäden angerichtet, was bei der sensiblen Umwelt des Nordens langfristige Folgen hat.

Diese für periphere Räume typischen Prozesse werden im kanadischen Norden noch verschärft, da die eingeborene Bevölkerung Jagd auf wild lebende Tiere ausübt und hierfür einen intakten Naturraum benötigt. Jagd und Fischfang dienen nicht nur zur eigenen Versorgung, sondern werden als Teil ihrer Kultur und Identität gesehen. So ergeben sich leicht lokale Konflikte, die meistens nur in langwierigen Verhandlungen durch Gerichte gelöst werden können. Ein besonderes Beispiel ist die Auseinandersetzung im Bereich der Stauwerke an der James Bay in Nordquebec.

Neben den Nachteilen durch wirtschaftliche Ausbeutung und ökologische Belastungen besteht das soziale Problem der Eingeborenen. Es mangelt an Arbeitsplätzen, zudem ist ihre Schulbildung häufig sehr gering, und sie trennen sich nur schwer von Familie und Gruppe. So leben auffallend viele der Indianer und Inuit von Sozialunterstützung bzw. sie sind bei öffentlichen Einrichtungen angestellt.

Es fehlt nicht an Initiativen und Vorschlägen, wie die Arbeitsmöglichkeiten von Indianern und Inuit ergänzt und ihre Einkommen erhöht werden können. Sie beziehen sich z. B. auf kleinere Unternehmen, wie Geschäfte und Dienstleistungsbetriebe, die mit finanzieller Hilfe der Regierung eingerichtet werden könnten. Vielfach erprobt sind bereits Genossenschaften (Native Co-operatives), die z. B. im Handel oder in der Versorgung von Siedlungen tätig sind. Ein herausragendes Projekt ist die Förderung eskimoischer Kunstarbeiten, wie z. B. Figuren aus Speckstein, Steindrucke, Web-

und Druckartikel, die an vielen Orten angefertigt werden und sehr erfolgreich zu verkaufen sind. Ergänzende Möglichkeiten könnte der Tourismus bringen, doch ist dieser Sektor bisher im Norden zu wenig entwickelt, um eventuelle Auswirkungen ermessen zu können.

Für den Norden ist Abhängigkeit ein bestimmendes Merkmal; politische, wirtschaftliche und soziale Entscheidungen werden außerhalb der Region getroffen. Eine stärkere Eigenständigkeit setzte sich bislang nicht durch. Es scheint geboten, dass die kanadische Bundesregierung zusammen mit den ansässigen Bevölkerungsgruppen eine langfristige Strategie entwickelt, mit der eine neue Entwicklungsperiode für den Norden des Landes eingeleitet werden kann. Ein ermutigendes Zeichen ist die Gründung eines *Arktischen Rates* (1996), dem die sieben Anrainerstaaten angehören. Eine wesentliche Aufgabe werden gemeinsame Maßnahmen zum Schutz der Umwelt und für eine nachhaltige Entwicklung sein.

Die Urbevölkerung – von den Reservaten bis Nunavut

Die Urbevölkerung (Aboriginal Peoples, Natives) nimmt einen besonderen Platz im kanadischen Bevölkerungsmosaik ein. Zu ihr zählen ca. 800000 Personen, knapp 3 % der Landesbevölkerung. Sie werden unterteilt in die Indianer oder „*First Nations*“ (68 %), die Métis, die indianische und europäische – meistens französische – Vorfahren haben (26 %), sowie die Inuit (früherer Name Eskimos) mit etwa 5 % Anteil.

Nach Einweisung der Indianer in Reservate wurden die Gemeinschaften zu sog. bands zusammengefasst. Insgesamt gibt es heute 608 Indian bands, deren Größen von weniger als 300 bis zu mehreren 1000 Mitgliedern variieren. Da der Zusammenschluss zu bands nicht freiwillig geschah, versuchen die Indianer, wieder ihre ursprünglichen Einheiten, die Nationen (nations) zu etablieren, z. B. die Nation der Cree in den Präriegebieten. Zu ihnen werden mehrere bands und Reservate zusammengefasst.

Eine weitere Unterteilung wird in Status- und Nichtstatus-Indianer vorgenommen. Von ihnen haben nur die ersteren bestimmte Sonderrechte, z. B. die Befreiung von Steuern. Der Status kann aufgegeben werden oder aus bestimmten Gründen, wie z. B. durch Heirat mit Außenstehenden, verloren gehen.

In der langen Geschichte der Urbevölkerung bedeutete die Konfrontation mit den Europäern im 17. Jh. eine Zäsur, die bis heute nachwirkt. Die geschätzte Bevölkerungszahl am Beginn dieser Zeit beträgt bis zu einer Million, gegen Endes des 19. Jh.s werden weniger als 150000 angenommen; Seuchen, Hunger und Kriege hatten die meisten Opfer gefordert.

Durch die Dezimierung der Ureinwohner und die zunehmende Einwanderung von Europäern gerieten besonders die Indianer/First Nations zahlenmäßig und regional in die Minderheit. Ihr Land nahmen die Kolonisten in Besitz, wobei in Teilbereichen, wie in den Präriegebieten, sog. Abkommen (treaties) geschlossen wurden, die formal die Landabtretungen festlegten. Als „Ausgleich“ erfolgte die Einweisung der Indianer in sog. Reservate, die über das Land, besonders im Westen, verteilt sind. Insgesamt bestehen heute über 2200, deren Größe zwischen wenigen Hektar und mehr als 120000 ha im Norden schwankt. Von großer Bedeutung für die Qualität der Reservate sind ihre Lage und Erreichbarkeit sowie das natürlich Potential und die Infrastruktur. In abgelegenen und schlecht ausgestatteten Territorien kann nur Subsistenzwirtschaft betrieben werden, die kaum die Eigenversorgung sicherstellt, sodass die Bewohner auf staatliche Versorgung angewiesen sind. Wenige Reservate verfügen über Bodenschätze oder sie liegen in attraktiven Landschaften und können den Tourismus nutzen. Auch kann die Nähe zu größeren Wirtschaftszentren die Produktion von Gütern fördern. Jedoch sind dies Ausnahmen, während die Mehrzahl der Reservate benachteiligt ist (Notzke 1985 u. 1994).

Seit den 1960er-Jahren haben zunehmend Indianer die Reservate verlassen und auf ihren offiziellen Status und damit auf bestimmte Rechte verzichtet. Bevorzugte Ziele sind Städte, wo sich vor allem jüngere Personen berufliche Chancen erhoffen. Nach Schätzungen leben über 40 % der Indianer nicht mehr in Reservaten, davon die meisten in wenigen Städten (Bild 75).

Gegenüber den Indianern sind die anderen Gruppen von der Einweisung in Reservate verschont geblieben, gleichwohl sind die Métis stark in den Prärieprovinzen konzentriert, und der Lebensraum der Inuit ist der subarktische und arktische Norden.

Bild 75: *Blackfoot-Indianer in Festtracht, Südwestalberta.*

Die marginale Stellung der Ureinwohner wird durch sozio-ökonomische Daten aus dem Bildungs- und Arbeitsbereich deutlich (Pletsch 1994; Vogelsang 1999). Der Schulunterricht erfolgte lange Zeit unter der Aufsicht von Kirche oder Regierung in Internatsschulen (residential schools). Damit wurden die Kinder – nicht selten gewaltsam – ihrer ursprünglichen Kultur entzogen und mussten sich anpassen. Erst in neuerer Zeit werden indianische Verwaltungen in die Schulaufsicht einbezogen und Lehrer aus eigenen Kreisen gewonnen (Tab. 55).

Im Vergleich mit der Normgesellschaft ist der Schulbesuch weitaus geringer und liegt bei einem großen Teil der Kinder unter neun Jahren, nur wenige kommen zu Universitäten. Auffallend ist, dass jugendliche Indianer, die außerhalb der Reservate leben, einen längeren Bildungsweg haben und auch höhere Abschlüsse erreichen.

Durch die im Vergleich kürzere Schulbildung sind die Chancen auf dem Arbeitsmarkt geringer. Liegt schon die Erwerbsquote unterhalb der Norm, ist auch die Arbeitslosigkeit mit Werten von über 30 % konstant hoch. Die Einkommen erreichen oft nicht einmal die Hälfte der Durchschnittsverdienste anderer Gruppen. Sie liegen nahe oder gar unter der Armutsgrenze. Die Daten zeigen, dass Arbeitsmöglichkeiten in den Reservaten und besonders auch für die Inuit im Norden kaum vorhanden sind, sodass die meisten

	Registrierte Indianer in Reservaten (%)	Registrierte Indianer außerhalb von Reservaten (%)	Normgesellschaft (%)
Familienstruktur (1991):			
Kinder in Ehen	77,2	73,4	87,3
Alleinerziehung	22,8	26,5	12,7
Muttersprache (1991):			
Ureinwohnersprache	50,3	18,3	–
Englisch	44,5	72,6	59,6
Französisch	5,2	9,1	40,5
Schulausbildung (1991):			
weniger als 9 Jahre	37,2	19,4	13,8
High School, weiterführend	57,5	69,5	65,2
Universität	5,2	11,1	21,0
Einkommensverhältnisse (1990):			
Individuelles Einkommen in $	8812	12551	20264
davon aus Arbeitsverhältnis	38,7	57,0	65,1
aus öffentl. Transferzahlungen	40,1	30,1	15,5

Quelle: Vogelsang 1999: 22f.

Tab. 55: Sozioökonomische Daten der Indianer im Vergleich mit der Normgesellschaft

staatliche Unterstützungen beziehen. Wie bei der Ausbildung sind die Möglichkeiten auf dem Arbeitsmarkt außerhalb der Reservate vergleichsweise besser.

Hieraus geht einmal mehr die fatale Situation in den Reservaten hervor, aus denen sich die Aktivsten lösen und ihre Stammeszugehörigkeit aufgeben. Trotz hoher und steigender Geldaufwendungen durch die Regierung zum Bau von Häusern, Schulen, Krankenstationen, sozialer Betreuung u. a. liegt die Lebensqualität in den meisten Reservaten weit unter dem kanadischen Durchschnitt. Vor allem aber fehlt besonders für die Jugendlichen eine Perspektive. Davon zeugen die Wegzüge, aber auch eine Selbstmordrate, die bei Jugendlichen um das Fünf- bis Achtfache über dem kanadischen Durchschnitt liegt. Hoch sind ebenfalls die Raten von allein erziehenden Müttern, von Alkoholabhängigkeit und Suchtgefährdung.

Als ein Zeichen der Marginalisierung und Abhängigkeit ist schließlich auch die Aufgabe der ursprünglichen Sprachen zu werten. Ein rapider Rückgang wurde bereits 1972 offiziell festgestellt, der sich trotz verschiedener Fördermaßnahmen bis heute fortsetzte. Von den über 50 indigenen Sprachen werden nur noch Cree, Ojibway und Inuktitut, der Sprache der Inuit, realistische Chancen für einen weiteren Erhalt eingeräumt. Von den 600 000 Indianern, die sich als First Nations identifizieren, sprechen nur noch etwa 30 % ihre ursprünglichen Sprachen; als alltägliche Umgangssprachen noch weniger (Vogelsang 1999: 27). Die meisten und besonders junge Indianer verständigen sich auf Englisch, ein kleinerer Teil spricht Französisch. Am stärksten bewahren die Inuit ihre Muttersprache.

Allerdings gibt es nicht wenige Indianer und Inuit, die nach dem Verlassen wieder in ihre Reservate zurückkehren, um sich dort für bessere Lebensbedingungen einzusetzen. Oft haben sie „draußen“ eine höhere Ausbildung erlangt und gelten als Hoffnungsträger beim Aufbau einer Selbstregierung und -verwaltung.

Gegenüber den zum Teil noch bedrückenden Lebensumständen in den Reservaten sind politische Fortschritte in der Anerkennung der Urbevölkerung unverkennbar. Im Mittelpunkt der „neuen Partnerschaft" steht die Landrechtsfrage: Haben die Ureinwohner, dort wo sie ansässig waren, die Verfügungsgewalt über das Land oder die später eingedrungenen Europäer? Nur gebietsweise, wie in den Prärieprovinzen, ist die Frage in früheren Verträgen „geklärt" worden, meistens ist sie offen geblieben, und die Europäer haben das Land an sich genommen. Zur Zeit sind zahlreiche Prozesse anhängig, um klare Rechtsverhältnisse für die Vergabe von Nutzungslizenzen zu schaffen. Zudem hat das höchste Gericht 1997 angemahnt, die Landrechte in Verhandlungen zu klären.

Ein wichtiger Vertrag zur Selbstregierung der Ureinwohner ist bereits 1984 als Folge des James-Bay-Abkommens mit den ansässigen Cree- und Naskapi-Indianern in Nordquebec geschlossen worden. In dem umfangreichen Gebiet, das zur Gewinnung von Hydroenergie benötigt wird, kam es zu einer Aufteilung: Die betroffenen Indianer erhielten in einem engeren Umkreis ihrer Siedlungen Nutzungsrechte und üben hier die Selbstverwaltung aus, dafür geben sie im restlichen, weitaus größeren Raum ihre Landansprüche auf. Die Vereinbarungen werden als „Modell für die Koexistenz unterschiedlicher Kulturen" gewertet (Dörrenbächer 1998; Abb. 71).

In gleicher Weise haben sich Bundes- und Provinzregierung mit dem Stamm der Nisga'a in Britisch-Kolumbien geeinigt (Canada-Info VI, Aug. u. Nov. 1998). Danach werden dem etwa 6000 Indianer umfassenden Stamm im Nordwesten der Provinz rd. 2000 km^2 Land im Tal des Nass River zugesprochen und das Recht auf Nutzung und Selbstverwaltung eingeräumt. Hinzu kommt eine Finanzhilfe für den Aufbau und die berufliche Aus- und Fortbildung der Jugendlichen. Allerdings verfügten die Nisga'a vor Ankunft der Europäer über ein weitaus größeres Gebiet, mussten aber seitdem in einem 70 km^2 großen Reservat leben. Mit dem Vertrag verzichteten sie auf weitere Landansprüche wie ebenfalls auf Steuerbefreiung, die den Reservaten gewährt wird.

Selbstverwaltung und Landeigentum haben 1999 auch die Inuit erreicht, als nach langen Verhandlungen das Territorium Nunavut, „unser Land", in den östlichen Nordwest-Territorien offiziell übergeben wurde (Canada-Info VII, März 1999; Nowak 1998). Es umfasst die meisten arktischen Inseln einschließlich Baffin Island und einen großen Teil des Festlandes westlich der Hudson Bay, rd. 2 Mio. km^2, ein Fünftel der Fläche Kanadas (Abb. 2). Von diesem Areal sind 350 000 km^2 Eigentum der Inuit, auf 36 000 km^2 werden ihnen Schürfrechte eingeräumt. Für das gesamte Gebiet gelten Jagd- und Fischereirechte. Mit einem Geldbetrag von 1,1 Mrd. $ werden weitere Landforderungen der Inuit abgegolten.

In Nunavut, auf einer Fläche von der sechsfachen Größe Deutschlands, leben 25 000 Menschen (1996), 85 % davon sind Inuit. Sie wohnen in 25 Ortschaften zwischen 150 (Grise Fiord) und 4220 Einwohnern in Iqaluit (1996), dem früheren Frobisher Bay, das Hauptstadt und Sitz der Verwaltung ist. Ein Vorteil dieses Ortes ist ein größerer Flugplatz, der von einer ehemaligen US-Airbase stammt. Die weit verstreuten Siedlungen, die nur per Flugzeug oder während weniger Wochen im Jahr teilweise mit dem

Abb. 71:* *Abkommen über Nutzungen in der James-Bay-Region in Nordquebec: *Die Nutzungsrechte der Urbevölkerung sind abgestuft von exklusiven Rechten und Selbstverwaltung (I) über alleinige Rechte für Jagd, Fischfang und Fallenstellen (II) bis bestimmte Privilegien ohne Sonderrechte (III).*

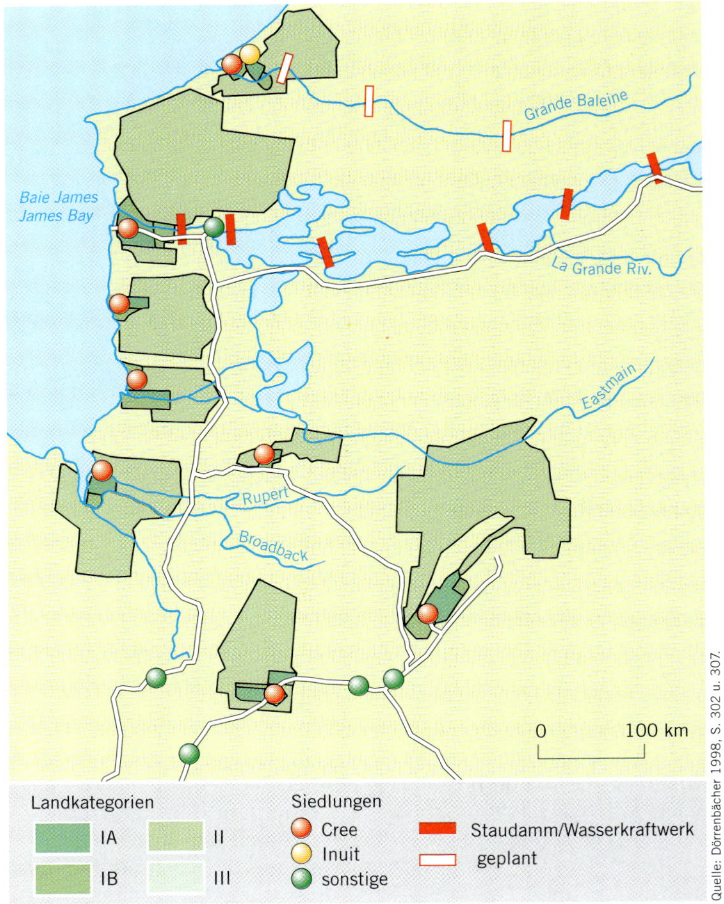

Schiff erreichbar sind, lassen die infrastrukturellen Probleme deutlich werden. Befestigte Straßen sind auf Ortschaften beschränkt, das arktische Klima bestimmt Verbindungen und Versorgung.

Auch die Wirtschaft wird von der arktischen Natur bestimmt. Die vorherrschende baumlose Tundra mit Dauerfrostboden bietet wenige natürliche Ressourcen, die Jagd und Fischfang und an einigen Stellen Bergbau zulassen. So ist der Arbeitsmarkt begrenzt und bietet vor allem Dienstleistungen in staatlichen und kommunalen Einrichtungen sowie in einigen Genossenschaften. Über 30 % Arbeitslosigkeit, besonders unter Jugendlichen, sind nicht selten; entsprechend viele leben von staatlicher Unterstützung. Insgesamt sieht sich die Verwaltung des neuen Territoriums Nunavut vor zahlreichen Problemen, die für das Land und für jede einzelne Siedlung bestehen (Remie 1996; Arnaquq 1994). Sie werden sich nur mit massiver Hilfe der Bundesregierung und viel Geduld lösen lassen.

Ein weiteres Abkommen wurde 1999 zwischen der Bundesregierung, der Provinzregierung Neufundlands und den in Labrador ansässigen Inuit geschlossen. Selbstverwaltung, Jagd- und Fischereirechte, Einnahmebeteiligung bei Bodenschätzen und Strukturhilfen sind auch hier die wichtigsten Verhandlungspunkte. Andere Verträge zwischen Regierung und autochthonen Gruppen (comprehensive claims) sind besonders im Nordwesten abgeschlossen oder in Vorbereitung (Vogelsang 2000).

Die Abkommen sind Zeichen für Aussöhnung und eine „neue Partnerschaft", die von der Regierung angestrebt wird. Sie hat frühere Entwicklungen, die zu Nachteilen der Urbevölkerung geführt haben, offiziell bedauert und den Aktionsplan Gathering Strength: *Canada's Aborigional Action Plan* (1998) beschlossen. Damit reagiert die Regierung auf das Ergebnis einer Untersuchungskommission (Royal Commission on Aboriginal Peoples 1991–96), die zahlreiche Empfehlungen ausspricht. Zu diesen zählen die neue Partnerschaft, Selbstbestimmung, ökonomische Eigenständigkeit sowie eine Aufarbeitung und Darstellung der Kultur. Damit sollen die Lebensbedingungen verbessert und das Selbstbewusstsein gestärkt werden. Eine Verwirklichung der Forderungen steht noch aus bzw. ist erst begonnen worden. Fest steht, dass damit eine neue Phase in der Geschichte der First Nations in Kanada eingeleitet wird.

Kultureller Dualismus als Bereicherung und Gefahr einer Separation

Frankreich und Großbritannien sind die europäischen Gründernationen Kanadas. Sie sind an der Besiedlung am stärksten beteiligt, wobei Frankreich einen historischen Vorsprung von mehreren Jahrzehnten hat. Kaufleute, Regierungsbeamte und Siedler aus beiden Staaten übertrugen die Kultur ihrer Heimatländer in die Kolonien und prägten sie nach erprobten Grundsätzen und Erfahrungen. Das Landschaftsbild ist gekennzeichnet durch besondere Formen der ländlichen Siedlungen und Fluren, in den Städten, Gebäuden und Anlagen spiegeln sich vielfach heimische Vorbilder wider. Es entwickelten sich zwei Räume mit unterschiedlichen Kulturen und Sprachen. Auch als Nouvelle France 1763 von den Briten übernommen wurde, änderte sich an der eigenständigen Kultur der nunmehr britischen Kolonie Quebec kaum etwas, zumal in dem Quebec Act von 1774 die besondere Stellung einschließlich der französischen Sprache verbrieft wurde. Der Dualismus konnte ebenfalls durch den 1867 gegründeten kanadischen Staat nicht aufgehoben werden; das französisch und das englisch beeinflusste Kanada entwickelten sich kulturell mehr neben- als miteinander. Es kam zu getrennten nationalen Vorstellungen, wodurch das Aufkommen eines kanadischen Nationalismus erschwert, wenn nicht verhindert wurde.

Verstärkt wird der Dualismus durch die starke Konzentration der Frankokanadier in der Provinz Quebec, wo sie zwischen 81 und 83 % der Bevölkerung ausmachen. Gleiche Anteile entfallen auf Französisch als Mutter- oder Umgangssprache, das heißt, es wird bei der Arbeit, in den Medien, im täglichen Geschäftsverkehr, in Theatern, Kirchen usw. ganz überwiegend benutzt. Legt man die Gesamtzahl der Kanadier mit französischen Vorfahren zugrunde, leben rd. 80 % in der Provinz Quebec, die meisten der übrigen in den angrenzenden Gebieten von Neubraunschweig und Ontario, nur wenige im Westen. So stellt sich Quebec als ein ethnisch und sprachlich sehr homogener Raum dar, und die Bezeichnung der Frankokanadier als Quebécois ist durchaus berechtigt.

Mit der Besiedlung bildete sich am St. Lorenz neben dem politischen auch das kulturelle Zentrum der Franzosen in Nordamerika. Die besonderen Merkmale sind nicht nur die schon beschriebene Gestaltung des Siedlungsraumes und die Sprache, sondern sie umfassen auch Architektur, Kirchen, Religion und schließlich Lebensformen und -auffassungen. Auf die Traditionen in Literatur, Kunst und Wissenschaft wie ebenso in der Kultur allgemein bis hin zu Kleidung und Essen kann hier nur hingewiesen werden. Das beste Beispiel eines Ortes in der französischen Tradition und Kultur ist die Stadt Quebec.

Von Bedeutung ist eine, sich besonders mit der Industrialisierung entwickelte sozioökonomische Rangfolge, in der die Anglokanadier meistens führende Positionen in Wirtschaft, Verwaltung und im technischen Bereich besetzten, während die Frankokanadier überwiegend als Fabrikarbeiter, im Bergbau oder in der Landwirtschaft beschäftigt waren. Die Polarisierung kann mit zahlreichen Daten, wie z. B. den Einkommen, belegt werden (Schultze 1977; Pletsch 1986).

Die Ursachen für die auseinander gehende soziale Entwicklung der beiden ethnischen Gruppen sind sehr vielschichtig und in der Tradition zu suchen. Unter dem starken Einfluss der Kirche nahm in Quebec die Landbevölkerung sehr zu, und es hatte sich besonders bei ihr eine hohe Geburtenrate durchgesetzt. Familien mit 10 bis 12 Kindern waren lange Zeit eine Norm, die allerdings in der ersten Hälfte des 20. Jh.s schon seltener wurde. Mit dieser „revanche du berceau", der Rache aus der Wiege, erreichte man zwar eine schnell wachsende Bevölkerungszahl, doch kaum eine Überlegenheit in führenden Positionen. Vielmehr zeigte sich ein allgemeiner Bildungsrückstand, der sich wiederum in den Berufen niederschlug. Zwar hatte sich in der französischen Bevölkerung schon früh eine geistige Elite mit führenden Theologen und Juristen gebildet, dagegen wurden jedoch Industrialisierung und Wirtschaftsaufstieg in Quebec hauptsächlich von anglophonen Kanadiern bestimmt, die als Unternehmer und Manager wirkten und in der Wirtschaft auch die englische Sprache stärker zur Geltung brachten.

Etwa seit 1960 erfolgte unter der frankokanadischen Bevölkerung ein Prozess des Umdenkens, der als *révolution tranquille*, stille Revolution, bezeichnet wird. In zahlreichen, zum Teil sehr polemisch geführten Schriften und Artikeln sprach man von einem *Wirtschaftskolonialismus* in Quebec und verglich die Stellung der Québécois mit den „Negern in den USA" (Valliéres 1979). Tatsächlich konnten seit den 1960er-Jahren erhebliche Fortschritte für die frankophone Mehrheit in Quebec erreicht werden. So haben sich u. a. die Ausbildung in Schulen und Universitäten, die leitenden Positionen in der Wirtschaft und die Einkommen angeglichen, die früheren Unterschiede sind weitgehend aufgehoben. Das trifft auch für die Geburtenraten zu, die stark zurückgegangen sind, worin sich gleichzeitig der schwindende Einfluss der Kirche zeigt.

Mit dem wachsenden Selbstbewusstsein der Bevölkerung sind Ausbau und Modernisierung der Wirtschaft verbunden. In der Landwirtschaft sind die früheren Subsistenzbetriebe durch leistungsfähige Farmen ersetzt worden, moderne Industrien sind besonders im Ballungsraum von Montreal entstanden. Als herausragendes Zeichen des Aufbruchs ist die Energiegewinnung im Norden der Provinz zu werten, wo seit Ende der 1970er-Jahre eindrucksvolle Großanlagen im Bereich der James Bay errichtet wurden.

Politisch war die soziale und wirtschaftliche Erneuerung Quebecs mit dem Bestreben verbunden, die Provinz aus dem föderativen Staatenverbund Kanadas herauszulösen und die „Eigenständigkeit der Frankophonen" (Lesage) zu erreichen. Die in den 1970er-Jahren erlassenen Sprachengesetze (Loi 22 und besonders 101) schränkten das Englische stark ein und machten Französisch zur verbindlichen Amtssprache. Dies löste unter den Anglokanadiern in Quebec Unruhen aus und führte zu Abwanderungen wie auch zur Verlagerung von Unternehmen, unter ihnen die Bank of Montréal und die Sun-Life-Versicherung, nach Toronto.

Ein Mandat zu Verhandlungen über die Unabhängigkeit sollte ein Referendum im Mai 1980 bringen; es schlug fehl, 60 % der Bewohner Quebecs entschieden sich für einen Verbleib im kanadischen Bundesstaat. Auch zwei folgende Versuche, bestimmte Regelungen für Quebec durchzusetzen, der Kompromiss von Meech Lake 1987 sowie der Charlottetown Accord von 1992, scheiterten bei den landesweiten Abstimmungen unter den Provinzen. Dies leitete aber eine erneute Volksabstimmung in Quebec ein, die im Oktober 1995 nur äußerst knapp mit 50,6 % der Stimmen eine Separation verhinderte (Trent u. a. 1996).

Die Abstimmung ließ die „Zerbrechlichkeit" Kanadas deutlich werden. Wenn es nicht gelingen sollte, die „société distincte" (distinct society) Quebecs als Partner in den kanadischen Staat und die Gesellschaft zu integrieren, könnte das Land nicht nur in zwei, sondern gar in mehrere Teile zerfallen (v. Bredow & Pletsch 1998: 44). Denn schon diskutierte man auch in anderen Regionen, wie man sich im Falle einer Separation Quebecs verhalten soll.

Ohne jeden Zweifel ist der Dualismus andererseits eine wesentliche Bereicherung des kulturellen Lebens und spornt zum Wettbewerb an. Auch haben die beiden dominanten Gesellschaften, die seit Beginn der europäischen Besiedlung bestehen, sehr dazu beigetragen, dass die Vielfalt der ethnischen Gruppen in Kanada als ein „Mosaik" gesehen wird und ihre kulturellen Werte anerkannt werden. Nicht zuletzt darauf gründet sich die Politik des Multikulturalismus, die bislang erfolgreich bestehen konnte.

Kanada und die USA – im Zeichen zunehmender Gemeinsamkeiten

Als sich die Vereinigten Staaten von der Kolonialherrschaft Englands durch eine Revolution befreiten und selbstständig wurden (1776), waren in Kanada nur kleine Bereiche im Osten besiedelt. Es blieb noch für weitere 100 Jahre Kolonie und wurde erst dann in ein Dominion mit weiterhin starken Bindungen an das englische Mutterland überführt (1867). Die USA hatten ihre Wirtschaft gegen Ende des Jahrhunderts bereits stark ausgebaut und sich zu einer Großmacht entwickelt. Von diesem historischen und wirtschaftlichen Vorsprung wurde das Verhältnis beider Staaten geprägt.

Nach Annektionsversuchen und einigen Auseinandersetzungen bei der Festlegung der politischen Staatsgrenze stabilisierte sich das Verhältnis zwischen den Vereinigten Staaten und der britischen Kolonie Kanada im 19. Jh. Die gegenseitige Akzeptanz festigte sich im Zweiten Weltkrieg, als beide Staaten 1940 einen gemeinsamen Verteidigungsrat zum Schutze des Kontinentes (Joint Board on Defence) bildeten und kurz darauf zu Alliierten im Krieg wurden.

Im Gegensatz zu den politischen Beziehungen kam es in der Wirtschaft zu einem starken Engagement der USA. Die seit der Jahrhundertwende in Ontario gegründeten Zweigwerke besonders der Fahrzeugbranche haben der Industrialisierung Kanadas starke Impulse gegeben. Bei den Investitionen aus dem Ausland übernahmen die USA die führende Rolle von Großbritannien und beteiligten sich finanziell am Aufbau moderner Industriezweige, wie der Zellulose- und Papierproduktion, oder an der Erschließung wichtiger Rohstoffe, wofür die Eisenerze in Labrador ein Beispiel sind. Gleichzeitig stiegen die USA auch zum dominierenden Handelspartner auf. Es verwundert nicht, dass sich die warnenden Stimmen häuften, die eine Überfremdung Kanadas durch die mächtige Wirtschaft des südlichen Nachbarn befürchteten.

Durch die politischen Entwicklungen in der Nachkriegszeit setzte sich die militärisch-strategische Zusammenarbeit mit den USA zunächst fort. In den 1950er-Jahren entstanden im Norden Kanadas Ketten von Radarstationen; 1957 wurde ein Abkommen über die Luftverteidigung (NORAD) geschlossen, in dessen Rahmen viele gemeinsame Maßnahmen getroffen wurden. Hierbei dominierte der stärkere Partner, wodurch ebenfalls Befürchtungen aufkamen, dass die politische Handlungsfreiheit Kanadas eingeschränkt werden könne.

Neben diesen Beziehungen wirkte sich der Einfluss durch die mächtigen Medien der USA direkter aus. Film und Fernsehen, Bücher und Magazine überschwemmten Kanada geradezu und beeinflussten die Bürger mehr, als es die eigenen Medien tun konnten, vier von fünf Zeitschriften, die von den Kanadiern gelesen wurden, kamen aus den USA bzw. wurden von dort kontrolliert; auch heute wird noch ein Anteil von 80 % angegeben.

Um die Beziehungen und Abhängigkeiten zu den USA zu dokumentieren und Maßnahmen für einen Ausgleich zu treffen, setzte die kanadische Regierung in den 1950er-Jahren sog. Royal Commissions ein, die umfangreiche Berichte, wie den Massey Report zur kulturpolitischen und den Gordon Report zur wirtschaftlichen Lage, vorlegten. Zu den bekanntesten Maßnahmen gehören die Gründung des Canada Council (1957), der vor allem Vorhaben im kulturellen Bereich fördert, sowie die Canada Development Corporation (1971), die mit wechselndem Erfolg versucht, kanadische Unternehmen zu gründen bzw. zu stärken und dem Land zu erhalten.

Ferner wurde versucht, den Handel mit anderen Staaten, sog. Drittländern, auszudehnen. Dabei kommen vor allem Länder Ostasiens und der Europäischen Union in Betracht, zumal mit ihnen vielfache historische, politische und militärische Verbindungen bestehen. Ihre Anteile im kanadischen Außenhandel sind allerdings weiterhin sehr gering und in jüngster Zeit zurückgefallen.

So sind auch heute die USA mit großem Abstand der bedeutendste Wirtschafts- und Handelspartner, wobei die Verflechtungen durch den Freihandel seit 1988 weiter verstärkt wurden. Allerdings waren die Verhandlungen heftig umstritten, was aber durchaus nicht neu ist, da Diskussionen über einen freien Handel seit dem 19. Jh. geführt werden (Horn 1997). Während Befürworter damit wirtschaftliches Wachstum verbinden, fürchten die Gegner Überfremdung und Druck auf den kanadischen Markt. Angesichts der Stärke der Supermacht USA mit einem zehnfachen Bruttosozialprodukt und mächtigen Wirtschaftsunternehmen kann das wohl auch nicht ausgeschlossen werden. Allerdings setzt sich in letzter Zeit die Erkenntnis durch, dass NAFTA ein Wachstumsfaktor für die kanadische Wirtschaft ist, was Vorrang für eine Beurteilung hat.

Verbreitet ist noch die Sorge vor einer Amerikanisierung der kanadischen Kultur (Korn 1997: 16). So sind die „Kulturindustrien", wie Verlagswesen, Medien, Fernsehen, Film und Werbung nicht in das Abkommen einbezogen und werden durch besondere Gesetze geschützt.

Enger sind die Verbindungen im Umweltschutz geworden, je mehr dieser als globales Problem gesehen wird. Bei einer insgesamt 8900 km langen gemeinsamen Grenze kann es nicht ausbleiben, dass Umweltschäden gegenseitig verursacht werden und bilateral gelöst werden müssen. Sie sind vielseitig und beziehen sich u. a. auf Emissionen, Wasserverschmutzung oder Waldschäden. Da jedoch beide Länder eine intakte Umwelt anstreben, können auch Kontroversen leichter beseitigt werden.

Die Beziehungen zwischen Kanada und den USA haben sich in einem langen Abschnitt der Geschichte beider Staaten entwickelt und intensiviert. Dabei mussten manche Unstimmigkeiten beseitigt werden, doch haben sich in den meisten Fällen partnerschaftlich getroffene Lösungen durchgesetzt. Eine Zusammenarbeit sollte auch künftig das Verhältnis der Nachbarn bestimmen.

Literaturverzeichnis

Bibliographien, Forschungsberichte

Artibise, A. F. J. & G. A. Stelter: Canada's Urban Past. A Bibliography to 1980 and Guide to Canadian Urban Studies. Vancouver 1981.

Conzen, M. P., Th. A. Rumney & G. Wynn (Hg.): A Scholar's Guide to Geographical Writing on the American and Canadian Past. Chicago 1992 (Geography Research Paper 235).

Dittmann, A. & H. D. Laux (Hg.): German Geographical Research on North America. A Bibliography with Comments and Annotations. Bonn 1992 (Bonner Geograph. Abhandlungen 84).

Dittmann, A.: Die indigenen Völker Nordamerikas in den Publikationen der Geographen, 1945–1994. Erdkunde 48, H. 3, 1994, S. 230–236.

Ehlers, E.: Deutsche Beiträge zur geographischen Kanada Forschung: Möglichkeiten und Grenzen komparativer Forschung. Zeitschr. Gesellschaft f. Kanada-Studien 3, Nr. 2, 1983, S. 35–47.

Froeschle, H.: German-Canadian Bibliography: Results and Desiderata. Seminar 29, H. 2, 1993, S. 152–169.

Froeschle, H. & L. Zimmermann: German Canadiana: A Bibliography. Toronto 1990 (German-Canadian Yearbook 11).

Grünsteudel, G. (Hg.): Canadiana – Bibliography 1900–2000, Veröffentlichungen deutschsprachiger Kanadisten. Hagen ³2001 (Kanada-Studien 1).

Jones, L. M. (Hg.): Canadian Studies. Foreign Publications and Theses. Ottawa ⁴1992 (International Council for Canadian Studies).

Nicholson, N. L. & L. M. Sebert: The Maps of Canada. A Guide to Official Canadian Maps, Charts, Atlases and Gazetteers. Cannon House Folkestone (Engl.) 1981.

Vogelsang, R.: Die Geographie in der deutschen Kanadistik: Ein Überblick über die Forschung der 80er Jahre, Augsburg 1990, S. 61–75 (Institut f. Kanada-Studien, Analysen und Berichte 6).

Geographie, Geschichte, Wirtschaft, Politik

Acheson, T. W.: Saint John. The Making of a Colonial Urban Community. Toronto 1985.

Adelman, H. (Hg.): Canadian Immigration and Refugee Policy and Practice. Berlin 1994.

Adelman, H. & J. H. Simpson: Multiculturalism, Jews and Identities in Canada. Jerusalem 1996.

Anderson, F. J.: Natural Resources in Canada, Economic Theory and Policy. Scarborough (Ont.) 1991.

Anderson, K. J.: Vancouver's Chinatown. Radical Discourse in Canada, 1875–1980. Montreal 1991.

Archer, K. u. a.: Parameters of Power. Canada's Political Institutions, Toronto 1995.

Arnaquq, N.: Nunavut Self-Government and Education. Zeitschr. f. Kanada-Studien 14, Nr. 2, 1994, S. 107–114.

Artibise, A. F. J.: Winnipeg: A Social History of Urban Growth, 1874–1914. Montreal 1975.

Artibise, A. F. J.: Achieving Sustainability in Cascadia: An Emerging Model of Urban Growth Management in the Vancouver-Seattle-Portland Corridor. In: Kresl, P. K. & G. Gappert (Hg.): North American Cities and the Global Economy. 1995, S. 221–250.

Axworthy, L.: Canada and Human Security. The Need for Leadership. In: International Journal 2, 1997, S. 183–196.

Barker, M. L. & D. Soyez: Think Locally, Act Globally? The Transnationalization of Canadian Resource-Use Conflicts. Environment 36, Nr. 5, 1994, S. 12–36.

Barker, M. L.: Low-Level Military Flight Training in Quebec-Labrador: The Anatomy of a Northern Development Conflict. Zeitschr. f. Kanada-Studien 15, Nr.1, 1995, S. 25–45.

Barman, J.: The West Beyond the West. A History of British Columbia. Toronto ²1996.

Barnes, T. J. & R. Hayter (Hg.): Troubles in the Rainforest. British Columbia's Forest Economy in Transition. Victoria 1997 (Canadian Western Geographical Series 33).

Basram, M. & D. A. Hay (Hg.): The Political Economy of Agriculture in Western Canada. Toronto 1988.

Bassler, G. P.: The German Canadian Mosaic Today and Yesterday. Identities, Roots and Heritage. Ottawa 1991.

Bastein, F. H. (Hg.): Kanada heute: Hamburger Beiträge zu Raum, Gesellschaft und Kultur. Frankfurt 1987 (Anglo-American Forum 20).

Bastein, F. H. (Hg.): Kanada. Struktur- und Kulturwandel. Würzburg 1993.

Bathelt, H. & A. Hecht: Key Technology Industries in the Waterloo Region: Canada's Technology Triangle. The Canadian Geographer 34, Nr. 3, 1990, S. 225 – 234.

Bathelt, H.: Schlüsseltechnologie-Industrien. Standortverhalten und Einfluss auf den regionalen Strukturwandel in den USA und in Kanada. Berlin, Heidelberg 1991.

Bauhn, P., Chr. Lindberg & S. Lundberg: Multiculturalism and Nationhood in Canada. The Case of First Nations and Quebec. Lund 1995.

Beal, B. & R. Mcleod: Prairie Fire. The 1885 North-West Rebellion. Toronto 1994.

Becker, H.: Siedlungsgründungen des ausgehenden 19. Jahrhunderts an der kanadischen Bergbaufrontier im Klondike-Goldfeld. Die Erde 111, H. 4, 1980, S. 329–352.

Becker, H. (Hg.): Kulturgeographische Prozessforschung in Kanada. Bamberg 1982 (Bamberger Geograph. Schriften 4).

Becker, J. & R.-O. Schultze: Im Spannungsfeld des Atlantischen Dreiecks. Kanadas Außenpolitik nach dem Zweiten Weltkrieg, Bochum 1989.

Bell, D. V. J.: The Roots of Disunity. A Study of Canadian Political Culture, Toronto 1992.

Bella, I.: Parks for Profit. Harvest House 1987.

Benedetti, G. J. de & R. H. LaMarche (Hg.): Shock Waves. The Maritime Urban System in the New Economy. O. O. 1994.

Berger, T. R.: Northern Frontier. Northern Homeland: The Report of the Mackenzie Valley Pipeline Inquiry. 2 Bde., Vancouver, Toronto ²1988.

Berman, T. et al.: Clayoquot and Dissent. Ronsdale 1994.

Bernier, R. & J. I. Gow (Hg.): Un État réduit? A Down-Sized State? Sainte-Foy 1994.

Berry, J. W. & J. A. Laponce (Hg.): Ethnicity and Culture in Canada. The Research Landscape. Toronto 1994.

Berton, P.: Niagara. A History of the Falls. New York 1997.

Bickerton, J. B. & A.-G. Gagnon (Hg.): Canadian Politics. Peterborough, Ontario ³1998.

Biggar, H. P. (Hg.): The Works of Samuel Champlain. 6 Bde., Toronto ²1971 (Publications of the Champlain Society).

Bird, J. B.: The Physiography of Arctic Canada. Baltimore 1967.

Bird, J. B.: The Natural Landscapes of Canada. A Study in Regional Earth Science. Toronto ²1980.

Birdsall, St. S. & J. W. Florin: Regional Landscapes of the United States and Canada. New York ⁴1992.

Bishop, M.: Champlain. The Life of Fortitude. New York 1979.

Blackbourn, A. & R. G. Putnam: The Industrial Geography of Canada. London 1984.

Boardman, R.: Canadian Environmental Policy. Ecosystems, Politics, and Process. Toronto 1992.

Boden, J. F. (Hg.): Abenteuer Kanada. Die Nationalparks Banff und Jasper. Oststeinbek ²1993.

Bolger, F. W. P. (Hg.): Canada's Smallest Province. A History of Prince Edward Island. O. O. 1991.

Bollmann, R. D. (Hg.): Rural Small Town Canada. Toronto 1992.

Bone, R. M.: The Geography of the Canadian North: Issues and Challenges. Toronto 1992.

Bone, R. M.: The Regional Geography of Canada. Don Mills (Ont.) 2000.

Bongart, K. H.: Das kanadische Regierungsprogramm des Multikulturalismus. In: Universität Mannheim (Hg.): Multikulturalismus in Kanada. Mannheim 1982, S. 7–28.

Borchard, R.: Grundlagen einer vierten Option. Kanadische Außenpolitik in der Ära Mulroney. Bochum 1997.

Bothwell, R.: Canada and the United States. The Politics of Partnership. New York 1992.

Bothwell, R.: Canada and Quebec. One Country, Two Historys. Vancouver 1995.

Bourdon, Y. & J. Lamarre: Histoire du Québec. Une société nord-américaine. O. O. 1998.

Bourne, L. S. et al.: Canada's Ethnic Mosaic: Characteristics and Patterns of Ethnic Origin Groups in Urban Areas. Toronto 1986.

Bourne, L. S. & D. Ley (Hg.): The Changing Social Geography of Canadian Cities. Montreal 1993.

Bradbury, J. H. & I. St. Martin: Winding Down in a Quebec Mining Town. A Case Study of Schefferville. The Canadian Geographer 27, 1983, S. 128–144.

Braun, G. (Hg.): Managing and Marketing of Urban Development and Urban Life. Berlin 1994 (Abhandlungen Anthropogeographie, Institut f. Geograph. Wissenschaften, Freie Universität Berlin 52).

Braun, H. & W. Klooß (Hg.): Kanada. Eine interdisziplinäre Einführung. Trier 1992.

Bray, M. & A. Thomson (Hg.): At the End of the Shift. Mines and Single-Industry Towns in Northern Ontario. Toronto 1992.

Bray, M. & A. Thomson (Hg.): Temagami. A Debate on Wilderness. Toronto 1990.

Bredow, W. v.: Kanada – auf dem Weg zum postmodernen Nationalstaat? In: Estel, B. & T. Mayer (Hg.): Das Prinzip Nation in modernen Gesellschaften. Länderdiagnosen und theoretische Perspektiven. Opladen 1994, S. 131–144.

Bredow, W. v.: Kanada unter Stress. Ein Land in der Zerreißprobe. Ahornblätter, Marburger Beiträge zur Kanada-Forschung 9, 1996, S. 9–25.

Bredow, W. v. & A. Pletsch: Quebec und die Zerbrechlichkeit Kanadas. Ahornblätter, Marburger Beiträge zur Kanada-Forschung 11, 1998, S. 18–46.

Bredow, W. v.: Macro-Regionalism: The Case of NAFTA. Ahornblätter, Marburger Beiträge zur Kanada-Forschung 13, 2000, S. 9–27.

Britton, J. N. H. (Hg.): Canada and the Global Economy: The Geography of Structural and Technological Change. Montreal 1996.

Brooks, S.: Canadian Democracy. An Introduction. Toronto u. a. 1996.

Brown, R. J. E.: Permafrost in Canada. Its Influence on Northern Development. Toronto 1970.

Brücher, W.: Erdöl und Erdgas in Alberta (Kanada). Geograph. Rundschau 47, H. 3, 1995, S. 184–190.

Bryson, R. A. & F. K. Hare (Hg.): Climates of North America. Amsterdam 1974 (World Survey of Climatology 11).

Buckley, H. & E. Tihanyi: Canadian Policies for Rural Adjustment. A Study of the Economic Impact of ARDA, PFRA and MRA. Ottawa 1967 (Economic Council of Canada).

Buckner, Ph. A. & J. G. Reid (Hg.): The Atlantic Region to Confederation. A History. Toronto 1994.

Bumstedt, J. M.: The People of Canada. A Post-Confederation History. Toronto 1992.

Bumstedt, J. M. (Hg.): Interpreting Canada's Past. 2 Bde., Toronto ^{2}1993.

Bunting, T. E. & P. Filion (Hg.): The Changing Canadian Inner City. Waterloo 1988.

Bunting, T. E. & P. Filion (Hg.): Canadian Cities in Transition. Toronto 1991.

Burgess, E. W.: The Growth of the City. In: Park, R. E. & E. W. Burgess (Hg.): The City. Chicago 1925.

Burnet, J. et al. (Hg.): Migration and the Transformation of Cultures. Toronto 1992.

Cairns, A. C.: Constitution, Government, and Society in Canada. Toronto 1988.

Cairns, A. C.: Reconfigurations. Canadian Citizenship and Constitutional Change. Toronto 1995.

Cairns, A. C.: Citizens Plus. Aboriginal Peoples and the Canadian State. Vancouver, Toronto 2000.

Cameron, D. & M. Watkins (Hg.): Canada under Free Trade. Toronto 1993.

Canada: Canada's National Parks (Text by R. D. Lawrence). Toronto 1983.

Canada: Environment Canada, Canadian Parks Service: Banff National Park, Management Plan. 1988.

Canada: Government of Canada, Department of the Environment: The State of Canada's Environment. Ottawa 1991.

Canada: Charting a New Course. Towards the Fishery of the Future. Report of the Task Force on Incomes and Adjustment in the Atlantic Fishery. Ottawa 1993.

Canada: Canadian Heritage: Parks Canada. Guiding Principles and Operational Policies. Ottawa 1994.

Canada: The State of Canada's Forests a Balancing Act. Canadian Forest Service. Ottawa 1995.

Canada: The Concise Gazetteer of Canada. Ottawa 1997.

Canada: Canada Yearbooks. Ottawa (Statistics Canada), 1905–1999 (letzte Ausgabe).

Canadian Encyclopedia. 4 Bde. Edmonton ^{2}1988; Year 2000 Edition, Toronto 1999.

Candow, J. E. & C. Corbin (Hg.): How Deep is the Ocean? Historical Essays on Canada's Atlantic Fishery. Sydney 1997.

Cannings, R. & S. Cannings: British Columbia. A Natural History. Vancouver 1996.

Carrow, R.: Canada's Forests: The Quest for Sustainability. Zeitschr. f. Kanada-Studien 14, Nr. 2, 1994, S. 115–126.

Caulfield, J.: City Form and Everyday Life. Toronto's Gentrification and Critical Social Practice. Toronto 1994.

Chantraine, P.: The Last Cod Fish. Life and Death of the Newfoundland Way of Life. Montreal, Toronto 1993.

Chénier, R.: Québec. A French Colonial Town in America, 1660 to 1690. Ottawa 1991.

Clark, A. H.: Acadia. The Geography of Early Nova Scotia to 1760. Madison 1968.

Clarke, H. D. u. a.: Absent Mandate. Canadian Electoral Politics in an Era of Restructuring. Vancouver u. a. 1996.

Coates, K. S. & W. R. Morrison (Hg.): Interpreting Canada's North. Toronto 1989.

Cohn, Th. H. & P. J. Smith: Developing Global Cities in the Pacific Northwest: The Case of Vancouver and Seattle. In: Kresl, P. K. & G. Gappert (Hg.): North American Cities and the Global Economy. 1995, S. 251–285.

Conway, J. F.: The West. A History of a Region in Confederation. Toronto ²1994.

Cooper, A. F.: In Search of Niches. Saying 'Yes' and Saying 'No' in Canada's International Relations. In: Canadian Foreign Policy 3, 1995, S. 1–13.

Couturier, J. P. et al.: Un Passé Composé. Le Canada de 1850 à nos jours. Moncton 1996.

Creese, G.: Chinese Immigration to Canada: Issues of Class and Racism. Zeitschr. Gesellschaft f. Kanada-Studien 10, 1990, Nr. 2, S. 9–20.

Daigle, J.: Acadia of the Maritimes. Moncton 1995.

Dale, E. H. (Hg.): The Future Saskatchewan Small Town. Victoria 1988 (Western Geographical Series 24).

Dasgupta, S. (Hg.): The Community in Canada. Rural and Urban. Boston 1996.

Dauphin, R.: L'Economie du Québec. Québec 1994.

Davis, G. & A. Wieger (Hg.): Kanada, Gesellschaft, Landeskunde, Literatur. Würzburg 1991.

Dearden, Ph. & R. Rollins (Hg.): Parks and Protected Areas in Canada. Planning and Management. Toronto 1993.

Dickason, O. P.: Canada's First Nations: A History of Founding Peoples from Earliest Times. Toronto ²1997.

Dickerson, M.: Whose North? Political Change. Political Development and Self-Government in the Northwest Territories. Vancouver 1992.

Diez, J. R.: NAFTA. Regionalökonomische Auswirkungen der nordamerikanischen Freihandelszone. Geograph. Rundschau 49, H. 12, 1997, S. 688 – 694.

Doeringer, P. B. & D. G. Terkla: Troubled Waters. Economic Structure. Industrial Policy, and Fisheries Trade. Toronto 1995.

Dörrenbächer, H. P.: Die Cri-Indianer nach der „Convertion de la Baie James et du Nord québécoise": maîtres chez eux? Zeitschr. f. Kanada-Studien 14. Nr. 19, 1994, S. 59–74.

Dörrenbächer, H. P.: Baie James: Institutionalisierung einer indigenen Region. Erdkunde 52, H. 4, 1998, S. 301–313.

Driedger, L.: The Urban Factor. Sociology of Canadian Cities. Toronto 1991.

Duff, W.: The Indian History of British Columbia. The Impact of the White Man. O. O. 1997.

Duffy, R. Q.: The Road to Nunavut. The Progress of the Eastern Arctic Inuit since the Second World War. Montreal 1988.

Dunn, C. (Hg.): Provinces. Canadian Provincial Politics. Toronto 1996.

Duquette, J.-P. et al.: Montreal, 1642–1992. Montreal 1992.

Dyck, R.: Provincial Politics in Canada. ³1996.

Dyck, R.: Canadian Politics. Critical Approaches, Toronto u. a. ²1996.

Easterbrook, W. T. & H. G. J. Aitken: Canadian Economic History. Toronto 1988.

Eberle, I.: Die Etablierung von Townships mit Streifenparzellen in Kanada (Ontario und Quebec). Erdkunde 45, 1991, S. 192–204.

Eggleston, W.: The Queen's Choice. A Story of Canada's Capital. Ottawa 1961.

Ehlers, E.: Das nördliche Peace River Country, Alberta. Kanada. Genese und Struktur eines Pionierraumes im borealen Waldland Nordamerikas. Tübingen 1965 (Tübinger geograph. Studien 18).

Ehlers, E.: Die agraren Siedlungsgrenzen der Erde. Gedanken zu ihrer Genese und Typologie am Beispiel des kanadischen Waldlandes. Wiesbaden 1984 (Erdkundliches Wissen 69).

Ehlers, E. & A. Hecht: Die Polargrenze des Anbaus. Strukturwandel in der Alten und Neuen Welt. Geograph. Rundschau 46, H. 2, 1994, S. 104–110.

Eisbacher, G. H.: Nordamerika. Stuttgart 1988 (Geologie der Erde 2).

Elias, P. D. (Hg.): Northern Aboriginal Communities. Economics and Development. North York (Ont.) 1995.

Elliot, J. L. & A. Fleras: Unequal Relations. An Introduction to Race and Ethnic Dynamics in Canada. Scarborough (Ont.) 1992.

Encyclopedia of Canada's Peoples. Editor P. R. Magocsi, Toronto 1999.

English, H. E. (Hg.): Canada – United States Relations. New York 1976.

Ens, A.: Religions and Beliefs. Subject or Citizens? The Mennonite Experience in Canada, 1870–1925. Ottawa 1994.

Ens, G. J.: Homeland to Hinterland. The Changing World of the Red River Metis in the Nineteenth Century. Toronto 1996.

Erskine, D.: The Atlantic Region. In: Warkentin, J. (Hg.): Canada. A Geographical Interpretation. 1968, S. 231–280.

Evenden, L. J. & J. M. Meligrana: Metropolitan Development and the Lower Coast of British Columbia. Salzburger Geograph. Arbeiten 32, 1998, S. 145–159.

Ewanchuk, M.: Reflections and Reminiscences Ukrainians in Canada, 1892–1992. Winnipeg 1994

Falconer, A., B. D. Fahey & R. D. Thompson (Hg.): Physical Geography: The Canadian Context. Toronto 1974.

Fardy, B. D.: John Cabot, the Discoverer of Newfoundland. St. John's 1994.

Farrar, J. L.: Trees in Canada. Ottawa 1995.

Finley, J. L.: Pre-Confederation Canada: The Structure of Canadian History to 1867. Scarborough (Ont.) 1990.

Fitzharris, T. & J. Livingston: Canada. A Natural History. Markham (Ont.) 1988.

Flanagan, T.: Metis Lands in Manitoba. Calgary 1991.

Fleras, A. & J. L. Elliot: Unequal Relations. An Introduction to Race, Ethnic and Aboriginal Dynamics in Canada. Scarborough (Ont.) 1996.

Fleras, A. & J. L. Elliot: Multiculturalism in Canada. The Challenge of Diversity. Scarborough (Ont.) 1992.

Flint, R. F.: Glacial and Quaternary Geology. New York 1971.

Forgacs, O.: The British Columbia Forest Industry: Transition or Decline? In: Barnes, T. J. & R. Hayter (Hg.): Troubles in the Rainforst, 1997, S. 167–178.

Forward, Ch. N. (Hg.): British Columbia. Its Resources and People. Victoria 1987 (Western Geographical Series 22).

Foster, J., D. Harrison & I. S. MacLaren (Hg.): Buffalo. Edmonton 1992 (Alberta Nature and Culture Series).

Francis, D.: Discovery of the North. The Exploration of Canada's Arctic, Edmonton 1986.

Francis, R. D. & H. Palmer (Hg.): The Prairie West. Historical Readings. Edmonton [2]1992.

Francis, R. D. et al.: Origins. Canadian History to Confederation. Toronto [3]1996.

Francis, R. D.: Destinies. Canadian History since Confederation. Toronto [3]1996

French, H. M.: The Periglacial Environment. London 1976.

French, H. M. & O. Slaymaker (Hg.): Canada's Cold Environments. Montreal 1993.

Friedman, J.: A Theory of Polarized Development. In: Friedman, J. (Hg.): Urbanization, Planning and National Development, 1973, S. 41–64.

Friesen, G.: The Canadian Prairies. A History. Toronto 1987.

Friesen, J. W.: Rediscovering the First Nations of Canada. Calgary 1997.

Friesen, J. W.: When Cultures Clash. Case Studies in Multiculturalism. Calgary [2]1993.

Froeschle, H.: Adler auf dem Ahornbaum. Studien zur Einwanderung, Siedlung, Kultur und Literaturgeschichte der Deutschen in Kanada. Toronto 1997.

Froeschle, H.: Multikulturalismus in Kanada. Entstehung und Realisierung eines politischen Konzepts. In: Humane Zukunft, hg. von der Humboldt-Gesellschaft, Mannheim 1988, S. 80–97.

Fulton, R. J. (Hg.): Quaternary Geology of Canada and Greenland. Geological Survey of Canada. Ottawa 1989 (Geological Society of America).

Gabriel, M.: Boomstädte. Ein prozessualer Stadttyp, erörtert an den Beispielen Fairbanks, Whitehorse und Yellowknife. Bamberg 1991 (Bamberger Geograph. Schriften 9).

Gad, G.: Die Dynamik der Bürostandorte. Drei Phasen der Forschung. Münchener Geograph. Hefte 50, 1983, S. 29–59.

Gad, G.: Office Location Dynamics in Toronto: Suburbanization and Central District Specialization. Urban Geography 6, Nr. 4, 1985, S. 331–351.

Gad, G.: Office Location. In: Bunting, T. & P. Filion (Hg.): Canadian Cities in Transition. 1991, S. 432–459.

Gadd, B.: Handbook of the Canadian Rockies. Jasper 1986.

Gaffield, C. & P. (Hg.): Consuming Canada: Readings in Environmental History. Mississauga (Ont.) 1995.

Gagnon, A.-G. (Hg.): Quebec. State and Society. Scarborough (Ont.) 1993.

Gajda, R. T.: The Canadian Ecumene – Inhabited and Uninhabited Areas. Geographical Bulletin 15, 1960, S. 5–18.

Gayler, H. J. (Hg.): Niagara's Changing Landscapes. O. O. 1994.

Gerecke, K. (Hg.): The Canadian City. Quebec 1991.

Gerhard, U.: Erlebnis Shopping oder Versorgungseinkauf? Eine Untersuchung über den Zusammenhang von Freizeit und Einzelhandel am Beispiel der Stadt Edmonton, Kanada. Marburg 1998 (Marburger Geograph. Schriften 133).

Gerloff, J. U.: Nuclear Industry and Sustainable Development – the Canadian Experience. Petermanns Geograph. Mitteilungen 140, 1996 (a), H. 4, S. 203–216.

Gerloff, J. U.: Canada's Uranium Industry: Issues and Perspectives. In: Vogelsang, R. (Hg.): Canada in Transition. 1996 (b), S. 53–74.

Gerloff, J. U.: Bruce Nuclear Power Development. Eine geographische Fallstudie zur Entwicklung der Kernernergie in Kanada. Zeitschr. f. Kanada-Studien 19, Nr. 2, 1999, S. 37–56.

Gibbins, R. & S. Arrison: Western Visions. Perspectives on the West in Canada. Peterborough 1995.

Gibbon, J. M.: Canadian Mosaic, the Making of a Northern Nation. Toronto 1938.

Glazebrook, G. P. de T.: A History of Transportation in Canada. Toronto 1964 (The Carleton Library 11/12).

Globermann, St. (Hg.): The Immigration Dilemma. Vancouver 1992.

Goldberg, M. A. & J. Mercer: The Myth of the North American City. Vancouver 1986.

Göll, E.: NAFTA als neues Instrument regionaler Wirtschaftskooperation. Europa Archiv 49, 1994, S. 43–52.

Gould, E.: Oil. The History of Canada's Oil and Gas Industry. Victoria 1976.

Greer, A.: The People of New France. Toronto 1997.

Griffiths, N.: The Acadians. Creation of a People. Toronto 1973.

Hahn, B.: Die Sanierung der Innenstadt von Winnipeg. Zeitschr. Gesellschaft f. Kanada-Studien 8, Nr.2, 1988, S. 71–86.

Hahn, B.: Winterstädte. Planung für den Winter in kanadischen Großstädten. Augsburg 1992 (Beiträge zur Kanadistik 2).

Hahn, B.: Stadterneuerung am Ufer des Ontario-Sees in Toronto. Die Erde 124, H. 3, 1993, S. 237–252.

Hahn, B.: Die Privatisierung des Öffentlichen Raumes in nordamerikanischen Städten. In: Steinecke, A. (Hg.): Stadt und Wirtschaftsraum. Berliner Geograph. Studien 44, 1996 (a), S. 259–269.

Hahn, B.: Toronto. Development Trends in the Early 90s. In: Vogelsang, R. (Hg.): Canada in Transition. 1996 (b), S. 93–113.

Hahn, B.: La ville intérieure de Montreal: une observation critique. Mannheimer Geograph. Arbeiten 43, 1996 (c), S. 107–118.

Hahn, B.: Einkaufszentren in Kanada. Bedeutungsverlust und Umstrukturierung. Geograph. Rundschau 49, 1997, S. 523–528.

Halli, Sh., F. Trovato & L. Driedger: Ethnic Demography. Canadian Immigrant, Racial and Cultural Variations. Ottawa 1990.

Hamelin, L. E.: L'ecouméne du Nord canadien. In: Wonders, W. C. (Hg.): The North, 1972, S. 25–40.

Hamelin, L. E.: Nordicité canadienne. Montreal ²1980.

Hamilton, J. D.: Arctic Revolution. Social Change in the Northwest Territories, 1935–1994. Toronto 1994.

Hamilton, J.: Montreal's Underground City. Canadian Geographic, Dec. 1987/Jan. 1988, S. 50–57.

Hampson, F. O. & M. A. Molot (Hg.): Canada Among Nations 1998. Leadership and Dialogue. Oxford 1998.

Hampson, F. O., M. Rudner & M. Hart (Hg.): Canada Among Nations 1999. A Big League Player? Oxford 1999.

Hardwick, W. G.: Vancouver. Toronto 1974.

Hare, F. K. & J. E. Hay: The Climate of Canada and Alaska. In: Bryson, R. A. & F. K. Hare (Hg.): Climates of North America. 1974, S. 49–192.

Hare, F. K. & M. K. Thomas: Climate of Canada. Toronto ²1979.

Harris, C.: The Resettlement of British Columbia. Essays on Colonialism and Geographical Change. Vancouver 1996.

Harris, R. C. & J. Warkentin: Canada Before Confederation. A Study in Historical Geography. New York 1974.

Harris, R. C.: The Seigneurial System in Early Canada. Montreal 1984.

Harris, St. A.: The Permafrost Environment. London 1986.

Hasson, S. & D. Ley: Neighbourhood Organizations and the Welfare State. Toronto 1994.

Hauff, V. (Hg.): Unsere gemeinsame Zukunft. Der Brundtlandbericht für Umwelt und Entwicklung. Greven 1987.

Hayter, R. & D. Soyez: Clearcut Issues: German Environmental Pressure and the British Columbia Forest Sector. Geograph. Zeitschrift 84, 1996, H. 3/4, S. 143–156.

Hayter, R.: International Trade and the Canadian Forest Industries: The Paradox of the North American Free Trade Agreements. Zeitschr. f. Kanada-Studien 13, Nr. I, 1993, S. 81–94.

Hecht, A.: Die Anglo- und Frankokanadische Stadt. Ein sozio-ökonomischer Vergleich am Beispiel von Hamilton und Quebec City. Trierer Geograph. Studien, Sonderheft 1, 1977, S. 87–112.

Hecht, A. & K. Lenz: Die Entwicklung einer neuen wirtschaftlichen Kernregion in Kanada. Die Erde 113, 1982, H. 3/4, S. 273–289.

Hecht, A.: The Socio-Economic Core-Periphery Structur in Canada: A Present Analysis. Zeitschr. Gesellschaft f. Kanada-Studien 8, 1988, S. 23 – 51.

Hecht, A. & A. Pletsch: The Canadian North: A Socio-Economic Invasion of the Native Milieu. Ahornblätter, Marburger Beiträge zur Kanada-Forschung 2, 1989, S. 7–36.

Heidenreich, C. E.: The Natural Environment of Huronia and Huron Seasonal Activities. Marburger Geograph. Schriften 50, 1971, S. 103–116.

Heidenreich, C. E.: Huronia. A History and Geography of the Huron Indians, 1600 – 1650. Toronto 1973.

Heidenreich, C. E. & A. J. Ray: The Early Fur Trades. A Study in Cultural Interaction. Toronto 1976.

Heidenreich, C. E.: Explorations and Mapping of Samuel de Champlain, 1603 – 1632. Toronto 1976 (Cartographica, Monograph Nr. 17).

Helbrecht, I.: Die Wiederkehr der Innenstädte. Zur Rolle von Kultur, Kapital und Konsum in der Gentrification. Geograph. Zeitschrift 1996 (a), H. I, S. 1–15.

Helbrecht, I.: Stadtstrukturen in Kanada und den USA im Vergleich. Erdkunde 50, 1996 (b), H. 3, S. 238–251.

Helbrecht, I.: Stadt und Lebensstil. Von der Sozialraumanalyse zur Kulturraumanalyse? Die Erde 128, 1997, H. 1, S. 3–16.

Helbrecht, I.: The Creative Metropolis. Services, Symbols and Spaces. Zeitschr. f. Kanada-Studien 18, 1998 (a), Nr. 2, S. 79–93.

Helbrecht, I.: Vancouver – Stadt der Lebensqualität? Stadt-Bauwelt 89, Nr. 137, 1998 (b), S. 624–631.

Henripin, J. & Y. Martin (Hg.): La population du Québec d'hier à demain. Montreal 1991.

Henry, A.: Travels and Adventures in Canada and the Indian Territories between the Years 1760 and 1776. New York 1809. Neue Aufl. Toronto 1901.

Hessing, M. & M. Howlett: Canadian Natural Resources and Environmental Policy, Political Economy and Public Policy. Vancouver 1997.

Hiller, H. H.: Canadian Society. A Macro Analysis. Scarborough (Ont.) ²1991.

Hillmer, N. (Hg.): Partner Nevertheless. Canadian American Relations in the Twentieth Century. Toronto 1989.

Hirscher, G. & T. A. Williams (Hg.): Deutschland und Kanada. Politik, Wirtschaft und die Beziehungen zwischen Kanada, Europa und Deutschland, München 1997.

Hodge, G.: Planning Canadian Communities. Toronto 1986.

Hofmeister, B.: Die Stadtstruktur. Darmstadt ²1991 (Erträge der Forschung 132).

Hofmeister, B.: Nordamerika. Frankfurt 1988 (Fischer Länderkunde 6).

Holzner, L.: Stadtland USA. Die Kulturlandschaft des American Way of Life. Gotha 1996 (Petermanns Geograph. Mitteilungen. Ergänzungsheft 291).

Hopkins, J.: Toronto's Underground City: Excavating the Terms of Access. In: Braun, G. (Hg.): Managing and Marketing of Urban Development and Urban Life. 1994, S. 609–619.

Hoppe, W.: Bodenversalzungen und Trockenfeldbau in den nördlichen Great Plains. Dortmund 1998 (Duisburger Geograph. Arbeiten 17).

Horn, M.: Canada and Free Trade Agreements. A Brief Historical Overview. Zeitschr. f. Kanada-Studien 17, Nr. 2, 1997, S. 36–44.

Hornig, J. (Hg.): Social and Environmental Impacts of the James Bay Hydroelectric Project. Montreal 1999.

Howlett, M. & M. Ramesh: The Political Economy of Canada. An Introduction. ^{2}1999.

Hufbauer, G. C. & J. J. Schott: NAFTA, an Assessment. Washington 1993.

Hulbert, F.: Essai de Géopolitique Urbaine et Regionale. La Comédie Urbaine de Québec. Quebec 1989.

Hylton, J. H. (Hg.): Aboriginal Self-Government in Canada. Saskatoon 1999.

Ingstad, A. St. & H.: The Discovery of America. 2 Bde., Oslo ^{2}1985.

Inwood, K. (Hg.): Farm, Factory and Fortune. New Studies in the Economic History of the Maritime Provinces. Fredericton 1993.

Jackson, J. N.: Four Welland Canals. The St. Lawrence Seaway and their Canal Communities. Salzburger Geograph. Arbeiten 28, 1995, S. 61–73.

Jackson, J. N.: The Welland Canals and their Communities. Engineering, Industrial, and Urban Transformation. Toronto 1997.

Jackson, R. J. & D. Jackson: Politics in Canada. Culture, Institutions, Behaviour and Public Policy. Scarborough (Ont.) ^{4}1998.

Jenness, D.: The Indians of Canada. Toronto ^{7}1977.

Johann, A. E.: Von Banff nach Jasper – welch eine Reise! In: Boden, J. F. (Hg.): Abenteuer Kanada. Die Nationalparks Banff und Jasper, 1993, S. 11– 64.

Johnson, W. E.: Wind and Water Erosion in Western Canada. Agricultural Institute Review 16, 1961, S. 12–15.

Johnston, H. J. M. (Hg.): The Pacific Province. A History of British Columbia. Vancouver 1996.

Jones, D. C.: Empire of Dust. Settling and Abandoning the Prairie Dry Belt. Edmonton 1987.

Keating, T.: The Multilateralist Tradition in Canadian Foreign Policy, Toronto 1993.

Kempf, U. (Hg.): Quebec. Wirtschaft – Gesellschaft – Politik. Hagen ^{2}1999.

Kirchesch, U.: Die Großen Seen. Länderübergreifende Umweltprobleme und Umweltpolitik. Geograph. Rundschau 38, H. 6, 1986, S. 329–336.

Knapp, R.: Die Vegetation von Nord- und Mittelamerika. Stuttgart 1965.

Knight, D. B.: Choosing Canada's Capital. Conflict Resolution in a Parlamentary System. Ottawa 1991.

Knowles, V.: Strangers at our Gates: Canadian Immigration and Immigration Policy, 1540 – 1990. Toronto 1992.

Koch-Kraft, A.: Deutsche in Kanada. Einwanderung und Adaption. Bochum 1990 (Kanada-Studien 7).

Kohl, J. G.: Reisen in Canada und durch die Staaten von New York und Pennsylvania. Stuttgart 1856.

Korn, H.: Eine komplizierte Verwandtschaft, aber voneinander abhängig. Das Parlament 47, Nr. 1–2, vom 3./10. Jan. 1997, S. 16.

Kresl, P. K. & G. Gappert (Hg.): North American Cities and the Global Economy. Thousand Oaks 1995.

Kresl, P. K.: The Impact of Free Trade on Canadian American Border Cities. Ottawa 1993.

Kretschmer, K.: Die historischen Karten zur Entdeckung Amerikas. Reprintausgabe des Originals von 1892. Frankfurt/M. 1991.

Krueger, R., R. Corder & J. Koegler: This Land of Ours. A New Geography of Canada. Toronto 1991.

Lafontant, J. (Hg.): L'Etat et les minorités. Saint Boniface (Man.) 1993.

Lai, D. Ch.: Chinatowns. Towns within Cities in Canada. Vancouver 1988.

Lamb, W. K.: History of the Canadian Railway. New York 1977.

Lawrence, R. D.: The Natural History of Canada. Toronto 1988.

Leacy, F. H. (Hg.): Historical Statistics of Canada. Ottawa ^{2}1983.

Legget, H.: Rideau Waterway. Toronto ^{2}1986.

Lehmann, H.: The German Canadians 1750 – 1937. Immigration, Settlement and Culture. St. John's 1986.

Lehr, J. C.: Mormon Settlement Morphology in Southern Alberta. The Albertan Geographer 8, 1972, S. 6–13.

Lenz, K.: Die Prärieprovinzen Kanadas. Der Wandel der Kulturlandschaft von der Kolonisation bis zur Gegenwart unter dem Einfluss der Industrie. Marburg 1965 (Marburger Geograph. Schriften 21).

Lenz, K.: Die Konzentration der Versorgung im ländlichen Bereich. Untersuchungen in den nördlichen Präriegebieten von Nordamerika. Marburger Geograph. Schriften 66, 1976, S. 9 – 48.

Lenz, K. & A. Pletsch (Hg.): Carl Schott. Kanada, wirtschafts- und siedlungsgeographische Probleme. Berlin 1985.

Lenz, K.: Kanada. Eine geographische Landeskunde. Darmstadt 1988.

Lenz, K.: Der boreale Waldgürtel Kanadas. Erschließung und aktuelle Entwicklungen. Geograph. Rundschau 42, H. 7/8, 1990, S. 408–414.

Lenz, K.: Der Atlantische Raum Nordamerikas. Divergente Entwicklungen aus historisch-geographischer Sicht. Mitteilungen der Geograph. Gesellschaft Hamburg 80, 1990, S. 31–48.

Lenz, K.: Kanada in der globalen Verantwortung für die Umwelt. Zeitschr. f. Kanada-Studien 13, Nr. 2, 1993, S. 20–38.

Lenz, K.: Die Kanadareise von Johann Georg Kohl: Siedlungsgeographische Beobachtungen und Kommentare. Zeitschr. Gesellschaft f. Kanada-Studien 15, H. 2, 1995, S. 47–62.

Lenz, K.: Multikulturalismus in Kanada. Ethnisches Profil mit zwei Dominanten. Geograph. Rundschau 48, 1996, H. 4, S. 240–246.

Ley, D.: Gentrification in Recession. Social Change in Six Canadian Inner Cities, 1981–86. Urban Geography 13, 1992, S. 230–256.

Ley, D.: The New Middle Class and the Remaking of the Central City. Oxford 1996.

Ley, D.: Immigration. The Metropolis and the Reinvention of Canada. Zeitschr. f. Kanada-Studien 18, H. 1, 1998, S. 101–113.

Lipset, S. M.: Continental Divide. The Values and Institutions of the United States and Canada. New York 1990.

Lothian, W. F.: A Brief History of Canada's National Parks. Ottawa 1987.

Lötscher, L.: Lebensqualität kanadischer Städte. Basel 1985 (Basler Beiträge zur Geographie 33).

Lyon, J. & B. Duggan: The Port of Vancouver. Canada's Global Gateway. Toronto 1993.

Mackintosh, W. A. & W. L. G. Joerg (Hg.): Canadian Frontier of Settlement. 8 Bde. Toronto 1934–40.

Mage, J. A.: The Mennonite Farmers of Waterloo County. An Enclave of Traditional Agricultural Practices. Salzburger Geograph. Arbeiten 28, 1995, S. 85–95.

Manning, E. W.: Canada's Land: Relating Research to Reality. Zeitschr. Gesellschaft f. Kanada-Studien 5, Nr. I, 1985, S. 61–84.

Marchak, P., N. Gruppy & J. McMullan (Hg.): Common Property. The Fishing and Fish-Processing Industries in British Columbia. Toronto 1987.

Marr, W. & D. G. Paterson: Canada. An Economic History. Toronto 1980.

Marr, W. L.: Economic Aspects of Canadian Regionalism. Zeitschr. Gesellschaft f. Kanada-Studien 8, 1988, Nr. 2, S. 43–60.

Marsh, J.: Canada's Parks and Tourism: A Problematic Relationship. In: Murphy, P. E. (Hg.): Tourism in Canada. 1983, S. 271–307.

Matthew, M. R.: Office Location Trends: The Case of Toronto. In: Bunting, T. E. & P. Filion (Hg.): The Changing Canadian Inner City. 1988, S. 37–51.

Maynard, L. (Hg.): Hibernia. Promise of Rock and Sea. O. O. 1997.

McCalla, D. & M. Huberman (Hg.): Perspectives on Canadian Economic History. Mississauga (Ont.) ²1994.

McCann, L. D. (Hg.): Heartland and Hinterland. A Geography of Canada. Scarborough (Ont.) ³1998.

McCuaig, J. D. & E. W. Manning: Agricultural Land-Use Change in Canada: Process and Consequences. Ottawa 1982 (Land Use in Canada Series 21).

McGrath, G. & L. Sebert: Mapping a Northern Land. The Survey of Canada, 1947–1994. Montreal 1999.

McNamee, K.: From Wild Places to Endangered Spaces: A History of Canada's National Parks. In: Deardon, Ph. & R. Rollins (Hg.): Parks and Protected Areas in Canada. Toronto 1993, S. 17–44.

McRoberts, K. (Hg.): Beyond Quebec. Taking Stock of Canada. Montreal u. a. 1995.

McRoberts, K.: Misconceiving Canada. The Struggle for National Unity. Toronto 1997.

McRoberts, K.: Quebec. Social Change and Political Crisis. Toronto [3]1993.

McRory, R. E.: Oil Sands and Heavy Oils of Alberta. Edmonton 1982 (Alberta, Energy and Natural Resources).

McVey, W. W. & W. E. Kalbach: Canadian Population. Toronto 1995.

Mercer, J.: The Canadian City in Continental Context: Global and Continental Perspectives on Canadian Urban Development. In: Bunting, T. & P. Filion (Hg.): Canadian Cities in Transition. Toronto u. a. 1991, S. 45–68.

Metz, B.: Permafrost und Mensch. Interessenskonflikte zwischen Ökologie und Ökonomie im subarktischen Nordamerika. In: Frankfurter Geowiss. Arbeiten, Serie D, Bd. 25, 1999, S. 135–148.

Mitchell, B. & J. S. Gardner (Hg.): River Basin Management: Canadian Experiences. Waterloo 1983.

Mitchell, B. (Hg.): Resources and Environmental Management in Canada. Toronto 1993.

Mitchell, B.: Resource Management and Development. Addressing Conflict and Uncertainty. Toronto 1991.

Molot, M. A. & F. O. Hampson (Hg.): Canada Among Nations 2000. Vanishing Borders. Oxford 2000.

Momer, B.: The Small Town that Grew and Grew, a Look at Rapid Urban Growth and Social Issues in Kelowna, British Columbia, Canada. Salzburger Geograph. Arbeiten 32, 1998, S. 65–80.

Moore, Ch.: The Loyalists. Revolution – Exile – Settlement. Toronto 1994.

Morison, S. E.: Samuel de Champlain: Father of New France. Boston 1972.

Morrison, W. R.: True North. The Yukon and Northwest Territories. Oxford 1998 (The Oxford History of Canada).

Morton, D.: A Short History of Canada. Edmonton [3]1997.

Müller-Wille, L. & A. Pletsch: Ethnizitätskonflikt, sozioökonomischer Wandel und Territorialentwicklung in Quebec/Kanada. Die Erde 112, H. 1–2, 1981, S. 61–89.

Murphy, P. E. (Hg.): Tourism in Canada: Selected Issues and Options. Victoria 1983 (Western Geographical Series 21).

Nader, G. A.: Cities of Canada. 2 Bde., Toronto 1975 u. 1976.

Nelson, J. G.: The Environment: Perception and Reality in Canada. Zeitschr. f. Kanada-Studien 15, Nr. 1, 1995, S. 47–62.

Nevitte, N.: The Decline of Deference. Canadian Value Change in Cross-National Perspective, Toronto 1996.

Newman, P. C.: The Canadian Revolution 1985–1995. From Deference to Defiance. Toronto 1995.

Nicholson, N. L.: The Boundaries of the Canadian Confederation. Toronto 1979.

Nieguth, T.: Das kanadische Parteiensystem nach der Unterhauswahl von 1997: Regionale Fragmentierung und strukturelle Asymmetrie. In: Schultze, R.-O. & S. Schneider (Hg.): Kanada in der Krise. Analysen zum Verfassungs-, Wirtschafts- und Parteiensystemwandel seit den 80er Jahren. Bochum 1997, S. 389–415.

Niemz, G.: Ölgewinnung und Umweltschutz im Athabasca-Ölsandgebiet, Alberta. Frankfurter Wirtschafts- und Sozialgeographische Schriften 55, 1991, S. 113–140.

Noel, L. E. (Hg.): Voyages. Canada's Heritage Rivers. St. John's 1995.

Nolte, S.: Geoökologische Probleme bei der Erschließung von Permafrostgebieten. Das Beispiel der Pipelines in Alaska und im Norden Kanadas. Ahornblätter, Marburger Beiträge zur Kanada-Forschung 3, 1990, S. 157–175.

Norrie, K. (Hg.): Disparities and Interregional Adjustment. Toronto 1986.

Norrie, K. & D. Owram: A History of the Canadian Economy. Toronto [2]1996.

Norris, D. & P. Grainger: Changes in Canada's Labour Force during the 1970s. Canadian Statistical Review, 1983, S. 13–23.

Nossal, K. R.: Pinchpenny Diplomacy. The Decline of 'Good International Citizenship' in Canadian Foreign Policy. In: International Journal 1, 1998–99, S. 88–105.

Nossal, K. R.: The Politics of Canadian Foreign Policy. Scarborough [3]1997.

Notzke, C.: Indian Reserves in Canada. Development Problems of the Stoney and Peigan Reserves in Alberta. Marburg 1985 (Marburger Geograph. Schriften 97).

Notzke, C.: Aboriginal Peoples and Natural Resources in Canada. North York (Ont.) 1994.

Nowak, E.: Inuit – die Menschen der kanadischen Arktis. Zeitschr. f. Kanada-Studien 18, 1998, Nr. 2, S. 5–24.

Owen, St.: Conflict in Canadian Forests: The Need for Public Participation and Sustainability. Zeitschr. f. Kanada-Studien 14, 1994, Nr. 2, S. 127–139.

Page, R.: Northern Development. The Canadian Dilemma. Toronto 1986.

Painchaud, P. (Hg.): From Mackenzie King to Pierre Trudeau. Forty Years of Canadian Diplomacy, 1945–1985. Quebec 1989.

Pal, L. A. & R.-O. Schultze (Hg.): The Nation-State Versus Continental Integration. Canada in North America – Germany in Europe. Bochum 1991.

Palmer, C. T. & P. Sinclair: When the Fish are Gone. Ecological Disasters and Fishers in Northwest Newfoundland. O. O. 1997.

Parkin, M. & R. Bade: Economics of Canada in the Global Environment. O. O. 1991.

Paterson, J. H.: North America. A Geography of the United States and Canada. New York [9]1994.

Patton, B.: Rocky Mountains Nationalparks. [2]1988.

Perterer, A. D.: Der Kulturraum der Hutterer in Nordamerika. Wandel der Lebensformen einer Religionsgruppe im Spannungsfeld zwischen Tradition und Modernisierung. Augsburg 1998 (Beiträge zur Kanadistik 8).

Peter, K. A.: The Dynamics of Hutterite Society. An Analytical Approach. Edmonton 1987.

Philipps, S. D.: The Making of Megacity: The Political Economy and Restructuring of the Greater Toronto Area. Zeitschr. f. Kanada-Studien 18, 1998, Nr. 2, S. 138–157.

Phillipps, D.: The Climates of Canada. Ottawa 1990 (Environment Canada).

Pierce, J. & A. Dale (Hg.): Communities, Development, and Sustainability Across Canada. Vancouver 1999.

Pletsch, A.: Kolonisationsphasen und Kulturlandschaftswandel im Südosten der Provinz Quebec (Kanada). Erdkunde 34, 1980, S. 61–73.

Pletsch, A.: Urbanisierung und ihre Auswirkungen auf die Landwirtschaft im Umland von Montreal. Zeitschr. Gesellschaft f. Kanada-Studien 1, 1981, Nr. I, S. 76–95.

Pletsch, A.: Der Fall Quebec. Bevölkerungs- und wirtschaftsgeographische Folgen eines politischen Wandlungsprozesses. Marburger Geograph. Schriften 100, 1986, S. 230–245.

Pletsch, A.: Kanadas ethnisches Mosaik im Wandel. Ahornblätter, Marburger Beiträge zur Kanada-Forschung 6, 1993 (a), S. 147–157.

Pletsch, A.: Ressourcenpotential und Umweltbedrohung in Kanada. Ahornblätter, Marburger Beiträge zur Kanada-Forschung 6, 1993 (b), S. 29–39.

Pletsch, A.: Die kanadische Urbevölkerung vor dem endgültigen Niedergang? Ahornblätter, Marburger Beiträge zur Kanada-Forschung 7, 1994, S. 57–81.

Pope, P. E.: The Many Landfalls of John Cabot. Toronto 1997.

Prest, V. K.: Quaternary Geology of Canada. In: Douglas, R. J. W. (Hg.): Geology and Economic Minerals of Canada. Ottawa 1970, S. 677–764.

Preston, R. E.: Urban Systems Dynamics: Evidence for the Toronto Urban System, 1930– 1991. In: Braun, G. (Hg.): Managing and Marketing of Urban Development and Urban Life, Berlin 1994, S. 183–194.

Proulx, M. U.: Le Phénoméne Régional au Québec. Quebec 1996.

Quellet, F.: Economy, Class and Nation in Quebec. Toronto 1991.

Randall, St. J. & H. W. Konrad (Hg.): NAFTA in Transition. Calgary 1996.

Ratter, B. M. W.: Der Beitrag der Komplexitätstheorie zum Resourcenmanagement am Beispiel des Niagara Escarpments in Südontario, Kanada. Geograph. Zeitschrift 86, H. 3, 1998, S. 171–183.

Rau, St. & C. J. Rupp: Verdichtung an der Peripherie (Vancouver). Stadt Bauwelt 89, Nr. 137, 1998, S. 644–647.

Regehr, T. D.: Mennonites in Canada. 3 Bde., Toronto 1996.

Remie, C. H. W.: Nunavut: Perceptions and Realities at the Periphery. Zeitschr. f. Kanada-Studien 16, Nr. I, 1996, S. 103–117.

Robinson, G. M. (Hg.): A Social Geography of Canada. Essays in Honour of J. W. Watson. Toronto 1991.

Robinson, J. B., D. Cohen & A. Scott (Hg.): Managing Natural Resources in British Columbia. Vancouver 1995.

Robinson, J. L. & W. G. Hardwick: British Columbia: One Hundred Years of Geographical Change. Vancouver 1973.

Robinson, J. L.: Concepts and Themes in the Regional Geography of Canada. Vancouver 21989.

Rohmer, R.: The Green North. Toronto 1970.

Rosenvall, L. A. & S. M. Evans: Essays on the Historical Geography of the Canadian West. Calgary 1987.

Ross, S. & A. Deveau: The Acadians of Nova Scotia. Past and Present. Halifax 1992.

Rowe, F. W.: A History of Newfoundland and Labrador. Toronto 1980.

Ruggles, R. I.: A Country so Interesting. The Hudson's Bay Company and Two Centuries of Mapping, 1670–1870. Montreal 1991.

Sager, E. W. & G. E. Panting: Maritime Capital. The Shipping Industry in Atlantic Canada, 1820–1914. Montreal 1990.

Sandberg, L. A. (Hg.): Trouble in the Woods. Forest Policy and Social Conflict in Nova Scotia and New Brunswick. Fredericton 1992.

Sandmann, H.: Der Regenwald in Britisch Kolumbien zwischen Kahlschlag und Naturschutz. Ahornblätter, Marburger Beiträge zur Kanada-Forschung 6, 1993, S. 41–58.

Satzewich, V. (Hg.): Deconstructing a Nation: Immigration, Multiculturalism and Racism in '90s Canada. Halifax 1990.

Sautter, U.: Geschichte Kanadas. Von der europäischen Entdeckung bis zur Gegenwart. München 1992.

Sautter, U.: Von der Eroberung zum Referendum: Historische Stationen des frankoanglokanadischen Verhältnisses. Zeitschr. f. Kanada-Studien 19, Nr. 1, 1999, S. 40–54.

Savoi, D. J. & R. Winter (Hg.): Les Provinces Maritimes: un regard vers l'avenir. Moncton l994.

Scally, F. de & C. Turchak: Some Environmental Aspects and Impacts of Rapid Population Growth in the Okanagon Valley, British Columbia. Salzburger Geograph. Arbeiten 32, 1998, S. 43–63.

Schiller, Th.: Sozialpolitik in Kanada in den 80er Jahren. Baden-Baden 1994.

Schlichtmann, H.: Rural Settlement in the Prairie Region of Canada. Proceedings of the Royal Geographical Society of Australia. South Australian Branch 78, 1977, S. 29–49.

Schmidt, C.: Die Erschließung neuer Gebiete in der Gegenwart. Dargestellt am Beispiel des kanadischen Nordens. Zeitschr. f. Wirtschaftsgeographie 35, H. 3–4, 1991, S. 146–157.

Schneider, S.: Dezentralisierung und Subsidiarität in der Wirtschafts- und Sozialpolitik: Ein Beitrag zur Lösung der Krise des kanadischen Bundesstaates? In: Schultze, R.-O. (Hg.): Aus der Werkstatt der Augsburger Kanadistik. Analysen – Berichte – Dokumentationen. Bochum 1996, S. 121–150.

Schneider, S.: Regionale Fragmentierung statt nationaler Integration: Das kanadische Parteiensystem nach den Unterhauswahlen vom 2. Juni 1997. In: Zeitscchrift für Parlamentsfragen 28, 4 (1997), S. 664–682.

Schneider, S.: Parliamentary Government in Canada: Institutional Stability and Constitutional Reform in the Legislative and Executive Branches. In: R.-O. Schulze/ R. Sturm (Hg.), The Politics of Constitutional Reform in North America. Coping with New Challenges, Opladen 2000, S. 83–116.

Schneider-Sliwa, R.: 'Hyper-Ghettos' in amerikanischen Großstädten: Lebensräume und Konstruktionsprinzip der urban underclass. In: Geograph. Zeitschrift 84, 1996, H. 1, S. 27–42.

Schneider-Sliwa, R.: Politisch-kulturelle und Planungstraditionen in den USA. Raumforschung und Raumordnung 6, 1995, S. 425–435.

Schott, C.: Landnahme und Kolonisation in Canada am Beispiel Südontarios. Kiel 1936 (Schriften des Geograph. Instituts der Universität Kiel VI).

Schott, C.: Die Kanadischen Marschen. Kiel 1955 (Schriften des Geograph. Instituts der Universität Kiel XV).

Schultze, R.-O.: Politik und Gesellschaft in Kanada. Meisenheim 1977 (Transfines, Studien zu Politik und Gesellschaft des Auslandes 2).

Schultze, R.-O.: Interessenrepräsentation und Westminster-Modell: Kanada – ein abweichender Fall? In: Staatswissenschaften und Staatspraxis 2, 1996, S. 163–193.

Schultze, R.-O.: Repräsentationskrise, Parteiensystem- und Politikwandel in Kanada seit den 80er Jahren. In: Schultze, R.-O. & S. Schneider (Hg.): Kanada in der Krise. Analysen zum Verfassungs-, Wirtschafts- und Parteiensystemwandel seit den 80er Jahren. Bochum 1997, S. 269 – 313.

Schultze, R.-O.: Verfassungspolitik im kanadischen Föderalismus seit Beginn der 80er Jahre. In: R.-O. Schultze & S. Schneider (Hg.): Kanada in der Krise. Analysen zum Verfassungs-, Wirtschafts- und Parteiensystemwandel seit den 80er Jahren, Bochum 1997, S. 3–42.

Schultze, R.-O. & S. Schneider: Hat der kanadische Nationalstaat eine Zukunft? Aktuelle Probleme und Herausforderungen kanadischer Innenpolitik. In: Aus Politik und Zeitgeschichte B 17, 1995, S. 22–31.

Schultze, R.-O. & S. Schneider (Hg.): Kanada in der Krise. Analysen zum Verfassungs-, Wirtschafts- und Parteiensystemwandel seit den 80er Jahren. Bochum 1997.

Schwarzmann, J.: Shopping Centres in Canada: Entwicklungsprozess und ökonomische Auswirkungen auf innerstädtische Strukturen. Fallstudien aus Toronto, Vancouver und Edmonton. Diplomarbeit FU Berlin 1991.

Schwindt, R.: The Canadian Pacific Salmon Industry. Issues in Resource and Community – Sustainability. In: Pierce, J. & A. Dale: Communities, Development and Sustainability Across Canada. Vancouver 1999, S. 140 – 165.

Scott, A. J.: Canada's Vegetation. A World Perspective. Montreal 1995.

Scott, J. W.: The Challenge of the Regional City. Berlin 1992 (Abhandlungen Anthropogeographie, Institut f. Geograph. Wissenschaften, Freie Universität Berlin 50).

Semrau, F. W.: Kanadas Energiepolitik in den 80er Jahren: Von der nationalinterventionistischen zur liberalkontinentalistischen Option. In: Vogelsang, R. (Hg.): Kanada im Spannungsfeld regionaler Gegensätze. 1990, S. 132–155 (Kanada-Studien 6).

Semrau, F. W.: Phasen und Herausforderung der kanadischen Umweltpolitik. Ahornblätter, Marburger Beiträge zur Kanada-Forschung 6, 1993, S. 105–145.

Semrau, F. W.: Die grüne Seite eines speziellen Verhältnisses: Umweltbeziehungen zwischen Kanada und den USA. Zeitschr. f. Kanada-Studien 15, Nr. 2, 1995, S. 81–95.

Simmons, J. & R. Simmons: Urban Canada. Toronto [2]1974.

Simmons, J.: The Growth of Toronto: A Market-Share Approach. In: Braun, G. (Hg.): Managing and Marketing of Urban Development and Urban Life. Berlin 1994, S. 195–204.

Smith, P. J.: Municipal Conflicts over Territory and the Effectiveness of the Regional Planning System in the Edmonton Metropolitan Area. In: Becker, H. (Hg.): Kulturgeographische Prozessforschung in Kanada. Bamberg 1982, S. 207–223.

Sniderman, P. M. u. a.: The Clash of Rights: Liberty, Equality and Legitimacy in Pluralist Democracy. New Haven 1996.

Sobol, J.: Montreal. Inside Out. A New View of the City. Toronto 1992.

Soyez, D.: Hydroelektrische Erschließungsvorhaben an der Baie James (Quebec, Kanada): Ein Beispiel für nachhaltige Ressourcenentwicklung? Ahornblätter, Marburger Beiträge zur Kanada-Forschung 6, 1993, S. 59–93.

Soyez, D. & M. L. Barker: Transnationalisierung als Widerstand: Indigene Reaktionen gegen fremdbestimmte Ressourcennutzung im Osten Kanadas. Erdkunde 52, H. 4, 1998, S. 286–300.

Spelt, J.: Southern Ontario. In: Warkentin, J. (Hg.): Canada. A Geographical Interpretation. Toronto 1968, S. 334–395.

Spelt, J.: Toronto. Toronto 1973 (Canadian Cities Series).

Spry, I. M.: The Palliser Expedition. An Account of John Palliser's British North American Expedition, 1857–1860. Toronto 1965.

Spry, I. M.: Captain John Palliser and the Exploration of Western Canada. Geographical Journal 75, 1959, S.149–184.

Stadel, Ch.: Continuity and Change of a Non-Primate City in the Canadian Prairies: The Example of Brandon, Manitoba. Die Erde 124, 1993, H. 3, S. 225–236.

Stadel, Ch.: Hauptphasen der europäisch beeinflussten Kulturlandschaftsentwicklung in der kanadischen Prärie. Salzburger Geograph. Arbeiten 28, 1995, S. 141–155.

Stadel, Ch. (Hg.): Themes and Issues of Canadian Geography 1 u. 2, Salzburg 1995/98 (Salzburger Geograph. Arbeiten 28 u. 32).

Stadel, Ch. & J. C. Lehr: Gruppensiedlungen der Mennoniten und Ukrainer in der kanadischen Prärie. Geograph. Rundschau 48, 1996, H. 4, S. 247–255.

Stadel, Ch. & D. Prock: „Gated Communities“ – postmoderne Wohnparadiese in freiwilliger Segregation? Das Beispiel von Kelowna (British Columbia), Kanada. Klagenfurther Geograph. Schriften 18, 2000, S. 191–203.

Statistisches Bundesamt (Hg.): Länderbericht Kanada 1995. Wiesbaden 1995.

Stearn, C. W., R. L. Carrol & T. H. Clark: The Geological Evolution of North America. New York ³1979.

Steinecke, K.: Bergbau in der Kanadischen Borealis. Wirtschaftliche Bedeutung und ökologische Probleme. Geograph. Rundschau 52, 2000, H. 12, S. 28–35.

Stelter, G. A. & A. F. J. Artibise (Hg.): Power and Place. Canadian Urban Development in the North American Context. Vancouver 1986.

Stelter, G. A. (Hg.): Cities and Urbanisation. Canadian Historical Perspectives. Mississauga (Ont.) 1990.

Stelter, G. A.: Canadian Cities as Reflections of Canadian Society. Zeitschr. f. Kanada-Studien 18, 1998, Nr. 2, S. 63–78.

Swatridge, L. A. & I. A. Wright (Hg.): Canada's Exploring New Directions. Markham (Ont.) 1990.

Tanguay, A. B. & A.-G. Gagnon (Hg.): Canadian Parties in Transition. Scarborough (Ont.) 1996.

Thannheiser, D.: Eine landschaftsökologische Studie bei Cambridge Bay, Victoria Islands, N.W.T, Canada. Mitteilungen Geograph. Gesellschaft Hamburg 78, 1988, S. 1–51.

Thannheiser, D.: Naturlandschaften im Osten und Westen Kanadas: Newfoundland und die Queen Charlotte Islands. In: Bastein, F. H. (Hg.): Kanada. Struktur- und Kulturwandel. Würzburg 1993, S. 29–49.

Thannheiser, D.: Die Vegetationsvielfalt des Kanadischen Borealen Nadelwaldes. Essener Geograph. Arbeiten 25, 1994, S. 1–21.

Thompson, J. H.: Forging the Prairie West. Oxford 1998 (Oxford History of Canada).

Thompson, R.: Toronto's Chinatown. The Changing Social Organisation of an Ethnic Community. New York 1989.

Thorn, G.: Wachstum und Niedergang von Städten in den Kanadischen Prärieprovinzen. Diss. Köln 1998.

Thunert, M.: Grundrechtspatriotismus in Kanada? Zur politischen Integrationsfunktion der Canadian Charter of Rights and Freedoms. Bochum 1992.

Trenhaile, A. S.: The Geomorphology of Canada. An Introduction. Toronto 1990.

Trent, J. E., R. Young & G. Lachapelle (Hg.): Quebec – Canada. What is the Path Ahead? Ottawa 1996.

Treter, U.: Die borealen Waldländer. Braunschweig 1993 (Das Geograph. Seminar).

Troughton, M. J.: Canadian Agriculture. Budapest 1982 (Geography of World Agriculture 10).

Trudel, M.: Introduction to New France. Toronto 1968.

Trudel, M.: The Beginnings of New France 1524–1663. Toronto 1973.

Tulchinsky, G. (Hg.): Immigration in Canada. Historical Perspectives. Toronto 1994.

Tyrell, J. B. (Hg.): David Thompson's Narrative of His Explorations in Western America 1784–1812. Toronto (Neudruck) 1916.

UNESCO: Schätze der Welt, Erbe der Menschheit. Bd. 1, München, Gütersloh 1999.

United Nations (Hg.): Energy Statistics Yearbook 1996. New York 1998.

Urquhart, M. C. & K. A. Buckley (Hg.): Historical Statistics of Canada. Cambridge, Toronto 1965.

Valliéres, P.: Nègres blancs d'Amerique. Montreal 1968.

Vanderhill, B. G.: Agriculture's Struggle for Survival in the Great Clay Belt of Ontario and Quebec. American Review of Canadian Studies 18, 1988, Nr. 4, S. 455–464.

Vogelsang, R.: Nichtagrarische Pioniersiedlungen in Kanada. Untersuchungen zu einem Siedlungstyp an Beispielen aus Mittel- und Nordsaskatchewan. Marburg 1980 (Marburger Geograph. Schriften 82).

Vogelsang, R. (Hg.): Kanada in der Geographischen Forschung der 80er Jahre. Bochum 1989 (a) (Kanada-Studien 5).

Vogelsang, R.: Weites Land Kanada. Probleme eines Flächenstaates. Analysen und Berichte des Instituts f. Kanada-Studien 2, Augsburg 1989 (b), S. 19–23.

Vogelsang, R. (Hg.): Kanada im Spannungsfeld regionaler Gegensätze. Bochum 1990 (Kanada-Studien 6).

Vogelsang, R.: Regionale wirtschaftliche Disparitäten in Kanada. Kanada-Studien 6, 1990 (a), S. 39–79.

Vogelsang, R.: Changes in Canadian Manufacturing: Restructuring rather than Deindustrialization. Die Erde 121, H. 2, 1990 (b), S. 105–118.

Vogelsang, R. : Kanada. Gotha 1993 (Perthes Länderprofile).

Vogelsang, R.: Einwanderung in ein Einwanderungsland. Die kanadischen Erfahrungen. Die Erde 123, H. 3, 1994, S. 197–212.

Vogelsang, R.: Regionale Mobilität in Kanada: Ausdruck sozio-ökonomischer Veränderungen in einer postindustriellen Gesellschaft. Kanada-Studien 23, Bochum 1996 (a), S. 93 – 119.

Vogelsang, R.: Internal Migration in Canada: Trends, Causes, and Consequences. In: Frantz, K. (Hg.): Human Geography in North America. Innsbruck 1996 (b), S. 151 – 168 (Innsbrucker Geograph. Studien 26).

Vogelsang, R.: Der zweite demographische Übergang in Kanada, demographische und sozio-demographische Kennzeichen und Entwicklungen. Berliner Geograph. Studien 48, 1996 (c), S. 379–400.

Vogelsang, R. (Hg.): Canada in Transition: Results of Environmental and Human Geographical Research. Bochum 1996 (d) (Kanada-Studien 22).

Vogelsang, R.: Einwanderungsland Kanada heute: Einwanderungsregulierungen, bevölkerungsgeographische, ökonomische und gesellschaftliche Auswirkungen. Kanada-Studien 20, 1997, S. 231–265.

Vogelsang, R.: Nationalparks in Kanada: Tourismus und Naturschutz. Die Erde 128, 1998, H. 2, S. 139–157.

Vogelsang, R.: Die Ureinwohner Kanadas: Indianer/First Nations und Métis gestern und heute. Zeitschr. f. Kanada-Studien 19, Nr. 1, 1999, S. 5–39.

Vogelsang, R.: Indianer oder First Nations? Ureinwohner in der Gesellschaft Kanadas. Geograph. Rundschau 52, 2000, H. 12, S. 36–43.

Vogt, G.: Deutsche in Regina/Saskatchewan (Canada): Untersuchung einer ethnischen Minorität und deren räumlichen Verhaltens. Diplomarbeit Köln 1990.

Vollmar, R.: Indianische Karten Nordamerikas. Berlin 1981.

Wallace, C.: Understanding Canada: Building on the New Canadian Political Economy. Montreal 1997.

Warkentin, G. (Hg.): Canadian Exploration Literature. An Anthology. Toronto 1993.

Warkentin, J.: Mennonite Agricultural Settlement of Southern Manitoba. Geographical Review 49, Nr. 3, 1959, S. 342–368.

Warkentin, J. (Hg.): The Western Interior of Canada. A Record of Geographical Discovery, 1612–1917. Toronto 1964 (The Carleton Library 15).

Warkentin, J. (Hg.): Canada. A Regional Interpretation. Toronto 1968.

Warkentin, J.: A Regional Geography of Canada. Life, Land and Space. Scarborough (Ont.) ²2000.

Watts, F. B.: The Natural Plains of Canada. Geograph. Bulletin 14, 1960, S. 25–43.

Weaver, R. K. (Hg.): The Collapse of Canada? Washington 1992.

Welstedt, J. E., J. Everitt & Ch. Stadel (Hg.): The Geography of Manitoba. Its Land and its People. Winnipeg 1996.

Wesson, T. (Hg.): Canada and the New World Economic Order. Toronto 1997.

White, R.: Metropolitan Toronto – Working Toward the Future. Burlington 1990.

Whittington, M.: Canadian Government and Politics. Institutions and Processes. Toronto u. a. 1996.

Whittington, M. & G. Williams: Canadian Politics in the 21st Century. Scarborough (Ont.) 2000.

Wieger, A.: Die erste Wüstungsphase in der Atlantischen Provinz New Brunswick (Kanada), 1871 bis ca 1930. Zur Siedlungs- und Wirtschaftsentwicklung eines älteren nordamerikanischen Peripherraumes. Geograph. Zeitschrift 70, 1982, S. 201–222.

Wieger, A.: Untersuchungen zur Bewässerungslandwirtschaft in Südalberta. In: Vogelsang, R. (Hg.): Kanada in der Geographischen Forschung der 80er Jahre. Bochum 1989, S. 213–239.

Wieger, A.: Agrarkolonisation, Landnutzung und Kulturlandschaftsverfall in der Provinz New Brunswick (Kanada). Aachen 1990 (Aachener Geograph. Arbeiten 22).

Wieger, A.: Geographische Aspekte der kanadischen Außenwirtschaft. Zeitschr. Gesellschaft f. Kanada-Studien 11, 1991 (a), Nr. 1/2, S. 95–113.

Wieger, A.: Der kanadische Agrarraum und seine Einbindung in das Welthandelsgefüge. In: Davis, G. & A. Wieger (Hg): Kanada. Gesellschaft, Landeskunde, Literatur. Würzburg 1991 (b), S. 79–108.

Wieger, A.: Verbreitung und Einfluss japanischer Unternehmen in Kanada. Die Erde 125, 1994, H. 1, S. 75–89.

Wieger, A.: Die Häfen an der Nordwestküste Nordamerikas in ihren Beziehungen zu nationalen und globalen Wirtschaftsverflechtungen. Die Erde 128, 1997, H. 1, S. 35–50.

Winks, R. W.: The Blacks in Canada. Montreal [2]1997.

Wolforth, J. & R. Leigh: Urban Prospects. Toronto 1973.

Wonders, W. C. (Hg.): The North. Toronto 1972 (Studies in Canadian Geography).

Wonders, W. C.: Regions and Regionalism in Canada. Zeitschr. Gesellschaft f. Kanada-Studien 2, 1982, Nr. 1, S. 7–41.

Wonders, W. C.: Norden and Canada. A Geographer's Perspective. The Nordic Association for Canadian Studies 9, Lund 1992.

World Resources Institute (Hg.): World Resources 1996/97. New York, Oxford 1996.

Wynn, G. (Hg.): People, Places, Patterns, Processes: Geographical Perspectives on the Canadian Past. Toronto 1990.

Wynn, G. & T. Oke (Hg.): Vancouver and its Region. Vancouver 1992.

Yeates, M.: Main Street. Windsor to Quebec City. Ottawa 1975.

Yeates, M.: The Industrial Heartland: Its Changing Role and Internal Structure. In: McCann, L. D. (Hg.): Heartland and Hinterland. A Geography of Canada. 1987, S. 109–147.

Yeates, M.: The North American City. New York [4]1990.

Yerbury, J. C.: The Subarctic Indians and the Fur Trade, 1680–1860. Vancouver 1986.

Young, B. & J. A. Dickinson: A Short History of Quebec. A Socio-Economic Perspective. Toronto 1988.

Zieber, G. H.: The Dispersed City Hypothesis with Reference to Calgary and Edmonton. Albertan Geographer 9, 1973, S. 4–13.

Zinterer, T.: Der kanadische Senat: ungeliebt, undemokratisch, unreformierbar? In: Riescher, G., S. Ruß & Chr. Haas (Hg.): Zweite Kammern. München 2000, S. 185 –199.

Atlanten

The National Atlas of Canada. Hg.: Surveys and Mapping Branch, Department of Energy. Mines and Resources. Ottawa [4]1974, [5]1985ff. (Einzelkarten).

Atlas of Canada. Hg.: The Reader's Digest Association Canada Ltd. Montreal 1995.

Historical Atlas of Canada. Vol. 1: From the Beginnings to 1800. Hg.: Harris, R. C. Toronto 1987. Vol. 2: The Land Transformed, 1800–1891. Hg.: Gentilcore, R. L. Toronto 1993. Vol. 3: Addressing the Twentieth Century, 1891–1961. Hg.: Kerr, D. & D. W Holdsworth. Toronto 1990.

Damian, L. D. & R. Damian: Atlas d'histoire du Canada. Montreal 1990.

Matthews, G. J. & R. Morrow: Canada and the World. An Atlas Resource. Scarborough (Ont.) 1985.

Sachregister

Ortsregister